MONUMENTA VATICANA SELECTA

M. BOITEUX, A. CAMPITELLI,
N. MARCONI, L. SIMONATO, G.D. WIEDMANN

Der Vatikan

Architektur – Kunst – Zeremoniell

Einführung von
Francesco Buranelli

FABBRICA DI SAN PIETRO IN VATICANO

MUSEI VATICANI
LIBRERIA EDITRICE VATICANA

belser

Copyright © 2014 by Editoriale Jaca Book SpA, Milano
Libreria Editrice Vaticana, Città del Vaticano
Musei Vaticani, Città del Vaticano
International Copyright handled by Editoriale Jaca Book SpA, Milano
Copyright © 2014 by Chr. Belser Gesellschaft für Verlagsgeschäfte GmbH & Co. KG,
Stuttgart für die deutschsprachige Ausgabe
Alle Rechte vorbehalten

Bibliografische Information der Deutschen Nationalbibliothek
Die Deutsche Nationalbibliothek verzeichnet diese Publikation in der Deutschen Nationalbibliografie;
Detaillierte bibliografische Daten sind im Internet über http://dnb.d-nb.de abrufbar.

ISBN 978-3-7630-2678-4

Die Übersetzung des Bandes wurde unterstützt durch
SEPS – Segretariato Europeo per le Pubblicazioni Scientifiche.
Via Val d'Aposa 7 – 40123 Bologna – Italy
seps@seps.it – www.seps.it

Bildnachweis
Die Zahlen verweisen auf die Buchseiten, diejenigen in Klammern auf die Illustrationen.
© 2014. Foto Scala, Florenz/bpk, Bildagentur für Kunst, Kultur und Geschichte, Berlin: 311
© 2014. Foto Scala, Florenz, mit freundlicher Genehmigung des Ministero Beni e Attività Culturali: 19, 310
© 2014. The Trustees of the British Museum c/o Scala, Florenz: 308
© Albertina Museum, Wien: 50
Archiv der Autoren, 26 (11), 85, 127, 134 (112), 194, 195, 217, 220, 221 (189)
© Archivio Fotografico della Fabbrica di San Pietro in Vaticano: 28, 30, 32, 33, 35 (22), 36–43, 47–84, 86–126,
128–130, 132, 134 (112), 135–185, 218, 219, 225, 229–235, 242–251, 260, 264–266, 268–271, 291 (276)
© Archivio Fotografico della Fabbrica di San Pietro in Vaticano/© bamsphoto – Rodella: 44–45, 192, 193,
226–228, 236–237, 240–241, 252–253
© bamsphoto – Rodella: 189–191, 196–199, 201–215, 256, 275 (248, 249)
© Biblioteca Apostolica Vaticana: 13, 15 (4b), 26 (11), 221 (189)
Biblioteca di Archeologia e Storia dell'Arte, Rom: 314
Biblioteca Hertziana, Rom: 298 (286), 299
Foto G. Sforza mit freundlicher Genehmigung der Musei Vaticani: 292
Foto G. Vasari mit freundlicher Genehmigung der Musei Vaticani: 272, 274 (244), 277, 280, 288–289,
290 (274), 291 (277), 300, 301, 309, 328
Foto © Musei Vaticani/P. Zigrossi, A. Bracchetti, G. Capone, L. Giordano, D. Pivato, A. Prinzivalle, B. Tamarazzo:
10, 22–25, 35 (23), 122 (87), 131, 222, 223, 273, 276 (251), 278, 279, 281–287, 290 (275), 292–297, 302–307, 313–331
Giovanna Marchei: 262, 263 (228), 267
© Giovanni Ricci, Novara: 31
© Rom, Museo di Roma, Archivio Iconografico: 14–18, 20–21, 27
Segretariato Generale della Presidenza della Repubblica – Fondo Editoriale Lavoro – Foto G. Schiavinotto, Rom: 275 (250)
Statens Museum for Kunst, Kopenhagen: 12
Die Karten auf den Seiten 186–187 und 276 stammen von Daniela Blandino.

Redaktion und Übersetzung: Bernd Weiß, Fachübersetzungen, Hamburg
Projektmanagement und Lektorat: Linda Weidenbach M.A., Erwin Tivig M.A.
Typografische Satzeinarbeitung:
Matrix Buchkonzepte Christina Modi & Maren Orlowski GbR, Hamburg
Reproduktion: Graphic Srl, Milano, Italien
Druck und Bindung: Svet Print d.o.o., Ljubljana

Weitere Informationen zu unserem Programm finden Sie unter www.belser.de

Inhalt

Einleitung
FRANCESCO BURANELLI
8

**Prunk als zentrales Element
im päpstlichen Zeremoniell des Barock**
MARTINE BOITEUX
11

Der Petersdom, der Petersplatz und Berninis Kolonnaden
GERHARD WIEDMANN
29

**Baupraktiken und Bautechniken
in Sankt Peter vom 17. bis 18. Jahrhundert**
NICOLETTA MARCONI
217

Der Apostolische Palast
LUCIA SIMONATO
273

Die Vatikanischen Gärten
ALBERTA CAMPITELLI
315

Anmerkungen
332

Bibliografie
343

Personen-, Sach- und Ortsregister
348

EINLEITUNG

FRANCESCO BURANELLI

Historisch betrachtet scheint die Veröffentlichung eines Werkes, das sich allein dem Vatikan als Ausdruck eines »internationalen« künstlerischen Phänomens wie dem Barock widmet, beinahe widersprüchlich, nimmt es doch dieses winzige, von den Leoninischen Mauern umschlossene Territorium für die weit größeren Kunstschauplätze des 17. Jahrhunderts, Rom und Italien, zum Maßstab. Tatsächlich, und trotz des scheinbar zu eng gefassten Titels, sahen sich alle Autoren dieses Bandes bei einem derart komplexen Thema vor die Aufgabe gestellt, die von ihnen behandelten Fragestellungen mit anderen Werken in Beziehung zu setzen und die zahlreichen Querverbindungen aufzuzeigen: beispielsweise mit den spätmanieristischen Kirchen Giacomo Della Portas (Chiesa del Gesù) und Carlo Madernos (Santa Susanna) oder mit Meisterwerken von Bernini (Sant' Andrea al Quirinale) oder Borromini (San Carlino alle Quattro Fontane).

Weder wäre es möglich, den Vatikanpalast unter Auslassung der anderen Apostolischen Paläste, des Quirinals- und Lateranpalastes in Rom sowie des Palastes in Castel Gandolfo, zu besprechen, noch könnte man die zwingenden Verbindungen zwischen dem Vatikan und den grandiosen Palästen der Papstfamilien im 17. Jahrhundert außer Acht lassen: Palazzo Borghese, Palazzo Ludovisi, Palazzo Barberini, Palazzo Pamphilj, Palazzo Chigi, Palazzo Rospigliosi, Palazzo Altieri, Palazzo Odescalchi. Sie alle wurden von den römischen Familien meist in direkter Verbindung mit der Erhebung eines ihrer Mitglieder in den Kardinalstand errichtet und von denselben Architekten entworfen, die auf den vatikanischen Baustellen tätig waren. Auch die städtebaulichen Maßnahmen, die ab Sixtus V. mit der Anlage neuer Verkehrsachsen und theatralisch inszenierter Barockplätze (v. a. der Piazza Navona) Rom ein neues Gesicht verliehen, können nicht unerwähnt bleiben.

Nur indem man all diese Werke als Ausdruck eines mächtigen kulturellen und künstlerischen Schaffenswillens beschreibt, kann die zentrale und treibende Rolle der jahrhundertealten petrinischen Baustelle bei der Entstehung und der formalen Kodifizierung des neuen Barockstils hervorgehoben werden, der sich in der ganzen Welt ausbreiten sollte. Die aus dem Konzil von Trient erwachsene Idee einer erneuerten Kirche und die politisch-liturgischen Zeremonien dienenden Architekturen des 16. und 17. Jahrhunderts manifestierten sich in Bergen von Travertin, buntem Marmor und Bronze, erbaut von genialen Künstlern, die es verstanden, ihrer Kreativität freien Lauf zu lassen und sich von überkommenen Mustern zu lösen. Auf diese Weise entstand der vatikanische Komplex, der sich, obwohl in zahlreiche in Chronologie und Typologie (Basilika, Palast, Platz und Gärten) unterschiedliche Bauten unterteilt, von der Konzeption und der Bedeutung her – religiös, politisch und diplomatisch – viel einheitlicher präsentiert, als es die Welt wahrgenommen hat.

Die Baustelle von Neu-Sankt-Peter, die Julius II. della Rovere 1506 zur Errichtung des größten Tempels der Christenheit eröffnete, erhielt tatsächlich erst im Laufe des 17. Jahrhunderts eine sichtbare architektonische Einheit, mit der sie als ein in seiner Gesamtheit einheitlicher Komplex wahrgenommen werden konnte. Es war dieses Vorhaben, das eine neue und schillernde Periode der neuzeitlichen Kunst einleitete und damit nicht nur die Entwicklung Roms entscheidend beeinflusste, sondern mit dem erwachenden Barock zugleich den letzten umfassenden und künstlerisch-kulturell einheitlichen Stil der christlichen Welt begründete. Dieses Vokabular hatte eine erstaunliche Langlebigkeit und erstmals einen über den europäischen Kontinent hinaus reichenden Erfolg. Das zeigt sich an den barocken Formen der Kirchen in Lima, Santiago de Chile und Havanna ebenso wie an den fernöstlichen Beispielen von Goa in Indien oder Macao in China. Diese meist eindrucksvollen Bauten folgen demselben Vorbild der römischen Kultur des 17. Jahrhunderts und dem Wunsch, mithilfe von barocken und spektakulären Formen die räumlichen und zeitlichen Grenzen des menschlichen Daseins hinter sich zu lassen, um so in einer großartigen Szenografie die Schönheit des himmlischen Jerusalems zu preisen.

Das Ende des Trientinischen Konzils im Jahr 1563, dem kurz darauf der Tod Michelangelo Buonarrotis in Rom am 18. Februar 1564 folgte, sowie der Sieg der Heiligen Liga über die Türken bei Lepanto 1571 stellen regelrechte politische und künstlerische Wendepunkte am Scheideweg zwischen der älteren und mittlerweile »manierierten« Epoche der Renaissance und der Geburt der neuen, kontroversen und überbordenden Welt des Barock dar. Die katholische Gegenreformation betonte erneut die zentrale Rolle des Papsttums und damit auch Roms, das wieder zum religiösen, politischen und diplomatischen Zentrum Europas aufstieg. Auf dieser Bühne entfachte die Abfolge aufgeklärter und ästhetisch aufgeschlossener Päpste wie Paul V. (Camillo Borghese, 1605–1621), Urban VIII. (Maffeo Barberini, 1623–1644) und Alexander VII. (Fabio Chigi, 1655–1667) –, vereint mit der Genialität außergewöhnlicher Künstler, allen voran Gian Lorenzo Bernini, jenen leuchtenden Funken, der ausgehend von der petrinischen Baustelle die Weiterentwicklung des Barock bis hin zu dessen voller Blüte prägte. Die neue Petersbasilika, besser gesagt der gesamte vatikanische Komplex – verstanden als Einheit aus

Architektur, Malerei, Skulptur und Gartenbaukunst – wurde so zu einem symbolischen Ort dieses Wandels. Bernini, der »Michelangelo seiner Zeit«, widmete Sankt Peter beinahe sein gesamtes Leben (von 1629 bis 1680) und ist für die grandiose und harmonische Erscheinung der Basilika verantwortlich, die sich mit dem wundervollen Schwung der Kolonnaden zur Stadt hin öffnet.

Wenn, wie wir in dem ausführlichen Beitrag von Gerhard Wiedmann lesen, dass der 18. November 1593 – der Tag, als das vergoldete Kuppelkreuz auf die Laternenspitze von Sankt Peter setzte – symbolisch als Geburtsstunde des Barock gelten kann, müssen wir auch der von den übrigen Autoren dieses Werkes vertretenen Ansicht zustimmen, dass die Wurzeln dieser neuen Strömung der römischen Kunst im Konzil von Trient und in der daraus abgeleiteten neuen Spiritualität zu suchen sind.

Das politische und religiöse Zeremoniell, das im Jahreslauf einer festen Abfolge unterliegt, die strengen Protokolle für dessen Regelung und die prächtigen »Maschinen«, die an diesen Festtagen aufgestellt werden, entsprachen neuen Erfordernissen: Sie sollten den »politischen« Raum vom »sakralen« Raum trennen. Der Quirinalspalast, so betont Lucia Simonato, war zunehmend der »weltlichen« Herrschaft von Stadt und Kirchenstaat vorbehalten, während sich der Vatikan, d. h. der Apostolische Palast, die Basilika und der Petersplatz, als Schauplatz religiöser Zeremonien etablierte – von der Krönung des neuen Papstes über die Kanonisation neuer Heiliger und die Feste des liturgischen Jahres bis hin zu den Begräbnisfeierlichkeiten des Pontifex. Leitfaden dieses neuen Stils, der in den Zeremonialen – ihnen widmet sich vor allem der Beitrag von Martine Boiteux –, in der Architektur, den bildenden Künsten, der Musik und der Gestaltung der Gärten seinen Ausdruck fand, war »das Andere« und »das Überraschende«: Es galt, den Betrachter mit neuen Formen immer wieder in Staunen zu versetzen und das Primat der geraden Linie zugunsten von geschwungenen, elliptischen und bogenförmigen Linien aufzulösen. Die strenge Schlichtheit der Renaissance wurde verdrängt durch Virtuosität und die Illusion von Räumen und Formen, die meist nicht das sind, was sie vorzugeben scheinen.

Der Pomp des päpstlichen Apparates wuchs ins Unermessliche, nur vereinzelt abgeschwächt von der Mahnung des *sic transit gloria mundi*. Die von Maderno und danach von Bernini geprägte Basilika und der Petersplatz nahmen majestätische Formen an, die noch heute beeindrucken: Der großartige Grundriss mit seinem lateinischen Kreuz, der das von Michelangelo vorgesehene griechische Kreuz ersetzte, der bronzene Baldachin und das dogmatische Programm der Kathedra Petri von Bernini sollten die Peterskirche für immer prägen – all dies dank völlig neuer und Aufsehen erregender technischer und künstlerischer Lösungen.

Etwa zur gleichen Zeit wurden auch die Arbeiten für einen neuen Apostolischen Palast zu Ende geführt, dessen Neubau Domenico Fontana im Auftrag von Sixtus V. Peretti in Angriff genommen hatte. Zwischen 1596 und 1601, während des Pontifikats von Klemens VIII. Aldobrandini, wurde sein berühmter Audienzsaal, die Sala Clementina, von Cherubino und Giovanni Alberti ausgemalt, deren illusionistische Architekturszenerie nicht nur eine deutliche Entfernung vom Vokabular der römischen Malerei am Ende des 16. Jahrhunderts aufwies, sondern sich auch von der Manier der in der Galerie des Palazzo Farnese tätigen Brüder Carracci und der Arbeit des jungen Caravaggio in der Cerasi-Kapelle von Santa Maria del Popolo unterschied.

Bernini wiederum sind jene Raum schaffenden Eingriffe im Innern des Apostolischen Palastes wie die Scala Regia und die Sala Ducale zu verdanken – zwei sehr unterschiedliche Entwürfe, die aber emblematisch für das neue Klima stehen, in dem die Genialität und Inszenierungsgabe des Meisters originelle Lösungen für vielfältige architektonische Fragestellungen fand. Den Übergang zwischen den beiden zur grandiosen Sala Ducale vereinten Räumen sollte schließlich ein prächtiger, sanft fallender und von Engeln getragener Vorhang aus Stein markieren. Eine einfallsreiche perspektivische Konstruktion verleiht der Scala Regia jene faszinierende Theatralik, die dem offiziellen Eingang zur Residenz des Stellvertreters Christi würdig ist: Mit der nach oben abnehmenden Breite und Höhe und einer gekonnten Lichtführung durch eine steigende Zahl an Lichtöffnungen verstärkt Berninis Entwurf den Eindruck einer großen räumlichen Tiefe; die Treppe wird zu einem monumentalen, königlichen Raum, der nicht mehr an tatsächliche Dimensionen der Rampe gebunden ist.

Alberta Campitellis Beitrag zur Architektur der Vatikanischen Gärten bringt uns die weiten Flächen innerhalb des vatikanischen Territoriums näher, die von einheimischen und exotischen Gewächsen geschmückt sind. Wege und Plätze werden von bizarr gestalteten Brunnen belebt und der Schnitt der Hecken greift die Form der steinernen Architekturen und Skulpturen auf. Auch hier strebten Botaniker und Naturforscher danach, die Wirklichkeit durch kunstvolle Werke zu übertreffen.

Nicoletta Marconi widmet sich schließlich einem hoch interessanten Thema. Mit der Untersuchung der petrinischen Bautechniken belegt sie nicht nur die Vielzahl und Modernität der in der Baukunst eingesetzten Geräte und Hilfsmittel, sie erläutert auch die erfolgreiche Verbreitung dieses Stils, der sich mit der Errichtung von Neu-Sankt-Peter fortentwickelte. Architekten und Handwerksmeister setzten mit ihren gemeinsamen Bemühungen und Experimenten alles daran, bis dahin scheinbar unüberwindbare Grenzen zu überschreiten. Unter der Ägide von Bernini und Maderno wurden hier zahlreiche Zimmerleute, Bildhauer und Werkmeister ausgebildet, die maßgeblich zur Verbreitung des Barock in Rom und schließlich in ganz Europa beigetragen haben. Die Technik stand im Dienste der Erfindung: Die so entwickelten Baugeräte waren ebenso wertvoll wie die mit ihnen aufgerichteten Statuen und ein guter Maurer oder Zimmermann besaß ebenso hohes Ansehen wie ein bekannter Bildhauer.

Prunk als zentrales Element im päpstlichen Zeremoniell des Barock

MARTINE BOITEUX

1565 wurde im Cortile del Belvedere letztmals ein Turnier abgehalten. Fortan fanden alle »profanen« Feierlichkeiten des päpstlichen Hofes und der päpstlichen Familie nicht mehr im Vatikan, sondern im Familienpalast des Papstes statt. Der Karneval mit seinen Umzügen, Maskenbällen und Theateraufführungen zog auf die andere Seite des Tibers. Im Vatikan feierte man von nun an nur noch liturgische Zeremonien und solche, die sich auf die Person des Papstes und seine Rolle als Souverän eines weltlichen Staates sowie als Oberhaupt der katholischen Kirche bezogen. In den Kapellen und Sälen des Vatikans[1] wie auch auf dem Petersplatz vermischte sich in den Riten das Sakrale mit politischen und diplomatischen Belangen.

Mit dem Ende des Trientiner Konzils 1563 brach eine neue Ära an. Die wiedererstarkte päpstliche Macht[2] gewann Autorität und Prestige zurück und betonte die internationale Rolle des Heiligen Stuhls auf vielfache – vor allem symbolische – Weise. Rom als religiöse, politische und diplomatische Hauptstadt wurde zur Drehscheibe und zum Ort der Legitimation der ständig miteinander konkurrierenden Monarchien Europas. Zu einer Zeit, in der sich die Stadt am Tiber als *caput mundi* und »Welttheater« verstand, gestalteten sich die Repräsentationsformen des Katholizismus alles andere als zurückhaltend und die Zeremonien im Vatikan spiegelten die aufwendige Festkultur des Barock wider[3] – in einem Rom, »où tout est cérémonie«, wie es der Diplomat Abraham de Wicquefort formulierte.[4]

Zeremoniell und Repräsentationsnormen bestimmten das gesamte Leben im Vatikan – das geistliche wie das höfische, das alltägliche wie das feiertägliche (Abb. 1).[5] Das Zeremoniell des päpstlichen Hofes existierte bereits seit Ende des Mittelalters und die Vereinheitlichung des zeremoniellen Protokolls gestaltet sich als ein langer Prozess: Ausgehend von den praktischen Gebräuchen entwickelt man eine ideologische Organisation, die ständigen Änderungen unterworfen ist. In einem dynamischen Entwicklungsprozess erhält das Zeremoniell damit je nach Kontext und politischer Situation immer wieder auch eine neue Bedeutung.

Der päpstliche Hof in Rom, der wichtigste in Europa, verlieh dem Zeremoniell mit seiner Kodifizierung große Bedeutung und führte dabei die Funktion des Zeremonienmeisters (Zeremoniar) ein.[6] Das römische Zeremoniell galt dabei den europäischen Fürstenhöfen als Vorbild und besaß universellen Wert. Die ersten gedruckten *Caeremoniali* entstanden Ende des 15. Jahrhunderts.[7] Agostino Patrizi Piccolomini (1435–1495/96), neunzehn Jahre lang päpstlicher Zeremonienmeister, erläuterte in seinem *Caeremoniale* die Motive für die Überarbeitung, die auf einer langen Erfahrung beruhte: Die Ungewissheit und die Verwirrung über die korrekte Ausführung der Riten ließ mehrfache Interpretationen zu. Außerdem galt es, Änderungen in den Riten zu berücksichtigen. Sein *Caeremoniale* sowie die seiner Nachfolger Giovanni Burcardo (Johannes Burckard) und Paride de Grassi sollten über viele Jahre Bestand haben und wurden von anderen Zeremoniaren in den sogenannten *Diari* (Zeremonientagebücher) ergänzt und fortlaufend aktualisiert.[8] Die Zeremonienbücher unterschieden im Übrigen nicht zwischen liturgischen Anweisungen und höfischen Zeremonien.[9]

Mit der Gründung der Congregazione dei Cerimoniali (»Kongregation für die Zeremonien«) im Jahr 1563 brachte Papst Gregor XIII. im Zuge der Zentralisierung der neu geordneten päpstlichen Macht den Willen zur Kontrolle und Vereinheitlichung des Zeremoniells zum Ausdruck.[10] Unter Sixtus V. erfolgte mit der Apostolischen Konstitution *Immensa aeterni Dei* am 22. Januar 1588 eine Reform der Kongregation und die Einrichtung der *Congregatio pro sacris ritibus et caeremoniis* (»Heilige Ritenkongregation«). Später wurde eine eigenständige Kongregation für die Zeremonien geschaffen, mit der Aufgabe, das höfische Zeremoniell in Verbindung mit Funktionen des Pontifex maximus sowie der Kardinäle zu regeln. Die Trennung scheint nicht immer eindeutig, belegt aber die Bedeutung des Zeremoniells in Verbindung mit der Erweiterung der höfisch-kurialen Funktionen sowie den Stellenwert von Repräsentation. Auch die andauernden Bemühungen zur Vereinheitlichung verdeutlichen dies. Sie neh-

PRUNK ALS ZENTRALES ELEMENT IM PÄPSTLICHEN ZEREMONIELL DES BAROCK

1. Giovanni Battista Ricci, *Kanonisation der Franziska von Rom*, Fresko, 1608, Detail. Vatikan, Apostolischer Palast, Sale Paoline.

2. Bilderzyklus zum Pontifikat Alexanders VII. mit dem Papst im Zentrum und bedeutenden Ereignissen in den Vignetten *(Romani Pontificis Publicae et Solennes Actiones)*, G. Lauri, Kupferstich und Radierung, 1655. Vatikan, Biblioteca Apostolica Vaticana, Gabinetto delle stampe e disegni, Stampe II.288 (76).

men zu Beginn des 17. Jahrhunderts zu, als der Vatikan unter Urban VIII. (1623–1644) wieder eine starke Politik betreibt. Einen weiteren Zuwachs erfahren die Abhandlungen zu Riten, Liturgie und Zeremonien im letzten Drittel desselben Jahrhunderts mit dem Ausbau der päpstlichen Macht und der Betonung der Heiligkeit des Pontifex maximus.[11]

Zwar hatte der hl. Thomas von Aquin das lateinische Wort *caeremonia* als ein äußeres Zeichen einer liturgischen Handlung definiert[12], im Barock sollte das Zeremoniell jedoch das gesamte Ausmaß der päpstlichen Macht – der weltlichen wie der spirituellen – zum Ausdruck bringen und die zweifache Dimension der päpstlichen Souveränität unterstreichen, indem es die Doppelrolle der Figur des Papstes als Bischof von Rom und Pontifex maximus sowie als absoluter und gewählter Monarch überwand. Peter Burke[13] hat diese dauerhaft wirkende Dialektik zwischen Sakralem und Politischem hervorgehoben. Die Darstellungen, die sich vor allem auf die öffentlichen Zeremonien in der Basilika Sankt Peter und auf dem Petersplatz konzentrieren, könnten zu einer Unterbewertung des höfischen Zeremoniells führen, das auch im Apostolischen Palast befolgt wird.

Einem strikten Protokoll folgend, regelte das Zeremoniell das gesamte Leben, vom täglichen Rhythmus über den liturgischen Kalender bis hin zu den Ereignissen, die die Verwaltung eines Staates mit sich brachten, und zwar den wiederkehrenden Festen und Feierlichkeiten ebenso wie den außergewöhnlichen Anlässen. Das liturgische Zeremoniell ist dabei mit dem höfischen Zeremoniell verwoben und beide betonen die gewissenhafte Einhaltung der Präzedenz.[14] Die Anlässe, bei denen es das Zeremoniell zu beachten galt, waren zahlreich: Feste im liturgischen Kalender, Feierlichkeiten im Rahmen der Ausübung der päpstlichen Gewalt, die für den Pontifex maximus als Staatsoberhaupt des Kirchenstaates und Oberhaupt der katholischen Kirche sowohl religiöser als auch ziviler Natur ist.[15] Der Ablauf der Zeremonien wurde in Bildern, Stichen und Gemälden festgehalten, die untrennbar Teil des Festapparates sind und zugleich als erinnerungswürdiges Zeugnis des Ereignisses dienen. Das Volk bildet das für die Zeremonien unabdingbare Publikum. Der päpstliche Souverän steht den religiösen und weltlichen öffentlichen Zeremonien als zentrale Figur vor; Teilnehmer und Gäste bilden den Festrahmen. Die an den Vorbereitungen beteiligten und vom Papst selbst ausgewählten namhaftesten Künstler und Handwerker ihrer Zeit sind wichtige Protagonisten dieser »Performance«. Die Arbeiten verwandeln den Vatikan in eine Großbaustelle: Unter der Leitung des Architekten arbeitet ein ganzes Heer von Tischlern, Malern, Bildhauern, Stuckateuren, Vergoldern, Schneidern u. v. m.

In dem komplexen Schema findet eine Vielzahl zeremonieller Instrumente Verwendung. Die Riten, gestischen Handlungen und Reden sind in einem Rahmen verortet, in dem die architektonischen Elemente und der Dekor in Formen, Farben und Ikonografie auf das Zeremoniell abgestimmt sind. Das Licht bildet eines der wesentlichen Elemente der Barockarchitektur, und zwar sowohl als Lichtführung im Raum ebenso wie als temporäre Beleuchtung: Kerzen verwandeln die Nacht in einen ewigen Tag und erweitern den Raum zum Paradiesischen hin. Musik, Düfte und Räucherwerk sind weitere Bestandteile der barocken Festgestaltung. Das Zeremoniell stellt ein sensibles figuratives und politisches Vokabular dar, eine ebenso aufwendige wie ausgewogene harmonische Komposition.

Ohne den Anspruch auf Vollständigkeit werden im Folgenden einige Ereignisse betrachtet und dabei die verschiedenen Schrift- und Bildquellen gegenübergestellt. Die Texte des Zeremonials schreiben den Ablauf des Rituals vor; illustrierte Druckwerke erklären die Programme; Briefe, Mitteilungen und Tagebucheinträge berichten von dem Erleben der »Performance« und auch von der Nichteinhaltung des Protokolls. Das trifft insbesondere auf die Zeugnisse der Kanoniker von Sankt Peter zu, die das Zeremoniell aufmerksam verfolgen und kommentieren.[16]

Die Riten der pontifikalen Souveränität

Die Übergangsriten[17] während der Sedisvakanz[18] bestimmen die Zeremonien, die die Rolle des Papstes als Kirchenoberhaupt und als Oberhaupt des Kirchenstaates betreffen. Ihre Abfolge war sowohl zeitlich als auch räumlich festgelegt. Das Zeremoniell anlässlich der Investitur des neuen Papstes spiegelte die Komplexität der päpstlichen Souveränität wider. Diese Rituale wurden von Historikern des Mittelalters – diese widmeten sich besonders der Beziehung zwischen der Vergänglichkeit der körperlichen Entität des Papstes und der fortwährenden pontifikalen Macht[19] – wie auch der Neuzeit eingehend studiert. Kunstwissenschaftler interessierten sich besonders für die Formen und erstellten Inventare und Kataloge, während sich die Historiker mehr der Analyse von Liturgie und politischer Souveränität der Macht und den Repräsentationspraktiken zuwandten. Dabei folgten sie auch Vorarbeiten der amerikanischen Zeremonialforscher[20], an die sich bald wichtige Arbeiten von französischen und italienischen Historikern anschlossen[21].

Nach der Wahl durch das Konklave in der Sixtinischen Kapelle wurde der neue Papst von den Kardinälen umgehend mit entsprechenden Ehrenbezeugungen als Oberhaupt der Kirche anerkannt. Im Ornat seiner neuen Funktion begab er sich an-

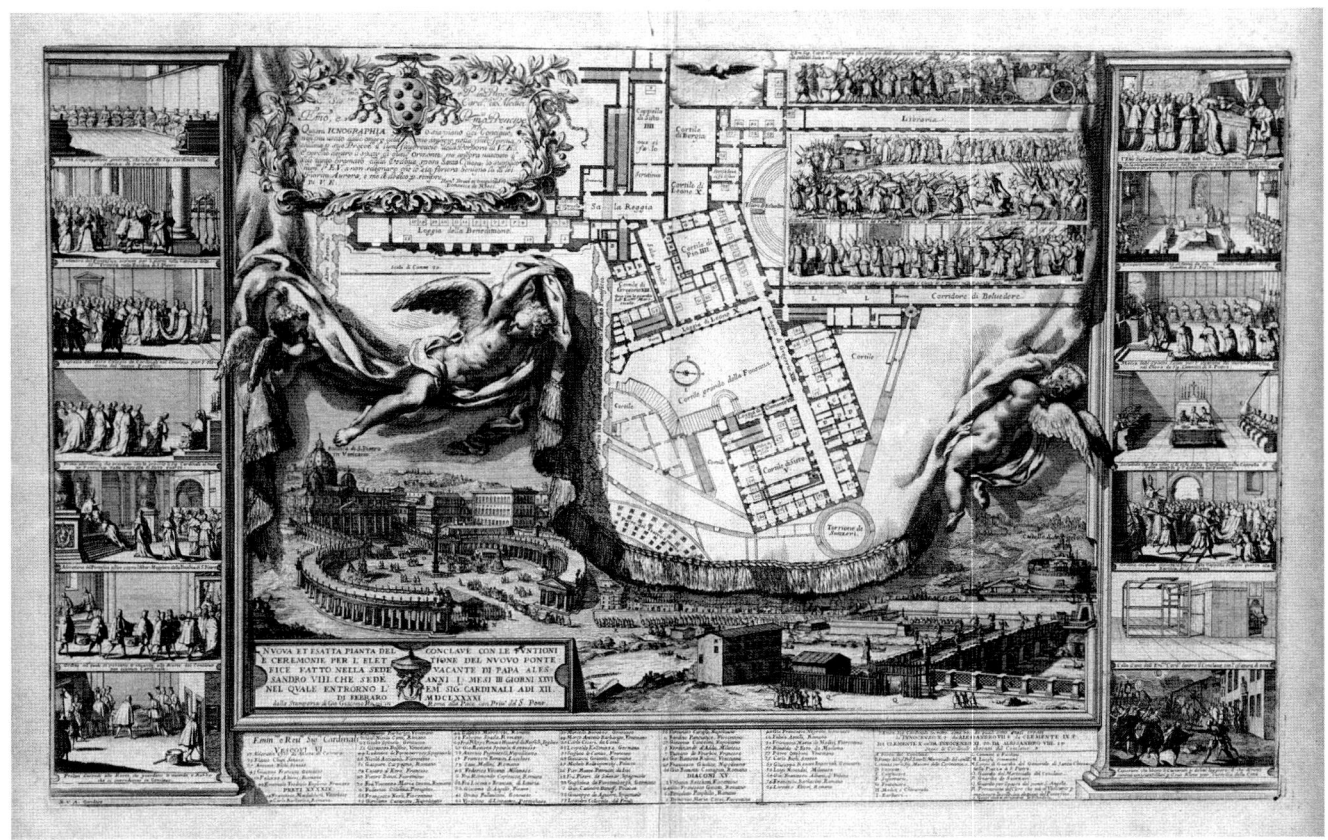

3. *Nuova ed esatta pianta del conclave seguente la morte di Alessandro VIII.* (»Neuer und exakter Plan des Konklave nach dem Tod Alexanders VIII.«), Stich, Zeichnung von R. V. A. Gandere, 1691. Rom, Museo di Roma, Gabinetto Comunale delle stampe, GS 163.

schließend in die Basilika, um dort – über der *Confessio* und dem Grab des hl. Petrus (Abb. 2) – seinen Platz am Hauptaltar einzunehmen und erneut die Ehrenbezeugungen der Kardinäle zu empfangen. Der Papst trat damit die Nachfolge des hl. Petrus an und wurde mit der *plenitudo potestatis*, der päpstlichen Vollgewalt, als Stellvertreter Christi eingesetzt.

Die Krönung[22] fand einige Tage später vor der Basilika in einer öffentlichen Zeremonie ohne Prozession mit einem Demutsritus statt, der den Bruch im Status der Person des Papstes aufzeigen sollte: Dieser findet erst nach dem Tod wieder zu seiner menschlichen Natur zurück. Vor ihm wurde ein Haufen Stroh verbrannt und dabei der traditionelle Spruch »Sic transit gloria mundi« (»So vergeht der Ruhm der Welt«) verkündet.[23] Er erinnert symbolisch daran, dass der Papst nun kein gemeiner Mensch mehr sei, sondern eine aus seiner Asche wiedergeborene Macht ausübe. Seine Majestät und sein Ruhm sind nur vorübergehend – ein Ritus, der mit dem Gegensatz zwischen Vergänglichkeit und Unvergänglichkeit spielt. Anschließend setzte ihm ein Kardinaldiakon die päpstliche Tiara auf den Kopf. Dieses einfache Ritual findet sich im Barock selten dargestellt, eine Ausnahme bildet das große Fresko Cesare Nebbias im Salone Sistino der Vatikanischen Bibliothek, eines der wenigen Bildzeugnisse, das die rituellen Etappen im Leben von Papst Sixtus V. (1585–90) illustriert.

Einige Tage später, an einem keineswegs zufällig festgelegten Tag, fand der *Possesso* statt.[24] Die lange Prozession nahm am Vatikan ihren Ausgang und führte den Papst in einem realen wie symbolischen Zug durch die Stadt Rom, deren zivile Regierungsgewalt er auf dem Kapitol übernahm, und zur Basilika San Giovanni in Laterano, wo er als Bischof von Rom Einzug hielt. Dabei befolgten die Teilnehmer entsprechend der vorgegebenen Regeln eine feste Reihenfolge.[25] Die Krönung bekräftigte die Universalität der päpstlichen Macht über die katholische Kirche, der Possesso hingegen die legitime Machtausübung des pontifikalen Souveräns über die Stadt Rom.

Die Begräbnisfeiern für den verstorbenen Papst bildeten gewissermaßen den Abschluss seiner mit der Investitur beginnenden Herrschaft (Abb. 3). Nach dem Tod zerstörte der *Camerlengo*, der päpstliche Kardinalkämmerer, das Siegel mit dem Namen des Papstes und bekundete damit das Ende von dessen Autorität. Auch der Fischerring, den er mit der Kardinalswürde erhielt, wurde von seinem Finger gezogen und den Kardinälen für die Dauer des Konklaves zur Aufbewahrung übergeben. Er bildete gewissermaßen das Symbol für die Kontinuität der päpstlichen Macht. Das Begräbnis kam einem Ritual der »Enthebung« des Körpers, der Person gleich und folgte einer zweifach ausgerichteten Intention: der Aufhebung der Autorität des Souveräns und der Bekräftigung der Kontinuität päpstlicher Gewalt. Es besaß eine religiöse und politische Bedeutung. Meist verstarben die Päpste im Quirinalspalast, ihrer städtischen Residenz.[26] Ihr Körper wurde einbalsamiert und in einem einfachen Zug in den Va-

4a. Gian Lorenzo Bernini, *Katafalk von Alexander VII. Chigi in St. Peter*, Stich, 1667. Vatikan, Biblioteca Apostolica Vaticana.

4b. Angelo Torrone, *Katafalk von Innozenz XI. Odescalchi*, Stecher unbekannt, 1689. Rom, Museo di Roma.

PRUNK ALS ZENTRALES ELEMENT IM PÄPSTLICHEN ZEREMONIELL DES BAROCK

4c. Mattia de' Rossi, *Katafalk für Alexander VIII.* in der vatikanischen Basilika, Stich von Alessandro Specchi Ottoboni, Verleger D. de' Rossi, 1691. Rom, Museo di Roma.

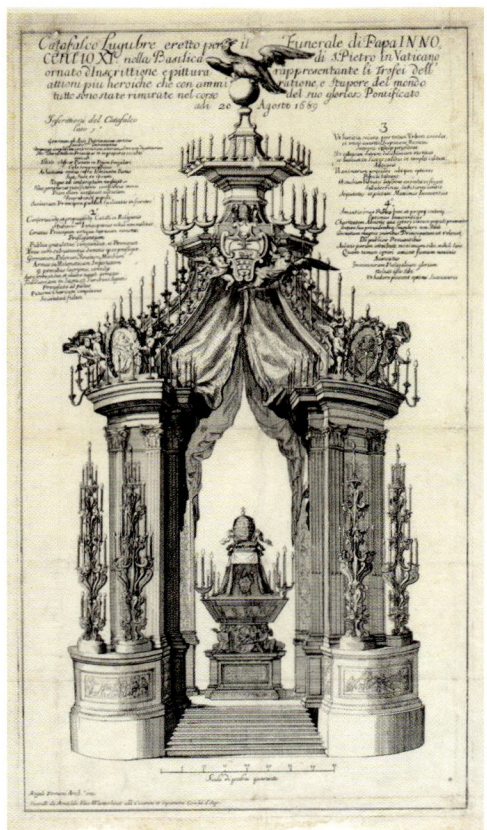

tikan überführt, wo man ihm in der Sixtinischen Kapelle seine pontifikalen Gewänder anlegte. Nach einer kurzen ersten Aufbahrung und Huldigung im Apostolischen Palast folgte eine dreitätige öffentliche Aufbahrung in Sankt Peter. Das insgesamt neun Tage während Trauerritual, die sogenannten *Novendiales*, geht vermutlich auf einen antiken römischen Brauch zurück, der auch am byzantinischen Hof üblich war und der den Kardinälen die Möglichkeit geben sollte, rechtzeitig zur Teilnahme am Konklave nach Rom zu reisen. Am dritten Tag wurde der Leichnam verhüllt und eingesargt, der erste Sarg meist noch in zwei weitere eingeschlossen. In diesen legten die »Kreaturen« des Papstes, d.h. die von ihm eingesetzten Kardinäle, die während seiner Amtszeit geprägten Medaillen. Der Begräbnisritus wurde in Abwesenheit des Leichnams fortgeführt, dessen Präsenz jedoch durch ein *castrum doloris*, ein geschmücktes Trauergerüst, versinnbildlicht wurde.[27] Ein solches Trauergerüst ist im Diario von J. Burckard im Jahr 1484 für Sixtus IV. belegt.[28] Später entwickelte sich daraus ein echter Katafalk, wie er sich in einer Bekanntmachung aus dem Jahr 1565 beschrieben findet – trotz des langen Widerstands der Ritenkongregation gegen diesen als vermeintlich heidnisch abgelehnten Brauch. Die vergängliche Kleinarchitektur dieser Trauergerüste erweiterte man ab der Mitte des 17. Jahrhunderts zu großen, prachtvollen Konstruktionen aus Holz und Stoff, die von den angesehensten Architekten ihrer Zeit entworfen und stets von vielen Fackeln erleuchtet wurden. Sie bekundeten den Sieg des Tages über die Nacht und brachten die Schönheit und Vielfalt der aufgemalten und in Stuck skulptierten symbolischen Ikonografie zur Geltung.[29] Beleuchtung und Musik waren Teil der Szenografie und des rituellen Prozederes. Das *castrum doloris* griff die Tradition des antiken Scheiterhaufens auf, auf dem man den Leichnam der römischen Kaiser verbrannte, sowie des Mausoleums, insbesondere desjenigen Augustus' auf dem Marsfeld in Rom oder der Rotunde des Heiligen Grabes in der Grabeskirche in Jerusalem, auf die sich beispielsweise Bramante in seinem berühmten Tempel an der Kirche San Pietro in Montorio bezog. Seine Bedeutung ist demnach vielschichtig und verweist in symbolischer Art auf das römische Imperium und das Christentum, damit auf die doppelte Macht des Papstes. Der erste große, in der Basilika aufgestellte Katafalk, für Innozenz X., wurde noch von der Familie des Papstes finanziert, die späteren, weitaus teureren Katafalke gingen hingegen zu Lasten der päpstlichen Schatzkammer. G. L. Bernini führte 1667 mit dem Katafalk von Alexander VII. (Abb. 4a) eine neue, pyramidenförmige Variante ein, die lange Zeit als Vorbild diente (Abb. 4b), auch wenn gelegentlich die Tholos als einfache oder gemischte Form wieder auftauchte (Abb. 4c).

Die Messe des Heiligen Geistes am neunten Tag beendete den Zyklus der Sedisvakanz und eröffnete das Konklave mit dem Zug der Kardinäle zur Sixtinischen Kapelle. Der Heilige Geist sollte nun die Seele des verstorbenen Papstes in den Himmel erheben

5. *Fronleichnamsprozession*, Mitte 17. Jh., Öl auf Leinwand. Rom, Museo di Roma, Palazzo Braschi, MR 4216.

und die Kardinäle bei ihrer Wahl bestärken. Die Kontinuität der päpstlichen Macht wurde von den Kardinälen bewahrt, die bis zur Wahl des neuen Nachfolgers auf dem Stuhl Petri von der Außenwelt abgeschirmt blieben.

Das Zeremoniell im liturgischen Jahreszyklus

Weihnachten ist ein christliches Hochfest und die musikalische Liturgie in der Basilika Sankt Peter eröffnet das Jahr mit einer stark spirituell aufgeladenen Zeremonie. In der Karwoche bildet die abendliche Prozession zur Basilika Sankt Peter am Gründonnerstag einen Höhepunkt. Den prächtigsten öffentlichen und auch häufigsten auf Bildern dargestellten Ritus innerhalb des liturgischen Jahreszyklus stellt jedoch die Fronleichnamsprozession dar. Das Fronleichnamsfest erlangte vor allem nach dem Konzil von Trient und mit der Förderung des Kults des Allerheiligsten Sakraments Bedeutung.

Es ist seit dem 13. Jahrhundert belegt und wurde Anfang des 14. Jahrhunderts für die gesamte Kirche vorgeschrieben. Am Donnerstag nach dem Dreifaltigkeitsfest, dem Ende der Pfingstoktav, beging man den Kult des *Corpus Domini* in einem öffentlichen Frühlingsfest mit Blumen, Düften und Räucherwerk. Von den Fronleichnamsprozessionen war diejenige von Sankt Peter in Rom sicherlich die prunkvollste: An ihr nahmen die geistigen und politischen Würdenträger des Kirchenstaates sowie, in geringerem Umfang, die der Stadt Rom teil. Die Szenografie des Festes sollte die Idee einer christuszentrierten und liturgischen Vormachtstellung in die metaphorische Sprache des abendländischen Herrschaftsdenkens übersetzen.[30] Ab dem 14. Jahrhundert legten die Päpste stets großen Wert darauf, dass das Fest des Leibes Christi als eines der wichtigsten römischen Feste angesehen wurde. Die Prozession begann vor dem Apostolischen Palast und umschrieb einen Raum[31], der den Vatikan innerhalb der Stadt Rom als Sitz des Pontifex maximus und seines Hofes darstellte. Während des Barock symbolisierte der Petersplatz den Vatikan und wurde in einem kreisförmigen Parcours durchquert. Bis zum Beginn der Bauarbeiten von Berninis Kolonnaden im Jahr 1656 war der Prozessionsweg von temporären Kolonnaden – aus Holzstangen mit Segeltuch errichtet – überdeckt (Abb. 9). Sie markierten eine vom Festapparat und Ritual unterstrichene Grenze. Traditionell wurde die rechte Seite des Platzes zum Palast hin auf Anweisung des Camerlengo mit den berühmten Wandteppichen Raffaels geschmückt, für die Gestaltung der linken Seite, zum Campo Santo hin, war der Erzpriester der Basilika Sankt Peter verantwortlich. Der Festzug[32] bestand aus dem Klerus der Basilika Sankt Peter, den Prälaten, Kurialen, den Amtsinhabern des Hofes und der Stadt sowie den Adligen: Der religiöse, soziale und politische Corps des Kirchenstaates war in einer festgelegten[33] hierarchischen Rangordnung aufgestellt, in der die Präzedenz[34] trotz andauernder Auseinandersetzungen und Konkurrenz streng eingehalten wurde. Für die Einhaltung war der Zeremoniar verantwortlich. Er notierte auch Abwesende und Kranke, da die Teilnahme als Pflicht galt und das Nichterscheinen eine Geldbuße zur Folge hatte. Als zentraler Teilnehmer des Festes wurde der Papst auf seinem tragbaren Thronsessel, der *sedia gestatoria*, von Kammerdienern getragen; das Recht, den Baldachin zu tragen, war den Adligen vorbehalten. Auf Knien

6. *Ankunft einer hohen Persönlichkeit auf dem Petersplatz zu Zeiten von Innozenz XIII.* Pignatelli, Ende 17. Jh., Öl auf Leinwand. Rom, Museo di Roma, MR 4119.

ruhend hielt er das Allerheiligste in seinen Händen. Nach eigenem Ermessen trug er dabei auf dem Haupt entweder die Tiara oder absolvierte den Zug ohne Kopfbedeckung. Bei dieser Gelegenheit wurden auch die kostbaren Tiaren zur Schau gestellt und während der Prozession mitgeführt: Die Symbole der souveränen Herrschaft mussten präsent und für alle sichtbar sein. Besonderes Augenmerk legte der Papst auf die rituellen Instrumente, wie die Kronen, die Monstranz mit der geweihten Hostie, den Baldachin und seine eigene Präsentation. 1654 schuf Bernini für den an den Folgen einer Operation leidenden Alexander VII. eine außergewöhnliche Vorrichtung: Auf einem hohen *talamo*, einem Traggerüst, waren ein Stuhl und eine unter dem Mantel des Papstes nicht sichtbare Kniestütze befestigt, davor eine Art Faldistorium (Klappstuhl). Die Haltung des Papstes vermittelte den Eindruck, als hielte er im Stehen die Monstranz mit dem Allerheiligsten in Händen, die wiederum auf dem Faldistorium befestigt war.[35] Damit nahm er eine dem Stellvertreter Christi anstehende, demütige und gleichzeitig dem Pontifex würdige Position ein. Während der Gegenreformation gewann der Kult des Allerheiligsten an Bedeutung, vor allem mit der Bildung zahlreicher Sakramentsbruderschaften; allein in Rom existierten zu Beginn des 17. Jahrhunderts 22 solcher Kollegien.[36] Die von den Kollegien organisierten Festzüge, vor allem die der Bruderschaft des Allerheiligsten Sakraments von Santa Maria sopra Minerva, unterstrichen den profanen Charakter des Festes; die Prozession von Sankt Peter hingegen war ein kuriales und herrschaftliches Fest. Die städtischen Amtsträger bestanden zwar auf ihrer Teilnahme an der Prozession, waren jedoch vor allem am Fest der Bruderschaft von San Marco aktiv beteiligt. Der alte, immer wieder aufflammende Gegensatz zwischen Papsthof/Kurie und dem Klerus der Basilika fand mit der Gründung der Bruderschaft des Allerheiligsten Sakraments durch Paul III. im Jahr 1548 ein Ende. Diese wurde später von Gregor XIII. zur Erzbruderschaft erhoben. Sie bestand aus den Kanonikern des Domkapitels und den *familiares*, den Angehörigen des päpstlichen Hofstaates. Diese Bruderschaft organisierte ein eigenes Fest: Nach der Prozession des Papstes auf dem Petersplatz hielten die Brüder in der Basilika einen Festzug mit dem Allerheiligsten rund um die Confessio sowie eine feierliche Messe ab.[37]

Im Barock nahm das Fronleichnamsfest die Form eines großen liturgischen und politischen Festes an. Als Antwort auf den Protestantismus wurde es in sehr vielen Gemälden und Stichen verbreitet und diente zahlreichen Prozessionen der europäischen Fürstenhöfe als Vorbild. Im 17. Jahrhundert entwickelte sich das Fest in Rom zu einem mehr mondänen als religiösen Ereignis. Die Prozession unter den vatikanischen Kolonnaden verlor ihre politische Bedeutung und erfuhr eine Umwertung hin zu einer Anbetung des Allerheiligsten und einem Akt der Ehrenbezeugung gegenüber der Heiligkeit der Person des Papstes.

Die Ausübung der monarchischen Gewalt

Der apostolische Segen stellte einen religiösen und politischen Akt dar, der anfänglich von der Loggia des Lateranpalastes aus erteilt wurde. Seit dem Umzug der päpstlichen Residenz in den Vatikan erfolgt er in der Basilika Sankt Peter. Die Ankunft neu ernannter Kardinäle in Rom stellte stets ein bedeutendes Ereignis

7. Die Präsentation der Chinea in der Basilika St. Peter, Öl auf Leinwand, Ende 17. Jh., Rom, Museo di Roma, MR 4120.

im Leben der Stadt dar: Ihr Einzug wurde mit offiziellen Umzügen gefeiert, die Paläste der befreundeten Familien sowie ihre eigenen waren festlich geschmückt und am Abend erfreuten sie das Volk mit Feuerwerken.[38] Schließlich erfolgte die Erhebung in den Kardinalsstand durch den Papst, der ihnen während dieser Zeremonie den Kardinalshut *(Galero)* aufsetzte. Diese für die Person und die Familie des Kardinals bedeutenden Momente finden sich oft auf Bildern dargestellt. Ein Gemälde im Museo di Roma zeigt vermutlich die Ankunft eines Kardinals auf dem Petersplatz (Abb. 6), weitere Bilder im selben Museum stellen die Investitur dar und zeugen von deren politischen Dimension.

1571 gewährte der Papst dem Sieger von Lepanto Marco Antonio Colonna die Ehre eines Triumphzugs.[39] Der von den politischen und administrativen Würdenträgern der Stadt organisierte Einzug fand im Vatikan seinen Abschluss. Auf dem Petersplatz ehrten ihn die Soldaten mit Salvenschüssen. Danach ritt Colonna in den Hof des Apostolischen Palastes und stieg dort vom Pferd. In der Basilika wurde er vom Patriarchen von Jerusalem begrüßt und hörte ein *Te Deum*, bevor Papst Pius V. und dessen Mitarbeiter ihn in der traditionell für bedeutende Persönlichkeiten vorbehaltenen Sala Regia empfingen.

Die zum Katholizismus konvertierte Königin Christina von Schweden kam im Dezember 1655 nach Rom. Papst Alexander VII. Chigi schickte ihr die Kardinäle mit Pferden und einer prächtigen Kutsche zur Porta del Popolo entgegen, von wo man sie mit großem Pomp und einem prunkvollen Umzug zum Vatikan geleitete – ein Ereignis, von dem mehrere Stiche zeugen. Dort wurde sie vom Papst empfangen und für einige Tage in der Torre dei Venti beherbergt, eine Ehre, die nur wenigen Fürsten zuteil wurde. Allerdings gewährte man ihr noch ein weiteres seltenes Privileg: Sie zählt mit Mathilde von Tuszien und Maria Clementina Sobieska-Stuart zu den drei Frauen, denen man eine Beisetzung im Petersdom gestattete. Nach der vom Papst in der Kirche Santa Maria in Vallicella verfügten Begräbnisfeier im Jahr 1689 überführte man den Leichnam für eine zweite Feier und Beisetzung in den vatikanischen Grotten in einem beeindru-

8a. Gian Paolo Panini,
Ankunft von Karl III., König beider Sizilien, vor St. Peter,
Öl auf Leinwand, 1748. Neapel,
Museo Nazionale di Capodimonte.

PRUNK ALS ZENTRALES ELEMENT IM PÄPSTLICHEN ZEREMONIELL DES BAROCK

ckenden Umzug zur Basilika. Ihr von Carlo Fontana geschaffenes Grabmonument entstand im Jahr 1702.[40]

Audienzen für ausländische Gesandte gehörten zu den üblichen Aufgaben eines Staatsoberhauptes und folgten einem genau festgelegten Protokoll. Der erste Besuch nach dem Amtsantritt eines neuen Gesandten war von einem großen Umzug begleitet, für den sich zahlreiche Beispiele auf Gemälden, Stichen und in illustrierten Büchern finden.

Ein speziell für diesen Anlass ausgewählter Gesandter überbrachte dem Papst die *chinea*, eine weiße Stute, die auf ihrem Rücken das Behältnis mit dem Tribut des Königs von Neapel trug, den dieser seit dem späten Mittelalter in Anerkennung des vom Papst gewährten Lehens entrichtete. Die Präsentation der *chinea* erfolgte am Vorabend des römischen Hochfestes Peter und Paul, bei dem die Lehensmänner des Papstes ihre Tribute übergaben.[41] Im 17. Jahrhundert führte man die Stute in die Basilika, wo sie vor dem auf dem tragbaren Thronsessel, der *sedia gestatoria*, sitzenden Papst auf die Vorderbeine fiel und den Eindruck des Kniens erweckte (Abb. 7). Als Bekräftigung der Oberherrschaft des Pontifex zeugte dies davon, auf welche Weise solche Zeremonien zur Selbstverherrlichung des Papstes und des spanischen Königs eingesetzt wurden, der damit seine Präsenz und Bedeutung unterstrich. Doch fehlte es auch hier nicht an heftigen Auseinandersetzungen um die Einhaltung der Rangfolge. Die großen Familien, allen voran die Colonna und Orsini, achteten eifersüchtig auf die Einhaltung ihrer Vorrechte am Heiligen Stuhl; Colonna zögerte keineswegs, den Rang einzufordern, der ihm seiner Meinung nach als *gran contestabile* – als außerordentlicher Gesandter des Königs von Neapel – bei der Präsentation der *chinea* zustand. Die heftigsten Kämpfe in der Stadt wurden jedoch um die Rangfolge im Festzug und nicht die im Vatikan ausgetragen, wo man um einvernehmliche Lösungen bemüht war. Mit der offiziellen Zeremonie im Vatikan gingen Feierlichkeiten mit Feuerwerken in der Stadt einher, die im 17. Jahrhundert im Auftrag des spanischen Gesandten und schließlich bis Ende des 18. Jahrhunderts im Auftrag der Familie Colonna abgehalten wurden.[42] Die Übergabe des Tributs erfolgte ab Ende

8b. Gian Paolo Panini,
Öffnen der Heiligen Pforte für das Jubeljahr 1750,
Stift und Aquarell auf Papier, um 1750.
Rom, Museo di Roma,
Gabinetto Comunale delle stampe, GS 900.

des 17. Jahrhunderts immer durch einen Colonna in der Sala Regia, in der auch die Audienzen der wichtigen Gesandten stattfanden. Die Zeremonie der Tributübergabe hatte sich zu einem politischen Akt entwickelt, den man dem Königreich von Neapel zu dessen Legitimierung auferlegt hatte, dessen öffentliche Form es aber zunehmend ablehnte. 1748 stattete der erst kurz zuvor zum König beider Sizilien gekrönte Karl III. dem Papst in St. Peter einen offiziellen Besuch ab, der allerdings nicht die Präsentation der Chinea beinhaltete (Abb. 8). 1855 kamen schließlich beide Seiten darin überein, die Tributpflicht seitens des Königreichs von Neapel endgültig aufzulösen. Im Gegenzug zahlte König Ferdinand II. 10.000 Scudi für die Errichtung der *Colonna dell'Immacolata* (Säule der Unbefleckten Empfängnis) auf der Piazza di Spagna.

Das Leben im Vatikan wurde und wird durch eine Reihe von außerordentlichen Zeremonien rhythmisiert, die in regelmäßigen oder unregelmäßigen Abständen stattfinden. So wird alle 25

9a. Cesare Conti (zugeschr.), *Kanonisation des hl. Diego de Alcalà*, 1588, Fresko. Vatikan, Biblioteca Apostolica Vaticana, Libreria segreta, erster Raum.

Jahre am 25. Dezember die Heilige Pforte *(Porta Sancta)* als Zeichen des beginnenden Heiligen Jahres geöffnet, das Bonifaz VIII. eingeführt hatte. Mit einem goldenen Hammer schlägt der Papst dabei gegen die vermauerte Tür; Urban VIII. wollte mit Blick auf eine Reform der Rituale dafür einst die Schlüssel Petri benutzen.[43] Dieser rituelle Akt stellt einen Höhepunkt der Zeremonie dar, da er den Eintritt in eine neue, stark von Ritualen geprägte Zeit versinnbildlicht. Die Zahl der nach Rom strömenden Pilger war so groß, dass deren Parcours für Verehrungen und Anbetungen sowohl räumlich als auch zeitlich koordiniert werden musste, sehr oft auch außerhalb des Vatikans. Die in Sankt Peter geöffnete Heilige Pforte (Abb. 8b) markiert den Beginn dieser Zeit und die Öffnung der Basiliken für das Volk Gottes als Symbole der Aufnahme und als Orte für die Andacht der Gläubigen – die streitende Kirche öffnete die Pforten des Himmels und der Ewigkeit.

Heiligsprechungen zählen aufgrund ihrer universalen Bedeutung zu den wichtigsten Zeremonien und wurden von einem entsprechenden Festapparat begleitet.[44] Nach einem langen, von der Heiligen Ritenkongregation durchgeführten Verfahren legte der Papst in der Kanonisationsbulle als pontifikale Urkunde den Festtag des neuen Heiligen, die Modalitäten seines Kultes und auch die Ikonografie fest, die man am Tag der Heiligsprechung auf dem Banner des Heiligen erstmals öffentlich präsentierte. Eine Verschärfung der Vorschriften unter Papst Urban VIII. sollte einer ausufernden, mehr oder weniger privaten und lokalen Heiligenverehrung vorbeugen. Die erforderlichen Stufen zum Erlangen der Heiligkeit – von der Seligsprechung bis zur Kanonisation – wurden klarer definiert und die damit verbundenen Zeremonien getrennt; ihre Riten sind jedoch beinahe identisch. Es ging um eine Förderung und bessere Kontrolle des Heiligenkultes und somit auch der Zahl der Heiligen: Im 17. und 18. Jahrhundert wurden jeweils rund dreißig Kanonisationen ausgesprochen.[45]

Die Zeremonie der Heiligsprechung bestand aus der Bekanntgabe der Einrichtung eines neuen universalen Kultes mit eigenen Worten, Gesten und Bildern und sanktionierte die Einsetzung des Heiligen nach einem genau beschriebenen Ritual. Der dabei aufgewendete Prunk war erforderlich, um die Bedeutung des Ereignisses zu unterstreichen, lässt sich aber auch durch den politischen und kulturellen Kontext jener Epoche erklären: In der zeitgenössischen Denkweise des Barock beruhte die Kommunikationsstrategie vor allem auf Repräsentation. Die Kunst spielte dabei eine wichtige Rolle: Szenografie, Festapparat, Gemälde und Skulpturen, Musik und Düfte erschufen eine Aura aus Schönheit und Luxus. Pomp und Herrlichkeit waren notwendige Mittel, um Gott, den Papst, die Verfechter des Glaubens, ihre Heimat und den Heiligen zu preisen und aus der Weltgebundenheit ins geistig Erhabene hinüberzuführen.

Diese Zeremonien nahmen nach dem Konzil von Trient immer mehr festlichen Charakter an, da sie zugleich als ein Instrument der Abgrenzung zum Protestantismus dienten.[46] Die Heiligsprechung fiel stets auf einen Sonntag, ein Fest im liturgischen Kalender oder einen Jahrestag in Verbindung mit dem regierenden Papst; Ort der Kanonisation im 17. Jahrhundert war immer Sankt Peter. Der notwendigerweise äußerst prunkvolle Apparat in der Basilika bedeutete ein kostspieliges Unterfangen für die Fürsprecher der Heiligen, die die zahlreichen Bilder für die Zeremonie und für die gemäß dem Protokoll zu übergebenden Geschenke in Auftrag geben mussten. Sie führten zu einer regelrechten Serienfertigung.[47]

9b. Giovanni Battista Ricci, *Kanonisation der Franziska von Rom*, Fresko, 1608. Vatikan, Apostolischer Palast, Sale Paoline.

Das große neuzeitliche Ritual[48] fand erstmals 1588, dem Gründungsjahr der Heiligen Ritenkongregation, bei der Kanonisation des Spaniers Diego d'Alcala (hl. Didakus) Anwendung. Ein Fresko Cesare Contis im Apostolischen Palast zeigt die Umgestaltung von Alt-Sankt-Peter durch die Festapparate und wie Gatter die Protagonisten und geladenen Gäste der Zeremonie vom Volk trennen (Abb. 9a). Zwei wichtige Ereignisse – auf gegenüberliegenden Fresken von G. B. Ricci in den Sale Paoline zu sehen – bildeten die Heiligsprechung der hl. Franziska von Rom (Francesca Romana), der Schutzpatronin der Stadt, im Jahr 1608 (Abb. 9b) sowie die von Karl Borromäus im Jahr 1610 (Abb. 9c). Für Letztere wurde die Fassade der Basilika vollständig mit Darstellungen aller Heiligen und Erzbischöfe Mailands geschmückt und die Stadt des Heiligen somit als Rivalin Roms dargestellt – ein Beispiel, das sich allein durch die Bedeutung Borromäus' erklären lässt. Bei allen anderen Anlässen wurde, da es sich oft um »Kollektiv-Kanonisationen« handelte, lediglich ein Bild des Heiligen beziehungsweise der Heiligen sowie das Wappen des Pontifex an der Fassade gezeigt. Ab dem Jahr 1608[49] errichtete man im hinteren Teil der Basilika regelrechte Theaterkonstruktionen – einerseits, um einen gesonderten Raum für den Heiligsprechungsprozess zu schaffen, aber auch um physisch wie symbolisch einen heiligen Ort für den Ritus zu kreieren, ein irdisches Paradies als Verweis auf das himmlische, in das der neue Heilige einziehen würde.

Diese Theater wurden von großen Architekten entworfen – von Bernini 1625, während den Arbeiten am Baldachin, für die kanonisierte Königin Elisabeth von Portugal, 1629 für Andrea Corsini zusammen mit G. P. Schor und 1658 für Tomás de Villanueva. Die Stiche zur Illustration und Verbreitung des Ereignisses stammten aus der Hand berühmter Kupferstecher: von G. Rainaldi in den Jahren 1608 und 1610 sowie G. Maggi, P. Guidotti und Greuter im Jahr 1622 für die fünf Heiligen Isidor von Madrid,

9c. Giovanni Battista Ricci, *Kanonisation des Karl Borromäus*, Fresko, 1610. Vatikan, Apostolischer Palast, Sale Paoline.

Teresa von Avila, Filippo Neri, Ignatius von Loyola und Francesco Saverio Bianchi (Abb. 10); Berninis illusionistischer Entwurf aus dem Jahr 1629 war der am weitesten durchdachte: Indem er die Protagonisten in Halbbögen anordnete, umschrieb er die Grenze des Ortes und nahm damit den Entwurf für die 1656 begonnenen Kolonnaden am Petersplatz vorweg. Die Basilika wurde taghell erleuchtet und das ganze Hauptschiff mit Gemälden und Medaillons geschmückt, die an das Leben und die Wunder des Heiligen erinnerten. Das in der Mitte des Theaters aufgehängte Banner des Heiligen dominierte die Zeremonie und zeigte das fortan offizielle Bildnis für seinen nunmehr universalen Kult.

Die Akteure des Ritus nahmen in dem für diesen Anlass errichteten Theater Platz – Ort des Austausches zwischen den Anwesenden, zwischen Mensch und Himmel. Protagonisten und hochstehende Zuschauer waren Teil der Darstellung: Vertreter der Stadtverwaltung sowie die Gesandten der Länder, aus denen die Heiligen stammten, aber auch aus aktuell politisch wichtigen Staaten. Außergewöhnliche Ehrengäste erfuhren eine Sonderbehandlung, so die einstige Königin Christina von Schweden, der man für die Kanonisation im Jahr 1669 einen Thron mit Baldachin errichtete (Abb. 11). Auch einfaches Volk war in der Basilika zugelassen, allerdings nicht mehr hinter Gattern wie noch in der zweiten Hälfte des 17. Jahrhunderts, als die Zeremonie im weiten und offenen Innenraum der Basilika stattfand – so zu sehen auf den Bildern der Kanonisation des Franz von Sales 1665 (Abb. 12). Das Publikum war als Zeuge des Ereignisses unabdingbar.

Zu jeder Kanonisation wurde vor und während der Zeremonie eine illustrierte Schrift verteilt, beziehungsweise nach deren Ende verschickt. Der stets beteiligte Papst wurde auf dem tragbaren Thronsessel, der *sedia gestatoria*, hereingetragen und von den Kanonikern von Sankt Peter am Eingang der Basilika empfangen, die er zusammen mit dem Banner des Heiligen betrat. In

PRUNK ALS ZENTRALES ELEMENT IM PÄPSTLICHEN ZEREMONIELL DES BAROCK

10. Paolo Guidotti (Architekt), Mattheus Greuter (Stecher), *Theatrum in Ecclesia S. Petri...: teatro della canonizzazione dei Cinque Santi* (»Theater für die Kanonisierung der fünf Heiligen«), Verleger: G. Iacomo de Rossi alla Pace, Widmung an Kardinal Agostino Chigi, 1622. Rom, Museo di Roma.

11. G. Battista Falda, *Errichtung des Theaters für die Kanonisation von Petrus von Alcantara und Maria Magdalena von Pazzi in Anwesenheit von Christina von Schweden*, Stich, 1669. Vatikan, Biblioteca Apostolica Vaticana.

dem Theater nahm er, als Ausdruck seiner päpstlichen Macht, unter dem Baldachin auf einem dort aufgestellten Thron Platz. Ein *avocatus dei* (Postulator) vertrat die Fürsprecher des Heiligen und bat den Papst demütig drei Mal in Folge, den Seligen in das Heiligenverzeichnis aufzunehmen. Gesänge und Gebete wechselten mit den Fürbitten. Bei der dritten Fürbitte erteilte der Papst, der Gott um Erleuchtung angerufen hatte, seine Zustimmung und sprach die Kanonisationsformel. Der Postulator dankte und bat ihn, durch die apostolischen Protonotare die Heiligsprechungsurkunde aufsetzen zu lassen. Der Papst willigte umgehend ein und sang das *Te Deum*. In ganz Rom wurden die Glocken geläutet und von der Engelsburg Kanonensalven abgefeuert. Anschließend sprach der Papst das Gebet des neuen Heiligen und nach einem feierlichen Segen überreichte man ihm die vorbereiteten Geschenke. Sie sind auf den Darstellungen zu sehen: Ritualien und Symbole wie Brot und Wein für die Eucharistie, Kerzen zur Erleuchtung des Glaubens und der Kirche sowie

12. G. Battista Falda (Zeichnung), *Ansicht des Theaters in St. Peter für die Kanonisation des Franz von Sales*, Stich von G. Giacomo de' Rossi, 1665. Rom, Museo di Roma, GS 106.

PRUNK ALS ZENTRALES ELEMENT IM PÄPSTLICHEN ZEREMONIELL DES BAROCK

drei Käfige mit Vögeln für den Heiligen Geist. Diese Zeremonie stellte einen Übergangsritus dar[50], der an einem heiligen Ort zur Verherrlichung des Heiligen wie auch der päpstlichen Macht mit einer religiösen und politischen Liturgie abgehalten wurde. Der Papst stand im Zentrum der Zeremonie; er leitete das Ritual in einem von eigens durch ihn ausgewählten Architekten errichteten Theater, um so seine Entscheidung der Welt kundzutun.

Einige Tage später schloss die Kanonisationszeremonie mit einem weiteren Ritus in Sankt Peter ab: die Rückgabe der Banner an die Fürsprecher des Heiligen. Diese Zeremonie wurde von den Kanonikern von Sankt Peter vor dem Hauptaltar abgehalten und bestand aus der Weihe dieser Banner, von denen mindestens eines in ihrem Besitz verblieb. Es stellte ein wesentliches Instrument des Heiligsprechungsritus dar, da es das offizielle Bildnis des Heiligen verbreitete und damit zu einem sakralen Ritualobjekt und Gegenstand der Anbetung wurde, der die Präsenz des Heiligen vermittelte.

Epilog

Am Ende des 17. Jahrhunderts hatte sich der politische und kulturelle Kontext für alle Zeitgenossen spürbar verändert. Die Auseinandersetzungen um Rangfolgen und ein gewisser Formalismus führten dazu, dass die Zeremonien gegen Ende des 17. Jahrhunderts mehr und mehr der Majestät des Papstes und der Heiligkeit seiner Person galten. Wenn sich auch die allegorische und symbolische Bedeutung änderten, so wurden die bedeutenden traditionellen Riten während der Zeit des Barock mit unvermindertem Prunk beibehalten. Das vatikanische Zeremoniell im Barock trug zur Entwicklung und Verbreitung der barocken Festkultur bei, die auf den Überraschungseffekt durch die speziell dafür entworfenen Wunderwerke (*apparati* und *macchine*) abzielte. Kunst und Festkunst vermittelten zwischen Liturgie und Politik und entwarfen dazu ein figuratives Vokabular von hohem Symbolgehalt.[51]

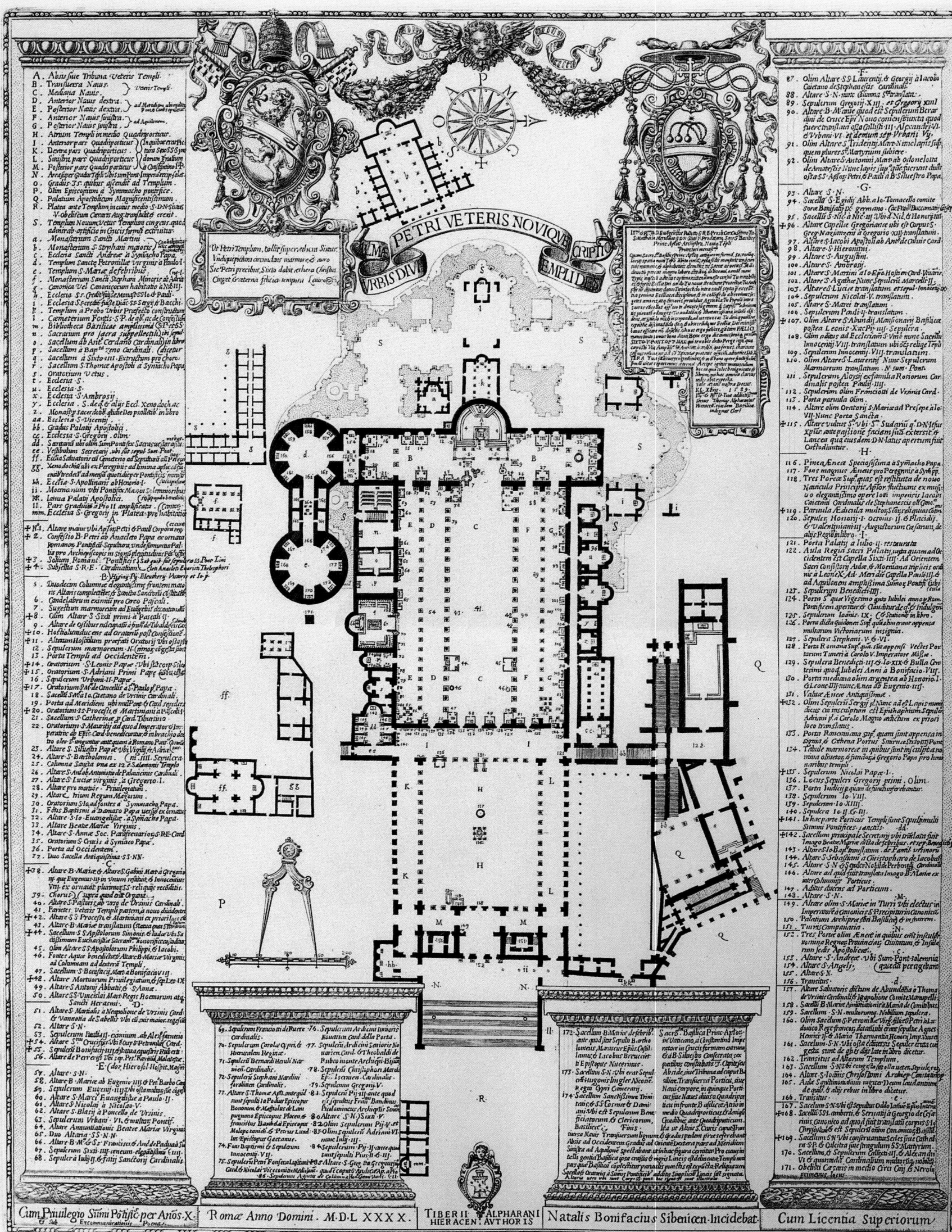

Der Petersdom, der Petersplatz und Berninis Kolonnaden

GERHARD WIEDMANN

Einführung

Die alte Basilika St. Peter, gegründet von Konstantin, stand noch, als 1506 Papst Julius II. den Grundstein für die neue Kirche von St. Peter legte, die nach den Plänen Bramantes ein Tempel der Christenheit werden sollte und mit ihren klar festgelegten Proportionen ein perfektes Monument der Renaissance. Mehrere historische Ereignisse, vor allem der Sacco di Roma 1527, aber auch praktische und künstlerische Fragen und die Diskussion, ob die Kirche auf dem Grundriss eines griechischen oder des lateinischen Kreuzes zu errichten sei, haben ihre Fertigstellung verzögert. An ihrem Bau und der Ausgestaltung waren viele berühmte Künstler von Raffael bis Antonio da Sangallo beteiligt. Mit dem epochalen Ereignis der Reformation Luthers – zu der nicht zuletzt auch die Arbeiten an Neu-St.-Peter beitrugen – gelang es, die Legitimität des Papstes als Nachfolger des Apostels Petrus in Frage zu stellen. Daraus erwachsen das Bestreben und die starke Berufung der Kirche Roms auf die Tradition des Petrus. Als unter Sixtus V. die Kuppel vollendet wurde, wollte man mit den Worten, die, für alle sichtbar, in übergroßen Buchstaben im Innern des Tambours der Kuppel eingesetzt sind: »TU ES PETRUS ET SUPER HANC PETRAM ECCLESIAM MEAM AEDIFICABO ET TIBI DABO CLAVES REGNI CAELORUM« (»Du bist Petrus, und auf diesen Felsen werde ich meine Kirche bauen ... Ich werde dir die Schlüssel des Himmelreiches geben«, Mt. 16,18,19), mit aller Klarheit ausdrücken, dass es die Worte Christi sind, mit denen der hl. Petrus seine Kirche gründete. Es handelt sich um ein ikonografisches Thema, das seinerseits in der Nachfolge in einem Relief oberhalb des Hauptportals der Basilika dargestellt werden wird. Das gesamte Programm folgt diesem roten Faden. Alles wird in der *Kathedra Petri* in der Spitze der Apsis gipfeln, wo der Thron Petri aufbewahrt wird, sein Thron, wie man der Tradition zufolge glaubte. Nach vierzig Jahren, mit der Berufung Michelangelos im Jahre 1547 durch den Farnese-Papst Paul III. konnten die Arbeiten wieder aufgenommen werden und mit dem Entschluss des Künstlers eine neue Form annehmen. Sein Projekt war auch die Kuppel, die nach seinem Tod 1564 unter der Leitung von Giacomo della Porta ausgeführt wurde. Mit dem Abschluss der Kuppel zur Zeit von Sixtus V. war das Monument über dem Grab des Apostels Petrus jedoch noch nicht vollendet, vielmehr bildete es den Kern für den Beginn einer neuen Ära. Es gibt Autoren, die den 18. November 1593 als die Geburtsstunde des Barock ansehen,[1] als Papst Innozenz VIII. das goldene Kreuz, das *signum salutare*, auf die Spitze der Laterne setzte. Selbst wenn man das Datum vorverlegen wollte, so bedeutet dieser Tag ein Scheideweg für die Kunstgeschichte.

Michelangelo hatte sich das Innere seiner großen Kirche eindeutig als Bauwerk ohne innere Dekoration vorgestellt. Daraus folgte, dass in dieser ganzen Zeit nie ein ikonografisches Programm für die figürliche Ausstattung des Kircheninneren erarbeitet wurde. Zum Ende des 16. Jh. hatten sich die Zeiten verändert und man wandte sich verstärkt dem Bild als Träger von Botschaften und inneren Bedeutungen zu. Jetzt wird die musivische Dekoration unmittelbarer Teil dieser neuen Kirche und legt das ikonografische Programm fest. Von diesem Augenblick an gibt es vielleicht zwei entscheidende Gelegenheiten für die zukünftige Entwicklung von St. Peter. 1580 weiht Gregor XIII. seine Kapelle auf der nordöstlichen Seite der Vierung ein. Es handelt sich um die erste für die Benutzung fertiggestellte Kapelle (hier wird zunächst das Heiligste Sakrament aufbewahrt werden) und sie wird zum Vorbild für die Dekoration mit Inkrustationen aus kostbarem farbigem Marmor. Ein weiterer einschneidender Umstand für den Fortgang der Arbeiten an der neuen Basilika war im September 1605 unter dem Pontifikat von Paul V. die Entscheidung, die letzten Überreste der konstantinischen Basilika abzutragen,[2] die bis zu diesem Augenblick mit ihrem Schiff, von der neuen Kirche Michelangelos von einer Mauer getrennt, überlebte. Fast alle Funktionen fanden noch in der alten Basilika statt, abgesehen von einigen Papstmessen über dem alten Hauptaltar des Petrusgrabes. Aber vielleicht hatte man sich auch an die Ko-

DER PETERSDOM, DER PETERSPLATZ UND BERNINIS KOLONNADEN

Seite 28: 13. Plan von Alt-Sankt-Peter.
Stich von Natale Bonifacio nach Tiberio Alfarano,
1590.

14. Carlo Fontana, Plan der Basilika
St. Peter, *Templum Vaticanum*, 1694, S. 421.

15. Carlo Fontana, Kolonnaden, Grundriss,
Templum Vaticanum, 1694, S. 223.

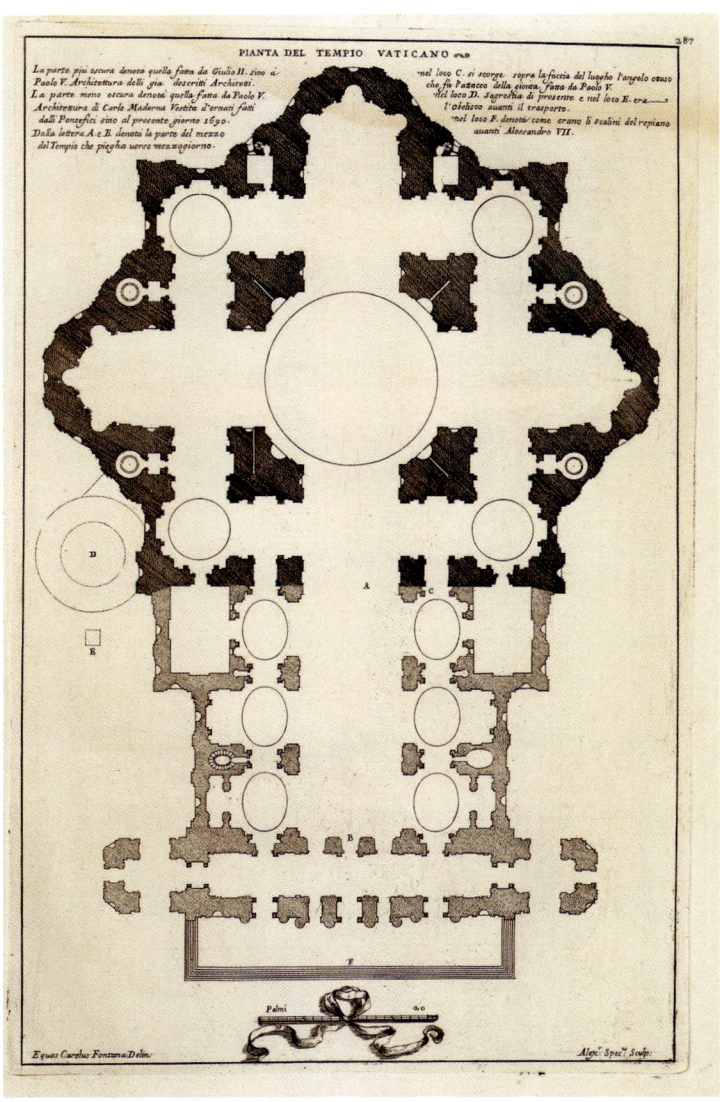

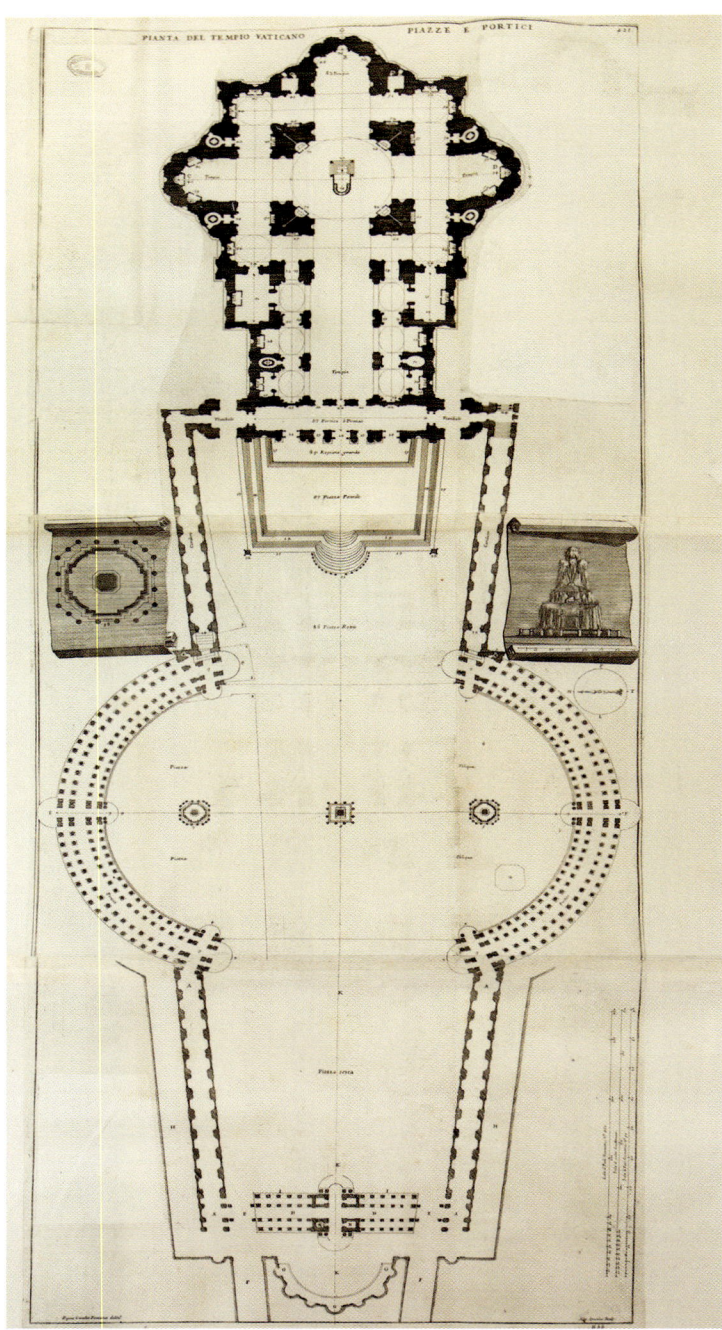

existenz des neuen und alten St. Peter gewöhnt. Der Abbruch bereitete jedoch freie Bahn dem Projekt einer Basilika über dem Grundriss eines lateinischen Kreuzes, das 1612 mit der Fassade von Carlo Maderno abgeschlossen wurde (Abb. 14). Im Abstand von mehr als hundert Jahren und bei gewandeltem Stil und der überwundenen Renaissance wird St. Peter mit dem Beginn des neuen Jahrhunderts das Monument des Barock par excellence und aufgrund seiner Bedeutung zum weltweiten stilistischen Vorbild nicht nur für die sakrale Kunst.

Ein ideales Zusammentreffen von Umständen hat die Entwicklung dieses Stils gefördert. An erster Stelle standen der Wille und die Fähigkeit einiger Päpste während des ganzen 17. Jh., nach Paul V. vor allem Urban VIII. und Alexander VII., die mit Geschmack und Kunstsinn, gepaart mit theologischem Gespür die Dekoration im Innern der Basilika und die organische formale Gestaltung des davor liegenden Platzes zum Abschluss brachten. Der ikonografische Aufbau folgt einem dogmatischen Programm, das in der Kathedra Petri gipfelt. Nur selten zeigt sich die histori-

sche Ikonografie und besonders unter Innozenz X., der die theologische Geschlossenheit im spirituellen Sinn vernachlässigt.

Die zweite Komponente der künstlerischen Entwicklung war die Persönlichkeit von Gian Lorenzo Bernini, der seit der Zeit des Borghese-Papstes Paul V. sein ganzes Leben den Arbeiten in St. Peter gewidmet hat. Er wurde 1629 nach dem Tod von Carlo Maderno zum Architekten der Fabbrica di S. Pietro ernannt, tatsächlich war er aber bereits seit 1624 mit dem Aufstieg Urbans VIII. verantwortlich für alles, was in St. Peter ausgeführt wurde, Papst Paul V. sah in ihm den »Michelangelo del suo tempo« (Michelangelo seiner Zeit«). Nicht nur seine künstlerische Inspiration hat

16. Taddeo Landini, *Fußwaschung*
(Gesamtansicht), Rom, Palazzo del Quirinale, Sala Regia
(heute Salone dei Corazzieri)

17. Taddeo Landini, *Fußwaschung* (Detail) Rom, Palazzo del Quirinale,
Sala Regia (heute Salone dei Corazzieri).

zu diesem Fortschritt geführt. Es war vor allem sein Talent, die Arbeiten zu organisieren, die in einer Werkstatt von Künstlern gemeinsam ausgeführt wurden, welche allesamt gewissermaßen wie ein Alter ego wirkten.

Zwischen 1647 und 1649 arbeiteten mehr als vierzig Bildhauer geleichzeitig an den Reliefs für die Ausstattung der *Cappelle Grandi*. Um diese großen künstlerischen Aufgaben zu bewältigen – wie auch noch heute – wurde 1571 die Reverenda Fabbrica di San Pietro gegründet. Diese Organisation verwaltete zusammen mit dem Kardinalskollegium die finanziellen Mittel, beschaffte das Material (Marmor, Bronze) und griff auch in praktische Aspekte ein, wie beispielsweise die Wahl der Mitarbeiter.

Zu dieser Schar von Künstlern zählte auch Francesco Borromini, wenngleich er noch nicht als Architekt auftrat (obwohl er in gewisser Weise am Bau des Baldachins beteiligt war), sondern, wie es aus den Urkunden hervorgeht, eher als Steinmetz oder als Modelleur für Gitter wirkte. Oft sieht man in ihm den Architekten, im Gegensatz zum Bildhauer Bernini, der unerfahren in Fragen der Statik erscheint; das beste Beispiel hierfür ist die Geschichte des Kirchturms an der Fassade der Basilika, der schließlich (1641) abgerissen wurde, da er die statische Stabilität gefährdete.[xx]

Als Bernini 1680 starb, sah die Kirche von St. Peter innen wie außen so aus, wie wir sie heute kennen. Einige Schüler Berninis (Matthia de' Rossi, Carlo Fontana) bringen als Erben die Arbeiten in stilistischer Kontinuität zum Abschluss. Dies ist einer der Gründe, weshalb trotz der hundert und mehr Jahre alles in der Gesamtheit so harmonisch erscheint. Um 1690 ahnte man wirklich, dass ein Jahrhundert abgeschlossen war, und eine Reihe von Publikationen über die Basilika bestätigen, dass dieses erreichte Ende erahnt wurde, so auch GIOVANNI BATTISTA COSTAGUTI, *Architettura della Basilica di San Pietro in Vaticano*..., Rom 1684; CARLO FONTANA, *Templum Vaticanum et ipsius origo*..., Rom 1694 und FILIPPO BONANNI, *Numismata summorum pontificum templi Vaticani fabbricam indicantia*..., Rom 1696.

Die nächsten hundert Jahre dienten der Fertigstellung des Schönen im Innern. Die Dekoration der Zwickel mit den Tugenden und den Statuen der heiligen Ordensgründern sind die wichtigsten Arbeiten gewesen. Neben den Grabmälern der Päpste gehen diese Ergänzungen bis heute weiter, wie etwa im Fall der Statuen der Heiligen in den Nischen in den Außenmauern. Die Studien zu St. Peter und die einzelnen Aspekte sind unendlich und dank des Archivs der Reverenda Fabbrica di San Pietro und dem Dokumentenmaterial der Biblioteca Apostolica Vaticana ist unsere Kenntnis der Baugeschichte gut erschlossen. Grundlegend sind heute die neu erschienenen Bände von ANTONIO PINELLI (Hg.), *La Basilica di San Pietro in Vaticano*, 4 Bde., Modena 2000, die einen unerlässlichen Corpus darstellen. Zum 500. Jahrestag der Gründung von Neu-St.-Peter fand 2006 ein der neuen Basilika gewidmeter Kongress statt, die Beiträge sind gesammelt in SATZINGER/SCHÜTZE (Hg.), *Sankt Peter in Rom 1506–2006*, München 2008.

Gregorianische Kapelle

Das Gewölbe von Michelangelos Kuppel war noch nicht geschlossen, als Kardinal Ugo Boncompagni am 13. Mai 1572 unter dem Namen Gregor XIII. zum Papst gewählt wurde. Er begann unverzüglich, die Kapelle an der nordöstlichen Ecke der Vierung zu vervollständigen. Diese erste im neuen St. Peter fertiggestellte Kapelle erfüllt in vielfacher Hinsicht die Rolle des Prototyps und war entscheidend für spätere Dekorationsprogramme. Es scheint, dass bereits 1571 Papst Pius V. die Fundamente für diese und die drei weiteren Kapellen gelegt hat[3]. Die Entscheidung, gerade diese Kapelle zuerst zu vollenden, lässt sich vielleicht aus dem persönlichen Interesse des Papstes ableiten, da sie nahe am Papstpalast lag, oder auch weil sie an an die Trennmauer zur alten konstantinischen Basilika grenzte. Darüber hinaus konnte auch ein viel tieferer Grund bestehen, wie die Wahl der Ikonografie zeigt. Die Kapelle besteht aus einem Raum mit einer Kuppel, die Giacomo Della Porta im Januar 1578 schloss, und zwei Durchgän-

DER PETERSDOM, DER PETERSPLATZ UND BERNINIS KOLONADEN

18. Gregorianische Kapelle, Wappen von Gregor XIII. im Boden.
19. Gregorianische Kapelle, Altarbild der Hilfreichen Mutter Gottes (Madonna del Soccorso).

20. Blick in die Gregorianische Kapelle.
21. Gregorianische Kapelle, Altar.

gen mit Tonnengewölbe, die Teil des Umgangs sind. In diesen sind zwei Altäre aufgestellt. Bereits im folgenden Monat konnte aus Alt-Sankt-Peter das Altarbild der *Madonna del Soccorso*[4] versetzt werden, das sich zuvor auf der anderen Seite der Trennmauer just an der einzig möglichen Stelle befand, an der man einen Durchgang zur Kapelle schaffen konnte.[5] Die Kapelle nahm das Patrozinium Mariens an und wurde von nun an Gregorianische Kapelle *(Cappella Gregoriana)* genannt. Der Raum war noch vollkommen kahl und erhielt erst ab diesem Augenblick seine Dekoration aus mehrfarbigem Marmor und Mosaiken, die nach Ent-

würfen des Girolamo Muziano ausgeführt wurde.⁶ Della Porta führt auch den afrikanischen Marmor ein, der sich als entscheidend für die Dekoration in der Vierung erwies. Bei den wertvollen Steinen handelt es sich um Spolien aus dem Tempel des Romulus auf dem Forum Romanum, aus Castel Sant'Angelo und aus den Caracalla-Thermen. Als Herkunft der Steine wurde auch die Piazza Navona genannt sowie der in St. Peter aufbewahrte Sarkophag der hl. Petronilla. 1578 begann Taddeo Landini, ein Mitarbeiter von Della Porta, das Marmorrelief der *Fußwaschung* (Abb. 16 und 17) zu meißeln, die zwei Jahre später über der Tür in der Kapelle eingesetzt, 1615 aber in den Quirinal versetzt wurde, wo sie sich noch heute in der Sala Regia befindet.

Kaum war die *Madonna del Soccorso* aufgestellt, machte sich Papst Gregor auf die Suche nach Reliquien für die Kapelle und schickte Kardinal Morone zum römischen Konvent Santa Maria in Campo Marzio, um die sterblichen Überreste des hl. Gregors von Nazianz zu übernehmen. Nach offizieller Verlautbarung musste die Überführung jedoch wegen Schlechtwetter verschoben werden. Angesichts der spektakulären und triumphalen Translation, die schließlich zwei Jahre später stattfand und über eine Woche in Anspruch nahm, wollte man die Kapelle in einem festlichen Gewand präsentieren. Die Weihe der Kapelle erfolgte am 11. Juni 1580.

Der Kirchenlehrer Gregor von Nazianz war, wie der Papst, Rechtsgelehrter, und trug denselben Namen wie Gregor XIII. Es war nicht der Heilige aus Kappadokien, der ihn veranlasst hatte, diesen Namen anzunehmen, vielmehr dachte er – wie die Zeremonienmeister bestätigen – an Gregor den Großen, den Kirchenvater. Vermutlich war es der Portugiese Aquiles Estaço, ein Freund des hl. Filippo Neri, der die Aufmerksamkeit des Papstes auf die in Rom begrabenen Gebeine der griechischen Kirchenväter hl. Gregor und hl. Johannes Chrysostomus lenkte – Letztere in der Sakristei von Alt-Sankt-Peter aufbewahrt –, die seiner Ansicht nach den Gläubigen kaum zugänglich waren. Ein anderer Oratorianer und Kirchenhistoriker, Kardinal Cesare Baronio, erhielt vom Papst den Auftrag, eine Biografie des Gregor von Nazianz zu verfassen. Die Frage ist, warum er nicht auf die sterblichen Überreste von Gregor dem Großen zurückgriff, der ebenfalls in Alt-Sankt-Peter begraben lag (seine Gebeine befanden sich zusammen mit dem Haupt des Apostels Andreas im gleichen Altar; beide Reliquien wurden später verlegt). Eine Verehrung des Heiligen vor dieser Umbettung des Körpers ist auszuschließen. Es war vielmehr die steigende Wertschätzung für die griechischen Kirchenväter, die sie in den Mittelpunkt der Aufmerksamkeit rücken ließ. Das empfand auch Giacomo Grimaldi, der schrieb »ut uterque Gregorius et Latine et Graecae ecclesiae praeclarissima lumina, sicut duo praefulgentissima sydera in Vaticana basilica micarent« (»Wie jeder der beiden Gregor der Glanz, sei es der lateinischen wie der griechischen Kirche ist, so erleuchten sie wie zwei glänzende Sterne die Vatikanische Basilika«).⁵ Auch die beiden anschließenden Altäre sollten je einem Kirchenvater aus der lateinischen wie einem aus der griechischen Kirche gewidmet sein, nämlich Hieronymus und Basilius, die zusammen mit Gregor dem Großen und Gregor von Nazianz in den Zwickeln unter der Kuppel dargestellt sind. Verschiedene Quellen berichten auch, dass die Reliquie des Körpers von Johannes Chrysostomus in die östliche Kapelle auf der gegenüberliegenden Seite, später bekannt als Klementinische Kapelle *(Cappella Clementina)*, übertragen hätte werden sollen. Die Bestattung der anderen Heiligen – Gregor der Große in der Klementinischen Kapelle, Leo der Große in der Kapelle der Madonna von der Säule *(Cappella della Madonna della Colonna)* und schließlich der hl. Johannes Chrysostomus in der Chorkapelle *(Cappella del Coro)* – erfolgte nach dem Tod Gregors XIII. Der Abbruch der alten Basilika unter Paul V. machte dies notwendig.

Gregor XIII. förderte die griechische Kultur; im Sinne der Ökumene und als Zeichen der universalen und katholischen Kirche gründete er zudem eine griechische Kirche in Rom (S. Atanasio). Greifbar wird diese Einstellung auch in der Tatsache, dass der päpstliche Messritus eine Lesung des Evangeliums in Lateinisch und in Griechisch vorsah. Nicht zufällig ist die Inschrift über dem Gebälk des Hauptschiffes auf der Ostseite in Griechisch, auf der Westseite in Lateinisch verfasst. Noch Bernini stellt in seiner Kathedra Petri in der Apsis zwei Vertreter der Westkirche zusammen mit zwei Vertretern der Ostkirche dar, diese sind jedoch in die zweite Reihe gerückt.

Zum Zeitpunkt des Baus der Kapelle musste diese wie eine in sich geschlossene Einheit am Rande der neuen Peterskirche erscheinen. Nach der Weihe der Kapelle gedachte der Papst, im südlichen Durchgang sein Grab und sogar – wie bei einer Familienkapelle (»man sagt, dass er ihr *ius patronatus* den Boncompagni verleihen will«⁸) – auf der Seite gegenüber die Gräber seiner Kardinalnepoten aufzustellen (siehe das Kap. der Grabmonumente).

Die Vierung

Erst nachdem die Trennmauer zwischen der konstantinischen Basilika und dem neuen Sankt Peter niedergerissen war, konnte man die räumliche Ausdehnung der Vierung und der Seitenarme abschätzen (Abb. 14). Da Michelangelo das Gebäude als rein architektonischen Raum konzipierte, standen keine Dekorationsprogramme, sondern vor allem liturgische und funktionale Abläufe im Vordergrund. Der veränderte Geschmack des Barock gab einen neuen Impuls für die Innenausstattung, zumal man dem Bild nicht nur einen darstellenden, sondern auch einen symbolischen Sinngehalt zuwies, da Bilder »Instrumente sind, die die Menschen mit Gott vereinen«.⁹

Zunächst waren alle Versuche, dem Zentrum der Kirche mit den Apostelgräbern und dem Papstaltar einen würdigen Rahmen

22. Carlo Fontana, Plan der Confessio, *Templum Vaticanum*, 1694.

23. Raffael, *Kostantinische Schenkung* (mit dem Hauptaltarraum von Alt-Sankt-Peter), Vatikan, Vatikanische Museen, Sala di Costantino.

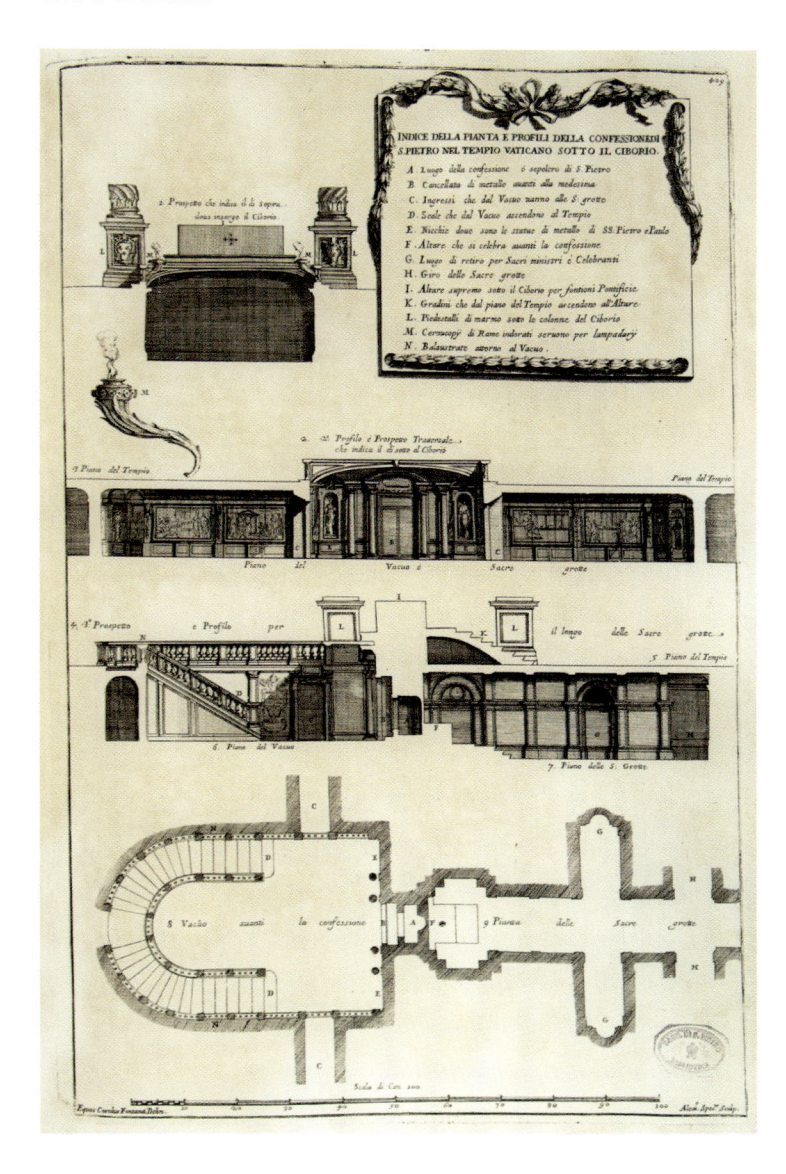

Folgende Doppelseite: 24. Confessio, Blick in Langhaus und Vatikanische Grotten.

Seite 38: 25. Confessio, Ansicht von oben in Richtung Chorapsis.

Seite 39: 26. Confessio, Treppen.

Papstaltar und Confessio

zu verleihen, provisorische Lösungen geblieben: Was bereits gebaut worden war, konnte mit der Absicht auf Verbesserung abgerissen werden. Erst mit Urban VIII. trat ein Sinneswandel ein, als man nach einer endgültigen Gestaltungslösung suchte. Grundlage dafür war das Einvernehmen zwischen dem Papst, der Congregazione della Fabbrica di San Pietro und Künstlern wie Gian Lorenzo Bernini, einem kreativen Genie, der in der Lage war, die oft komplexen Ideen des Papstes umzusetzen. Natürlich behinderten mitunter auch gegensätzliche Interessen einzelner Beteiligter, eine Realisierung der Vorhaben. Schließlich waren es die Päpste Urban VIII. und Alexander VII., die, ab 1624 und bis zum Tod des Künstlers im Jahr 1680, zusammen mit Bernini auf entscheidende Weise zur Vollendung der liturgischen und dekorativen Ausstattung von Sankt Peter beitrugen und damit die neue Basilika benutzbar machten.

Während der Bauarbeiten an den großen Pfeilern und der Kuppel errichtete Bramante über der Confessio und dem Apostelgrab einen Schutzbau, das sogenannte *Tegurium*. Auf diese Weise war es möglich, alle liturgischen Funktionen über den Gräbern der Apostel fortzusetzen, da man überzeugt war, dass sich an diesem Ort außer den sterblichen Überresten des hl. Petrus auch der Leichnam des hl. Paulus befände. Diesen Umstand gilt es bei einer genaueren Betrachtung der Ikonografie in der Basilika zu berücksichtigen. Im Jahr 1592 entschied man, den Boden rund um die Confessio um drei Meter gegenüber der Ebene der konstantinischen Basilika zu erhöhen. Dadurch entstand die neue Anlage der Grotten, und der gesamte Bereich der Ausgrabungen der antiken Nekropole konnte als unterirdische Kirche genutzt werden (Abb. 13). Der leitende Architekt von Sankt Peter, Giacomo della Porta, verwandelte die hochmittelalterliche Krypta in ein für die Gläubigen zugängliches, auf dem Grundriss eines griechischen Kreuzes errichtetes Kapellensystem. Während der dem Papst vorbehaltene Teil rund um die Palliennische ursprünglich ohne Schmuck war, erhielt der allgemein zugängliche Teil eine reiche Marmorverkleidung. Klemens VIII., der sich für die Geschichte der frühen Christenzeit interessierte, ließ diese Räume genauer untersuchen und wandelte sie in Kultstätten um. Diese wurden auch zum Gegenstand der Studien der Oratorianer,

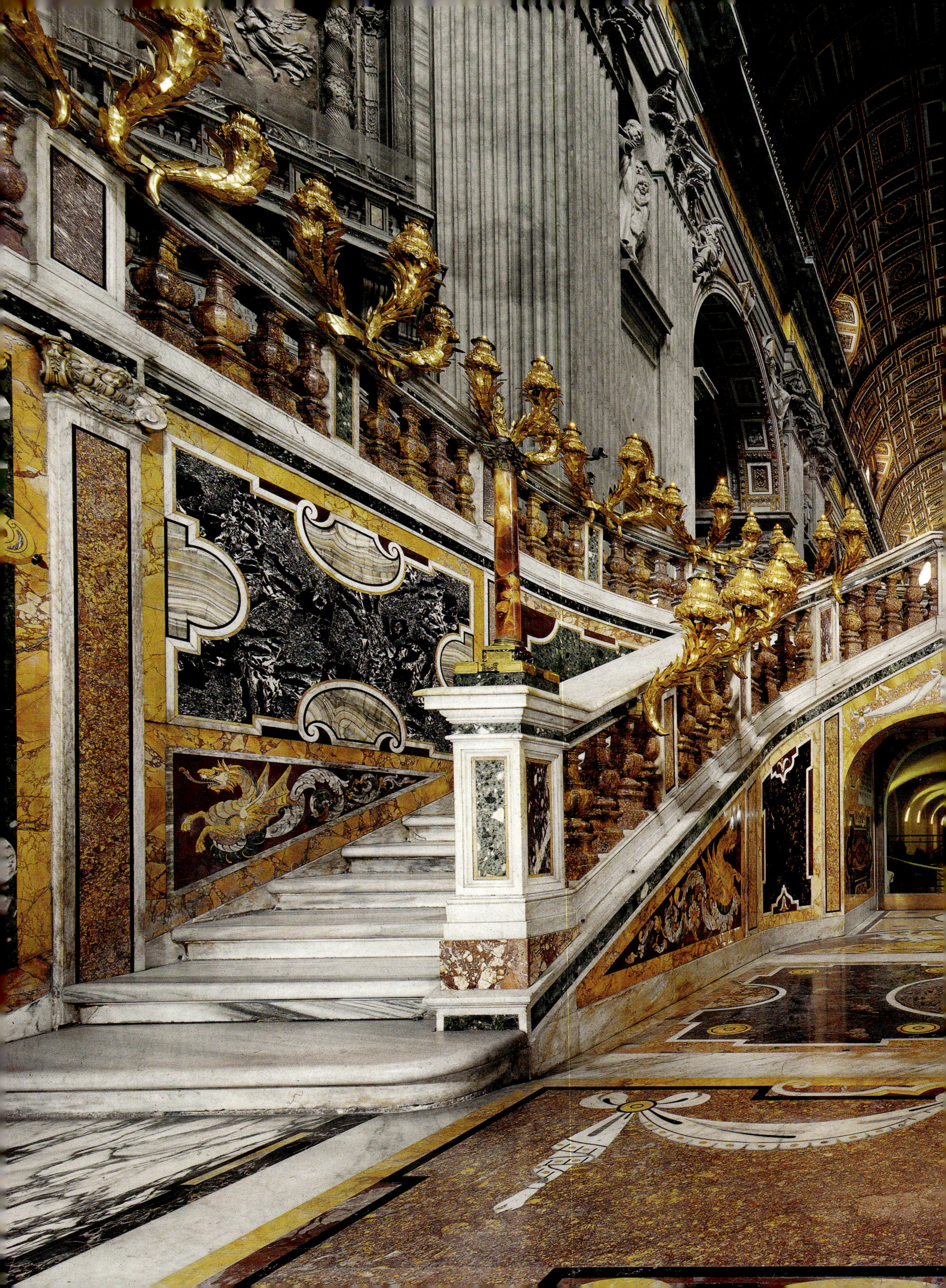

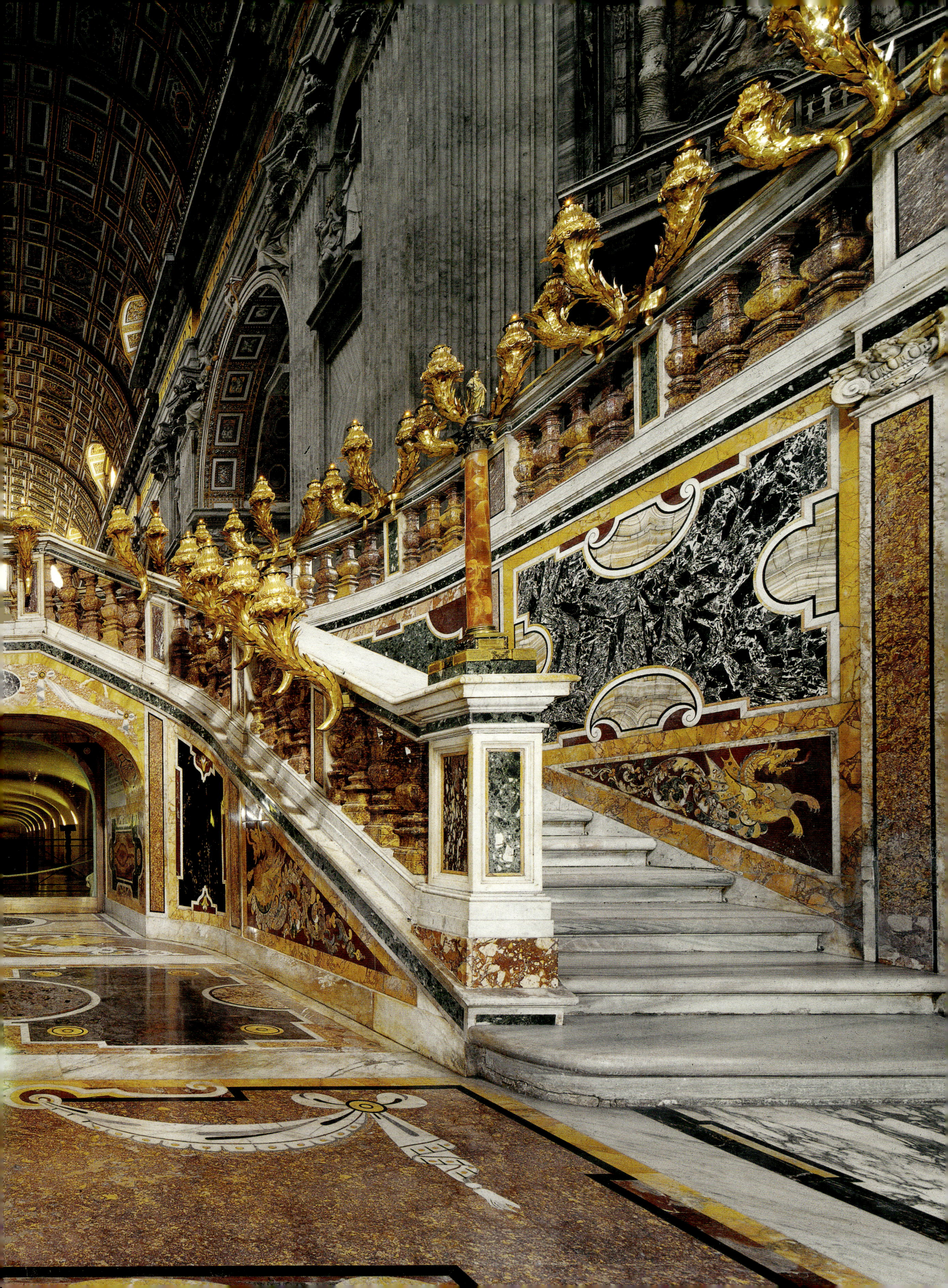

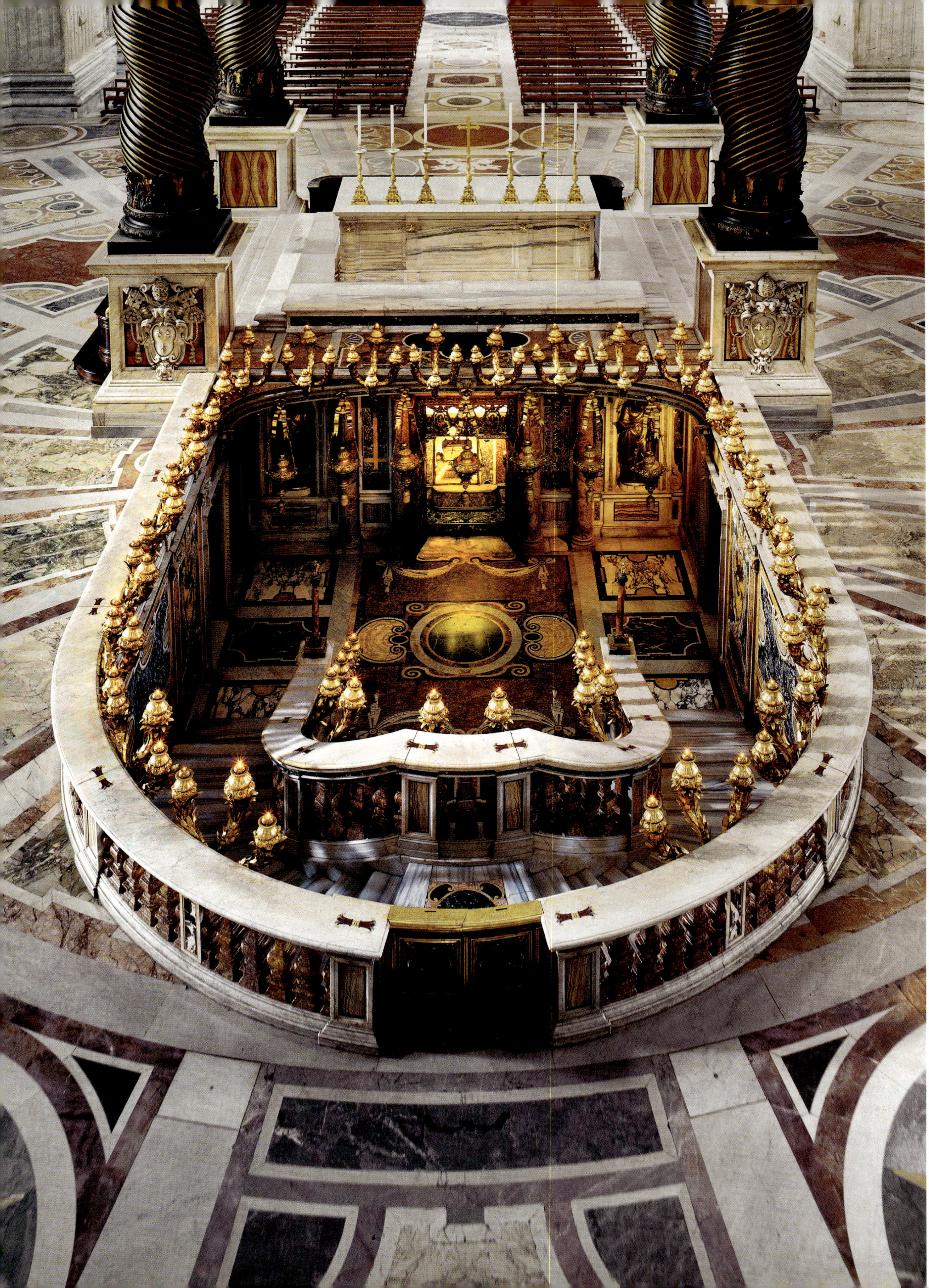

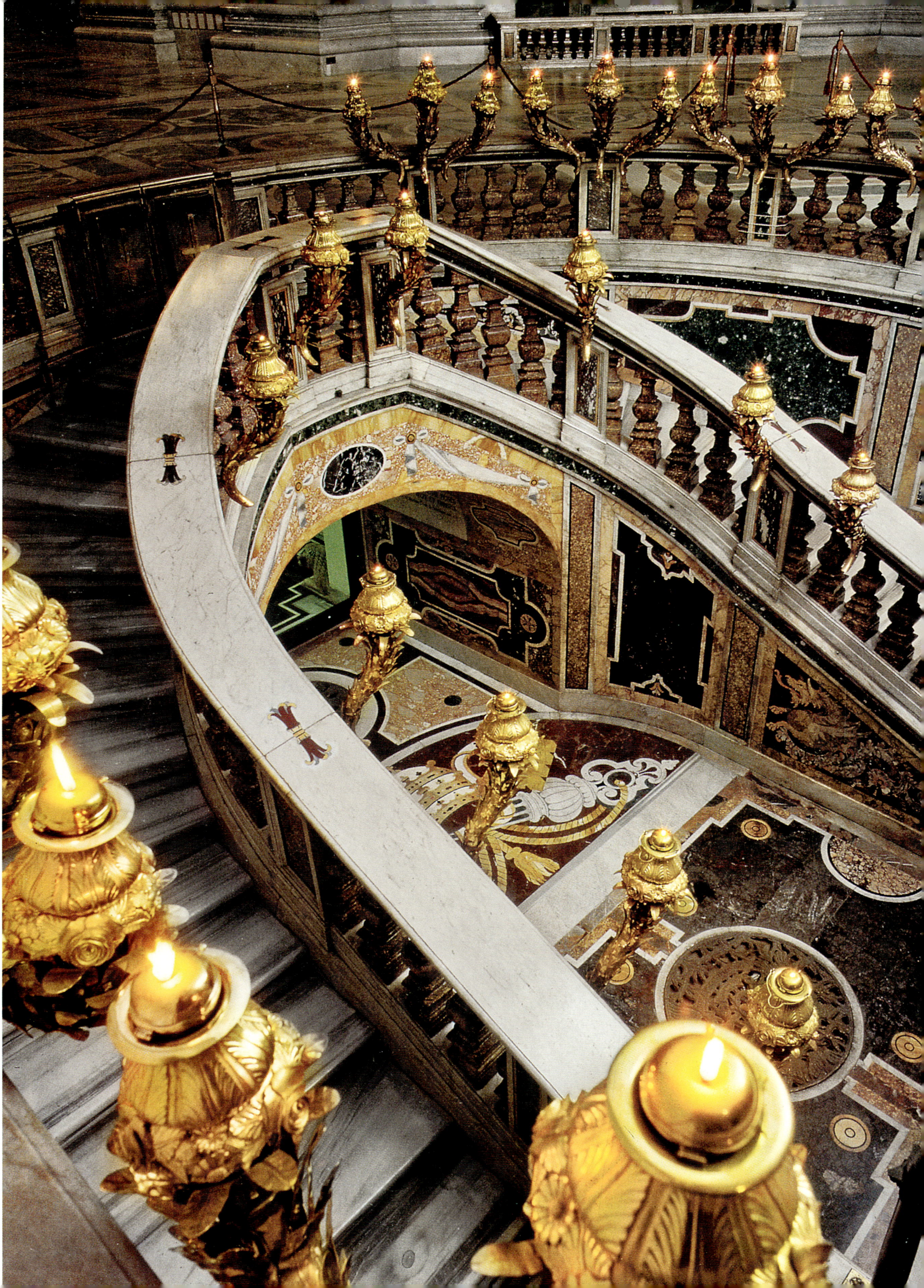

PAVLVS·V·P·M
ANNO XI

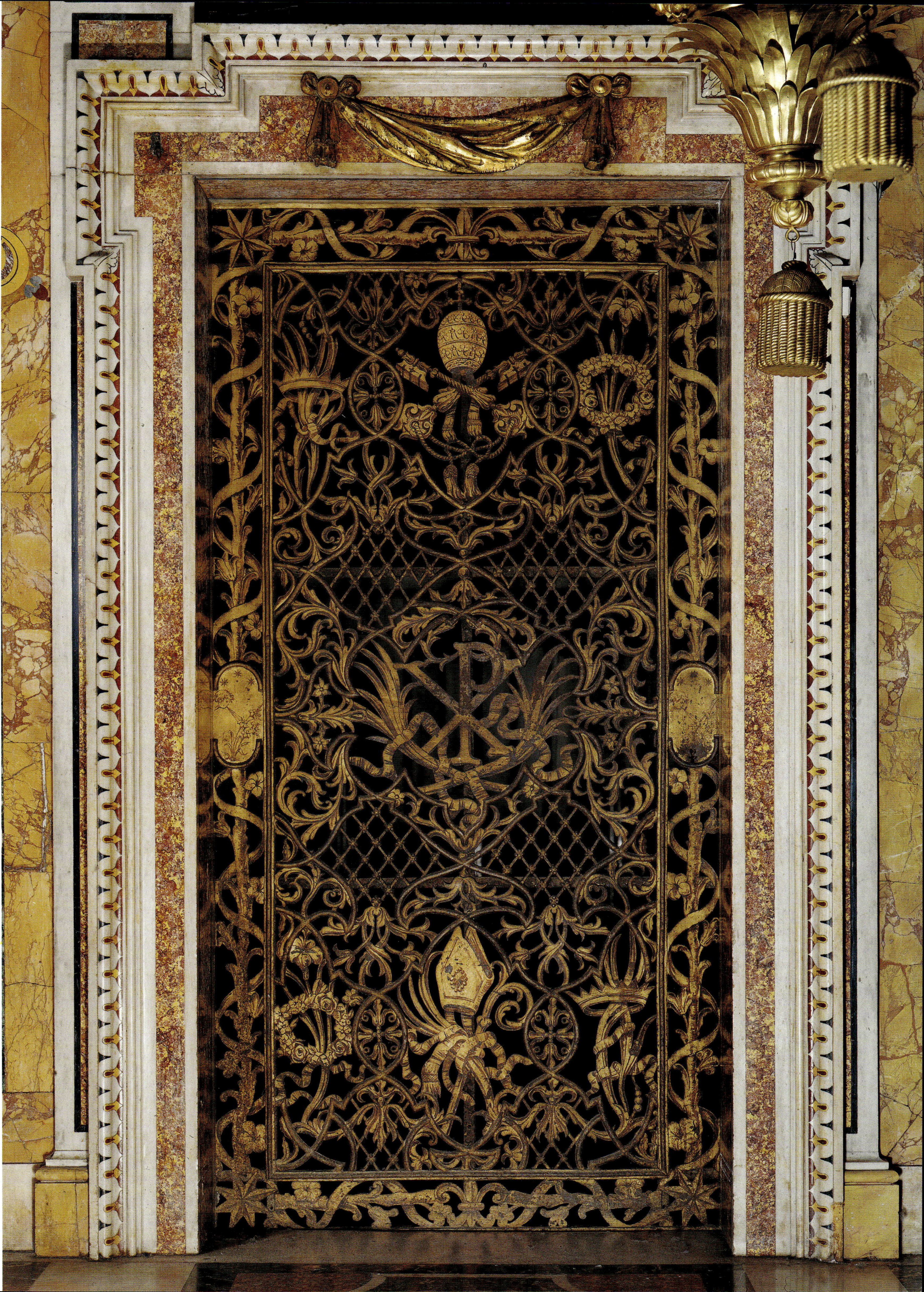

Seite 40: 27. Confessio, Borghese-Wappen, Marmorinkrustation am unteren Treppenlauf.

Seite 41: 28. Confessio, Gitter am Grottenzugang.

insbesondere Cesare Baronio. Derselbe Papst ließ auch einen unterirdischen Gang anlegen, der die Grotten mit dem Vatikanpalast verband, um den Zugang zu den heiligen Stätten und die Verehrung bei Nacht zu erleichtern.

Unter seinem Pontifikat wurde 1594 das *Tegurium* abgerissen und die daran anschließende Apsis der alten Basilika abgebrochen. Da nun der alte Altar von Papst Kalixt II. (Abb. 23) zu klein erschien und im Vergleich zum neuen Bodenniveau niedriger lag, beschloss Papst Klemens VIII. bei der Visitation am 3. Juli 1592 die Errichtung eines neuen Altars. Dazu diente ein auf dem Nervaforum aufgefundener Architrav aus parischem Marmor, ein Monolith mit beachtlichen Maßen (4,35 m Länge, 2 m Breite, 1,23 m Höhe). Dieser wurde so zugerichtet, dass er als Mensa verwendet werden konnte. Seine Langseiten sind von Lisenen in drei Felder unterteilt, zwischen diesen und an deren Rändern ist als heraldisches Element des Aldobrandini-Papstes je ein Stern in vergoldeter Bronze eingesetzt. Das Mittelfeld schmückt ein Kleeblattkreuz aus Giallo antico in Erinnerung an Kalixt II. Laut Inschrift im Fries wurde der Altar am 26. Juni 1594 geweiht: »CLEMENS PAPA VIII SOLEMNI RITV CONSECRAVIT VI KAL. IVL. AN. MDXCIIII PONT. III« (»Papst Klemens VIII. weihte ihn in feierlichem Ritual am 26. Juni 1594 [am sechsten Tag des Monats Juli], dem dritten Jahr seines Pontifikats«). Dennoch bestand man weiterhin darauf, den Altar des hl. Sakraments der konstantinischen Basilika, der den Aposteln Simon und Judas geweiht war, als »Hauptaltar«[10] anzusehen, an dem die Liturgie bis September 1605 abgehalten wurde, als der Abriss der alten Basilika begann.[11] Nach Fertigstellung der *Cappella Gregoriana* und der *Cappella Clementina* zog man jedoch diese Orte vor, die mit den wertvollen Marmorinkrustationen und der reichen Ausstattung einen feierlichen Rahmen bildeten. Man darf auch nicht vergessen, dass das Innere der Kirche zu diesem Zeitpunkt einer großen Baustelle glich und folglich für Feiertagsmessen wenig geeignet war. Es fehlt auch nicht an Berichten von Arbeitsunfällen durch den Sturz von Gerüsten.

Der Altar stand auf einer Basis, auf die man über fünf Stufen gelangte. Im Jahr der Einweihung der neuen Basilika wurden zwei weitere Stufen hinzugefügt, um die symbolische Zahl Sieben zu erreichen.[12] Der Altar und das Apostelgrab befanden sich nicht im absoluten Zentrum des Kreises unter der Kuppel, sondern sind erheblich in Richtung der Apsis verschoben. Zwischen der gesamten architektonischen Struktur und der Confessio entsteht so ein Gleichgewicht in der räumlichen Verteilung. Auf Anraten der Ritenkongregation wurde keine Reliquie eingelassen, da der Altar sich über dem Grab des Apostels Petrus befand und dessen Überreste bereits die Heiligkeit dieses Ortes verherrlichten. An ihm darf nur der Papst oder ein von ihm Beauftragter die Messe lesen.

Die ersten an diesem Ort gefeierten Messen legten die geringe Wirkung der liturgischen Funktionen zutage, wie es eine Notiz des päpstlichen Zerimonienmeisters Giovanni Paolo Mucante von 1595 belegt: »Der neue Tempel des hl. Petrus eignet sich kaum für die Zeremonien und ist nicht gemäß dem Kanonischen Recht erbaut. Auch wird er sich niemals für die sakralen Funktionen eignen, die geziemend und zweckmäßig sind.«[13] Die Aussage ist vielleicht Ausdruck des Unbehagens aus den Erfahrungen in den mittelalterlichen Strukturen der konstantinischen Basilika, sie unterstrich aber auch die Notwendigkeit einer Kirche, die sich gleichermaßen für pastorale Funktionen und Zeremonien eignet. Genau diese Polemik ebnete den Weg zugunsten einer Verlängerung des Schiffes und der erneuten Errichtung einer dreischiffigen Basilika. Man wurde sich des Mangels für den Platz einer Sakristei, des Chors und einer Taufkapelle bewusst.

30. Baldachin in einer Zeichnung von Sebastian Warro, 1581, Fribourg, Bibliothèque Cantonale et Universitaire.

Folgende Doppelseite: 31. Blick in den Himmel des Baldachins und die große Kuppel.

Diese Unzulänglichkeit erkannte man auch während der Aufstellung des Papstthrones. So gab man mit dem Anbau eines Schiffes die Idee einer Kirche auf dem Grundriss eines griechischen Kreuzes auf, wie sie von Michelangelo festgelegt war. Für diese Entscheidung sprach auch der Umstand, dass man die noch erhaltenen und für den Abriss bestimmten Teile der konstantinischen Basilika nicht ungeschützt stehen lassen wollte. Sicherlich gab es auch Personen, die sich die Koexistenz zweier Kirchen vorstellen konnten, der konstantinischen und der Michelangelos. Eines weiteres Problem bestand in dem großen Abstand zwischen dem Hochaltar in der Mitte der Kirche über dem Apostelgrab und dem Papstthron im Scheitel der Apsis. Seit Klemens VIII. und bis Gregor XV. hatte man versucht, das Problem durch Notlösungen zu beheben, die jedoch nie bleibend sein konnten. Unter Paul V. wurden zwei Chöre geschaffen, von denen sich einer in der Nähe des Petrusgrabes befand und einer von Säulen getrennt im Scheitel der Apsis; dies erwies sich aber als unbefriedigend. Man erwog sogar, das Grab des hl. Apostels etwas mehr nach Westen in die Nähe des Papstthrons zu verlegen, doch diese Überlegung wurde schnell aufgegeben.

Die erste Messe am Papstaltar in der Apsis wurde schließlich Weihnachten 1605 zelebriert. Dieser bestand, wie der Zeremonienmeister festhielt, aus einer vorläufiges Holzkonstruktion des Tischlers Giuseppe Bianchi aus Narni: »In die Nativitatis [...]. Papa celebravit super altare ligneo fictitio accomodato cum omnibus et solitis ornamentis in capite ecclesiae nuoae versa facie ad altare Sanctorum Apostulorum«[14] (»Am Weihnachtstag feierte der Papst die Messe auf dem Altar aus Holz mit allen üblichen Verzierungen an der hinteren Seite der neuen Kirche gegenüber dem Altar der heiligen Apostel«). Gleichzeitig wurden der Altar der konstantinischen Basilika abgetragen und die Gebeine der Heiligen Simon und Judas verlegt.

Der Baldachin

Ein weiteres drängendes Problem bestand darin, die Überdeckung des Altars zu lösen, wie es der päpstliche Ritus erforderte (Abb. 30). Schon seit Klemens VIII. haben wir die Nachricht von einem Altar mit einer »kleinen Kuppel, die man als Provisorium über dem Hochaltar der Apostel in Sankt Peter errichtet hat«.[15] Über dieses Ziborium, das zu Beginn des Jahres 1606 abgebrochen wurde,[16] haben wir Ende 1600 den Nachweis von Malereien des Cesare Nebbia.[17] Kurze Zeit danach wurde unter Paul V. über dem Altar und dem Grab ein neuer Baldachin errichtet, und zwar in Form eines tragbaren Baldachins, wie er bei Prozessionen verwendet wird. Der aus Stoff gefertigte Himmel mit Fransen stützte sich auf vier Stangen, die ihrerseits mit Stoff bekleidete Engel in den Händen trugen. Ausgeführt wurde der Baldachin von dem Mailänder Bildhauer Ambrogio Buonvicino.[18] Weil der Papstaltar in der Apsis einer antiken Tradition folgend, von einem steinernen Ziborium überdeckt sein musste, wurde ein neues Modell in Auftrag gegeben, für das der Schreiner Giuseppe Bianchi im Herbst 1606 eine Zahlung erhielt (»für das Modell des Ziboriums, das man im großen Presbyterium errichtet«).[19] Eine Zeichnung von Borromini überliefert uns diesen Altar, der von der Chorschranke durch vierzehn Säulen getrennt war, darunter zehn Spiralsäulen vom Ziborium des Petrusgrabes der konstantinischen Basilika.[20] Von den ursprünglich zwölf originalen Säulen hatten sich nur elf erhalten, um aber eine gerade Zahl zu erreichen, reduzierte man sie auf zehn und ersetzte die anderen durch glatte Säulen. Die Spiralsäulen – Überlieferungen nach sollten sie aus dem Salomonischen Tempel stammen[21] – wurden in der Folgezeit von Bernini für die Reliquiennischen in den Vierungspfeilern wiederverwendet.

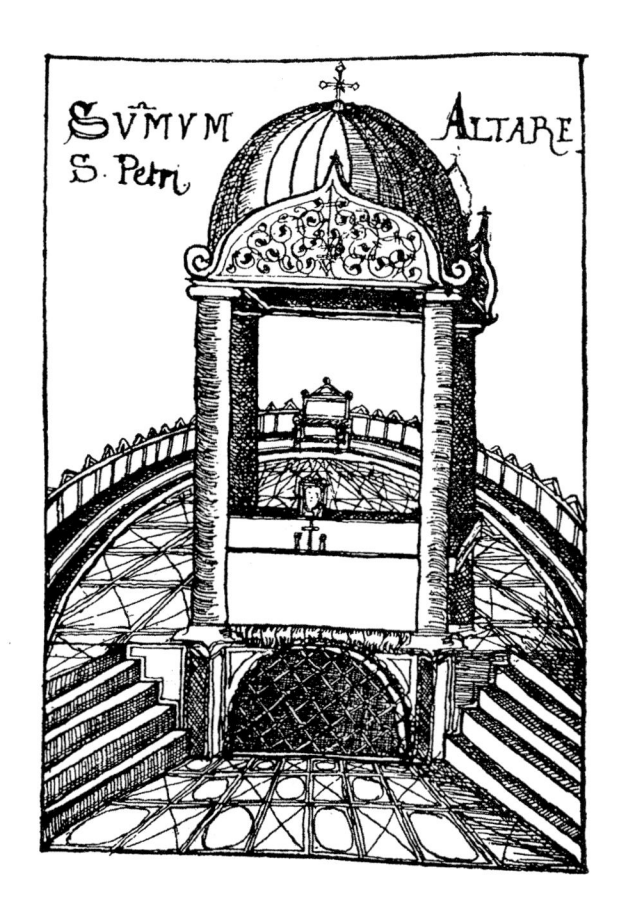

Paul V. war der Ansicht, dass die Confessio im Bereich, der bereits von della Porta angelegt war, offen sein solle. Einer Mitteilung vom 26. Januar 1611 zufolge wollte er unter dem Hochaltar einige Räume anlegen und mit Treppen erschließen, damit man am Apostelaltar Messen lesen konnte (»Damit man auf diese Weise am Altar der Apostel Messen lesen und hören könnte, ohne den unterirdischen Gang nehmen zu müssen [...], so wie bei den Kapellen unter dem Hochaltar von San Giovanni in Laterano und an der Krippe in S. Maria Maggiore.«).[22] Aus dieser Zeit hat sich in Wien eine Zeichnung von Maderno erhalten, die den Grundriss mit dem Schema der Bodengestaltung wiedergibt.[23] Mit den Arbeiten Madernos für die Confessio sollte der schon lange verschlissene Baldachin mit Blick auf das Heilige Jahr 1625 ersetzt werden. Die Arbeiten begannen 1622 unter Gregor XV., möglicherweise auch schon im Jahr zuvor, wie man Zahlungen zugunsten des Tischlers Giovanni Battista Soria[24] entnehmen kann, der den Abriss des

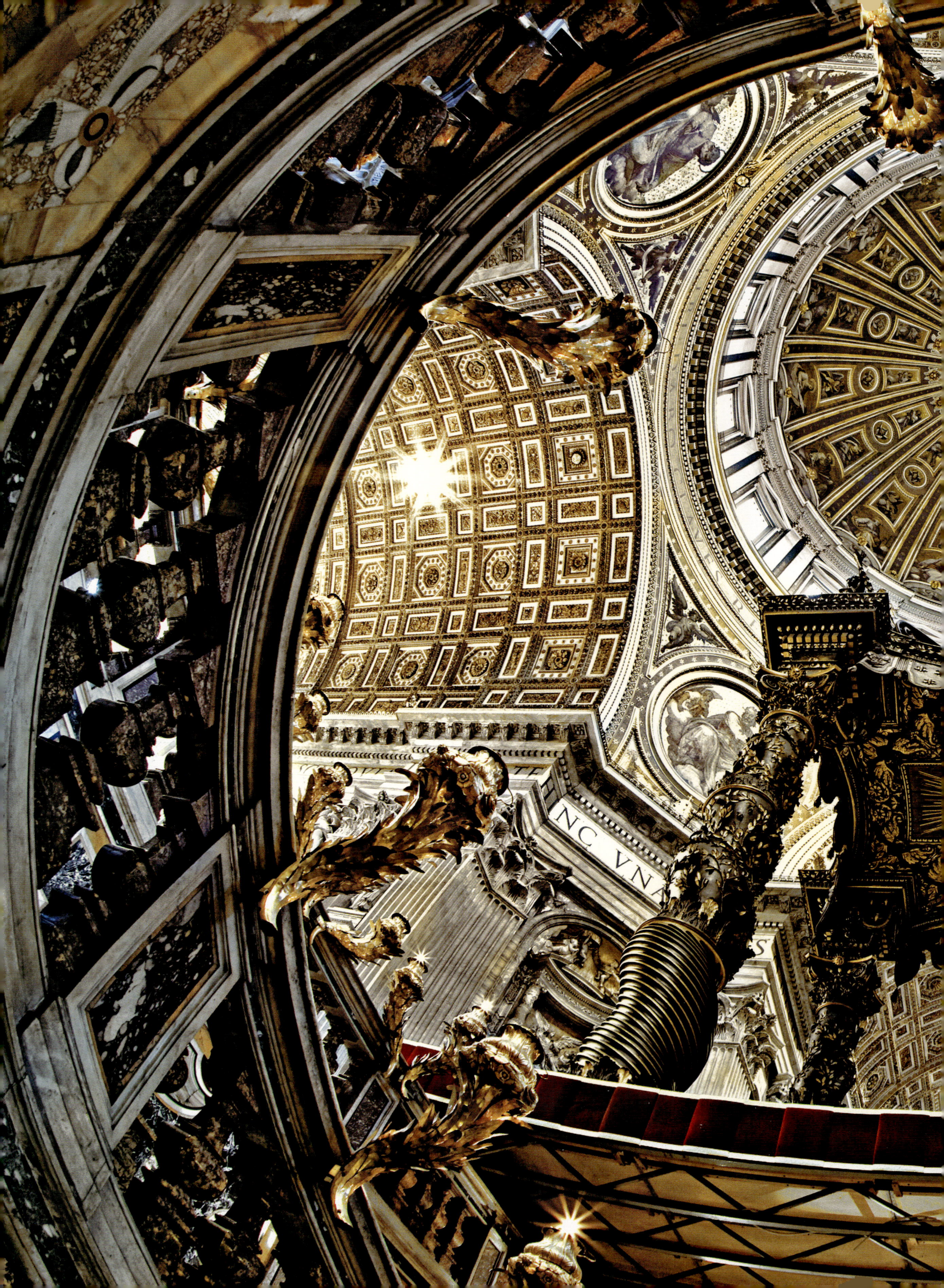
NC VNA

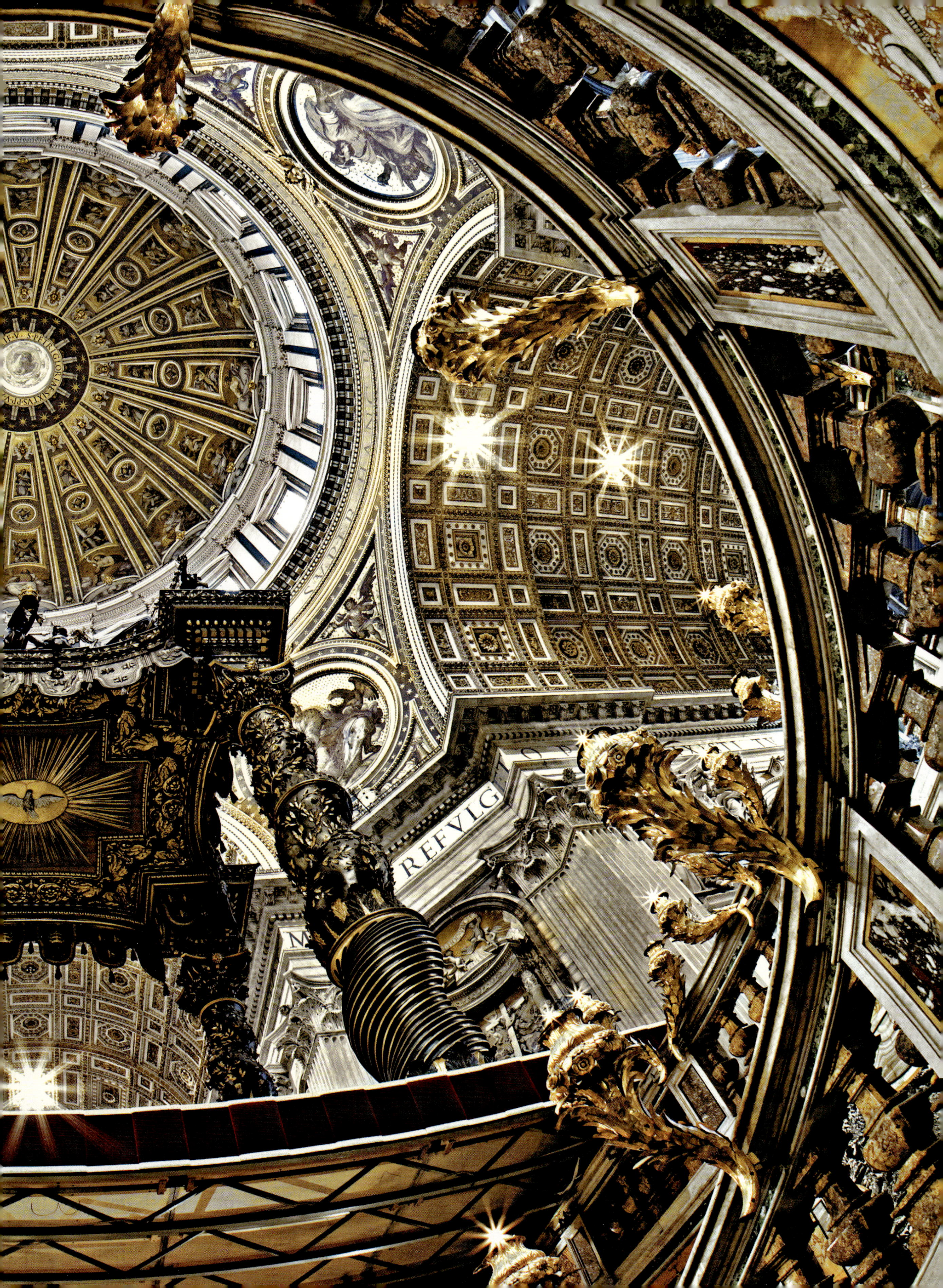

Baldachins Pauls V. begann: »Für das Entfernen von Himmel, Bedachung [*sopracielo*] und Rahmen [...] des alten Baldachins [...]. Für das Entfernen der vier Engel, die sich dort zuvor befanden.«[25] Dieser neue Baldachin sollte dem Entwurf zufolge reich geschmückt sein und von 58 palmi (= 12,95 Meter) hohen Stangen getragen werden. Der Himmel war wiederum aus Stoff mit Fransen. Der Abschluss der Arbeiten erfolgte unter Urban VIII., der sich mit Entschlossenheit der Aufgabe annahm. Gian Lorenzo Bernini fertigte vom 9. Februar bis 9. August 1624 die Figuren von vier Engeln in Stuck,[26] die wie die Engel des vorherigen Baldachins die Aufgabe hatten, die Stangen zu halten. Sie stehen auf einem quadratischen Sockel und dürften, nach Einschätzung der Proportionen, eine Höhe von vier Metern gehabt haben. Die Engel, mit einer Körperdrehung und ausgebreiteten Flügeln ausgeführt, umfassen die Stangen mit beiden Händen, wie ein von Bonanni veröffentlichter Stich von Frezza belegt.[27]

Seit Klemens VIII. bis zur endgültigen Gestaltung unter Urban VIII. wurden mindestens fünf provisorische Baldachine errichtet, wie wir aus einem Brief wissen, den Teodoro della Porta 1624 an den neu erwählten Papst Urban VIII. sandte: »Das Geld wird nicht weggeworfen werden, wie in so vielen anderen Fällen für vorläufige Arbeiten aus Verschwendung geschehen, die an diesem Tempel erfolgten, insbesondere am Hochaltar, den man ganze vier Mal immer wieder auf andere Art und Weise änderte und dies zu hohen Kosten, die stets aus Verschwendung umsonst waren.«[28]

Kardinal Maffeo Barberini, der zukünftige Papst, war seit 1608 Mitglied der Kongregation der Reverenda Fabbrica di S. Pietro und hatte daher Gelegenheit, alle Entscheidungen in Bezug auf die neue Basilika aus nächster Nähe zu verfolgen. Folglich musste ihm der Hintergrund des Briefes von della Porta geläufig sein. Teodoro della Porta unterbreitete am 12. Mai 1624 auch ein eigenes Modell für den Baldachin.[29] Papst Urban VIII. wollte bereits zu Beginn seines Pontifikats einen bronzenen Baldachin für den Altar schaffen. Der Auftrag für diese Arbeit wurde Gian Lorenzo Bernini anvertraut, den der Barberini-Papst als den neuen Michelangelo pries. Ab Juli 1624 begannen die ersten Zahlungen an den Künstler, der nach dem Tod Madernos 1629 die Rolle des »Architectus Sacrosanctae Basilicae« übernahm.[30]

Die Entwicklung der Kunst in Rom in dieser Periode könnte man nicht besser beschreiben als in der gegenseitigen Abhängigkeit, die sich zwischen beiden gebildet hatte. Kardinal Maffeo soll am Tage seiner Papstwahl zu Bernini gesagt haben: »Sie haben großes Glück, Cavaliere, dass Kardinal Maffeo Barberini zum Papst gewählt wurde. Aber noch größer ist unser Glück, dass der Cavaliere Bernini zu Zeiten unseres Pontifikates lebt.« Es ist dieses fruchtbare Verhältnis, aus dem die Meisterwerke des Barock entstanden, von denen sich so viele in der Basilika Sankt Peter befinden.

Was den Baldachin betrifft, so galt es, die benötigte Bronze zu beschaffen – keine leichte Aufgabe in Kriegszeiten. Auf Vorschlag von Maderno wurde eine Bronzerippe der nur wenige Jahre zuvor gedeckten Kuppel entfernt und um den notwendigen Bedarf zu decken, trug man insgesamt sechs Rippen ab. Weiteres Material kam aus Venedig und Livorno. Da dies immer noch nicht für die Fertigstellung des Baldachins ausreichte, griff man auf eine andere Quelle zurück – den bronzenen Dachstuhl aus der Vorhalle des Pantheons: »Rom, am 11. Oktober 1625: Im Vatikan wurden zwei Gießereien eingerichtet, um die bronzenen Balken der Rotunda [Pantheon] zu schmelzen. Daraus gewann man weit mehr Material als angenommen. Denn zusätzlich zum Ornament, das daraus für den Altar der Allerheiligsten Apostel in Sankt Peter gefertigt werden soll, lassen sich daraus mehr als 40 Geschütze für die Engelsburg gießen.«[31]

Angesichts der Geschwindigkeit, mit der die Arbeiten unter der Leitung des jungen Gian Lorenzo Bernini voranschritten, kann man davon ausgehen, dass er einen bereits entwickelten und genehmigten Entwurf vorliegen hatte und er sich nur um die architektonische Struktur sorgen musste. Vielleicht handelte es sich dabei um einen bereits zu Zeiten von Paul V. erarbeiteten Entwurf des ersten Architekten der Fabbrica, Carlo Maderno. Dieser Entwurf sollte mit den gedrehten Säulen den Aufbau des Ziboriums der konstantinischen Basilika wieder aufnehmen, der auf einer Medaille überliefert war.[32] Der Baldachin besteht aus vier gedrehten Säulen, verbunden durch zwei sich diagonal überschneidende Rippen, die eine Art Abdeckung bilden; zwischen den Säulen waren Tücher oder Festons aufgehängt. Bernini wählte als Vorbild der Säulen den Typus mit dreigliedrigem Schaft, ähnlich jenen, die sich in der Kapelle des Allerheiligsten Sakraments befinden, und schuf vergrößerte Kopien. Der Guss erfolgte in fünf Elementen, d. h. drei für den Schaft, je eines für Basis und Kapitell. Die antiken Säulen sind von Weinreben umrankt, die neuen, bronzenen dagegen von Lorbeerzweigen, in deren Mitte sich Putten und Bienen befinden – eine Anspielung auf die Imprese der Barberini, ein Lorbeerbaum mit Bienenschwarm. Im unteren Teil der Säule folgt die Kannelierung der Drehung der Säule, wodurch sich deren Dynamik steigert. Die kleinen Putten wurden 1624 von Stefano Maderno modelliert.[33]

Für den 1. August 1626 ist die Beendigung des Bronzegusses der vier gigantischen Säulen belegt[34]; kurz zuvor hatte man sich zum Abbruch des hölzernen Baldachins entschlossen. Die Säulen wurden unmittelbar im Zentrum unter der Kuppel rund um den Altar aufgerichtet. Ein Jahr später, am 29. Juni 1627, dem Festtag der hl. Peter und Paul, konnten die großen Säulen (»die vier großen und wunderschönen Säulen, ganz neu aus vergoldeter Bronze gemacht«)[36] enthüllt werden. Sie stehen auf Sockeln aus weißem Marmor, die auf den vier Außenseiten in Flachreliefs die Symbole des Papsttums tragen. Auf die Säulen wurde als Modell ein hölzernes Dach gesetzt, die in seiner Form an die des konstantinischen Ziboriums erinnerte. Um eine Vorstellung von ihrer Wirkung zu haben, überzog man es mit Bronzefarbe.[37] Die Konstruktion dieses Entwurfs ist uns durch eine Medaille

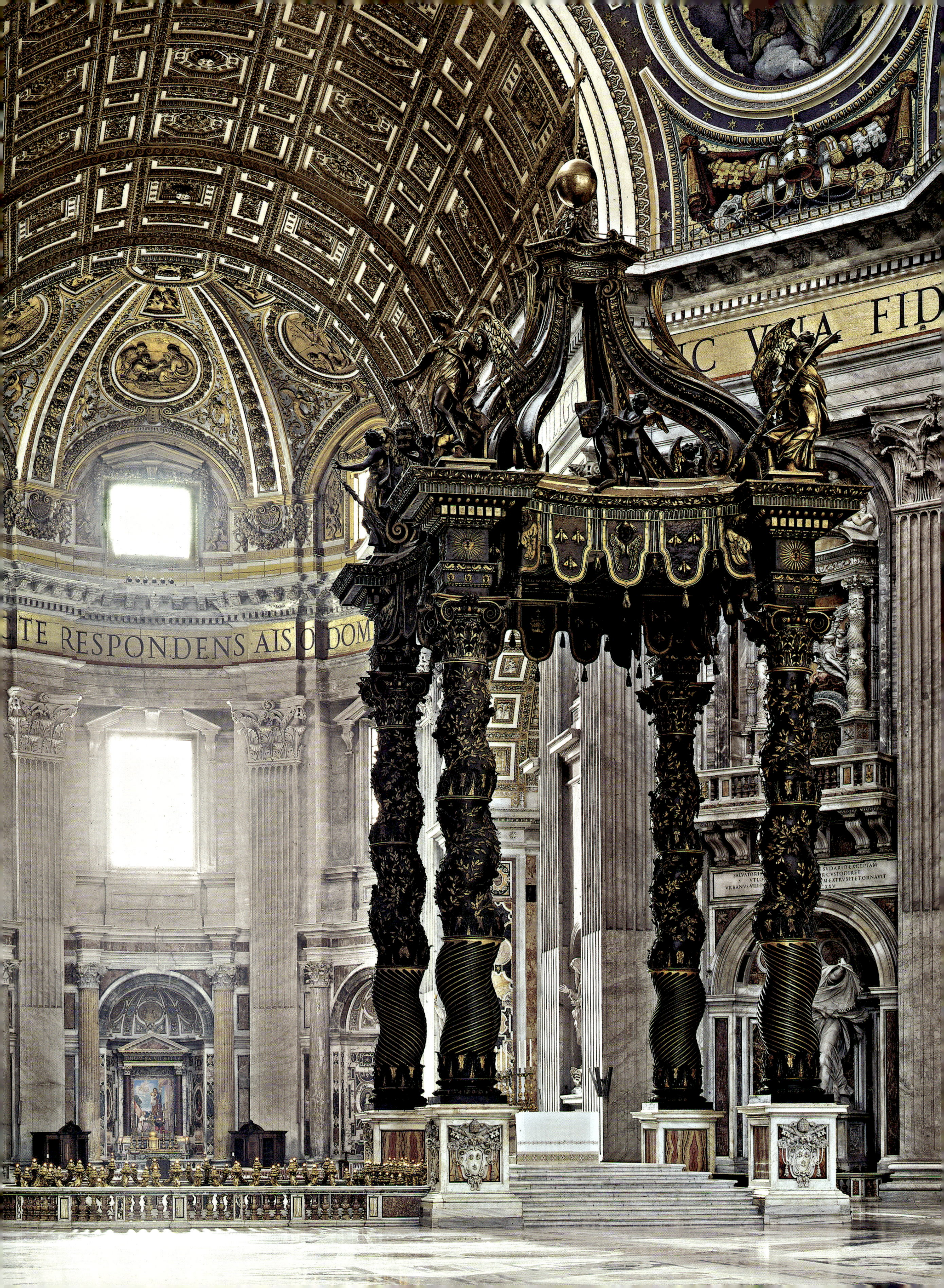
TE RESPONDENS AIS O DOM
C VIA FID

HINC VNA FI

...ASTOR ECCLESIAE TV OM[N]ES CHRISTI

34. Francesco Borromini, Zeichnung des Baldachins, Wien, Albertina, Az Rom 762.

35. Spiralsäulen des Baldachins, Detail des Kapitels.

Folgende Doppelseite: 36.–38. Spiralsäulen des Baldachins, Details mit Lorbeerblättern und Putti.

und den darauf basierenden Stich von Filippo Bonanni bekannt.[38]

Wie schon zuvor waren die Säulen durch zwei geschwungene Rippen diagonal verbunden und in der Mitte über dem Kreuzungspunkt sollte die Figur des auferstandenen Christus aufgestellt werden. Vier Engel über den Säulen hielten mit Bändern einen seidenen Baldachin. Ab Ende des Jahres 1627 sind Zahlungen an verschiedene Bildhauer für Modelle von Engeln in Stuck und Pappmaché belegt. Daran beteiligt waren Giuliano Finelli, Jacopo Antonio Fancelli, François Duquesnoy, Pietro und Luigi Bernini. Andrea Bolgi war schließlich der Hauptausführende der Gussmodelle. Die Figur Christi wurde 1633 für den Guss vorbereitet,[39] der allerdings nicht zustande kam. Auch die Statuen der hll. Petrus und Paulus sind nicht über die Modellphase hinausgekommen.[40] Diese Aufstellung wäre nicht besonders sinnvoll gewesen, da Statuen der beiden Heiligen bereits in den Nischen nahe der Confessio vorhanden waren. In dieser Phase wirkte auch Francesco Borromini – er war mit Maderno verwandt – als Bauexperte mit. Seine Aufgabe bestand darin, die Fundamente für die Säulenbasen zu sichern und die Sockel zu erhöhen. Dabei wurde er von Berninis Schwager Agostino Radi (oder Radio) unterstützt.[41]

Während die Gussarbeiten für die Statuen zügig vorangingen, blieb der Baldachin bis 1631 von dem hölzernen Modell bekrönt. Die geplanten vierzig Monate bis zur Aufstellung konnten nicht eingehalten werden. Ursache dieser Verzögerung war der Wunsch, die gesamte Form der Ziboriumsbekrönung zu verändern. Die wahren Hintergründe einer Planänderung sind unbekannt, aber sicher reichte die Krümmung nicht aus, um die richtigen Proportionen in der Vierung einzuhalten. Hinzu kamen Sorgen um die Statik, da das Gewicht der Bekrönung die Säulen aus der Achse verschieben konnte. Die Schäfte der Säulen sind hohl und wurden mit Beton aufgefüllt, was sie zwar stabiler machte, aber dennoch nicht den seitlichen Druck hätte auffangen können. Der ästhetische Effekt der neuen Lösung sollte sich als revolutionär erweisen. Idee und Weiterentwicklung werden durch eine Skizze in der Vatikanischen Bibliothek belegt.[42] Sie deutet die barocke Kurvung des Daches mit den Putten auf den Rippen und den Engeln über den Säulen an, die den Baldachin halten. Die dünnen, gedrehten Stangen werden umgewandelt in robuste, bauchige Voluten in der Form von Delfinrücken, die sich nach innen aufrollen. Sie sind in Anspielung auf das Martyrium der darunter bestatteten Heiligen von Palmblättern abgedeckt. Oben vereinigen sie sich in einem Sockel, auf dem nicht etwa die schwere Statue Christi steht, sondern eine vergoldete Kugel und ein Kreuz ruhen.

Ab April 1631 bis Januar 1633 erhielt Francesco Borromini eine monatliche Zahlung von 25 Scudi. Das war ein höheres Honorar, als es Carlo Maderno zugestanden wurde.[43] Einige Zeichnungen Borrominis belegen die Arbeitsweise, um die richtigen Formen und die angemessenen Dimensionen zu finden. Von Borromini kennen wir eine Zeichnung, die in diese Phase um 1631 zu datieren ist und sich dem Größenverhältnis vom Baldachin zum Chor widmet (Abb. 34).[44] Von ihm stammen auch die detaillierten Entwurfszeichnungen für die Kapitelle und Säulen. Andere Zeichnungen beschäftigen sich mit den Höhen und den Entfernungen im Schiff.[45] Die Beteiligung von Borromini war eher technischer Art und bezog sich auf die Architektur. Sein Anteil an der plastischen und bildhauerischen Ausformung wird nie ganz zu klären sein, da hier der stärkere Einfluss Bernini zuzuschreiben ist. Anlässlich der von ihm durchgeführten Korrektur des Textes zum Baldachin in Martinellis *Guida* ließ Borromini sich selbst unerwähnt. Dies führt zu der Annahme, er habe keinen bedeutenden Auftrag erhalten, zumal es eine Gelegenheit gewesen wäre, die eigenen Verdienste hervorzuheben.[46] Bernini hatte unter seinen Mitarbeitern auch eigene Verwandte, wie seinen Vater Pietro, der sich um sogar die Buchführung kümmerte. Der jüngere Bruder Luigi seinerseits war nicht nur ein guter Bildhauer, er verstand sich ebenso auf die Architektur, was Anlass zu der Vermutung gibt, dass er gerade auf technischem Gebiet in der Lage war, einen wesentlichen Beitrag zu leisten.[47]

Das konkave Gebälk an den vier Seiten ist nicht mit den Kapitellen der Säulen verbunden, sondern mit den Widerlagern und verbindet statisch die Säulen. Auf allen Seiten hängen Lambrequins herab, die an die vorangegangenen Lösungen der Baldachine erinnern, aber nun nicht mehr aus Stoff, sondern aus Bronze

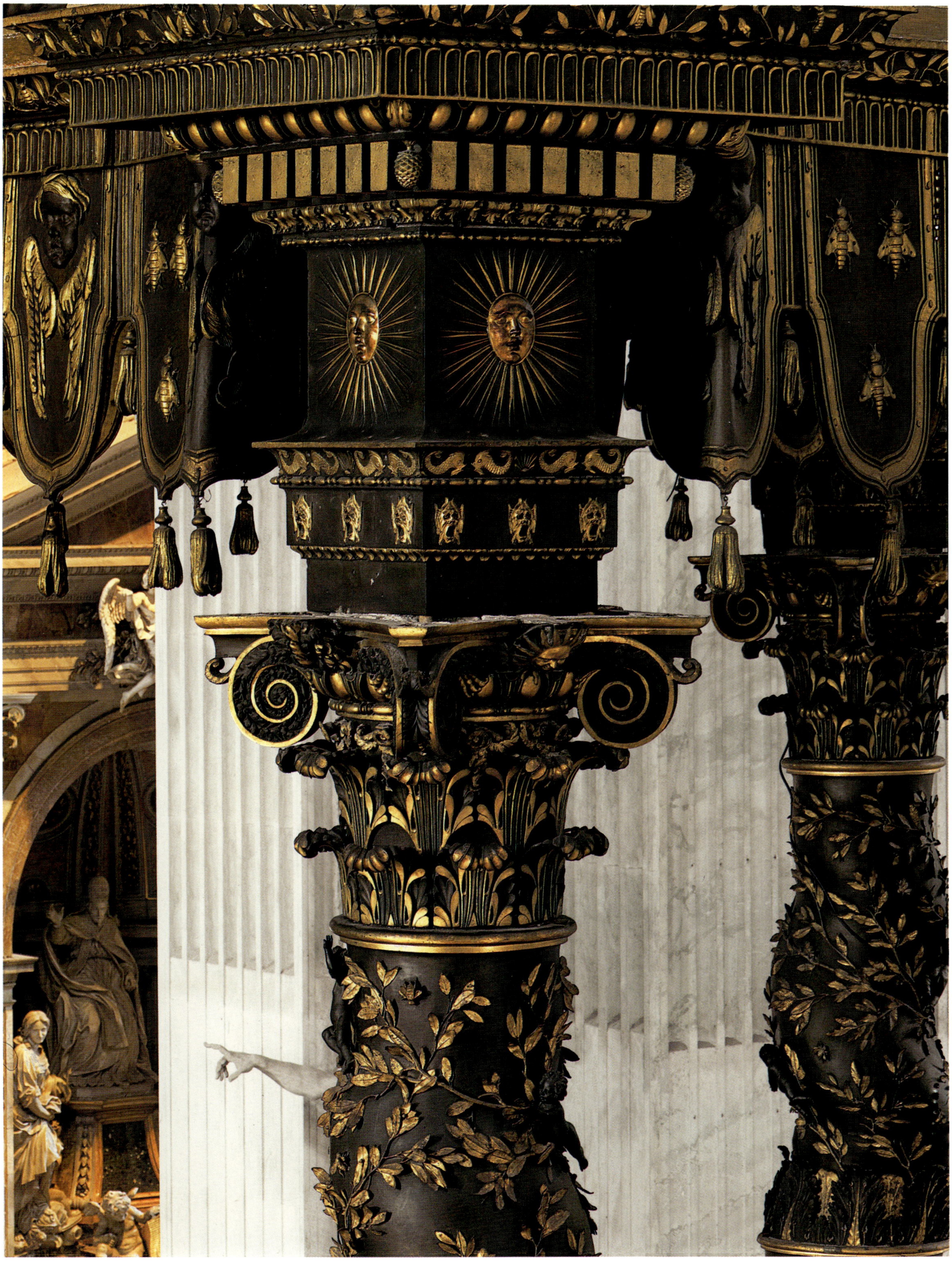

52

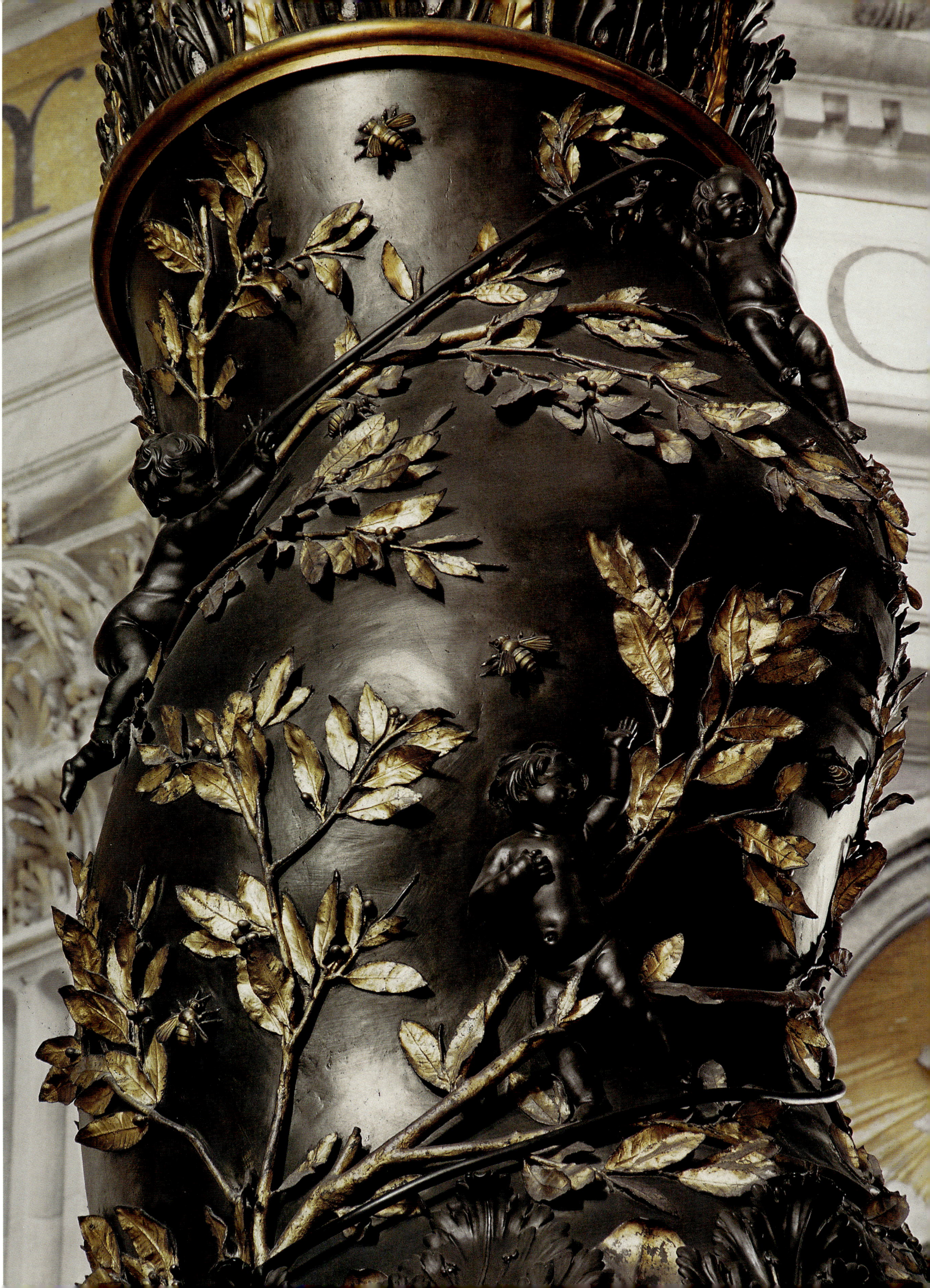

ΧΡΙΣΤΟ

SALVATORIS IMAGINEM VERONICAE SVDARIO EXCEPTAM
VT LOCI MAIESTAS DECENTER CVSTODIRET
VRBANVS VIII PONT MAX CONDITORIVM EXTRVXIT ET ORNAVIT
ANNO IVBILEI MDCXXV

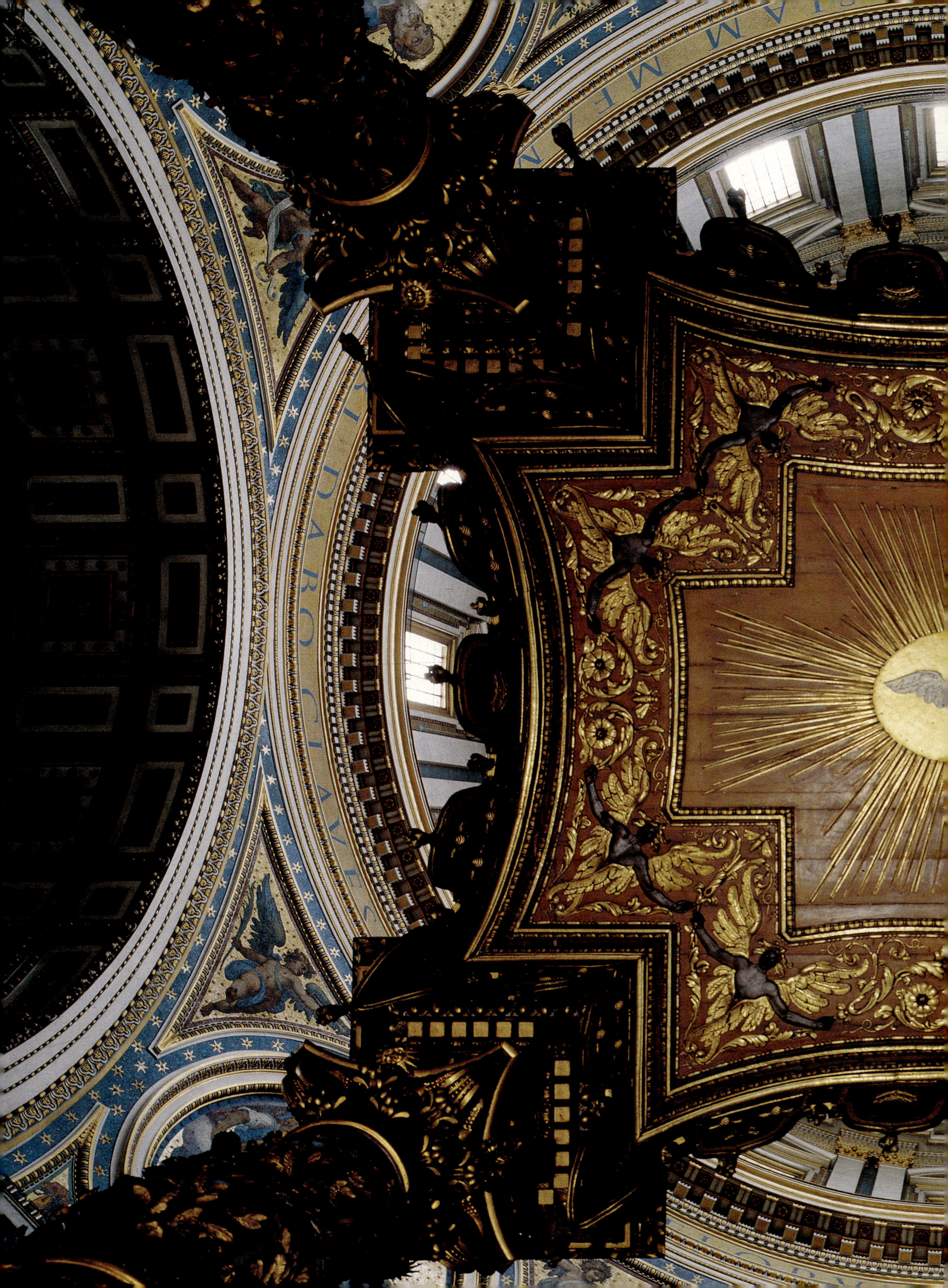
DABO CLAVES

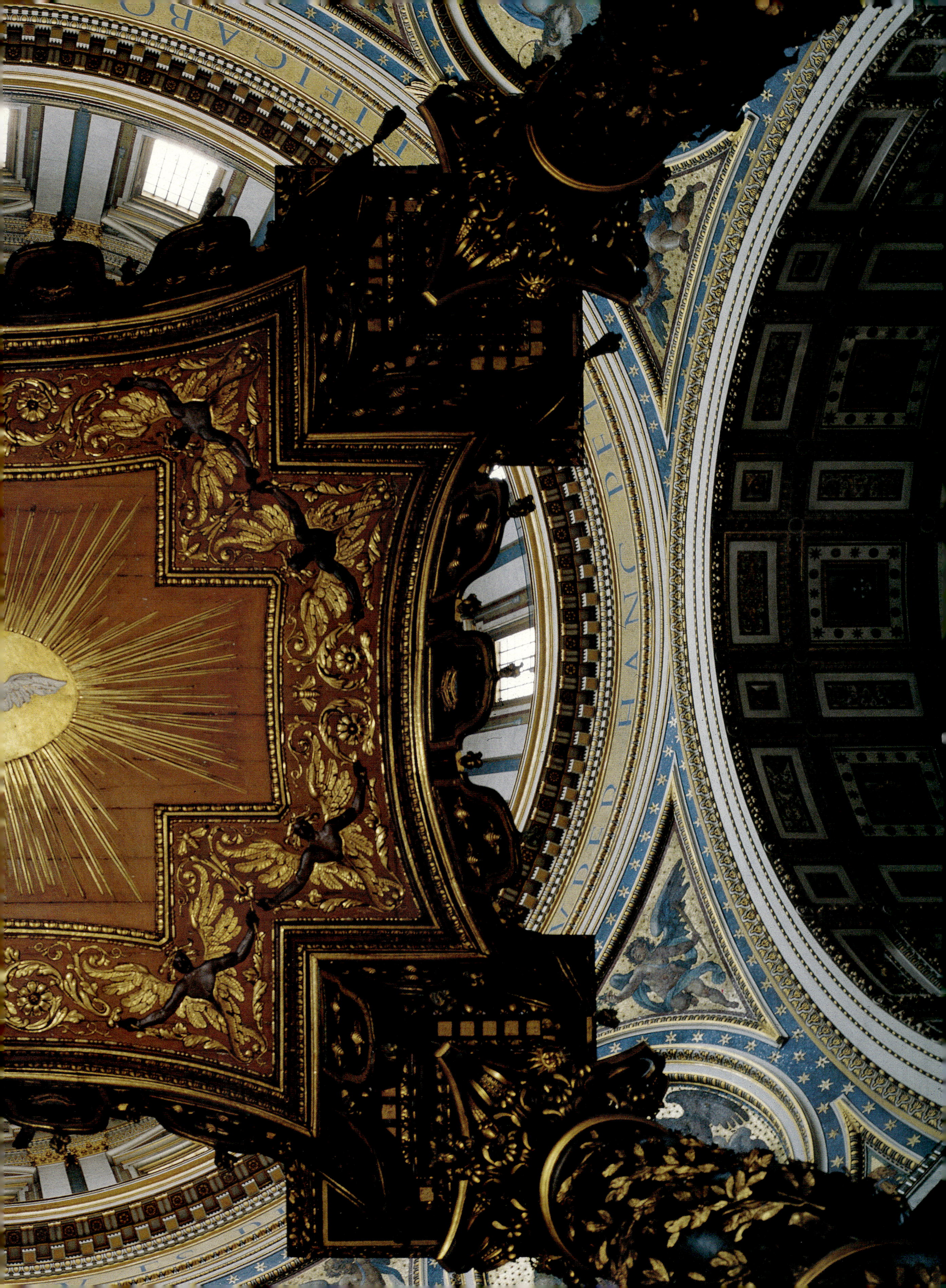

DER PETERSDOM, DER PETERSPLATZ UND BERNINIS KOLONNADEN

Seite 54: 39. Detail der Baldachinbekrönung.
Seite 55: 40. Spiralsäulen mit Blick auf den Veronikapfeiler.
Seite 56.–57: 41. Baldachin, Blick in den Himmel der Taube des Hl. Geistes.

42. Gian Lorenzo Bernini, Modell des Engels für die Loggia der Kreuzreliquie, Vatikan, Fabbrica di S. Pietro.

sind. Die Querbehänge sind auch auf den Zeichnungen Borrominis in Windsor Castle dargestellt und lassen vermuten, dass er auch als Erfinder dieser Elemente gelten kann.[48] Das aufgesetzte Kapitell ist reich an dekorativen Details: in der Mitte eine große Sonne, die an das goldene Zeitalter anspielt, das vom Papst eingeleitet wurde, darunter ein Fries mit Delfinen.

Am 29. Juni 1633, dem Fest der hll. Peter und Paul, wurde der Baldachin enthüllt: »Der reiche und prunkvolle, von vier Säulen gestützte Baldachin aus vergoldeter Bronze über dem Altar der Allerheiligsten Apostel«.[49] Die Feinarbeiten zogen sich noch weitere drei Jahre hin. Der Baldachin ist von Barberini-Symbolen übersät: Bienen, Sonne und Lorbeer. Allerdings handelt es sich hierbei gleichzeitig um antike Sinnbilder mit Bezug auf Dichter, darunter auf Apollo, den Gott der Dichter. So ersetzt der Lorbeer die Weinreben, die die antiken gewundenen Säulen umfassen und die Bernini für die Reliquiennischen in den großen Vierungspfeilern verwendet hatte. Den Säulen entsprechend ist über jeder der vier Ecken des Gebälks ein Engel aufgestellt, der in beiden Händen eine Lorbeergirlande hält, die das Gesims erreicht. Das erweckt den Anschein, als hielten die Engel den gesamten Baldachin ohne Kraftaufwand: »Der Baldachin berührt weder die Säulen noch deren Kranzgesims und er [Bernini] wollte auf jeden Fall unterstreichen, dass er von den Engeln getragen wird.«[50] In der Mitte einer jeden Seite des Gebälks spielen zwei Putten, die zum Mittelschiff und zum Chor hin die Insignien des Papsttums mit den Schlüsseln – eine Anspielung auf die Schlüssel Petri – halten, während sie auf den beiden anderen Seiten mit Schwert und Buch auf den hl. Paulus verweisen.

Die strenge Ruhe der Renaissancearchitektur wird an dieser zentralen Stelle durch diesen bizarren Aufbau unterbrochen; das Licht spielt auf den vier gedrehten Säulen und spiegelt sich auf den vergoldeten, vom dunklen Metall abgesetzten Kannelüren. Die gleiche Wirkung ergibt sich bei der floralen Dekoration, den Puttenköpfen und den heraldischen Elementen. Im Himmel des Baldachins ist der Heilige Geist dargestellt, der normalerweise nur vom Zelebranten der Messe in der Peterskirche, also dem Papst, gesehen werden kann. Der Heilige Geist wurde erst dreißig Jahre später sichtbar für alle eingesetzt, und zwar in dominierender Position zur Vollendung der Ikonografie einer anderen vollkommen barocken Konstruktion, der Kathedra Petri. Der *Auferstandene Christus* als Bekrönung – eher ein geeignetes Element für ein Sakramentstabernakel – wurde durch eine vergoldete Kugel und das Kreuz ersetzt. Nicht zufällig setzte Bernini eine Figur des *Auferstandenen Christus* auf das Ziborium der Kapelle des Allerheiligsten Sakraments. In direkter Linie über dem Grab des hl. Petrus befindet sich das Bild Gottvaters in der Laterne der Kuppel. Die Trinität zusammen mit dem Heiligen Geist über dem Baldachin beherrscht alles wie beim Jüngsten Gericht. Im Bereich der Vierung sitzt in der Kuppel inmitten der Apostel die Gestalt Christi zwischen Maria und Johannes dem Täufer.

Bald nach der Enthüllung des Monuments verfaste der Dichter Lelio Guidiccioni das Gedicht *Ara Maxima Vaticana* (1633), in welchem er in barocker Form Papst Urban VIII. huldigte (»quod saeculum decet URBANUM, saeculum decet aureum« [»was dem Zeitalter des Urban geziemt, das geziemt dem Goldenen Zeitalter«]) und verschiedene Interpretationen der einzelnen Teile des Baldachins lieferte. In ihrer Plastizität nimmt die Bekrönung des Baldachins die Form einer Märtyrerkrone ein, da auch die Voluten von Palmblättern bedeckt sind, sie kann aber auch als Ausdruck der Herrschaft des Nachfolgers Petri als Papst der katholischen Kirche verstanden werden, dies speziell mit Bezug auf Urban VIII.[51] Möglicherweise hing in der Mitte der Kuppel des konstantinischen Tabernakels auch eine Votivkrone,[52] die als Vorgänger und Inspirationsquelle gedient haben könnte.

Die gesamte Struktur des Baldachins, einschließlich der Bekrönung, nimmt das Motiv der Katafalke auf und bildet ein *Castrum doloris*, dies weniger mit Bezug auf die päpstliche Bestattungszeremonie[53], sondern als beständiges Zeichen der Präsenz des Grabes der hll. Petrus und Paulus. In jenen Jahren gestaltete Bernini einen ähnlichen Katafalk für Carlo Barberini (1630).

Borromini wurden oft Freiheiten in der figürlichen Gestaltung zugestanden, wie es für Gitter üblich war oder für die geistreichen Dekorationen mit kleinen Köpfen, wie man sie auf der Außenfassade findet. Eine Kuriosität bilden die Köpfchen in den Kartuschen mit den drei Bienen auf den Außenseiten der vier Sockel, für die man jedoch niemals die Autorschaft Berninis anzweifelte – als wollte er sich einen Scherz leisten, der Raum für vielerlei Interpretationen bot. Es handelt sich um sieben Köpfe von Frauen und den eines Knaben. Die weiblichen Köpfchen sind sich nicht gleich, ja man erkennt sogar eine Entwicklung im Schmerzausdruck. Nicht zufällig wollte man im 19. Jahrhundert in ihnen die Phasen der Geburtswehen erkennen, die mit der Präsenz des Knaben enden. In jüngeren Zeiten haben diese Skulpturen das Interesse des Regisseurs Ejzenštejn gefunden, der sie mit einer Filmsequenz verglich.[54] »Er bedachte, dass in so einem unermesslich großen Raum die Sorgfalt der Maße vergebens geblieben wäre, die unmöglich mit allem im Tempel übereinstimmen konnten […] von selbst fand er jenes Maß, nach dem man in den Regeln [der Kunst] umsonst sucht.«[55], so beschreibt der Sohn Domenico das Schaffen des Gian Lorenzo Bernini, der seinen Augen vertraute, und dennoch die Gedanken Papst Urbans VIII. in diesem beeindruckenden Meisterwerk umzusetzen wusste.

Vierungspfeiler und Reliquien

Mit der Entscheidung, die konstantinische Basilika am 17. September 1605 abzureißen,[56] wurde es notwendig, in feierlichen Prozessionen die große Anzahl von Reliquien und Gräbern, oder zumindest deren Inhalt, in die Sakristei, einem neuen und siche-

DER PETERSDOM, DER PETERSPLATZ UND BERNINIS KOLONNADEN

Unter dem Pontifikat Urbans VIII. wurde die Ausstattung der Vierung wieder aufgenommen, 1624 nahm Gian Lorenzo Bernini die Arbeiten für den bronzenen Baldachin in Angriff. Als das Heilige Jahr 1625 immer näher rückte, war der Papst daran interessiert, allen von Pilgern aufgesuchten Orten ein würdiges Aussehen zu verleihen. Unter diesem Aspekt machte Teodoro della Porta 1624 die ersten Vorschläge für ein Reliquiar des *Volto Santo*[59], sodass dieses und die Heilige Lanze vorläufig in die Nische des hl. Andreas auf der rechten Seite verlegt wurden: »Da unser Herr Papst Urban VIII. der Ansicht ist, dass die Allerheiligste Reliquie des Volto Santo ziemlich untauglich und schlicht sei und sie zudem keinen Altar besäße, an dem man sie feiern könne, befahl er für sie an dieser Stelle ein Ziborium mit angemessenem Ornament und Zweckmäßigkeiten zu errichten [...]«.[60] Nachdem man den angestammten Aufbewahrungsort mit Marmor ausgekleidet und Gittern versehen hatte, konnten die beiden Reliquien wieder an ihren ursprünglichen Platz zurückkehren. Urban VIII. ordnete an, in der Sitzung der Congregazione della Fabbrica am 15. Januar 1627 Vorschläge für die Verteilung der Tituli der Altäre und Reliquien zu sammeln.[61] Am 6. März 1627 wurde das erste Modell für einen Altar aufgestellt, das der Papst wenig später besichtigte, aber unbefriedigend fand und eine andere Lösung forderte.[62] Schon einen Monat später fertigte man das neue Modell für eine Statue in der Nische des hl. Andreas, das ebenfalls das Missfallen des Papstes erregte. Am 12. März 1627 stellte Bernini das erste Modell der Statue der Veronika in der Pfeilernische auf.[63]

Der Entschluss, jede Reliquie in einer Pfeilernische unterzubringen, wurde am 7. Juni 1627 gefällt: »In Anwesenheit von Kardinal Gennasio wurde am Montag die Versammlung der Fabbrica von Sankt Peter abgehalten, wo man in den vier [Pfeiler-]Nischen unter der Kuppel wundervolle Altäre mit bronzenem Ornament errichten will, um dort Messen zu feiern, vor allem in der Nische unter dem Volto Santo und unter der Lanzenspitze, und in der anderen, in der sich das Haupt des hl. Andreas sowie weitere Reliquien befinden.«[64] Die Statue wurde mit Bronzefarbe bemalt, da die Absicht bestand, wie beim Baldachin Figuren aus Metall zu schaffen. Vor dem südöstlichen Pfeiler befand sich noch das bronzene Grabmal Pauls III., an das sich auch Berninis Entwurf für die *Veronika* anlehnte, der uns aus einer Zeichnung bekannt ist. Im Vergleich mit den bronzenen Säulen des Baldachins, die gegossen und bereit zur Aufstellung waren, erschien das Modell der Statue zu klein. Der Papst wünschte nicht nur eine bessere, sondern die hervorragendste Lösung.[65] Für die Statuen gab man die Bronze als Material zugunsten des weißen Marmors auf, der einerseits keinen formalen Konflikt mit dem bronzenen Baldachin bewirkte, aber auch an die klassischen Statuen der Kaiserzeit erinnerte; dies wurde vor allem an den Nischen der Veronika und des hl. Andreas erprobt. Auf diese Weise entstanden zahlreiche Modelle der Statuen, aber auch der Kapellen, um eine möglichst gute Lösung zu erreichen: »Fuerunt exhibita plu-

ren Ort, zu übertragen. Die drei wichtigsten Reliquien, das Sudarium mit dem Antlitz Christi, das Haupt des hl. Andreas und die Spitze der Heiligen Lanze, waren schon in der Nähe des Petrusgrabes untergebracht. Aber auch sie wurden in der Nacht des 14. Januars 1606 in die Sakristei gebracht. Zwar konnten diese heiligen Gegenstände schon immer den Gläubigen anlässlich von Feiertagen präsentiert werden, doch ihre unmittelbare Verehrung war nicht möglich, und daher wuchs der Druck, gerade diese drei Reliquien einer dauernden Betrachtung zugänglich zu machen. So ließ Erzpriester und Kardinal Giovanni Evangelista Palotta sie in die Nische des Papst-Julius-Pfeilers (später: Veronikapfeiler) auf der südwestlichen Seite verlegen.[57] Nach der Stiftung eines Gemäldes und eines Baldachins für den Volto Santo durch den Kanoniker Scipio Corbellutio sowie 1612 eines Gemäldes für das Haupt des hl. Andreas[58] durch den Kanoniker Angelo Damasceno wurde diese Reliquie in die Nische des gegenüberliegenden Pfeilers überführt. Die Reliquien waren nun alle auf der Westseite untergebracht und zusammen vom Hochaltar über dem Apostelgrab und der Confessio aus sichtbar. Die beiden östlichen Pfeiler waren mit dem Grab Pauls III. südöstlich und der *Colonna Santa* auf der anderen Seite besetzt. Auch diese alte Säule war sehr beliebt, wurde wie eine Reliquie verehrt und blieb bis 1632 an dieser Stelle.

ra modula seu formae cappellarum construendarum in locis subtus SSmas Reliquias Vultus Sti et Capitis S. Andreae quae per Illmos DD. Visa, et diligenter expressa, Iniunxerunt mihi ut illa Smo D. N. deferrem, ut facilius possit ex dictis et alia, quae habet, formula, seu modulus sibi magis placuit eligere et Sacr. Cong. Eo ciyius mentem Smi desuper esecutione demandare«.[66]

Offiziell erklärte Papst Urban VIII. am 10. Dezember 1629, dass er die Statuen in Marmor wünsche, und ernannte die Künstler, die sie ausführen sollten: »[...] in loculis testidineis nichi nuncupati, in quibus aedificantur parvae Cappellae in honorem Smi Vultus, et aliorum infradicendorum Sanctorum Marmoreae Statuae in illorum honorem ad infrascriptis scultoribus, et ab eis interim componantur ex stucco modula illa representatia: Sto Andreae Apostolo: Franciscus Flander [François Duquesnoy]. Sae Veronicae Immaginem Smi Vultus deferenti: Franciscus Mochius [Francesco Mochi]. Sae Helenae Crucis Inventrici: Andreas Bolgius [Andrea Bolgi]. S. Longino: Eques Io: Laurentius Berninus [Gian Lorenzo Bernini].«[67]

Wie man diesem Memorandum entnehmen kann, begann man sofort damit, die Modelle in Stuck (»ex stucco modula«) vorzubereiten. Im Auftrag Urbans VIII. übernahm Gian Lorenzo Bernini, seit Kurzem leitender Architekt der Fabbrica, die Aufgabe, die Nischen gemäß den neuen Anforderungen zu gestalten. In einer umfassenden Sicht entwickelte Bernini die Ausstattung des gesamten Oktogons unter der Kuppel und schloss an die Ikonografie der Mosaiken in der Kalotte an. Die vier Vierungspfeiler sind ikonografisch mit dem Ziborium durch das eschatologische Thema verbunden. In den Nischen oberhalb der Statuen, eingefasst von den gedrehten Säulen vom Ziborium der konstantinischen Basilika, präsentieren Engel eine Darstellung der zur jeweiligen Kapelle gehörenden Reliquie.[68] In der Kalotte über den Ädikulä halten je zwei Engel aus weißem Marmor ein Schriftband. Dieselben Spiralsäulen hatten die neuen großen Säulen des Baldachins inspirierten; zusammen mit Letzteren ergeben sie die Zahl Zwölf und erinnern damit an die zwölf Apostel. Bernini folgt der Typologie des alten Ziboriums mit Altar, das an das antike *Tropaion* oder den Memorialbau erinnert, der in Grimaldis Zeichnungen und speziell vom Altar des Volto Santo überliefert ist.[69] Bernini entwickelte daraus eine Reihe von übereinander gelagerten Architekturelementen: eine Nische mit vorspringendem Balkon und eine von Säulen eingefasste Ädikula.[70] In den oberen Nischen hinter den Loggien sollten die Reliquien aufbewahrt werden, in den unteren Nischen gedachte man Altäre und den Zugang zu den Wendeltreppen im Innern der Pfeiler zu schaffen. In der Folgezeit verlegte Bernini die Altäre jedoch in die Grotten, wo sie von oben durch die *fenestella*, die sich im Sockel der Statuen befindet, sichtbar sind. Die Statuen ersetzen also den Altar, da die Messen nur noch in den Grotten gelesen werden können. Wir haben eine ikonografische Abfolge vor uns, die von unten nach oben gelesen werden muss, beginnend bei den Altären mit der Malerei über die vollplastischen Statuen der Heiligen bis hin zu den in Relief gestalteten Putten und Engeln mit den Reliquiensymbolen.

Die bedeutendsten Reliquien der Basilika sind an das Kreuzsymbol und an die Passion gebunden. Nach dem Beschluss, die Reliquien in einem jeden der Pfeiler unterzubringen, war man gezwungen eine Vierzahl zu erreichen, zudem musste das Grabmal Pauls III. aus der Pfeilernische verlegt werden; es wurde in der Apsis aufgestellt. 1629 schließlich ließ Urban VIII. eine vierte wichtige Passionsreliquie nach St. Peter überführen: Stücke des von Kaiserin Helena aufgefundenen Kreuzes Christi, die in Rom in S. Croce in Gerusalemme aufbewahrt wurden. Die Translation fand in einer feierlichen Prozession zum Vatikan statt und war von einem wichtigen Ritual begleitet: »Am 19. April des Jahres 1629 schenkte unser Herr dieser erhabenen Basilika ein überaus wertvolles und seltenes, mit Silber verziertes Bergkristallkreuz, in das er Holz vom Heiligen Kreuz legte, teils aus der Basilika Santa Croce in Gerusalemme, teils aus der Kirche der hl. Anastasia.«[71] Die Holzsplitter des Kreuzes wurden vor den Gläubigen abgetrennt.

Die Kreuzreliquie war nun mit dem Schweißtuch der Veronika mit dem eingeprägten Antlitz Christi vereint. Der Name »Veronika« leitet sich vom griechischen *vero eikon* ab (»wahres Abbild«). Diese wichtigste Reliquie Christi wurde den Pilgern ab 1300 präsentiert und seither mit größter Ehrfurcht verehrt. Die dritte Reliquie, ein Teil der Lanze, mit der der Zenturion Longinus die Seite Christi durchbohrte, gelangte 1492 während des Pontifikats von Innozenz VIII. Cybo als Geschenk des Sultans Bayezid nach Rom. Die vierte Reliquie bildet die Kopfreliquie des hl. Andreas. Die sterblichen Überreste des Bruders Petri hatte Thomas Palaiologos aus Patras nach Italien gebracht, wo Pius II. Piccolomini sie am 12. April 1462 an der Milvischen Brücke in Empfang nahm. Es handelt sich dabei um einen Teil des Hauptes und einen Finger. Papst Paul VI. gab 1964 als Geste der Öffnung zur orthodoxen Kirche einen Teil der Reliquie an die Kirche des hl. Andreas in Patras zurück. Sie steht am Anfang der Verehrung des hl. Andreas durch den Piccolomini-Papst und erklärt die Wahl des Patroziniums der Kirche S. Andrea della Valle.

In der anfänglich geplanten Abfolge der Reliquien hätte die Veronika im südwestlichen Pfeiler den Anfang gemacht, im Uhrzeigersinn gefolgt von Andreas, Longinus und Helena, sodass die Statuen beiden Frauen und denen der beiden Männer gegenüberstanden. In Anbetracht der Bedeutung der einzelnen Reliquien für eine unmittelbare Sichtbarkeit und die Position auf der Evangelienseite links oder der Epistelseite rechts empfand die Congregazione diese Lösung jedoch als unbefriedigend und erließ am 26. April 1638 ein Dekret, das eine Veränderung der ursprünglichen Anordnung vorsah:[72] Veronika blieb an dem vorgesehenen Ort, während im Uhrzeigersinn Longinus, Helena und schließlich Andreas ihre Aufstellung veränderten. Später

MVNDO REFVLGE···O PETRE DIXI

DER PETERSDOM, DER PETERSPLATZ UND BERNINIS KOLONNADEN

44. François Duquesnoy, *Hl. Andreas*.
45. François Duquesnoy, *Hl. Andreas*, Detail des Kopfes.

liquien entsprechend ihrer kirchlichen Bedeutung. So blieben lediglich die Statue und die Reliquie der Veronika an dem ihnen ursprünglich zugedachten Platz.[73] Der Endzustand, den wir noch heute sehen können, wurde am 5. Juli 1638 erreicht. Die nachträglichen Veränderungen in der Verteilung der Reliquien besaßen grundsätzliche Konsequenzen, nicht nur weil die Altäre in den Grotten, wo sie bereits aufgestellt waren, nicht mehr den Reliquien und den Statuen, die sie vorführen, entsprachen, sie sollten sich vor allem in Bezug auf die Gestaltung der Statuen als negativ erweisen. Bernini hatte die Gestik der Statuen und ihr Verhältnis zueinander berücksichtigt, aber auch ihre mögliche Sichtbarkeit aus dem Mittelschiff und die Wirkung des Lichtes, das von oben aus der Kuppel einfällt. Am Ende der Neuordnung wurden die drei wichtigsten Reliquien in der Nische über der Veronika präsentiert: das Schweißtuch mit dem Volto Santo zusammen mit der heiligen Lanze und dem heiligen Holz des Kreuzes, obwohl 1641 die oberen Nischen so angelegt waren, dass jede eine Reliquie aufnehmen konnte. Hier darf man einen erneuten Eingriff der Kanoniker vermuten, die die Aufstellung in der festgelegten Weise verhindern wollten, aber es könnten auch technische Faktoren den Ausschlag für die veränderte Aufteilung der Reliquien gegeben haben, wie zum Beispiel die Feuchtigkeit in den oberen Nischenräumen.[74]

Hl. Andreas

Die Statue des hl. Andreas ist das Werk des Flamen François Duquesnoy, der schon am Stuckmodell arbeitete, noch bevor er den offiziellen Auftrag von der Congregazione erhalten hatte. Bereits im Januar 1628 hatte man die Arbeiten für die Basis der Heiligenstatue aufgenommen, am 14. Mai 1629 begann der Bildhauer das Stuckmodell der Statue vorzubereiten, für das eine erste Zahlung belegt ist. Es handelt sich folglich um das erste in den Dokumenten erwähnte Modell, die anderen entstanden erst gegen Jahresende. Am 15. Juli 1628 erhielt Benedetto Drei Zahlungen für Arbeiten an der Kapellenmauer. Nach dem Erwerb des Marmors aus Carrara im September 1630 für alle Statuen hätte Duquesnoy 1632 seine Bildhauerarbeit in Angriff nehmen können, als man »für Sankt Peter den großen Block für die Statue des hl. Andreas« lieferte.[75] Sicherlich wollte man alle Modelle ausgeführt sehen, um ihr Aussehen insgesamt zu beurteilen, bevor man die Marmorblöcke bearbeitete – dies würde die lange Zeit zwischen dem Beginn der Ausführung der Modelle und dem Beginn der Bildhauerarbeit erklären –, obwohl der Marmor bereits erworben war. Trotz des Erwerbs der Marmorblöcke für die vier Statuen mit den Reliquien von 1630/31 begann der Künstler aber erst 1633 mit seinem Werk: »An Franc. Fiamengo 100 Scudi für die Marmorstatue von 22 palmi [Spannen], die dort aufgestellt werden soll, wo sich der hl. Andreas nach dem bereits gefertigten Entwurf befindet, zusätzlich zu 50 Scudi.«[76] Ebenso zerbrach, wie uns Passeri berichtet, das Modell während der Übertragung von St. Peter zu seiner Werkstatt und der Künstler war überzeugt, dass es sich nicht um einen Unfall handelte, sondern um eine Form des Neides: »Ob dies nun vorsätzlich oder aus reiner Ungunst geschah [...], nachdem ein anderes Modell angefertigt war, begann er mit großem Eifer den Marmor zu bearbeiten.«[77]

Während der Arbeiten erfuhr Duquesnoy, dass die Platzierung der Statue, die man zum Zeitpunkt der Erstellung des Modells in der von der Statue der hl. Helena eingenommenen Nische vorgesehen hatte, mittlerweile verändert worden war, was bei ihm ein tiefes Bedauern über den Lichteinfall auf die Pilaster hervorrief, wie Bellori beschreibt: »[...] das gar deren Licht und Anblick veränderte, sodass man sich nun umdrehen muss, will man ihr ins Antlitz sehen [...].«[78] Die fertiggestellte Marmorstatue wurde erst zu einem späteren Zeitpunkt, nämlich am 2. März 1640 im Beisein von Papst Urban VIII. enthüllt, »auch wenn sie nicht ganz vollendet war«.[79] Die Feinarbeit erfolgte danach. Die Statue ist auf einem Stein unter dem angezogenen Bein signiert: »FRAN. DV QVESNOY BRVXELL. FAC.«.

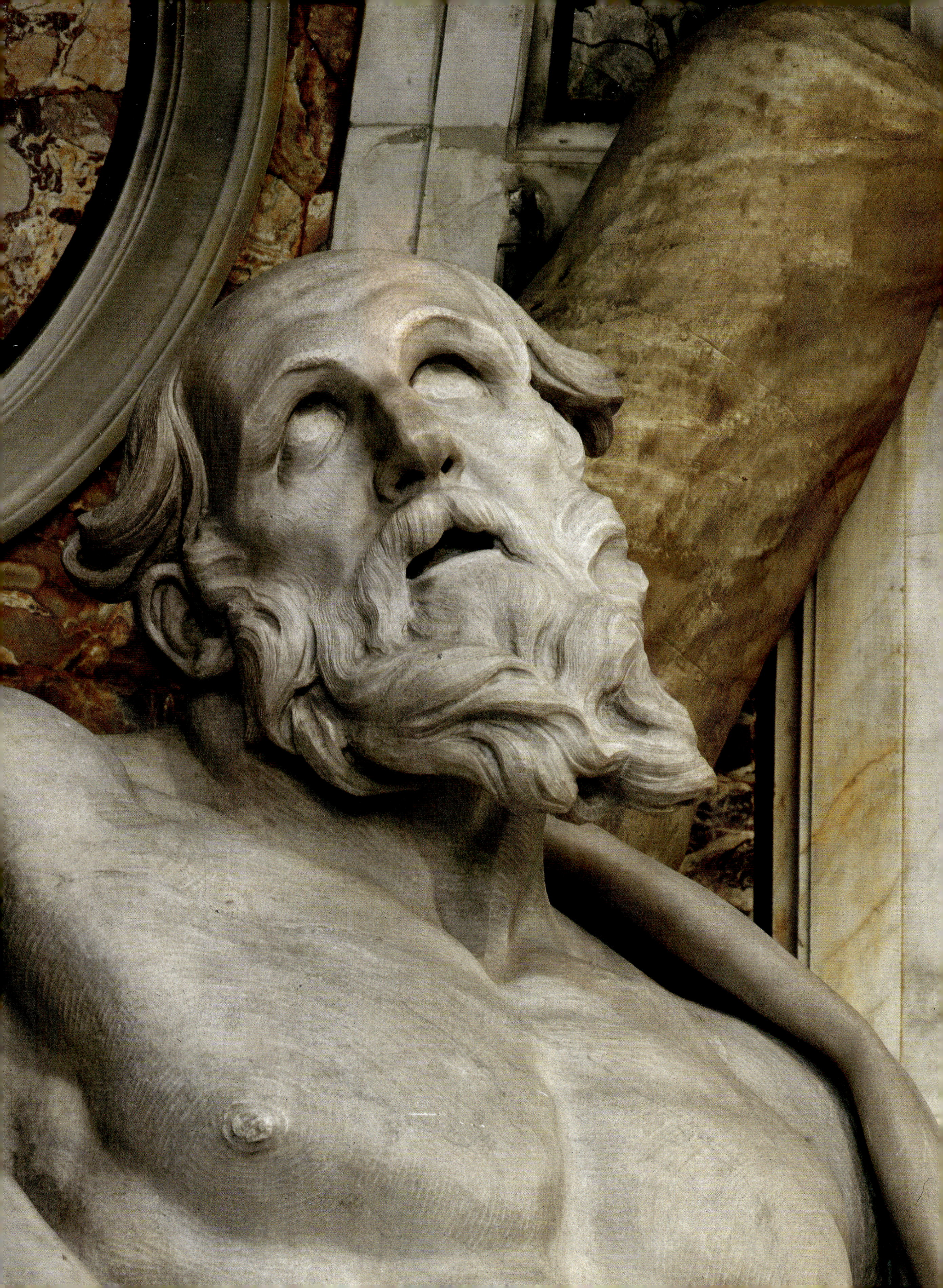

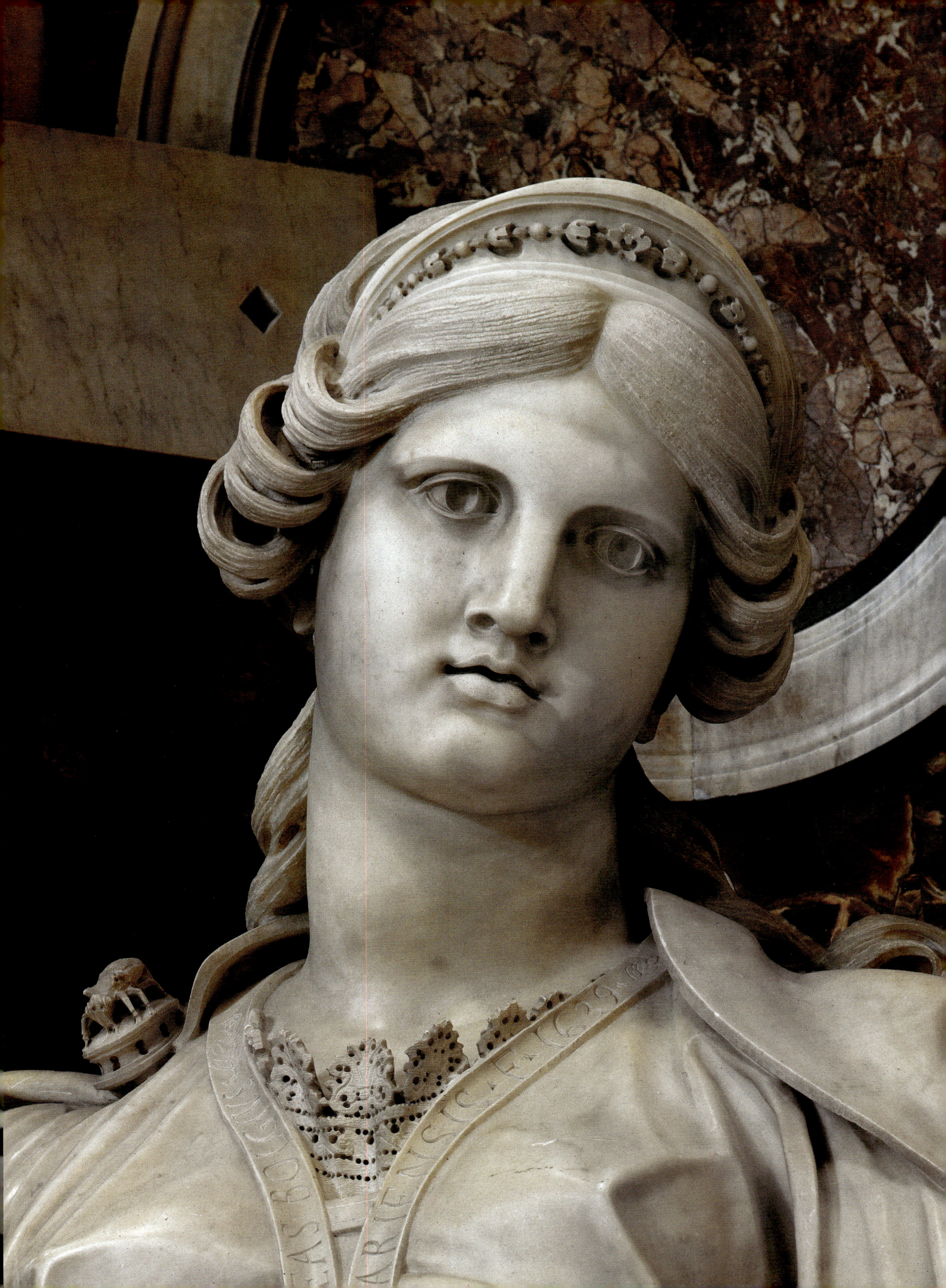

46. Andrea Bolgi, *Hl. Helena*, Detail des Kopfes.
47. Andrea Bolgi, *Hl. Helena*.

Der Heilige, der das Kreuz hält, ist zu dem in der Kuppel dargestellten Christus gewandt, sollte mit Longinus in Dialog stehen und, der Überlieferung der *Legenda Aurea* folgend, »O Bona Crux« ausrufen. Die Engel in der Ädikula darüber halten ein Band mit der Inschrift: »Salve crux diu desiderata« (»Sei gegrüßt, lange ersehntes Kreuz«). Gleichzeitig bildet das Kreuz hinter dem Heiligen das griechische Chi, das Teil des Monogramms Christi ist.[80] Die Größe des Kreuzes ist derart hervorgehoben, dass es eindeutig den Bezug zum Martyrium herstellt. Mit der beinahe wörtlichen Anspielung auf Christus wird auch verständlich, dass die Reliquie Teil dieser Gruppe ist. Duquesnoy schuf damit eines seiner wichtigsten Werke. Ausgehend von einer klassischen Manier passte sich der Künstler stilistisch an die Berninischule an; Bolgi, der Schöpfer des Longinus, war dessen Schüler und auch Mochi, der die Veronika schuf, stand dem Stil Berninis nahe und hatte für die Familie Barberini gearbeitet. Im gleichen Zeitraum schuf Duquesnoy die *Hl. Susanne* für die Kirche Santa Maria di Loreto in Rom, die sich stilistisch aber vom hl. Andreas deutlich unterscheidet.

Die Nachricht vom Erfolg des Künstlers verbreitete sich rasch auch in Flandern, von wo aus Rubens am 17. April 1640 an Duquesnoy einen Brief schrieb, der Bezug auf die Andreasstatue nimmt: »Das Lob über die Statue des hl. Andreas, die man in dieser Zeit enthüllt hat, dringt bis hierher. Nicht zuletzt als Ihr Landsmann beglückwünsche ich Sie und fühle mich durch Ihren Ruhm geehrt. Würden mich nicht mein Alter und die Gicht, die mich untauglich werden lassen, aufhalten, würde ich die Vollkommenheit solch würdiger Werke mit eigenen Augen bewundern.«[81] Über der Nische ist eine Tafel eingelassen, die an die Übertragung und die Ablage der Reliquie erinnert: »SANCTI ANDREAE CAPVT QVOD PIVS SECVNDVS / EXACHAIA VATICANVM ASPORTANDVM CVRAVIT / VRBANVS VIII NOVIS HIC ORNAMENTIS DECORATVM / SACRIS STATVAE AC SACELLI HONORIBVS COLI VOLVIT« (»Das Haupt des hl. Andreas, das Pius II. von Achaia in den Vatikan übertragen ließ, wollte Urban VIII. hier mit neuem Schmuck und mit den heiligen Ehren einer Statue und einer Kapelle für die Verehrung verschönern.«).

In der Grotten darunter befindet sich der Altar für die Messen zu Ehren der Kopfreliquie des hl. Andreas, der bei der anfänglichen Einrichtung der Kapellen dem hl. Longinus geweiht war; das Altarbild mit der *Kreuzanbetung des hl. Andreas* schuf Andrea Sacchi 1633/34. Zwischen 1682 und 1689 wurde es aufgrund von Feuchtigkeitsschäden durch eine Mosaiknachbildung Fabio Cristofaris ersetzt.[82] Links vom Altar wurde 1632 eine marmorne Konsole angebracht, die von zwei antiken Säulchen vom Ziborium der Heiligen Lanze der konstantinischen Basilika getragen wird. Die um 1630 ausgeführten Wandmalereien des Guidobaldo Abbatini konnte man nicht abnehmen und so beziehen sie sich auf die Geschichte des Longinus: Unter anderem werden der Transport der Lanze am 22. Mai 1492 von Konstantinopel durch den türkischen Botschafter Chamisbergh und ihre Präsentation vor den Kardinälen Giorgio Costa und Giuliano della Rovere, dem künftigen Papst Julius II., dargestellt. Am 21. März 1606 wurde die Reliquie von der alten in die neue Basilika verlegt.

Alle vier Kapellen folgen dem gleichen Aufbau mit einer kleinen Apsis und einem Tonnengewölbe auf Bodenniveau des Kirchenraums. Die Apsis wird abgeschlossen von zwei Säulen aus Pavonazzetto und von zwei Pilastern aus Brokatello, mit Kapitellen aus weißem Marmor, die mit der Sonne und den Bienen, den heraldischen Elementen Urbans VIII. Barberini, dekoriert sind.

Hl. Helena

Die Statue der hl. Helena sollte ursprünglich dem Bildhauer Giuliano Finelli anvertraut werden, der bereits zu Beginn der Arbeiten die Werkstatt Berninis verlassen hatte. Aber es kann nicht ausgeschlossen werden, dass schon frühere Abmachungen bestanden. In seinen Statuen könnte man einen Anklang an die *hl. Cäcilia* in Santa Maria di Loreto in Rom erkennen, jedoch in der Pose einer

48. Francesco Mochi, *Hl. Veronika*.
49. Francesco Mochi, *Hl. Veronika*, Detail des Schweißtuches.

hl. Helena, die das Kreuz stützt.[83] Bernini gab hingegen seinem jüngeren, nur knapp 23 Jahre alten, Schüler Andrea Bolgi aus Carrara den Vorzug, der seinem Meister sicherlich am nächsten stand.[84] Zweifellos kam es darüber zu einem Bruch zwischen Finelli und Bernini. Die erste Zahlung für ein Stuckmodell bezieht sich auf das Jahr 1629, die Schlusszahlung erfolgte am 15. März 1632. Torrigio zufolge hatte Bolgi das Modell am 2. Juli 1631 begonnen, die Enthüllung erfolgte dann am 5. März 1632.[85] Zahlungen für eine Marmorskulptur sind hingegen erstmals 1635 belegt[86] – die Marmorblöcke aus Carrara trafen erst 1634 ein –, eine Schlusszahlung erfolgte 1646. Die Statue ist jedoch am Rand des Kleides und auf dem Sockel signiert und mit der Jahreszahl 1639 datiert. Sie wurde, wie der hl. Andreas, 1640 eingeweiht.

Die Statue der hl. Helena sollte ursprünglich der hl. Veronika gegenüberstehen. Daher auch die gelassene Haltung dieser Figur, die mit der von Affekt geprägten Veronika kontrastiert. Die Figur erscheint am wenigsten theatralisch und fast unbedeutend, weswegen sie auch oft von der Kritik vernachlässigt wird. Trotzdem kann man den Einfluss des großen Meisters Bernini auf seinen jungen Schüler erkennen. Auf dem Schild zwischen den beiden Nischen befindet sich die Inschrift: »PARTEM CRUCIS QUAM HELENA IMPERATRIX CALVARIO IN VRBEM AVEXIT / VRBANVS VIII PONT. MAX. E SESSORIANA BASILICA DESVMPTAM / ADDITIS ARA ET STATVA / HIC IN VATICANO CONDITORIO COLLOCAVIT« (»Ein Teil des Kreuzes, das die Kaiserin Helena vom Kalvarienberg nach Rom trug, hat Papst Urban VIII. aus der Basilica Sessoriana entnommen und mit einem Altar und einer Statue im Vatikan aufgestellt«).

Die Kapelle war die erste der vier Reliquienkapellen, die in den Grotten unter den Pfeilern 1630 mit einer Messe eingeweiht wurde und anfänglich dem hl. Andreas zugedacht. Das Programm der Fresken entlang des Korridors bezieht sich daher auf das Leben dieses Heiligen. Das Altarbild *Hl. Helena und das Wunder des wahren Kreuzes* ist ein Gemälde von Andrea Sacchi von 1640 und wurde 1682–89 durch ein Mosaik von Fabio Cristofari ersetzt.[87] Sacchis Original befindet sich heute in der Sala Capitolare. Rechts vom Altar wurde 1632 eine Konsole eingesetzt, die wie jene der Kapelle des Longinus von der Balustrade des Ziboriums der heiligen Lanze stammt.

Hl. Veronika

Das Schweißtuch mit dem Antlitz Christi ist die am meisten verehrte der vier in den Nischen der Vierungspfeiler verwahrten Reliquie. Bernini hat sich sowohl mit der Aufstellung als auch der Komposition der dazugehörigen Veronika-Statue intensiv auseinandergesetzt, wie ein Studienblatt von Anfang 1627 belegt. Den Auftrag erhielt schließlich aus der Toskana stammende Bildhauer Francesco Mochi, was für diesen eine hohe Wertschätzung bedeutete: »Ihm fiel von den genannten Statuen die Veronika zu; da man den Longinus dem vorgenannten Gianlorenzo, den hl. Andreas dem Fiammingo und die hl. Helena dem Bolgi gab.«[88] Mocchi nahm 1629 die Arbeit auf und fertigte, wie die anderen Künstler auch, zunächst ein Stuckmodell. Der Marmor für die drei Statuen – hl. Helena, hl. Veronika und hl. Longinus – gelangte im Juli 1634 nach Rom und erst danach konnten die Arbeiten beginnen.[89] 1640 war die große Statue der hl. Veronika fertiggestellt, der Francesco Mocchi viel Zeit widmete, um sein Leben mit »un'opera memorabile« [»einem denkwürdigen Werk«] zu beenden. Am 4. November 1640 wurde das Werk im Beisein Urbans VIII. enthüllt, der »verweilte, um sie anzuschauen, da sie schön und gut gearbeitet ist«.[90] Der Künstler selbst war indes mit seiner Bezahlung unzufrieden und forderte noch einen Restbetrag: »[...] da in genannter heiliger Kongregation einige Einwände zu seinem großen Nachteil vorgebracht worden waren und man gegen solche Autorität nichts erwidern konnte. Daher begab er sich zu Füßen der hl. Veronika, auf dass sie ihm dort Gnade gewähre und mit der Qualität der Arbeit zufrieden wäre, dass man sie durch unbeteiligte Beschauer prüfen ließe, mit deren Urteil

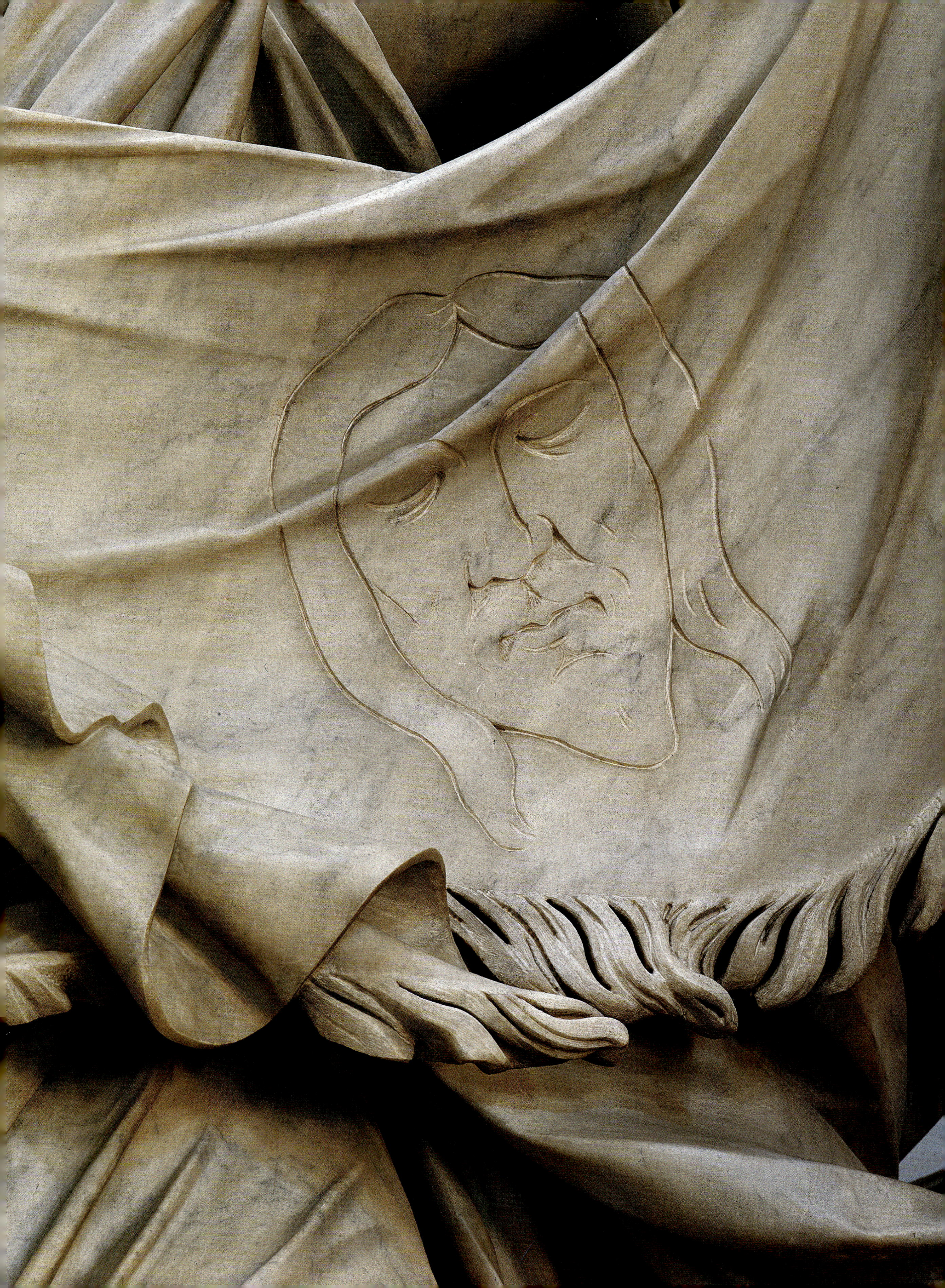

... VIA DILIGO TE ... NC VNA FIDES ...

...HINC SACERDOTII QVODCVM...
...SANGVIS NON RELIQVIT TIBI...

DER PETERSDOM, DER PETERSPLATZ UND BERNINIS KOLONNADEN

Seite 68: 50. Pfeiler mit der Reliquie der hl. Veronika.
Seite 69: 51. Pfeiler mit der Reliquie des hl. Andreas.

52. Gian Lorenzo Bernini, *Hl. Longinus*.
53. Gian Lorenzo Bernini, *Hl. Longinus*, Detail.

er zufrieden wäre.«[91] Am 8. März 1646 erfolgte die letzte Zahlung »für sämtliche Restschuld und die vollständige Bezahlung der von ihm gefertigten Statue der hl. Veronika«.[92] Das Werk ist auf dem Sockel der Figur signiert: »FRANCISCUS. MOCHIUS A MONTE VARCHI. FACIEBAT".[93] An der Ausstattung der Nische 1629 war auch Francesco Borromini beteiligt.

Die Reliquie der Veronika ist die einzige, die nie versetzt wurde. Formal sollte sie der hl. Helena entsprechen; Im Gegensatz zu dieser ist sie jedoch in bewegter Haltung gezeigt. Die Kleider sind gebauscht und unruhig, wie die ganze Haltung der Figur, die den Mund wie zu einem Schrei öffnet: »Durch solchermaßen Gründe überzeugt und befriedigt schenkte Urban dem Mochi Gehör, der diese für ihn ungünstigen Umstände geduldig ertrug, und beruhigte ihn mit großen Versprechungen. Und damit er nicht um diese gebracht würde, befahl er, dass man ihn mit einer der großen Statuen von 23 Spannen [palmi] Höhe beauftrage, die in den vier großen Nischen der Pfeiler von Sankt Peter aufgestellt werden, welche die Kuppel tragen. Man gab ihm die der Veronika, die eine Figur voller Geist und Meisterschaft ist. Er zeigte sie in Bewegung und zwar in einer ungestümen Bewegung, sodass sie nicht nur geht, sondern in schnellem Lauf dahineilt. Und hierin (so sei mit Verlaub gesagt) fehlte er das ihr eigene Wesen, denn das Wort Statue leitet sich vom lateinischen Verbum sto stas ab, was unbeweglich, fest und auf den Beinen stehend bedeutet. Diese Figur ist aber keine Statue mehr und nicht unbewegt, wie sie sein muss, um ein von den Betrachtern geschätztes und bewundertes Bildnis abzugeben, sondern vielmehr eine Figur, die vorbeigeht und nicht stehen bleibt. Doch soll dies weder als ungünstig aufgefasst werden noch will ich als Censor auftreten und dieses schöne Werk tadeln, das allen Beifall verdient.«[94]

Das Schild zwischen den beiden Nischen erinnert an den Eingriff von Papst Urban VIII. anlässlich des Heiligen Jahres 1625: »SALVATORIS IMAGINEM VERONICA SUDARIO EXEPTAM / VT LOCI MAIESTAS DECENTER CVSTODIRET / VRBANVS VIII PONT. MAX. CONDITORIVM EXTRVXIT ET ORNAVIT / ANNO IVBILEI MDCXXV« (»Auf dass die Majestät des Ortes mit Würde das Bild des Retters auf dem Schweißtuch der Veronika bewahre, fügte Urban VIII. die Marmorstatue und den Altar hinzu, errichtete das Tabernakel und schmückte es im Jubeljahr 1625«).

Auf dem Altar in den Grotten befand sich das von Andrea Sacchi zwischen 1633 und 1634 gemalte Altarbild. Wie alle anderen Gemälde wurde es durch ein 1682–89 von Fabio Cristofari geschaffenes Mosaik ersetzt.[95] Der Altar ist aus weißem Marmor mit einem zentralen Feld in Bardiglio-Marmor. Er wurde erst 1727 von Papst Benedikt XIII. eingeweiht. Über der linken Konsole – auch diese auf kleinen Säulen, die vom Ziborium der heiligen Lanze stammen – erinnert eine Inschrift an die generelle Restaurierung der Grotten unter Papst Benedikt XIV. Dessen Wappen ist darüber zu sehen.

Hl. Longinus

Die Statue des hl. Longinus ist die einzige unter großen Statuen in den Pfeilernischen (durchschnittliche Höhe ca. 4,5 Meter), die von Bernini ausgeführt wurde. Die erste Zahlung für das Stuckmodell erfolgte, wie bei Aufwandsentschädigung der anderen Bildhauer auch, Ende 1629 und setzte sich bis zum 5. April 1632 fort.[96] Unterstützt von Stefano Speranza begann Bernini 1634 mit der Arbeit an der Marmorplastik, 1638 war sie fertiggestellt, früher als die der anderen Künstler.[97] Die Skulptur besteht aus vier Marmorblöcken: einem für den Rumpf, einem für den rechten erhobenen Arm, dem großen Block des Gewandes rechts und einem für den Teil der Kleidung auf der linken Seite.

Der hl. Longinus stieß der Überlieferung zufolge dem am Kreuz verstorbenen Christus die Lanze in die Seite, wobei seine Blindheit vom austretenden Blut geheilt wurde. In der Skulptur Berninis breitet der Heilige seine Arme fast symmetrisch aus und erfasst den Augenblick seiner Bekehrung auf dem Kalvarienberg. Mit der Rechten stellt er dem Betrachter die Lanze zur Schau, als Symbol für die hier verwahrte Reliquie. Neben seinem

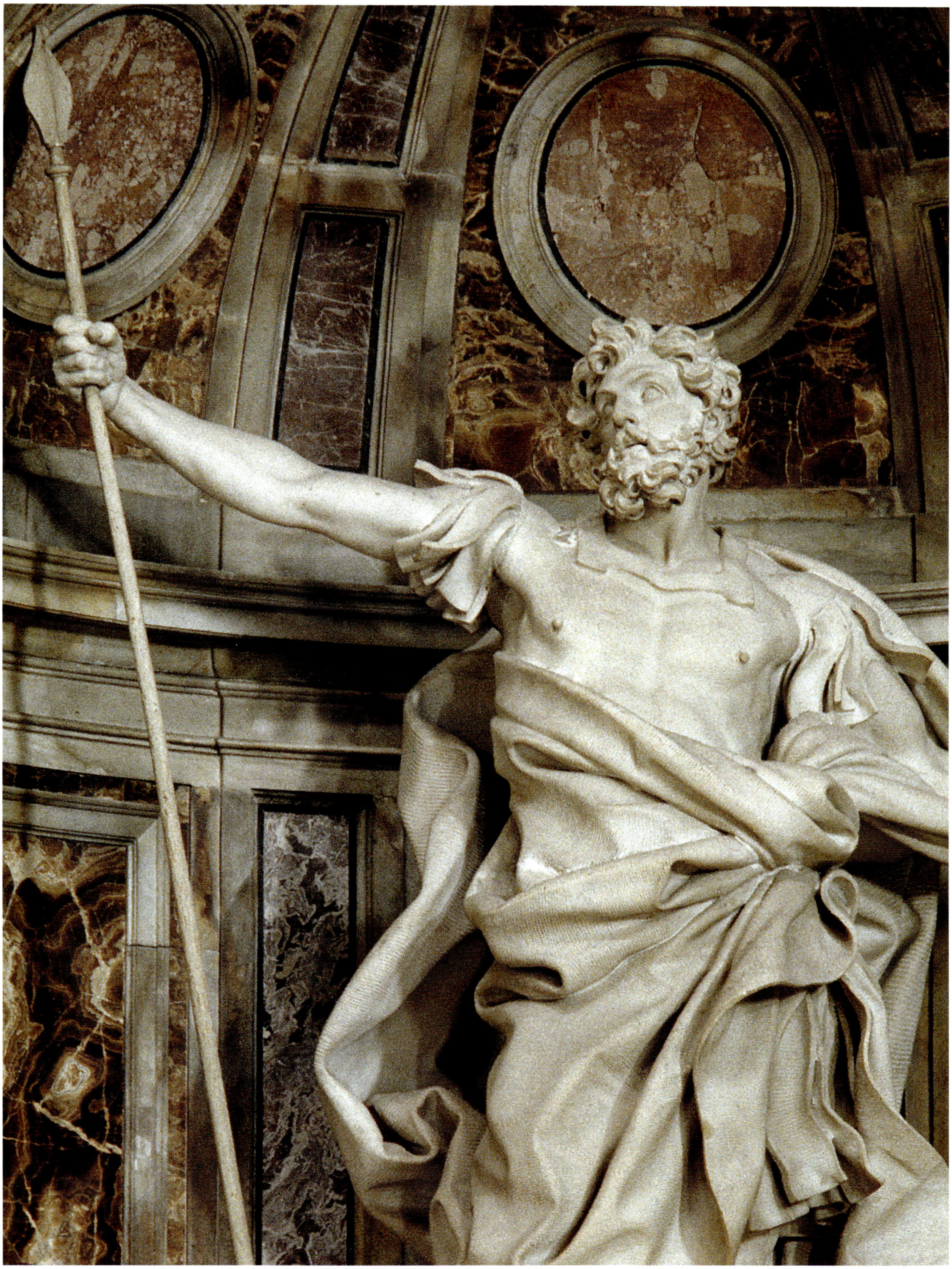

linken Fuß ist ein phrygischer Helm abgestellt. Ursprünglich sollte die Statue mit der Linken auf der Brust im Hingabegestus dargestellt werden.[98] Beide erhaltenen Modelle, eines in Cambridge (Fogg Museum of Art) und eines im Museo di Roma, zeigen jedoch eine andere Auffassung. Zuerst hätte Longinus wie der hl. Andreas auf die Bekrönung des Baldachins ausgerichtet sein sollen, wo die Aufstellung des auferstandenen Christus vorgesehen war. Jetzt hingegen breitet er seine Arme aus, als wolle er die Kreuzigung verweisen.[99] Die Figur blickt auf zu Christus in der Kuppel und dies erklärt den nach oben gerichteten Blick voller Pathos: Im Moment seiner Bekehrung und mit ausgebreiteten Armen in der Nische füllt er mit dieser Geste den gesamten Raum aus. Die Oberfläche ist mit einer besonderen Schraffur paralleler verlaufender Rillen versehen, die das Licht auf der Oberfläche fangen und so den breiten Pinselstrichen von Maler wie Rubens oder Pietro da Cortona ähneln.

Zwischen den beiden Nischen ist eine Erinnerungstafel der Ereignisse eingefügt: »LONGINI LANCEAM QUAM INNOCENTIVS VIII PONT. MAX. / A BAIAZETE TVRCARVM TYRANNO ACCEPIT / VRBANVS VIII STATVA ADPOSITA ET SACELLO SUBSTRVCTO / IN EXORANEMNTVM CONDITORIVM TRANSTVLIT« (»Die Lanze des Longinus, die Papst Innozenz VIII. vom türkischen Tyrannen Bayezid erhielt. Urban VIII. übertrug sie in einen geschmückten Tabernakel, nachdem er eine Statue aufgestellt und den Altar errichtet hatte«).

Die Kapelle in den Grotten war ursprünglich der hl. Helena und den Legenden um das Heilige Kreuz gewidmet. Das Altarbild mit dem *Martyrium des hl. Longinus* wurde 1633/34 von Andrea Sacchi gemalt,[100] aber schon nach kurzer Zeit beschädigt und, wie bereits erwähnt, zwischen 1682 und 1689 von Fabio Cristofari als Mosaik kopiert. Unter den Szenen im Korridor befindet sich ein Bild der *Übertragung der Reliquie des Hl. Kreuzes von Santa Croce in Gerusalemme in Rom in die vatikanische Basilika*, die am 18. März 1629 stattfand.

Die Balkone der oberen Pfeilernischen

In den oberen Nischen werden die Reliquien aufbewahrt. Diese Ebene ist über eine Wendeltreppe erreichbar, die dazu diente, die Reliquien auszustellen, was besonders während der Karwoche stattfindet. Ein großes Relief zeigt jeweils aufbewahrte Reliquie – von Engeln und Putti getragen – und bezieht sich auch auf die als Statue dargestellte Hauptfigur. Die Figuren in weißem Marmor sind vor den Hintergrund aus farbigem Marmor gesetzt, der den Himmel andeutet.[101] Keineswegs zufällig sehen wir über den Ädikulä Wolken aus vergoldetem Stuck mit Sonnenstrahlen, zwischen denen sich Putten mit Schrifttafeln befinden.

Die Arbeiten wurden zwischen 1633 und 1640[102] von den besten Kunsthandwerkern ausgeführt, die bereits die neue Verteilung der Altäre berücksichtigen konnten. Der Engel, der das Kreuz der hl. Helena trägt, ist das Werk von Luigi Bernini (1630–1635) und wurde 1640 von Niccolò Sale vollendet. Die Putten wurden 1635 von Stefano Speranza geschaffen. Das Relief über *Longinus* stammt von Matteo Bonarelli (1636–1638), dasjenige über dem *hl. Andreas* von Domenico e' Rossi (1637/38). Zwischen 1634 und 1641 fertigte Niccolò Menghini den Engel, der das Schweißtuch der Veronika präsentiert. Für die Ausführung der Engelchen ganz oben sind durch Zahlungen die beteiligten Künstler belegt: Matteo Bonarelli, Domenico de' Rossi, Andrea Bolgi, Luigi Bernini und Orfeo Boselli. Allesamt standen unter der Leitung Berninis, sodass wir stilistische Unterschiede, die individuelle Zuschreibungen erlaubten, nicht erkennen können. Für die malerische Feinarbeit wurde Guidobaldo Abbatini eingesetzt. Alle Reliefs ebenso wie die Malereien folgen präzisen Kompositionsregeln, die sich durch einen diagonalen Aufbau auszeichnen. Überdies ist hervorzuheben, dass das Relief des hl. Andreas nochmals der klaren Form des *Chi* vom Monogramm Christi für das eschatologische Programm folgt. Die Engel präsentieren in einfacher und unmittelbarer Weise die Reliquien, die sonst nicht zu sehen sind.

Kathedra Petri

Nachdem Papst Urban VIII. in den seitlichen Nischen der Chorapsis die beiden Papstgräber eingerichtet hatte, das von Paul III. sowie das seinige, musste er sich der Ausstattung der mittleren Nische widmen. Zunächst dachte er an einen dem Erzengel Michael geweihten Altar. Nach seiner Wahl am 6. August 1623 war er erkrankt – wie eine Reihe anderer Kardinäle, die am Konklave in der unerträglichen Sommerhitze teilgenommen hatten – und blieb in seinen Gemächern im Vatikan. Mit besonderer Umsicht setzte er nach seiner Genesung das Datum seiner Krönung auf den 29. September fest, das Fest des hl. Erzengels Michael. Der Erzengel galt als Emblem der Gegenreformation: Er hatte Luzifer besiegt und war von Gott zur Verteidigung der Kirche gegen die Häresie und an erster Stelle gegen die protestantische Reformation gesandt. In einem Plan der Basilika mit den Patrozinien der Altäre, wie sie im Oktober 1626 von den Kardinälen vorgeschlagen wurden, ist der Altar im Scheitel der Apsis dem heiligen Erzengel vorbehalten.[103] Aus einem Dokument vom 4. November 1626 geht hervor, dass Bernini den Auftrag für ein Relief mit dem hl. Michael erhalten sollte und dass die Kongregation der Kardinäle der Reverenda Fabbrica di San Pietro wegen seiner Position im Zentrum der Apis und der allgemeinen Sichtbarkeit den erlesensten Altar wünschte.[104] Der große Abstand vom Petrusgrab milderte die Bedenken, den Altar nicht dem großen Apostel zu weihen. Aber bereits im folgenden Jahr kamen auch Urban VIII. Zweifel, ob in einer so bedeutenden Kirche nicht doch Darstellungen von Szenen aus dem Leben des Heiligen vorzuziehen wä-

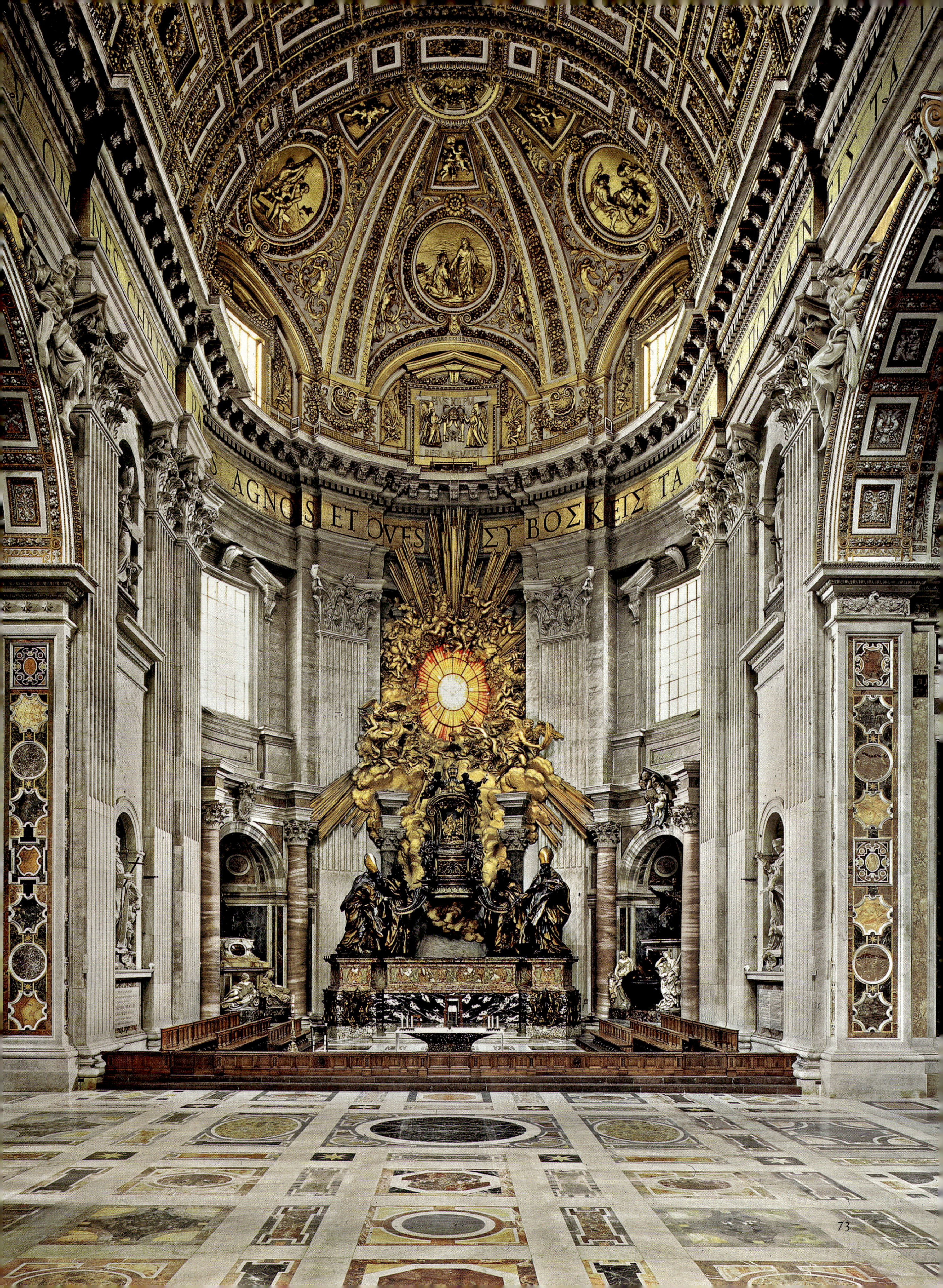
AGNOS ET OVES
ΒΟΣΚΕΙΣ ΤΑ

DER PETERSDOM, DER PETERSPLATZ UND BERNINIS KOLONNADEN

55. Kathedra Petri, Throngeschenk Karls des Kahlen.
56. Gian Lorenzo Bernini, Kathedra Petri, Detail.
Seite 76: 57. Gian Lorenzo Bernini, Kathedra Petri,
Detail mit dem Relief Pasce oves meas.
Seite 77: 58. Gian Lorenzo Bernini, Kathedra Petri,
Kopf des hl. Johannes Chrysostomus.

ren. Am 19. Februar 1627 registrierte Angelo Giori einen ersten Wandel in den Plänen des Papstes: »Ich habe mit unserer Heiligkeit über die Einrichtung der Altäre in Sankt Peter gesprochen […] und sie hat sich bei mir beschwert […] Sie zöge es vor, wenn man anstatt des hl. Michael eine Historie des hl. Petrus als *claves regni caelorum illi traditae fuerunt* [bei der Übergabe der Schlüssel] vorsehe, da dies doch die Kirche des hl. Petrus und dieser wichtige Ort geeignet sei, die höchste Aufmerksamkeit zu erfahren.«[105] Die Szene der Schlüsselübergabe war sicherlich die für eine Petruskirche geeignetste, so wie die Worte Christi (»Tu es Petrus…«) von Anfang an die wichtigste Botschaft zur Bestätigung des Papsttums als Nachfolge Petri bildete. Bald danach dachte man tatsächlich an ein Altarbild mit dieser Darstellung, wie ein Dokument überliefert: »Iconam in Altari extremae sublimioris Basilicae partis constituendam, in qua pingenda seù ex Marmore scuòpenda, aut Metallo fundenda erit Historia Principis Apostolorum recipientis Claves Regni Coelorum, quatenus Smus pingi mandet, à Guido Arena [Guido Reni], quatenus vero sculpi, vel fundi, ab Equite Bernino sculpi seù fundi deliberarunt«.[106] Diese Szene wurde dann von Antonio Pomarancio zwischen 1628 und 1629 ausgeführt, aber wieder entfernt, um Platz für das Grabmal Alexanders VIII. zu schaffen (siehe Kap. Grabmonumente). Die Ikonografie des hl. Petrus begann sich seit langem in der Basilika

zu verbreiten. Schon von Beginn an wollte Paul V. die *Traditio clavis* auf einem Relief von Alessandro Bonvicino über dem Hauptportal der Kirche darstellen. Auch die *Navicella* Giottos, die ins Kircheninnere übertrug, wurde durch das Relief des Pasce oves meas von Bernini ersetzt.[107]

Urban VIII. gab den Gedanken eines Papstthrones in der Apsis nicht auf und ließ 1633 eine Porphyrsäule erwerben, »um in der Basilika den Stuhl Petri anfertigen zu lassen«.[108] Die Aufstellung der Kathedra für den Papst war auch Thema zeitgenössischer Beobachter wie Baglione, der vermerkte: »Da gibt es die große Nische, oder *tribuna* im Scheitel der Kirche zwischen diesen beiden Kapellen, in der sich drei kleine Nischen befinden, und in die mittlere soll der Stuhl Petri kommen.«[109] Letztere blieb jedoch für viele Jahre leer. In einem Memorandum des Michele Lonigo an Alexander VII. findet sich ein Hinweis auf die Gründe: »Der Stuhl des Bischofs muss sich gemäß den richtigen Zeremonien in der Mitte des Presbyteriums befinden. […] So wollte es der in heiligen Riten so gelehrte Papst Innozenz III., so lehrt es der exzellente Zeremonienmeister Paris de Grassis, so verlangen es Vernunft und Pflicht, und so wurde es seit ältester Zeit bei der Aufstellung sämtlicher Bischofsstühle der Christenheit stets befolgt.«[110] Der Autor bezieht sich auf das Mosaik mit dem thronenden Christus im Zentrum der Apsis von Alt-Sankt-Peter als wirkungsvollster Ausdruck dieser herausragenden Stellung des Bischofs. Das Konzept Alexanders VII. für die Ausstattung der mittleren Nische bedeutete eine Wende und gleichzeitig eine perfekte Lösung, im Hinblick auf theologische Bedeutung ebenso wie auf die außergewöhnliche Qualität der künstlerischen Ausführung. Die Idee bestand darin, die verehrte *Kathedra Petri* auf dem Altar wie eine Reliquie aufzustellen: Sie wurde mit dem hl. Petrus identifiziert, sie galt als sein Thron und gleichzeitig als Thron des Papstes, als Symbol für die päpstliche Herrschaft. Folglich musste jegliche Inszenierung diese Botschaft in den Fokus rücken.

Der Stuhl, den man für die *Kathedra Petri* hielt, ist dagegen neueren Datums. Tatsächlich handelt es sich dabei um den Thron, der am Weihnachtstag von 875 Karl dem Kahlen zur Kaiserkrönung diente und als Geschenk in der Basilika verblieb. Dieser Stuhl, reich mit Elfenbeinornamenten und mythologischen Reliefs geschmückt, nahm bald den Wert eines historischen Thrones an und wurde alljährlich bei der Stuhlfeier am 22. Februar den Pilgern zur Verehrung ausgestellt. Mit seiner Verwendung für die *incathedratio* [Inthronisierung] des Papstes unterstrich es zudem die Legitimität des Nachfolgers Petri. Erst unter Innozenz III. wuchs die Bedeutung der Reliquie als sichtbares Zeichen der Präsenz des Apostels in Rom (»grandissimo testimonio […] che l'Apostolo, sia stato in Roma«)[111]; dagegen verlor sie zunehmend die praktische Funktion für die neuzeitlichen Päpste. Schon unter Paul V. musste man sie mit einer bronzenen Konstruktion *(custodia)* schützen, die die Form des Stuhles nachbildete und als Papstthron dienen konnte.

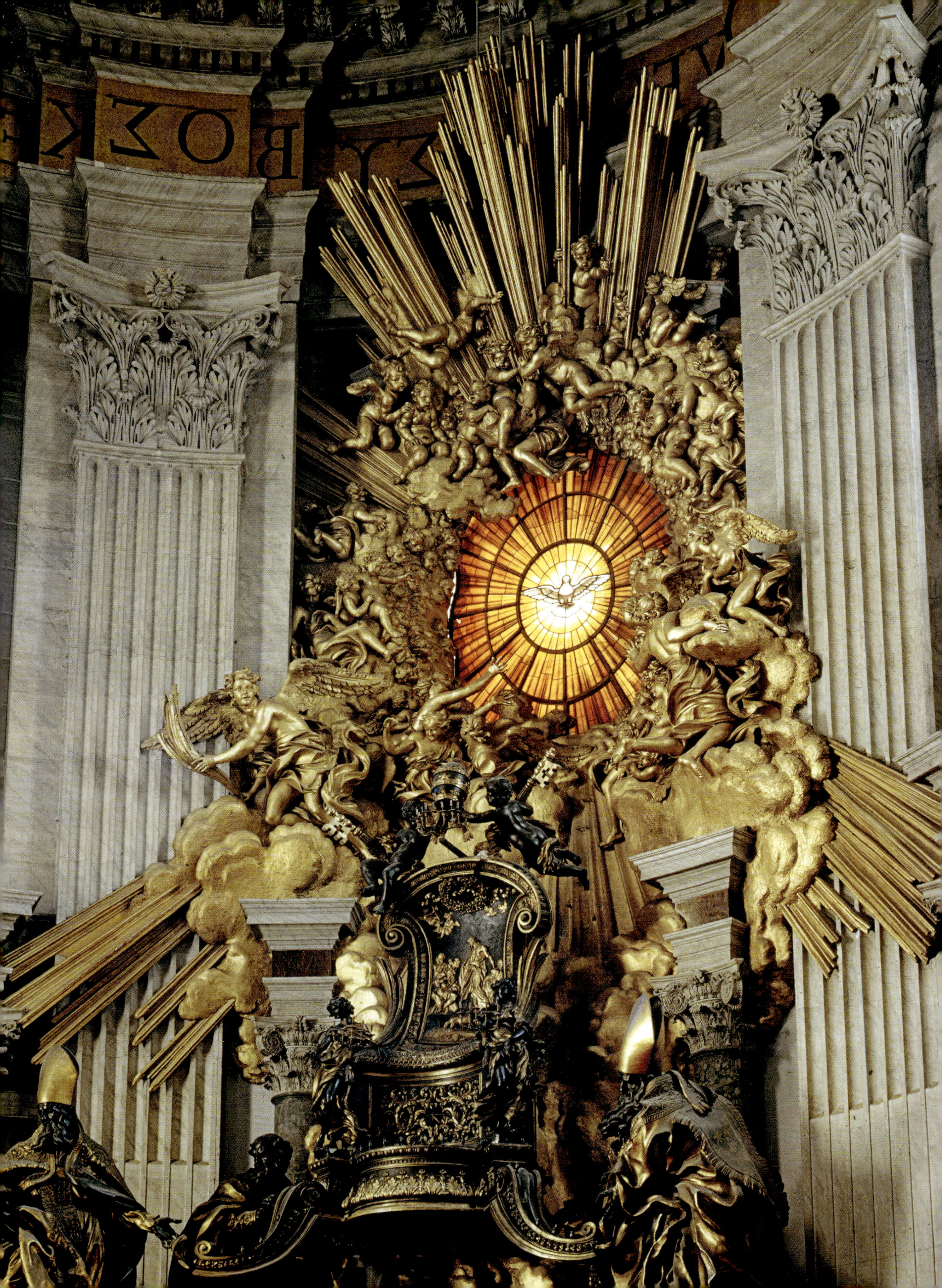

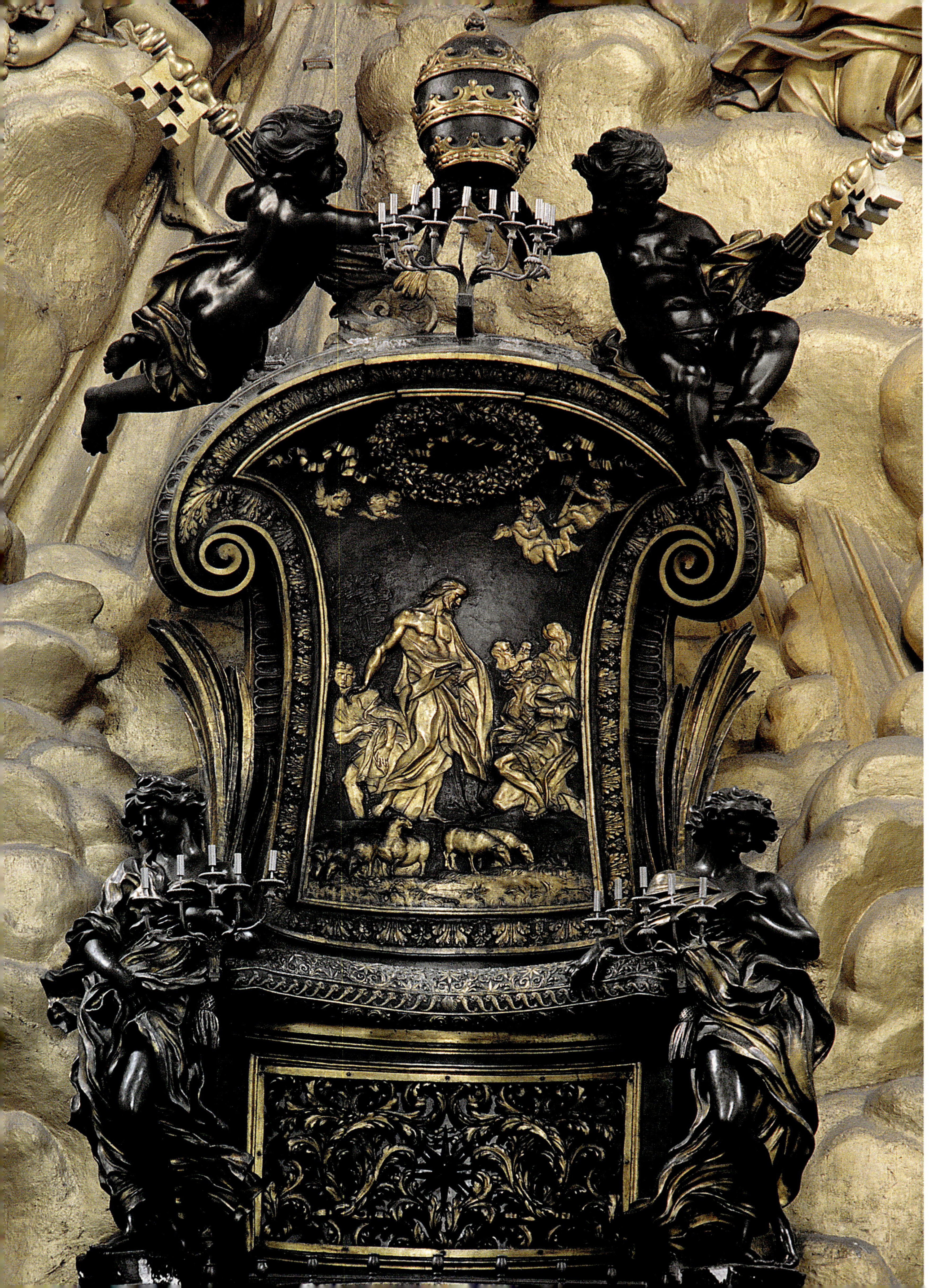

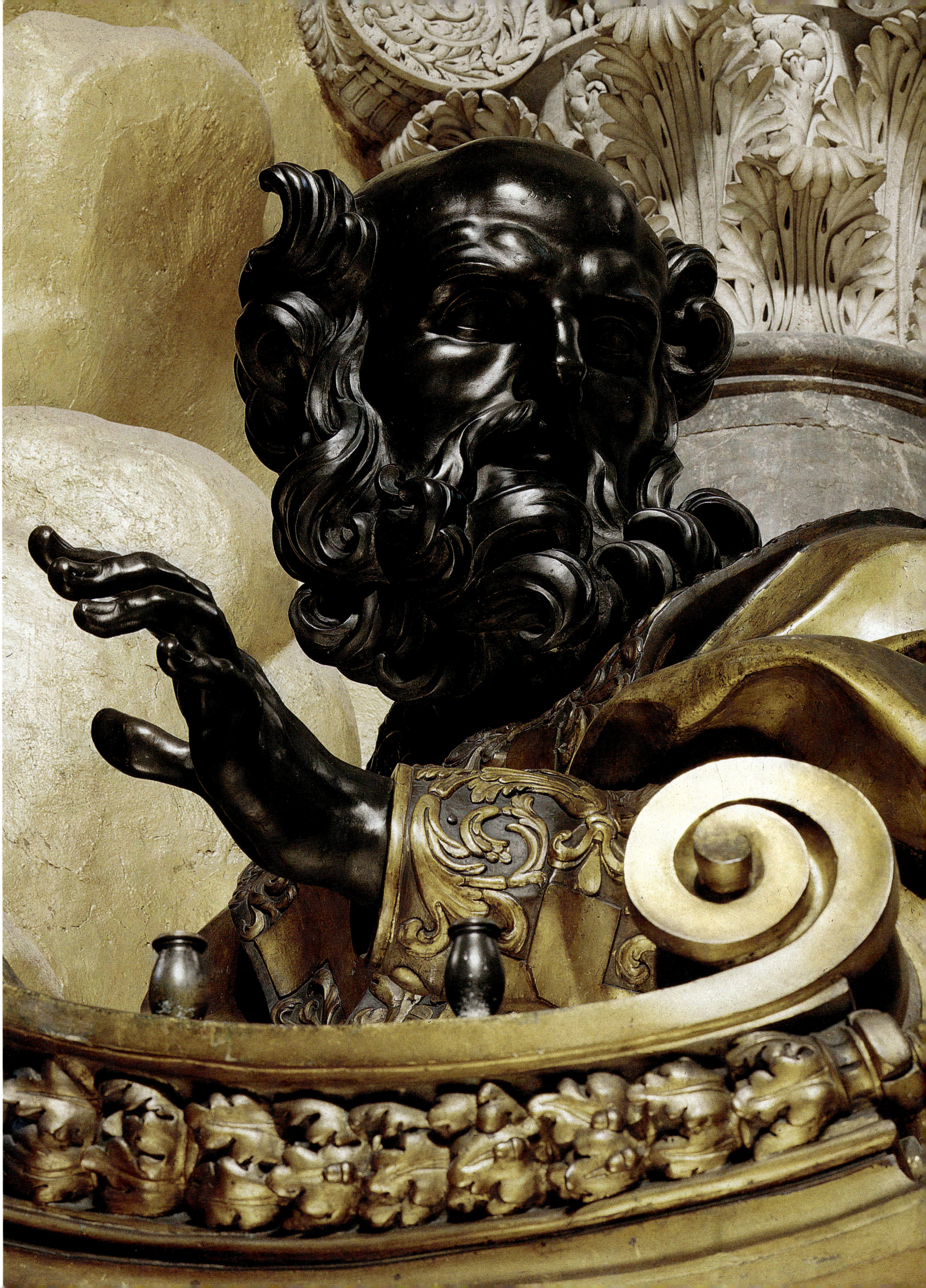

59. Gian Lorenzo Bernini, *Kathedra Petri*, Relief auf der Kathedra mit der Fußwaschung.

60. Gian Lorenzo Bernini, *Kathedra Petri*, Relief auf der Kathedra mit der Übergabe der Schlüssel.

61. Johannes Paul Schor, *Kathedra Petri*, Heiliger Geist.

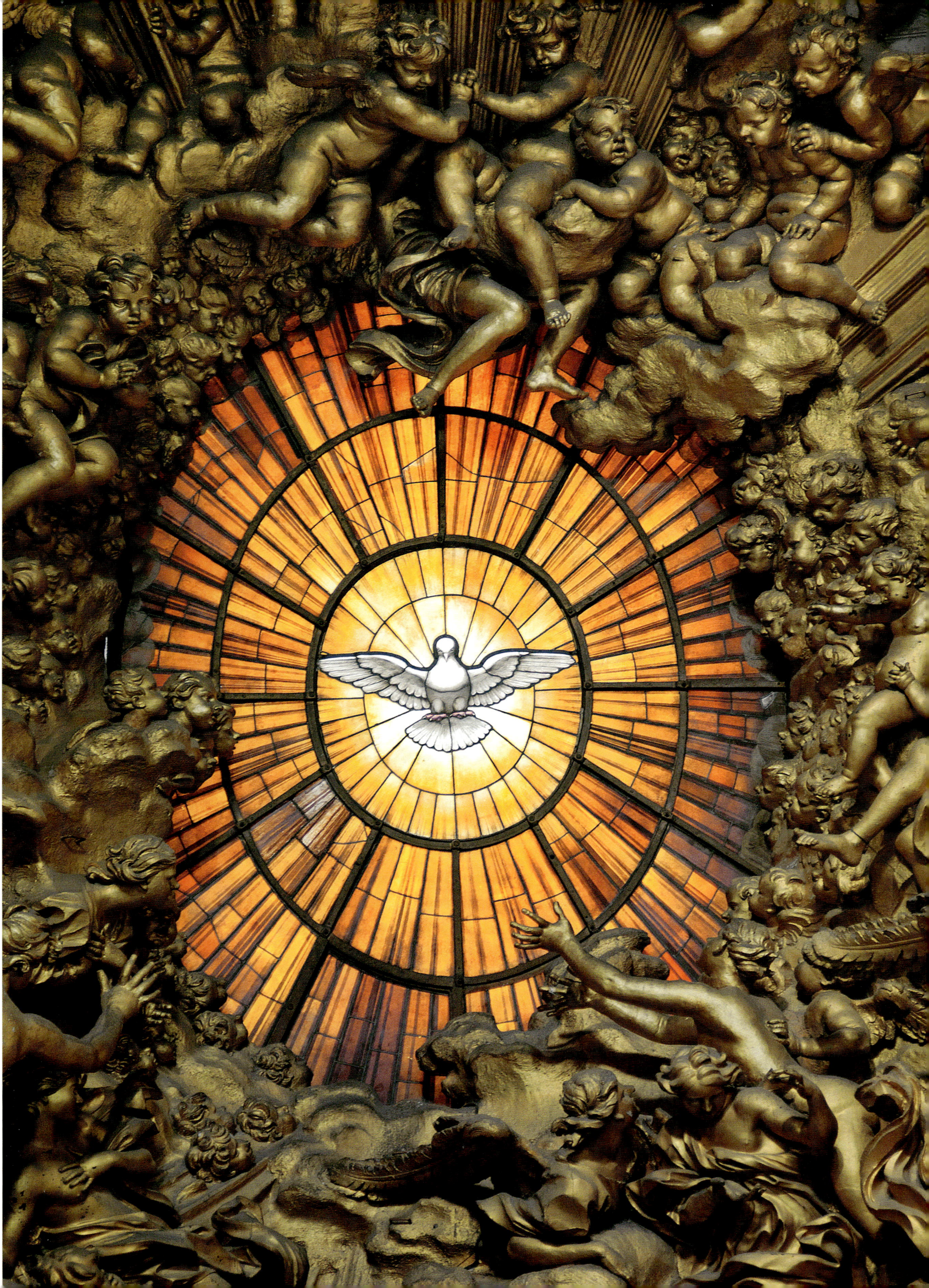

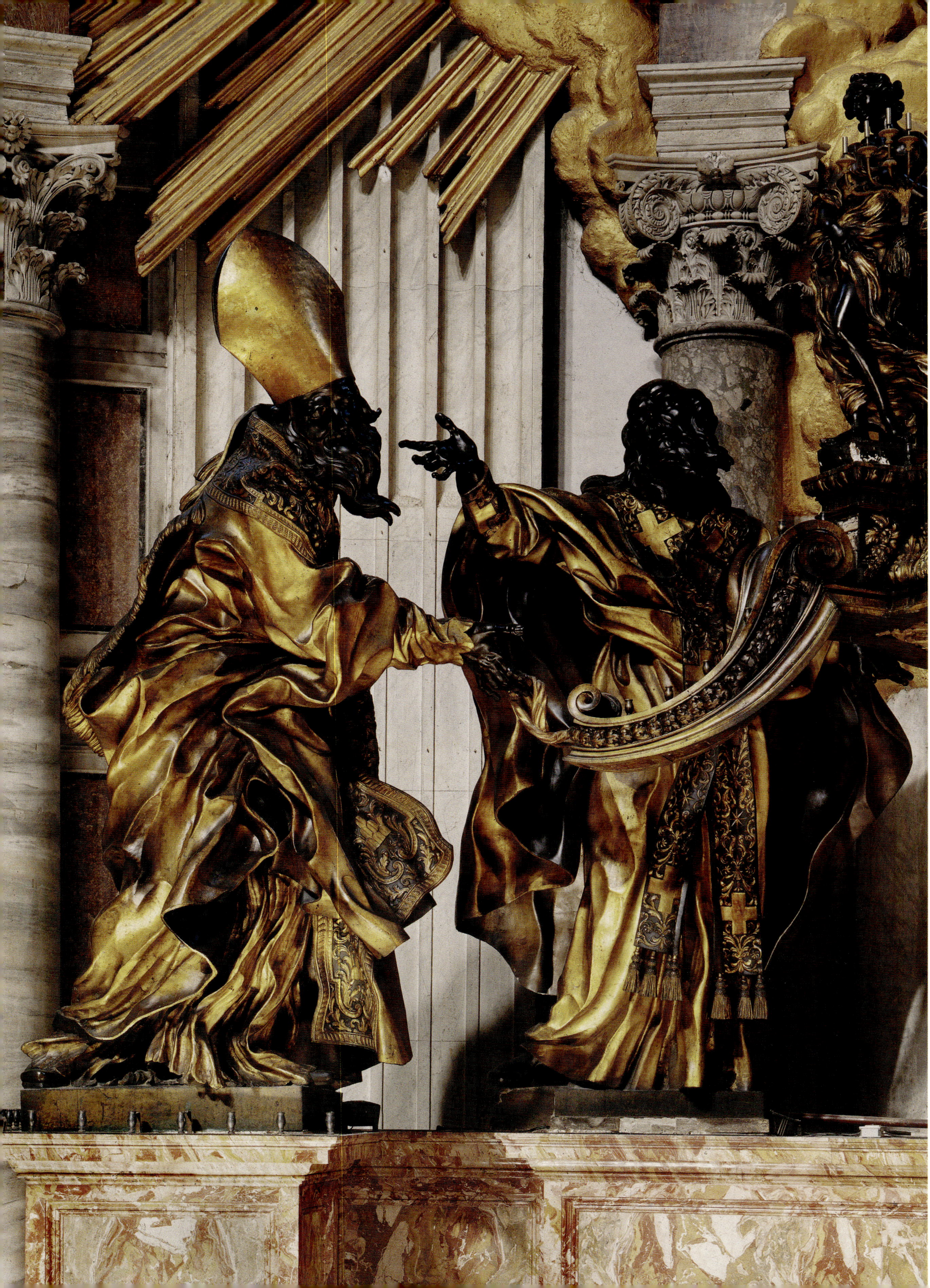

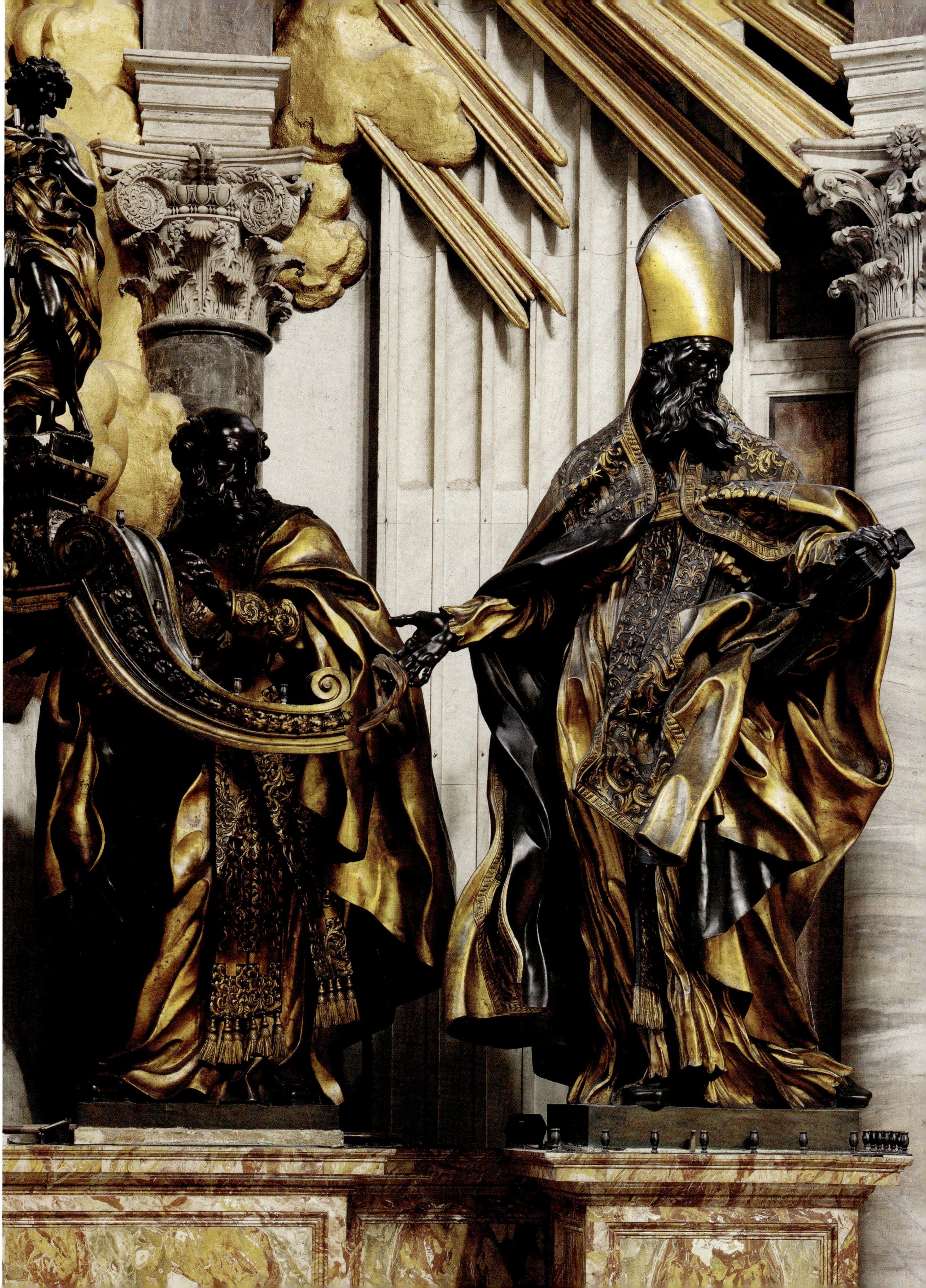

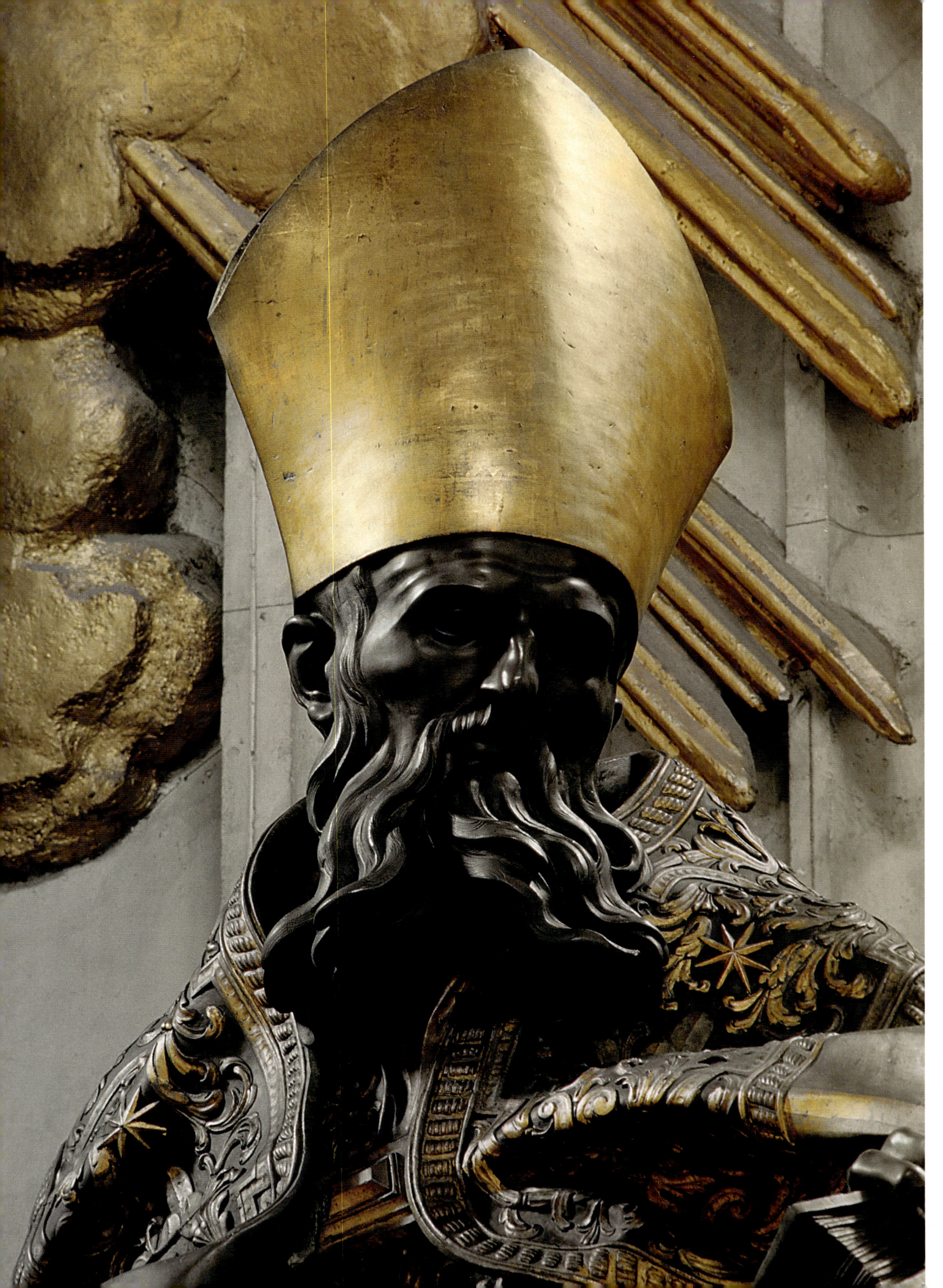

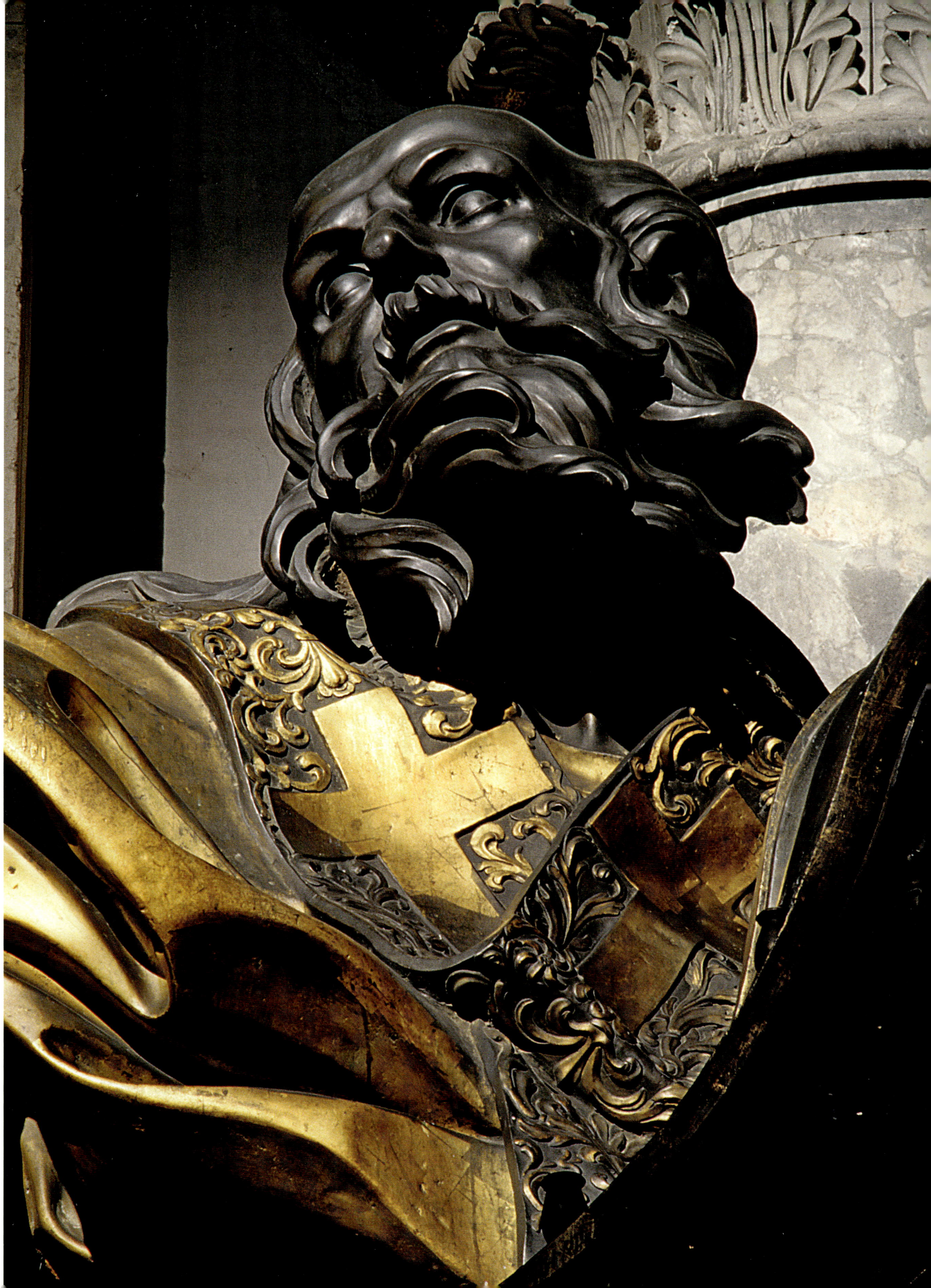

Seite 80: 62. Gian Lorenzo Bernini, *Kathedra Petri*, Hhl. Ambrosius und Athanasius.
Seite 81: 63. Gian Lorenzo Bernini, *Kathedra Petri*, Hhl. Johannes Chrysostomus und Augustinus.
Seite 82: 64. Gian Lorenzo Bernini, *Kathedra Petri*, Hl. Ambrosius.
Seite 83: 65. Gian Lorenzo Bernini, *Kathedra Petri*, Hl. Athanasius.

66. Gian Lorenzo Bernini, Modelle der Putti für die *Kathedra Petri*.
67. G. Bonanni, *Numismata Summorum Pontificum Templi Vaticani Fabrica indicantia*, Baldachin, Stich.

In Alt-Sankt-Peter wurde diese Reliquie mehrmals versetzt und 1576 in die Cappella di Santa Maria delle Febbri gebracht; sie diente als Sakristei und Aufbewahrungsort vieler Reliquien aus der konstantinischen Basilika. 1606 wurde der Stuhl in die Cappella dei SS. Crisostomo, Lamberto e Servazio übertragen.[112] Urban VIII. beschloss 1630 eine neue Aufstellung in der Cappella del Battistero in einem Schrein. Auf dem von Bernini entworfenen Altar der Reliquie in der Taufkapelle knien zwei Engel zu Seiten der Kathedra vor einer Wolkengloriole und der Taube des Heiligen Geistes in Lichtstrahlen.[113] Das Reliquiar wurde zunächst in einer Holzstruktur von Giovanni Battista Soria ausgeführt und 1636 auf dem Altar aufgestellt. Die bronzene *custodia* konnte erst 1646 von Giovanni Pietro Del Duca angefertigt werden.[114] Bei der Verlegung der Reliquie an ihren neuen Platz in der Apsis 1666 wurde dieser Altar zerstört und das bronzene Behältnis eingeschmolzen. Der hölzerne Schrein Sorias mit vergoldetem Dekor, Bienen und der Sonne als Embleme des Barberini-Papstes hat sich erhalten und befindet sich heute in der Reverenda Fabbrica di San Pietro. 1705 ließ Papst Klemens XI. eine Kopie des Stuhles anfertigen und ausstellen, da die Reliquie, nachdem man sie 1666 unter Alexander VII. in den neuen Altar in der Apsis verschlossen hatte, den Blicken den Gläubigen entzogen war.

Am 6. März 1656 erwähnt ein Dekret der Sacra Congregazione die Absicht Papst Alexanders VII., die Stuhlreliquie aus der Taufkappelle in die Apsis zu verlegen. Bestätigt wird dieses Vorhaben auch von Virgilio Spada am 21. April desselben Jahres.[115] Es ist der Beginn der Geschichte des wohl bekanntesten Kunstwerkes in St. Peter. Die Herausforderung bestand nicht zuletzt darin, dem Fokus der Basilika eine spirituelle und theologische Signifikanz zu verleihen. Mit dem Projekt wurde Gian Lorenzo Bernini beauftragt, der Anfang 1657 seine ersten Ideen vorstellte und für die Ausführung »nicht weniger als zwei Jahre« veranschlagte.[116] Nach vielen Zeichnungen und Entwürfen, die formal schon die endgültige Lösung vorwegnahmen, konnte man im Herbst 1659 in der Nische, wie bei Projekten für Sankt Peter üblich, ein Modell in Originalgröße aufstellen.[117] Da es im Verhältnis zu den beiden Grablegen an den Seiten konzipiert war, fiel dieses allerdings zu klein aus. So kam es zur grundsätzlichen Veränderung der Maße, die jedoch eine Verzögerung der Arbeiten nach sich zog.[118] Nunmehr wurde die Sichtbarkeit aus dem Mittelschiff durch den Baldachin zur Bezugsgröße, wie zahlreiche Zeichnungen Berninis belegen (BAV, *Codex Chigi* A. I.19, fol. 41r und fol. 42v). Der Altar beschränkt sich nicht mehr auf die Höhe der Nischen, wie die Grabmäler, sondern füllt jetzt die ganze Wand der Apsis aus und bezieht das Fenster mit ein, das ein grundlegendes Element für das *theatrum* wird. Ein Jahr später erwähnte Bernini in den *Giustificazioni* seine Mitarbeiter an der Kathedra: Der Tischler Cosimo Carcani war für die Holzarbeiten, Ercole Ferrata, Antonio Raggi und Lazzaro Morelli für die Entwürfe der vier Kirchenväter verantwortlich.[119] Ende des Jahres 1661 konnte man mit dem Guss der Kirchenväter beginnen und 1664 mit dem des eigentlichen Reliquiars. Hauptfiguren dieses *theatrum sacrum* sind vier Kirchenväter der katholischen Kirche: die hll. Ambrosius und Augustinus repräsentieren die Westkirche, die hll. Johannes Chrysostomus und Athanasius, in die zweite Reihe gerückt, die Ostkirche. Die Kolossalstatuen (sie messen fast 5 Meter) mit bewegten Gewändern und ekstatischer Gestik verleihen dem Ganzen einen feierlichen Ausdruck. Die wehmütige Mimik ist vielleicht dem Trauerritual geschuldet, da das Fest Petri-Stuhlfeier am 22. Februar mit dem Totengedenken zusammenfällt.[120] Die Kirchenväter der Westkirche tragen die Mitra, während die beiden anderen mit Paramenten des griechischen Ritus bekleidet sind. Wie bereits am Grabmal Urbans VIII. erprobt, schafft der Einsatz der Vergoldung an den erhabenen Stellen ein starkes Hell-Dunkel-Spiel aus dem Kontrast zwischen dunklen Bronze und den hellen Reflexen des Profils. Der Schrein ruht auf einem konvexen Podest und vier Volutenkonsolen, dessen Eichendekor auf den Chigipapst verweist. Das Gehäuse, selbst in Form eines Stuhles, besitzt auf der Frontseite ein Gitter mit Chigi-Sternen. Auf der Sitzfläche sind zwei Klappen, die es ermöglichen, den Thron aus dem Reliquiar herauszunehmen, doch erweist sich die feierliche Entnahme durch die Kanoniker für die Ausstellung vor den Gläubigen als sehr kompliziert.[121] Auf der Sitzfläche liegt ein Kissen, ebenfalls mit vielen Sternen sowie mit zwei großen Quasten verziert. An den beiden Außenseiten sieht man zwei historische Reliefs. Mit der *Schlüsselübergabe*, auf der linken Seite dargestellt, wurde jene Szene übernommen, die schon seit den Zeiten Urbans VIII. als zentrales Motiv für diese Nische intendiert gewesen war. Auf der rechten Seite, zum Grabmal des Barauf symbolische Weise. Die richtige Interpretation ist folglich in der Gloriole zu suchen, die über dieser großen *macchina* schwebt: »Es ist kein Zufall, dass die Kathedra auch in der Konstruktion tatsächlich vor allem durch den Himmel, durch die Wolken getragen wird [...] Die Vollkommenheit dieses faszinierenden Endergebnisses beruht daher auf der konzeptionellen Idee, die aus dem Heiligen Geist das kompositorische Zentrum des Werkes macht.«[123] Es ist auch bekannt, dass man bei Heiligsprechungen das Bild des Seligen über dem Stuhl befestigte, um die Bedeutung der *gloria del paradiso* des Fensterovals zu unterstreichen.[124] Am 17. Januar 1666 wurde der Altar enthüllt und die Reliquie in feierlicher Prozession von der Taufkapelle in die Apsis transferiert.[125] Als zeitgenössischer Zeuge hinterließ uns Filippo Baldinucci eine Erinnerung und eine Zusammenfassung über die Arbeiten an der Kathedra.[126]

Die Innenausstattung der Basilika unter Innozenz X.

Innere Eingangswand

Die Ausstattung der Vierung, des zentralen Punktes der Basilika, erwies sich als ein recht mühsames Unterfangen, doch beschränkte Urban VIII. seine Aufmerksamkeit nicht allein auf diese Arbeiten; er stattete auch die Kapellen mit Altären aus und übergab diese so ihrer Funktion. Nicht weniger bedeutend erscheint die Dekoration der Fassadenrückwand. Deren auf Petrus bezogene Botschaft kann heute nur noch rekonstruiert werden, obwohl alle Bestandteile erhalten sind.

Über die Mitteltür der Eingangswand hatte Papst Paul V. 1615 eine Tafel zur Erinnerung an seine Arbeiten an der Confessio und der Fassade der Basilika einsetzen lassen, auf welcher auch sein Name zu lesen war. Diese Inschrift wurde anlässlich der von Urban VIII. beschlossenen Versetzung geändert. Der Barberini-Papst fügte eine kurze Bemerkung zur Baugeschichte der neuen Kirche hinzu, die seit der Errichtung der Kapellen von Gregor und Klemens nunmehr hundert Jahre andauerte. Die originale Inschrift hatte Kardinal Gaspar Borgia verfasst[127]: »PAVLVS V. PONT. MAX. VATICANVM TEMPLVM A IVLIO II. INCHOATVM ET VSQVE AD GREGORII ET CLEMENTIS SACELLA ASSIDVO CENTVM ANNORVM OFFICIO PRODVCTVM TANTAE MOLIS ACCESSIONE VNIVERSVM COSTANTINIANAE BASILICAE AMBITVM INCLVDENS CONFECIT CONFESSIONEM BEATI PETRI EXORNAVIT FRONTEM ORIENTALEM ET PORTICVM EXTRVXIT« [Papst Paul V. schloss mit dem enormen Bau den gesamten Umfang der konstantinischen Basilika, führte den vatikanischen Tempel zu Ende, begonnen von Julius II. und dank ausdauernder hundertjähriger Tätigkeit vorangebracht bis zu der Cappella Gregoriana und Cappella Clementina; er schmückte zudem die Confessio des hl. Petrus, errichtete die Ostfassade und den Portikus].

berinipapstes hin, befindet sich die *Fußwaschung des Apostels Petrus* während des Letzten Abendmahls (Joh 13,1–20). Die Lehne endet krummlinig mit zwei sich nach innen aufrollenden Voluten, die auf diese Weise perfekt das Motiv der großen Voluten des Baldachins aufnehmen. Die Mitte der Lehne nimmt das Relief des *Pasce oves meas* ein, das als ein Relief Berninis auch über dem Hauptportal in der Portikus zu sehen ist. Die Szene unterstreicht den Auftrag Christi an den hl. Petrus und seine Nachfolger, die in idealisierter Form auf der Kathedra Petri sitzen. Darüber fliegen zwei Putti aus dunkler Bronze, ein jeder einen goldenen Schlüssel in der Linken, mit der Rechten die Tiara stützend. Über der Kathedra schwebt in einem ovalen Fenster der »Heilige Geist in Form einer Taube« (Baldinucci) inmitten eines Strahlenkranzes, der Engelschöre in vergoldetem Stuck ausströmt. Dieses Oval ist die einzige Lichtquelle in der Nische und wurde von Johannes Paul Schor in Ölfarbe bemalt.[122] Das goldfarbene Licht strömt durch das Glas, als wäre es Bernstein.

In einem ersten Entwurf von Bernini, bekannt aus einer Zeichnung in der königlichen Sammlung in Windsor Castle, sollten die vier Kirchenväter die Kathedra auf den eigenen Schultern tragen. Doch wurde das Reliquiar zunehmend »leichter« und scheint sich nunmehr von alleine zum Himmel zu erheben. Die Heiligen sind nur durch Gurte verbunden und stützen den Stuhl

PONT · MAX · ANNO · XIIII

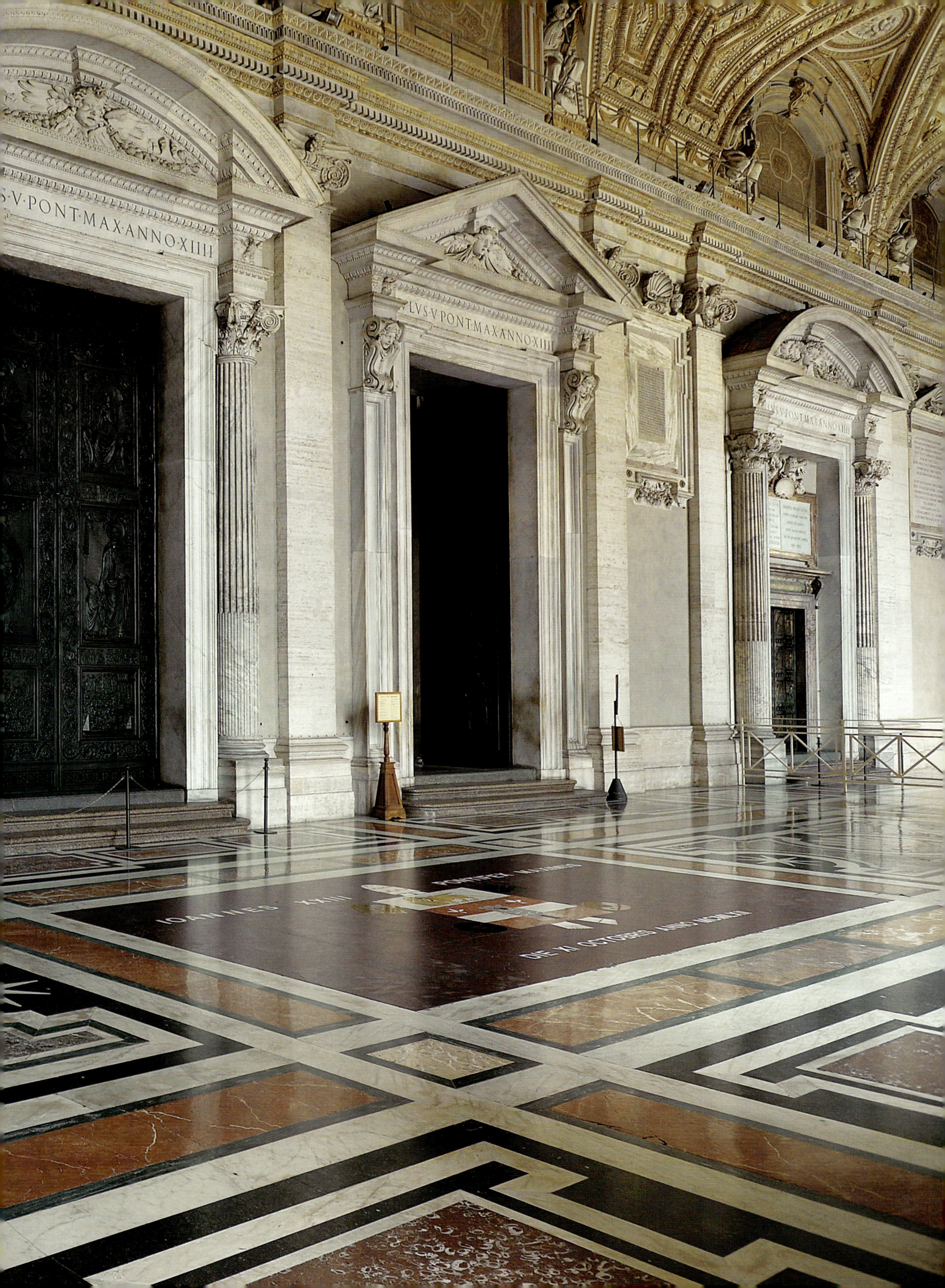
S·V·PONT·MAX·ANNO·XIIII
LVS·V·PONT·MAX·ANNO·XIII
IOANNES XXIII

DER PETERSDOM, DER PETERSPLATZ UND BERNINIS KOLONNADEN

Vorhergehende Doppelseite: 68. St. Peter, Blick in die Vorhalle.
69. Schema des Bodenbelags in der Vorhalle.
70. St. Peter, Vorhalle.

71. *Pasce oves meas*, St. Peter, Vorhalle, Relief.
72. St. Peter, Vorhalle, *Navicella*. Neufassung aus dem 17. Jahrhundert von Giottos Mosaik.

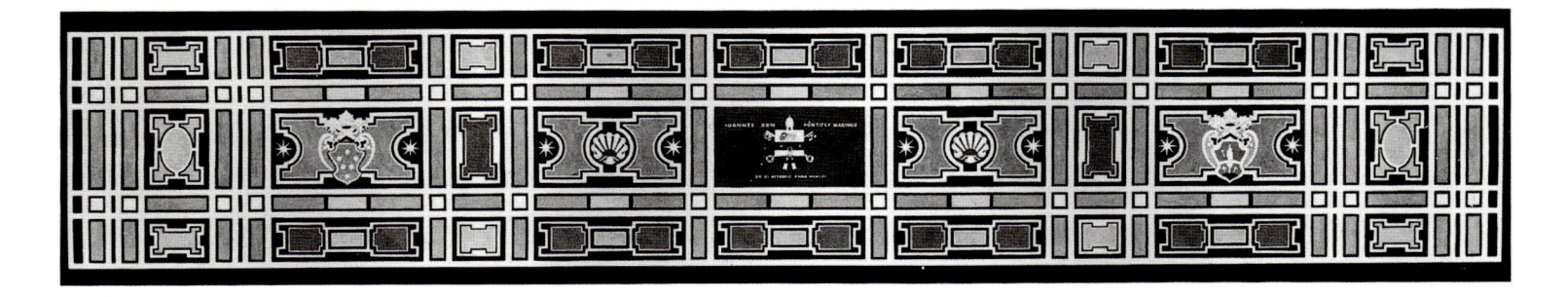

In die Lünette darüber wurde die zuvor an der Außenseite angebrachte *Navicella* Giottos gesetzt. Da diese jedoch ein großes Fenster bedeckte,[128] mussten für eine ausreichende Beleuchtung des Mittelschiffes zwei Fenster neben dem Mosaik geschaffen werden. Das Wappen Pauls V. wurde unter das Gesims verlegt, während Urban VIII. sein Wappen unter das Mosaik setzte. Als man die Türpfosten einsetzte, fügte man 1631 auch eine Inschrift auf der rechten Seite der Wand hinzu, um an die Arbeiten unter Urban VIII. und die Fortsetzung der Baugeschichte zu erinnern, wobei die Tafel Pauls V. auf die andere Seite versetzt wurde: »VRBANVS VIII. PONT. MAX. VATICANAM BASILICAM A COSTANTINO MAGNO EXTRVCTAM A BEATO SILVESTRO DEDICATAM IN AMPLISSIMI TEMPLI FORMAM RELGIOSA MVLTORVM PONTIFICVM MAGNIFICENTIA REDACTAM SOLEMNI RITV CONSECRAVIT SEPULCHRVM APOSTOLICVM AENEA MOLE DECORAVIT ODAEVM ARAS ET SACELLA STATVIS AC MVLTIPLICIBVS OPERIBVS ORNAVIT« [»Papst Urban VIII. weihte in feierlichem Ritus die von Konstantin dem Großen erbaute Basilika des Vatikan, dem seligen Silvester geweiht und zum Anblick eines großen Tempels von der religiösen Freigiebigkeit von vielen Päpsten vollendet, gestaltete das Grab der Apostel mit dem großen bronzenen Aufbau, schmückte die Apsis, die Altäre und die Kapellen mit Statuen und zahlreichen Kunstwerken«]. Der Rest der Wand wurde mit Marmorplatten abgedeckt. Diese Anordnung ist auf einer Zeichnung in der Biblioteca Apostolica Vaticana zu sehen.[129] Über der Tür sollte dann ein Relief mit der Szene des *Pasce oves meas* eingesetzt werden, das man 1633 bei Bernini in Auftrag gegeben hatte, der dafür am 28. September desselben Jahres die erste Zahlung erhielt: »a conto del bassorilievo, che fa di marmo, che fa per mettere in mezzo alle due Inscrittione sopra la porta grande in S. Pietro, qual sarà pasce oves meas, di grandezze di palmi 25 per lunghezza et palmi 22 di altezza«.[130] Die Fertigstellung erfolgte jedoch erst 1646[131], als man das Werk an der Innenwand in der Mitte unter der Navicella einsetzte. Bereits wenige Jahre später, 1649, wurde das Relief Berninis auf die Fassade in der Vorhalle verbracht und in seiner Form von dem Maurermeister Pietro da Lugano und dem Vergolder Marcantonio Inverni der Lünette angepasst, in der das Werk heute zu sehen ist. Auch die Navicella wurde, nachdem man sie im Hof der Schweizer Garde zwischengelagert hatte, wieder in die Portikus in die gegenüberliegende Lünette versetzt, dort restauriert und im Heiligen Jahr 1675 enthüllt.

Das Relief mit dem *Pasce oves meas* zeigt Christus, wie er das Amt des Hirten an Petrus übergibt und dabei sagt »Weide meine Lämmer« (Joh 21, 15 – 17). Christus steht in der Mitte der Szene und verweist, zur Rechten Petri stehend, auf eine Herde von Schafen im Vordergrund. Christus ist formal von einem Baumstamm abgetrennt, die Herde steht vollplastisch in erster Reihe. Diese Stelle im Evengelium bezieht sich auch auf das Gleichnis

89

CAROL
ROMAN
ANNO IV

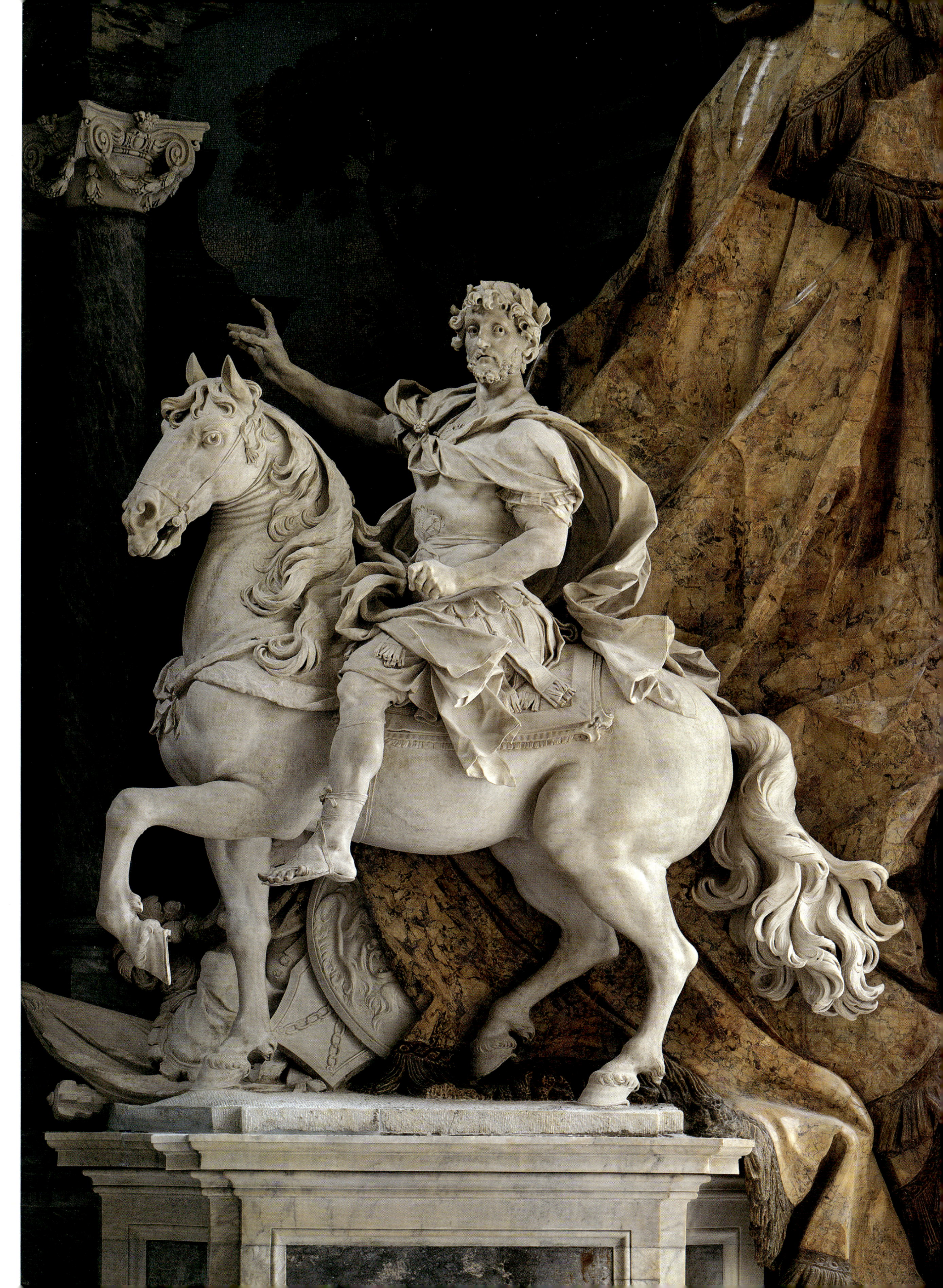

DER PETERSDOM, DER PETERSPLATZ UND BERNINIS KOLONNADEN

Vorhergehende Doppelseite: 73.–74. Agostino Cornacchini, *Reiterstatue Karls des Großen*, Statue am Aufgang zur Scala Regia und Detail der Statue.

75. St. Peter, Langhaus.
76. St. Peter, nördliches Seitenschiff.

vom guten Hirten (Joh 10,11–18). Die gleiche Stelle des Evangeliums beginnt mit den Worten: »Amen, amen, das sage ich euch: Wer in den Schafstall nicht durch die Tür hineingeht, sondern anderswo einsteigt, der ist ein Dieb und ein Räuber. Wer aber durch die Tür hineingeht, ist der Hirt der Schafe« (Joh 10,1–2).

Die Bedeutung des Reliefs erklärt sich, wenn man den Ort berücksichtigt, für den es geschaffen wurde. Christus überträgt mit dieser Handlung Petrus vor allen anderen Aposteln die Aufgabe, die Herde zu führen, und setzte demzufolge das Papsttum als Nachfolge Petri ein. Entschieden richtet er sich nach rechts, wo Petrus steht. Auf dieser Seite befindet sich, wenn man auf die Eingangswand schaut, die Taufkapelle, in der die Reliquie der Kathedra Petri aufbewahrt wurde, bevor man sie in die Apsis verbrachte (sie wurde daher auch als »Cappella della Cattedra« bezeichnet). Auf der linken Seite befand sich hingegen die »Kruzifixkapelle« (heute Kapelle der Pietà), die auf die Passion anspielt und in der, einer Reliquie ähnlich, die Colonna Santa aufbewahrt wurde. Die unmittelbare Nähe der Tür konnte ebenfalls eine Anspielung auf die Tür sein, die das Evangelium im Zusammenhang mit dem guten Hirten nennt und mit der sich Christus gleichsetzt.[132]

Ein Jahr nach der Wahl Innozenz' X. beginnt eine neue Phase, in welcher man der Innenausstattung der Basilika besondere Aufmerksamkeit schenkt. Auch das Mittelschiff sollte jetzt neu gestaltet werden. Im Juni 1647 entstanden erste Pläne, die *Navicella* Giottos zu entfernen, um das große Fenster der Fassadenwand wieder zu öffnen und dem Mittelschiff mehr Licht zu geben. Bereits ein Jahr später begann man mit der Abnahme des Mosaiks, aber erst 1674 konnte es an der Stelle gesetzt werden, an der es noch heute zu sehen ist. Nach der Umsetzung des Reliefs des *Pasce oves meas* von der inneren Eingangswand wurde 1650 an dessen Stelle in der Mitte eine dritte Erinnerungstafel angebracht, deren Text der Jesuit Flaminio Strada verfasste und die insbesondere den neuen

Bodenbelag der Basilika erwähnt: »BASILICAM PRINCIPIS APOSTOLORVM IN HANC MOLIS AMPLITVDINEM MVLTIPLICI ROMANORVM PONTIFICVM AEDIFICATIONE PERDVCTAM INNOCENTIVS X. PONT. MAX. NOVO CAELATVRAE OPERE ORNATIS SACELLIS INTERIECTIS IN VTRAQVE TEMPLI ALA MARMOPREIS COMVNIS STRATO E VARIO LAPIDE PAVIMENTO MAGNIFICENTIVS TERMINAVIT« [dt. »In der Basilika des Apostelfürsten, die in dieser unendlichen Größe zahlreiche römische Päpste angeführt haben, hat Innozenz X., Pontifex maximus, von Neuem die mit Bildwerken verzierten Kapellen auf beiden Seitenschiffen mit gepflasterten Fußböden aus gewöhnlichem Marmor und verschiedenen Steinen noch schöner zu Ende geführt«].

Die Marmorverkleidung in den Seitenschiffen

Die dominierende Farbe der Basilika war ursprünglich ein nüchternes Weiß, gepaart mit Marmor in gedämpften Farbtönen, wie man es noch an den großen Pfeilern der Apsis und des Mittelschiffs sieht. Nur die Kapellen der Vierung, die zum Ende des 16. Jh. vollendet wurden, sind an Wänden und Boden mit farbigem und wertvollem Marmor verkleidet. Ein erstes Beispiel für diese reiche Ausstattung bietet die von allen Seiten bewunderte Gregorianische Kapelle, geschaffen von Gregor XIII., die zum Vorbild für die Ausstattung nicht nur von St. Peter, sondern auch anderer Kapellen in römischen Kirchen wurde. Die Seitenschiffe und die großen Kapellen folgten lange Zeit einer nüchternen Gestaltung. Die Pilaster der Hauptordnung im Hochaltarraum, im Mittelschiff und im Querschiff waren in der ersten Hälfte des 17. Jahrhunderts weiß, der Boden bestand aus Ziegelsteinen. Eine Ausnahme bildete die unter Klemens VIII. ausgebaute Confessio.

DER PETERSDOM, DER PETERSPLATZ UND BERNINIS KOLONNADEN

77. St. Peter, südliches Seitenschiff.
78. St. Peter, Langhaus und Vierung von Osten.

Mit Blick auf das Heilige Jahr entschied sich die Congregazione della Reverenda Fabbrica di San Pietro 1645 für eine Auskleidung der vierundzwanzig Pilaster der sechs Seitenschiffjoche (»Cappelle grandi« genannt) mit Marmorreliefs in kräftigen Farben und beschloss eine Umgestaltung von Boden und Gewölben. Der Auftrag für dieses Projekt ging an Bernini. Aber die Kritik gegenüber dem Künstler – sei es wegen der Kosten, sei es wegen des überbordenden Prunks – geriet so stark, dass Innozenz X. sich genötigt sah, den Entwurf persönlich zu verteidigen und die Vergabe des Auftrags zu bestätigen. Der Papst spielte auch bei der Ausarbeitung des Dekorationsprogramms eine entscheidende Rolle. Sein Kunstsinn, oft negativ beurteilt, war durch eine historische Sicht geprägt, die sich oftmals auf die Traditionen der alten Basilika berief. Dem Wunsch Innozenz' folgend, sollten auf den Pfeilern die Märtyrerpäpste dargestellt werden. Dieses Motiv von kleinen Tondi oder ovalen Medaillons geht auf die Clipei aus der Zeit Leos des Großen zurück, die sich im Hauptschiff der konstantinischen Basilika befanden und nur durch die Zeichnungen Grimaldis überliefert sind.[133] Berninis Konzept knüpfte an frühere Vorbilder an, schuf aber auch etwas Neues, denn das Dekorationssystem des 16. Jahrhunderts, durch eine geometrische und symmetrische Struktur um das Mittelmotiv bestimmt, erhielt nun eine plastische Ausprägung.

Im Oktober 1645 begutachtete man Berninis Vorschläge und mit dem Dekret vom 9. Oktober wurde ihm der Auftrag erteilt, auf Leinwand Entwürfe in Originalgröße zur Anbringung an einem Pfeiler anzufertigen.[134] Im Januar 1646 legte der von der Kongregation beauftragte Maler Guidobaldo Abbatini zwei originalgroße Alternativlösungen vor, deren Bemalung auf den Pfeilern verschiedenfarbige Marmortöne nachahmen sollte. Zur Auswahl kam schließlich ein Dekor mit Papstbildnissen in ovalen Medaillons, beginnend mit dem hl. Petrus bis hin zu Benedikt I. Die Medaillons werden von Putten getragen und sind von Palmzweigen als Symbol des Martyriums eingerahmt. In der Mitte der Pfeiler sind weitere Putten eingesetzt, die die päpstlichen Insignien halten. Unten und oben endet der Pfeiler in einem halbkreisförmigen Feld mit einer Taube, dem heraldischen Element von Innozenz X. Der Kirchengelehrte Francesco Maria Torrigio (1580–1650) erstellte das Verzeichnis von 48 Märtyrerpäpsten in chronologischer Reihenfolge, übersprang dabei allerdings einige der heiligen Päpste (Liberius, Siricius, Symmachus, Bonifatius II., Johannes II., Virgilius, Pelagius I. und Johannes III.). Ein vergleichbarer Zyklus befand sich zuvor auch in Alt-Sankt-Peter sowie in San Paolo fuori le mura.[135] Die Anfertigung des bildhauerischen Dekors der Pfeiler, das heißt der Putten und großen Medaillons, wurde verschiedenen Bildhauern anvertraut, darunter Andrea Bolgi und Francesco Mochi, die ihre Aufträge in eigener Verantwortung ausführten. Als Preis für die Umgestaltung eines Pilasters waren 500 Scudi festgelegt; zu den verwendeten Marmorsorten zählten unter anderem Verde antico, Giallo Brecciato, Mischio di Francia sowie der weiße Carrara-Marmor. Die Dekoration begann im Mai 1646 an der Kapelle des Allerheiligsten Sakraments, es folgten die Chorkapelle, die Kapelle des hl. Sebastian, die »Kruzifixkapelle« (Kapelle der Pietà), die Kapelle des Tempelgangs Mariens und schließlich die »Cappella della Cattedra«.[136] Im Gegensatz zur Stuckdekoration der Bogen schritten die Arbeiten an den Reliefs relativ langsam voran.

Am 13. April 1647 beschloss die Congregazione eine Änderung der Pläne, da man die Zahl von 48 Papstporträts als nicht mehr ausreichend erachtete. Kardinal Giustiniani und Virgilio Spada oblag es nun, unter Einbeziehung der Pfeiler der beiden mittleren Kapellen, weitere Päpste für die Reliefs auszuwählen um so eine Zahl von 56 Päpsten zu erreichen.[137] Auch diesmal kamen die Anweisungen zur Gestaltung der geplanten Bildnisse von Francesco Maria Torrigio. Ab jetzt veränderte sich das Ausstattungsprogramm der Vestibüle der »Cappelle Grandi«, die man in die zugehörige Kapelle miteinbezog.[138] Von nun an konnte man die Abfolge dieser Vestibü-

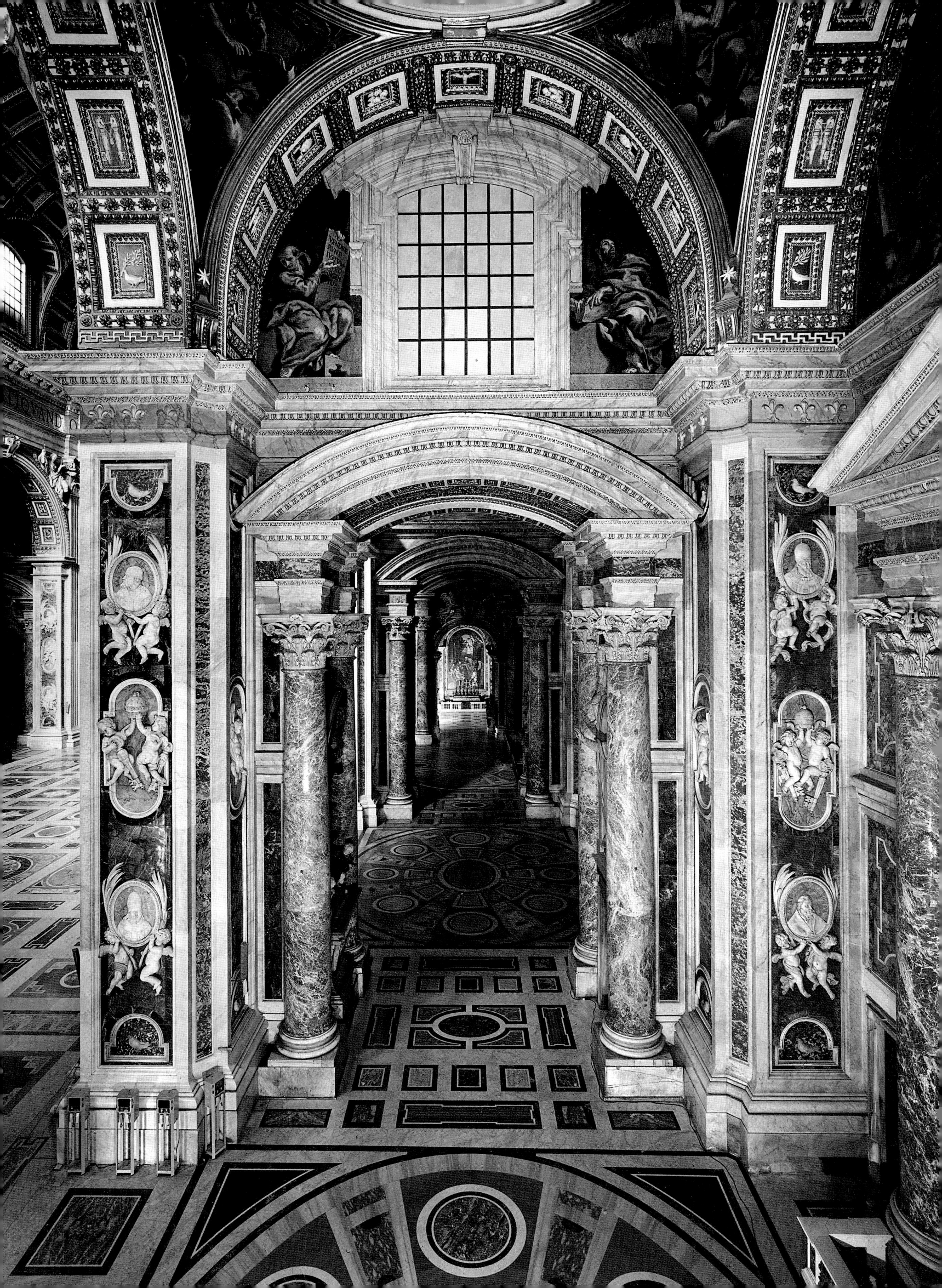

le als echtes Seitenschiff verstehen. Im folgenden Jahr ersetzte man auch die Travertinsäulen mit solchen aus Cottanello-Marmor, der einen rötlichen Schimmer ausstrahlt und sich so in die Struktur des Mittelschiffs integriert. Noch entscheidender war die Umgestaltung des Bodenbelags, der mit farbigem Marmor ausgekleidet wurde. Dabei wurde das Bodenniveau des Langhauses an die Höhe der Vierung angeglichen, die Maderno als bedeutenden Ort herausheben wollte. Berninis Vorschlag, auch die Pfeiler des Mittelschiffs mit Marmor auszukleiden, wurde nicht akzeptiert.

Die Tugenden

Als die Gregorianische Kapelle fertiggestellt war, beschloss man, auch die Wände der Schiffe und die Durchgänge zu den Kapellen nach dem Vorbild ihrer prunkvollen Innenausstattung zu schmücken. Giacomo della Porta plante auf Wunsch von Papst Klemens VIII. die Dekoration der Zwickel zwischen Pfeiler und Gebälk. Die unverzierten Flächen sollten mit Stuckfiguren ausgefüllt werden, wobei allein durch die weiße Farbe der Eindruck von Nüchternheit und Harmonie erzielt werden sollte. Die Congregazione della Fabbrica sah für die sechzehn Zwickel allegorische Gestalten der christlichen, theologischen und Kardinaltugenden vor. Ab 1599 begannen die Arbeiten und weil zu diesem Zeitpunkt nur der michelangeleske Zentralbau existierte, bot das Querhaus Platz für acht Figurenpaare. Unter Klemens VIII. wurden jedoch nur die ersten drei Paare dieser Tugendallegorien ausgeführt. Ein Paar mit der *Fides* und der *Caritas* befindet sich über dem Eingangsbogen zur Gregorianischen Kapelle. Der Schöpfer dieser plastischen Figuren war Ambrogio Buonvicino. Das *Ausgabenbuch* (»Libro delle Spese«) von 1599–1600 von Giovanni Bellucci, dem *fattore* der Fabbrica, belegt dafür erste Zahlungen im Juni 1599: »A di 25 giugno 1599 a mastro Ambrogio Buonvicino scultore scudi 10 di moneta a buon conto delle doi figure di stucco che fa sopra la volticella in contro alla Gregoriana.«[139] Die *Iustitia* und die *Fortitudo* sind an der Clementinischen Kapelle dargestellt und das Werk von Camillo Mariani, einem Schüler des Buonvicino. Die *Spes* und die *Prudentia* befinden sich über dem Eingang zur Cappella di Santa Marta und entstanden etwas früher.[140] Die Gestaltung der Zwickel wurde anschließend für einige Zeit eingestellt; die Situation hatte sich auch verändert, seitdem Maderno das Langhaus hinzugefügt hatte.

Mit dem Dekret vom 3. Januar 1647 begann man die Stuckdekoration in den Zwickeln der Bogen der Seitenschiffe über dem Zugang zu den »Cappelle Grandi«.[141] Man musste also die Anbringung von sechs Tugendpaaren vorbereiten, deren ikonografische Auswahl sicherlich Virgilio Spada vornahm. Spada musste für diese Arbeiten auch die Bildhauer auswählen, deren Zahl sich schließlich auf zehn belief. Sie waren in der Ausführung autonom, zumindest ist kein Entwurf Berninis bekannt. Die formale Struktur folgte dem von Mariani und Buonvicino vorgegebenen

79. Detail des Grabmals von Leo dem Großen.

Vorbild. Zwischen 1647 und 1650 wurde die Füllung der Zwickel im Langhaus abgeschlossen. Im September 1647 begann Andrea Bolgi diese Serie mit der *Auctoritas Ecclesiastica* auf der linken Seite des Eingangs zur »Kathedra-Kapelle« (der späteren Taufkapelle). Es folgt rechts die *Iustitia Divina*, ebenfalls von Bolgi. Gegenüber, an der Kapelle der Pietà, befinden sich die *Misericordia* von Domenico de' Rossi und die *Fortitudo* von Giovanni Francesco de Rossi. An Kapelle des Tempelgangs Mariens finden wir die *Virginitas* und die *Obbedientia* beide von Nicolò Menghini, an der Kapelle des hl. Sebastian die *Clementia* und die *Constantia* von Giacomo Antonio und Cosimo Fancelli. Die *Humilitas* von Bartolomeo Cennini, die *Patientia* von Domenico Prestinari (beide an der Chorkapelle), die *Innocentia* von Giovanni Battista Morelli und die *Pax* von Lazzaro Morelli (an der Sakramentskapelle) schließen die Reihe ab. Es fehlten also noch fünf Paare, alle im Bereich der Apsis und in den Querarmen. Diese fehlenden zehn Statuen wurden im

80. Domenico de Rossi, Tugend der *Misericordia*.
Seite 98–99: 81. Camillo Mariani, Tugenden *Prudentia* und *Spes*.
Seite 100–101: 82. Lorenzo Ottoni, Tugenden *Puritia* und *Benignitas*.
Seite 102–103: 83. Lorenzo Ottoni, Tugenden *Liberalitas* und *Vigilantia*.

Dezember 1712 Lorenzo Ottoni anvertraut, der den Auftrag persönlich übertragen bekam.[142] Der Künstler arbeitete von Januar 1714 bis Juli 1717, beginnend mit der Dekoration im südlichen Querhaus (den hll. Simon und Judas Thaddäus geweiht), am Bogen, der zum Ausgang auf die Piazza Santa Marta führt. Da man ihm gestattete, die Tugenden nach eigenem Urteil auszuwählen, konnte er einige allegorische Figuren wiederholen, die bereits in den Bogen des Mittelschiffs dargestellt waren und dem Werk so eine ganz persönliche Interpretation verleihen.

1715 vollendete er die Allegorien der *Fides cattolica* und der *Iustitia* auf der rechten Seite des linken Querhauses.[143] Von hier ging er in das nördliche Querhaus über, wo er die *Puritia* und die *Benignitas* darstellte.[144] Es folgten im Juli 1716 im Chor die Allegorien der *Humilitas* und *Immortalitas* (linker Bogen) sowie die *Scientia* und *Compassio* (rechter Bogen), in einigen Romführern auch als *Cognitione* und *Compuntione* beschrieben.[145] Ottoni kam mittlerweile so schnell voran, dass er zwei Figuren in drei Monaten herstellte und seine Plastiken im April 1717 übergeben konnte. In Ermangelung von Dokumenten muss die Identifizierung der Allegorien auf der *Iconologia* des Cesare Ripa basieren, die die Grundlage für viele der Figuren liefert. Das weitere Paar im rechten Querhaus stellt demnach die *Liberalitas* und die *Vigilantia* dar.

Einige Figuren erscheinen etwas überlängt und man möchte glauben, dass sie eher für eine Betrachtung von unten und nicht für eine frontale Ansicht konzipiert wurden – so wie es heute oft in Fotografien geschieht, die eine andere Wahrnehmung bewirken.

Grabmal Leos des Großen

Leo der Große (440–461) war der erste Papst, der im Innern der Basilika Sankt Peter begraben wurde. Seine Grabstätte wurde des Öfteren verlegt; in der Folge fanden in ihr auch drei Nachfolger gleichen Namens ihre letzte Ruhe: Leo II., Leo III. und Leo IV. Unter Paul V. erfolgte schließlich die Translozierung der sterblichen Überreste dieser Päpste unter den Altar der Kapelle der Madonna von der Säule (Cappella della Madonna della Colonna). Die Absicht, dem Leichnam Leos des Großen einen eigenen Altar zu widmen, ist erstmals in Dokumenten der Reverenda Fabbrica di San Pietro aus dem Jahr 1627 dokumentiert. Der Papst selbst beteiligte sich an der Diskussion der Kanoniker um das Sujet des Altarbildes. Zur Wahl standen *Leo im Gebet vor der Confessio in Sankt Peter* und als Alternative *Die Befreiung Italiens von dem Einfall des Heeres Attilas, des Hunnenkönigs*, die geeigneter für die Basilika Sankt Peter erschien.[146] Die präzisen Anweisungen für den Entwurf erarbeitete der Kanoniker Angelo Giori; als Aufstellungsort legte man die rechte Seite in der Kapelle der Säulenmadonna fest.[147] Der Auftrag ging zunächst an Guido Reni, der diesen jedoch wieder abgab, sodass man Cesari d'Arpino damit betraute. Nach dessen Tod 1640 war lediglich der Karton vollendet, obwohl Borromini mit seinen Steinmetzen bereits den Rahmen aus dunklem Marmor, mit dem Köpfchen eines Cherubs bekrönt, fertiggestellt hatte. In einem Brief vom 14. Juli desselben Jahres bat Lanfranco den Kardinal Francesco Barberini, diesen Auftrag übernehmen zu dürfen, und fertigte mehrere Skizzen zu Komposition und Details an.[148] Durch persönliche Intervention von Papst Innozenz X. wurde der Auftrag am 24. Januar 1646 schließlich an den Bildhauer Alessandro Algardis vergeben, der ihn bis zum Heiligen Jahr 1650 vollenden sollte. Man hatte sich also nicht für ein Gemälde entschieden, das eventuell in ein Mosaik umgesetzt werden sollte, sondern für ein Relief in weißem Marmor – das einzige Altarbild dieser Art in ganz St. Peter. Virgilio Spada begründete die Entscheidung zugunsten einer Skulptur damit, dass aufgrund der Feuchtigkeit auch ein Mosaik hätte zerstört werden können. Der wahre Grund könnte nicht zuletzt darin gelegen haben, dass der Pontifex mit diesem letzten und kostbarsten Altar seine Vorgänger übertrumpfen wollte.

R TIBI P

TRE IESVS D

E DIXIS

I TV ES C

ET SANGVI

NON REVELA

DER PETERSDOM, DER PETERSPLATZ UND BERNINIS KOLONNADEN

Unten links: 84. Nicolò Menghini, Tugend *Virginitas*.
Unten rechts: 85. Jacopo Antonio Fancelli, Tugend *Clementia*.
Rechte Seite, links: 86. Giovan Battista Morelli, Tugend *Innocentia*.
Rechte Seite, rechts: 87. Nicolò Menghini, Tugend *Obbedientia*.

Das Altarbild stellt die *Begegnung Attilas mit Leo dem Großen* dar, jenen für Rom entscheidenden Moment, in dem Leo I. 452 dem Hunnenheer am Mincio entgegentrat. Dort sollen König Attila die beiden Apostel Petrus und Paulus erschienen sein, die ihn bedrohten und mit dem Schwert in die Flucht schlugen. Unter dem Eindruck dieser Schreckensvision flüchtete der Feldherr und Rom war gerettet. Für Leo bedeutete dies den Sieg über die Häresie und zugleich den Primat der christlichen Kirche Roms.

Bei der Vorbereitung der Altartafel erwies sich das geplante Hochformat als besondere Schwierigkeit für die Komposition: Es engte den Raum für die Darstellung der Schlacht ein, die mit Heerschar und den Pferden auf der einen und kirchlichen Würdenträgern auf der anderen Seite ein Querformat erfordert hätte. Dieser Problematik war sich auch schon Lanfranco bewusst, wie sein Brief vom 14. Juli 1640 an den Kardinal Barberini belegt: »dovendosi rappresentare un Pontefice con molto popolo, contro un Re, cinto da numeroso stuolo di Cavalieri. E se bene tutto ciò ri-cercherebbe uno spazio assai largo e basso, et il Quadro in cui si ha da esprimere, sia molto angusto et alto [...].«[149] Algardi sah sich gezwungen, die Raumtiefe mit nur geringer Stärke des Marmors darzustellen, weshalb die Figuren in ihrer Plastizität stärker aus dem Rahmen hervortreten. Trotz Unterstützung durch einige seiner Schüler, vor allem Domenico Guidi, gelang es ihm nicht, das Relief rechtzeitig zu vollenden.[150] Erst am 28. Juni 1653 konnte das fertige Werk – es besteht aus fünf zusammengesetzten Marmorblöcken, und zwar aus vier großen und einem kleinen oberhalb der Umfassung[151] – an dem vorgesehenen Ort angebracht werden; die Schlusszahlung erfolgte am 30. August 1753.[152] Zur Vorbereitung fertigte Algardi ein Stuckmodell in Originalgröße an, das nach dem Willen Alexanders VII. von Virgilio Spada 1659 an die Oratorianer in Rom übergeben wurde.[153] Wenn Bellori berichtet, dass die Plastik 1650 für das Heilige Jahr vollendet war, unterlag er sicherlich einem Irrtum, aber vielleicht hatte man für diesen Anlass dieses Stuckmodell eingesetzt, das wohl in seiner Werkstatt in der Gießerei des Vatikan untergebracht wurde. Das Honorar von 10 000 Scudi sorgte für eine gewisse Polemik, auf die vermutlich auch Algardis in einer Kopie überlieferter Brief an Giacomo Franzone anspielt: »[...] humilmente espone à V. S. Illma come già fece d'ordine della Sacra Congregatione della Reverenda Fabbrica in grande il Modello del basso rilievo di S. Leone Papa, e del Rè Attila, et ultimamente hà poi finita la medesima Opera in marmo, e scoperta d'altezza di palmi 33. E larga palmi 19. Per tanto supplica humilmente V. S. Illma restar servita d'havere in consideratione la fatica del oratore, affinche restà ricompensata à proportione del Opera [...]«.[154] Algardi starb am 10. Juni 1654, kurz nach Vollendung des Werkes.

1715 ließ Klemens XI. Albani aus der Kapelle die sterblichen Überreste des Heiligen in diesen Altar übertragen, wo man auf der Urne folgende Inschrift liest: »CORPUS S. LEONIS PONT. ET CONFES. COGNOMENTO MAGNI ET ECCLESIAE DOCTORIS LAMINEA PLUMBEA RESTO MARMO« (Der Körper des hl. Leo, Pontifex und Bekenner, genannt der Große, und Lehrer der Kirche, bedeckt mit einer Bleiplatte, liegt unter dem Marmor). Kurz vor der Enthüllung des Reliefs fügte Giulio Lazzari in den Zwickeln »zwei Tauben mit Olivenzweigen«[155] als Bezug auf das Wappen von Innozenz X. Pamphilj ein.

Weihwasserbecken

Am ersten Pfeiler auf jeder Seite des Mittelschiffs befindet sich jeweils ein übergroßes Weihwasserbecken, das von zwei Putten gehalten wird und etwa zwei Meter hoch ist. Die Becken wurden um 1725 nach einer Zeichnung des Agostino Cornacchini von Francesco Moderati, Giovan Battista de' Rossi und Giuseppe Lironi ausgeführt. Letzterer schuf auch die Schalen in Giallo antico, die von breiten Wülsten in Bigio eingefasst sind. Chattard[156] sieht allein Moderati und Lironi als beteiligte Bildhauer, während die Dokumente eine Zuschreibung an mehrere Hände zu-

DER PETERSDOM, DER PETERSPLATZ UND BERNINIS KOLONNADEN

88a, 88b. Weihwasserbecken.
89. Pierre le Gros, *Hl. Domenico Guzmán.*

lassen.[157] In jedem Fall sind die Maße dieser Putten in perfekter Proportion zur Größe der Statuen Berninis.

Heilige Gründer von Orden und Kongregationen

Bereits gegen Mitte des 17. Jahrhunderts hatte Virgilio Spada, Sachverständiger in Kunstfragen und als solcher Mitglied der Congregazione della Reverenda Fabbrica vorgeschlagen, alle Nischen im Innern wie außen mit Statuen oder Büsten zu besetzen. Aber dieser Vorschlag blieb ohne unmittelbare Folgen. Im Jahr 1668 wandten sich einige Ordensvorsteher (»nonnulli Superiores regulares«) an die Reverenda Fabbrica und an Papst Klemens IX. mit der Bitte, in den Nischen Statuen ihrer Ordensgründer oder der Heiligen ihrer Kongregation aufstellen zu dürfen.[158] Am 24. März 1668 besprach die Kommission unter der Führung von Kardinal Francesco Barberini den Antrag und formulierte wohlwollend die Entscheidung unter der Bedingung, dass die Zuweisung der Nischen ausschließlich von der Congregazione selbst kontrolliert werde.[159] Alle Statuen waren über vier Meter hoch. Es scheint offensichtlich, dass alle Orden bestrebt waren, einen Platz in der Nähe des Petrusgrabes zu erhalten, nicht zuletzt aus Gründen der Sichtbarkeit im Mittelschiff.

Hl. Domenico (Dominikaner)

Pater Antonin Cloche, Generalmagister des Domenikanerordens, hatte sich um die Jahrhundertwende an die Congregazione della Fabbrica gewandt, um die Aufstellung einer Statue des Ordensgründers zu erreichen und in einem Gesuch an Papst Klemens XI. an eine viele Jahre zurückliegende Entscheidung erinnert, nach der die Nischen mit solchen Statuen dekoriert werden sollten. Dabei wies er auch darauf hin, dass zu jenem Zeitpunkt kein Orden in der Lage war, die Ausgaben für ein solches Unternehmen selbst zu tragen, während die Dominikaner für den Erwerb des Marmors aufkamen und bereits mit einem Bildhauer in Kontakt standen: Pierre Le Gros der Jüngere, muss an diesem Projekt bereits seit 1701 gearbeitet haben, da im darauffolgenden Jahr in der Nische der rechten Apsiswand von Sankt Peter das Stuckmodell der Statue des *hl. Domenico de Guzmán* in Originalgröße aufgestellt und am 13. April 1702 enthüllt wurde, wie uns das *Diario* von Valesio berichtet: »Havendo la Congregazione della Fabbrica risoluto di permettere alle religioni di fare nelle nicchie della basilica di S. Pietro (a chi di esse vorrà) le statue de' loro fondatori, nell'ultima nicchia della tribuna a mano destra si vidde la prova di una di esse in stucco rappresentante s. Domenico e sotto vi era scritto 'S. Domenico Confessori ordo PP. Praedicatorum istitutori suo f.p.«.[160] Da die Congregazione della Fabbrica dem Orden nicht den gewünschten Aufstellungsort zuteilte, zog sich die Fertig-

...DO PRÆDICATORV...
...FVNDATORI SVO
EREXIT
MDCCVI

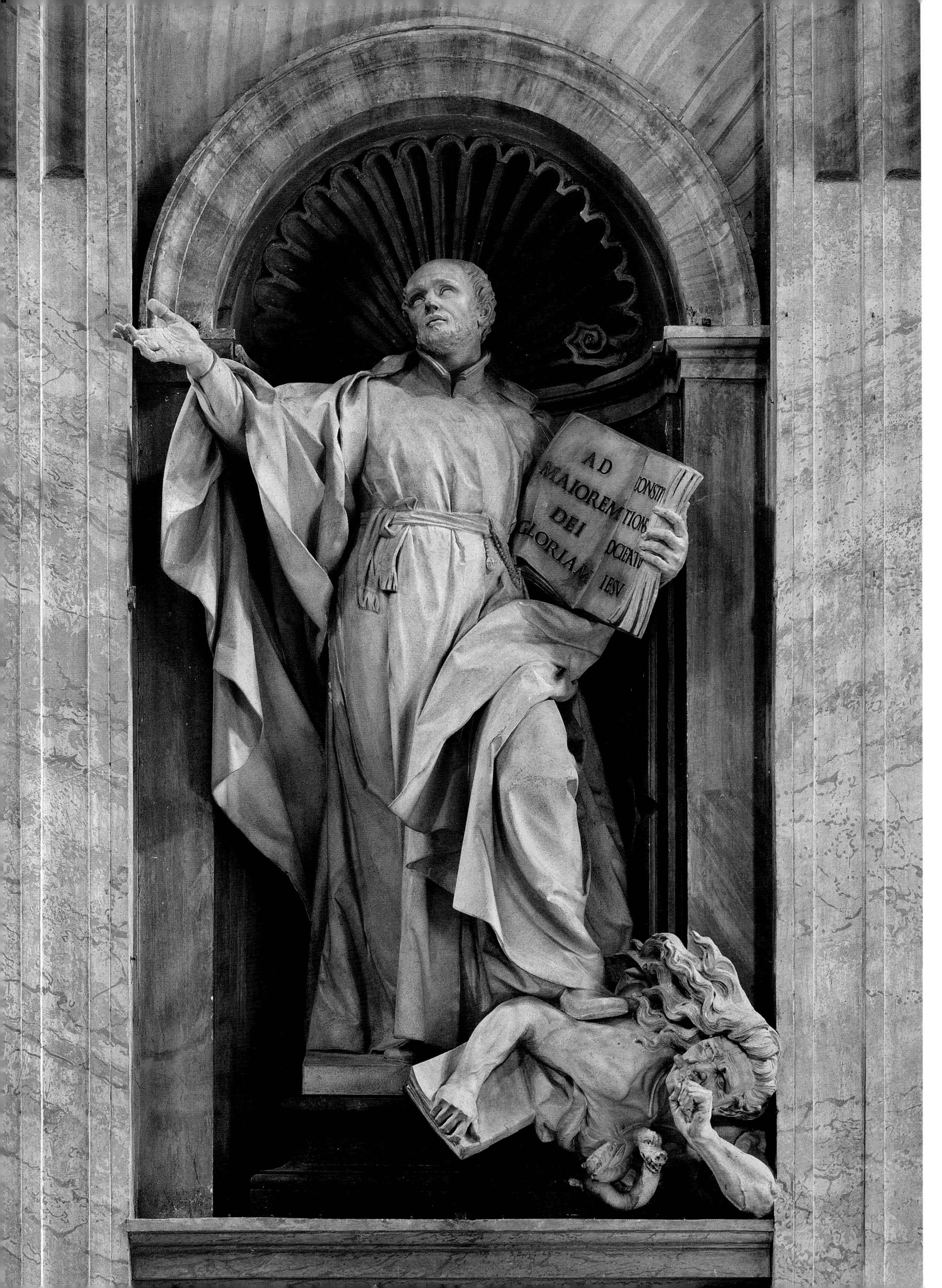
AD
MAIOREM
DEI
GLORIAM

90. Camillo Rusconi, *Hl. Ignatius von Loyola*.

stellung der Statue aus weißem Carrara-Marmor bis in das Jahr 1706 hin. Am Ende gewährte der Papst den Dominikanern ihren Wunsch, bestand aber auf die Kompetenz der Congregazione. Die Figur des Heiligen – in der Hand hält er eine Tafel mit der Aufschrift »ORDO PRAEDICATORUM / FUNDATORI SUO / EREXIT / MDCCVI«[161] – gehört zu den herausragenden Werken des französischen Künstlers, der von Pater Cloche des Öfteren mit Aufträgen bedacht wurde. Entsprechend der herkömmlichen Ikonografie wird der Heilige von einem Hund mit einer Fackel im Maul begleitet. Es handelt sich in jedem Fall um die erste Statue dieses Dekorationsprogrammes, das erst Jahre später weitergeführt wurde und dessen erste Phase sich über mehr als ein halbes Jahrhundert erstreckte.

Hl. Franz von Assisi (Orden der Minderen Brüder)

Papst Benedikt XIII. wies den Franziskanern die Nische auf der linken Seite der Apsis, gegenüber der Statue des hl. Domenico, zu. Die Finanzierung der Marmorstatue des *hl. Franziskus* wurde von den drei franziskanischen Familien (Franziskaner, Kapuziner, Minoriten) gemeinsam getragen. Der Generalminister der Minderbüder, Padre Giuseppe Garcia, vergab den Auftrag an Carlo Monaldi. Der Bildhauer hinterließ auf dem Sockel sein Monogramm »CM« und fügt auf dem Sockel eine Tafel hinzu mit der Aufschrift: »FUNDATORI SUO / ORDO MIN[ORUM] EREXIT / AN[NO] IUB[ILAEI] MDCCXXV« (»Dem Gründer des Ordens der Minderbrüder, im Jubeljahr 1725«).[162] Die Kosten von 4020 Scudi übernahmen die spanischen Minoriten. Der Heilige trägt eine weite Kutte, deren dicht gewebter Stoff durch eine aufgeraute Oberfläche wiedergegeben ist, auf der das Licht spielt. In der Rechten hält er ein Kreuz, in der Linken ein Buch, das von einem Putto gestützt wird. Die geöffnete Seite zeigt uns die Regel, die alle franziskanische Orden einte: »REGULAVIT FF [fratres] MIN [minores] S. FRANCISCUS PROMITTIT OBOEDIENIAM ET REVERENTIAM D [Domino] P. P. [Papae] ET ECCLESIAE ROMANAE« (»Der hl. Franz gab den Minderbrüdern die Regel und verspricht Gehorsam und Hochachtung gegenüber dem Papst und der Römischen Kirche«). Monaldi sollte später auch die Statue des hl. Kajetan ausführen.

Hl. Elija (Karmeliten)

Die dritte Statue in chronologischer Ordnung ihrer Aufstellung ist die des *hl. Elija*. Es ist der einzige Heilige, der dem Alten Testament angehört. Seit 1209 lebten Mönche auf dem Karmel, wo sie für ihre Gemeinschaft von Albert, dem Patriarchen von Jerusalem, die Regel der »Karmeliten« erhielten. Aufgrund der mit ihm verbundenen Geschichten hatte sich auf diesem Berg die Verehrung des Propheten Elija entwickelt. Nach einem Gesuch durch Fra Angelo da Cambolas vom 15. Mai 1704 gestattete Papst Klemens XI. den Karmeliten, den Propheten als ihren Ordensgründer vorzuschlagen, die Nische in den großen Pfeilern zur Aufstellung der Heiligenstatue wurde jedoch erst 1725 von Papst Benedikt XIII. zugewiesen. Als Auftraggeber fungierten drei Gruppen: die Spanier, die Unbeschuhten Karmeliter und die Beschuhten Karmeliter.[163] Den Auftrag – für ihn bewarb sich auch der französische Bildhauer Pierre Etienne Monnot[164] – erhielt Agostino Cornacchini, der auf Wunsch der Fratres mehrere Modelle mit einigen Veränderungen herstellte und die Statue 1727 vollendete. Das Jahr geht aus der Inschrift auf der Tafel unter der Statue hervor: »VNIVERSVS / CARMELITARVM ORDO / FVNDATORI SVO S. ELIAE / PROPHETAE EREXIT / A. MDCCXXVII« (»Der gesamte Orden der Karmeliten errichtete [diese Statue] seinem Gründer, dem hl. Propheten Elija, im Jahr 1727«). Wegen Schwierigkeiten im Zusammenhang mit den Transportkosten und der Aufstellung in der Nische gelangte die Statue jedoch erst später an den vorgesehenen Platz. Zeitgenössische Kritiker bemängelten die ungewöhnlich starke Gestik sowie die Haartracht mit Locken des Heiligen. Das Rad auf der Rechten der Statue spielt auf die Entrückung des Propheten an: Als er sich begleitet von Eliseus, einem seiner Schüler, auf dem Weg nach Jericho befand, erschien plötzlich ein feuriger Wagen, gezogen von glühenden Pferden. Diesen bestieg Elija und entschwand in den Himmel.

Hl. Ignatius von Loyola (Jesuiten)

Die Statue zeigt den *hl. Ignatius, der die Häresie mit Füßen tritt*. Der Entwurf stammt von Camillo Rusconi, wurde aber nach dessen Tod von Giuseppe Rusconi vollendet (kein Verwandter des Ersteren, sondern sein Assistent). »Giuseppe Rusconi, di Como nelli Svizzeri [...] fa anche la statua di S. Ignazio ordinata prima al [Camillo] Rusconi da mettersi in una delle nicchie dei fondatori delle religioni nella [...] Chiesa di S. Pietro.«[165] Lione Pascoli berichtet, dass Camillo drei Tonmodelle anfertigte, bis er mit dem Ergebnis zufrieden war.[166]

Hl. Franz von Paola (Mindeste Brüder)

Auf dem Sockel der Statue des *hl. Franz von Paola* liest man: »FUNDATORI SUO / ORDO MINIMORUM EREXIT / ANNO DOMINI MDCCXXXII« (»Der Orden der Mindesten Brüder errichtete [diese Statue] seinem Gründer im Jahr 1732«) Den Auftrag erteilte Pater Francesco Zavarroni zu Beginn des Jahres 1730, als man für die Aufstellung des besonders in Süditalien verehrten Heiligen die Nische in privilegierter Position gegenüber der Bronzestatue des *hl. Petrus* vorsah. Giovanni Battista Maini vollendete die Figur des Gründers der Paulaner 1732. Die Plastizität der Gruppe wird durch den außerhalb der Nische auf der Basis knienden Engel verstärkt, der ein Schild mit der Inschrift »CHARITAS« trägt.[167]

91. Agostino Cornacchini, *Hl. Elija*.

Hl. Benedikt (Benediktiner)

In der Nische des ersten Pfeilers links von der Apsis (Veronikapfeiler) befindet sich die Statue des *hl. Benedikt*, geschaffen von Antonio Montauto und 1734 hier aufgestellt.[168] Die Basis trägt die Inschrift: »S. P. BENEDICTO / CONGRATIO CASINENSIS / A. D. MDCCXXXV« (»Dem heiligen Pater Benedikt, die Kongregation von Montecassino, im Jahr 1735«). In der rechten Hand hält er ein aufgeschlagenes Buch mit dem Beginn der Ordensregel: »AUSCUL|TA O FILI | PRAECE|PTA | MAGI | STRI« (»Höre, o Sohn, auf die Weisung des Meisters«).

Philipp Neri (Filippini oder Oratorianer)

Die Wahl des Bildhauers Giovanni Battista Maini durch die Oratorianer ist gut dokumentiert, so in einer Nachricht des Ordensgenerals Giovanni Battista Baratta vom 6. August 1734: »Il Maini è oggidi lo scultore più acclamato e dirò così alla moda essendogli infatti appoggiata da Palazzo l'incombenza delle opere più grandiose che siansi commesse.«[169] Am 16. September wurde der Vertrag unterzeichnet, der den Bildhauer verpflichtet, ein Stuckmodell anzufertigen und in der Nische aufzustellen. Am 7. Januar 1736 berichtet der *Diario* des Chracas[170] von der Enthüllung dieses Stuckmodells, das danach in die Werkstatt des Maini verbracht wurde, damit er es in Marmor ausführte. Im Folgejahr 1737 war die Statue vollendet. Auf der Basis findet sich die Inschrift: »S. PHILIPPUS NERIUS / CONGREG.NIS ORATORII FUNDATOR« (»Hl. Philipp Neri, Gründer der Kongregation vom Oratorium«).

Hl. Kajetan von Thiene (Theatiner)

Die Statue des *hl. Kajetan* ist ein Werk von Carlo Monaldi.[171] Am 30. Januar 1734 hatte sich der Künstler zur Ausführung dieser Statue verpflichtet, deren Sockel seine Signatur trägt: »CARLO MONALDI ROMANO / ETATI SVE 47 / 1738«. Auch der *Diario* des Chracas bestätigt dieses Jahr für die Aufstellung der Statue. Auf der Basis liest man die Widmung: »S. CAJETANUS / AD ARAM MAXIMAM HUIUS S.S. BASILICAE / CLERICORUM REGULARIUM FUNDATOR« [»Hl. Kajetan, Gründer der Regularkleriker am höchsten Altar dieser heiligsten Basilika«].

Hl. Juliana Falconieri (Servitinnen/Dienerinnen Mariä)

Juliana Falconieri starb 1341 und wurde 1737 heiliggesprochen. Trotz der kurzen Zeit, die seit ihrer Kanonisation verstrichen war, gelang es dem Orden, um 1740 einen Ehrenplatz in Sankt Peter für die Aufstellung ihrer Statue in einer Nische nahe an der Vierung zu erhalten. Mit der Ausführung wurde der Künstler Paolo Campi beauftragt, der in dieser Zeit an der Statue des *hl. Bonaventura* in der Kolonnade arbeitete.

Hl. Petrus Nolascus (Mercedarier)

Die Statue des *hl. Petrus Nolascus* wurde am 22. Dezember 1742 geweiht, wie man dem *Diario* des Chracas entnehmen kann.[172] Bildhauer war derselbe Paolo Campi, der auch an der Statue der *hl. Juliana Falconieri* arbeitete. Wegen des Aufstellungsortes kam es zu Auseinandersetzungen, da die von den Mercedariern begehrte Nische den Prämonstratensern zugesagt worden war. Am Ende musste sich der Orden mit der Nische im linken Querarm zufriedengeben. Auf dem Sockel findet sich die Inschrift: »S. PETRUS NOLASCO / ORDINIS BEATAE MARIAE VIRGINIS DE MERCEDE / REDEMTIONIS CAPTIVORUM FUNDATOR« [»Hl. Petrus Nolascus, Gründer des Ordens der Allerseligsten Jungfrau Maria von der Barmherzigkeit zum Loskauf der Gefangenen«]. Zur Linken findet sich kniend auf der Basis ein in Ketten gelegter Gefangener.

Hl. Bruno (Kartäuser)

Der *Diario* des Chracas vermerkt am 24. Oktober 1744: »In der vatikanischen Basilika wurde die neue, von Monsieur Sloss Francese [René Michel (genannt Michel-Ange) Slodtz] hervorragend gearbeitete Marmorstatue mit dem hl. Bruno, Gründer des Kartäuserordens, enthüllt, die dieser auf eigene Kosten anfertigen ließ, und in der dafür vorgesehenen Nische aufgestellt. Es ist dies die Nische in der Vierung auf der Seite der Kapelle des Allerheiligsten Sakraments und gegenüber derjenigen, in der vor Jahren der hl. Kajetan aufgestellt wurde«[173]. Slodtz hinterließ seine Signatur auf dem Sockel der Statue: »MIC. ANG. SLODTZ PARISINUS F.«

Johannes von Gott (Barmherzige Brüder)

Die Ausführung der Statue war ursprünglich Camillo Rusconi zugedacht, der aber 1738 starb. Wie beim hl. Ignatius, übernahm Giuseppe Rusconi den Auftrag, der seinerseits während der Arbeiten starb. In der Zwischenzeit hatte man bereits Verhandlungen mit dem Bildhauer Filippo Della Valle geführt, der ab 1744 bis Mai 1745 Zahlungen erhielt. Ende August 1745 konnte man die Statue des *hl. Johannes von Gott* schließlich in der Nische von St. Peter aufstellen.[174] In der Inschrift auf der Basis heißt es: »UNIVERSUS HOSPITALITATIS ORDO / S. JOANNI DE DEO FUNDATORI SUO« (»Der gesamte Orden der Barmherzigen Brüder seinem Gründer Johannes von Gott«).

Hl. Kamillus von Lellis (Kamillianer / Krankendiener)

Gegen 1750 erhielt der Bildhauer Pietro Pacilli den Auftrag für die Statue des *hl. Kamillus von Lellis*, Gründer eines weiteren Ordens, der sich der Krankenpflege widmete. Auf der Basis links signierte der Künstler: »PETRVS PACILLI / ROMANVS F. A.,

UNIVERSVS
CARMELITARVM ORDO
FVNDATORI SVO S. ELIÆ
PROPHETÆ EREXIT
A. MDCCXXVII

S. TERESIA SPIRIT MATER
& FUNDATRIX NOVÆ REFORMAT ORDINIS
DISCALC. B. M. DE MONTE CARMELO

92. Filippo della Valle, *Hl. Theresa von Jesus*.

1753«. In der Tat erwähnt das *Diario* des Chracas am 20. Oktober 1753[175] die Einweihung der Statue in der Basilika von Sankt Peter. Auf dem Sockel findet sich die Inschrift: »S. CAMILLUS / CLER(icorum) MINISTR(antium) INFIRM(is) / FUNDATOR«.

Hl. Petrus von Alcantara (Minoriten oder Alcantarini)

Das *Diario* des Chracas berichtet am 14. August 1751, dass »in der Basilika Sankt Peter auf dem Vatikan, und zwar linker Hand in der ersten Nische vom Eingang aus derzeit am großen Modell der Statue des hl. Petrus von Alcantara gearbeitet wird«.[176] Es folgt am 2. Oktober eine weitere Mitteilung mit dem Namen des Bildhauers: »[...] opera dello scultore Sign. Francesco Bergara Spagnuolo, Pensionario di S. M. Cattolica; nel suo piedistallo vi sono incise le seguenti parole: SANCTUS PETRUS DE ALCANTARA / APOSTOLICAE SUI PATRIS FRANCISCI / VITAE RENOVATOR«.[177] Das *Diario* berichtet am 23. Juni 1753 von der Enthüllung der Statue[178] und nennt als Künstler den spanischen Bildhauer Francesco Vergara y Bartual d. J., der sein Werk auf der Basis mit dem Jahr der Fertigstellung signierte: »FRAN.CVS BERGARA HISP.CVS FEC. A. 1753«.

Hl. Theresa von Jesus / von Avila (Unbeschuhte Karmelitinnen)

1751 wandten sich die Unbeschuhten Karmelitinnen an Papst Benedikt XIV. mit der Bitte, in einer der Nischen von St. Peter eine Statue ihrer Ordensgründerin aufstellen zu dürfen. Der Papst billigte diesen Wunsch umgehend, ebenso sowie die vorgesehene Inschrift: »S. TERESA SPIRIT(ualis) MATER / ET FUNDATRIX NOVAE REFORMAT(ionis) ORDINIS / DISCALC(eatorum) B(eatae) M(ariae) DE MONTE CARMELO« (»Hl. Teresa, geistliche Mutter und Gründerin der neuen Reform des unbeschuhten Ordens der allerseligsten Jungfrau Maria vom Berge Karmel«). Der *Diario* des Chracas beschreibt am 24. August 1754[179] die Weihe der Statue der *hl. Theresia von Jesus*, ein Werk des Florentiners Filippo Della Valle.

Hl. Vinzenz von Paul (Töchter der christlichen Liebe/Vinzentinerinnen)

Ebenfalls am 24. August 1754 erfolgte die Aufstellung der Statue des *hl. Vinzenz von Paul* beschrieben, ausgeführt von »Sig. Pietro Bracci Romano virtuoso eccellente di tale professione«.[180] Der Bildhauer selbst vermerkt in seinem Tagebuch, dass für den »hl. Vinzenz von Paul [...] im Gebet mit Christus in Händen Vereinbarungen mit dem Visitatore Raimondo Rerasco und Sig. Gio. Franc. Morguni getroffen« wurden.[181] Entgegen dem üblichen Procedere wurde Bracci von der Verpflichtung befreit, ein Modell der zukünftigen Statue in Originalgröße zu präsentieren, was für das ihm zugestandene Vertrauen spricht.

Hl. Joseph von Calasanz (Piaristen)

Im Mai 1751, knapp drei Monate nach seiner Wahl zum Generalsuperior der Piaristen, erhielt Paolino Chellucci von Papst Benedikt XIV. die Erlaubnis, eine Statue des *hl. Joseph von Calasanz* in Sankt Peter aufstellen zu lassen – ein Zeichen der hohen Wertschätzung für diesen erst drei Jahre zuvor selig gesprochenen Ordensgründer. Bereits einen Monat später war der Sockel in der zugewiesenen Nische errichtet. Der einzige freie Platz befand sich damals im rechten Querarm der hll. Processus und Martinianus, sodass die Statue aus dem Mittelschiff nicht sichtbar war. Als Alternative bot man dem Orden eine Nische in der oberen Reihe an, ein Umstand, der belegt, dass man bereits begann, auch das zweite Register mit einzubeziehen, was tatsächlich erst einige Jahre später eintreten sollte. Die Piaristen zogen jedoch den etwas versteckten Aufstellungsort vor.[182] Der Vorschlag, die Statue durch Carlo Monaldi ausführen zu lassen, stieß auf den Widerstand des Erzpriesters der Basilika, Kardinal Alessandro Albani. Die Suche nach einem Bildhauer richtete sich daraufhin auf die Werkstatt von Giovanni Battista Maini, der bereits Statuen für die Nischen angefertigt hatte. Man kennt zwei Zeichnungen mit der Figur des Joseph von Calasanz, die darauf schließen lassen, dass er auch mit diesem Auftrag beschäftigt war.[183] Schließlich wurde die Ausführung der Statue Innocenzo Spinazzi zugewiesen, einem jungen Schüler Mainis. Er musste ein kleines Tonmodell herstellen, das von zwei Malern – Agostino Masucci und Pompeo Batoni – begutachtet wurde. Anteil an dieser Vergabe hatte wohl auch der Ruf des Vaters des Künstlers, Angelo Spinazzi, ein bekannter und im Vatikan viel beschäftigter Goldschmied. Seine Werkstatt lag unweit von San Pantaleo, der Kirche der Piaristen; er war dem Orden daher sicherlich bekannt. Angelo Spinazzi tritt zudem als Unterzeichner des Vertrages vom 1. Dezember 1752 auf, der vorsah, zuerst ein großes Modell in Stuck zu machen und danach die Statue in Carrara-Marmor binnen drei Jahren zu vollenden. Das Modell war im Sommer 1753 fertig und wurde erneut dem Urteil der Maler unterzogen. Am 26. September 1755 konnte man das fertige Werk enthüllen[184], das der Künstler wie folgt signierte: »INNOC(ENTIUS) SPINAZZI ROM(ANUS) / F(ECIT) A(NNO) 1755«. Auf dem Sockel ist zu lesen: »S. JOSEPHO CALASANCTIO / FUNDATORI SUO / ORDO SCHOLARUM PIARUM / ANNO MDCCLIII«. Das eingemeißelte Datum bezieht sich noch auf die Ausführung des Modells, nach der Kanonisation Josephs wurde die Angabe des Heiligen durch ein »S« korrigiert.

Hl. Hieronymus Aemiliani (Somasker)

Die Genehmigung für die Statue wurde am 23. April 1752, fünf Jahre nach der Seligsprechung des Hieronymus, erteilt. Alle Angehörigen des Ordens sollten sich an den Kosten beteiligen und auf sein Gesuch erhielt der Generalbeauftragte der Somasker,

93. Pietro Bracci, *Hl. Vinzenz von Paul.*

Pater Francesco Vecelli, von Monsignor Costante Lucidi, dem *segretario economo* der Reverenda Fabbrica, eine positive Antwort. Der Vereinbarung wurde eine Klausel hinzugefügt, nach der Papst Benedikt XIV. eine Ausführung durch Pietro Bracci wünschte. Die Vertragsunterzeichnung mit dem Bildhauer erfolgte allerdings erst am 2. Januar 1755. Ursprünglich sollte der *hl. Hieronymus Aemiliani*, heute Schutzpatron der Waisen, mit zwei kleinen Kindern dargestellt werden. Dieser Plan wurde jedoch verworfen – vielleicht bedingt durch die Ikonografie der kurz zuvor fertiggestellten Statue des *hl. Joseph von Calasanz* – und die endgültige Komposition am 19. April 1755 festgelegt. Mit großer Verspätung gelang es, die Statue eine Woche vor dem 14. Mai 1757 zu weihen, wie der *Diario* des Chracas berichtet.[185] Auf dem Sockel befindet sich die Inschrift: »S. HIERONYMUS AEMILIANUS / ORPHANORUM PATER / CONGREGATIONIS SOMASCHAE FUNDATOR« (»Dem hl. Hieronymus Aemiliani, Vater der Waisen, Gründer der Kongregation von Somasca«). Nach der Kanonisation 1767 wurde – wie im Fall des Joseph von Calasanz – der Buchstabe »B«, von »Beato«, in ein »S« für »Santo« umgewandelt.

Hl. Norbert (Prämonstratenser)

Die Statue des *hl. Norbert*, Begründer des Prämonstratenserordens, wurde von Pietro Bracci zwischen 1764 und 1767 geschaffen. Bereits 1717 hatte dieser Orden die Absicht bekundet, in einer der Pfeilernischen eine Statue ihres Heiligen aufstellen zu wollen. Danach rückte dieses Vorhaben für viele Jahre in den Hintergrund und erst 1737 nahm sich der Generalprokurator Pater Meijers der Sache wieder an. Im Mai des folgenden Jahres präsentierte man die entsprechende Anfrage, auf die Kardinal Annibale Albani, Erzpriester von St. Peter, mit großem Wohlwollen antwortete. Der Kardinal unterstützte auch den Anspruch der Prämonstratenser auf die aus dem Mittelschiff sichtbare und gut beleuchtete Nische im südlichen Querschiff an der Westwand, die inzwischen auch die Mercedarier für die Statue des *hl. Petrus Nolascus* ausgewählt hatten. Der vakante Platz musste daher so schnell wie möglich besetzt werden. Meijers beauftragte den flämischen Bildhauer Francesco Janssens, der am 1. Juni 1742 einen Vertrag unterzeichnete, in dem man die Anfertigung eines kleinen und eines großen Modells vereinbarte. In kürzester Zeit entstand das Modell, das 15 Jahre lang in der Nische verblieb, bis sich die Reverenda Fabbrica genötigt sah, dem Orden die Bedingung zu stellen, innerhalb eines Jahres eine endgültige Statue aufzustellen, andernfalls würde er das Anrecht auf den Platz verlieren. Auch andere Orden erhoben Ansprüche auf diese Nische, der letzte freie Aufstellungsort im unteren Register, so etwa die Nonnen der Oblaten von Tor de' Specchi, deren Anliegen vom römischen Adel unterstützt wurde. Der Widerstand gegen Janssens und seine Abwesenheit aus Rom veranlassten den belgischen Generalprokurator, Pietro Bracci als Künstler vorzuschlagen, der bereits zahlreiche Arbeiten in Sankt Peter ausgeführt hatte. Dieser wurde aber von Alessandro Albani, dem Bruder des Kardinals Annibale und Gönner der Prämonstratenser, nicht geschätzt und schließlich ausgeschlossen, umso mehr als Bracci sich geweigert hatte, ein Modell in Originalgröße herzustellen. Die Wahl fiel schließlich auf Bartolomeo Cavaceppi, den vertrauten Restaurator der Albani. In einem Vertrag vom 25. November 1759 verpflichtete sich dieser, ein großes Modell anzufertigen, das begutachtet werden sollte. Im Herbst 1762 war die Nische immer noch mit dem Modell von Cavaceppi besetzt, das jedoch weder der Reverenda Fabbrica noch Papst Klemens XIII. zusagte. Die Kommission griff daraufhin erneut auf Petro Bracci zurück, der sich nun vertraglich der Anordnung der Reverenda Fabbrica beugte, ein großes Modell anzufertigen. Aufgrund von Auseinandersetzungen um die Bezahlung konnte der endgültige Vertrag erst im Januar 1764 unterzeichnet werden. Die Enthüllung der Statue des *hl. Norbert* erfolgte im März 1767. Angesichts der Unsicherheiten in der Frage der Zuschreibung liefert das Tagebuch des Künstlers wertvolle Informationen, da es präzise Anmerkungen zum Werk enthält.[186] Der Heilige hält in der Rechten einen Kelch mit der Hostie, zu seinen Füßen liegt besiegt der häretische Prediger Tanchelm. Mit einer Hand zieht dieser an einem Mantel, um sich zu bedecken, während er mit der anderen ein Buch zerdrückt, aus dem in Anspielung auf die Häresie eine Schlange hervortritt. Auf dem Sockel befindet sich die Inschrift: »S. NORBERTO / PATRI SUO INSTITUTORI / POSTEA ARCHIEP(ISCOPO) MEGDEBURGH(ENSI) / CANONICI PRAEMONS(TRATENSES) EREXERUNT / ANNO MDCCLCVII« (»Dem hl. Norbert, ihrem Gründungsvater, späterer Erzbischof von Magdeburg, errichteten die Kanoniker der Prämonstratenser [diese Statue] im Jahre 1767«).

Mit der Aufstellung der Statue im Jahr 1767 waren alle Nischen des unteren Registers besetzt. In der Nische des nordöstlichen Pfeilers steht die Bronzestatue des Apostels Petrus; sie wird Arnolfo di Cambio zugeschrieben. 1754 setzte man diese auf einen Thron von Luigi Vanvitelli, der wiederum 1757 durch eine marmorne Kathedra des Steinmetzen Domenico Giovannini ersetzt wurde. Die Nischen des obere Registers wurden ab 1834 ausgestattet, die letzte im Jahr 1954 mit der Statue der *hl. Luise von Marillac*, Gründerin des Ordens der Töchter der christlichen Liebe vom hl. Vinzenz von Paul. Mit diesen Statuen, die Teil der Wanddekoration im Mittelschiff und den Querarmen sind, kann man die dekorative Ausstattung des Barock als abgeschlossen betrachten, eine stilistische Veränderung macht sich bereits gegen Mitte des Jahrhunderts bemerkbar. Vielleicht ermöglicht die Gegenüberstellung einer Skulptur oder eines Gemäldes gleicher Funktion eine unmittelbare Lesart und eine Bewertung der eingetretenen stilistischen Entwicklung hin zum Klassizismus.

EVAN PAUPE
GELI RIBUS
ZA REMISIT
ME

S. VINCENTIVS A PAVLO
CONGREGATIONIS MISSIONIS ET
PVELLARVM CHARITATIS FVNDAT

DER PETERSDOM, DER PETERSPLATZ UND BERNINIS KOLONNADEN

94. Kapelle des Allerheiligsten Sakraments, Gitter.
95. Kapelle des Allerheiligsten Sakraments, Altarbild und Ziborium.
Folgende Doppelseite: 96. Kapelle des Allerheiligsten Sakraments,
Blick auf Nordwand mit Altar.

Kapelle des Allerheiligsten Sakraments
(Cappella del Santissimo Sacramento)

Mit der Umwandlung des Grundrisses von Sankt Peter von einem griechischen zu einem lateinischen Kreuz schuf Maderno entlang der Seitenschiffe sechs Kapellen, von denen zwei größer ausfallen, die Chorkapelle (Cappella del Coro) auf der linken Seite sowie eine weitere auf der rechten, die an die Gregorianische Kapelle (Cappella Gregoriana) angrenzt. 1622 wurde diese Kapelle als »Sacrestia Nuova« eingerichtet, da die alte Sakristei 1575 unter Gregor XIII. aus der konstantinischen Basilika in die Cappella della Madonna della Febbre verlegt worden war – es galt, eines der fundamentalen Probleme der neuen Kirche Michelangelos zu lösen, der keine Räumlichkeiten für diese Funktionen vorgesehen hatte. Die Erzbruderschaft des Allerheiligsten Sakraments drängte 1626 nach dem Abriss ihrer Kapelle auf einen neuen und geeigneten Sitz und sprach sich für diese Kapelle aus, die ihrer Ansicht nach »für die Aufgaben einer Erzbruderschaft am besten bemessen und passend« war.[187] Um den Wünschen der Kanoniker entgegenzukommen, schlug man zudem vor, die Kapelle der Hl. Dreifaltigkeit und Allerheiligen zu weihen. Bereits 1628 konnte die Erzbruderschaft ihren Sitz in dieser Kapelle einrichten, die ihren Namen als »Neue Sakristei« bis 1631 beibehielt, dem Jahr, in dem Pietro da Cortona das Altarbild der *Heiligen Dreifaltigkeit* fertigstellte.[188] Die architektonische Struktur stammt von Carlo Maderno, während Giovanni Battista Ricci die vergoldete Stuckdekoration ausführte und den Raum in ein wahres Kleinod verwandelte. Der Künstler schuf in dieser Kapelle zwischen 1623 und 1627 14 Reliefs an der Decke mit Szenen aus dem Alten Testament sowie, an den Wänden, sieben mit Szenen aus dem Neuen Testament. Belegt sind Arbeiten von Borromini zwischen 1626 und 1629, die den Marmor an den Treppen und am Altar sowie an den Wappenschildern in weißem Marmor betrafen. Für das Altarbild hatten sich 1625 Giovanni Lanfranco und Simon Vouet beworben.[189] 1627 übertrug die Congregazione diese Aufgabe Guido Reni, der das Werk jedoch trotz erfolgter Anzahlungen wegen dauernder Unstimmigkeiten nicht weiterführte und Rom verließ, sodass Kardinal Francesco Barberini die Gelegenheit erhielt, den von ihm bevorzugten Künstler Pietro da Cortona ins Spiel zu bringen.[190] Ab Juli 1628 ergingen die ersten Zahlungen an diesen Maler, der am 7. Juli 1632 die Schlusszahlung erhielt. Es handelt sich um das einzige Gemälde, das nicht als Mosaik ausgeführt ist, sondern in Öl direkt auf eine Putzschicht gemalt wurde. Das große Gemälde entstand nicht in der Werkstatt, sondern »in loco«, also vor Ort, als wäre es ein Fresko, so wie es Guido Reni beabsichtigt hatte. Die Komposition stellt die Trinität mit Christus zur Linken und dem Ewigen Vater zum Segensgestus zur Rechten dar. Über beiden schwebt die Taube des Heiligen Geistes, von der Lichtstrahlen ausgehen.

1636 entschied die Congregazione, das monumentale Grabmal Sixtus' IV. von Antonio Pollaiuolo aus der Chorkapelle hierher auf die rechte Seite vom Altar zu verlegen,[191] das 1922 dann in das Museo Petriano gelangte und sich jetzt im Tesoro di San Pietro befindet. Der Weihe zu Ehren der *Hl. Dreifaltigkeit* stimmte der Papst als Teil der christologischen Patrozinien der Seitenkapellen zu. sprach sich aber weiter dafür aus, dass der Tabernakel in der Gregorianischen Kapelle verblieb Schließlich gab er 1638 dem Druck der Kanoniker nach und erlaubte die Verlegung des vorläufigen, aus Holz und Stuck gefertigten, Tabernakels von Bernini und weihte diese Kapelle offiziell dem Allerheiligsten Sakrament. Seit der Aufstellung des Tabernakels ist der untere Teil des Dreifaltigkeitsbildes verdeckt, sodass man nur mit Mühe die Erdkugel erkennen kann, die Gott als Schöpfer darstellt – ein Umstand, der die ikonografische Bedeutung grundlegend zugunsten der Eucharistie veränderte.

Die vier Bogen auf jeder Seite der Kapelle sind mit den allegorischen Figuren *Überfluss*, *Glaube*, *Opfer* und *Caritas* geschmückt. Jeder Tympanon wird von einem großen Engel eingenommen, während in den Zwickeln auf jeder Seite ein kleinerer Engel eingefügt ist. Für den Altar auf der rechten Seite der Kapelle, der dem hl. Mauritius geweiht war, wählte man das *Martyrium des hl. Mauritius*, ein Gemälde von Carlo Pellegrini von 1638.[192] Das

BENEDICTVS XIII. ORD. PRAED. ALTARE HOC CONSECRAVIT DIE XVIII. NOVEMBRIS MDCCXXVI.
RECVRRENTE FESTO DEDICATIONIS HVIVS SACROSANCTÆ BASILICÆ.

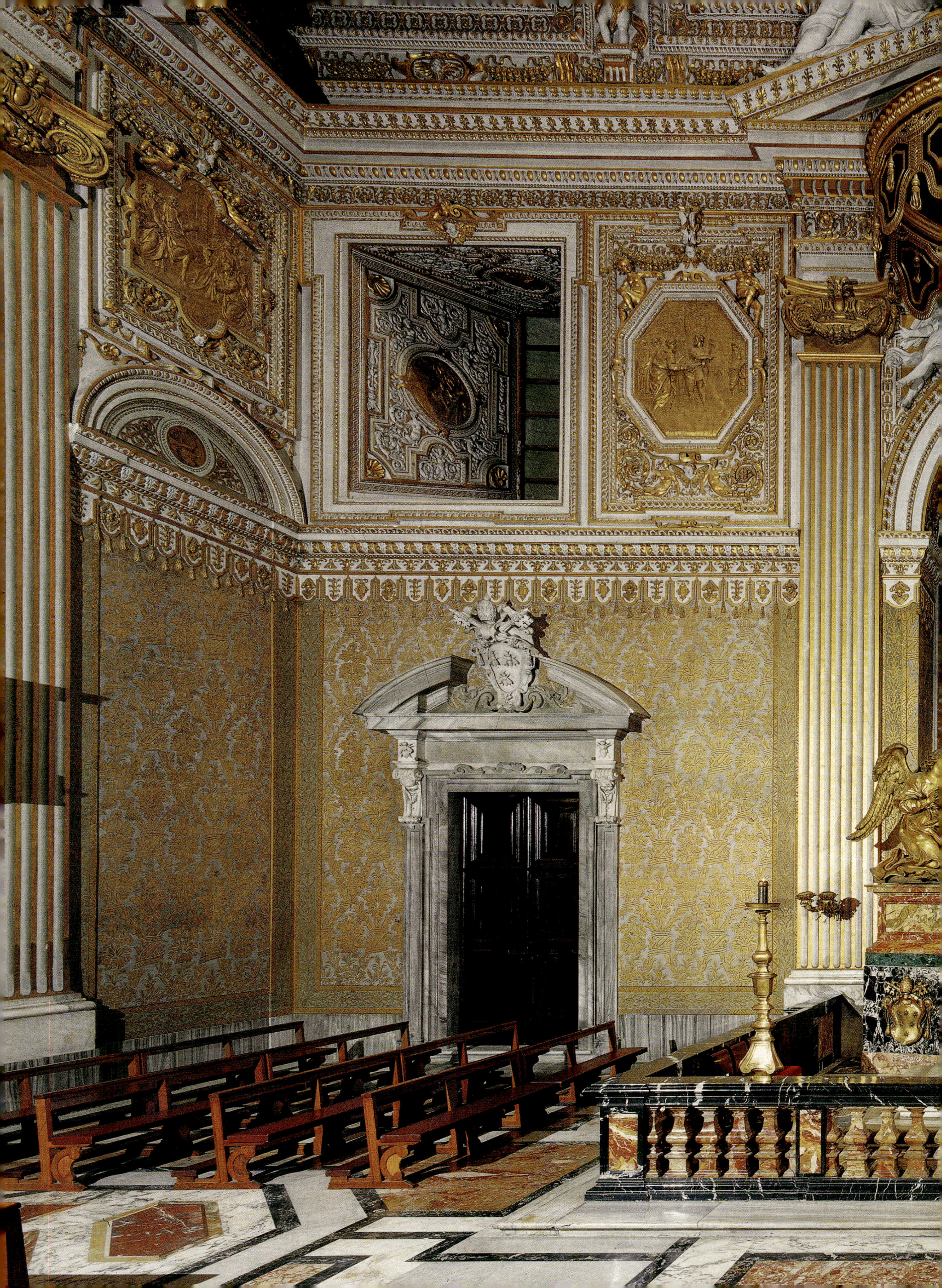

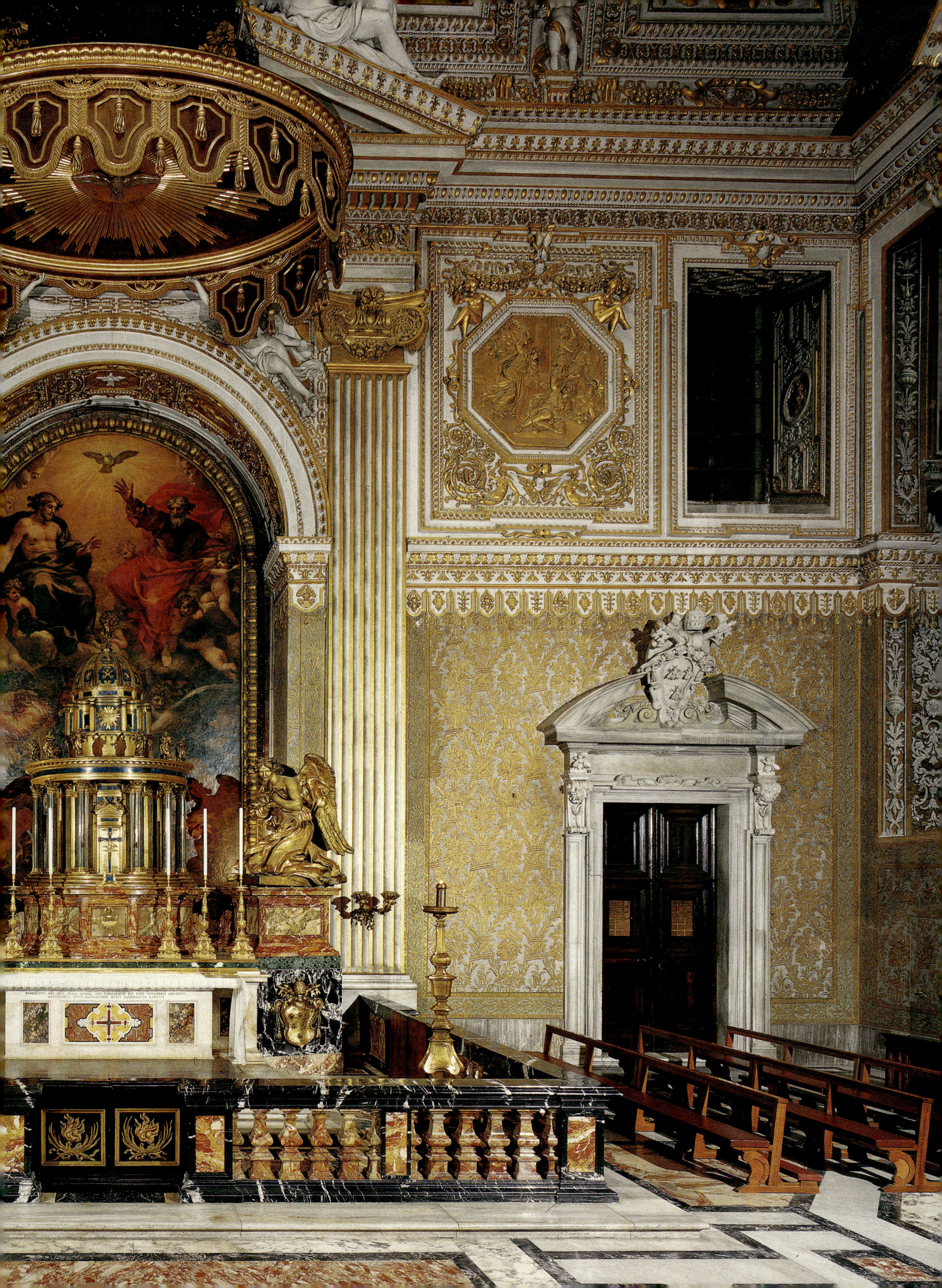

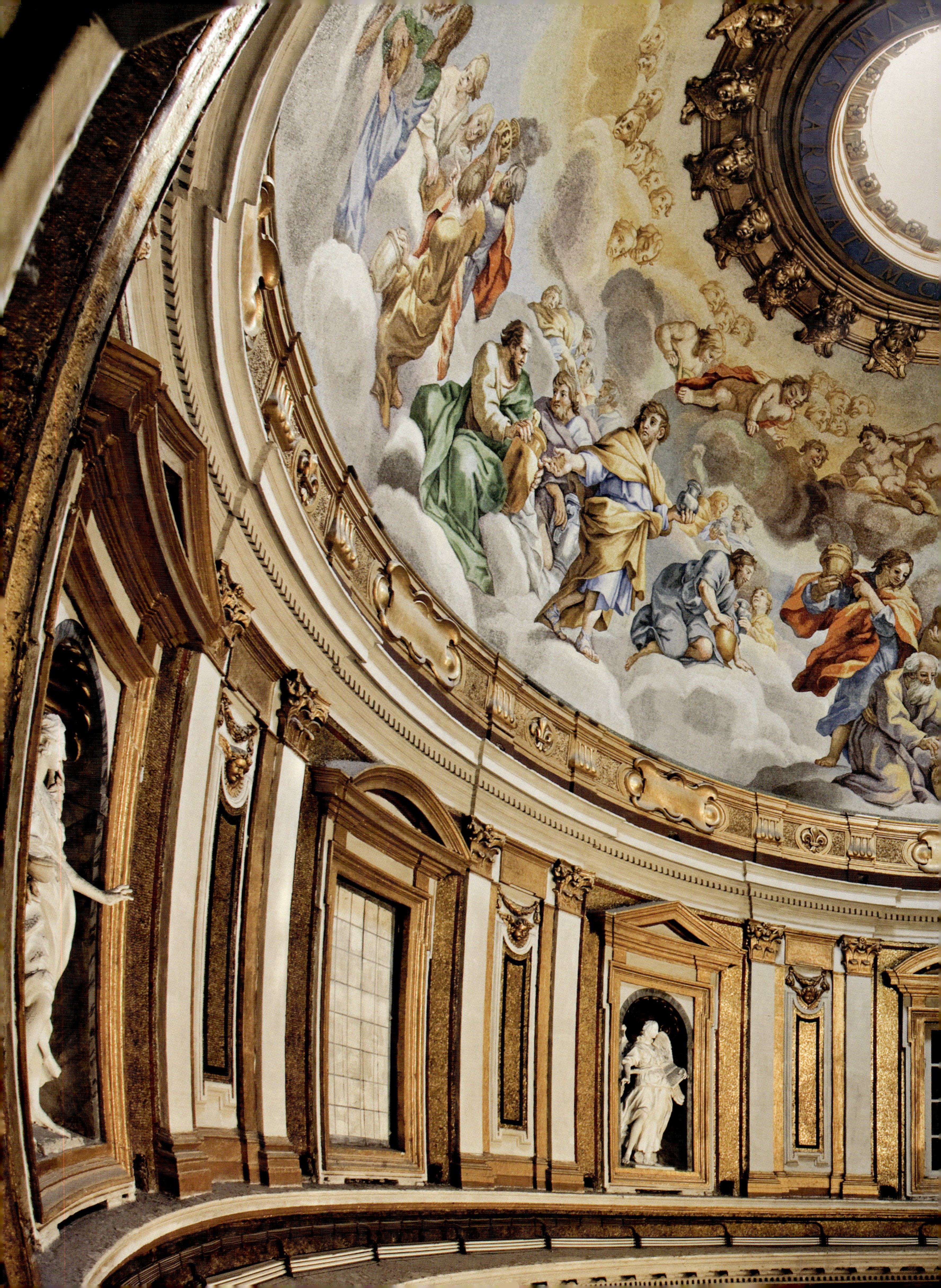

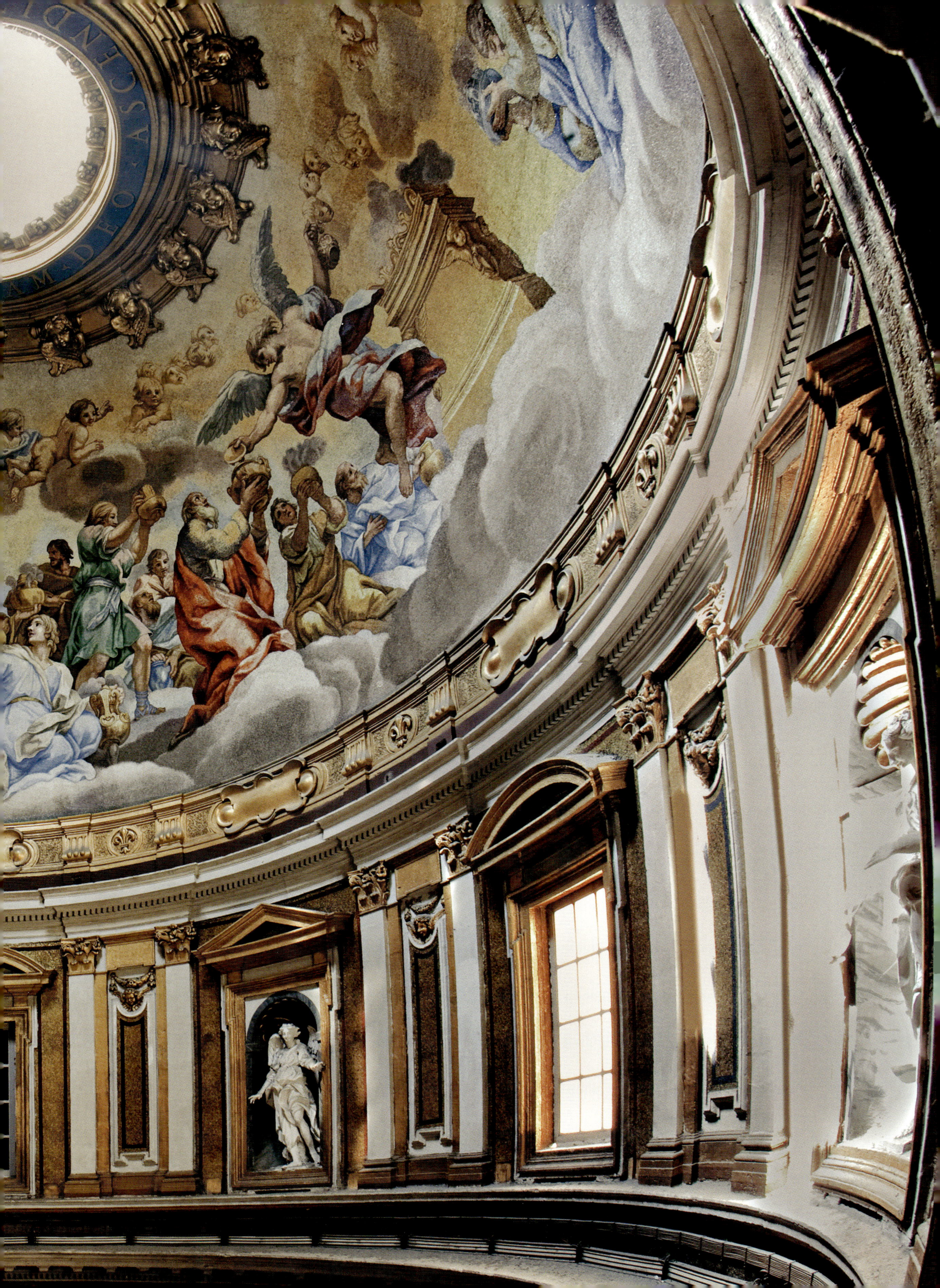
DEO ASCENDIT

Vorhergehende Doppelseite: 97. Vestibül der Kapelle des Allerheiligsten Sakraments, Kuppel.

98. Gian Lorenzo Bernini, Kapelle des Allerheiligsten Sakraments, Altar, Kruzifix.

99. Gian Lorenzo Bernini, Modell eines betenden Engels für das Tabernakel in der Kapelle des Allerheiligsten Sakraments.

100. Kapelle des Allerheiligsten Sakraments, Tabernakel. Folgende Doppelseite: 101–102. Gian Lorenzo Bernini, Kapelle des Allerheiligsten Sakraments, *Betender Engel*.

Altarbild, das Dokumenten zufolge ca. 3,35 x 2,23 m maß, wurde in der zweiten Hälfte des 19. Jahrhunderts entfernt und durch ein Mosaik nach dem Gemälde Caravaggios mit der *Grablegung* ersetzt, dessen Original sich in der Pinacoteca Vaticana befindet. Gegen Ende des 19. Jahrhunderts wurde dieses durch eine Kopie in Mosaik nach der *Ekstase des hl. Franziskus* von Domenichino ersetzt, dessen Original sich bei den Kapuzinern in S. Maria della Concezione in Rom befindet. Die Kopie ist ein Werk von Raffaele Cocchi, Bartolomeo Tomberli und Domenico Cerasoli. Die Weihe zu Ehren des hl. Mauritius sollte an den einstigen Mauritius-Altar in Alt-Sankt-Peter erinnern, an dem die Kaiser vor der Krönung durch den »Heiligen Pontifex« traditionsgemäß mit dem heiligen Öl gesalbt wurden.[193] Und es ist sicherlich kein Zufall, dass in der Nähe das Grabmal der Gräfin Mathilde errichtet wurde. Auf der gegenüberliegenden Seite ist die Orgel mit effektvollen Holzintarsien und Vergoldung eingebaut, die Marino und Vincenzo da Sulmona 1580–82 schufen. Oben sieht man das Wappen Gregors XIII., das den Papst als Auftraggeber identifiziert und an die ursprüngliche Platzierung des Instruments in der Gregorianischen Kapelle erinnert. 1853 musste sie dort dem Grabmal Gregors XVI. weichen. Unter den großen Musikern, die auf dieser Orgel spielten, ist Girolamo Frescobaldi zu nennen, der 1608 zum Organisten von St. Peter ernannt wurde.

Die Kapelle war schon immer ziemlich dunkel, Bernini löste aber dieses Problem, indem er die Laterne der Kuppel erweiterte und die Fenster über dem Altar vergrößerte. Das Eisengitter am Eingang der Kapelle entwarf Borromini 1629/30, von ihm stammt auch das bronzene Wappen Urbans VIII. Die endgültige Ausstattung der Kapelle erfolgte in den Jahren 1672 bis 1674. Das vorläufige Behältnis für das Allerheiligste, oft als »Tempietto« bezeichnet, war als Ziborium aus Holz und aus Stuck gebaut, um dann in Bronze umgearbeitet zu werden. Obwohl Bernini den Auftrag für die Ausführung dieses Tabernakels des Allerheiligsten schon unter Urban VIII. erhalten hatte, musste er die Wahl Klemens' X. abwarten, um dieses Werk zu Ende zu führen. Er wurde dabei von vielen spezialisierten Mitarbeitern unterstützt, die für die Bearbeitung der verschiedenen Materialien nötig waren, von vergoldeter Bronze über farbigen Marmor (Sizilianischer Diasper, schwarzer Marmor, Verde antico) bis hin zu Lapislazuli. Das kleine Ziborium, durch viele Vorzeichnungen und Entwürfe in Terrakotta belegt, scheint sich an Bramantes Tempietto in San Pietro in Montorio anzulehnen, war aber in besonderer Weise vom Tabernakel der

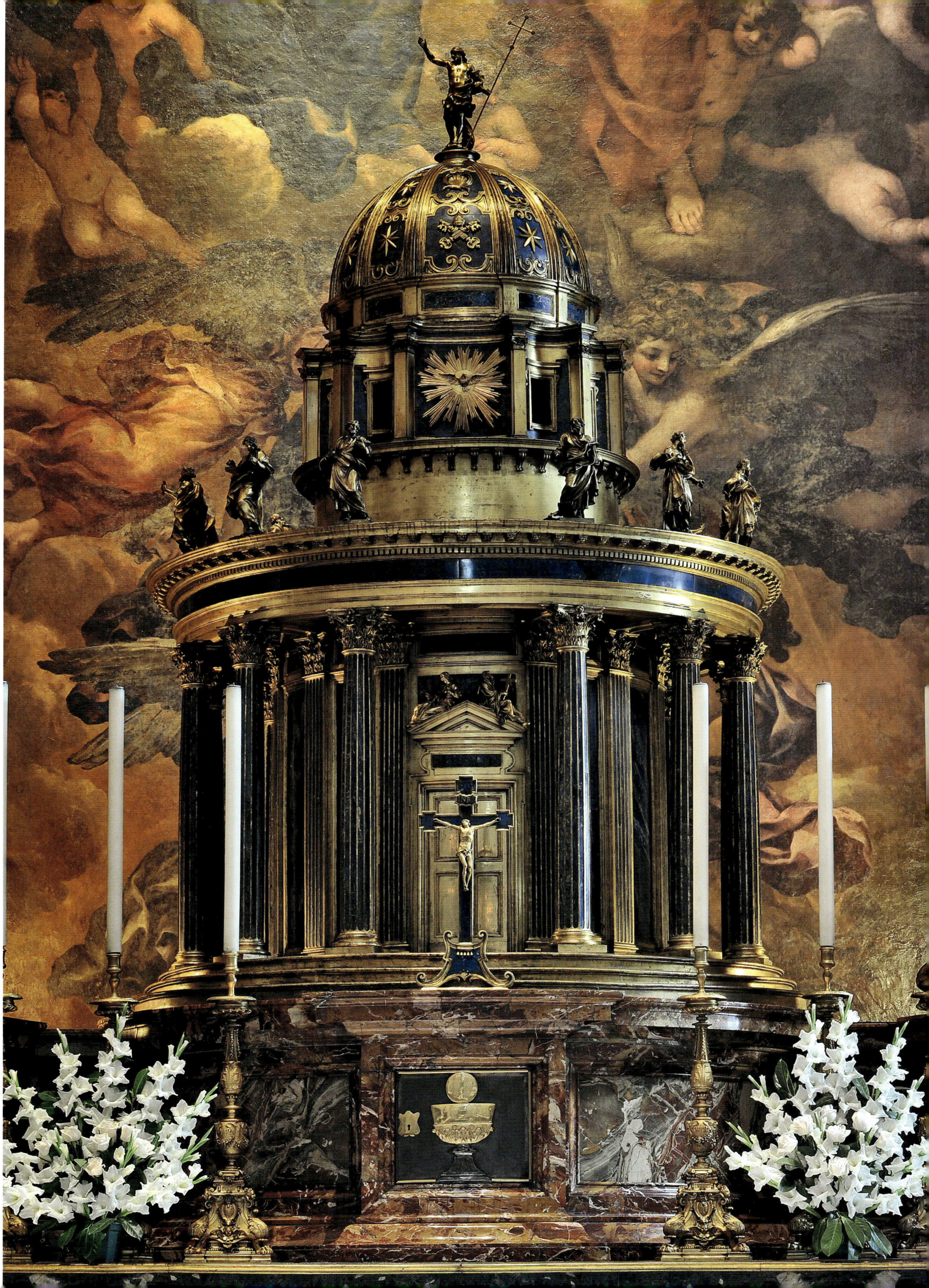

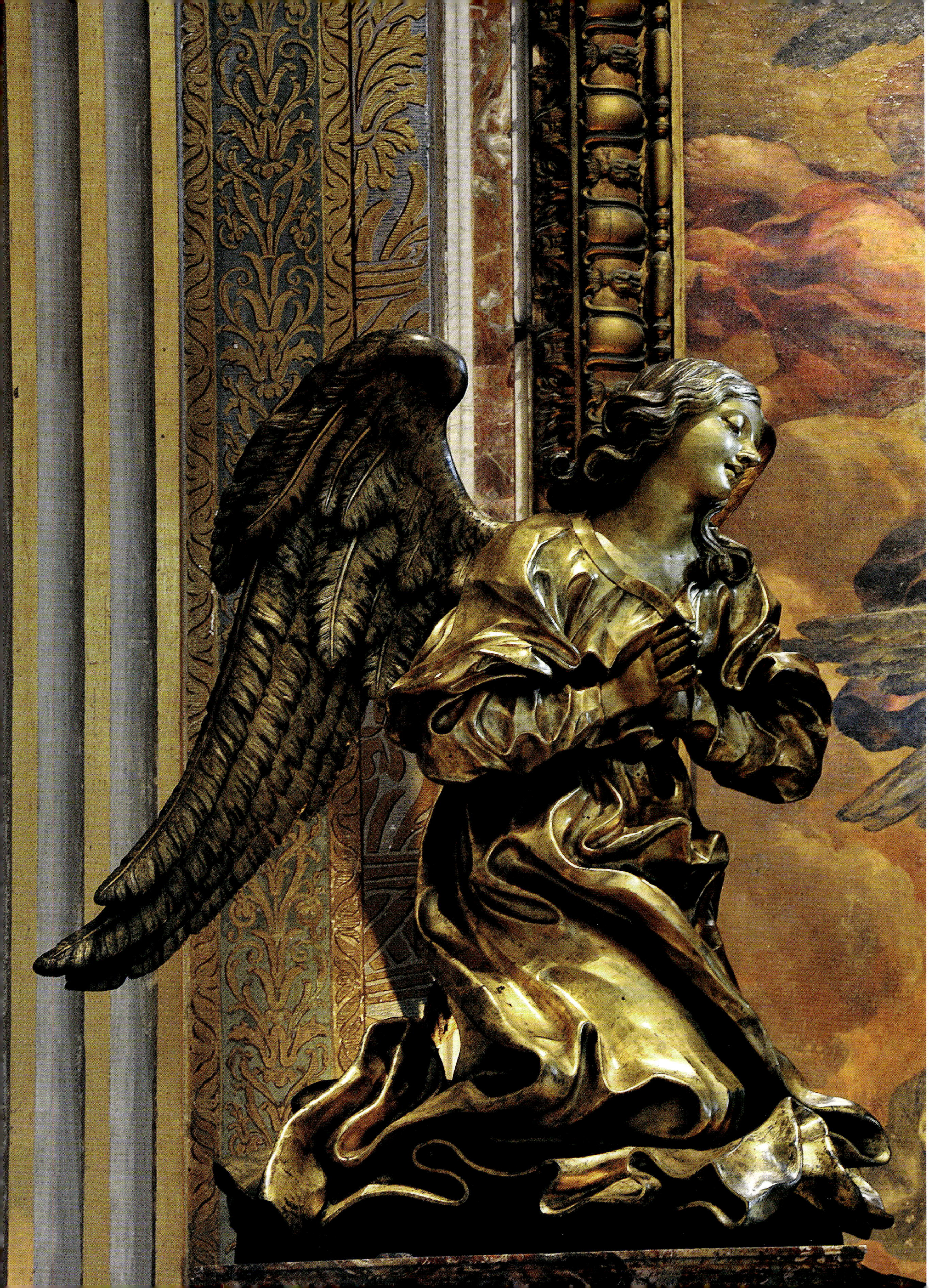

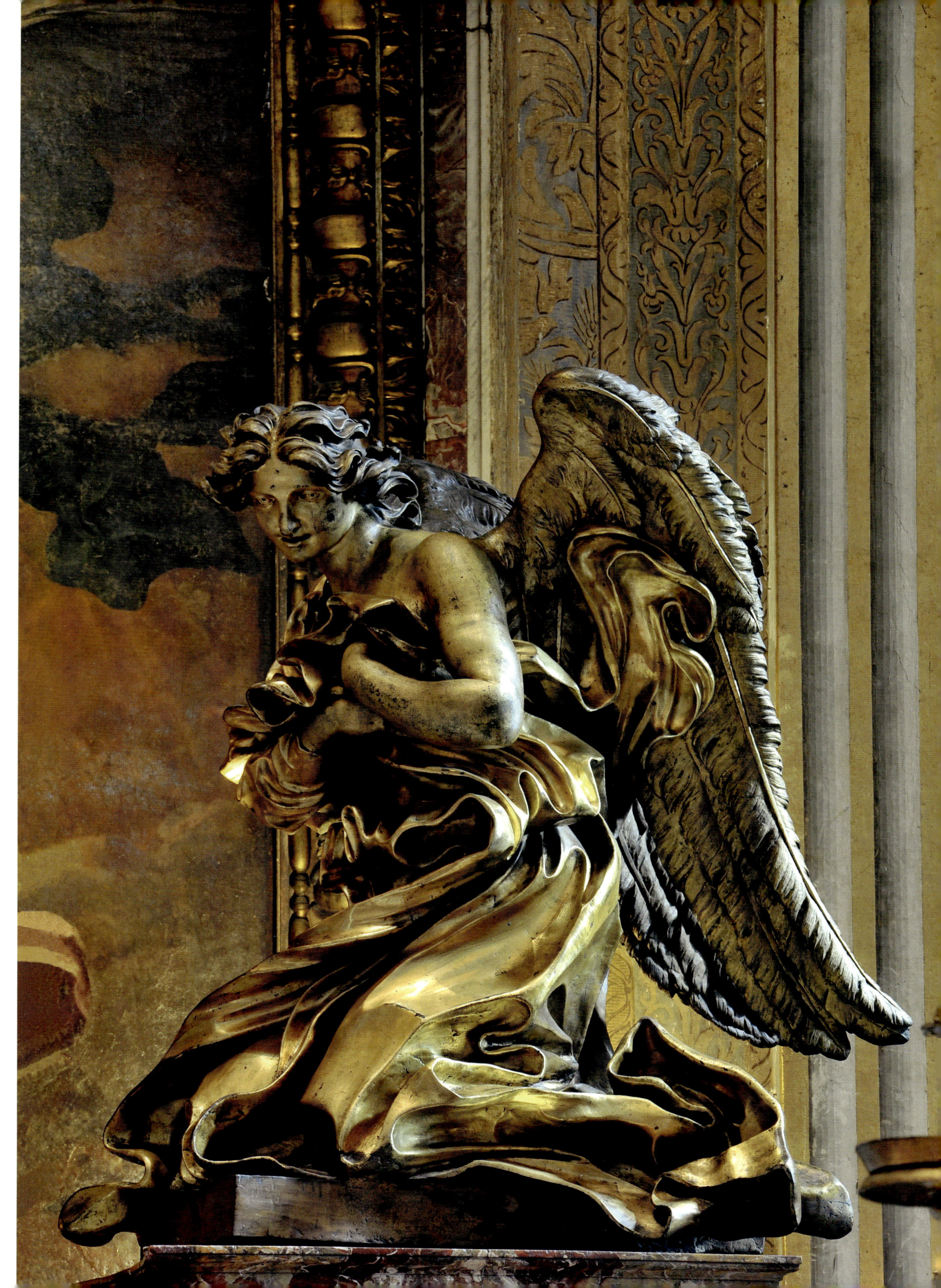

103. Kapelle des Allerheiligsten Sakraments, Pietro da Cortona, *Hl. Dreifaltigkeit*.

Cappella Sistina in Santa Maria Maggiore inspiriert, die ihrerseits als Sakramentskapelle fungiert. Anfänglich konzipierte Bernini diesen Behältnis als eine Art Epiphanie, ähnlich der *Kathedra Petri*, scheinbar in der Luft schwebend und von vier Kerzen haltenden Engeln getragen. In einer weiteren Fassung sollte die architektonische Struktur von einem Engelschor in verehrender Haltung umgeben sein. Das Ergebnis, das wir heute bewundern können, zeigt eine Komposition mit zwei Engeln aus teilweise vergoldeter Bronze, auf der rechten Seite ins Gebet vertieft, links voller Erstaunen ob der Vision. Vom Tabernakel abgesetzt und auf eigenen Sockeln kniend scheinen sich die Engel den Gläubigen zuzuwenden und diese in ihr Gebet aufzunehmen. Sie bilden ein Pendant zu jenen der Engelsbrücke, die die Instrumente der Passion halten und zum Allerheiligsten leiten. Außerdem stehen die Engel des Tabernakels in einem Größenverhältnis zu den Figuren auf dem Gemälde Pietro da Cortonas – ganz im Sinne des Barock, Baukunst, Malerei und Skulptur zu einem Gesamtwerk zu vereinen.

Der »Tempietto« steht auf einem Sockel aus sizilianischem Diasper. Auf der Vorderseite ist eine Tür eingesetzt, der Tympanon darüber mit den von Giuseppe Mazzoli geschaffenen allegorischen Figuren des *Glaubens* und der *Charitas* verziert.[194] Als Rundtempel konstruiert, umrahmt ihn ein Kranz von zwölf korinthischer Säulen aus Lapislazuli; darüber stehen die zwölf Apostel, ähnlich den Statuen auf den Kolonnaden des Petersplatzes. Oben auf der Kuppel erhebt sich die Figur des auferstandenen Christus mit dem Kreuz. Aus Dokumenten wissen wir, dass auch die allegorischen Figuren des *Glaubens* und der *Religion* vorgesehen waren. Die Tambourkuppel ist mit den heraldischen Sternen der Altieri-Familie von Papst Klemens X. verziert, um dessen Rolle bei der Ausschmückung hervorzuheben.

Pietro da Cortona war mit der Ausstattung der Kapelle beauftragt und schuf die Kartons für das Gewölbe und die Zwickel. Aus dem Jahr 1653 stammen die Stuckarbeiten mit den Cherubim der Laterne, an denen auch Cosimo Fancelli mitwirkte. Die ikonografische Aufarbeitung des Zwickeldekors geht auf das Jahr 1660 zurück. Auf unterschiedliche Art und Weise erinnert diese an das Mysterium des eucharistischen Brotes und die Figur des Priesters. Dabei entschied man sich für Darstellungen von *Melchisedek*, der Brot und Wein trägt, sowie von *Elija*, der von dem Engel das wundersame Brot empfängt, und Aaron beim Einsammeln des Manna. Den Zyklus schließt *Ein weiß gekleideter Priester*, der von dem goldenen Altar eines der Schaubrote aufnimmt. Dies alles sind Symbole des von Christus eingesetzten eucharistischen Sakraments, das in der Form des Brotes im Ziborium der Kapelle aufbewahrt wird.

Die Taufkapelle (Cappella del Battesimo)

Die erste Kapelle im linken Seitenschiff ist die Taufkapelle; sie kann als das letzte Ausstattungsprogramm barocker Prägung in St. Peter angesehen werden, auch wenn ihre Vollendung rund hundert Jahre in Anspruch nahm. In der zweiten Hälfte des 15. Jahrhunderts stieß man während der Arbeiten zur Chorerweiterung auf einen römischen Sarkophag, der Sextus Petronius Probus und seiner Frau Anicia Faltonia gehörte. Dieser Sarkophag wurde in die Thomaskapelle der konstantinischen Basilika verbracht und diente dort als Taufbecken. Mit dem Abbruch der Kapelle 1607 wurde er vorübergehend in die Alte Sakristei verlegt. Als das Schiff der neuen Basilika vollendet war, fand er schließlich in der Kapelle der Pietà einen neuen Platz und behielt seine Funktion als Taufbecken bis Ende des 19. Jahrhunderts bei, obwohl man zwischenzeitlich für das Sakrament der Taufe eine eigene Kapelle eingerichtet hatte.

Im April 1623 entschloss man sich, die Taufkapelle in der ersten Kapelle links »vom Eingang in die Kirche« einzurichten. Bereits Ende desselben Jahres begannen die Arbeiten, da es am 19. Dezember heißt: »Sie wird mit Mosaiken geschmückt, für welche die Maler die Zeichnungen anfertigen.«[195] Im Mai 1624 wurde veranlasst, das Taufbecken in die Kapelle zu bringen, wo es jedoch nie aufgestellt wurde.[196] Die Planung für die Dekoration von Altar und Gewölbe legte man in die Hände von Gaspare Celio, jedoch wurden seine Entwürfe aus Kostengründen nur als Gemälde und nicht

104. Carlo Fontana, Taufkapelle, Taufbecken, Stich.
105. Carlo Fontana, Taufkapelle, Stich.
Seite 128–130: 106–107. Taufkapelle, Taufbecken.

mehr als Mosaik ausgeführt. Auch Giovanni Baglione berichtet, dass im Gewölbe ein »Gottvater mit diversen Engeln« dargestellt war und auf dem Altarbild der »hl. Johannes der Täufer, der Unseren Herrn tauft, mit Engeln«.[197] Das Altarbild mit der *Taufe Christi* wurde bald darauf abgenommen, da es keine Zustimmung fand[198], und 1630 durch die Kathedra Petri ersetzt, die von 1630 bis 1666 in dieser Kapelle blieb, um danach in die Apsis in Berninis Monument versetzt zu werden. Luigi Bernini, der Bruder des berühmten Gian Lorenzo, wurde für die Engelskulpturen bezahlt, die auf einem Sockel die Kathedra schmückten und von denen einer die Tiara und der andere die Schlüssel hält.[199] Am 16. Juni 1637 erhielten Bernini, Agostino Radi und Alessandro Loreto einen neuen Auftrag zur Dekoration der Kapelle. An der Wand hinter der Kathedra schufen sie mit farbigem Marmor einen an Wolken erinnernden Effekt. Man fügte auch eine von Gio. Pietro del Duca in Bronze gegossene Taube des Hl. Geistes hinzu.[200]

Am 26. Februar 1664 beauftragte die Congregazione della Reverenda Fabbrica Alessandro Algardi mit der Gestaltung eines metallenen Taufbrunnens.[201] Die Dekorationsarbeiten stagnierten jedoch bis zum Pontifikat Alexanders VIII. und wurden erneut bis 1692 unterbrochen, als man schließlich Carlo Fontana mit dem Umbau der Kapelle betraute (Abb. 21). Zu dem von Innozenz XII. angeregten Wettbewerb für dieses umfangreiche Projekt präsentierten zwölf Bewerber ihre Vorschläge, von denen, neben Algardis früherem Entwurf, zunächst derjenige Fontanas und Carlo Marattas in die engere Wahl kamen. Am Ende wurden die Entwürfe von Carlo Fontana und Matthia de' Rossi weiterverfolgt, zwei Schüler Berninis, die dessen künstlerische Tradition fortführten; Letzterer war zugleich Leitender Architekt *(architetto soprastante)* der Basilika. Seit März 1692 arbeitete Lorenzo Ottoni für beide Künstler an zwei kleinen Wachsmodellen. Fontana präsentierte außerdem ein Modell in großem Maßstab, dessen allegorische Figuren einen Bezug zur Taufe besaßen. Mit der Ausführung der Statuen wurden mehrere Bildhauer vertraut, so derselbe Lorenzo Ottoni mit der *Religion*, Jean Théodon mit dem Glauben, Michel Maille mit der *Unschuld* und Girolamo Lucenti mit der *Reinheit*. Aus den Briefen von De La Teulière, Direktor der Académie de France in der Villa Medici in Rom, sind wir über diese Vorgänge bestens informiert.[202] Fontana selbst hat zudem 1697 eine Beschreibung der Kapelle veröffentlicht und im Archiv der Reverenda Fabbrica wird ein Manuskript von 1704 aufbewahrt, in dem er sich dem Taufbecken widmet *(Veridico Racconto, di ciò ch'è accaduto in far l'opera del Fonte Baptismale dentro il Tempio Vaticano).*[203] Die zentrale Gruppe mit der Taufe Christi wurde Domenico Guidi anvertraut, der ein Modell in natürlicher Größe herstellte. Im März 1693 war das Werk für die Visitation durch den Papst fertig, der es am 14. Juni desselben Jahres begutachtete. Sein Urteil fiel negativ aus, gerade wegen der Figurengruppe des Guidi, die zu hoch erschien und den Blick auf das Altarbild verstellt hätte. Man ordnete folglich die Zerstörung der Plastik an, die jedoch noch bis Mitte des 18. Jahrhunderts im Museum beim Belvedere zu sehen war.[204] War man anfangs von de Rossis Idee sehr angetan, so fand Fontanas Vorschlag (Abb. 22) größeren Gefallen[205] und er erhielt den Auftrag für weitere Entwürfe: »Tiene ordine il Cav.re Fontana, architetto di palazzo, di fare disegni e particolarmente per un fonte Battesimale in San Pietro, del quale vi sono 6 modelli fatti finhora.«[206] Die Entscheidung zum Taufbecken war folglich noch offen. In den Grotten stieß Fontana auf eine »tazza« aus Porphyr ägyptischer Herkunft, von der man annahm, dass sie aus dem Grabmal Kaiser Hadrians in dessen Mausoleum im Castel

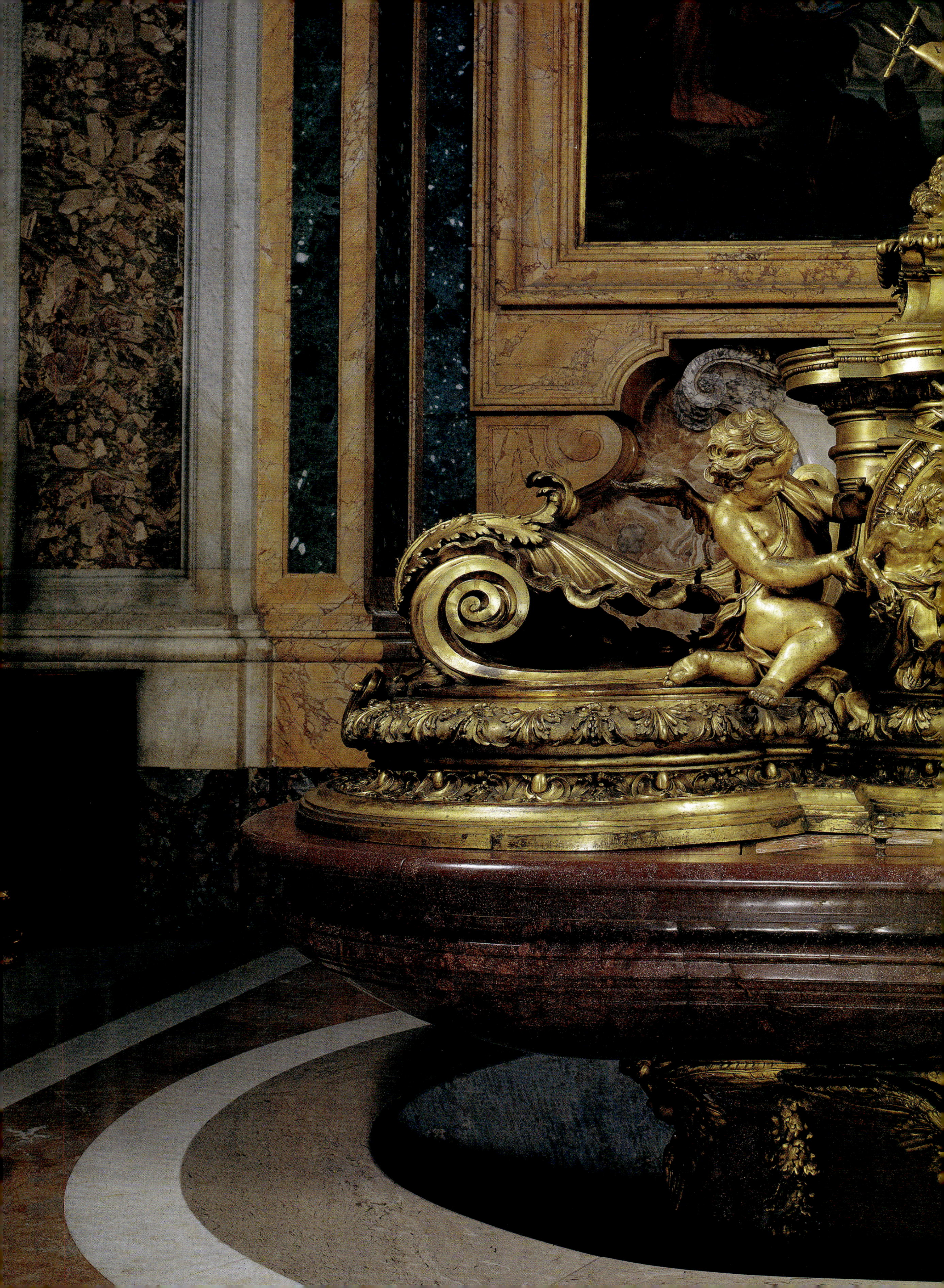

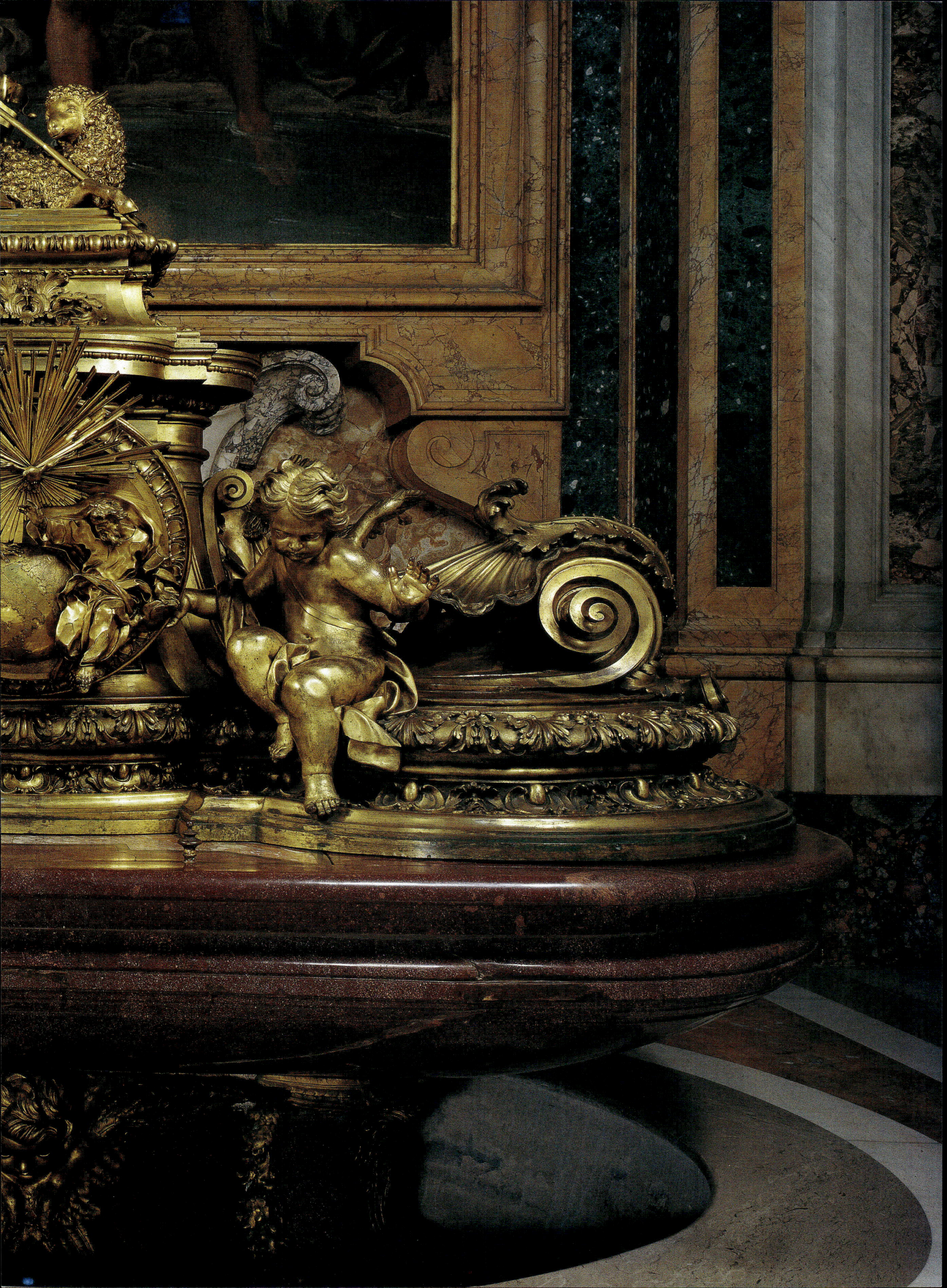

108. Alessandro Algardi, *Taufe Christi*, Vatikan, Vatikanische Museen, Museo Sacro.

Sant'Angelo stammte.²⁰⁷ Sie hatte als Deckel für das Grab Kaiser Ottos II. gedient, das sich im Atrium der konstantinischen Basilika befand und bei deren Abriss in den Grotten platziert wurde.²⁰⁸ Dieses »Becken« – es war mehrfach gebrochen und erforderte aufwändige Restaurierungen – sollte schließlich für das Taufbecken verwendet werden. Nach dem Tod von de' Rossi hatte Fontana, zugleich dessen Nachfolger in der Stellung des leitenden Architekten, freie Hand und seine Pläne wurden vollständig akzeptiert. So entwarf er auch den Deckel, den Giovanni Giardini in vergoldeter Bronze schuf. Die bildhauerische Ausführung der Figuren geht auf Lorenzo Ottoni, Jean Théodon und Michel Maille zurück: Die Figuren an den Seiten stellen Puttenpaare dar, während sich in der Mitte ein Medaillon mit der *Hl. Dreifaltigkeit* befindet. Fontana erklärt den Bezug zur Trinität als »die Allerheiligste Trias der für das Sakrament der Taufe erforderlichen Worte: *Baptizo te in nomine Patris & Filii & Spiritus Sancti*«²⁰⁹ und übernimmt die Worte Christi, der seinen Jüngern den Missionsauftrag gab: »Darum geht zu allen Völkern, und macht alle Menschen zu meinen Jüngern; tauft sie auf den Namen des Vaters und des Sohnes und des Heiligen Geistes« (Mt 28,19). Darauf verweist auch eine Inschrift auf der Rückseite des Deckels: »INNOCENTIVS XII / PONT[IFEX] MAX[IMVS] / REGENERANDIS / FILIIS HOMINVM / ET IN DEI FILIOS / ADOPTANDIS / MDCXCVII« (»Innozenz XII., Pontifex Maximus, errichtete [dies] für die Wiedergeburt der Menschenkinder und für ihre Annahme von Gott an Kindesstatt, 1697«). Alles wird überragt von einem auf einem

131

PAVLO·III
FARNESIO·PONT
OPT MAX

109. Guglielmo Della Porta, Grabmal Pauls III.

hohen Postament stehenden Lamm, das das Kreuz als weiteres Symbol der Taufe hält. Ottoni hatte dieses Lamm zunächst in Alabaster gemeißelt, wofür er am 24. September 1698 eine Zahlung erhielt, aber das Werk wurde von der Congregazione nicht akzeptiert und das neue Modell musste in Bronze gegossen werden. Die Gemälde an der Wand stammen von Maratta und seinen Schülern Andrea Procaccini und Giuseppe Passeri.[210]

Fontana entwarf auch zwei Konsolen aus Porphyr für die Seitenwände sowie Rahmen aus gelbem und grünem Marmor, in die man Mosaike einsetzen sollte: »Questi Tavolini servono per le funzioni solenni di Batesimi di Persone Nobilissime, per li quali si fa apparecchio di Vasi d'argento, e si posano sopra detti Tavolini.«[211] Seitdem das Fenster der Kapelle vermauert wurde, um das Altarbild Marattas aufzunehmen, hatten sich die Lichtverhältnisse verschlechtert. Auch hierfür fand Fontana eine Lösung: eine runde Öffnung im Gewölbe, über das sich ein Tambour mit einer kleinen Kuppel erhebt. Auf diese Weise fällt ein recht diffuses Licht in den Raum, das die goldene Farbe zum Strahlen bringt. Wie man auf dem Stich in Fontanas Publikation von 1697 erkennt, war das Taufbecken auf einem halbrunden Sockel mit drei Stufen gestellt. Der Dominikaner-Papst Benedikt XIII.,[212] mit einem auf das Volk gerichteten pastoralen Sinn, wünschte jedoch eine Rückkehr zum alten Taufritus, wie er einst in Sankt Peter praktiziert worden war, und ließ für das Heilige Jahr 1725 das Taufbecken in einer Vertiefung im Boden versenken, sodass die Basis nunmehr verdeckt ist. Der Ritus des Eintauchens des Täuflings im Wasser lebte wieder auf, wie er auch noch im Baptisterium von San Giovanni in Laterano lebendig war. Eine Inschrift auf der Rückwand erinnert an diesen Eingriff: BENEDICTVS XIII. PONT. MAX. ORD. PRAEDICATORVM / HVMANAE REGENERATIONIS FONTEM / VETERI RITV INSTAVRAVIT / ANNO SAL. MDCCXXV / PONT. SVI ANNO II (»Benedikt XIII., Pontifex Maximus, vom Predigerorden erneuerte diese Quelle der menschlichen Wiedergeburt nach dem alten Ritus im Jahre des Heils 1725, im zweiten Jahr seines Pontifikats).

Die Taufkapelle besteht aus zwei Räumen: der Kapelle selbst und dem Teil des Schiffes, der als Vestibül dient. Auch hier nahm die Ausstattung lange Zeit in Anspruch, im Ergebnis gelang jedoch eine formale und ikonografische Einheit. Zentrales Thema ist das Sakrament der Taufe. Die ersten Planungen erfolgten unter Klemens X., der 1670 Giovanni Battista Gaulli, genannt Baciccio, mit Entwürfen beauftragte, die er erst 1708 vorlegte. Die Mosaiken, die wir heute sehen, beruhen auf Zeichnungen und Kartons von Francesco Trevisani aus der Zeit nach 1710.[213] In der Kuppel ist zu lesen »SALVUS ERIT QUI CREDIDERIT ET BAPTEZATUS FUIT« (»Wer glaubt und sich taufen lässt, wird gerrettet«, Mk 16,16), rundherum ist die dreifache Taufe dargestellt: die Wassertaufe durch Johannes den Täufer, die Bluttaufe mit dem Blut der Märtyrer und die Begierdetaufe mit der Menge in Erwartung der Wiedergeburt nach der läuternden Waschung.

Grabdenkmäler

Mit den von ihm entworfenen Grabdenkmälern schuf der 1629 zum Architekten der Fabbrica di San Pietro ernannte Bernini ein Vorbild, an das sich »in mehr oder weniger augenscheinlichen Varianten sämtliche Bildhauer des Seicento und Settecento anpassten, die mit Papstgrabmälern beauftragt wurden.«[214] Mit dieser Tradition sollte erst Canova Ende des 18. Jahrhunderts in den Grabmälern für die Päpste Klemens XIII. (Rom, SS. Apostoli) und Klemens XIV. (Sankt Peter) brechen. Canova bewunderte die Statuen im Petersdom und hob besonders das Grabmal von Gregor XIII., ausgeführt von Rusconi, die Statue Pauls III. von Guglielmo Della Porta und das Relief Leos des Großen von Algardi hervor.

Eine erste Variante seines Grabmaltyps präsentierte Bernini selbst mit dem Monument für Alexander VII. Zwischen 1671 und 1678 ausgeführt, stellt es den letzten Beitrag des Künstlers für ein Grab in St. Peter dar. Es ist nicht mehr vollständig in einer Nische platziert, sondern tritt etwas aus dieser hervor. Zu seiner Präsenz und Räumlichkeit trägt darüber hinaus noch ein weiteres Element bei: Zu beiden Seiten der Basis des pyramidenförmigen Aufbaus, aus einem szenisch drapierten Marmortuch bestehend, befinden sich nicht mehr zwei, sondern vier allegorische Figuren. Durch die vergrößerte Anzahl und den Umstand, dass sie nicht mehr allein im Vordergrund stehen, scheinen sie in diesem Drama die Rolle des »Chors« einzunehmen. Der Papst wird nicht mehr im Segensgestus dargestellt, sondern in Gebetshaltung. Der Genius des Todes, im Grabmal Urbans VIII. noch in der Rolle des Erzählers inszeniert, ist zum Akteur geworden. Er scheint sich förmlich aus dem Tuch befreien zu wollen, um aus der Tür darunter zu entweichen – ein Kunstgriff, der die Spannung zwischen der Regungslosigkeit des Papstes und der Dynamik der weiteren Figuren des Monuments erhöht.

Paul III. (Alessandro Farnese)
13. 10. 1534 – 10. 11. 1549

Nach den Jahren kontroverser Diskussionen um den geeigneten Aufstellungsort für ein Grabmal Pauls III. legte man 1574 im Langhaus zwischen der Gregorianischen Kapelle und der Clementinischen Kapelle ein Freigrab an. Nur wenige Jahre später wurde die Grablege jedoch an den südöstlichen Kuppelpfeiler verlegt, bevor sie endgültig in der Apsis ihren Platz fand. Am 27. Dezember 1628 entschloss man sich, das Grabmal Pauls III. in die Nische auf der linken Seite der Chorapsis zu verlegen; darüber informiert ein *Avviso* (vgl. Kap. zum Grab Urbans VIII.). Schon zu Beginn des folgenden Jahres konnte man die Arbeiten aufnehmen: »In der vatikanischen Basilika erfolgte am Montagabend die Umsetzung des seligen Andenkens von Paul III. Farnese in dem Sarg aus Blei, darinnen ein anderer aus Zypressenholz, sowie einem weiteren aus Basanit aus der Nische, in der er sich unter der Kuppel befand [am

110. Grab Papst Gregors XIV.
111. F. Bonanni, *Grab Papst Gregors XIII.*, Stich, 1696.
112. Grab Papst Gregors XIII.
Folgende Doppelseite: 113. Relief am Sarkophag von Papst Gregor XIII.

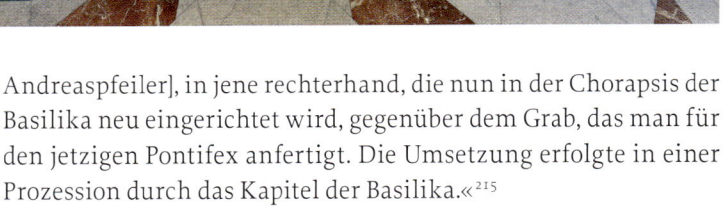

Andreaspfeiler], in jene rechterhand, die nun in der Chorapsis der Basilika neu eingerichtet wird, gegenüber dem Grab, das man für den jetzigen Pontifex anfertigt. Die Umsetzung erfolgte in einer Prozession durch das Kapitel der Basilika.«²¹⁵

Gregor XIII. (Ugo Boncompagni)
13. 5. 1572 – 10. 4. 1585

Unter dem Pontifikat Gregors XIII. wurde für das Heilige Jahr 1575 der Zugang zum Grab des hl. Petrus unter der »Camera« freigelegt und in demselben Jahr die Herstellung der neuen »Porta Santa« veranlasst, die seit 1610 den Hauptzugang in der Portikus der Basilika ziert. Vermutlich war es die Nähe des Grabes von Paul III. zur Gregorianischen Kapelle, die Gregor XIII. 1575 in seiner Entscheidung bestärkte, für seine eigene Grablege ebenfalls einen Ort nahe an der nach ihm benannten Kapelle zu wählen.

Als der Boncompagni-Papst am 11. April 1585 starb, wurde sein Leichnam zunächst in der Sixtinischen Kapelle aufgebahrt, um dann in das erwählte Grab im Durchgang des letzten Pfeilers im rechten Seitenschiff überführt zu werden.²¹⁶ Für den Bau des Grabmals hatte er seinen Neffe Filippo Guastavillani verpflichtet, wie ein *Avviso di Roma* vom 17. Dezember 1575 berichtet: »Der Papst hat Kard. Guastavillani aufgetragen, das Grab seiner Heiligkeit in Sankt Peter gegenüber des so wohl gelungenen von Paul III. errichten zu lassen.«²¹⁷ Im gleichen Avviso hatte Gregor XIII. auch die Bestattung der Kardinalnepoten Filippo Guastavillani und Filippo Boncompagni unter diesem Bogen vorgesehen. Die architektonische Komposition seines Grabmals oblag Ottavio Mascherino, der bereits an den Arbeiten in der Kapelle beteiligt war. Zum Bildhauer der Papststatue und der Allegorien wurde Prospero Antichi, genannt Bresciano, bestimmt²¹⁸; er erscheint bereits ab 1581 in den Rechnungen. Bei den Arbeiten für

GREGORIO XIII PONT. MAX.
IUSTITIAE CUSTODI PIETATIS CULTORI RELIGIONIS VINDICI
ET PROPAGATORI IN UTROQUE ORBE MUNIFICENTISSIMO
IACOBUS TIT. S. MARIAE IN VIA PRESB. S. R. E. CARD. BONCOMPAGNUS
ARCHIEPISCOPUS BONONIAE A. B. NEPOS POSUIT
ANN. SAL. MDCCXXIII

NOVI
OPERA
EIUS
ET
FIDEM
APOC CAP. 2
V. 19

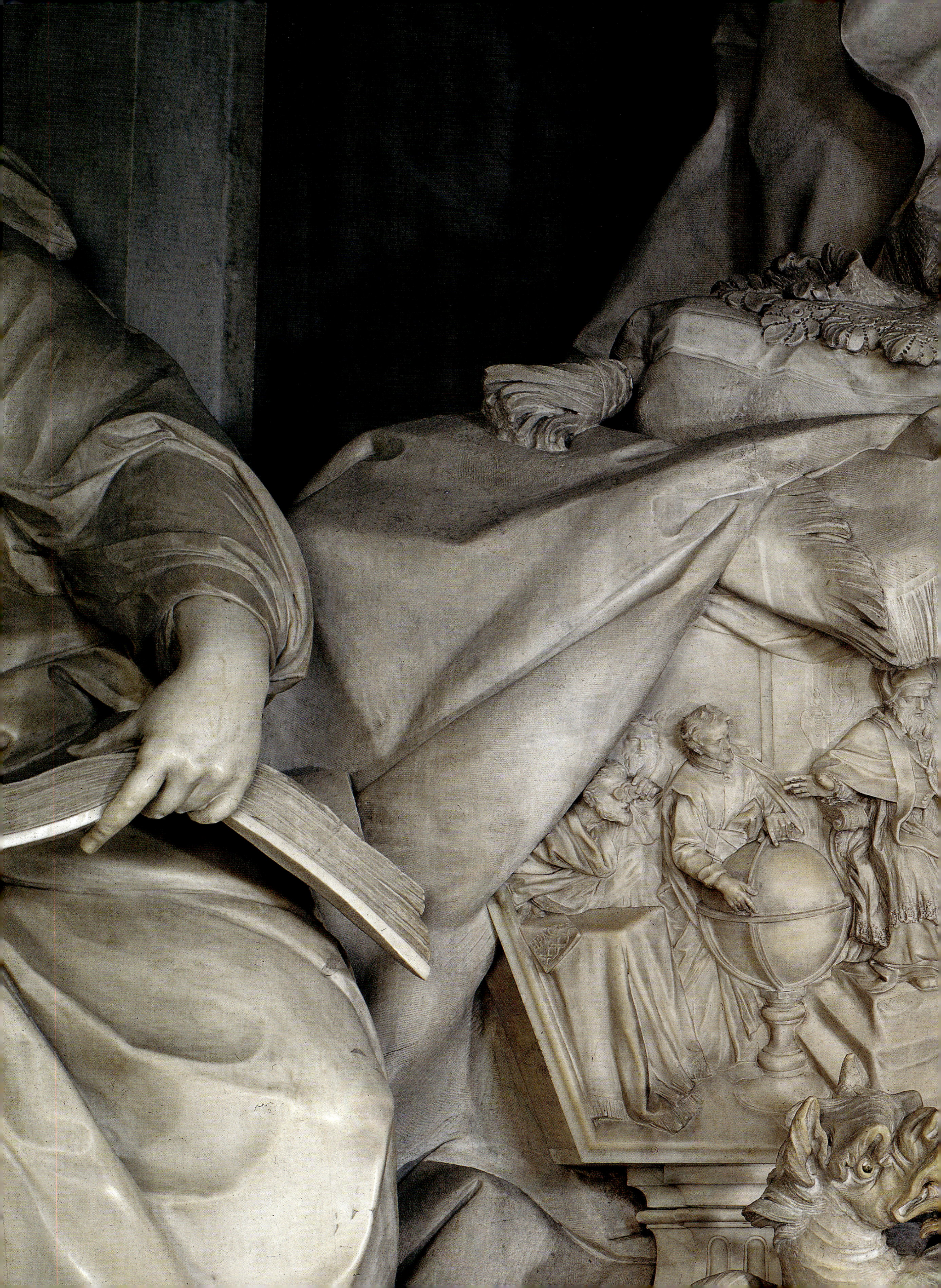

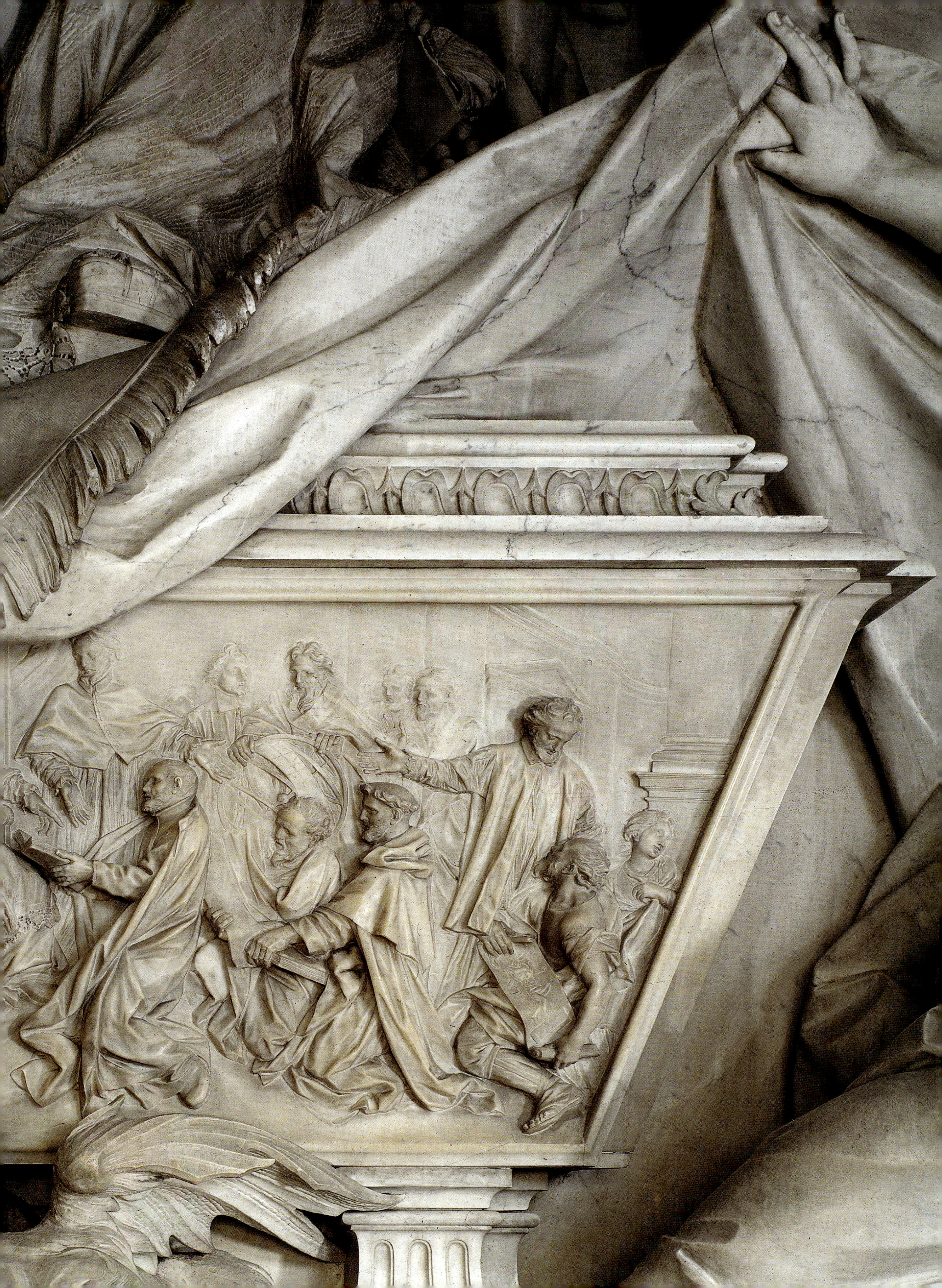

LEO·XI

LEONI XI MEDICI FLORENTINO PONT OPT MAX
QVI AD DIVINAM ECCLESIAE DEI FOELICITATEM
SVFFECTVS PAVLO POST OCCIDIT
CHRISTIANVM ORBEM BREVI XXVI DIERVM LAETITIA
ET LONGO ANNORVM MOERORE COMPLEVIT
ROBERTVS VBALDINVS EPISCOPVS MONTIS POLITIANI
GRATI ANIMI MONVMENTVM P
OBIIT AN AETATIS SVE LXX QVINTO KAL MAII
M D C L X V

Sankt Peter war es üblich, ein meist aus Stuck gearbeitetes Modell in natürlicher Größe zu präsentieren, das dann als Vorlage für die eigentliche Bronze- oder Marmorstatue diente. Letztere wurde jedoch nicht ausgeführt, sodass der Stuck nach und nach verfiel und Klemens XI. Anfang des 18. Jahrhunderts Giacomo Boncompagni dazu anregte, eine würdige Papstgrablege zu schaffen.[219]

Das Stuckgrabmal ist uns aus Stichen vom Ende des 17. Jahrhunderts bekannt (Abb. 111)[220], die einen dokumentarischen Wert für die formale Entwicklung der Papstgräber nach Paul III. besitzen. In einer Nische mit einer muschelförmigen Kalotte ist die Sitzstatue des Papstes mit zum Segensgestus erhobener Rechten untergebracht, in der Linken hält er die Schlüssel von Sankt Peter und eine Bibel. Auf den Voluten des Sarkophages sitzen die Allegorien der *Caritas* und des *Friedens*. Zwei kleine Nischen mit den Statuen des *Glaubens* oder der *Hoffnung* umrahmen das Grabmal. Darüber ist das von zwei Genien gehaltene Wappen der Boncompagni zu sehen. Dass die Felder an den Seiten vermutlich gemalte Historienbilder aufnehmen sollten, lässt sich auch aus der Nischenausstattung am gegenüberliegenden Grabmonument Gregors XIV. (1590–1591) schließen, der kaum zehn Monate im Amt war (der heutige Sarkophag ist neueren Datums und wurde 1842 in Marmor ausgeführt). Wie die Wappen in den Seiten der Laibung bestätigen, war diese Nische für die Gräber der Boncompagni-Nepoten bestimmt.[221] Auf der Rückwand sollte eine Inschrift mit den wichtigsten Taten Gregors XIII.[222] eingelassen werden, die jedoch nicht ausgeführt wurde. In jedem Fall hilft uns diese Nische, den Aufbau des Boncompagni-Grabmals zu verstehen. Zu beiden Seiten der Nische sind in kleineren Nischen in Stuck die Allegorien der *Religion* mit dem Kreuz und einem Buch sowie der *Gerechtigkeit* mit dem Schwert eingelassen. Einzig das Familienwappen der Sfondrati, über dem Bogen von zwei Genien getragen, und die Inschrift auf dem Sarkophag scheinen im Zuge der Bestattung Gregors XIV. entstanden zu sein.

In den Laibungen und in den Achtecken der Decke im Durchgang sind Szenen dargestellt, die sich auf die Biografie Gregors XIII. beziehen. Sie behandeln seine diplomatischen Bemühungen, Beziehungen zur Kirche in Russland und zu Japan herzustellen, aber auch seine Anstrengungen für einen Dialog mit der Ostkirche. Die beiden genannten Nepoten starben 1586 bzw. 1587 und wurden in Bologna beigesetzt. Das Grab ihres Onkels war bei dessen Tod 1585 bereits vollendet. Es war nach demjenigen Pauls III. das erste neugestaltete Grabmal in Neu-Sankt-Peter und nahm vielleicht auch das von Sixtus V. in Santa Maria Maggiore vorweg. Zugleich sollte es einen formalen Bezugspunkt für alle folgenden Grabmäler darstellen.

Da die Skulpturengruppe, wie bereits erwähnt, aus Stuck gefertigt war und nicht mehr im Einklang mit dem marmornen Glanz der neuen Basilika stand, bat Klemens XI. Albani am 21. November 1714 den Kardinal Giacomo Boncompagni in einem Brief, sich um eine würdige Grablege für einen so wichtigen Verwandten wie Gregor XIII. zu bemühen: »[...] ut sepulchrum, quo magno illius cineres conditi sunt, nobiliori, tantoque pontifici digniori cultu exornaretur« (»damit das Grab, in dem die Asche verwahrt ist, in einer edleren und eines Papstes würdigeren Verehrung ausgestattet sei«).[223] Der Erzbischof von Bologna scheint den Vorschlag wohlwollend angenommen zu haben und erteilte auf Anraten des Papstes dem Theatinerpater Alessandro Salaroli die Vollmacht über die Planungsverwaltung, sodass bereits im Juli 1715 der Vertrag mit dem Bildhauer Camillo Rusconi unterzeichnet werden konnte. Zu diesem Zeitpunkt lagen bereits Zeichnungen sowie ein kleines Modell vor und man hatte beschlossen, um die Sache zu beschleunigen, die Arbeit an den Historienreliefs auf dem Sarkophag einem anderen Bildhauer anzuvertrauen.[224]

Entsprechend der Vorlage der Vorgängerskulptur sitzt der segnende Papst in der Nische auf dem Sarkophag und wird von Allegorien umgeben. Die Figur zur Linken stellt die *Religio* dar und hält in ihrer Rechten die Gesetzestafeln und in ihrer Linken das Buch der Evangelien. Die Allegorie der *Magnificentia* auf der Gegenseite ist nach antiker Art mit Helm ausgestattet und hält den auf dem Boden stehenden Schild. Mit der Rechten hebt sie ein großes Tuch hoch und gibt so den Blick auf den Sarkophag mit dem Relief frei, das die wichtigste Tat Gregors XIII. darstellt: seine Kalenderreform vom Februar 1582. Die Allegorien sind »beide in edle Gewänder gekleidet und anmutig auf Voluten gesetzt, die in der Mitte ihren Ursprung nehmen. Die Urne wird von kleinen kannelierten oder gekehlten Pilastern getragen, vor denen man einen wunderschönen Drachen sieht, der auf das Wappen des hochehrwürdigsten Hauses Boncompagni anspielt.«[225] Die Inschrift auf dem Sockel des Sarkophags besagt: »GREGORIO XIII PONT. MAX. IVSTITIAE CVSTODI PIETATIS CVLTORI RELIGIONIS VINDICI ET PROPAGATORI IN VTOQUE ORBE MVNIFIVENTISSIMO IACOBVS TIT. S. MARIAE IN VIA PRESB. S. R. E. CARD. BONCOMPAGNVS ARCHIEPISCOPVS BONONIAE AB NEPOS POSVIT ANN. SAL. MDCCXXIII« (»Gregor XIII., Pontifex Maximus, Hüter der Gerechtigkeit, Freund des Erbarmens, Förderer der Religion und ihr großzügiger Verbreiter in der Alten und der Neuen Welt, errichtete sein Neffe Giacomo Boncompagni, Titelkardinal von Santa Maria in Via und Erzbischof von Bologna, dieses Monument im Jahre des Heils 1723«). Diese Inschrift gibt das Jahr der Vollendung und der Enthüllung des Denkmals an, die Anfang September 1723 erfolgte.[226]

Leo XI. (Alessandro de'Medici)
1. 4. 1605 – 27. 4. 1605

Das Monument Leos XI. Medici (1535–1605) entstand lange nach dessen Tod und ist das erste, das direkt von dem Grabmal Urbans VIII. abgeleitet wurde. Der Auftrag erging durch den Großneffen des Papstes, Kardinal Roberto Ubaldini, der 1635 starb und

DER PETERSDOM, DER PETERSPLATZ UND BERNINIS KOLONNADEN

115. Gian Lorenzo Bernini, Grabmal von Papst Urban VIII.
116. Gian Lorenzo Bernini, Grabmal von Papst Urban VIII.
Seite 142: 117. Gian Lorenzo Bernini, Grabmal von Papst Urban VIII., Allegorie der *Caritas*.
Seite 143: 118. Gian Lorenzo Bernini, Grabmal von Papst Urban VIII., Allegorie der *Iustitia*.

die Vollendung des Werkes nicht mehr erlebte. An seiner Ausführung arbeitete Alessandro Algardi[227] von 1634 bis 1644.[228] In dieser Zeit suchten die Erben des Kardinals nach einem Standort für das Monument und erst 1652 stellte man das Grab in der Nische im Durchgang des letzten Pfeilers des linken Seitenschiffes auf, die vorher bereits mit dem Sarg Klemens' VII. belegt war. Letzteren hatte man 1646 in die Krypta unter der Cappella Paolina in Santa Maria Maggiore verlegt. Im Gegensatz zu vielen anderen Papstgräbern bietet diese Nische, gegenüber dem Grab von Innozenz XI. gelegen, mit ihrer Lage im Bogendurchgang wenig Platz für eine Frontalansicht des Grabmals. Die Figuren können so keine Tiefenwirkung entfalten und erscheinen vielleicht deshalb im Ausdruck ihrer Bewegung beschränkt. Aufgrund des recht dunklen Aufstellungsortes kam für die Skulptur ausschließlich weißer Marmor aus Carrara zum Einsatz, den Algardi selbst aussuchte,[229] während man für die Nische einen Marmor mit grauer Maserung verwendete und alle anderen Materialien und Farben ausschloss. Der Bildhauer verpflichtete sich, ein Holzmodell des Werkes mit allen Statuen – diese sollten aus Terrakotta (»creta«)[230] sein – sowie ein großes Modell des Reliefs auf dem Sarkophag anzufertigen, das heute in der Accademia di San Luca in Rom aufbewahrt ist.[231]

Die Entstehungszeit fällt mit jener für Berninis Grabmal Urbans VIII. zusammen, was Algardi Gelegenheit gab, an der Komposition Korrekturen vorzunehmen und ihr eine klassischere Ausrichtung zu verleihen. Der Papst sitzt auf dem Sarkophag in der Nische, seine Geste schwankt zwischen Segensgruß und *allocutio*. Ein Lorbeerkranz in der Mitte des Sarkophagdeckels gibt den Namen des Papstes an (»LEO XI«). Zwei *Tugenden* treten zu beiden Seiten aus der Nische hervor, reichen aber nicht weiter in den Raum hinein als der Sarkophag. Diese Skulpturen haben keinen inneren Zusammenhang: Jede ist autonom nach außen gerichtet und schaut auf den Betrachter, der von links oder von rechts kommt. Links befindet sich die *Magnanimitas* (auch als *Maiestas Regia* oder *Fortitudo* betrachtet[232]) von Ercole Ferrata und rechts die *Liberalitas* (auch als *Abundantia* interpretiert) von Giuseppe Peroni. Es handelt sich sicherlich um die Allegorie der *Liberalitas*, da die Ikonografie dieser Tugend Ripa zufolge das Füllhorn zeigt, aus dem Münzen herausfallen. Die andere Tugend wurde von Bellori als *Prudentia* gedeutet, während Passeri[233] darin zunächst die *Fortitudo* sah und danach die *Maiestas Regia*, wobei bereits der Vertrag von der *Magnanimitas* spricht. Das Pontifikat dauerte ganze 27 Tage, ein Umstand, den das Motto »sic florui« (»so lange habe ich geblüht« zum Ausdruck bringt, das im Rosenbusch auf der Basis unter den *Tugenden* zu lesen ist. Das Relief auf dem Sarkophag zeigt zwei historische Begebenheiten aus dem Leben des Medici-Papstes. Als Kardinallegat Klemens' VIII. in Frankreich bereitete er dort zwei diplomatische Erfolge zur Einheit der katholischen Kirche vor: Die Szene rechts auf dem Relief stellt den Schwur Heinrichs IV. von Frankreich als Akt der Abschwörung vom Calvinismus (1596) dar, während wir links die Unterzeichnung des Friedens von Vervin in der Kathedrale Notre Dame in Paris (1598) sehen.[234] Der Sockel trägt folgende Inschrift: »D. O. M. / LEONI XI MEDICI FLORENTINO PONT. OPT. MAX. / QUI AD SVMMAM ECCLESIAE DEI FELICITATEM / OSTENSVS MAGIS QUAM DATVS / CHISTIANVM ORBEM BREVI XXVII DIERVM LAETITIA / ET LONGO ANNORVM MOERORE COMPLEVIT / ROBERTVS CARDINALIS VBALDINVS ET SORORE PRONEPOS / GRATI ANIMI MONVMENTVM P. / OBIIT AN. AETATIS SVAE LXIX QUINTO KAL. MAII / M. D. C. V.« (»D. O. M. / Leo XI. Medici, Florentiner, dem besten Pontifex. Er hat zum höchsten Glück der Gotteskirche mehr gezeigt als gegeben und erfüllte die christliche Welt in der Kürze von 27 Tagen mit Freude und lange Jahre mit Trauer. Der Kardinal Roberto Ubaldino, Großneffe seiner Schwester, errichtete das Monument mit dankbarem Herzen / Er starb im Alter von 69 Jahren am 27. April 1605 [julianisch: 5 Mai]«).

URBANVS VIII
BARBERINVS
PONT MAX

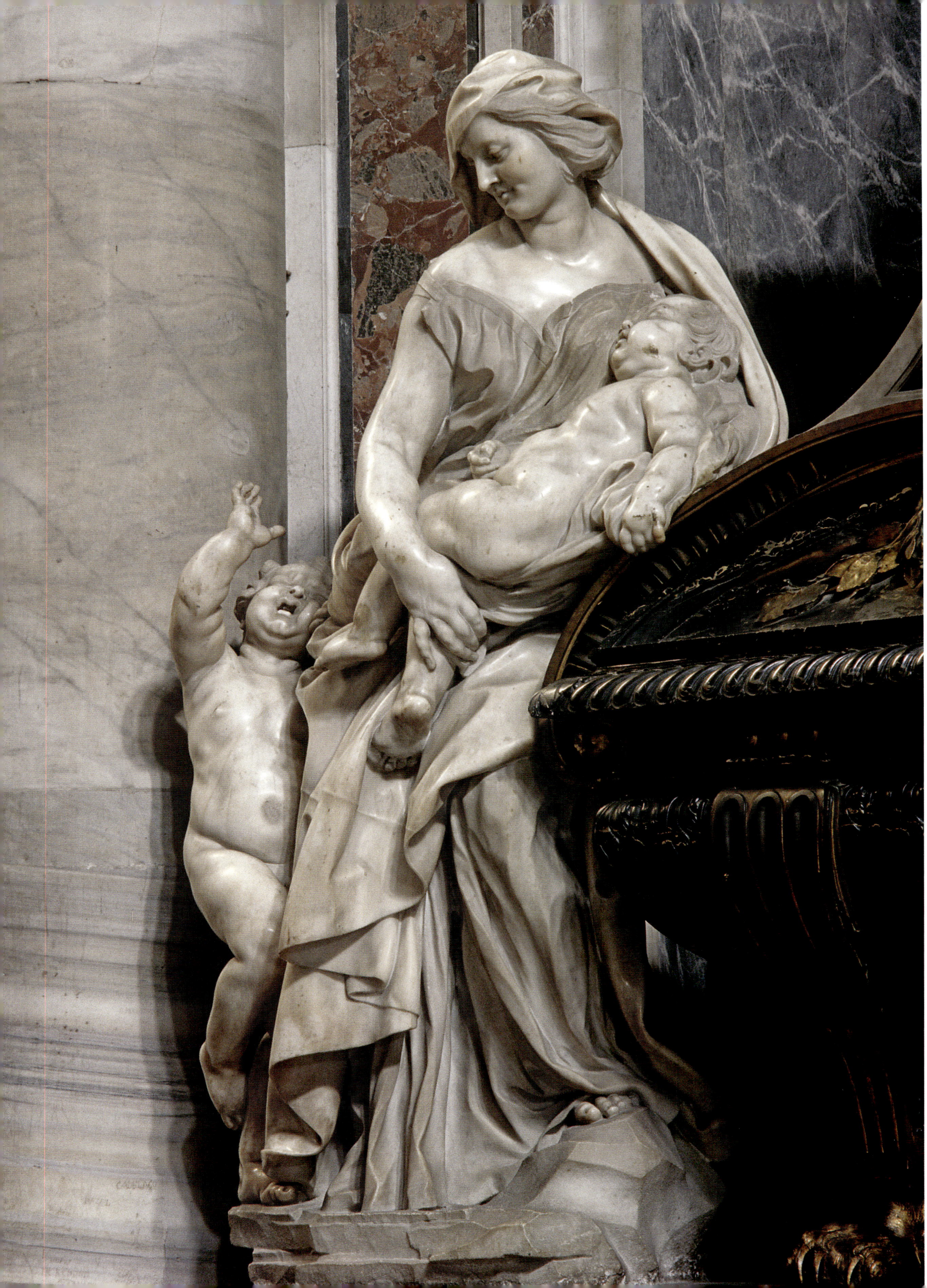

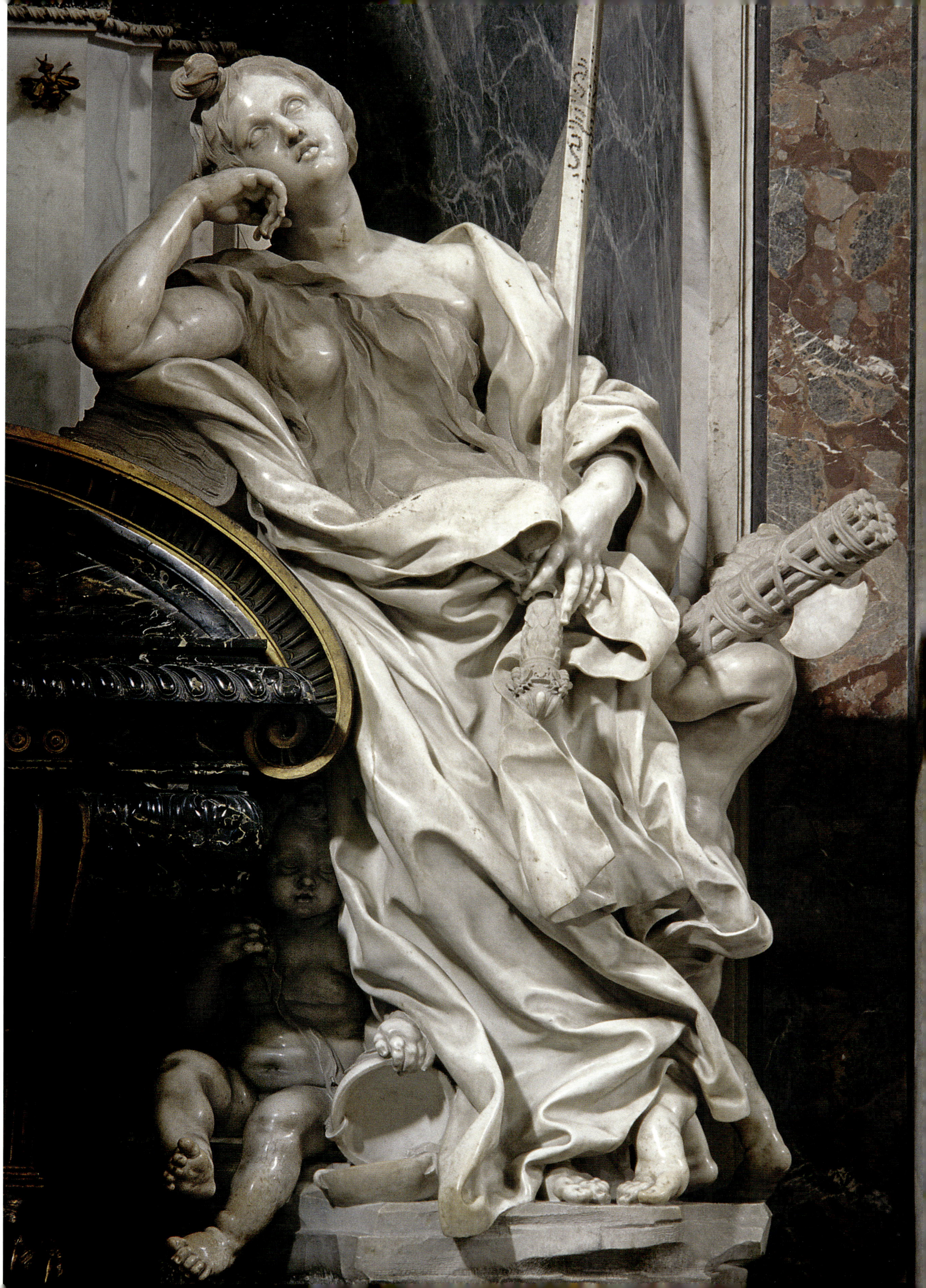

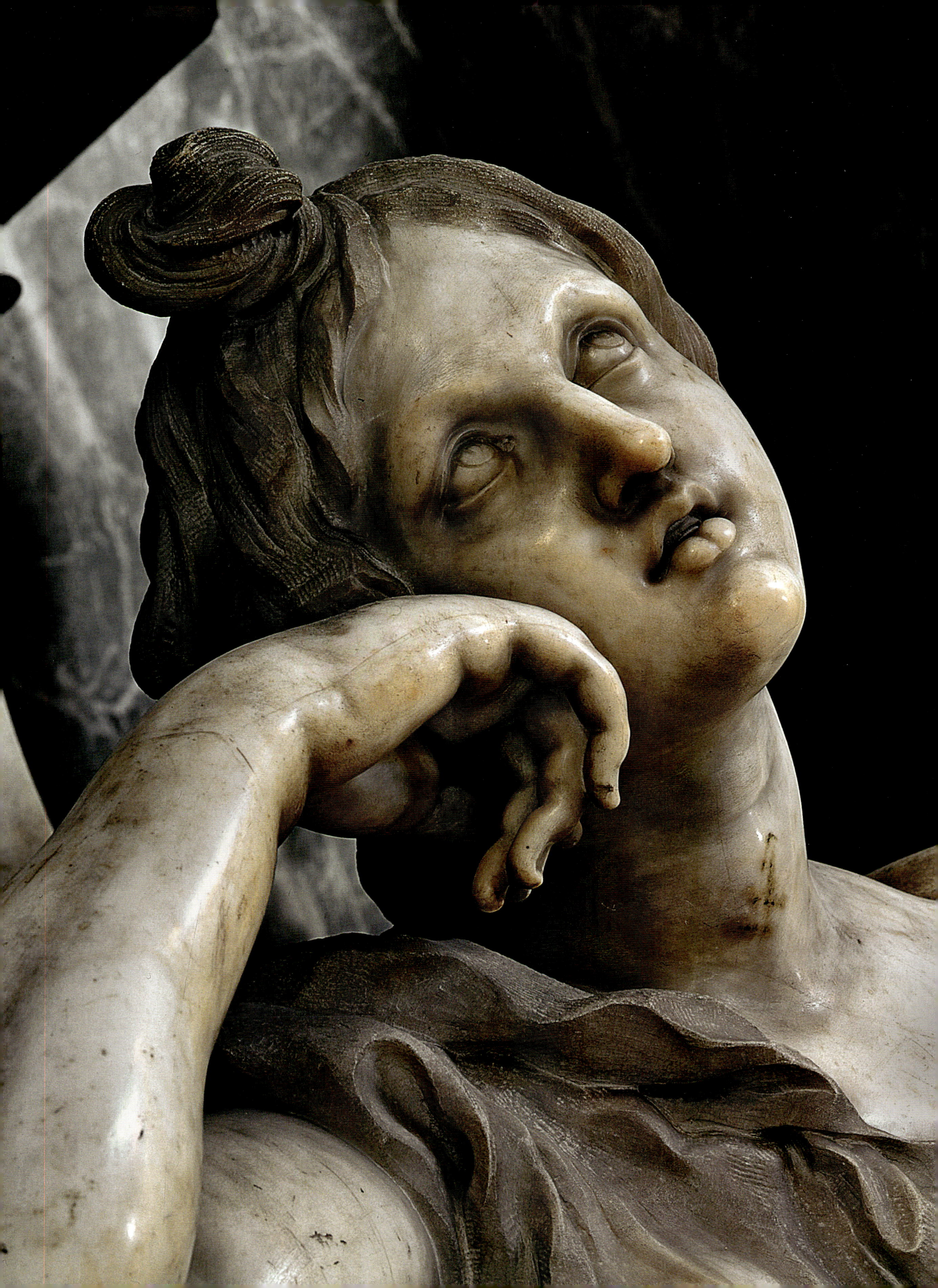

119. Grabmal von Papst Urban VIII.,
Allegorie der *Iustitia*, Detail des Kopfes.

120. Grabmal von Papst Urban VIII., *Mors*

DER PETERSDOM, DER PETERSPLATZ UND BERNINIS KOLONNADEN

Urban VIII. (Maffeo Barberini)
6. 8. 1623 – 29. 7. 1644

Das Monument befindet sich in der rechten Nische der Chorapsis gegenüber der Grablege Pauls III. »Mit diesem Grabmal schuf Bernini einen pyramidenförmigen Kanon, mit dem Papst an der Spitze, dem Sarkophag als Basis und allegorischen Figuren zu den Seiten.«[235] Der Aufbau geht auf die Medicigräber zurück, aber mehr noch auf das Grab Pauls III., seinem Pendant, das zeitgleich und konform in der architektonischen Gestaltung errichtet wurde. Ein anderes Vorbild lieferte Pollaiuolos Grabmal Innozenz' VIII. aus dem 15. Jahrhundert, das in Neu-Sankt-Peter überlebt hatte. Nachdem die neue Basilika 1626 eingeweiht war und die Vierung mit dem Baldachin über dem Petrusgrab nach dem Entwurf Gian Lorenzo Berninis Gestalt annahm, äußerte Urban VIII. die Absicht, sich vom berühmten Künstler ein Grabmonument in dieser Basilika errichten zu lassen und nicht etwa in einer anderen Kirche Roms, wie es seine direkten Vorgänger getan hatten. In einem Dokument vom 27. Dezember 1628 kann man lesen: »Die Heiligkeit Unseres Herrn hat entschieden, das wundervolle Grab von Paul III. in die Nische rechts in der Chorapsis der Basilika zu verlegen und ließ dieses mit der Bronzestatue dieses Pontifex von dem Ort, wo es sich befand, mit all seinem anderen Schmuck versetzen. In der anderen Nische linker Hand gedenkt Seine Heiligkeit seine eigene Grabstätte errichten zu lassen.«[236] Der Anlass zu dieser Entscheidung lag vor allem in der Neuverteilung der Reliquien in den Nischen der Kuppelpfeiler. In der Nische des südöstlichen Pfeilers sollte die Reliquie der Lanze untergebracht und die Statue des *Longinus* aufgestellt werden, die dann durch die Statue des hl. Andreas ersetzt wurde. Hier stand seit Ende des 16. Jahrhunderts das Grab des Farnese-Papstes Paul III. freistehend vor der Wand (vgl. Grabmal Gregors XIII.). Folglich sollte dieses in einer der Nischen der Apsis untergebracht werden, während eine andere das Grab Urbans VIII. aufnehmen konnte. Fast gleichzeitig begann man 1628 die Nischen mit bunten Marmorinkrustationen nach dem Vorbild der Motive in den großen Kapellen auszuschmücken. Die Oberaufsicht über die Arbeiten lag bei Kardinal Angelo Giori, dem Mundschenk des Papstes. Man umrahmte die Nischen für »die Leichname unseres Herrn Papst Urban VIII. und von Papst Paul III.«[237] mit zwei monolithischen Säulen aus Cippollino und einem Gebälk. Zu den für dieses große Projekt ausgewählten Mitarbeitern zählten unter anderem Francesco Borromini und Agostino Radi.

Nachdem die Arbeiten am Grabmal für einige Jahre ins Stocken geraten waren, konnte es schließlich am 9. Februar 1647 vollendet werden, drei Jahre nach dem Tod Urbans. Die Basis der Papststatue ruht auf einem Sockel aus drei Marmorschichten. Die beiden unteren bestehen aus grauem Marmor, die oberste aus Africano.[238] Sie ist verkleidet mit weißem und farbigem Marmor und wird im unteren Teil von einem Sarkophag und einer Inschrift verdeckt. Der Sarkophag aus golden geadertem Portoro trägt einen großen Deckel mit Voluten, die an die Medicigräber in Florenz erinnern. Dieser und die Bahre mit vier Löwenfüßen sind aus Bronze, ebenso wie die geflügelte Figur des Todes, die zwischen zwei Voluten sitzt und in der Hand ein großes Buch aus schwarzem Stein hält. Wegen seiner großen Maße wirkt es eher wie eine Tafel, die sich fast in den Sockel einfügt. Der Tod – »schändlich und wunderbar zugleich, mit dem geflügeltem, nach hinten gelehnten Rücken, dem verschleierten und bedeckten Haupt und dem nach innen gekehrten Gesicht«[239] – ist gerade dabei, den Namen des Papstes, aus Giallo antico eingelegt, in das Totenbuch einzutragen: »VRBANVS VIII / BARBERINVS PONT. / MAX«. An den Rändern der Blätter darunter erkennt man drei Buchstaben, von denen man das G als Hinweis auf Papst Gregor XV. Ludovisi, den Vorgänger von Urban, gelesen hat.[240] Eine neuere Interpretation deutet sie als die Buchstaben *CL* und *A*, die man dem Namen von Klemens VIII. Aldobrandini zuschreiben kann. Die beiden geschlossenen Seiten zwischen dem Namen Urbans und diesem Monogramm könnten vielleicht auf die beiden Vorgänger Paul V. und Gregor XV. verweisen.

Noch vor den allegorischen Figuren, die die Basis umstellen, schuf Bernini die Statue des Papstes. Im Frühjahr 1631, nachdem die nötige Bronze gefunden war, konnte man mit dem Guss beginnen[241] und im August des gleichen Jahres mit der Ziselierung. Die fertige Statue wurde ohne das schmückende Beiwerk eines Grabmals aufgestellt und erschien damit wie eine Ehrenstatue, ähnlich derjenigen Urbans VIII. im Kapitol. Die kolossale, ca. 5 Meter hohe Skulptur richtet den Blick auf den Baldachin und ist mit der Tiara bekrönt. Die Rechte scheint weniger zum Segen erhoben als zur *allocutio*, nach dem Vorbild antiker Kaiserstatuen, während die Linke sich auf die Armlehne stützt, so als wolle sich der Papst erheben. Auf dem Thron sieht man eine große Kugel, auf der Bienen sitzen. Die Barberini-Bienen finden sich überall auf der Basis und dem Sarkophag verteilt. Alles wird veredelt durch die Vergoldungen, die die Formen hervorheben, wie bereits am Baldachin und dann an der zukünftigen *Kathedra Petri* erprobt.

Schon im Juli 1634 skizzierte Jacopo Balsimelli die Statue der *Caritas* für die linke Seite des Grabmals. Die allegorische Figur ist in weißem Marmor ausgeführt und stellt eine Mutter mit zwei Kindern dar, die im Vertrag mit Bernini beschrieben wird als »die Caritas, zwei Putti haltend, einen im Arm, der an der Brust eingeschlafen ist, und der andere stehend, im Weinen begriffen, da er an der Brust saugen will«.[242] Die Frau wendet sich dem Kind zu und belebt mit ihrer Drehung die Skulpturengruppe. Die Brust wurde, wie im Fall der *Caritas* am Grabmal Alexanders VII., im 19. Jahrhundert mit Stuck bedeckt. Auf der Gegenseite befindet sich, aus weißem Marmor gearbeitet, die auf dem Sarkophag liegende Allegorie der *Iustitia*, die sich mit ihrer Rechten auf ein dickes Buch, einen Gesetzeskodex, stützt; mit der Linken hält sie ein langes Schwert. Sie wird von einem Putto mit Liktorenbündel begleitet sowie von einem zweiten, der auf dem Boden sitzt und etwas verborgen hinter dem Gewand der Frau die Teller einer Waage hält. Hierbei ist hervorzuheben, dass hier die theologische Tugend der *Caritas* eine moralische Tugend, die ursprünglich vorgesehene *Prudentia*, ersetzte. Dadurch wird der Papst als Vikar Christi mit den Attributen der Gerechtigkeit und der Gnade charakterisiert, und nicht als Herrscher über die Menschen mit den Attributen der Gerechtigkeit und Weisheit.[243] Vor Aufstellung der Statuen ließ Bernini den Sarkophag um 16 Zentimeter zurücksetzen, um den Allegorien mehr Raum zu geben. Auf dem Sockel, hinter der *Caritas*, erinnert eine Inschrift an Angelo Gioris Rolle als »Grabmalsbeauftragter«: »ANGELI CARDINALIS GIORII / PROBATAE FIDEI AC SPECTATAE VIRTVTI / SEPULCHRALE HOC POVS / SIBI EXTRVENDVM MADAVIT / VRBANVS PP. VIII« (»Der bewiesenen Treue und der bewährten Tugend des Kardinals Angelo Giori vertraute Papst Urban VIII. die Ausführung dieses Grabmals an«).

Nachdem die Statue des Papstes auf dem Sockel aufgestellt war, gingen die Arbeiten nur langsam voran, so als wolle der Papst nicht an den eigenen Tod erinnert werden. Auch Bernini hatte viele andere Aufgaben, die ihn von diesem Projekt abhielten. Ein schwerer Schlaganfall Urbans im Jahr 1637 gab schließlich den Impuls, das Grab zum Abschluss zu bringen. Der Papst hat die Vollendung des Monuments jedoch nicht mehr erlebt, er starb am 29. Juli 1644 und wurde am 1. August bestattet. Zu diesem Zeitpunkt fehlten noch viele Elemente des Grabdenkmals, sodass dieses erst am 28. Februar 1647 enthüllt werden konnte. Um

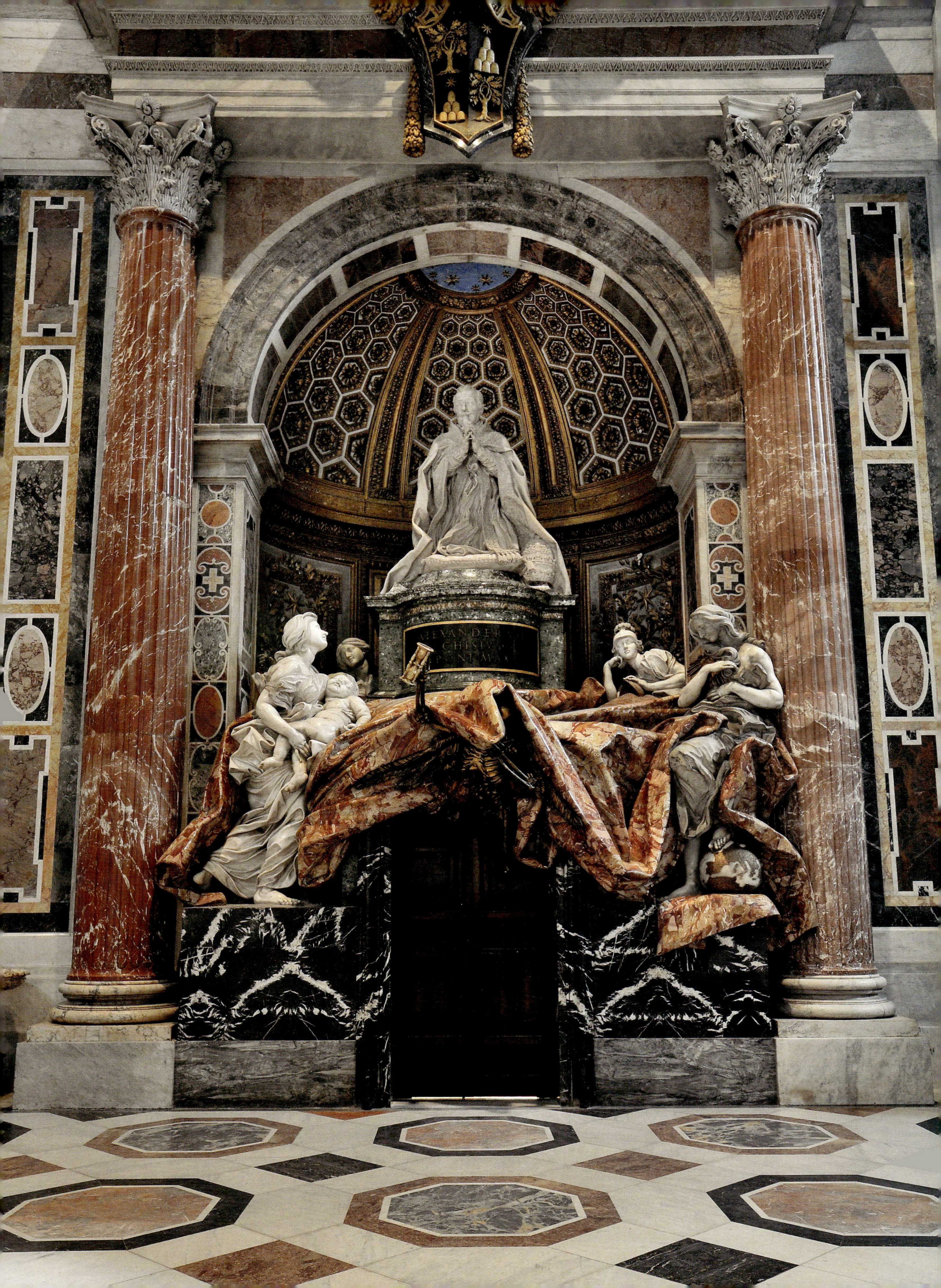

ALEXANDER VII
CHISIVS
PONT MAX

122. Gian Lorenzo Bernini,
Grabmal von Papst Alexander VII.,
Detail der Papststatue.

Folgende Doppelseite: 123. Lazzaro Morelli, Grabmal von
Papst Alexander VII., Allegorien der *Veritas* und *Iustitia*.

Seite 152: 124. Giuseppe Mazzuoli, Grabmal von
Papst Alexander VII., Allegorie der *Caritas*.

Seite 153: 125. Giuseppe Mazzuoli, Grabmal von
Papst Alexander VII., Allegorie der *Caritas*, Detail.

einen optimalen Lichteinfall zu gewährleisten, ließ man Bernini alle Freiheiten, Datum und Tageszeit der Enthüllung selbst zu bestimmen. Kardinal Giori gelang es zudem, sich der persönlichen Präsenz von Papst Innozenz X. Pamphilj zu versichern, der der Familie Barberini und dem Künstler Bernini nicht gerade wohlgesonnen war. Der neue Pontifex wohnte der Zeremonie schließlich mit einem großen Gefolge von Kardinälen bei.

Da nun zwei der drei großen Nischen in der Chorapsis von Sankt Peter mit Grabmälern besetzt waren stellte sich natürlich die Frage, welche Widmung Urban VIII. für die zentrale Nische vorsah: Sollte hier der Papstaltar oder der Papstthron aufgestellt werden? Es scheint, dass der Papst einen dem Erzengel Michael [244]geweihten Altar bevorzugte; In diesem Fall würde die Nische leer bleiben und umso stärker die beiden vorhandenen Papstgräber hervorheben. Mehr als zehn Jahre später sollte Bernini unter dem Pontifikat von Alexander VII. eine Lösung vorlegen (vgl. den Abschnitt zur *Kathedra Petri*).

Alexander VII. (Fabio Chigi)
7. 4. 1655 – 22. 5. 1667

Alexander VII. Chigi (1599–1667), nach Urban VIII. die wichtigste Kraft zur Förderung der Künste und der Vollendung von Neu-Sankt-Peter, ist an der Südwand der Basilika neben der Kapelle der Madonna von der Säule und gegenüber dem Veronikapfeiler beigesetzt. Mit der Planung des Grabmals, für das der Papst, wie uns Baldinucci berichtet, die Entwürfe verfolgte[245], wurde sein bevorzugter Künstler Gian Lorenzo Bernini beauftragt. Kaum zum Papst ernannt, ließ Alexander, der häufig über die Kürze des Lebens meditierte, einen Bleisarg für seinen Leichnam herstellen und dachte bereits über sein Grabmal nach, wie wir aus einem Avviso vom September 1655 entnehmen.[246] Unter den von Alexander bevorzugten Texten kann man die Schriften des Franz von Sales nennen, den er 1661 seligsprach und 1665 zum Heiligen erklärte. In seinem *Diario* erwähnt Alexander VII. des Öfteren sein Grabmal, so auch am 27. August 1656, als er sich auf die Marmorsorten bezieht: »Wir haben bei dem Cavaliere Bernini den Marmor für unser Grab bestellt.«[247]

Die Fabbrica di San Pietro ließ im April desselben Jahres Cottanello rosso für die *Kathedra* brechen, aber auch Säulen ausgraben, die an der Ädikula des Papstgrabes stehen. Eine andere Anmerkung im *Diario* liefert uns einen Hinweis zur Ikonografie und der Wahl der allegorischen Figuren: »Cavalier Bernino = *modestia et veritas obviaverunt*, s'incontrino, iustitia et pax, si abbraccino, e la Pace volti più in quà, e la Morte in cambio del libro habbia la falce.«[248] Die Beschreibung des *Todes* könnte auf das Grab von Urban VIII. Bezug nehmen, wo dieser ein Buch in Händen hält.

Alle Arbeiten und Entwürfe für das Grabmal wurden zu Lebzeiten des Papstes eingestellt, da die Planungen für die *Kathedra* und den Platz vor der Basilika alle Ressourcen in Anspruch nahmen. Nach dem Tod Alexanders plante sein Nachfolger Klemens IX. ein Grabmal für sich und den Chigi-Papst in der Apsis von Santa Maria Maggiore, die Bernini restaurierte, zu errichten.[249] Doch erst nach dem Tod dieses Papstes 1671 wandte man sich unter dem Pontifikat von Klemens X. wieder dem Vorhaben zu und Bernini begann unter Mitarbeit anderer Bildhauer das Grabmal auszuführen, das 1678 vollendet wurde. Eine große Ädikula umrahmt das Monument über der Tür, die zur Piazza Santa Marta führt. Die am Aufstellungsort erforderlichen Vorbereitungen wurden von Mattia de' Rossi überwacht. Unter anderem musste dabei auch Giovan Francesco Romanellis Fresko *Petrus heilt die Kranken mit seinem Schatten* von der Wand genommen und über der Tür der Sakristei eingesetzt werden.[250] Danach wurde ein tiefer Aushub für die Nische notwendig. An den Seiten ersetzten zwei Säulen aus Cottanello, einem roten Marmor, den Alexander im *Diario* erwähnt, die einstigen Säulen aus grauem Granit und tragen nun den Segmentgiebel. Das Gebälk ziert das Chigi-Wappen in vergoldeter Bronze auf einem Schild aus weiß geädertem Portoro-Marmor, gehalten von zwei großen Flügeln aus vergoldetem Stuck – das Ganze bekrönt von der Tiara und den Schlüsseln. Die Rückwand der Nische zieren Sterne und Eichenblätter als weitere Chigi-Symbole. Im Scheitel der von zwei Rippen dreigeteilten Kalotte tritt ein rundes, blau bemaltes Feld mit den Sternen der Chigi hervor. Die Skulpturengruppe bildet eine perfekte Dreieckkomposition, in der am höchsten Punkt in weißem Marmor der Papst mit entblößtem Haupt und betenden Händen dargestellt ist. Er kniet auf einem Kissen, neben dem zur Rechten ein Triregnum ruht. Der Kopf ist zum Petrusgrab hin gerichtet. Eine Tafel in Basanit mit der Widmung des Verstorbenen (»ALEXANDER VII / CHISIVS / PONT. MAX«) in bronzenen Lettern ist in der Basis aus Breccia verde eingelassen. Unter der Papststatue und rund um die Tür entfaltet sich ein mächtiges Tuch aus sizilianischem Jaspis in rot-oranger Farbe, das von dem Steinmetz Gabriele Renzi bearbeitet wurde.

Die Ecken der Skulptur nehme vier Allegorien aus weißem Marmor ein, von denen sich im Vordergrund auf der rechten Seite die an der Säule der Ädikula anlehnende Figur der Veritas hervorhebt. Sie hält in der Rechten eine Sonne aus vergoldetem Stuck und setzt einen Fuß auf eine Weltkugel. Letzterer stammt von Michelangelo Maltese, einem Maler aus Malta, dessen Herkunft wohl auch das recht groß geratene Detail dieser Insel zu geschuldet ist. Links von der Basis erhebt sich die Figur der *Caritas*, die ihren Blick auf den Papst richtet und sich auf der Decke abstützt. Auf dem Arm hält sie ein schlafendes Kind. Hinter der schweren Draperie aus Jaspis ragen zwei weitere Allegorien in Halbfigur hervor: Rechts erkennt man die *Iustitia* mit Helm, den Kopf auf einer Hand abgestützt und den meditierenden Blick gen Himmel gerichtet – gleich der Haltung, die auch die *Iustitia* auf dem Grabmal Urbans VIII. einnimmt; auf der linken Seite die *Prudentia*, die ursprünglich einen ovalen Spiegel hielt, der verlorenging, aber noch durch ein Foto belegt ist.

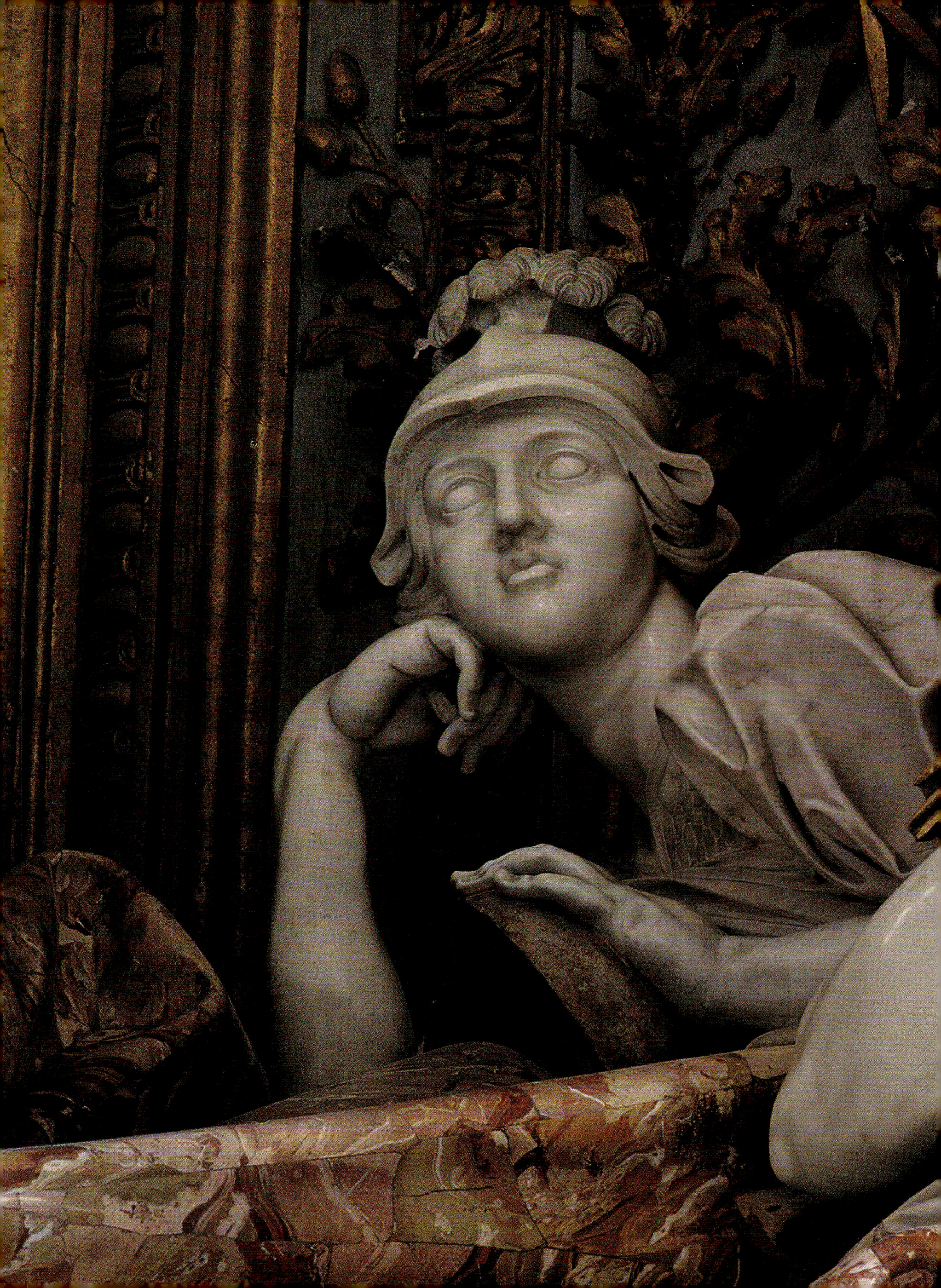

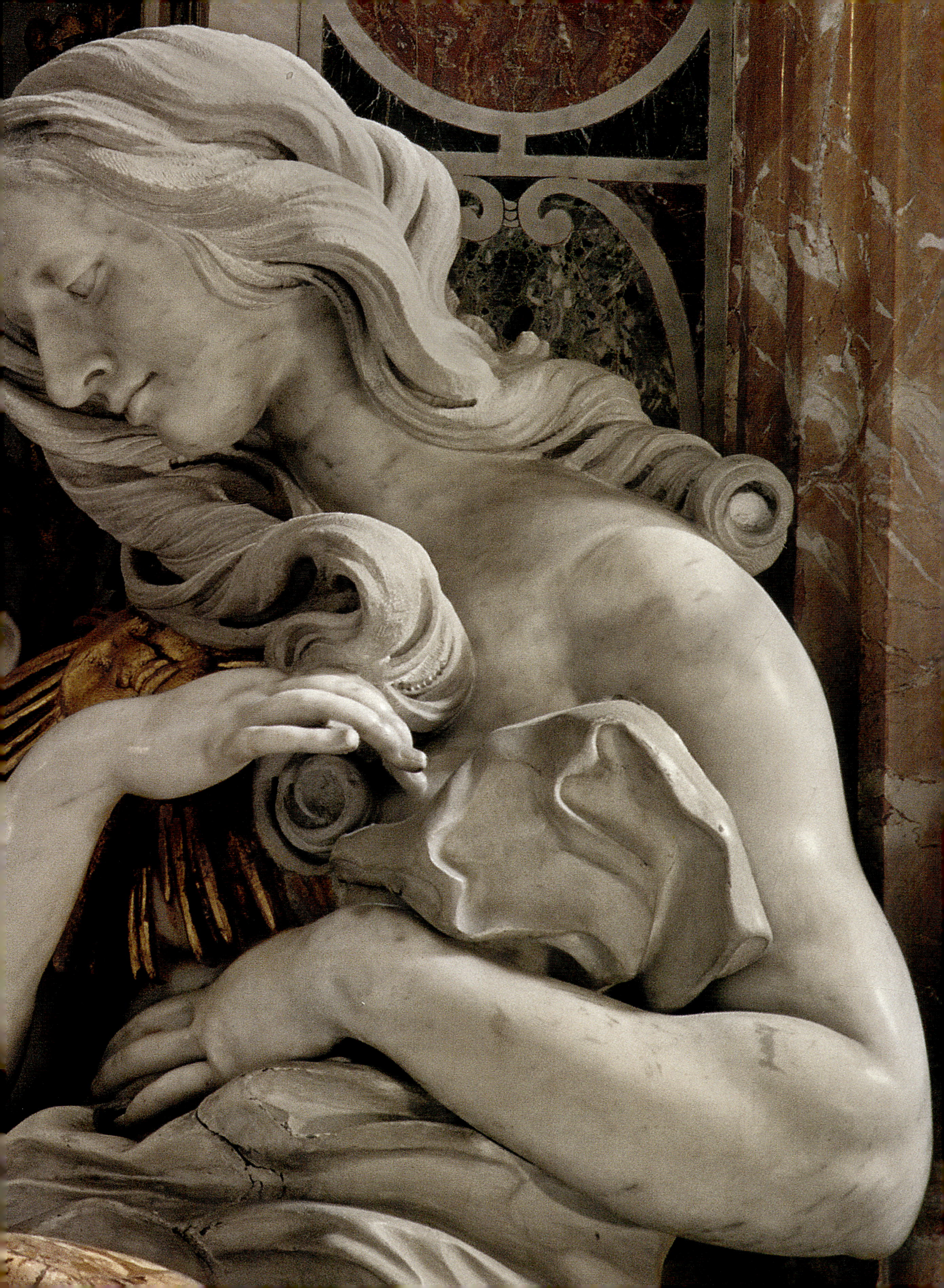

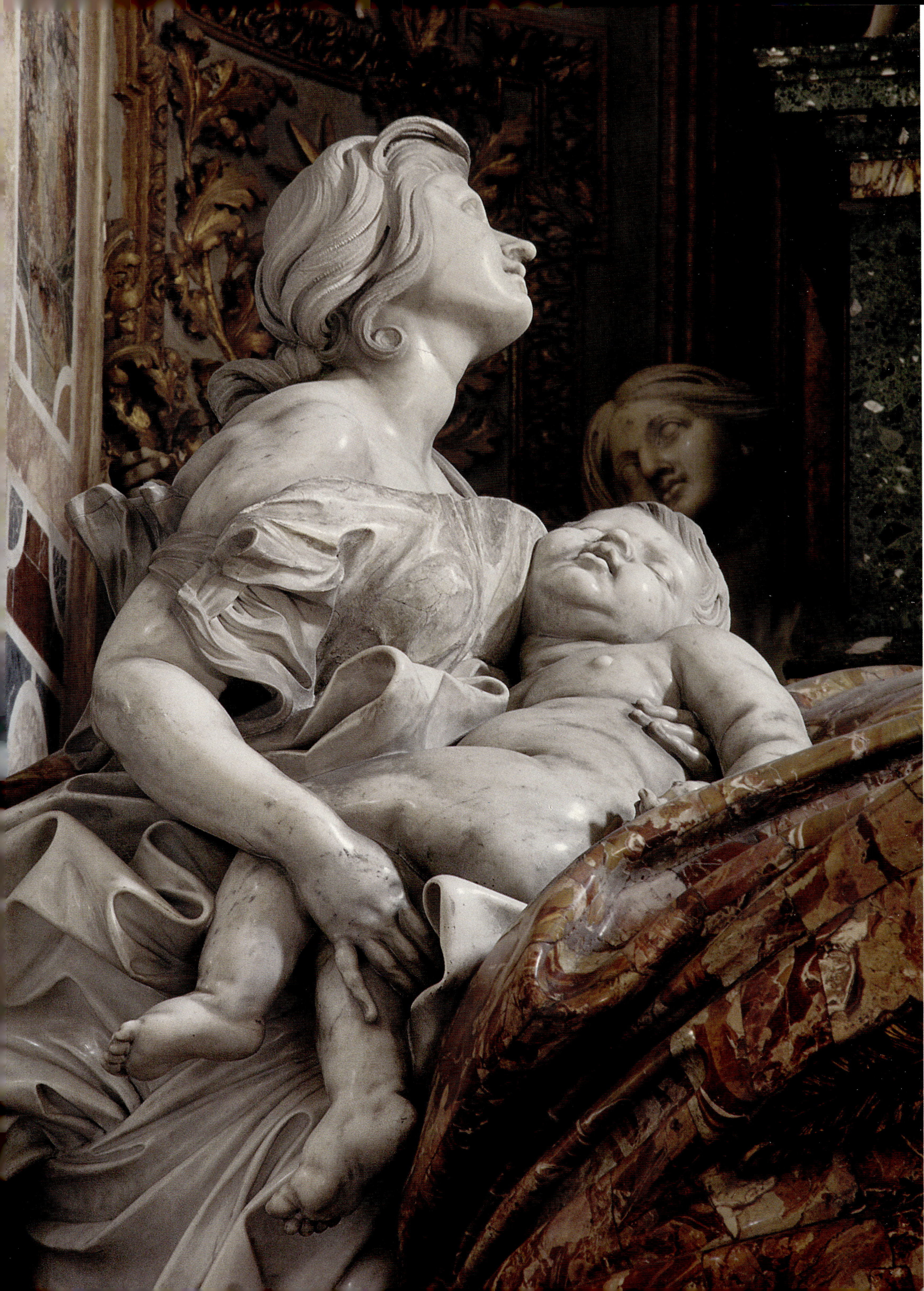

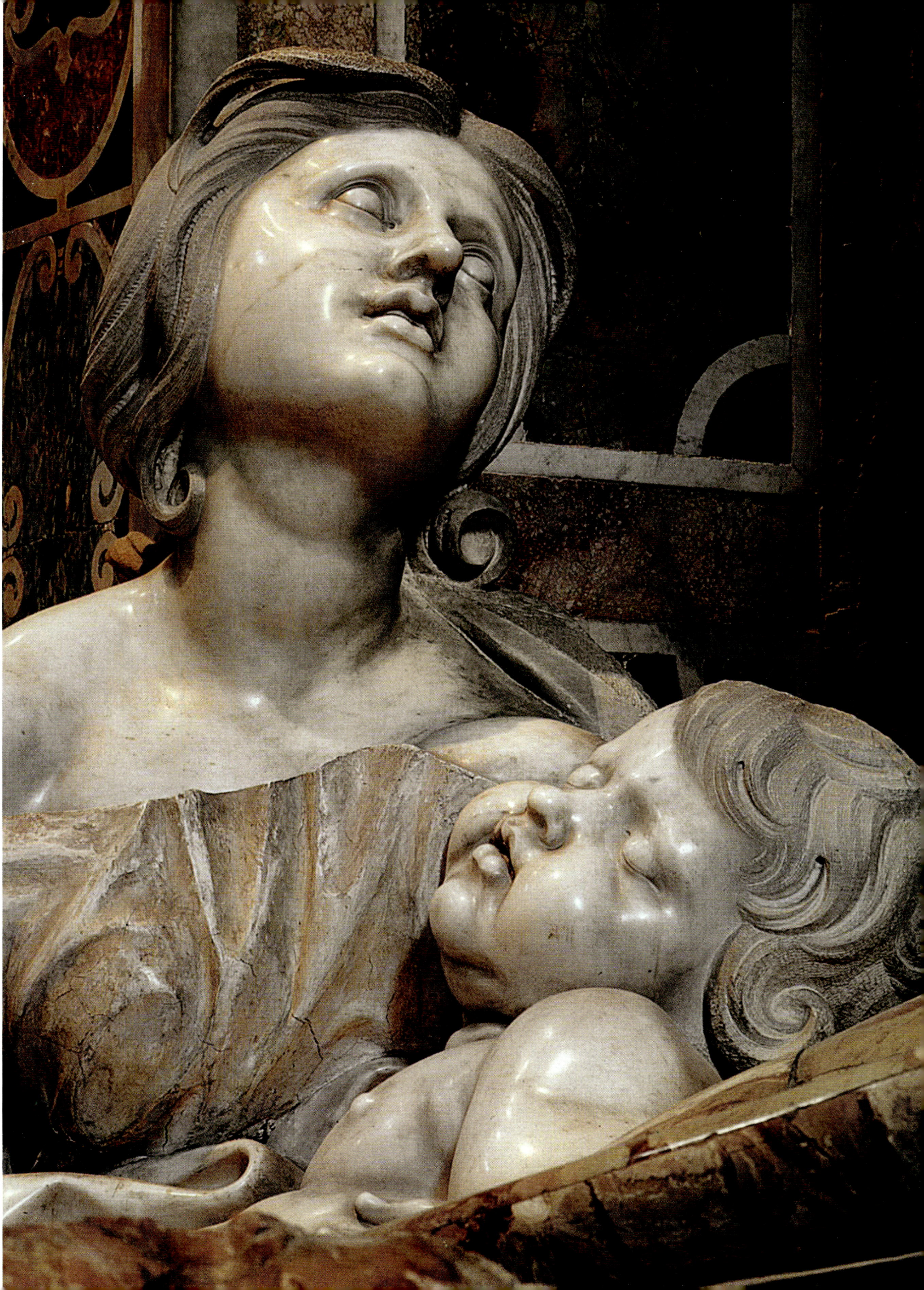

126. Gian Lorenzo Bernini, Grabmal von Papst Alexander VII., Totenschädel.

127. Lazzaro Morelli, Grabmal von Papst Klemens X.

Sie übernimmt die Darstellung der gleichen Allegorie am Grabmal Pauls III., wo man im Spiegel ein Gesicht erkennt. Diese beiden Halbfiguren lassen die Illusion von Räumlichkeit entstehen und erwecken den Eindruck eines freistehenden, in die Nische geschobenen Grabmals. Im unteren Teil wird die Skulptur von der Bronzefigur des *Todes* bestimmt, der die Decke anzuheben scheint. Diese Geste verstärkt die Szenografie mit der Tür darunter und könnte zugleich den symbolischen Übergang ins Jenseits anzeigen. In den Händen hält der *Tod* eine Sanduhr und keine Sense, wie es der Papst vorgeschlagen hatte. Baldinucci beschrieb diese Figur wie folgt: »Durch die Tür eintretend hebt sie die Decke an, mit der sie sich, beinahe beschämt, den Kopf bedeckt, und weist daraus mit einem Arm auf die Figur von Papst Alexander«.[251] Für Panofsky hingegen zeigt sich der *Tod* beschämt, den Lebenden eine so bedeutende Person entrissen zu haben[252]; als ob er sich in der Dunkelheit verbergen wolle, die einen Gegensatz zur Sonne in der Hand der *Veritas* bildet. Die Decke entstand nach einem Entwurf von Lazzaro Morelli, den dieser in die Travertinsteinbrüche von Tivoli mitnahm. Dort wurde der geeignete Steinblock als Ganzes gebrochen und dann nach Rom verbracht.

Als Papst Innozenz XI. am 22. Mai 1678 »das Grab von Alexander VII. besichtigte, erschien ihm die Statue der Veritas allzu entblößt und er ließ dem Kardinal Chigi ausrichten, diese solle sie bedecken lassen«.[253] Bernini musste dieser Anordnung folgen und bereits im Jahr darauf wurde sie nach der Vorlage Filippo Carcanis mit einem bronzenen, weiß übermalten Gewand bedeckt. Das Gleiche widerfuhr der *Caritas*, deren Brüste man im 19. Jahrhundert mit Stuck bedeckte. Im Fall der *Veritas* ging dadurch Berninis künstlerische Intention vollständig verloren.

Unter Klemens X. konnten die Arbeiten an den Grabmonumenten wieder aufgenommen werden und ab Anfang Dezember 1671 arbeitete Berninis Werkstatt an einem Modell, bei dem man ihm persönlich nur das Papstporträts zuschreiben kann. Die Zusammenarbeit unter den Bildhauern war derart perfekt aufeinander abgestimmt, dass einer das Werk eines anderen vollenden konnte. Für die Ausführung des Stuckmodells zeichneten Giovanni Rinaldi, Lazzaro Morelli und Giuseppe Mazzuoli verantwortlich. Schon fünf Monate später begannen die Vorbereitungen für die Marmorstatuen: »per fare le dette due statue, qual marmo dovrà essere statuale, bianco, e della qualità, pasta, bianchezza e bontà di quello, che è venuto, e che si lavora al presente e che si fa il Ritratto a Cavallo, e figura del Re di Francia, cioè senza schianti, né peli, né macchie, e più tosto meglio, che peggiore [...].«[254] Im Mai 1673 wurde Giuseppe Mazzuoli mit der Ausführung der *Caritas* beauftragt, die er 1675 fertigstellte. Lorenzo Morelli arbeitete ein Jahr an der Statue der *Veritas*, wurde aber 1674 von Giulio Cartari abgelöst, der das vollendete Werk im November 1675 übergab. Kurz zuvor hatte Giuseppe Baratta mit den Torsi der *Prudentia* und der *Iustitia* begonnen 1675, die von Giulio Cartari zu Ende geführt und 1678, im Jahr seiner Fertigstellung, in das Monument eingefügt wurden. Großen Zeitaufwand erforderte auch das Polieren des Marmors, das man insbesondere Domenico Sicurati anvertraute. Die Statue des Papstes erforderte die Beteiligung diverser Spezialisten zur Ausarbeitung der Paramente. Der Franzose Michel Maille (Michele Maglia), den 1676 Carcani ersetzte, arbeitete an den Spitzen der Hemden, dem Ornament des Pluviale und an den filigranen Elementen der Tiara. Mehrmals wurde die Statue probeweise aufgestellt und wieder auf den Boden zurückgesetzt; in der Endphase ließ der bereits alternde Bernini ein Gerüst zu deren Bearbeitung bauen. Dabei handelt es sich vielleicht um die einzigen Eingriffe in das Papstporträt. Im Juli 1675 begann man die Bronze für die Figur des Todes zu gießen, womit Girolamo Lucenti fast ein Jahr beschäftigt war. Ziselierung und Vergoldung lagen in den Händen von Carlo Mattei. Die Enthüllung des Grabmonuments fand schließlich im April 1678 statt.

Das im *Diario* erwähnte Jahr 1660 für das Brechen der Marmorblöcke des Grabmals ist zwar hilfreich, wirft aber auch Probleme hinsichtlich seiner Entstehungsgeschichte und des Aufstellungsortes auf sein. Es lässt den Schluss zu, dass man bereits von Beginn an die Anbringung an diesem Platz über einer Tür plante. Der Ort am Übergang zum südlichen Querarm liegt etwas abseits von Chorapsis und *Confessio*, und man ihn kaum als erste Wahl für die Aufstellung eines Grabmals erachten, da er weniger sichtbar ist. Als weit geeigneter hätte sich ein Ort in der Nähe der Gräber von Paul III. und Urban VIII. erwiesen, zu denen es einen formalen Bezug besitzt. Man hat daher als ursprünglich beabsichtigten Aufstellungsort eine Nische auf der rechten Seite der Apsis vorgeschlagen, wo sich heute die Grabmäler von Klemens X. und Alexander VIII. befinden.[255]

CLEMENS X.
ALTERIIS ROMANV[S]
PONT. MAX.

128. Pierre-Étienne Monnot, Grabmal von Papst Innozenz XI.

Folgende Doppelseite: 129. Pierre-Étienne Monnot, Grabmal von Papst Innozenz XI., *Befreiung Wiens von der Belagerung durch die Türken*, Relief auf dem Sarkophag.

Klemens X. (Emilio Altieri)
29. 4. 1670 – 22. 7. 1676

Im nordwestlichen Durchgang zwischen Baldachin und der *Kathedra Petri* befindet sich das Grab von Klemens X. Altieri in einem ziemlich eingeengten Raum und zusätzlich von den zwei Orgeln aus dem 19. Jahrhundert verdeckt. Dieser Ort könnte auch für das Grabmal Alexanders VII. in Betracht gekommen sein, das sich auf der Gegenseite befindet. Der beinahe achtzigjährige Papst, der Klemens IX. im Petrusamt folgte, stützte sich für seine Staatsgeschäfte auf den Kardinal Paluzzo Paluzzi degli Albertoni, dessen Neffe verheiratete man mit Laura Caterina Altieri, der Nichte des Papstes und Erbin des Familienbesitzes. Sowohl Paluzzi als auch Gaspare wurden vom Papst adoptiert, um den Fortgestand der Altieri-Familie zu sichern, und nahmen die Funktion von Papstnepoten ein. Nach Klemens' Tod am 22. Juli 1676 wurde der Leichnam zunächst im Mittelschiff und dann in der Kapelle des Allerheiligsten Sakraments aufgebahrt, um dann vorübergehend neben dieser Kapelle bestattet zu werden.[256] Die Vollendung der Sakramentskapelle zählt zudem zu den wichtigsten künstlerischen Vorhaben unter dem Altieri-Papst.

In dieser Phase kann Matthia de'Rossi (1637–1695), ein Schüler und Mitarbeiter des inzwischen betagten Bernini und seit dem 25. September 1675 sovrastante (künstlerischer Vorsteher) der Fabbrica di San Pietro, als eigentlicher Erbe von Berninis Manier angesehen werden, der im 17. Jahrhundert fünfzig Jahre lang in Sankt Peter künstlerisch den Ton angab. Dieser erhielt von Paluzzo Altieri folglich auch den Auftrag für den Entwurf des Grabmals, für das der Kardinal allem Anschein nach auch die Kosten übernahm. Im Herbst 1682 wurden die ausführenden Künstler vertraglich verpflichtet: Einem Vertrag mit Lazzaro Morelli vom 30. September folgte am 12. Oktober der Vertrag mit Ercole Ferrata und Giuseppe Mazzuoli. Hinzu kam der Vertrag mit den Steinmetzen, die sich verpflichten, alle Arbeiten mit Ausnahme der Skulpturen auszuführen. Für das Monument wurde zunächst ein Holzmodell erstellt, dessen architektonische Gestaltung umgehend de' Rossi übernahm.[257] Am 28. April 1683 erfolgte die Anlieferung des Marmors für die Grablege in Sankt Peter.[258] Als erstes Grabmonument seit Berninis Entwurf für Alexander VII. weist es viele strukturellen Bezüge zu Letzterem sowie zum, Grab der Mathilde von Canossa auf, sodass es einigen Kritikern »quasi als ein Abklatsch der berninischen Vorbilder« schien.[259]

Hoch aufragend präsentiert sich die Statue des auf dem Thron sitzenden Papstes, der die Rechte zum Segensgestus erhoben hält. Sie ist ein Werk von Ercole Ferrata, der kurz zuvor von der Ausführung der Statue Innozenz' X. in Santa Agnese in Agone ausgeschlossen worden war, da man ihn als zu alt für diese Arbeit erachtete. Die zeitgenössischen Kritiker war indes voll des Lobes über das Grabmal.[260] Anlass zur Kritik könnten lediglich die zu geneigte Tiara und auch das wenig natürlich wirkende Pluviale gegeben haben. Über dem Sarkophag sind die beiden Tugenden der *Clementia* (links) von Giuseppe Mazzuoli und des *Begninitas* (rechts) von Lazzaro Morelli aufgesetzt. Morelli war unter Bernini auch an der *Kathedra Petri* und an den Statuen der Kolonnaden sowie an denen für die Tugenden im Mittelschiff beteiligt, Mazzuoli hingegen am Grabmal Alexanders VII., wo er die Figur der *Caritas* ausführte. Die Ecken des Sarkophags nehmen zwei Putti ein, einer von ihnen mit umgedrehter Fackel. Sie entrollen ein Schriftband mit der Inschrift »CLEMENS X / ALTERIIS ROMAN. / PONT. MAX.« (»Klemens X., Römer, der Familie Altieri, Pontifex Maximus«). Diese Putti sind das Werk des Francesco Aprile, der 1685 starb und sie unvollendet hinterließ. In seiner Werkstatt fanden sich »zwei nicht vollendete Putti aus Marmor, mit deren Stuckmodellen, die von demselben für den Hochehrwürdigsten Altieri gemacht worden waren.«[261] Sie wurden schließlich von Filippo Carcani, dem Schwager und Mitarbeiter von Matthia de' Rossi, vollendet. Carcani schuf auch die beiden Famafiguren, die das Wappen der Altieri über dem Nischenbogen halten.[262]

Auf der Frontseite des Sarkophags, der durch Löwenfüße erhöht ist, gibt es ein Relief, das an Berninis Grabmal der Mathilde erinnert: *die Öffnung der Heiligen Pforte im Jubeljahr 1675* von Leonardo Reti. Gezeigt wird der Papst mit dem Hammer, wie er die Tür öffnet. Auf dem Katafalk Klemens' X., von Giovanni Antonio de' Rossi 1676 für das Begräbnis entworfen, fand sich ein weiteres Ereignis aus dessen Pontifikat dargestellt: die fünf Heiligsprechungen im Jahr 1671. Es wird behauptet, dass sich Matthia durch Reti im Relief in der knienden Figur mit dem Tablett in der Hand habe darstellen lassen. Erst am 15. Oktober 1691 übertrug man den Leichnam des Papstes an diesen Ort.[263]

Innozenz XI. (Benedetto Odescalchi)
21. 9. 1676 – 12. 8. 1689

Im Übergang von der Klementinischen Kapelle zum Vestibül der Chorkapelle, gegenüber dem Monument für Papst Leo XI., befindet sich das Grabmal von Innozenz XI. Odescalchi. Als dieser am 12. August 1689 starb, wurde er in der Kapelle des Tempelgangs Mariens auf bescheidene Weise bestattet, wie er es selbst gewünscht hatte. Der Papst betrieb eine sachliche Politik und sprach sich gegen den Nepotismus aus, hegte aber kein besonderes Interesse an der Kunst. Großen Einsatz erforderte die Abwehr der immer weiter vordringenden Osmanen, die 1683 vor den Toren Wiens standen. Den Auftrag für das Grabmal – es sollte bis zum Heiligen Jahr 1700 vollendet werden – erteilte dessen Neffe Livio Odescalchi. Das Monument folgt dem Aufbau der Bernini-Gräber von Urban VIII. und Alexander VII. Von diesem stammt auch der Sarkophag mit den Voluten, auf denen sich die beiden allegorischen Figuren der *Religio* und der *Fortitudo* nicht mehr abstützen, sondern als Sitzfiguren dargestellt sind. Erstere blickt, wie die *Caritas* des Alexander-Grabes, zum Papst hin, der, den Kopf mit dem Camauro bedeckt, auf dem Thron sitzt. In der Lin-

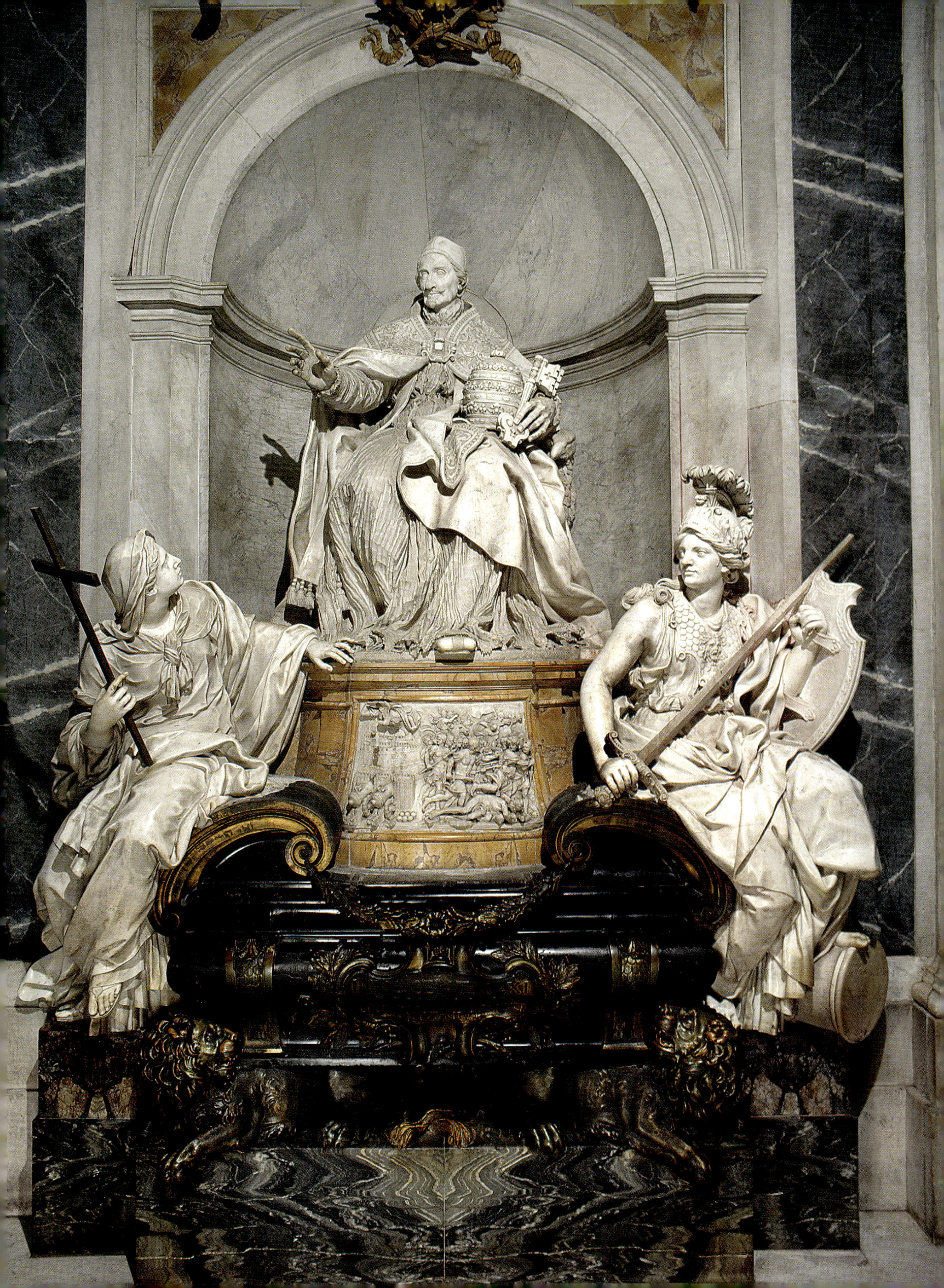

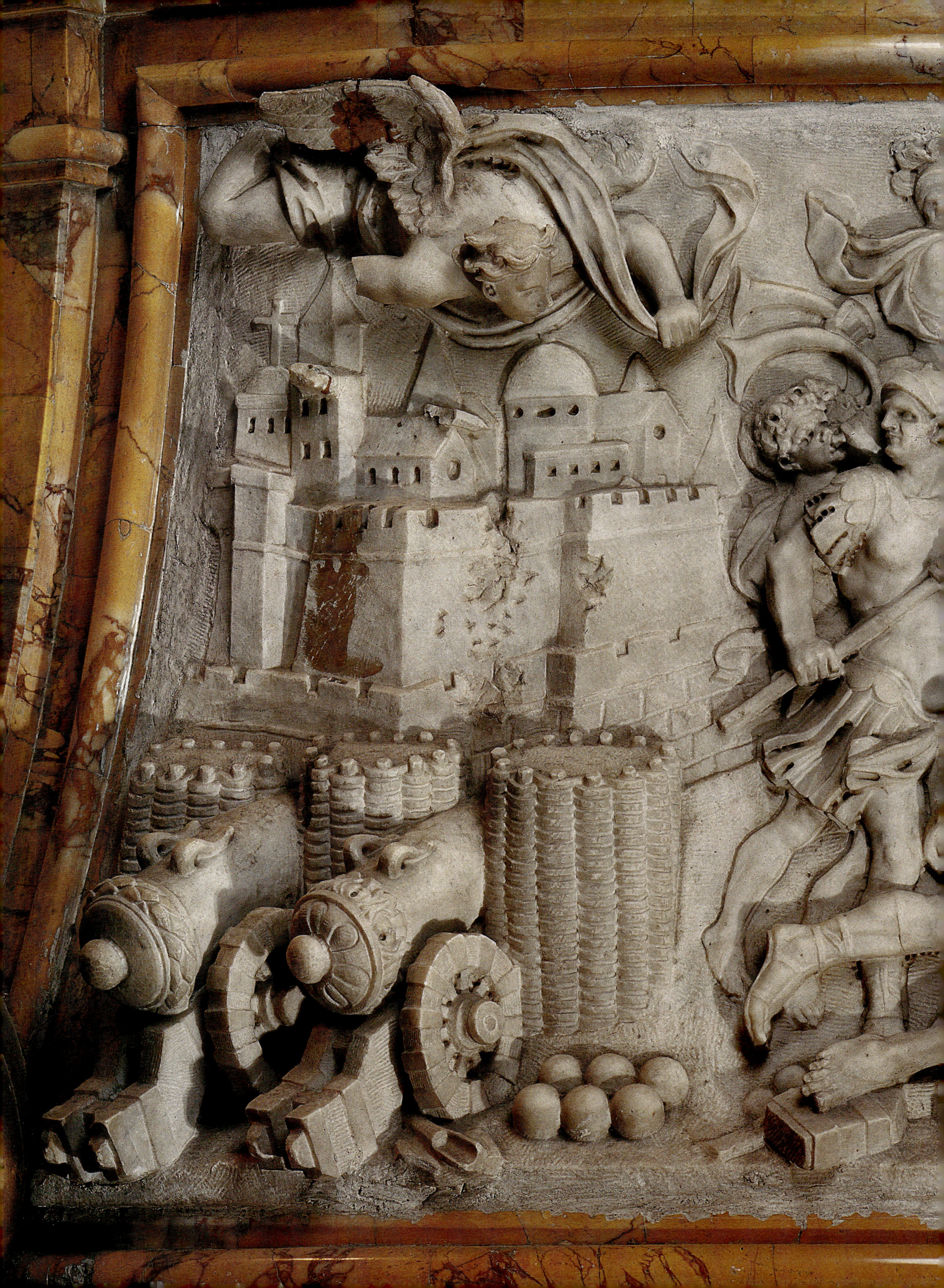

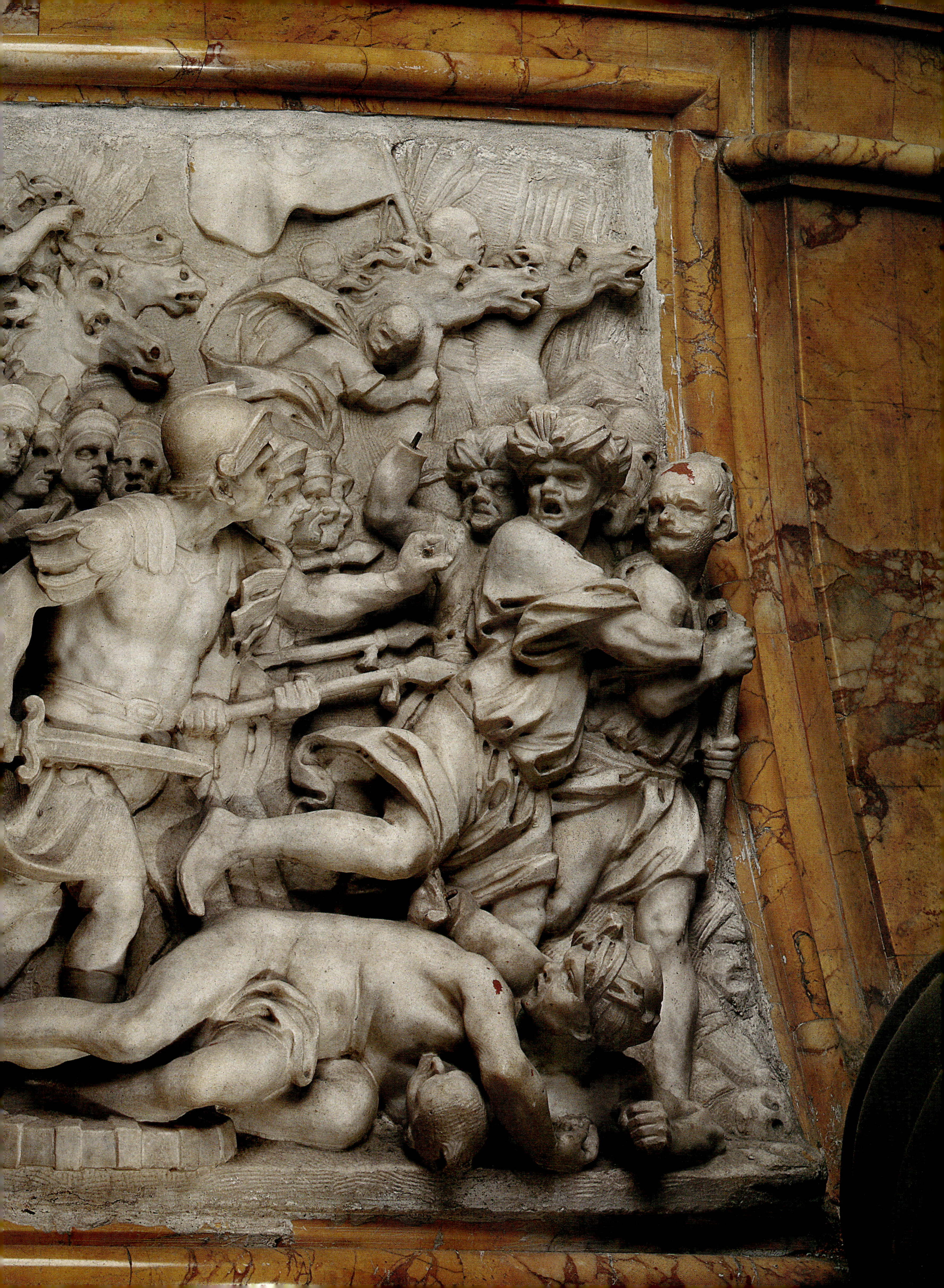

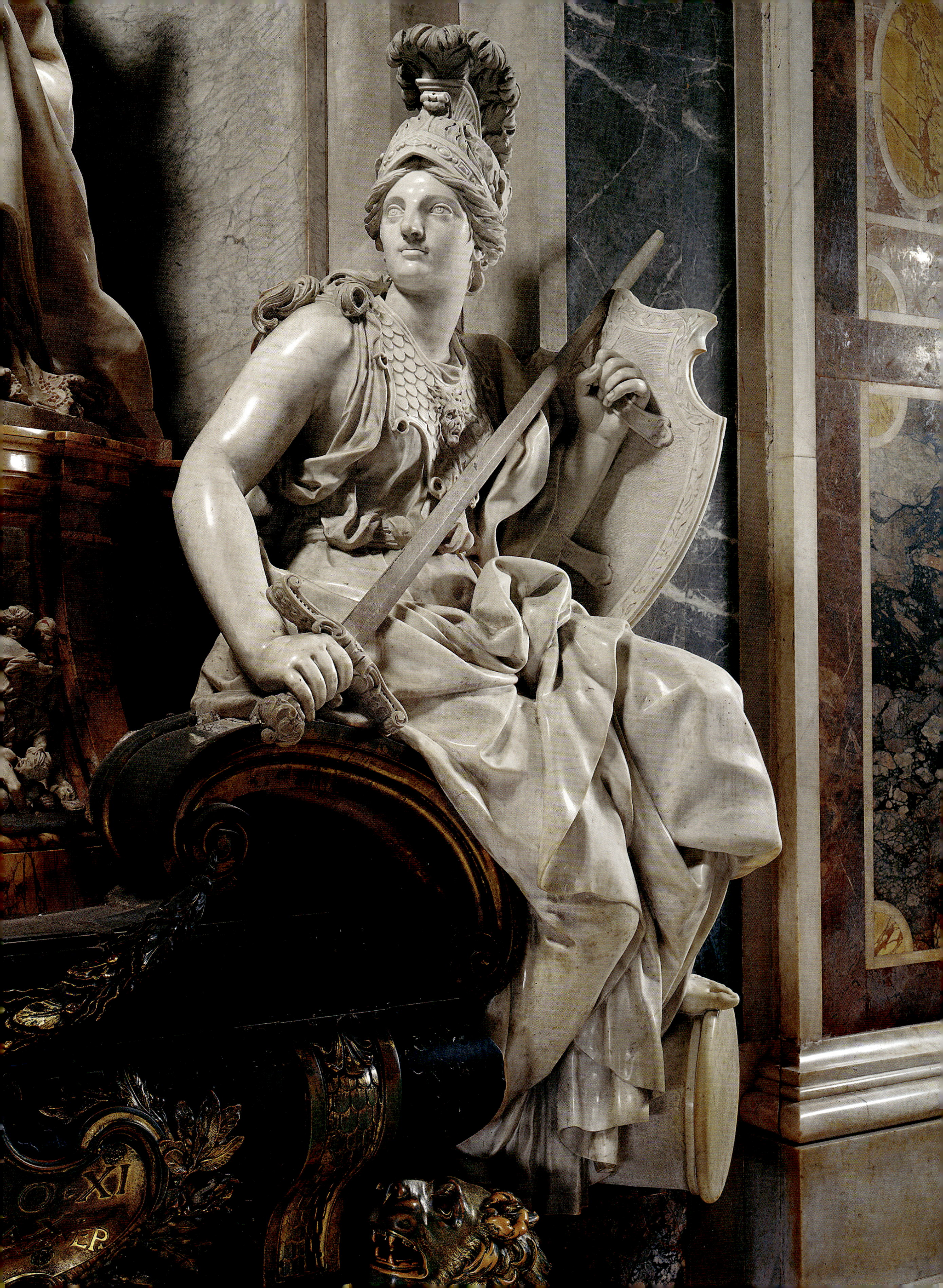

130. Pierre-Étienne Monnot, Grabmal von Papst Innozenz XI., Allegorie der *Fortitudo*.

DER PETERSDOM, DER PETERSPLATZ UND BERNINIS KOLONNADEN

Seite 162: 131. Angelo de' Rossi, Grabmal von Papst Alexander VIII., Papststatue.
132. Angelo de' Rossi, Grabmal von Papst Alexander VIII.
Seite 164–165: 133. Angelo de' Rossi, Grabmal von Papst Alexander VIII, *Kanonisation der fünf Heiligen, Relief auf dem Sockel*.

ken hält er die Tiara und die Schlüssel, die Rechte ist zum Segen erhoben. Das gesamte Monument scheint auf den Körpern zweier Löwen zu ruhen, ein heraldisches Elemente der Odescalchi, ebenso wie der Adler, der die Armlehne des Thrones bildet. Im Scheitel des Nischenbogens befindet sich das von zwei Putten gehaltene Wappen der Odescalchi. Auf der Frontseite des Sarkophags erinnert eine Bronzetafel an den Auftraggeber des Monuments: »INNOCENTIO XI / PONT. MAX. / LIVIUS ODESCHALCUS NEP. AN. IUB. MDCC« (»Innozenz XI., dem Pontifex Maximus, der Neffe Livio Odescalchi im Jubeljahr 1700«). In diesem Monument aus einer stilistischen Übergangsphase an der Wende des 16. zum 17. Jahrhundert beginnt die Farbskala der verschiedenen Materialien, von der Bronze über den weißen Marmor bis hin zu farbigen Steinen, eine wichtige Rolle zu spielen, die sich in den folgenden Jahren noch steigern sollte.

Die Enthüllung des Monuments fand am 28. Juni 1701 statt, am 26. Juli berichtet das *Diario* von Valesio dazu: »An diesem Tag wurde erstmals das Grab von Innozenz XI. enthüllt, reich an Statuen und Metallarbeiten, das sein Neffe D. Livio Odescalchi ihm hat errichten lassen, und es findet allgemeines Wohlgefallen.«[264] Der Leichnam wurde in der Basis beigesetzt und diese dann mit einem Relief in Giallo antico verschlossen, das die Befreiung Wiens von der Belagerung der Türken am 11. September 1683 darstellt. Nach der Seligsprechung von Innozenz XI. am 7. Oktober 1956 wurden seine sterblichen Überreste in einer kristallenen Urne unter dem Altar der Kapelle des hl. Sebastian beigesetzt.

Als Schöpfer des Monuments kann Pierre-Étienne Monnot (1657–1733) gelten, dessen Signatur sich hier dreimal findet, Auf der Außenseite des Schildes der *Fortitudo* liest man »PETRUS STEF. / MONNOT / BISONTINUS F.« (»Pierre-Étienne Monnot aus Besançon hat dies gemacht«). Die zweite Signatur hinterließ er auf dem unteren Saum des Gewandes der *Religio*: »P. S. MONNOT / BISONT. F.«. Die dritte Signatur unter den Füßen des Papstes ist erst seit Kurzem bekannt: »P. S. MONNOT / BISONTINUS F.«[265]

1697 begannen die Arbeiten ohne einen eigentlichen Wettbewerb und die Planung wurde mehreren Künstlern anvertraut. Livio Odescalchi gab den Auftrag an Monnot, mit dem er für den Entwurf für das Grabmal seines Onkels Innozenz XI. in Beziehung stand: »Er [Monnot] kam dem sofort nach und machte einige [Entwürfe]; weitere ließ D. Livio zu seiner Befriedigung von anderen anfertigen. Und nach allgemeiner Ansicht wählte er denjenigen von Carlo Maratta aus, obwohl mir Pietro [Monnot] mehrfach nachdrücklich versicherte, dass er den seinen ausgewählt habe und umsetzen ließ. Wie auch immer es sich mit der Wahrheit verhält, ein jeder besitzt die Freiheit das zu glauben, was ihm am wahrscheinlichsten dünkt, [...] ich sage, dass Pietro das Modell anfertigte und nach diesem das gesamte Werk in der großen Kirche des Vatikan ihm gemäß ausführte, wie es heute dort zu sehen ist.«[266] Es scheint daher eindeutig, dass das Werk vollständig von Monnot ausgeführt wurde. Jedoch führen die Romführer, selbst die des 18. Jahrhunderts, das Monument gänzlich auf einen Entwurf Marattas zurück.[267] Im Gegensatz dazu erwähnt Chattard den Künstler Maratta überhaupt nicht und schreibt das gesamte Grabmal Monnot zu.[268] Der Name Marattas kam ins Spiel, als im Kupferstichkabinett in Berlin eine Maratta zuzusschreibende Zeichnung auftauchte, die in formaler Beziehung zum Grabmal Innozenz' XI. steht.[269] Dazu kam eine Gruppe von Zeichnungen in der Accademia di San Fernando in Madrid, die eine Beteiligung Marattas bei der Suche nach einer Lösung für das Grab bestätigen.[270] Bekannt sind auch zwei plastische Entwürfe, von denen einer sich in Florenz, im Museo Nazionale, befindet, sich aber von der endgültigen Lösung deutlich unterscheidet; ein anderer Entwurf wird im Museo di Palazzo Venezia in Rom aufbewahrt und ebenfalls mit Monnot in Verbindung gebracht. doch schlug Ursula Schlegel[271] aus stilistischen Gründen eine Zuschreibung an Pierre Le Gros vor. Vielleicht wurde dieser ebenfalls von Don Livio kontaktiert, um eine größere Auswahl zu haben; dieser war zugleich jenen französischen Künstlern zugeneigt, die die römische Tradition mit einigen Neuerungen verbanden.

Alexander VIII. (Pietro Ottoboni)
6. 10. 1689 – 1. 2. 1691

In einer Nische vor der Kapelle der Madonna von der Säule, in der Nähe zum Altar Leos des Großen, ist das Grab des Venezianers Alexander VIII. Ottoboni (1689–1691) eingelassen, der zunächst vor dem ersten Pfeiler im linken Seitenschiff bestattet war, wo sich heute das Grab der Stuarts befindet. Der Auftrag für das Monument erging durch dessen Großneffen Pietro Ottoboni kurz nach dem Tod des Papstes. Am geplanten Aufstellungsort wurde 1696 ein Fresko von Antonio Pomarancio aus dem Jahr 1629 entfernt, das die *Übergabe der Schlüssel* darstellte. Das Fresko sollte mit aller Sorgfalt abgenommen und dann in den Palazzo Farnese verbracht werden, ist dort jedoch nicht nachzuweisen. Um die Grabkammer anlegen zu können, wurde zudem eine Tür vermauert, die zur Sakristei Michelangelos führte.

Das Monument übernimmt die Formen von Berninis Grabmal für Urban VIII. beziehungsweise dem Algardis für Leo XI. Der Entwurf stammt vom Conte Carlo Enrico di San Martino, der in den Diensten Antonio Ottobonis, des Vaters des Kardinals, stand. Ursprünglich, so scheint es, beabsichtigte man, den Bildhauer Domenico Guidi zu berufen[272], dieser starb jedoch 1701. Ein erstes Modell in Originalgröße aus Holz und Stuck wurde am 28. März 1697 vorgestellt, wofür zwei Bildhauer Zahlungen erhielten, darunter Pietro Papaleo, der zuvor ein Modell mit acht Figuren und zwei weitere Modelle mit einer noch größeren Zahl von Figuren vorgeschlagen hatte.[273] 1698 wurde das Projekt Angelo de' Rossi übertragen[274], der 1704 mit einem historischen Relief für die Basis das erste Element des Monuments präsentierte. Um die Wirkung

161

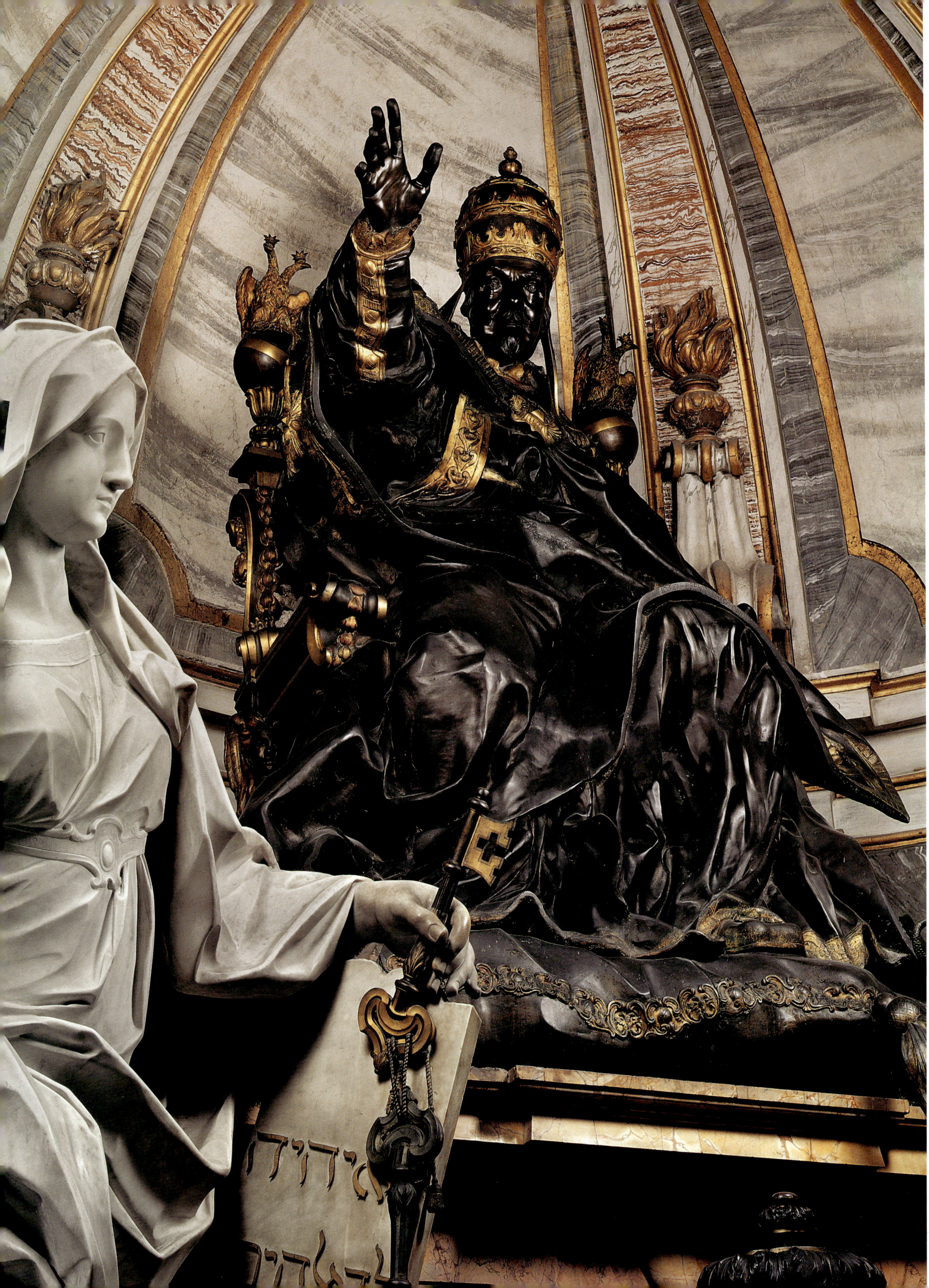

PATRVO MAGNO
ALEXANDRO VIII OTTHOBONO
VENETO P O M
PETRVS CARD EP SABIN S R E VIC CANC
ANNO IVB MDCCXXV

in Originalgröße zu sehen, ließ man Michelangelo Ricciolini 1705 große Leinwandgemälde des Entwurfs anfertigen, der aber nicht zur Zufriedenheit des Kardinals Ottoboni ausfiel.[275] 1706, im Jahr der Überführung des Leichnams, befand sich das Grabmal immer noch in einem unfertigen Zustand. An den Marmorskulpturen der *Religio* und der *Prudentia* arbeitete de' Rossi bis zu seinem Tod 1715. Ursprünglich war anstelle der *Prudentia* eine *Caritas* vorge-

sehen. In der Folge vergab Ottoboni den Auftrag zur Vollendung der Figuren an Giuseppe Raffaelli und nicht an Gagliardi, wie es gewöhnlich in der Literatur heißt.[276] Die Ausführung der Papststatue war in Marmor vorgesehen, sie wurde aber von Giuseppe Bertosi unter Verwendung des Stuckmodells, das de' Rossi hinterließ, in Bronze gegossen. Auch aufgrund des gleichen Materials besitzt sie große Ähnlichkeit mit der Sitzstatue vom Grabmal Urbans VIII. Die Aufstellung dieser Statue im Jahr 1725 bildete auch den Abschluss der Arbeiten am Monument.

Das Grabmonument setzt sich aus drei Ebenen über einem hohen Sockel zusammen. Der marmorne Sarkophag zeigt ein Relief mit der Kanonisierung von fünf Heiligen am 6. Oktober 1690, kaum ein Jahr nach der Papstwahl. Eines der größten Probleme, die Alexander VIII. neben der Jansenisten-Frage beschäftigten, war die Gefahr des Türkeneinfalls als Bedrohung des christlichen Glaubens einerseits und vor allem für die Venezianische Republik andererseits. Nicht zufällig betraf die Heiligsprechung Personen, die mit einer Bekräftigung des Glaubens und Venetien in Verbindung gebracht werden: Lorenzo Giustiniani, Giovanni da Capestrano (Johannes Capistranus), Juan de Dios (Johannes von Gott), Paschalis (Pascual) Baylón und Juan de Sahagún (Johannes González). Viele der dargestellten Teilnehmer können identifiziert werden, so beispielsweise, neben dem Papst, Pietro Ottoboni – eine historische Unkorrektheit, da er zu jenem Zeitpunkt noch nicht zum Kardinal ernannt war. Auf dem Relief mit der Signatur »Ego Angelus de' Rossi inveni e feci« befindet sich offensichtlich auch ein Selbstbildnis des Künstlers.[277]

Die *Tugenden* sind auf den Betrachter gerichtet und stehen in keinem formalen Bezug zur Papststatue. Es wurde bemängelt, dass sie sich zu sehr aufeinander beziehen und eine andere Position besitzen als im Entwurf in Berlin. Dieser belegt eine frühere Phase, in der die Allegorien dem Papst zugewandt sind.[278] Die Figur des Papstes steht segnend auf dem Sarkophag und folgt dem Prototyp vom Grab Urbans VIII. Auf dem Sarkophag wurde 1725 eine Inschrift angebracht, sie ersetzt die frühere von 1706, die uns in einer Berliner Zeichnung überliefert ist: »PATRUO MAGNO / ALEXANDRO VIII OTTHOBONO / VENETO P.O.M. / PETRUS CARD. EP(ISCOP)U(S) SABIN(ENSIS) S. R. E. VICECANC. / ANNO IUB. MDCCXXV« (»dem Großonkel Alexander VIII. Ottoboni, dem Venezianer P.O.M. Pietro Kardinal, Bischof von Sabina-Poggio Mirteto, Vizekanzler der Heiligen Römischen Kirche, im Jubeljahr 1725«). Die Farbgebung spielt eine entscheidende Rolle in der Gestaltung des Monuments, auch wenn es sich vor allem in der Nische um bemalten Stuck handelt, während die anderen Teile mit afrikanischem Marmor verkleidet sind. Bronzene Elemente vervollständigen die Dekoration; die Adlerfüße, die den Sarkophag tragen, und die doppelköpfigen Adler auf dem Deckel verweisen auf das Wappen der Familie Ottoboni.

Innozenz XII. (Antonio Pignatelli)
12.7.1691 – 27.9.1700

Der 1691 gewählte Papst Innozenz XII. war dem Nepotismus abgeneigt und suchte ein einfaches Leben. Kaum hatte er den Thron des hl. Petrus bestiegen, gab er für sein Grabdenkmal einen simplen Sarkophag in Auftrag, der im Verbindungsgang zwischen dem Vestibül der Kapelle des Allerheiligsten Sakraments und dem der Kapelle des hl. Sebastian aufgestellt wurde. Im November 1692 wollte er das Ergebnis in Augenschein nehmen, wurde aber auf dem Weg in die Basilika durch ein starkes Unwetter abgehalten. Von diesem Sarkophag beziehungsweise dieser Urne ist uns eine zeitgenössische Beschreibung überliefert: »Dieses wurde gegenüber dem der Gräfin Mathilde aufgestellt und besteht aus einer schönen Urne, mit einer Tafel in der Mitte, auf der in goldenen Buchstaben einzig sein Namen ohne die geringste Inschrift, ohne Wappen, Tiara oder sonstigen Schmuck zu sehen ist.«[279] Als der Papst am 29. September 1700 starb, sollte seine Beisetzung ebenso bescheiden ausfallen wie der Sarkophag, in dem man seinen Leichnam bestattet. Innozenz XII. hatte die kirchlichen Geschäfte mit Entschlossenheit geführt und trotz heftigen Widerstands 1692 die Bulle »Romanum decet pontificem« erlassen, die es dem Papst untersagte, den eigenen Verwandten Ländereien, Ämter oder Renditen zu überlassen. Gewöhnlich bezeichnete er die Armen als seine »Neffen«. Rund ein halbes Jahrhundert später entschloss sich der Großneffe des Pignatelli-Papstes, der neapolitanische Kardinal Vincenzo Petra, Innozenz ein würdigeres Monument zu errichten, zu dem auch Papst Benedikt XIV. seinen Beitrag leistete. Ferdinando Fuga war mit den architektonischen Entwürfen beauftragt, auf die sich auch der Vertrag vom 17. März 1745 mit Filippo della Valle bezieht. Della Valle, Schüler von Rusconi und Vermittler zwischen Barock und Klassizismus, entwarf die Figur des Papstes und die beiden Allegorien *Caritas* und *Iustitia*, die das Monument flankieren. Einige Details weichen gegenüber den Spezifikationen des Vertrags ab und belegen die dem Künstler zugestandene Freiheit.[280] Unter anderem sah dieser vor, dass die Arbeiten binnen eines Jahres abzuschließen waren. Es scheint, als habe della Valle diese Auflage eingehalten, denn die Inschrift nennt als Datum das Jahr 1746.

Der Papst in Pontifikalkleidung sitzt mit Segensgestus auf einem Stuhl im Stil des 18. Jahrhunderts. Zwei Gruppen von Allegorien vermitteln zwischen den zwei Teilen des Monuments: dem unteren Teil mit einem schönen marmornen Sarkophag, der die Inschrift »INNOCENTIVS XII, PIGNATELLI« trägt, und dem oberen Teil mit der Statue. Die *Caritas* links erscheint als wörtliches Zitat der gleichen Allegorie vom Grabmal Urbans VIII., hier jedoch der Figur des Papstes zugewandt. Von der Bernini-Skulptur der *Iustitia* übernahm Della Valle auch den nachdenklichen Blick, der sich hier auf die Teller der Waage konzentriert. Der Putto mit dem Liktorenbündel ist ebenfalls zwischen der Statue und dem Sarkophag eingefügt.

Fugas architektonischer Entwurf des Monuments musste die darunterliegende Tür berücksichtigen, wodurch es sich mit dem Grabmal Alexanders VII. von Bernini vergleichen lässt. Allerdings bezieht es die Tür nicht mit ein, sondern ist auf engem Raum noch höher gesetzt. Der Bildhauer setzte die Marmorfiguren übereinander, die trotz der klassischen Anlage belebt wirken und sich ganz im Geiste des Rokoko ergänzen. Die Gestalten der Allegorien sind keine »gewöhnlichen« Frauen, wie sie bei Bernini vorkommen konnten, sondern idealisierte Figuren, deren Ausdruck auf einer malerischen Zartheit beruht, die trotz der harten Struktur des Materials Eleganz ausstrahlt. Malerisch ist auch die Wahl des Marmors, der nicht die kräftige Farbskala aus der Bernini-Zeit besitzt, sondern jetzt mehr zu leichten Rosatönen und einem blassen Grün tendiert. Die Inschrift auf der Base des Monuments besagt: »INNOCENTII XII P. M. / INORNATUM MONUMENTUM / IN HANC ELEGANTEM FORMAM REDIGI CURAVIT / ADPROBANTE BENEDICTO XIV P. M. / VINCENTIUS S. R. E. CARD. PETRA EP: PRAEN. / ET M: POENITEN. / A. S. MDCCXLVI« (»Vincenzo Petra, Kardinal der Heiligen Römischen Kirche, Bischof von Palestrina und oberster Pönitentiar, hat mit Zustimmung des Pontifex Maximus Benedikts XIV. veranlasst, dass

INNOCENTII XII · P · M ·
INORNATUM MONUMENTUM
IN HANC ELEGANTEM FORMAM REDIGI CURAVIT
ADPROBANTE BENEDICTO XIV · P · M ·
VINCENTIUS S · R · E · CARD · PETRA EP · PRÆN ·
ET M · POENITEN ·
A · S · MDCCXLVI

INNOCENTII XII·P·M·
INORNATUM MONUMENTUM
IN HANC ELEGANTEM FORMAM REDIGI CURAVIT
ADPROBANTE BENEDICTO XIV·P·M·
VINCENTIUS S·R·E·CARD·PETRA EP·PRAEN·
ET M·POENITEN·
A·S·MDCCXLVI

INNOCENTIUS XII
PIGNATTELLI

DER PETERSDOM, DER PETERSPLATZ UND BERNINIS KOLONNADEN

137. Grabplatte von Papst Klemens XI.
138. Pietro Bracci, Grabmal von Papst Benedikt XIV.
Seite 172: 139. Pietro Bracci, Grabmal von Papst Benedikt XIV., Papststatue.
Seite 173: 140. Pietro Bracci, Grabmal von Papst Benedikt XIV., Allegorie des *Desinteresses*.

das karge Grab in dieser eleganten Form verschönert werde, im Jahr des Heils 1746«). Wie die Inschrift belegt, wurde die Namensform »Pignatelli« verwendet. Da das Wappen der Pignatelli aus drei Töpfen *(pignatta)* besteht, hat man vermutet, dass der Papst die Graburne, die seine sterblichen Überreste aufnehmen sollte, nach eigenen Wünschen als Darstellung eines dieser Töpfe anfertigen ließ. Das von der Tiara und den Schlüsseln bekrönte Familienwappen im Architrav wird von zwei Putten gehalten.

Klemens XI. (Gian Francesco Albani)
23. 11. 1700 – 19. 3. 1721

Papst Klemens XI. Albani war ein Kunstkenner, dem viel daran lag, das mittlerweile heruntergekommene Grab von Papst Gregor XIII. durch ein prächtiges und künstlerisch raffiniertes Grab zu ersetzen. Für sich selbst sah er lediglich eine einfache Gedenkplatte im Boden der Chorkapelle vor, die den Ort der Bestattung seines Herzens anzeigt. Der Körper wurde in S. Francesco in Urbino beigesetzt. Die Bestattung in der Chorkapelle entsprach auch seinem Wunsch, nach dem Tod den vatikanischen Kanonikern nahe zu sein. Auch die Inschrift wurde von ihm selbst verfasst: »D. O. M. / CLEMENS XI P. M. / HUIUS SS. BASILICAE / OLIM VICARIVS / ET POSTEA CANONICVS / SIBI VIVENS PONI IVSSIT / OBIIT DIE IXI MARTII / ANNO SAL. MDCCXXI / AETATIS VERO SVAE LXXI / MENS. VII D. XXV / SEDIT IN PONTIFICATV / ANNOS XX MENSES III / DIES XXIV / ORATE PRO EO« (»D. O. M., Klemens XI., Pontifex Maximus dieser allerheiligsten Basilika, zuerst Vikar und dann Kanoniker, gab zu Lebzeiten den Auftrag zu diesem Gedenkstein. Er starb am 19. März im Jahr des Heils 1721, im Alter von 71 Jahren, 7 Monaten und 25 Tagen. Er war Papst 20 Jahre, 3 Monate und 24 Tage. Betet für ihn«). Möglicher wäre allerdings auch, dass sich das Grabdenkmal nicht nur auf die einfache Grabplatte beschränken sollte, sondern dass man auch an ein anspruchsvolleres Monument dachte. So wissen wir, dass Kardinal Annibale Albani, ein Neffe des Papstes, im Herbst 1727 plante, in Sankt Peter ein Grabmal für den Onkel errichten zu lassen.[281] In den Uffizien befindet sich eine Zeichnung Giuseppe Passeris, die Antonio Muñoz als einen möglichen Grabmalentwurf für den Albani-Papst interpretierte.[282] Dieses Monument hätte in eine nicht allzu tiefe Nische gesetzt werden sollen, die keinen Raum für eine Papststatue auf dem Thron bot; der Pontifex wurde daher nur in einem Medaillon über dem Sockel dargestellt. Zwei allegorische Figuren – rechts ist durch das Attribut des Kreuzes die *Religio* zu erkennen, links die *Iustitia* mit dem Rutenbündel am Boden – nehmen zu beiden Seiten die Basis ein und werden vom Spiegelbild des Papstes beleuchtet, wie die Inschrift auf dem Sockel besagt: »IN LVMINE TVO«. Eine solche Zeichnung Passeris für den Kardinal Albani ist durchaus vorstellbar, da der Künstler in der Familienkapelle in S. Sebastiano fuori le mura in Rom arbeitete. Es handelt sich dabei jedoch um eine Stichvorlage für ein Frontispiz und ist auf das Jahr 1701 zu datieren.[283] Unmittelbar mit dem Monument lassen sich andere uns bekannte Dokumente in Verbindung bringen. Kaum hatte sich die Nachricht um die Errichtung eines Grabmals für den Papst verbreitet, sicherte sich Agostino Cornacchini den Auftrag und fertigte bereits kleine und danach auch große Modelle an. Allerdings wurde dem Kardinal Annibale ein anderer Künstler empfohlen, der mit dem Franzosen Edme Bouchardon identifiziert wird.[284] Auch der damalige Direktor der Villa Medici, Désormais, versuchte eine Entscheidung zugunsten dieses Bildhauers zu erwirken.[285] Von diesem ist im Mainzer Landesmuseum[286] eine Zeichnung erhalten, die die Planung für das Grab von Klemens XI. belegen könnte. Auch hier findet sich eine wenig tiefe Nische, die den Rahmen in seiner Perspektive benutzt, wie das Grab der Mathilde auf der Gegenseite der Chorkapelle. Dies lässt vermuten, dass man eine Nische im Vestibül dieser Kapelle verwenden wollte. In diesem begrenzten Raum ist der Papst stehend dargestellt, während zwei Engel vor der Basis eine Schriftrolle halten. Dieser untere Teil findet sich auch in einer Kohlezeichnung an einer Wand des Palazzo Mancini in Rom, die es erlaubt, den Zeichner in der deutschen Sammlung und seine Beziehung zum Grabmal zu bestätigen. 1725 fand ein Wettbewerb für ein Grab Klemens' XI. in SS. Luca e Martina statt, für das Bernardino Cametti nicht erhaltene Modelle fertigte. Es scheint, dass auch Pietro Bracci Entwürfe für ein Papstgrabmal anfertigte, wie einige Zeichnungen mit dem Albani-Wappen von 1743 zeigen.[287]

Benedikt XIV. (Prospero Lambertini)
17. 8. 1740 – 3. 5. 1758

Prospero Lambertini, der als Papst den Namen Benedikt XIV. trug, wurde 1769 in St. Peter beigesetzt. Das Grab befindet sich im Durchgang des rechten Querschiffs im Westen der Gregorianischen Kapelle und stellt vielleicht das letzte Grabmal des Barock dar. Für das Grabmonument wurde ein Wettbewerb ausgeschrieben, den Pietro Bracci gewann, der außer als Bildhauer auch zum

BENEDICTO XIV
PONT MAX
R E CARDINALI
AB EO CREATI

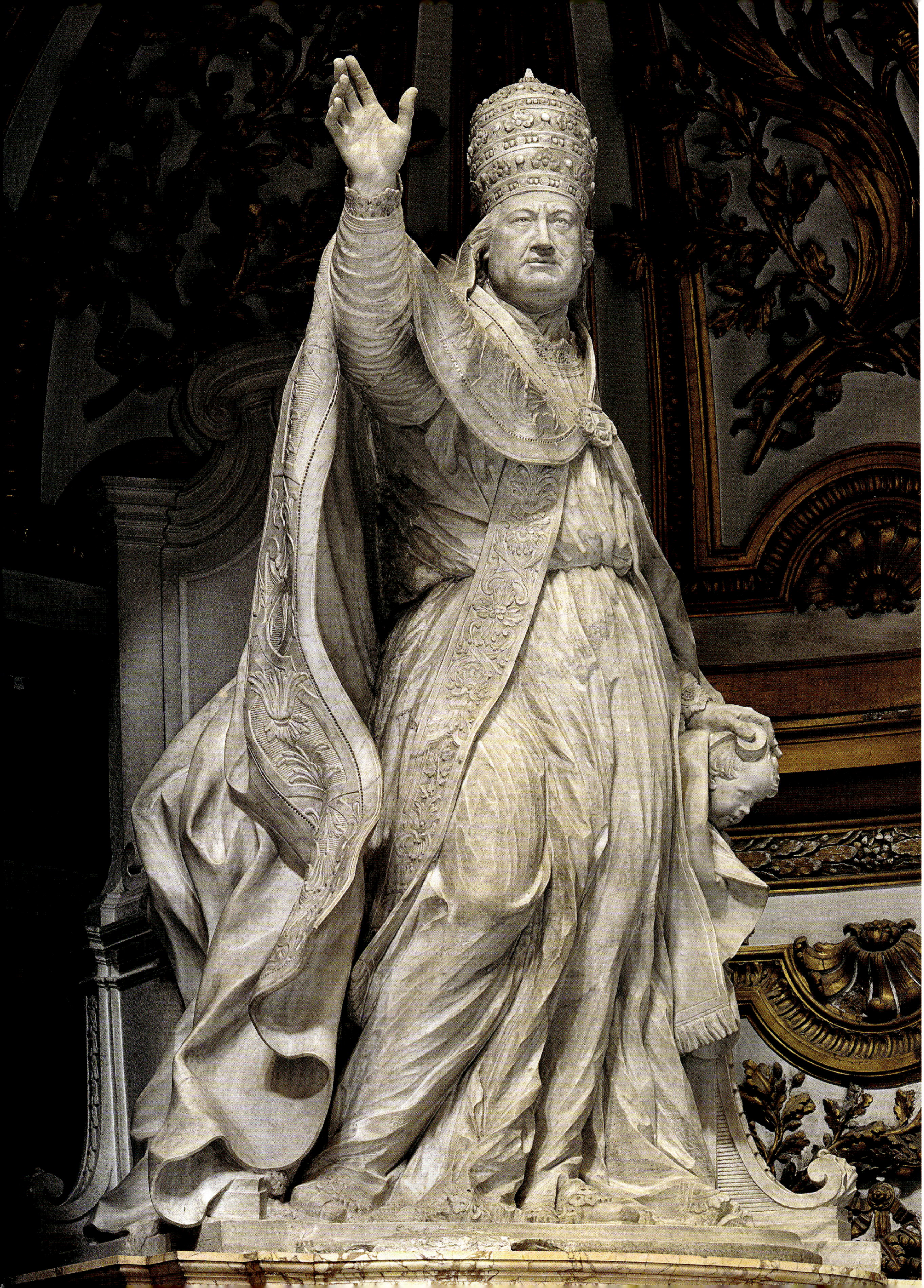

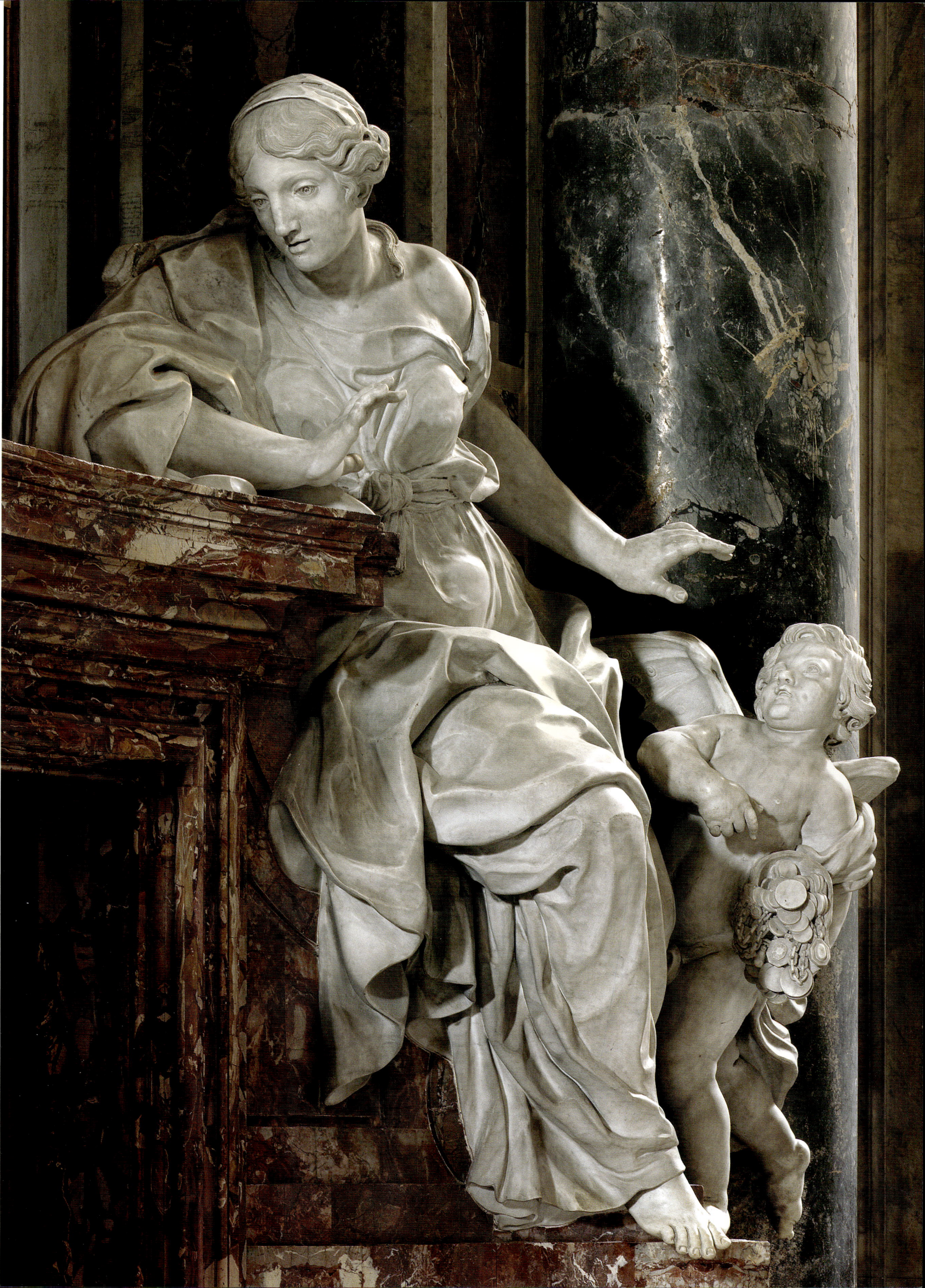

Unten links: 141. Antonio Canova, Grabmal von Papst Klemens XIII., Detail des linken Löwen.

Unten rechts: 142. Antonio Canova, Grabmal von Papst Klemens XIII., Detail des rechten Löwen.

143. Antonio Canova, Grabmal von Papst Klemens XIII.

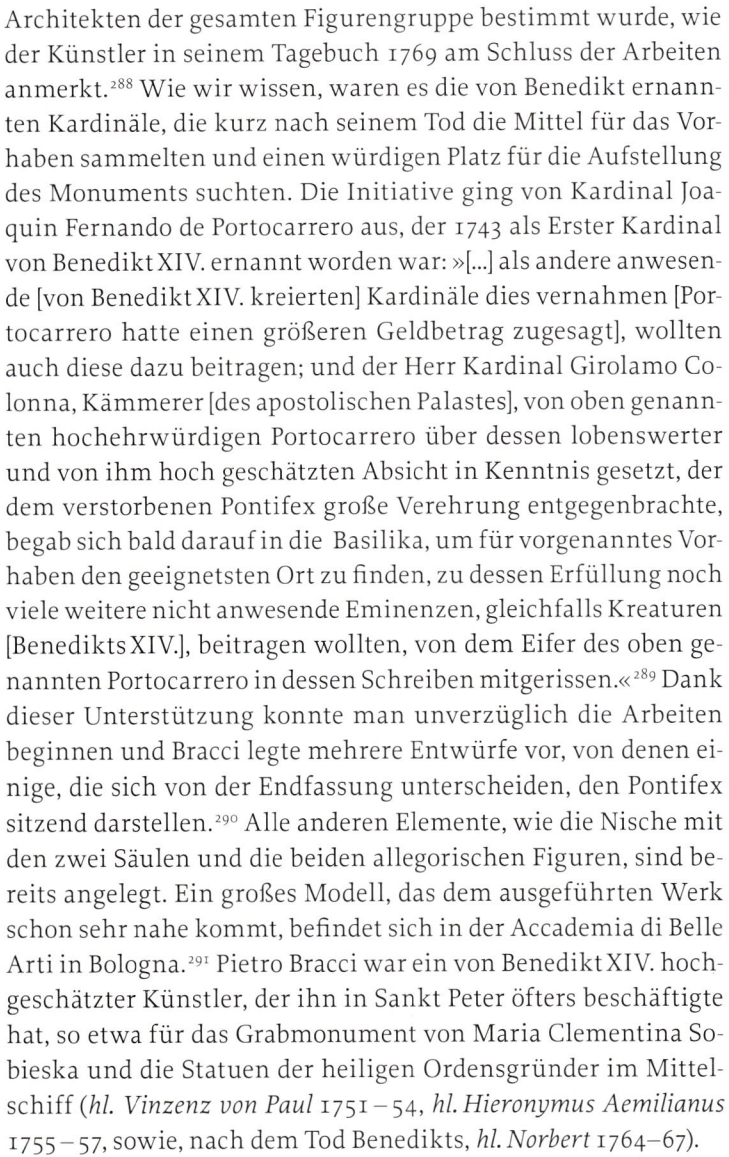

Architekten der gesamten Figurengruppe bestimmt wurde, wie der Künstler in seinem Tagebuch 1769 am Schluss der Arbeiten anmerkt.²⁸⁸ Wie wir wissen, waren es die von Benedikt ernannten Kardinäle, die kurz nach seinem Tod die Mittel für das Vorhaben sammelten und einen würdigen Platz für die Aufstellung des Monuments suchten. Die Initiative ging von Kardinal Joaquin Fernando de Portocarrero aus, der 1743 als Erster Kardinal von Benedikt XIV. ernannt worden war: »[…] als andere anwesende [von Benedikt XIV. kreierten] Kardinäle dies vernahmen [Portocarrero hatte einen größeren Geldbetrag zugesagt], wollten auch diese dazu beitragen; und der Herr Kardinal Girolamo Colonna, Kämmerer [des apostolischen Palastes], von oben genannten hochehrwürdigen Portocarrero über dessen lobenswerter und von ihm hoch geschätzten Absicht in Kenntnis gesetzt, der dem verstorbenen Pontifex große Verehrung entgegenbrachte, begab sich bald darauf in die Basilika, um für vorgenanntes Vorhaben den geeignetsten Ort zu finden, zu dessen Erfüllung noch viele weitere nicht anwesende Eminenzen, gleichfalls Kreaturen [Benedikts XIV.], beitragen wollten, von dem Eifer des oben genannten Portocarrero in dessen Schreiben mitgerissen.«²⁸⁹ Dank dieser Unterstützung konnte man unverzüglich die Arbeiten beginnen und Bracci legte mehrere Entwürfe vor, von denen einige, die sich von der Endfassung unterscheiden, den Pontifex sitzend darstellen.²⁹⁰ Alle anderen Elemente, wie die Nische mit den zwei Säulen und die beiden allegorischen Figuren, sind bereits angelegt. Ein großes Modell, das dem ausgeführten Werk schon sehr nahe kommt, befindet sich in der Accademia di Belle Arti in Bologna.²⁹¹ Pietro Bracci war ein von Benedikt XIV. hochgeschätzter Künstler, der ihn in Sankt Peter öfters beschäftigte hat, so etwa für das Grabmonument von Maria Clementina Sobieska und die Statuen der heiligen Ordensgründer im Mittelschiff (*hl. Vinzenz von Paul* 1751–54, *hl. Hieronymus Aemilianus* 1755–57, sowie, nach dem Tod Benedikts, *hl. Norbert* 1764–67).

In einer mit farbigem Marmor und Vergoldungen geschmückten Nische erhebt sich das Grabmonument mit seiner pyramidalen Komposition. Den Rahmen bilden zwei Säulen, die einen Segmentgiebel mit dem Wappen der Lambertini im Architrav halten. Die Papststatue aus weißem Marmor steht auf einem Podest über einer Tür, die die Grabkapelle darstellt und als Bestandteil der Papstgräber seit Alexander VII. symbolisch den Übergang vom Diesseits ins Jenseits anzeigt. Direktere Anspielungen auf den Tod wie Skelett und Sanduhr fehlen hier bereits. Der Papst mit der Tiara steht nach rechts auf das Petrusgrab gerichtet und hat die Linken zum Segen oder zu einem Gruß erhoben, In der Rechten hält er eine Tabaksdose. Der nicht förmliche Gestus der Linken wurde im 19. Jahrhunderts auch dahingehend interpretiert, als wollte der Bildhauer mit den geöffneten Fingern etwas satirisch auf die große Vorliebe des Papstes für Tabak hinweisen.²⁹²

Auf dem Sockel der Papststatue befindet sich die Inschrift »BENEDICTO XIV / PONT. MAX. / S. R. E. CARDINALES / AB EO CREATI« (»Benedikt XIV. Pontifex Maximus, von den von ihm kreierten Kardinälen«). Zu beiden Seiten der Tür und des Sockels vervollständigen zwei allegorische Figuren die Dreieckskomposition mit der Spitze im Haupt des Papstes: die *Sapienza sacra* links und das *Disinteresse* rechts. In seinem Tagebuch informiert uns Bracci bezüglich dieses Werks wie folgt: »[…] so meißelte er [Bracci] den Papst stehend und erhoben *e levato* […] wie er auch eine Statue an der Seite mit der *göttlichen Klugheit* gemeißelt hatte, während er die andere Statue mit der *Uneigennützigkeit* von dem Bildhauer Sibilla meißeln ließ.«²⁹³ Die Figur lehnt die Gaben eines Kindes ab, das ein Füllhorn voller Münzen hält. Es erinnert an die Bemühungen des Papstes, die verheerende finanzielle Situation des Kirchenstaates zu reformieren. Der Name Gaspare Sibilla ist auf einer der aus dem Füllhorn gefallenen Münzen zu lesen, die der Putto nach links trägt: »Sibilla Rom / invenit / et / sculp.« (»der Römer Sibilla hat [dies] erdacht und gemeißelt«). Wahrscheinlich

CLEMENTI XIII
REZZONICO
P. M.
FRATRIS FILII

CLEMENTI · XIII ·
REZZONICO ·
P · M ·
FRATRIS FILII ·

144. Antonio Canova, Grabmal von Papst Klemens XIII.
145–146. Gian Lorenzo Bernini,
Grabmal der Gräfin Mathilde von Tuszien.

trifft die Aussage »invenit« nur eingeschränkt zu, da das Werk sicherlich bereits komplett von Bracci geplant war. 1763, als die Arbeiten voll im Gang waren, versuchte Lebrun, damals Pensionär der Académie de France, den Auftrag für eine allegorische Figur zu erhalten, bei der es sich eben um jene von Sibilla ausgeführte handeln könnte.[294] Bracci hat das Werk auf dem Buchblock signiert, den die Sapienza in der Hand hält: »PETR. BRACCI RO. OPERIS HOC. INV. ET SCUL.« (»der Römer Pietro Bracci, Erfinder und Bildhauer dieses Werks«). Die gleiche Signatur findet sich auf dem Saum des Gewandes von Benedikt XIV.

In den ersten Maitagen von 1769 konnte das Monument enthüllt werden, wie der *Diario* des Chracas am 13. Mai jenes Jahres berichtet: »In diesen Tagen [...] konnte die edle und grandiose Grablege fertiggestellt und enthüllt werden, ganz aus feinem Marmor, das zum heiligen Andenken von Papst Benedikt XIV. errichtet wurde.«[295] Es handelt sich um das letzte Grabmonument für einen Papst des 18. Jahrhunderts in Sankt Peter und mit ihm schließt die Ära des Barock in der Basilika. Bracci hätte auch das Grab von Klemens XIII. Rezzonico (6. 7. 1758 – 2. 2. 1769), dem Nachfolger von Benedikt XIV., ausführen sollen, zu dem ein Entwurf bekannt ist. Das später von Canova ausgeführte Monument zeigt einen stilistischen Wendepunkt an: Die Gewandung der Allegorien ist noch bewegt, die Statue des Papstes beherrscht indes hieratisch, ruhig und kniend den schmalen Raum im Bogendurchgang.

Grabmal der Gräfin Mathilde

Papst Urban VIII. verehrte die Gräfin Mathilde von Tuszien (1045 – 1115) und schrieb gar ein Gedicht, in dem er ihre Persönlichkeit pries. Ihre sterblichen Überreste ließ er von ihrer Grabstätte im Kloster San Benedetto del Po in Mantua am 10. März 1634 nach Rom überführen. Die Enthüllung der neuen Grablege in der Petersbasilika fand nicht im Jahr 1635 statt, wie man auf der Inschrift liest, sondern am 21. März 1637[296], allerdings waren die Arbeiten zu diesem Zeitpunkt noch nicht abgeschlossen, da sich die Zahlungen bis 1644 hinziehen. Mit der Beisetzung Mathildes fand die erste Frau in Sankt Peter ihre Grabstätte. Ihre Figur scheint von der *Lea* an Michelangelos Grabmal Julius’ II. inspiriert zu sein. Als Verteidigerin des Papsttums erscheint sie mit dem Kommandostab in der Rechten und der Tiara mit den Barberini-Bienen und dem Schlüssel in der Linken. Der Ort für das Grab in einem Pfeiler im engen rechten Seitenschiff war nicht zufällig gewählt. Es befindet sich im Durchgang zum Vestibül der Kapelle des Allerheiligsten Sakraments, die zum Zeitpunkt der Arbeiten am Grabmal noch als Sakristei diente. Dort stand der Altar des hl. Mauritius und an diesem fand in der konstantinischen Basilika die Einkleidung vor der Kaiserkrönung statt: eine deutliche Anspielung auf die Gräfin, die sich gehorsam dem Papsttum unterwarf. Ihre Rolle als Vermittlerin zwischen Kaiser Heinrich IV. und Papst Gregor VII. endete mit dem Konkordat von Worms und dem Ende des Investiturstreits.

DER PETERSDOM, DER PETERSPLATZ UND BERNINIS KOLONNADEN

Papst Urban VIII. vergab den Auftrag für das Grabmal an Bernini, der Ende 1633 mit den Arbeiten begann. Ab 1634 erhielt der Maurer Benedetto Drei von der Rev. Fabbrica Zahlungen für dieses Werk.[297] In der perspektivischen Architektur umschließt die Nische die nach links blickende Statue von Niccolò Sale – lediglich der Kopf der Statue lässt sich dem Meister selbst zuschreiben. Auf dem Sarkophag mit Skulpturen von Stefano Spe-

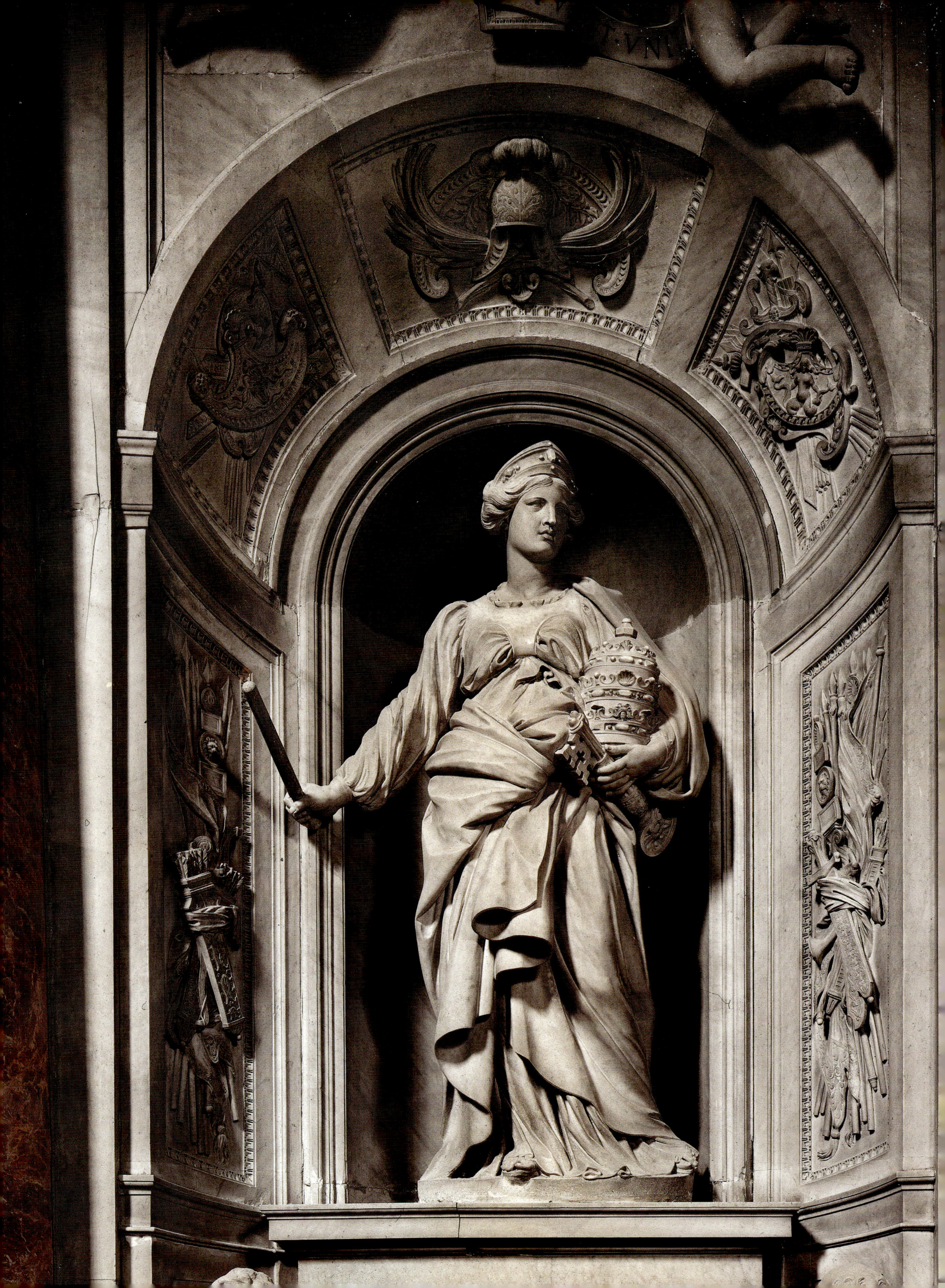

Seite 179–181: 147–148. Stefano Speranza, Sarkophag mit dem Relief *Triumph von Canossa* am Grabmal der Gräfin Mathilde von Tuszien, Gesamtansicht und Detail.

DER PETERSDOM, DER PETERSPLATZ UND BERNINIS KOLONNADEN

ranza findet sich ein Relief mit dem *Triumph von Canossa*, dem historischen Ereignis im Leben der Gräfin, mit dem Bußgang Heinrichs IV. vor Papst Gregor VII. am 25. Januar 1077. Oben in der Nische sind zwei Putten, die ein Schild mit der Inschrift »TUETUR ET UNIT« (»Schützt und eint«) halten. Für diese Arbeit wurden zwischen 1637 und 1638 Andrea Bolgi und Matteo Bonarelli entlohnt. Die zwei knienden Putten auf dem Sarkophag stammen von Luigi Bernini und Andrea Bolgi und halten ein großes Schriftband mit der von Francesco Barberini verfassten Inschrift: »VRBANUS VIII PONT MAX / COMITISSAE MATHILDI VIRILIS ANIMI FOEMINAE / SEDIS APOSTOLICAE PROPUGNATRICI / PIETATE INSIGNI LIBERALITATE CELEBERRIMAE / HUC EX MANTVANO SANCTI BENEDICTI / COENOBIO TRANSLATIS OSSIBUS / GRATVS AETERNAE LAVDIS PROMERITVM / MON POS AN M MDCXXXV«.[298]

Unter Papst Innozenz X. wurden die engen Seitenschiffe von Bernini mit farbigem Marmor ausgekleidet. Und die Granitsäulen der konstantinischen Basilika wichen Säulen mit rötlichen Farben. Auf diese Weise wurde nicht nur jeder Bezug zur alten Basilika zerstört, auch die Feierlichkeit des weiß-grauen Marmors der Statuen und des Sarkophags wich einer betonten Farbigkeit.

Grabmal der Königin Christina von Schweden

Christina von Schweden, Tochter König Gustav Adolfs von Schweden, regierte seit 1644 und konvertierte nach langen Überlegungen zum Katholizismus. Da nach schwedischem Gesetz eine katholische Königin das Land nicht regieren konnte, verzichtete sie 1654 auf den Thron und siedelte schließlich nach Rom über, wo sie ab 1655 residierte. Sie drückte ihren Glauben so aus: »Gott verkün-

179

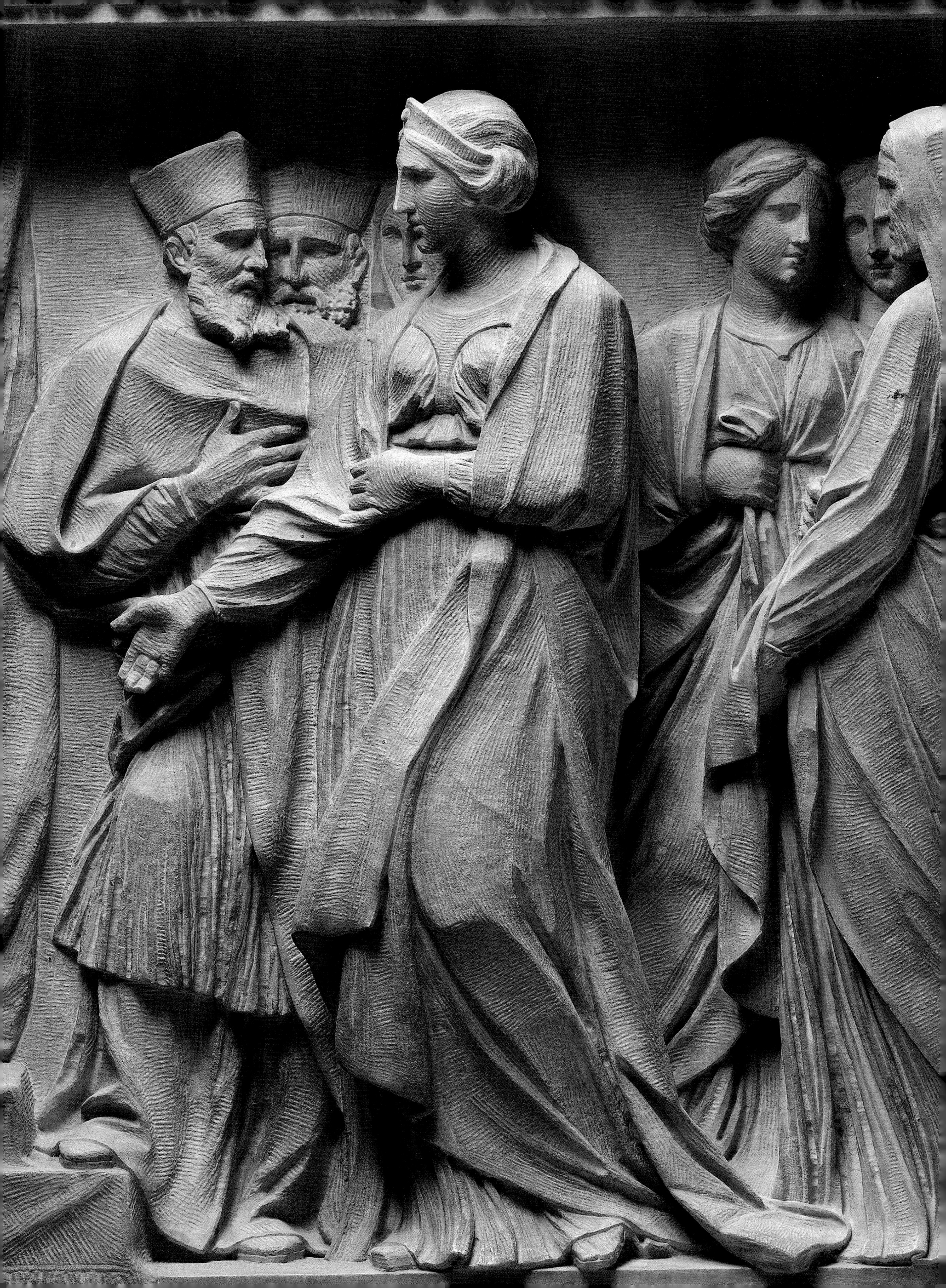

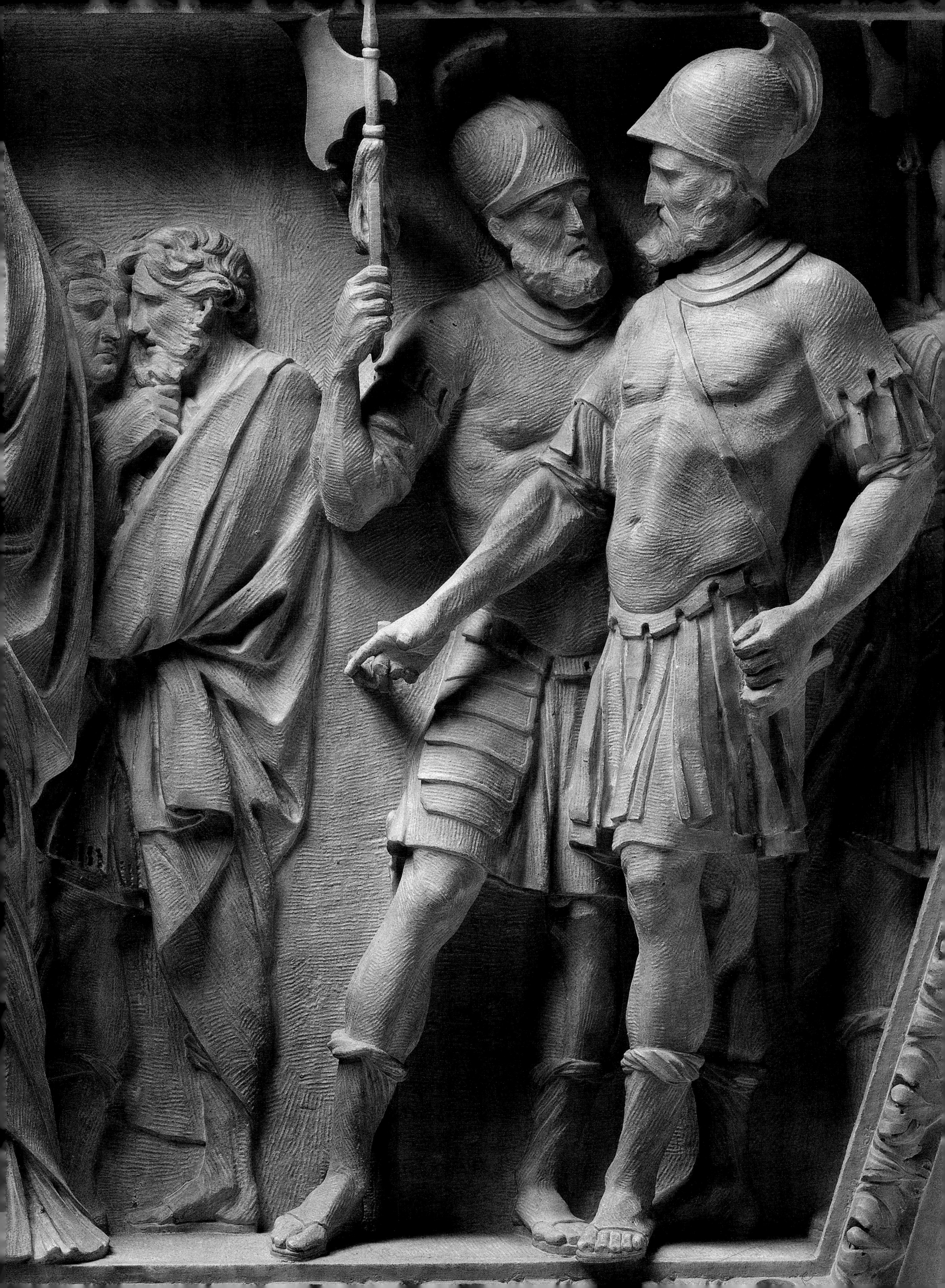

DER PETERSDOM, DER PETERSPLATZ UND BERNINIS KOLONNADEN

149. Gian Lorenzo Bernini, Grabmal der Christina von Schweden, Sarkophag mit Relief *Abschwörung und Verzicht auf den Königsthron von Schweden*.

150. Gian Lorenzo Bernini, Grabmal der Christina von Schweden.

det seien Willen durch ein einziges Orakel, das der römischen katholischen Kirche. Außerhalb dieser gibt es kein Heil. Man muss sich allen ihren Entscheidungen fügen, blind und ohne Zögern.« Christina von Schweden starb in Rom am 19. April 1689 und wurde in Anwesenheit des Kardinalskollegiums in den Grotten in einem Sarkophag im rechten Schiff bestattet. Als Grabstätte hatte sie in ihrem Testament den Pantheon vorgesehen und auch an die künstlerische Gestaltung des Grabes gedacht.[299]

Kurz nach dem Begräbnis gab Papst Innozenz XI. bekannt, dass er ein Grabmal für die Königin Christina von Schweden gegenüber dem der Mathilde von Canossa errichten wolle. Erst sieben Jahre nach ihrem Tod begann man 1696 unter Innozenz XII. Pignatelli mit den Entwürfen, die durch den Tod des Papstes unterbrochen und schließlich auf Betreiben von Klemens XI. Albani 1702 beendet wurden. Das zweite Grabmal für eine Frau in Sankt Peter sollte auch formal seinem Vorbild, dem Monument der Mathilde von Canossa, folgen. Für das Projekt wandte sich der Papst an Berninis Mitarbeiter Carlo Fontana. Fontana entwarf alle Teile der Komposition, vertraute aber die bildhauerischen Elemente Jean-Baptiste Thèodon an, der mit ihm in der Taufkapelle beziehungsweise mit Bernini an einigen Statuen der Kolonnade arbeitete. In der Mitte des Sarkophags schuf er die Szene *Abschwörung und Verzicht auf den Königsthron von Schweden*. Der offizielle Übertritt zum Katholizismus hatte am 3. November 1655 in Innsbruck während ihrer Reise nach Rom stattgefunden. Unterstützt wurde sie dabei von dem päpstlichen Gesandten und Kanoniker Lukas Holste, Kustos der Biblioteca Vaticana und seinerseits ein Konvertit. Geplant war darüber hinaus eine Darstellung des glorreichen Einzugs der Königin in Rom am 23. Dezember 1655.[300] In den Reliefs auf den kurzen Seiten des Sarkophags stellte Lorenzo Merlini Allegorien dar.[301] Links ist der *Glaube, der über die Häresie siegt*, Ersterer dargestellt von einem Engel, der die Eucharistie zeigt, während man rechts die *Bekehrung* sieht und nicht, wie man bislang dachte, die *Verachtung der weltlichen Macht*, wo Christina von einem Engel geleitet einen bärtigen Mann als Sinnbild irdischen Reichtums mit Füßen tritt. Sie ist angelehnt an Ripas Beschreibung der *Arglistigkeit (Inganno)* als »una donna, nuda dalla vita in su, è condotta in alto da un angelo mentre disprezza gioie e scettri e calpesta un uomo dalla doppia coda di serpe«

CHRISTINAE ALEXANDRA D.G. SVEC. GOTHOR. VANDAL ORVM Q. REGINA

CHRISTINAE SVECORVM REGINAE
OB ORTHODOXAM RELIGIONEM
ABDICATO REGNO ABIVRATA HAERESI
PIE SVSCEPTAM
AC DELECTA ROMAE SEDE EXIMIE CVLTAM
MONVMENTVM AB INNOCENTIO XII INCHOATVM
CLEMENS XI P.M. ABSOLVIT ANNO SAL. MDCCII

151. Pietro Bracci, Grabmal der Maria Clementina Sobieska.

(»eine Frau, nackt von der Taille an aufwärts, und oben geführt von einem Engel, während sie Schmuck und Zepter schmäht und einen Mann mit zweifachem Schlangenschwanz mit Füßen tritt«[301a]).

Das große Medaillon mit dem Profilbildnis der Königin und die anderen Teile beruhen auf der Vorlage von Théodon, der seinerseits den Entwürfen Fontanas folgte.[302] Den Bronzeguss führte Giovanni Giardini aus Forlì im November 1701 aus. Die Herrscherin trägt auf der Brust eine Sonnenimprese, auf dem Rand des Medaillons liest man den Namen: »CHRISTINA ALEXANDRA D. G. SVEC. GOTHOR. VANADALORVMQ. REGINA« (»Christina Alexandra, von Gottes Gnaden Königin von Schweden, der Goten und der Vandalen«). Den zweiten Vornamen Alexandra erhielt sie von Alexander VII. bei der Firmung. 1702 fertigte Lorenzo Ottoni die zwei Putten, die mit Zepter und Schwert das Kissen flankieren, auf dem eine enorme Krone ruht. Ein bekrönter Totenkopf hält zwischen Flügeln ein Schriftband, das an die Ausführung des Werks erinnert: »CHRISTINE SVECORVM REGINAE / OB ORTHODOXAM RELIGIONEM / ABDICATO REGNO ABIVRATA HAERESI / PIE SVSCEPTAM / AC DELECTA ROMAE SEDE EXIMIE CVLTAM / MONVMENTVM AB INNOCENTIO XII INCHOATVM / CLEMENS XI P.M. ABSOLVIT ANNO SAL. MDCCII« (»Zu Ehren der Christina, Königin von Schweden, die sich dem wahren Glauben zuwandte, nachdem sie auf die Regierung verzichtete und der Häresie abgeschworen hat, und ihn hervorragend pflegte in dem erwählten Wohnsitz Rom. Klemens XI. Pontifex Maximus führte im Jahr des Heils 1702 dieses Werk zu Ende, das Innozenz XII. begonnen hat.«).

Am 28. Juni 1702, am Vortag des Festes der Apostel Petrus und Paulus, wurde das Monument enthüllt, das, wie uns das *Diario* des Valesio berichtet, auch negative Kritiken erntete: »An diesem Tag hat man der Öffentlichkeit in der vatikanischen Basilika die Grablege der Königin Christina Alexandra von Schweden enthüllt, mit dessen Errichtung man unter dem Pontifikat von Innozenz XII. auf Anordnung desselben Pontifex begonnen hatte. Das unter großen Kosten errichtete Monument fand wenig Beifall und geht vor allem auf den Cavaliere Carlo Fontana zurück, Architekt besagter Basilika von hohem Ansehen und geringem Wissen. Das Medaillon mit dem Bildnis vorgenannter Königin mit der Inschrift darunter ähnelt einem Zifferblatt, Letztere einer Sonnenuhr.«[303] Die Nische mit dem Grabmal der Christina sollte früheren Überlegungen zufolge mit einer auf den Hochaltar ausgerichteten Reiterstatue Konstantins besetzt werden.[304] Erste Hinweise auf diesen Plan stammen aus der Zeit von Innozenz X., der diesem Teil des Seitenschiffs einen fürstlicheren Aspekt verleihen wollte.[305] Die Wahl des Aufstellungsortes war daher keineswegs zufällig.

Grabmal der Maria Clementina Sobieska

Im linken Seitenschiff, zwischen der Taufkapelle und der Kapelle des Tempelgangs Mariens, über der Tür, die »zur Wendeltreppe zum Ausgang der Kuppel« führt[306], durch die man also auf das Dach der Basilika gelangt, befindet sich das Grabmal der Königin Maria Clementina Sobieska, der Gemahlin von Jakob III. Stuart von England. An ihn sowie an seine Söhne Charles Eduard und Henry, erinnert direkt gegenüber ein Denkmal, das Antonio Canova 1817–19 schuf, eines der wichtigsten Monumente des Klassizismus. Die Königin starb in Rom am 18. Januar 1735 im Alter von nur 32 Jahren. Der architektonische Entwurf ihres Grabmals geht auf Filippo Barigioni zurück, für die Skulpturen zeichnete Pietro Bracci verantwortlich, während die Metallarbeiten von Francesco Giardini stammen. Die Ausführung erfolgte zwischen 1739 und Dezember 1742.[307] Auf dem Dreiecksgiebel der Tür sitzen zwei Putti mit den königlichen Insignien Krone und Zepter. In der Mitte erinnert eine Krone aus Rosen an den Tod: OBIIT XV KAL. FEBR. A. MDCCXXXV. Ein großes Tuch aus Alabaster (der vom Pantheon stammt) bedeckt den Porphyrsarkophag und die Inschrift: MARIA CLEMENTINA M. BRITANIAE FRANC. ET HIBERN. REGINA (»Maria Clementina, Königin von Großbritannien, Frankreich und Irland«). Eine weibliche Figur, Symbol der *Caritas*, sitzt auf dem Sarkophag und hält in ihrer Linken ein Herz, aus dem Flammen aus vergoldeter Bronze schlagen, während sie mit der Rechten mithilfe eines Putto das Bildnis der Königin zeigt. Dieses ovale Medaillon mit dem Porträt ist ein Werk von Pietro Paolo Cristofari, angefertigt nach einem Gemälde von Ludwig Stern. Die Dreiecksform der Komposition wird im Hintergrund durch eine Pyramide aus dunklem Marmor betont, der die hellen Farbwerte, die das Monument umgeben, unterstreicht. Es scheint fast, als stünden wir nicht vor einer Plastik, sondern eher vor einem farbenreichen Gemälde. Die Einbeziehung der Tür in die Komposition des Monuments erinnert direkt an das Grabmal Alexanders VII. von Bernini.

Der ursprünglich in den Grotten bestattete Leichnam der Königin wurde 1745 in einem einfachen Sarkophag hinter das Grabmal überführt am Ende der Treppe, die auf die Terrasse führt, beigesetzt wurde. Maria Clementina, Gemahlin des letzten Stuart, verzichtete auf den Thron von Großbritannien, um zum katholischen Glauben übertreten zu können, und lebte mit finanzieller Unterstützung der Päpste Klemens XI. und Innozenz XIII. im Palazzo Muti in Rom.

Petersplatz und Kolonnaden

Bereits Mitte des 15. Jahrhunderts wurden unter Nikolaus V. von Leon Battista Alberti Planungen für das Areal vor der konstantinischen Basilika entwickelt. Man wollte die Leoninische Stadt niederlegen, um das Castel Sant'Angelo und den heiligsten Ort der Christenheit mit Straßen zu verbinden. Im Zentrum der Planungen standen zudem der bewohnte Kern des Borgo Vecchio und Borgo Nuovo. Kolonnaden sollten den Pilgern Schutz bieten, auf diesen neue Wohnungen für die Prälaten der Kurie entste-

185

Monumente und Kapellen

A Kathedra Petri
B Confessio – Baldachin
C Veronika
D Helena
E Longinus
F Andreas

1 Clementinische Kapelle
2 Chorkapelle
3 Kapelle des Tempelganges Mariens
4 Taufkapelle
5 Kapelle der Pietà
6 Kapelle des hl. Sebastian
7 Kapelle des Allerheiligsten Sakraments
8 Gregorianische Kapelle

Grabmäler

1 Paul III. (Alessandro Farnese)
2 Gregor XIII. (Ugo Boncompagni)
3 Gregor XIV. (Nicolò Sfondrati)
4 Leo XI., (Alessandro d'Ottaviano de' Medici)
5 Urban VIII. (Maffeo Barberini)
6 Alexander VII. (Fabio Chigi)
7 Klemens X. (Gio. Batt. Emilio Altieri)
8 Innozenz XI. (Benedetto Odescalchi)
9 Alexander VIII. (Pietro Ottoboni)
10 Innozenz XII. (Antonio Pignatelli)
11 Benedikt XIV. (Prospero Lambertini)
12 Klemens XIII. (Carlo Rezzonico)
13 Leo der Große
14 Mathilde von Tuszien
15 Christina von Schweden
16 Maria Clementina Sobieska

152. Die Pläne zeigen die Standorte der wichtigsten barocken Monumente in der Basilika St. Peter.

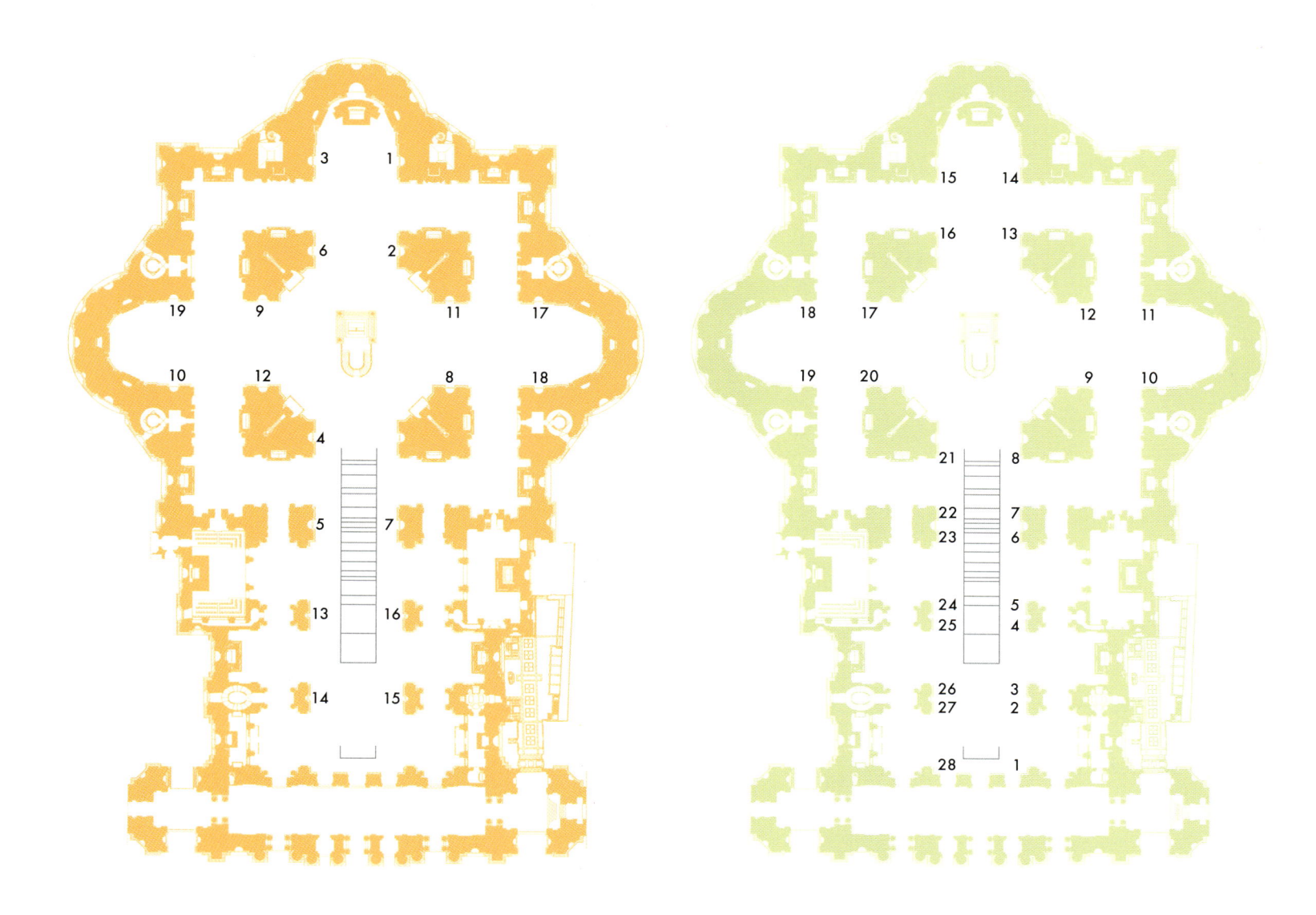

Heilige Gründer von Orden und Kongregationen

Unteres Register in Langhaus und Querhaus

1. 1706 Domenico Guzmán (Dominikaner)
2. 1727 Elija (Karmeliten)
3. 1727 Franz von Assisi (Orden der Minderen Brüder)
4. 1732 Franz von Paola (Mindeste Brüder)
5. 1733 Ignatius von Loyola (Jesuiten)
6. 1735 Benedikt (Benediktiner)
7. 1737 Philipp Neri (Filippini oder Oratorianer)
8. 1738 Kajetan von Thiene (Theatiner)
9. 1740 Juliana Falconieri (Servitinnen/Dienerinnen Mariä)
10. 1742 Petrus Nolascus (Mercedarier)
11. 1744 Bruno (Kartäuser)
12. 1745 Johannes von Gott (Barmherzige Brüder)
13. 1753 Kamillus von Lellis (Kamillianer/Krankendiener)
14. 1753 Petrus von Alcantara (Minoriten oder Alcantarini)
15. 1754 Theresa von Jesus (Unbeschuhte Karmelitinnen)
16. 1754 Vinzenz von Paul (Töchter der christlichen Liebe/Vinzentinerinnen)
17. 1755 Joseph von Calasanz (Piaristen)
18. 1757 Hieronymus Aemiliani (Somasker)
19. 1767 Norbert (Prämonstratenser)

Tugenden

1. Fortitudo
2. Misericordia
3. Costantia
4. Clementia
5. Pax
6. Innocentia
7. Fides
8. Caritas
9. Vigilantia
10. Liberalitas
11. Benignitas
12. Puritia
13. Compassio
14. Cognitio
15. Immortalitas
16. Humilitas
17. Iustitia
18. Fides Catholica
19. Spes
20. Prudentia
21. Fortitudo
22. Iustitia
23. Patientia
24. Humilitas
25. Obbedientia
26. Virginitas
27. Iustitia Divina
28. Auctoritas Ecclesiastica

153. Obelisk auf dem Petersplatz.
Seite 190: 154. Uhr an der linken Fassadenseite der Basilika.
Seite 191: 155. Cristoforo Stati und Siméon Drouin, *Salvator Mundi* auf der Balustrade im Zentrum der Fassade und Laterne im Hintergrund.

hen. Dabei wurde auch die Versetzung des Obelisken zu einem der Hauptthemen. Einige dieser Überlegungen entwickelten sich zu Leitmotiven der nächsten zweihundert Jahre, bis man die endgültige Gestaltung in Angriff nahm. Papst Pius IV. begann 1564 den Platz gegen Süden hin zu erweitern und ihn in Bezug auf die Fassade der Basilika symmetrischer zu gestalten. In Anlehnung an die frühere Portikus war auch eine Umfassung mit einer Loggienarchitektur angedacht.[308]

Der Obelisk

Einer der ersten Eingriffe, der entsprechend dem von Nikolaus V. ausgearbeiteten Programm erfolgte, war die Versetzung des Obelisken von der Südseite der Basilika auf den Petersplatz. Der von Caligula nach Rom gebrachte Obelisk markierte einst die Zentralachse im Zirkus des Nero und war Tiberius und Augustus gewidmet. Man vermutete, dass sich die Asche Julius Caesars in der Kugel auf der Spitze befinden würde. Darüber hinaus war er der Ort des Martyriums des hl. Petrus. Alle diese Gründe bewogen Sixtus V. dazu, die keineswegs einfache Aufgabe der Verlegung des 330 Tonnen schweren Kolosses in Auftrag zu geben.

Der Obelisk aus rotem Granit wurde im Rahmen einer von Domenico Fontana geleiteten ingenieurstechnischen Meisterleistung vor Michelangelos Kuppelbau von Neu-St.-Peter transportiert, der zu jenem Zeitpunkt noch von der alten Basilika verdeckt war. Am 30. April 1586 begann die Versetzung, die mit der Aufrichtung des Obelisken an seinem neuen Standort und schließlich der Weihe am 26. September abschloss. Er befindet sich nicht im exakten Zentrum der Fassade, die hypothetisch zur Kirche Michelangelos sein musste. Von der Achse, die man vom zentralen Portal der Fassade Madernos zur Apsis ziehen kann, weicht sie um ca. 3,80 m in Richtung Norden ab. Vom Augenblick seiner neuen Aufstellung an bildete der Obelisk einen Bezugspunkt für alle zukünftigen architektonischen Entwicklungen des Platzes. In der Zwischenzeit arbeitete Sixtus V. auch an der Fertigstellung der großen Kuppel, wobei er Wert darauf legte, dass sie auch aus einer angenäherten Position sichtbar bliebe. Um dies zu ermöglichen, wollte er sogar die »spina dei borghi« schleifen lassen, d. h. die Häuser zwischen Borgo Vecchio und Borgo Nuovo, ein Vorhaben, das erst 350 Jahre später umgesetzt werden sollte, als Marcello Piacentini und Attilio Spaccarelli nach dem Konkordat zwischen Vatikan und dem italienischen Staat zwischen 1935 und dem Heiligen Jahr 1950 die Via della Conciliazione anlegten.

Die Absicht von Sixtus V. lag weniger in einer baulichen Neugestaltung des Platzes als in einer effektiveren Lenkung der Pilgerströme. Der Obelisk nahm für den Peretti-Papst die Bedeutung des Kreuzes ein. Das bestätigt auch Domenico Fontana in seiner Schrift über die unter Sixtus V. entstandenen Werke: »[...] indem er den Obelisken zum Fuß und Stützpfeiler des heiligsten Kreuzes machte, den außergewöhnlichsten und ausgefallensten, der je von irgend jemandem unter ein Kreuz gestellt worden ist.«[309] Die erste Inschrift informiert uns über den Exorzismus, der an diesem heidnischen Objekt praktiziert wurde. Die Kugel mit der vermeintlichen Asche Caesars wurde von Sixtus V. 1589 Rom geschenkt, womit dieser das Werk seines Vorgängers Sixtus IV. fortsetzte, der 1472 die Symbole Roms für das Kapitol stiftete, darunter die Statuen der Wölfin und Marc Aurels. Anstelle der Kugel setzte man ein Behältnis mit Reliquien vom Hl. Kreuz, verziert mit den drei Bergspitzen des Peretti-Wappens, und das alles dominierende Kreuz.

Auf dem Sockel befinden sich Inschriften, die sich auf der Nord- und Südseite auf die Aufstellung des Obelisken beziehen und von Kardinal Silvio Antoniano verfasst wurden. Pastor zählte sie in seiner *Geschichte der Päpste* zu den herrlichsten des neueren Roms. Nordseite: »SIXTUS V. PONT. MAX. CRUCI INVICTAE OBELISCUM VATICANUM AB IMPURA SUPERSTITIONE EXPIATUM IUSTUS ET FELICIUS CONSECRAVIT ANNO MDLXXXVI PONT. II« (»Dem allerheiligsten Kreuz hat Papst Sixtus V. [den Obelisken] geweiht, nachdem dieser von seinem früheren Standort losgerissen und mit Fug und Recht entzogen war, im Jahr 1586 seines Pontifikates 2.«)[310]; Südseite: »SIXTUS V. PONT. MAX. OBELISCUM VATICANUM DIS GENTIUM IMPIO CULTU DICATUM AB APOSTOLORUM LIMINA OPEROSO LABORE TRANSTULIT ANNO MDLXXXVI PONT. II« (»Papst Sixtus V. hat den Vatikanischen Obelisken, der den Göttern der Heiden in ungläubigem Kult geweiht war, zu den Schwellen der Apostel in mühevoller Anstrengung übergeführt im Jahre 1586 seines Pontifikates 2.«). Die beiden übrigen preisen den Sieg des christlichen Glaubens. So auf der Ostseite, auf die der Blick vom Borgo kommend zuerst fällt: »ECCE CRUX DOMINI FUGITE PARTES ADVERSAE VICIT LEO DE TRIBU JUDA« (»Siehe: das Kreuz des Herrn! Flieht, gegnerische Haufen! Gesiegt hat der Löwe vom Stamm Juda.«). Es handelt sich um ein Zitat aus dem 3. Antiphon der *Laudi* für das Fest der *Kreuzauffindung*, das sich auf die Offenbarung des Johannes bezieht: »Gesiegt hat der Löwe aus dem Stamme Juda, der Spross aus der Wurzel Davids« (Offb 5,5). Darüber hinaus übernimmt es eine exorzistische Formel des hl. Antonius. Die Löwen aus dem Stamme Juda beziehen sich auf die vier Bronzelöwen, auf denen der Obelisk ruht, verweisen aber auch auf die Löwen im Wappen des Papstes Felice Peretti und somit auf diesen als Auftraggeber des Unternehmens. Auf dem Gürtel liest man die von Sternen unterbrochenen Buchstaben »BRI ∗ XIA ∗ NVS«; sie beziehen sich auf den aus Brescia stammenden Künstler Prospero Antichi, der sie zusammen mit Francesco di Pietrasanta, Ludovico del Duca und Gregorio de' Rossi schuf. Die Inschrift auf der der Basilika zugewandten Seite ist eine Exorzismus-Formel und ruft zur Verteidigung vor dem Übel auf. Es handelt sich um einen Vers aus den *Laudi* für die Kaiserkrönung, in diesem Fall eine Anrufung des Reiches Christi: »CHRISTUS VINCIT, CHRISTUS REGNAT, CHRISTUS IMPE-

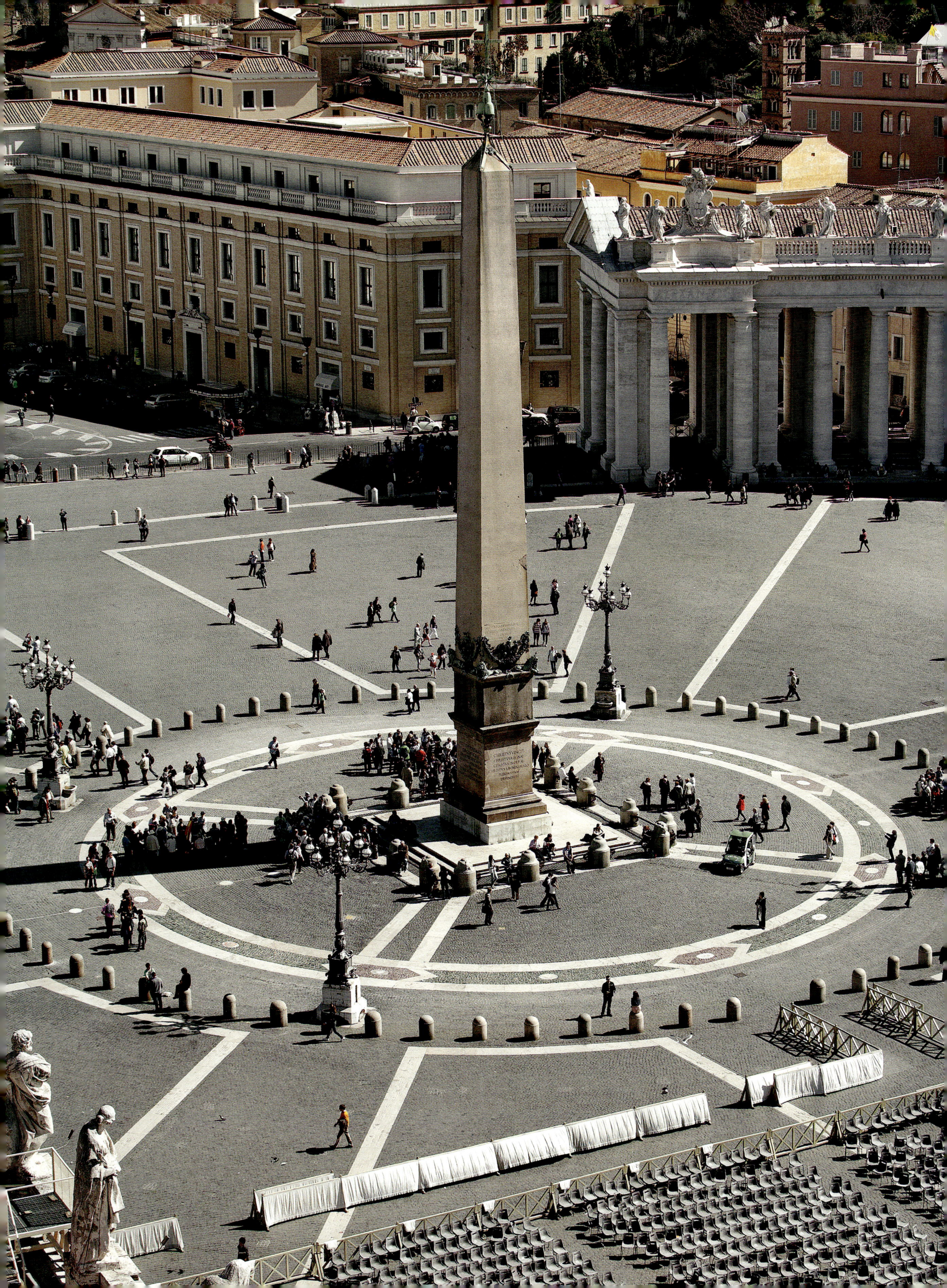

IN·HO

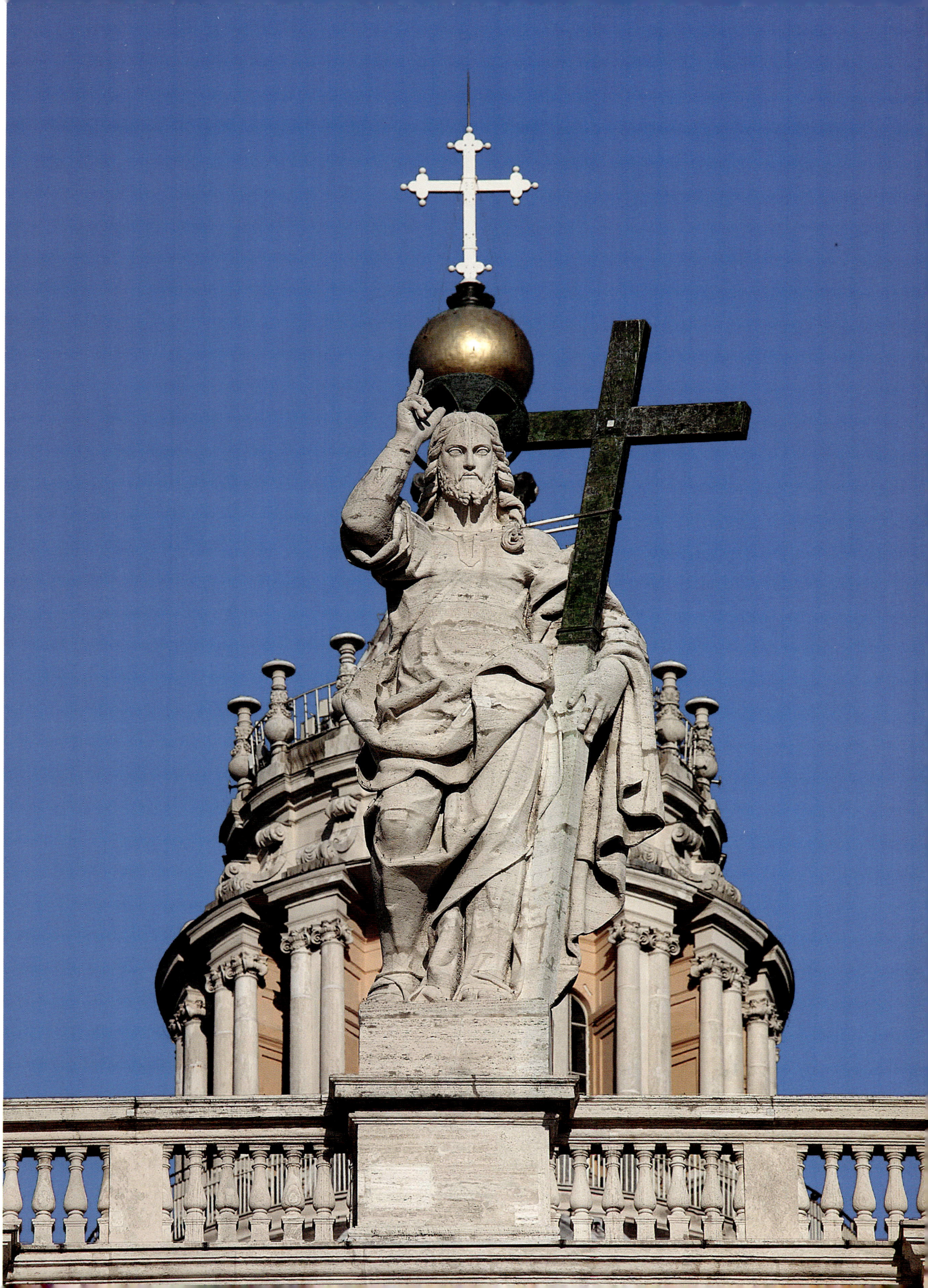

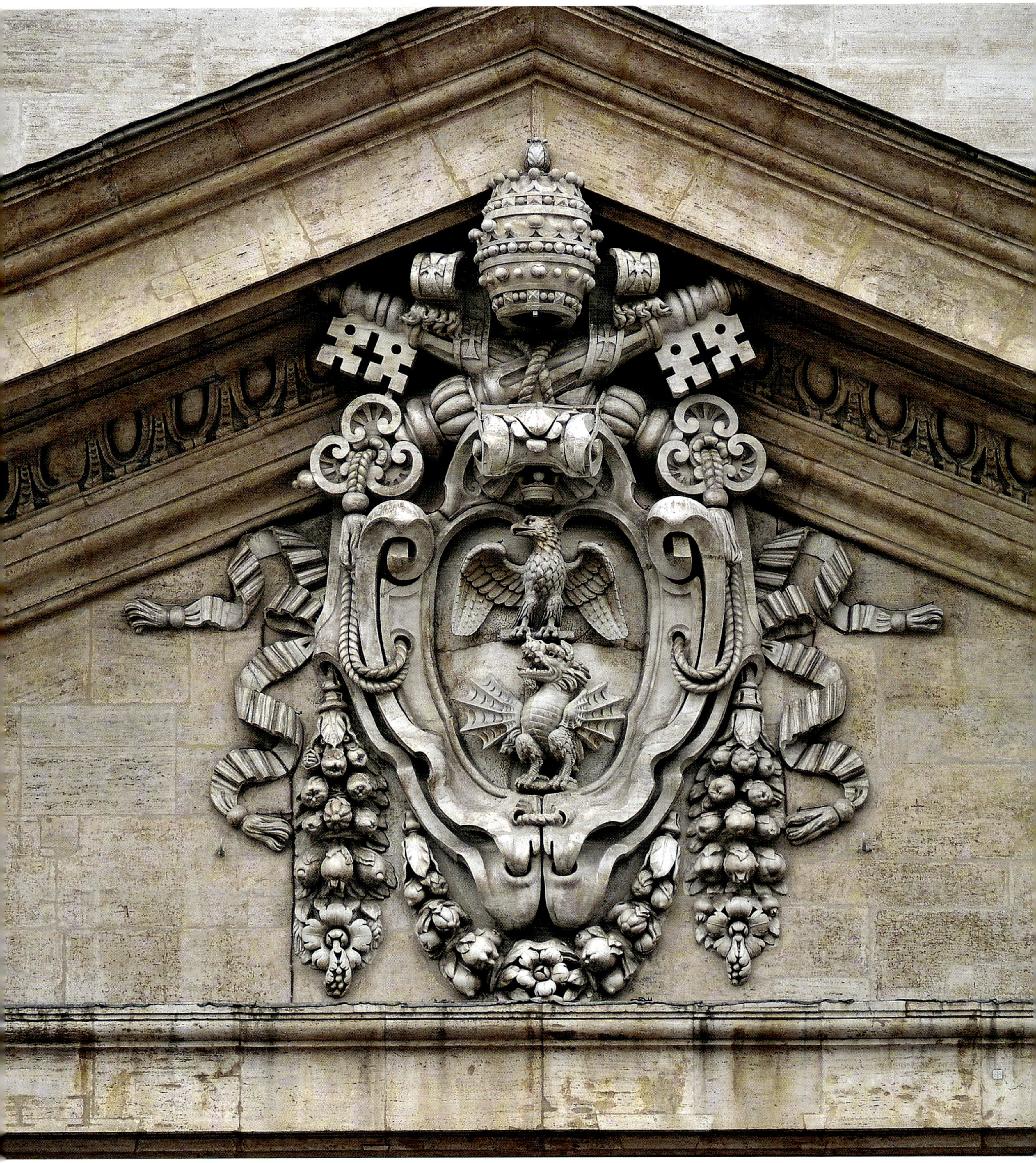

156. Wappen von Papst Paul V. Borghese im Tympanon der Fassade.
157. Benediktionsloggia.
158. Ambrogio Buonvicino, Benediktionsloggia, *Übergabe der Schlüssel*.

RAT CHRISTUS AB OMNI MALO PLEBEM SUAM DEFENDAT« (»Christus siegt, Christus herrscht, Christus befiehlt, Christus möge gegen alles Übel sein Volk verteidigen«). Die bronzenen Adler, die den Schaft des Obelisken schmücken, können um 1722 datiert werden.[311] Sie sind in diesem Fall eine Anspielung auf die heraldischen Elemente von Innozenz VIII. aus der Familie der Conti. Schöpfer der Adler war Lorenzo Ottoni.

Platz und Kolonnaden

Als 1612 die Fassade von St. Peter endlich vollendet war, wurde die Gestaltung des Platzes vor der Kirche zu einem drängenden Problem. Carlo Maderno suchte nach einer Lösung, die dem majestätisch-wuchtige Bau der Basilika gerecht sein würde, musste andererseits aber auch den Zugang zum Vatikanpalast auf der rechten Seite des Platzes berücksichtigen. Deshalb konzentrierte man sich auf den Raum vor der recht breit wirkenden Fassade und entwarf zwei Glockentürme, um dieser mehr Vertikalität zu verleihen und gleichzeitig den apostolischen Palast mit der Basilika zu verbinden. Dabei bedeutete der Höhenunterschied zwi-

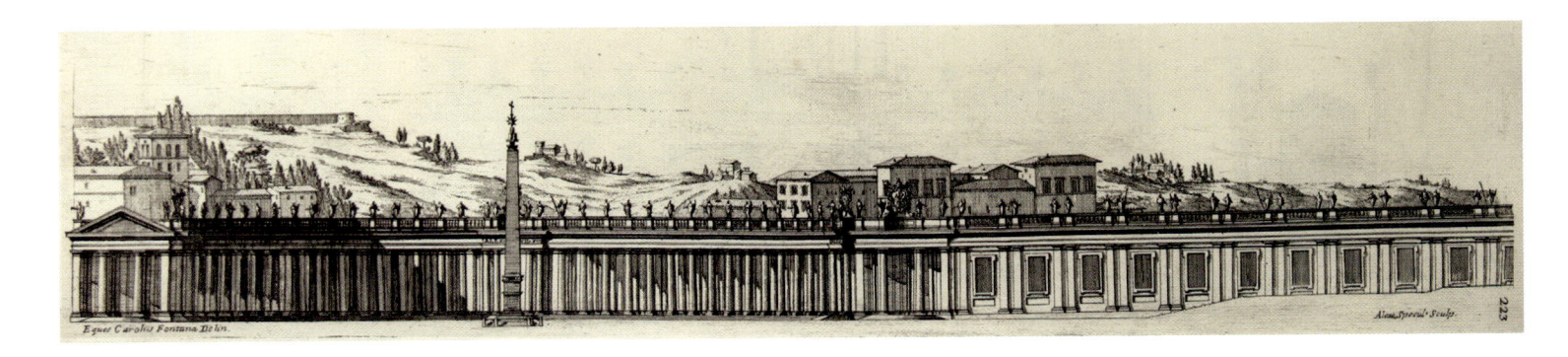

DER PETERSDOM, DER PETERSPLATZ UND BERNINIS KOLONNADEN

159. Carlo Fontana, Aufriss der Kolonnaden, *Templum Vaticanum*, 1694.

160. Konstruktionsschema des Petersplatzes nach Thoenes.
161. Giovan Battista Falda, Ansicht von Basilika und Petersplatz mit dritter Portikus.
Folgende Doppelseite: 162. Petersplatz. Luftaufnahme.

schen Borgo und der Kirche eine Besonderheit, mit der alle Planer konfrontiert waren. Aus diesem Grund fügte Maderno eine große Treppe an. Betrachtet man die bekannten Pläne, blieb der große Platz um den Obelisken dennoch ohne organische Form. Den einzigen Zusatz bildete ein Brunnen, der vom Aquädukt Papst Pauls V. gespeist wurde.

Bis zur Mitte des Jahrhunderts blieben weitere Initiativen für eine Gestaltung des Platzes aus. Erst nach dem Heiligen Jahr 1650 nahm sich Papst Innozenz X. erneut der Neugestaltung des Platzes vor Sankt Peter an und vergab den Auftrag für die Planung an Carlo Rainaldi. Dessen Entwürfe zeugen von großer planerischer Freiheit[312], die auch den Abbruch von Gebäudekomplexen vorsah. Der Platz, mit dem Obelisken im Zentrum, sollte eine symmetrische Gestalt erhalten, deren ovale Form von zwei Brunnen unterstrichen wurde – dem Madernos sowie einem noch zu errichtenden Gegenstück. Das Vorhaben blieb jedoch in der Planungsphase, da der Tod des Papstes (1655) die Arbeiten unterbrach[313], einzelne Elemente werden wir allerdings in der weiteren Debatte um die Platzanlage wiederfinden.

Bereits am Tag nach seiner Wahl am 7. April 1655 rief Papst Alexander VII. Bernini, um mit ihm über die Gestaltung des Platzes zu diskutieren.[314] In diesem idealen Zusammenwirken von berühmtem Künstler und ambitioniertem Bauherrn entstand ein Projekt, das nach zwei Jahren umgesetzt werden konnte. Das Problem hatte sich von einer urbanistischen zu einer mehr architektonischen Frage verlagert, da die Aspekte des Platzzugangs und der umliegenden Bebauung nicht mehr beachtet wurden[315] und man nur noch nach einer ästhetischen Lösung und dem richtigen Verhältnis von leerem Raum und Baukörper der Basilika suchte. Die erste Versammlung der Congregazione der Reverenda Fabbrica di San Pietro, die sich als Aufgabe die Neugestaltung des Platzes gestellt hatte, fand am 31. Juli 1656 statt und erteilte Bernini den Planungsauftrag.[316] In einer weiteren Sitzung am 19. August stellte Bernini sein Projekt vor. Aus den Protokollen wissen wir, dass der Künstler Korrekturen vornehmen sollte. So sollte der Platz eher länger, aber keinesfalls kürzer ausfallen. Vor allem sollte er eine rechteckige Form erhalten und auf der Seite der Kirche nicht breiter als an seinem Zugang sein (»non sit latior a parte Ecclesiae quam in eius principio sed recto tramite seu filo ducat a principio usque in eius finem«).[317] Dieses Trapez

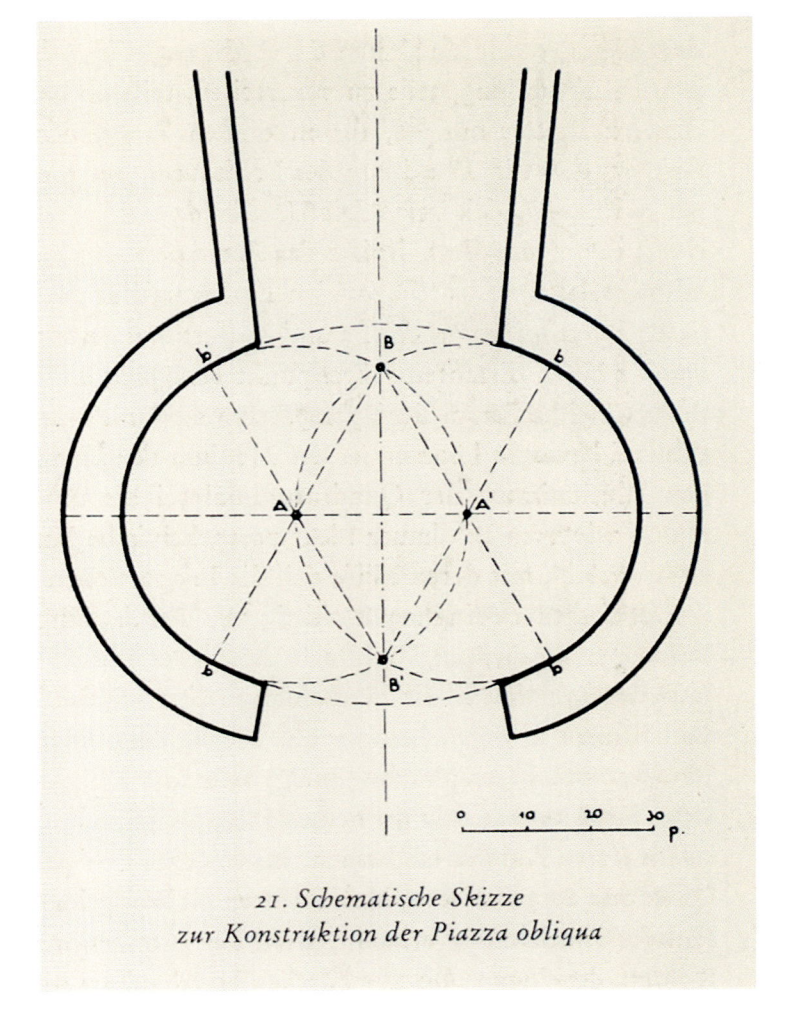

21. Schematische Skizze zur Konstruktion der Piazza obliqua

hätte sich durch den schrägen Zugang aus dem Borgo Nuovo ergeben und wäre durch die Symmetrie verstärkt worden; es handelte sich somit nicht etwa um einen bewussten perspektivischen Effekt, wie etwa im Falle der *Scala Regia* im Apostolischen Palast. Berninis Vorschlag bestätigt, dass er so wenig wie möglich in das urbanistische Gefüge eingreifen wollte, denn der Abriss von Gebäuden wäre unvermeidlich gewesen, um dem Platz den nötigen Raum zu schaffen. Bernini verpflichtet sich daher zu einer Lösung, die einen Platz über einem rechteckigen Grundriss vorsah. Um den richtigen Maßstab zu verdeutlichen, zeichnet er zwei Arkaden in Originalgröße auf die Fassade des höchsten

i Basilica di S. Pietro.
2 Portici fatti da N. Sig.
3 Palazzo Apostolico.

PIAZZA E PORTICI DELLA BASILICA VATICANA FATTI DA N.S. PAPA
ALESANDRO SETTIMO.
Per Gio. Iacomo Rossi in Roma alla Pace e P. del S.P.   *Gio. Batta Falda diseg. f.*

4 Obelisco del Circo di Caio, e Nerone.
5 Palazzo del Sant' Officio.

Hauses am Platz. Der Papst selbst ließ daraufhin mit einfachen Balken die gesamte Kolonnade der Nordseite errichten, um deren Wirkung beurteilen zu können. Als er das Modell sah, zog er einen breitovalen Grundriss vor, da sich der Platz so von den Palastfenstern und der Benediktionsloggia aus besser überschauen ließ und gleichzeitig deren Sichtbarkeit vom Platz aus erhöhte. Wenn auch Bernini das ganze Verdienst für diese Wahl dem Papst zuschrieb, kann man erahnen, dass er selbst es war, der die Vorteile dieser Lösung unterstrich. Die Arbeiten am Modell benötigten viel Zeit, denn die Congregazione della Fabbrica wurde erst für den 17. März 1657 einberufen, um die Architektur und die Entlohnung Berninis zu diskutieren. Mit einigen Kompromissen kam man zu einer fast endgültigen Lösung: Das Resultat war ein großer, ellipsenförmiger Platz, an den ein anderer trapezförmiger anschließt, sowie nur eingeschossige Arkaden ohne Verwaltungs- und Wohnräume darüber, allerdings bekrönt mit einer figurenbeschmückten Balustrade.[318] Die Grundsteinlegung erfolgte bereits am 28. August 1657.[319] Anstelle der Arkaden entschied man sich schließlich für eine Kolonnade mit doppeltem Säulengang und fügte ein hohes Gesims ein, um einen formalen Bezug zur Fassade der Basilika herzustellen. Die »Piazza Obliqua« basiert nicht auf einer Ellipse als geometrische Form, ihr Konstruktionssystem ist viel einfacher: Den Grundriss der Kolonnaden bilden die Segmente zweier Kreise, deren Radius mit dem Abstand zwischen ihren Mittelpunkten übereinstimmt. Von einem bestimmten Punkt aus betrachtet – er ist mit einer Scheibe im Boden des Platzes gekennzeichnet – erscheinen die am nächsten gelegenen nicht mehr als vier hintereinander angeordnete Säulen, sondern wie eine einzige. Die längste Achse des Platzes misst demnach drei Radiuslängen (Abb. 160). In der Mitte der Achse erhebt sich der Obelisk. Die kürzere Achse in Richtung zur Basilika verläuft zudem durch den Schnittpunkt der beiden Kreise. Von der »Piazza Obliqua« öffnet sich zur Kirche hin die »Piazza Retta«, deren Seiten geschlossen sind und von Pfeilern rhythmisiert werden. Die Kolonnaden bilden drei überdachte Gänge, von denen der mittlere breiter ist, um Kutschen die Durchfahrt zu ermöglichen; er ist mit einer Tonne überwölbt. Die Decke der beiden seitlichen Gängen ist von Architraven und Spiegelgewölben unterteilt.[320]

Die Notwendigkeit der Kolonnaden beschreibt Bernini in einer Notiz: »Da die Kirche von Sankt Peter gleichsam Schoß aller anderen ist, muss sie über eine Portikus verfügen. Dies soll besonders zeigen, dass sie die Katholiken mit offenen mütterlichen Armen empfängt, um sie im Glauben zu bestärken, die Häretiker, um sie mit der Kirche zu vereinen, und die Ungläubigen, um sie mit dem wahren Glauben zu beleuchten.«[321] Man sieht folglich einen lebendigen Organismus, mit der Kuppel der Basilika als Tiara des Papsttums, der Benediktionsloggia als Mund. Die Kolonnaden besitzen in diesem Bild des Körpers die Funktion der Arme, die die Menschheit aufnehmen,[322] den ganzen *Orbis terrarum* und dem *Crux invictum* in der Mitte. Die Pläne sahen vor, den ovalen Platz im Osten mit einer dritten Portikus zu schließen, die jedoch nie ausgeführt wurde. Auf diese Weise wäre der Platz geschlossener erschienen und hätte sich dem Besucher überraschender eröffnet – und damit wohl den Charakter des »großen Theaters« besessen, von dem auch Alexander VII. sprach.

Kolonnaden und Kathedra stehen zueinander in Beziehung: »Die beiden Werke der Portikus [Kolonnaden] und der Kathedra bildeten gewissermaßen den Beginn und den Abschluss der Herrlichkeit dieser großen Kirche und das Auge ist am Anfang bei

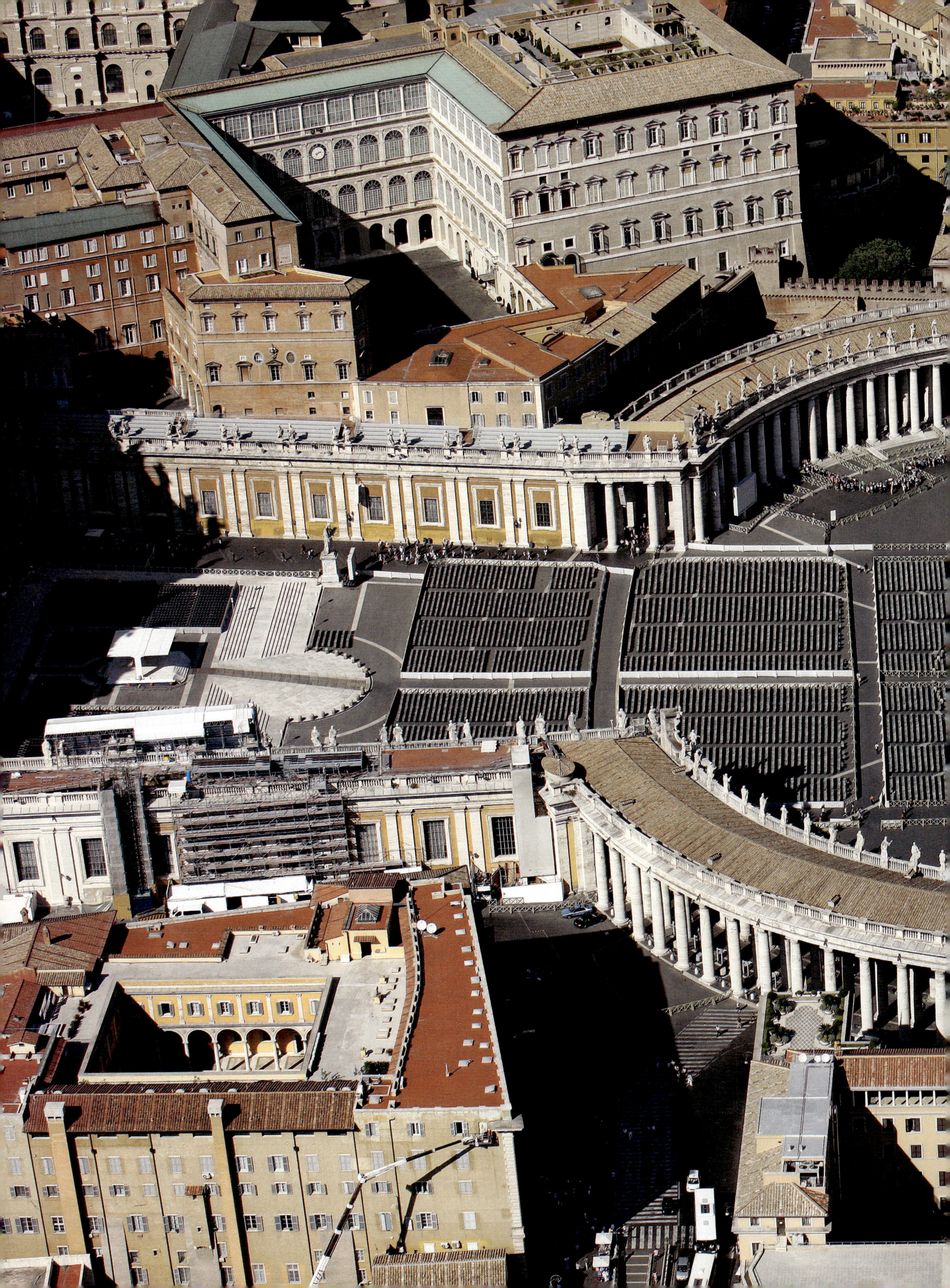

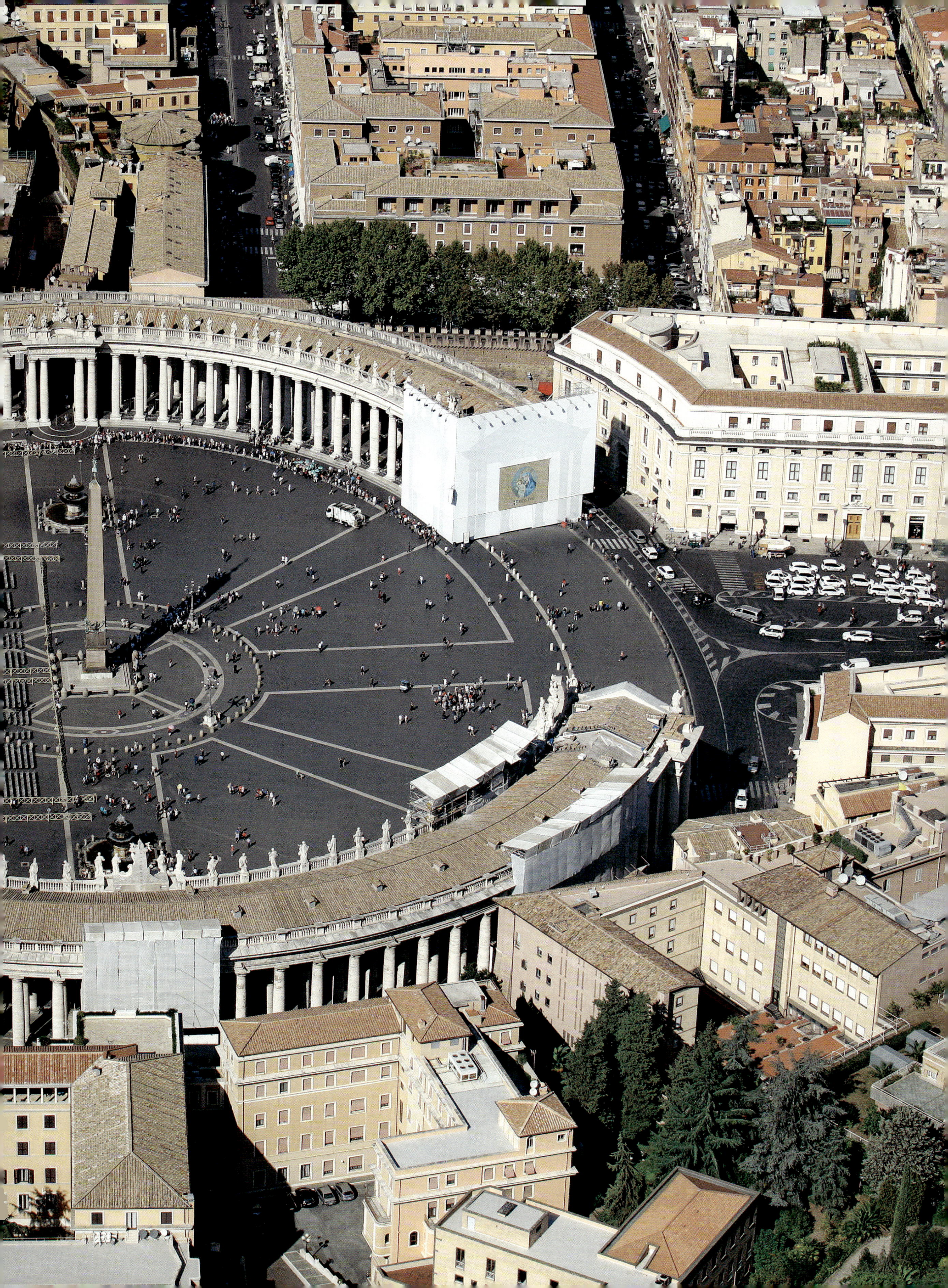

IN HONOREM PRINCIPIS APOST PAVLVS V BVRGHESIVS ROMANVS PON
XII PONT VII
ECCE CRVX DOMINI
FVGITE
PARTES ADVERSAE
VICIT LEO
DE TRIBV IVDA

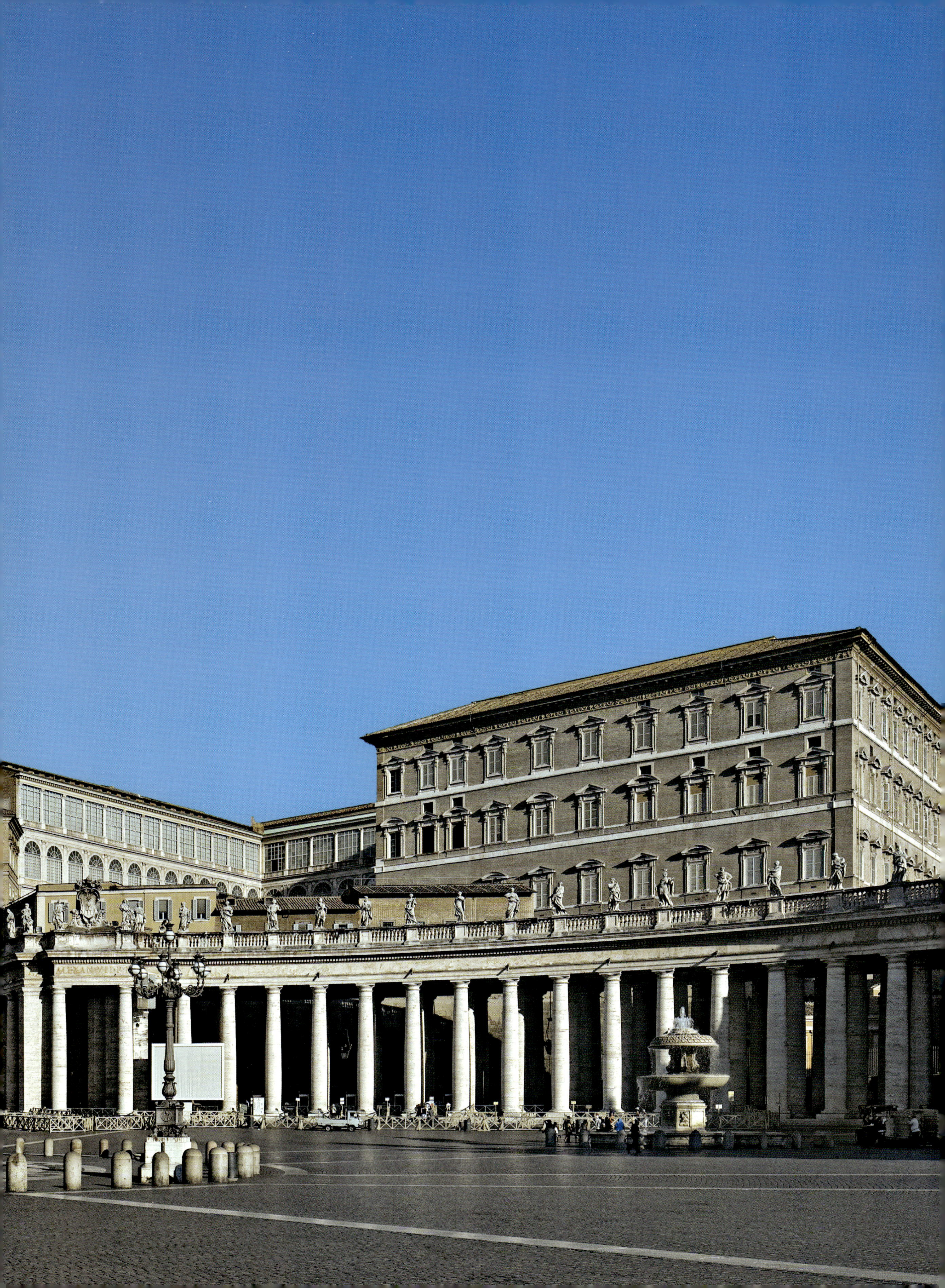

DER PETERSDOM, DER PETERSPLATZ UND BERNINIS KOLONNADEN

Heiligenstatuen auf den Kolonnaden

KOLONNADEN, NÖRDLICHER SÄULENGANG

1.	Gallicanus	Lazzaro Morelli	1670–1673
2.	Leonhard	?	1666
3.	Petronilla	?	1666
4.	Vitalis (Märtyrer)	Lazzaro Morelli (zugeschr.)	1665–1667
5.	Thekla (Märtyrerin)	?	1666
6.	Albert	Lazzaro Morelli (zugeschr.)	1667–1668
7.	Elisabeth von Portugal	Lazzaro Morelli (zugeschr.)	1667–1668
8.	Agatha	Giovanni Maria De' Rossi (?)	1667–1668
9.	Ursula	Agostino Cornacchini	1754
10.	Klara	Lazzaro Morelli (zugeschr.)	1667–1661
11.	Olympia	Giovanni Maria De' Rossi (?)	1667–1668
12.	Lucia (Märtyrerin)	Giovanni Maria De' Rossi (?)	1667–1668
13.	Balbina (Märtyrerin)	Giovanni Maria De' Rossi (?)	1667–1668
14.	Apollonia	Filippo Carcani (?)	1668
15.	Remigius	Giovanni Maria De' Rossi (?)	1667–1668
16.	Ignatius von Loyola	Giovanni Maria De' Rossi (?)	1667–1668
17.	Benedikt	?	1667–1668
18.	Bernhard	Lazzaro Morelli (?)	1667–1668
19.	Franziskus von Assisi	Lazzaro Morelli (zugeschr.)	1667–1668
20.	Dominikus	Lazzaro Morelli (zugeschr.)	1667–1668
21.	Macrina	?	1668
22.	Theodosia	Andrea Baratta (?)	1666
23.	Ephraim	?	1662–1667
24.	Maria von Ägypten (Maria Magdalena?)	Lazzaro Morelli (zugeschr.)	1665–1667
25.	Markus der Evangelist	Lazzaro Morelli (zugeschr.)	1661–1662
26.	Febronia (Märtyrerin)	Lazzaro Morelli (?)	1667–1668
27.	Fabiola	Lazzaro Morelli (?)	1667–1668
28.	Nilammon	Lazzaro Morelli (zugeschr.)	1667–1668
29.	Martianus	Lazzaro Morelli (zugeschr.)	1667–1668
30.	Eusignus (Märtyrer)	Giovanni Maria De Rossi (?)	1667–1668
31.	Marinus	?	1667–1668
32.	Didymus	Lazzaro Morelli (zugeschr.)	1667–1668
33.	Apollonius	Francesco Mari (?)	1667–1668
34.	Candida	?	1667–1668
35.	Fausta	?	1667–1668
36.	Barbara	?	1667–1668
37.	Benignus	Francesco Mari (?)	1667–1668
38.	Malchus (Märtyrer)	Giovanni Maria De' Rossi (?)	1667–1668
39.	Mammas	Lazzaro Morelli (?)	1667–1668
40.	Kolumba	Andrea Baratta (?)	1667–1668
41.	Pontianus	Andrea Baratta (?)	1667–1668
42.	Genesius	Bartolomeo Cennini (zugeschr.)	1662–1666
43.	Agnes	Lazzaro Morelli (zugeschr.)	1661–1662
44.	Katharina (Märtyrerin)	Lazzaro Morelli (zugeschr.)	1662–1665
45.	Justus	Lazzaro Morelli (zugeschr.)	1665–1667

NÖRDLICHER GERADER ARM (BRACCIO DI COSTANTINO)

46.	Cäcilie	Jean-Baptiste Théodon	1703
47.	Franziska von Rom	Jean-Baptiste Théodon	1703
48.	Georg	Lorenzo Ottoni	1703
49.	Maria Magdalena von Pazzi	Giulio Coscia	1703
50.	Susanna	Alessandro Rondoni	1702–1703
51.	Martina	Alessandro Palma	1702–1703
52.	Nikolaus von Myra	Fabio Canusi	1702–1703
53.	Nikolaus von Tolentino	Nicola Artusi	1702–1703
54.	Francisco de Borja	Vincenzo Mariotti	1702–1703
55.	Franz von Sales	Paolo Reggiani	1702–1703
56.	Theresa	Valerio Frugoni	1702–1703
57.	Juliana	Antonio Alignini	1702–1703
58.	Julianus	Antonio Gabbani	1702–1703
59.	Celsus	Piero Cristelli	1702–1703
60.	Anastasius	Giuseppe Riccardi	1702–1703
61.	Vinzenz Märtyrer	Francesco Pincellotti	1702–1703
62.	Paulus	Andrea Fucigna	1702–1703
63.	Johannes	Vincenzo Felice	1702–1703
64.	Damian	Giuseppe Napolini	1702–1703
65.	Kosmas	Antonio Fantasia	1702–1703
66.	Zosimus	Annibale Casella	1702–1703
67.	Rufus (Märtyrer)	Matteo Tomassini	1702–1703
68.	Protasius	Simone Giorgini	1702–1703
69.	Gervasius (Märtyrer)	Giuseppe Raffaelli	1702–1703
70.	Thomas von Aquin	Girolamo Protopapa	1702–1703

SÜDLICHER GERADER ARM (BRACCIO DI CARLO MAGNO)

71.	Bonaventura	Pietro Paolo Campi	1702–1703
72.	Marcus	Francesco Gallesini	1702–1703
73.	Marcellus (Märtyrer)	Agostino Zena	1702–1703
74.	Vitus	Girolamo Gramignoli	1702–1703
75.	Modestus	Giuseppe Ferretti	1702–1703
76.	Praxedis	Francesco Maria Brunetti	1702–1703
77.	Pudentiana	Paolo Morelli	1702–1703
78.	Fabianus	Pietro Mentinovese	1702–1703
79.	Sebastian	Michele Maglia	1702–1703
80.	Timotheus	Giovanni Maria Baratta	1702–1703
81.	Faustus (Märtyrer)	Giovanbattista Cioli	1702–1703
82.	Primus	Domenico Amici	1702–1703
83.	Felicianus	Bernardino Cametti	1702–1703
84.	Hippolyt	Antonio Frediani	1702–1703
85.	Basilissa	Giovanni Battista Antonini	1702–1703
86.	Paulus	Michele Mauri	1702–1703
87.	Juliana	Giovanni Pietro Mauri	1702–1703
88.	Nereus	Lorenzo Ottoni	1703
89.	Achilleus	Lorenzo Ottoni	1702–1703
90.	Felix	Lorenzo Lironi	1702–1703
91.	Konstanze	Sillano Sillani	1702–1703
92.	Andrea Corsini	Francesco Marchionni	1702–1703
93.	Crescentius	Jean-Baptiste Théodon	1703
94.	Pelagia (Märtyrerin)	Pierre-Étienne Monnot	1703
95.	Pankraz (Märtyrer)	Francesco Moderati	1702–1703

KOLONNADEN, SÜDLICHER SÄULENGANG

96.	Dionysius	Lazzaro Morelli (zugeschr.)	1665–1667
97.	Laurentius	Lazzaro Morelli (zugeschr.)	1665–1667
98.	Stephan	Lazzaro Morelli (zugeschr.)	1662–1665
99.	Romanus	Lazzaro Morelli (zugeschr.)	1665–1667
100.	Eusebius	Lazzaro Morelli (zugeschr.)	1668–1670
101.	Spyridon	Lazzaro Morelli (zugeschr.)	1668–1670
102.	Ignatius	Werkstatt des Ferrata	1669–1670
103.	Alexander	Werkstatt des Ferrata	1669–1670
104.	Leo der Große	Giovanni Maria De Rossi (zugeschr.)	1669–1670
105.	Athanasius	Giovanni Maria De Rossi (zugeschr.)	1669–1670
106.	Johannes Chrysostomos	Giovanni Maria De Rossi (zugeschr.)	1668–1669
107.	Ubaldus	Giovanni Maria De Rossi (zugeschr.)	1669–1670
108.	Gregor von Nazianz	Giovanni Maria De Rossi (zugeschr.)	1669–1670
109.	Leo IV.	?	1669–1670
110.	Klemens	Filippo Carcani (zugeschr.)	1669
111.	Cölestin V. (Papst)	Lazzaro Morelli (zugeschr.)	1668–1670
112.	Marcellus (Papst)	Lazzaro Morelli (zugeschr.)	1668–1670
113.	Martin (Papst)	Lazzaro Morelli (zugeschr.)	1668–1670
114.	Silvester (Papst)	Lazzaro Morelli (zugeschr.)	1668–1670
115.	Marcellinus (Papst)	Lazzaro Morelli (zugeschr.)	1668–1670
116.	Galla von Rom	?	1666
117.	Katharina von Siena (Rosa von Lima?)	Lazzaro Morelli (zugeschr.)	1665–1667
118.	Beatrix (Märtyrerin)	?	1666
119.	Theodora	Giacomo Antonio Fancelli (zugeschr.)	1662–1667
120.	Hyacinthus	Lazzaro Morelli (zugeschr.)	1667–1668
121.	Franz Xaver	Lazzaro Morelli (zugeschr.)	1669–1670
122.	Kajetan	Lazzaro Morelli	1671
123.	Philipp Benizi	Lazzaro Morelli	1671
124.	Philipp Neri	Lazzaro Morelli	1671
125.	Karl Borromäus	Lazzaro Morelli	1671
126.	Antonius von Padua	Lazzaro Morelli	1671
127.	Franz von Paola	Francesco Antonio Fontana (?)	1670–1673
128.	Antonius »der Große«	Giuseppe Angelini	1792–1793
129.	Paulus von Theben	Lazzaro Morelli	1672
130.	Petrus Nolascus	Lazzaro Morelli (zugeschr.)	1672–1673
131.	Joseph	Lazzaro Morelli	1671–1672
132.	Romuald	Lazzaro Morelli	1672
133.	Johannes von Matha	Lazzaro Morelli (zugeschr.)	1672–1673
134.	Ludwig Beltrán	Lazzaro Morelli (zugeschr.)	1672–1673
135.	Bruno	Francesco Antonio Fontana (zugeschr.)	1670–1673
136.	Hilarion	?	1662–1667
137.	Hieronymus	?	1662–1667
138.	Theodor	Lazzaro Morelli (zugeschr.)	1665–1667
139.	Theobald	?	1662–1667
140.	Norbert	Lazzaro Morelli (?)	1670–1673

Vorhergehende Doppelseite: 163. Basilika St. Peter, Apostolischer Palast und Teil der Kolonnade.

164. Lazzaro Morelli, Statue auf den Kolonnaden, *Hl. Hyazinthus*.

DER PETERSDOM, DER PETERSPLATZ UND BERNINIS KOLONNADEN

Seite 202–205: 165.–167. Details der Kolonnaden.

Betreten des Platzes ebenso bezaubert, als wenn man am Ende die Kathedra erblickt«.³²³ Berninis Sohn Domenico bezieht sich in seiner Biografie auf die Abfolge der beiden Werke, aber sie stehen in Wechselwirkung zueinander, sodass auch ein Bezug auf ikonologischer Ebene existiert.

Aus praktischer Sicht boten die Kolonnaden den Pilgern in Erwartung des Heiligen Vaters Schutz vor Sonne und Regen. Das Ziel eines jeden Unternehmens zur Vervollständigung der ersten Kirche der Christenheit bestand in der Darstellung der Römischen Kirche durch die Verherrlichung der historischen Kontinuität der Nachfolge Petri. Dies wird auch im Gegensatz zwischen den Absichten Alexanders VII. und der Reverenda Fabbrica deutlich. Letztere befürwortete einen funktionalen Entwurf und kein Bauwerk, das als Symbol seines Primats konzipiert war, wie vom Papst gewünscht.

Die Statuen auf den Kolonnaden

Alexander VII. wünschte seit 1655 eine Bekrönung der Kolonnaden des Petersplatzes mit Statuen von Heiligen, Märtyrern, Päpsten, Bischöfen, Ordensgründern und Eremiten, von denen viele in jenen Jahren kanonisiert wurden. In diesem »Theater« nimmt die Umarmung der Kirche mit ihren Heiligen eine symbolische Form an und jede Statue entspricht der darunter stehenden Säule. Andererseits war bereits die Fassade der Basilika mit Figuren von Heiligen und Christus in der Mitte über dem Tympanon geschmückt. An sie mussten sich die Kolonnaden als natürliche Fortsetzung ausrichten. Eine Bekrönung mit Statuen war bereits in Giacomo della Portas Entwurf für den Tambour der großen Kuppel angedacht.³²⁴ Bernini plante anfänglich eine Zahl von 94 Statuen. Während des Pontifikats von Klemens XI. wurde der Kreis der Statuen hin zur »Piazza Retta« über den geraden Armen um weitere 50 Statuen erweitert³²⁵, in Relation zu den Säulen und den Pfeilern und um eine Verbindung zum Statuenschmuck von Christus und den Aposteln an der Fassade herzustellen. Etwa zur gleichen Zeit war dies zeitlich auch der Moment, in dem man erwog, Heiligenstatuen in die Pfeiler des Hauptschiffs einzusetzen.

Bereits 1657 wurden – wie bei Arbeiten in der Basilika üblich – Figuren in Originalgröße auf den Kolonnaden aufgestellt, um die spätere Wirkung des Ensembles einschätzen zu können. Man fertigte zudem ein Holzmodell mit drei Bogenstellungen an, für die Giovanni Paolo Schor »vier Figuren in Chiaroscuro von 12 *palmi* Höhe« malen sollte.³²⁶ Aber erst 1661, mit der Präsentation der unter Lazzaro Morelli gefertigten Modelle aus Pozzolanerde und Gips, gelangte man zu einer endgültigen Entscheidung über die Größe der Statuen, die auf 14 *palmi* (ca. 3,2 m) erhöht wurden. Binnen Kurzem waren neun Statuen entworfen. Die Heiligen der ersten Serie wurden 1673 ausgeführt. Alle Statuen der Kolonnaden wurden hinsichtlich ihres Aufstellungsortes von Bernini studiert und entworfen, dessen Werkstatt seine Entwürfe perfekt umsetzte. Unter diesen Mitarbeitern, von denen wir einigen auch bei den Arbeiten des Meisters an den Grabmonumenten begegnen, sind besonders hervorzuheben: Giacomo Antonio Fancelli, Paolo Naldini, Bartolomeo Cennini, Filippo Carcani, Giuseppe Mazzuoli, Michele Maglia (Michel Maille), Lorenzo Ottoni, die Brüder Francesco und Domenico Mari, Nicola Artusi, Andrea Baratta, Giovanni Cesare Dona, Francesco Antonio Fontana und Giovanni Maria de' Rossi. Von Lazzaro Morelli stammen 46 Statuen. Neun dieser Statuen tragen auch den Namen des Heiligen: hl. Gallicanus, hl. Kajetan, hl. Philipp Neri, hl. Antonius von Padua, hl. Karl Borromäus, hl. Philipp Benizi, hl. Joseph, hl. Paul Eremit und hl. Romuald. Obwohl Bernini die Formen mit seinen Zeichnungen und sogar mit Wachsmodellen vorgab, gelang es jedem Bildhauer, den eigenen Stil zum Ausdruck zu bringen, sodass sich die Statuen mit wenigen Ausnahmen dennoch dem betreffenden Künstler zuordnen lassen.³²⁷

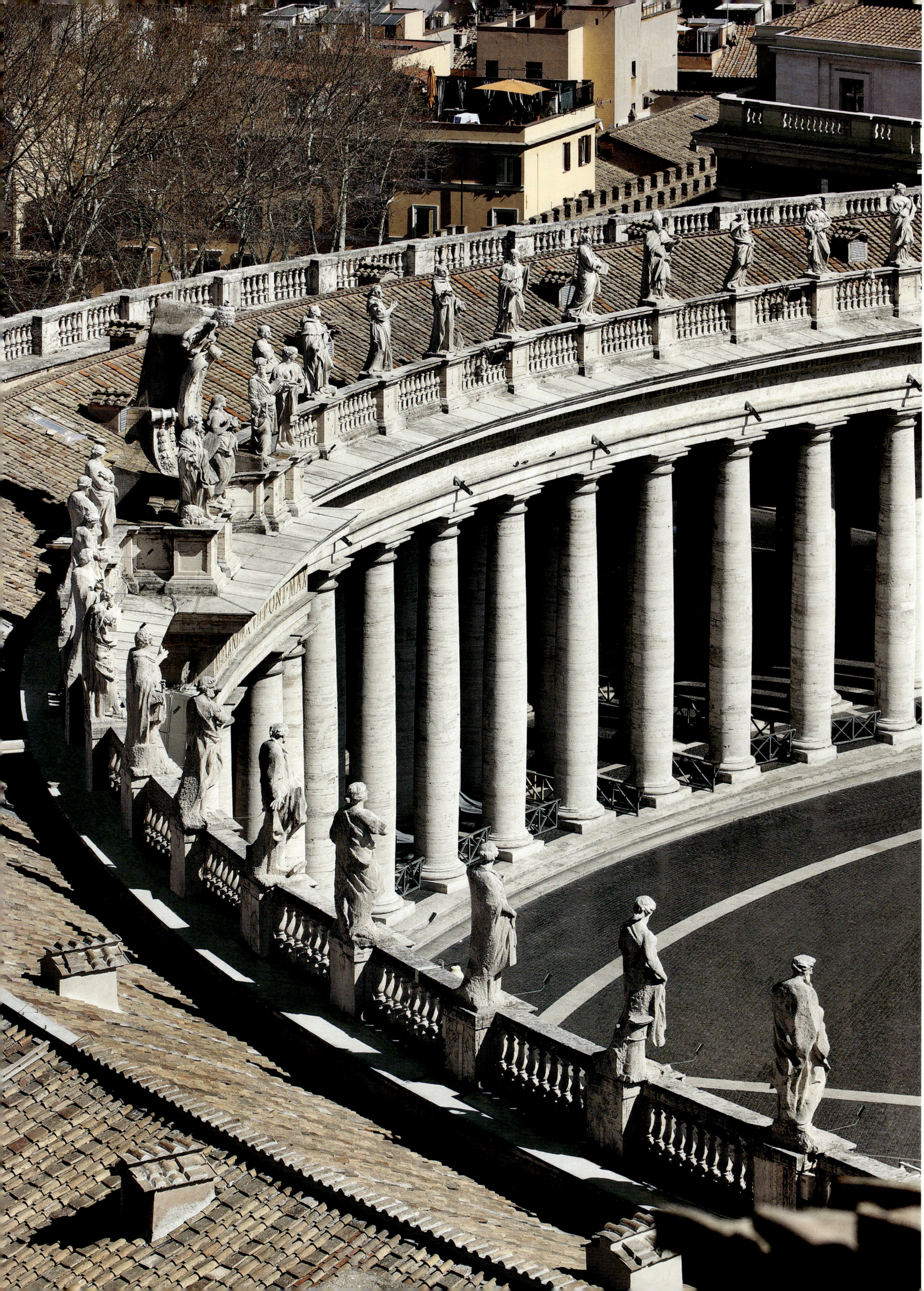

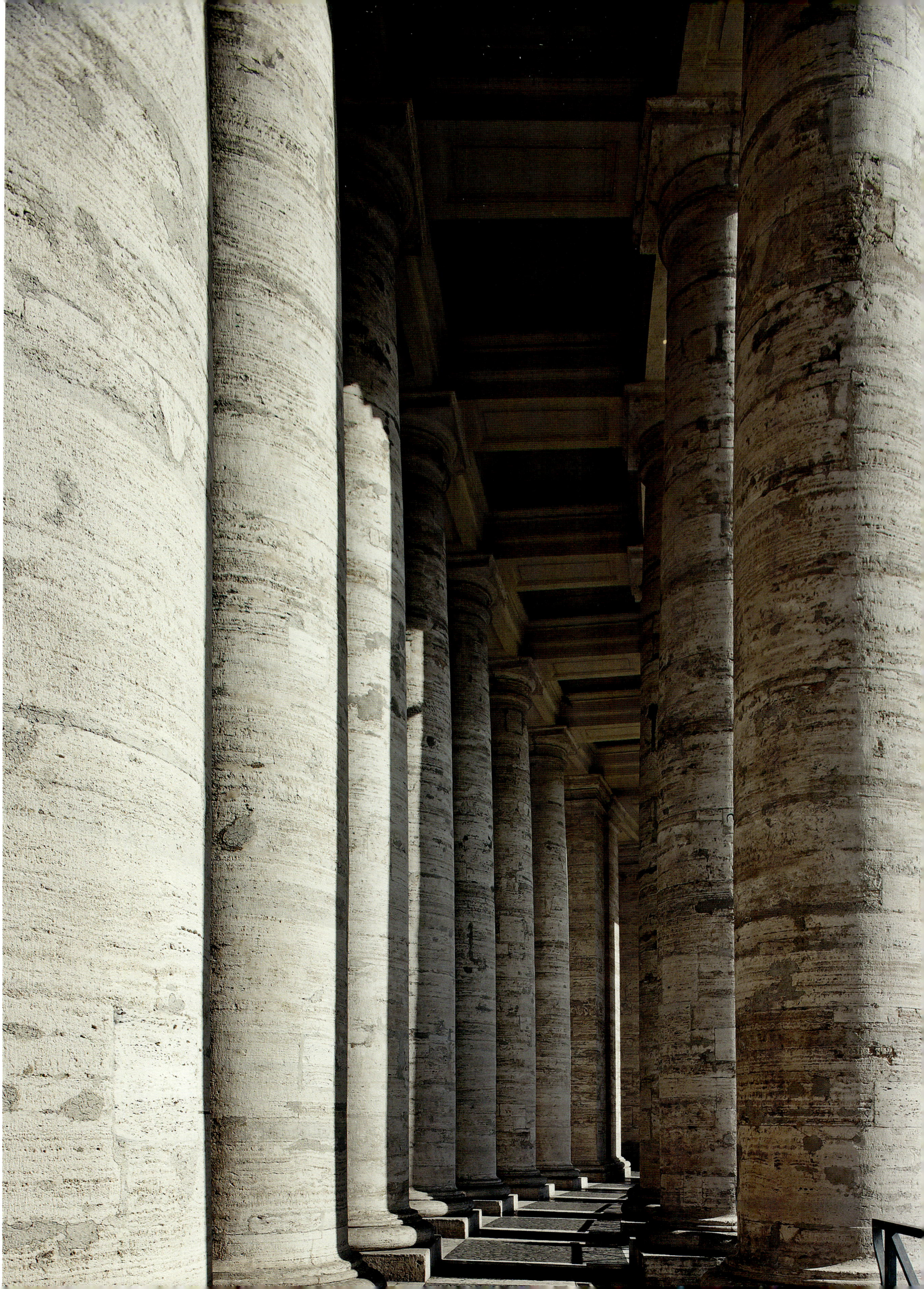

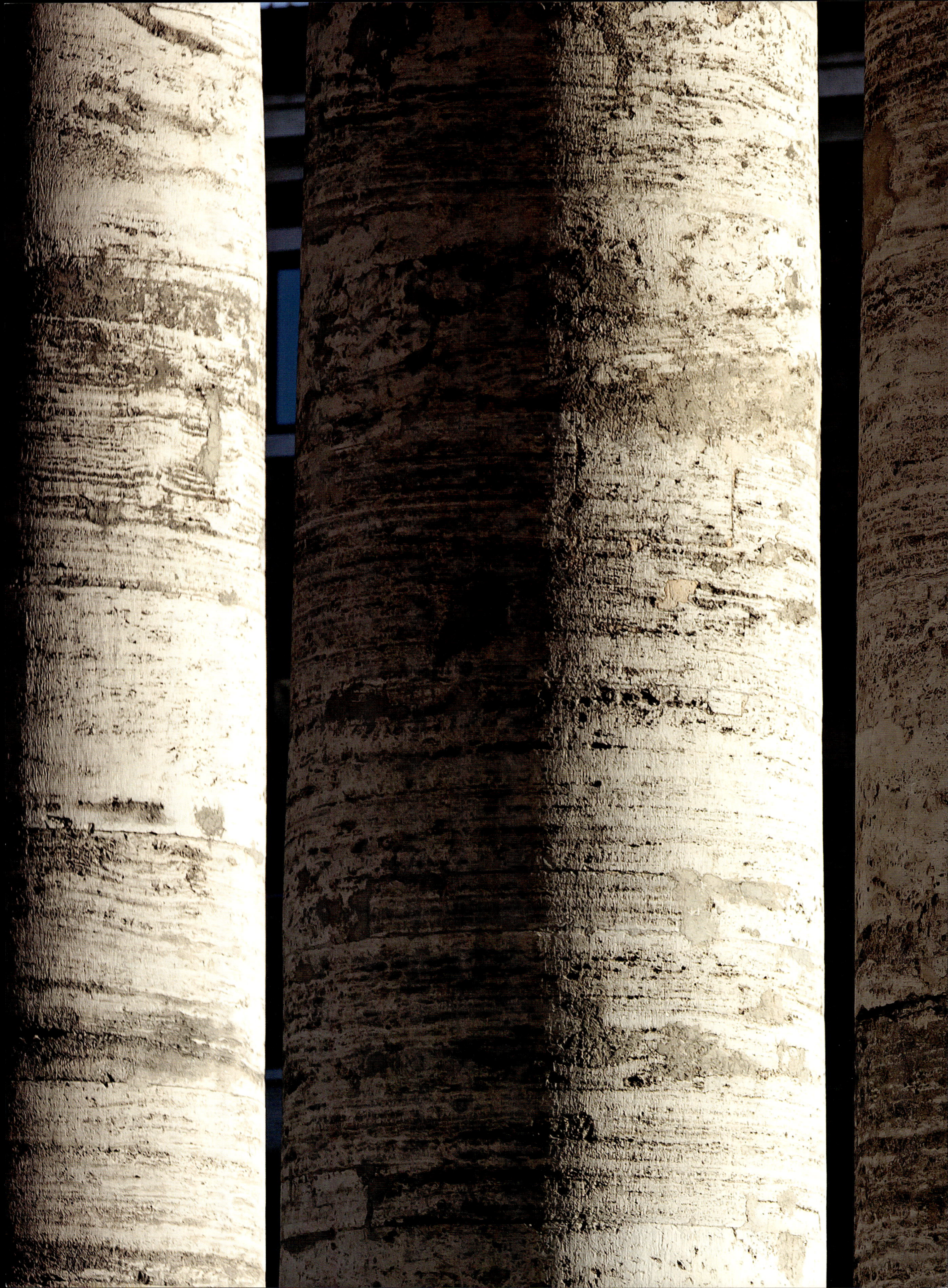

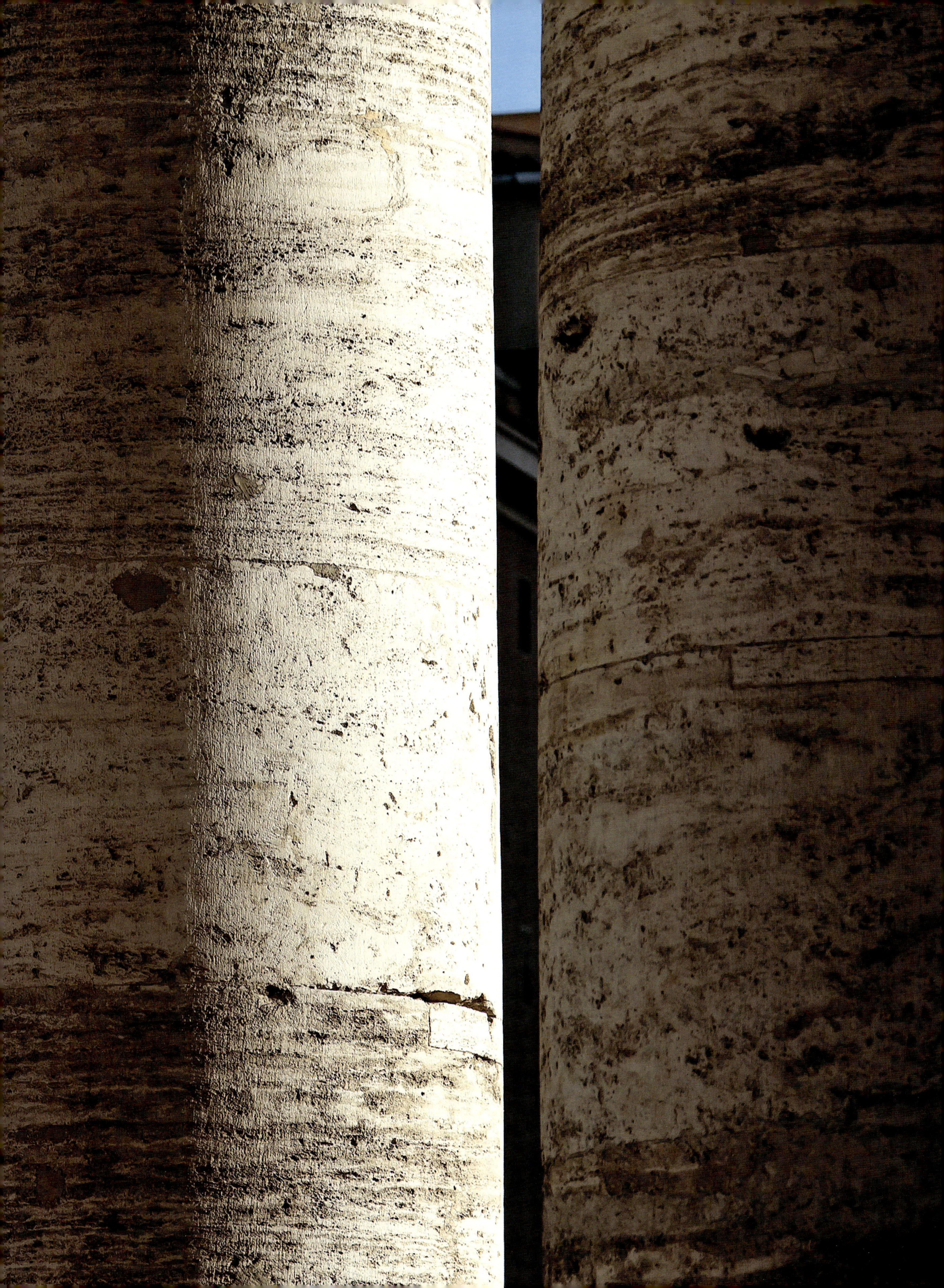

...PIS·APOST PAVLVS·V·BVRGHESIVS·ROMANVS·PONT·M...

168. Ausschnitt der Fassade von Carlo Maderno mit großer Kuppel im Hintergrund.

169. Siméon Drouin, Balustrade der Fassade, Hl. Johannes der Täufer.

Bis heute ist noch ungeklärt, wer dieses Figurenprogramm und seine Aufstellung in einer logischen Reihenfolge ersonnen hat. Sicherlich ist Alexander VII. ein Anteil an der Auswahl der Heiligenfiguren zuzuschreiben, da die Idee einer figurengeschmückten Balustrade auf ihn zurückgeht. Ein erstes Verzeichnis in einem Kodex der Chigi[328] nennt eine Serie von 109 Heiligen, die jedoch in ihrer Abfolge nicht der Ausführung entsprechen. An erster Stelle stehen Figuren aus dem Alten Testament und die Jünger Christi. Beim Tod Alexanders VII. waren bereits 24 Statuen aufgestellt. 1673 wurde die erste Gruppe von Heiligen vollendet, von 1702 bis 1703 vervollständigte man die Serie über den geraden Armen. Entlang der gesamten Platzanlage lassen sich vier dominierende Typen von Heiligen unterscheiden: Auf dem nördlichen Säulengang, nahe dem Vatikanischen Palast, stehen die Verteidiger des Glaubens und die Ordensgründer, die zur Verbreitung des Mönchstums beigetragen haben. Auf dem südlichen Säulengang sind die Verfechter des Primats von Rom und der Päpste dargestellt, Bischöfe, Kirchenlehrer, Reformatoren und Ordensgründer. Über den geraden Armen stehen Märtyrer und Kirchenlehrer. Alexander VII. hatte seine Aufmerksamkeit auch den Zugängen der Kolonnaden gewidmet, wo über der Balustrade das Chigi-Wappen mit Tiara und Schlüsseln prangt.

Für die Gläubigen, denen es nicht möglich war, die einzelnen Heiligen zu identifizieren – selbst Wissenschaftler konnten bis vor einiger Zeit nicht sämtliche Namen bestimmen –, stellte die Reihe der Figuren in erster Linie ein Heer von Heiligen dar und stand somit für die streitbare Kirche. Bemerkenswert ist auch, dass die Heiligen unterschiedlichsten Nationen angehören, ein Aspekt, der offensichtlich die Universalität der Kirche sowie die Verbreitung des Glaubens unterstreichen soll – in gleicher Weise wie die Umarmung, die die ovale Form der Kolonnaden ausdrückt. Die Pflasterung des Platzes wurde erst unter Papst Benedikt XIII. zwischen 1724 und 1730 ausgeführt.[329] Die Windrose stellt eine Ergänzung des Astronomen Gilli aus dem Jahr 1817 dar.[330] Gegen Ende des 17. Jahrhunderts schlug der holländische Ingenieur Cornelio Meyer vor, die Symbole der vier Himmelsrichtungen einzufügen. Er beabsichtigte den ganzen Platz zu nutzen, um die Sternenbahnen und die Erdkreise einzuzeichnen, die das Erscheinen von Kometen der Vergangenheit darstellen und die zukünftigen Erscheinungen voraussagen sollten.[331]

DER PETERSDOM, DER PETERSPLATZ UND BERNINIS KOLONNADEN

170. Lazzaro Morelli (zugeschr.), Statue auf den Kolonnaden, Königin Elisabeth von Portugal.
171. Giovanni Maria De' Rossi, Statue auf den Kolonnaden, *Hl. Lucia*.

172. Giovanni Maria De' Rossi, Statue auf den Kolonnaden, *Hl. Remigius.*
173. Giulio Coscia, Statue auf nördlichem Wandelgang, *Hl. Maria Magdalena von Pazzi.*

DER PETERSDOM, DER PETERSPLATZ UND BERNINIS KOLONNADEN

174. Lazzaro Morelli, Statue auf den Kolonnaden, *Hl. Philipp Neri.*
175. Lazzaro Morelli, Statue auf den Kolonnaden, *Hl. Karl Borromäus.*

176. Lazzaro Morelli (zugeschr.), *Hl. Petrus Nolascus.*
177. Giovanni Maria De' Rossi, Statue auf den Kolonnaden, *Hl. Ubaldus.*

DER PETERSDOM, DER PETERSPLATZ UND BERNINIS KOLONNADEN

178. Lazzaro Morelli (zugeschr.), *Hl. Vitalis*.
179. Pierre-Étienne Monnot, Statue auf südlichem Wandelgang, *Hl. Pelagia*.

180. Jean-Baptiste Théodon, Statue auf südlichem Wandelgang, *Hl. Crescentius*.
181. Francesco Marchionni, Statue auf südlichem Wandelgang, *Hl. Andrea Corsini*.
Folgende Doppelseite: 182. Eingang zum südlichen Wandelgang, Papstwappen und die *Heiligen Romanus, Stephan, Laurentius* und *Dionysius*.

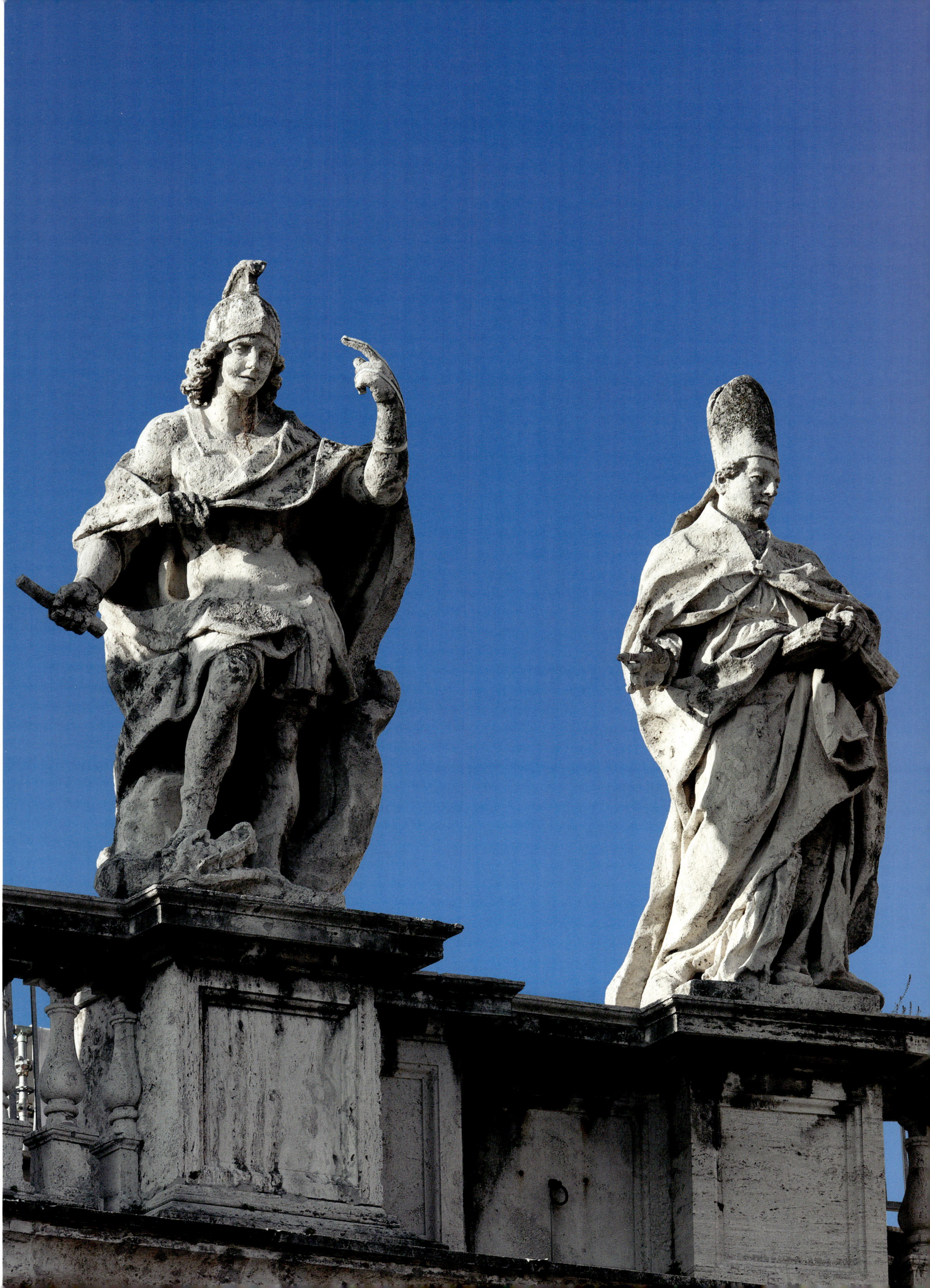

ALEXAN

II · P · M

216

Baupraktiken und Bautechniken in Sankt Peter vom 17. bis 18. Jahrhundert

NICOLETTA MARCONI

Der majestätische Bau des erhabenen Tempels, der sich auf dem Vatikan anmutig erhebt und zum Staunen und zur Bewunderung der Welt erwächst, ist und wird immer ein wahrhaftes Monument für die Exzellenz und die Meisterschaft derjenigen bleiben, die daran arbeiten.[1]

Von der Grundsteinlegung für die neue vatikanische Basilika am 18. April 1506 bis an die Schwelle des 20. Jahrhunderts galt die Fabbrica di San Pietro als eines der wichtigsten Vorbilder für die Weiterentwicklung der neuzeitlichen Baupraxis. Diese Rolle gründete unter anderem auf den außergewöhnlichen Leistungen im Rahmen der jahrhundertealten Baugeschichte der päpstlichen Basilika, beispielsweise der berühmten Versetzung des vatikanischen Obelisken und dem Bau der riesigen Vierungskuppel am Ende des 16. Jahrhunderts sowie weiterer legendären Zeugnissen der vatikanischen Bautradition (Abb. 183). Die Weiterentwicklung der verwendeten Bauverfahren und der Baustellenorganisation – gewachsen aus den Erfahrungen mit zahlreichen, in Umfang und Komplexität außergewöhnlichen Werken – sicherten der Dombauhütte von Sankt Peter bis zur Einigung Italiens eine unangefochtene Stellung als federführende Aufsichtsstelle für alle wichtigen Bauvorhaben in Rom sowie in anderen Städten des Kirchenstaates. Hier wirkte sie als entscheidende Ideengeberin für die gesamte Baukunst und als unübertroffene Ausbildungsstätte für Fachleute, deren Einsatz sich an vielen stadtrömischen Bauwerken, auch von privaten Auftraggebern, nachweisen lässt.

Die Autorität der für die Verwaltung sämtlicher Bauarbeiten an der Basilika verantwortlichen Fabbrica erklärt sich auch durch die kontinuierliche und intensive Unterstützung, die sie Bauvorhaben außerhalb des *limen Vaticanum* zuteil werden ließ: von der Bereitstellung von Baumaterial, Werkzeugen und Baugerät bis hin zum eigenen, hoch qualifizierten Personal. Rund drei Jahrhunderte lang waren die Bauexperten der Fabbrica di San Pietro, die sogenannten *sanpietrini*[2], maßgeblich an den herausragenden Bau-, Instandsetzungs- und Restaurierungsvorhaben in und um Rom beteiligt. Ihr Wissen fußte auf einer antiken Bautradition, die über Jahrhunderte gepflegt und verbessert und durch die direkte Weitergabe an die nachfolgenden Generationen am Leben erhalten wurde.

Den Architekten, Vorstehern und Werkmeistern der Dombauhütte, alle in der langwierigen und anspruchsvollen Ausbildung der vatikanischen Baustelle geformt, war jedoch nicht nur der Bau der größten Basilika der Christenheit anvertraut, sondern auch eine Reihe weiterer wichtiger Bau- und Instandsetzungsvorhaben in Rom und Umgebung. Diese große Verantwortung war nicht zuletzt eine Folge des hohen Ansehens der Experten der Fabbrica di San Pietro innerhalb des römischen Baugewerbes. Aufgrund ihres anerkannten Fachwissens und ihrer Erfahrung auf den Baustellen der Dombauhütte wurden die *sanpietrini* oft mit der Koordinierung anspruchsvoller öffentlicher wie privater Großprojekte beauftragt.

Die herausragende Rolle der Bauhütte von Sankt Peter im römischen Baugewerbe, deren wichtigster Motor sie lange Zeit darstellte, war auch der strengen hierarchischen Ordnung innerhalb ihrer Verwaltung und der baupraktischen Aufgaben sowie dem

BAUPRAKTIKEN UND BAUTECHNIKEN IN SANKT PETER VOM 17. BIS 18. JH.

Seite 216: 183. Giorgio Vasari, *Die Basilika St. Peter im Bau*, Fresko, 1546. Rom, Palazzo della Cancelleria, Sala dei Cento Giorni.

Vorhergehende Seite: 184. Giovanni Battista Piranesi, *Ansicht des südlichen Querhauses der Basilika St. Peter mit Mosaikwerkstätten, Sakristei und Werkstätten der Bildhauer und Steinmetze bei Santa Marta*, aus: G. B. Piranesi, Vedute di Roma, Rom, um 1750, Taf. 20.

185. *Plan des Depots bei Santa Marta*, Stift und braune Tinte auf Papier, 22 x 27,5 cm. Fabbrica di S. Pietro in Vaticano, Archivio Storico Generale, Arm. 12, B, 66, c. 461

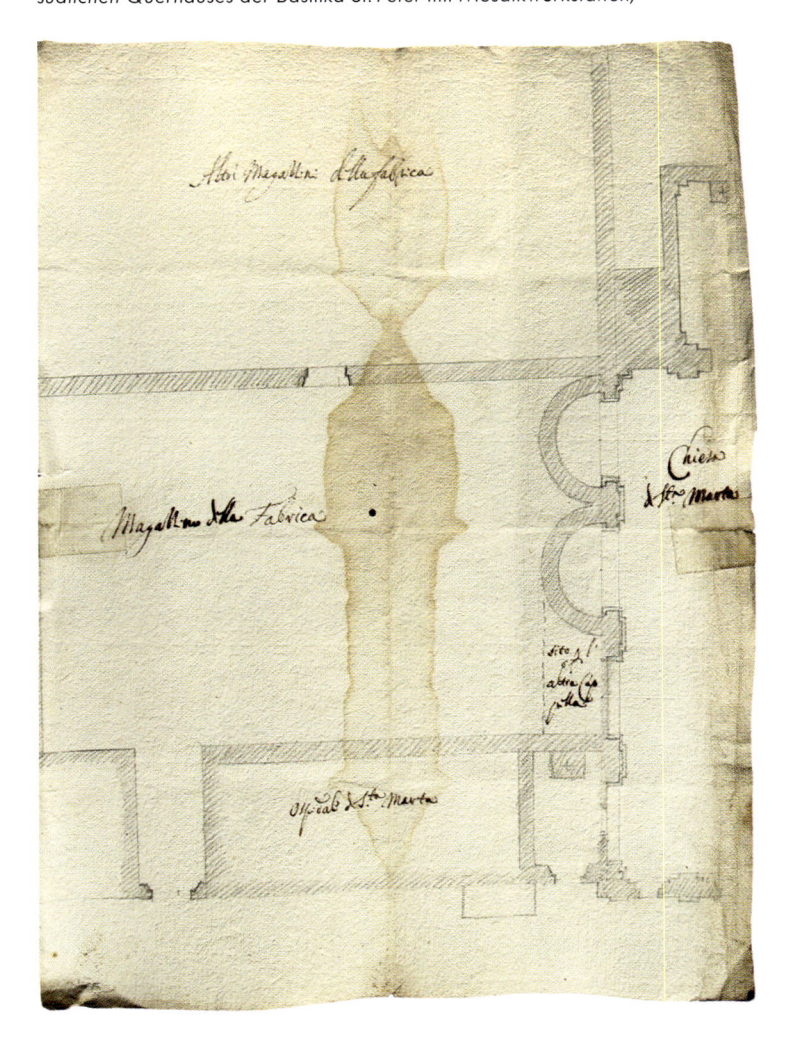

kontinuierlichen Optimierungsprozess von Baubetrieb und Bautechniken geschuldet. Dieser Prozess erreichte den Höhepunkt seiner Effizienz just im Barock, als die auf Erfahrung beruhende Baupraxis des 16. Jahrhunderts mit den ersten praktischen Umsetzungen theoretischer Forschungen einherging, mit positiven Auswirkungen auf Bauzeit und Baukosten (Abb. 184).[3]

Der Ursprung der heute als Reverenda Fabbrica di San Pietro in Vaticano bezeichneten Dombauhütte reicht zurück bis zur Grundsteinlegung von Neu-Sankt-Peter unter Papst Julius II. della Rovere (1503–1513) im Jahr 1506.[4] Seither hat das Organigramm dieser mit der Planung, Finanzverwaltung und Aufsicht der Baustelle beauftragten Institution, die auf ausdrücklichen Wunsch des Papstes von den bürokratischen Fallstricken der Apostolischen Kammer befreit wurde, mehrfache Umstrukturierungen erfahren. Ihre endgültigen Statuten erhielt sie unter Paul V. Borghese (1605–1621), der zur schnelleren Fertigstellung am Beginn des 17. Jahrhunderts der Fabbrica strategische Kompetenzen, eine Verwaltungsautonomie und eine grundlegende Finanzierungsgarantie einräumte. Gleichzeitig wurde nach dem Willen von Paul V. die Sacra Congregazione della Fabbrica di San Pietro ins Leben gerufen. Sie setzte sich aus zehn Kardinälen und einer Reihe von Prälaten zusammen, darunter der Erzpriester von Sankt Peter mit dem Amt des Präfekten, der Generalauditor und der Schatzmeister der Apostolischen Kammer, der Präfekt sowie der Auditor des Apostolischen Palastes, ein Kammerkleriker, der ordentliche Richter, der Verwalter und der Anwalt der Fabbrica. Damit wird auch deutlich, dass sich die Dombauhütte von Sankt Peter, obgleich sie in der Tradition der mittelalterlichen *Opere* stand[5], von diesen in ihrer Verwaltungshierarchie unterschied. Diese umfasste ausschließlich Mitglieder der Kurie, die direkt dem Papst unterstanden. Bis zum Jahr 1968 waren sie in der Congregazione Generale della Fabbrica zusammengeschlossen.[6]

Die Verwaltungsstruktur der Fabbrica ist demnach mit der eines modernen Unternehmens vergleichbar. In diesem sind die Funktionen und technischen Kompetenzen ausgewählten Spezialisten und qualifizierten Fachleuten anvertraut und effizient strukturiert.[7] Die technische Aufsicht über die Baustelle oblag dem Ersten Architekten, der mit dem für die Vermessung zuständigen Architekten, dem Revisor, dem künstlerischen Vorsteher, dem Buchhalter und dem Baupfleger zusammenarbeitete. Letzterer hatte die Aufsicht über die von den Gewerken ausgeführten Arbeiten und war für die Bereithaltung von Ausrüstung und Baumaterialien zuständig, den sogenannten *munizioni*, die man sowohl in den unzähligen Räumen der Basilika als auch an der Kirche Santa Marta und vor der südlichen Apsis lagerte (Abb. 185).[8] In den »Räumen der Hütte unter der Portikus, zur Statue des Konstantin hin«[9], nahm der Baupfleger die Prüfung der *Register der Werkleute* (»Registri dei manovali«), der *Tagewerke* (»Giornate di lavoro«) und der *Sonstigen Kosten* (»Spese diverse«) vor. Darüber hinaus führte er die *Liste der Werkleute* (»Rassegna dei manovali«). Sie diente als Grundlage für die wöchentlich erstellten Listen und diese wiederum für die korrekte Verteilung der Löhne sowie der halbjährlich zum 29. Juni und kurz vor Weihnachten gewährten Zuschläge (Abb. 186).[10] Der Baupfleger arbeitete eng mit dem Ersten Architekten und dem künstlerischen Vorsteher zusammen[11] und erstellte auch die *Handwerkerrolle* (»Ruolo dei manuali«), ein für uns überaus wertvolles Register der auf der Baustelle tätigen Arbeiter und ihrer Arbeitszeiten. Sie diente als Grundlage für die Berechnung der Vergütungen. Einem zuverlässigen Handlanger oblag es im Rahmen seiner Aufgaben, »die Hütte auf- und wieder abzuschließen, zu fegen und von Staub zu reinigen, Wasser zu holen, Feuer zu schüren, Handwerker herbeizurufen, Besorgungen zu erledigen, auf Anweisung des Baupflegers das Verteilen der für das Tagwerk nötigen Dinge an die Arbeiter, wie Nägel, Schwämme, Pinsel, Kerzen, Schnüre, Leim, Karton und aller sonstigen Dinge, die sich in der Obhut des Baupflegers befinden sowie die in den Depots anfallenden Arbeiten bei der Ausgabe von Holz, Eisen, Blei, Metall und Sonstigem, je nach deren Bedarf, an die Handwerker.«[12] Zu den Aufgaben des Baupflegers zählten auch die Führung von Inven-

186. Auflistung der Pflichten des Baupflegers *(fattore generale)* der Fabbrica, o.J. Fabbrica di S. Pietro in Vaticano, Archivio Storico Generale, Arm. 12, F, 10, c. 667

Nota degl'obblighi di quello, che deve fare il Fattore Generale della Rev. Fabrica di San Pietro. 667

Primo. tenere un Libro Mastro, detto il Rolo de Manuali, ed ivi segnati tutti li loro Nomi, secondo la giornata che anno, e sopra al d. Rolo segnare giorno per giorno tutte le giornate, che anno lavorato, e quelle, che anno mancato settimana p settimana dà una Lista, e l'altra p dare lo sfogo al Computista di tutte le giornate pagate à d. Manuali con notificare quel lavoro, che anno fatto dà una lista, e l'altra d'ordinare alli Manuali li lavori che devono fare.

Deve avere in consegna, e tenere appresso di se un Libro intitolato: L'Inventario delle Monizioni della Rev. Fabrica di S. Pietro, in Cura del Fattore della med.ma

Deve avere in consegna tutte le chiavi della Monizione, cioè: delli ferramenti, legname, Corde, Metallo, piombo, e Oglio di lino le vando, o mettendo dentro à d. Monizioni, deve notarlo, e darne sfogo nell'Inventario che il d. Fattore tiene appresso di se.

Deve tenere un libro intitolato: Rassegna de Manuali, che deve estrarre dal libro del Rollo de Manuali, e q.to lo deve mandare al Computista insieme con il libro intitolato: Delle spese minute, che deve avere p scrivere tutte le spese minute, che fà p.ma che vada la lista, acciò possa essere messo in lista, e rintegrato del denaro, che ha speso.

Deve avere un libro intitolato: Libro de Penitenti, dove deve scrivere tutti li Nomi delli Penitenti; e terminata la Penitenza gli deve fare la Fede di tutte le giornate che han fatto

220

187. Gerüstturm für die Umsetzung des vatikanischen Obelisken, aus: *D. Fontana, Della Trasportatione dell'Obelisco Vaticano*, Rom 1590, S. 12.

188. Apostolischer Palast, Salone Sistino, *Die Krönung von Papst Sixtus V.*, 1585.

189. Unbekannter Künstler, *Ansicht der Basilika St. Peter im Bau*, 1580/81. Frankfurt, Städelsches Kunstinstitut, Kat. Nr. 377.

BAUPRAKTIKEN UND BAUTECHNIKEN IN SANKT PETER VOM 17. BIS 18. JH.

190. Giovanni Guerra, *Der Transport des vatikanischen Obelisken*, 1586. Apostolischer Palast, Vatikanische Bibliothek, Libreria Segreta, zweiter Raum.

taren für die Vatikanische Mosaikwerkstatt und die »Räume innerhalb der Fabbrica«[13], in denen die Ausrüstungen lagerten, sowie die Verwahrung der Schlüssel des Notariatsarchivs der Dombauhütte und der fünf Materiallager an der Südapsis der Basilika.[14]

Die gewaltigen Ausmaße des zu errichtenden Bauwerkes, die ungewöhnlichen organisatorischen und funktionalen Anforderungen, die schwierige Koordination der Materialbeschaffung sowie die ungewöhnlichen technisch-konstruktiven Erfordernisse der Baustelle hatten wesentlichen Anteil daran, dass die Fabbrica zu einem überaus effizienten bautechnischen Versuchslabor und einer maßgeblichen Ausbildungsstätte für die damit verbundenen Gewerke heranwuchs. Dank dieser privilegierten Bedingungen nahm die petrinische Institution bereits am Beginn des 17. Jahrhunderts eine Stellung als Triebfeder des römischen Bausektors ein – aufgrund der blühenden Auftragslage schon bald der wichtigste Wirtschaftsfaktor der Stadt am Tiber (Abb. 187 – 190). Diese Entwicklung verlief parallel zum Baufortschritt der Basilika und der erfolgreichen Ausführung seiner Meilensteine: Der bereits erwähnten, legendären Versetzung des vatikanischen Obelisken und dem Bau der großen Vierungskuppel folgten im 17. Jahrhundert die Errichtung des Langhauses, die Fertigstellung der Fassade und die überwältigende Szenografie der Säulen Berninis. All dies waren entscheidende Schritte in der Weiterentwicklung traditioneller Bautech-

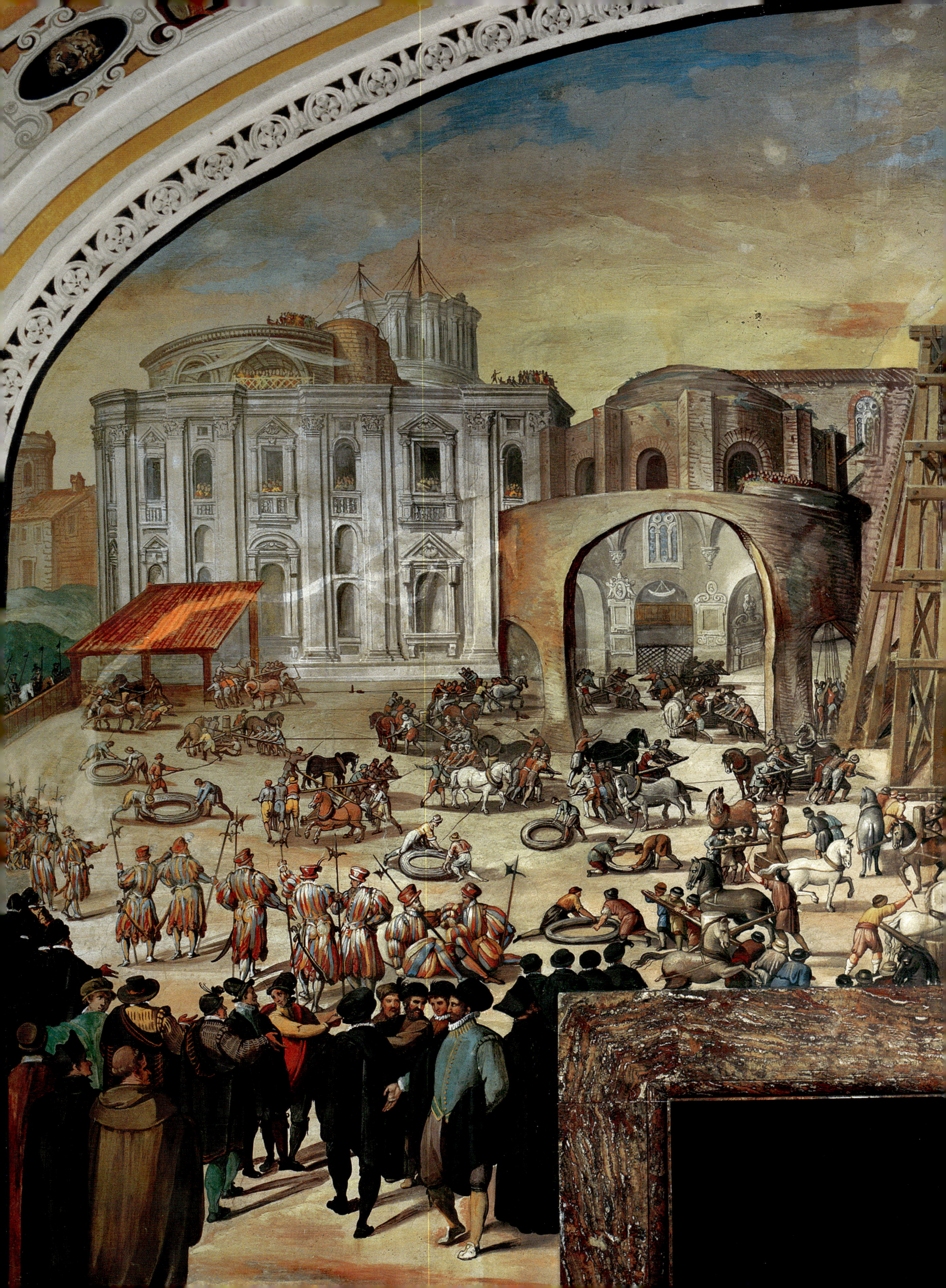

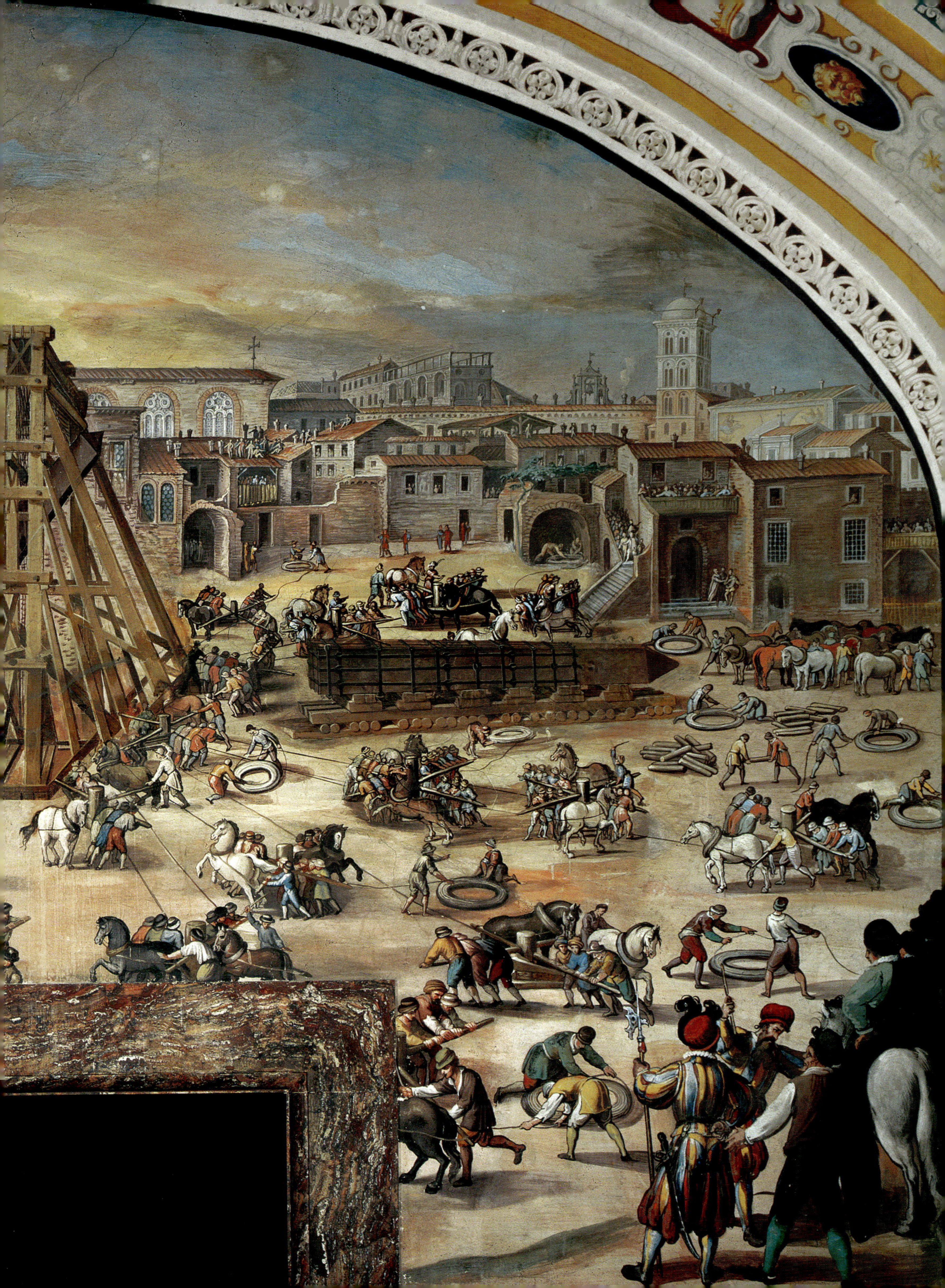

BAUPRAKTIKEN UND BAUTECHNIKEN IN SANKT PETER VOM 17. BIS 18. JH.

Seite 226: 193. Basilika St. Peter, Fassade, Detail.
Seite 227: 194. Petersplatz, Detail der Kolonnaden Berninis mit Statuen.

191. Unbekannter Künstler, *Fassade von St. Peter im Bau*, um 1610. Wolfenbüttel, Herzog August Bibliotek, cod. Guelf 136, fol. 29.

192. Basilika St. Peter, Fassade, Detail mit der Benediktionsloggia.

niken und der Organisation des Baubetriebs sowie für die Erprobung neuer und effizienterer Arbeitsmittel (Abb. 191–195). Mit dem Bau der Basilika Sankt Peter war außerdem die Beschaffung großer Mengen an Baumaterial sowie der notwendigen Werkzeuge, Hilfsmittel und Gerüste verbunden. Der Umfang der Material- und Personalressourcen war so groß, dass man sich bereits 1529 genötigt sah, ein erstes Inventar der *Materialeingänge und -ausgänge* (»Entrate e uscite«) zu erstellen, eine sorgfältig geführte Liste der Lieferungen und Bestände an Ziegelsteinen, Puzzolanerde, Eisen, Travertin, Holz, Metallwerkzeugen und Seilen.[15] Die Bestände und der Wirtschaftswert der Bestände der Fabbrica di San Pietro wuchsen exponentiell zum Baufortschritt der Basilika. 1580 entstand das erste *Inventar der Bestände* (»Inventario delle munizioni«)[16], 1587 folgte das *Register der ausgehenden Bestände* (»Registro delle munizioni in uscita«). Letzteres wurde nach dem Transport des vatikanischen Obelisken verfasst und war dem großen Materialeinsatz geschuldet, den die Anfertigung der Werkzeuge, Baugeräte und Holzkonstruktionen erfordert hatte. Dieses ehrgeizige Vorhaben und die daran anschließende Fertigstellung der Kuppel durch Giacomo della Porta (1532–1602) zwangen die Verantwortlichen der Fabbrica im Jahr 1590 dazu, ein neues und detailliertes, zweibändiges *Inventar der Bestände* zu erstellen.[17] Beide Ereignisse stellen zwei Meilensteine im Fortschritt von Bautechnik und Baupraxis dar. Verstärkt durch die geschickte Verbreitung dieses Erfolges mittels Zeichnungen und Stichen brachte deren erfolgreiche Ausführung der Fabbrica eine unbestrittene Vorrangstellung ein und zwar nicht nur innerhalb Italiens, sondern in ganz Europa.[18]

Das erste vollständige *Inventar der Fabbrica* (»Inventario della Fabbrica«) wurde 1608 verfasst, zeitgleich mit dem Beginn der Bauarbeiten an der Fassade Madernos, bald darauf gefolgt von dem ersten *Journal der Bestände* (»Giornale della munizione«) und

S · V · BVRGHESIVS · RO

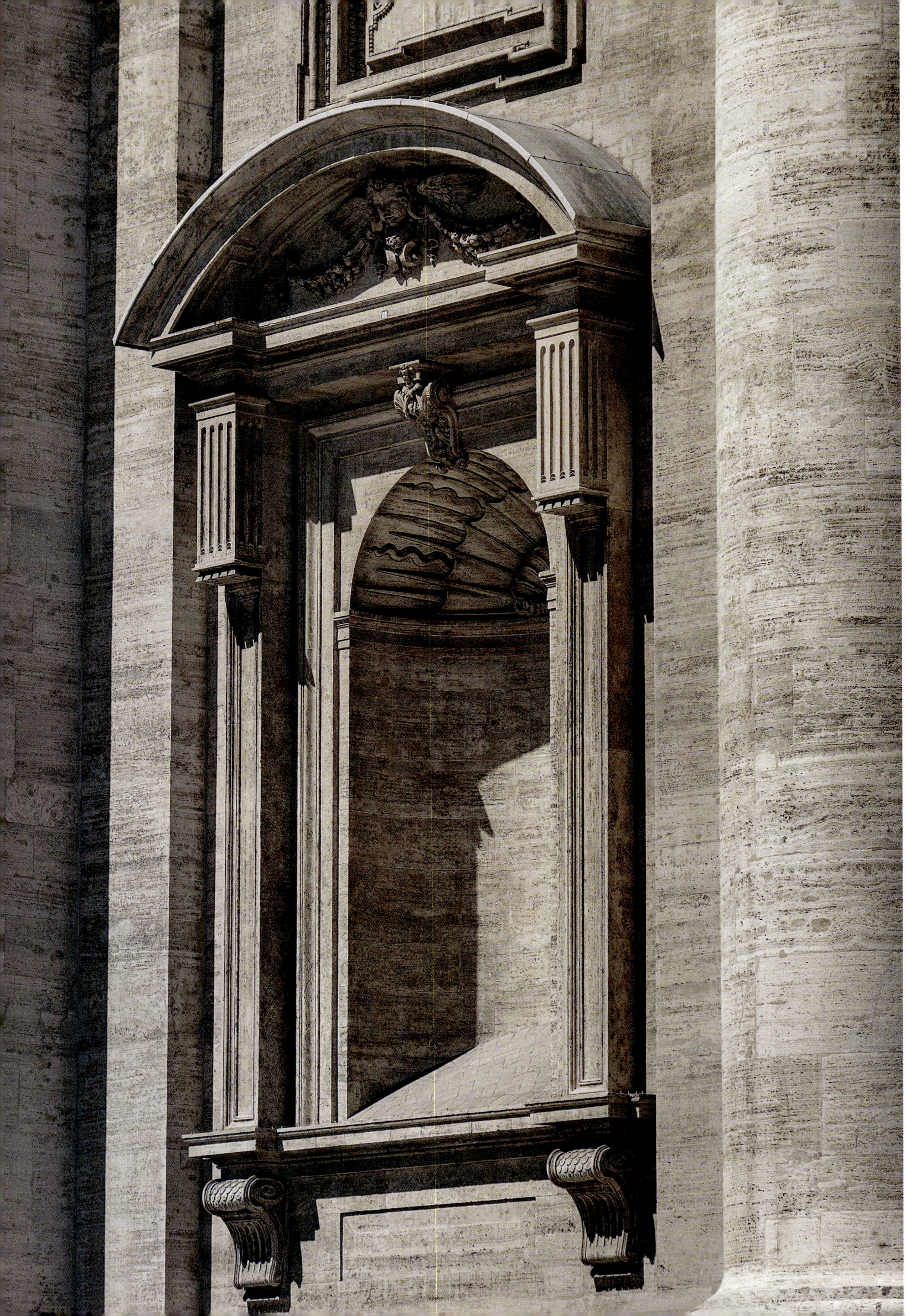

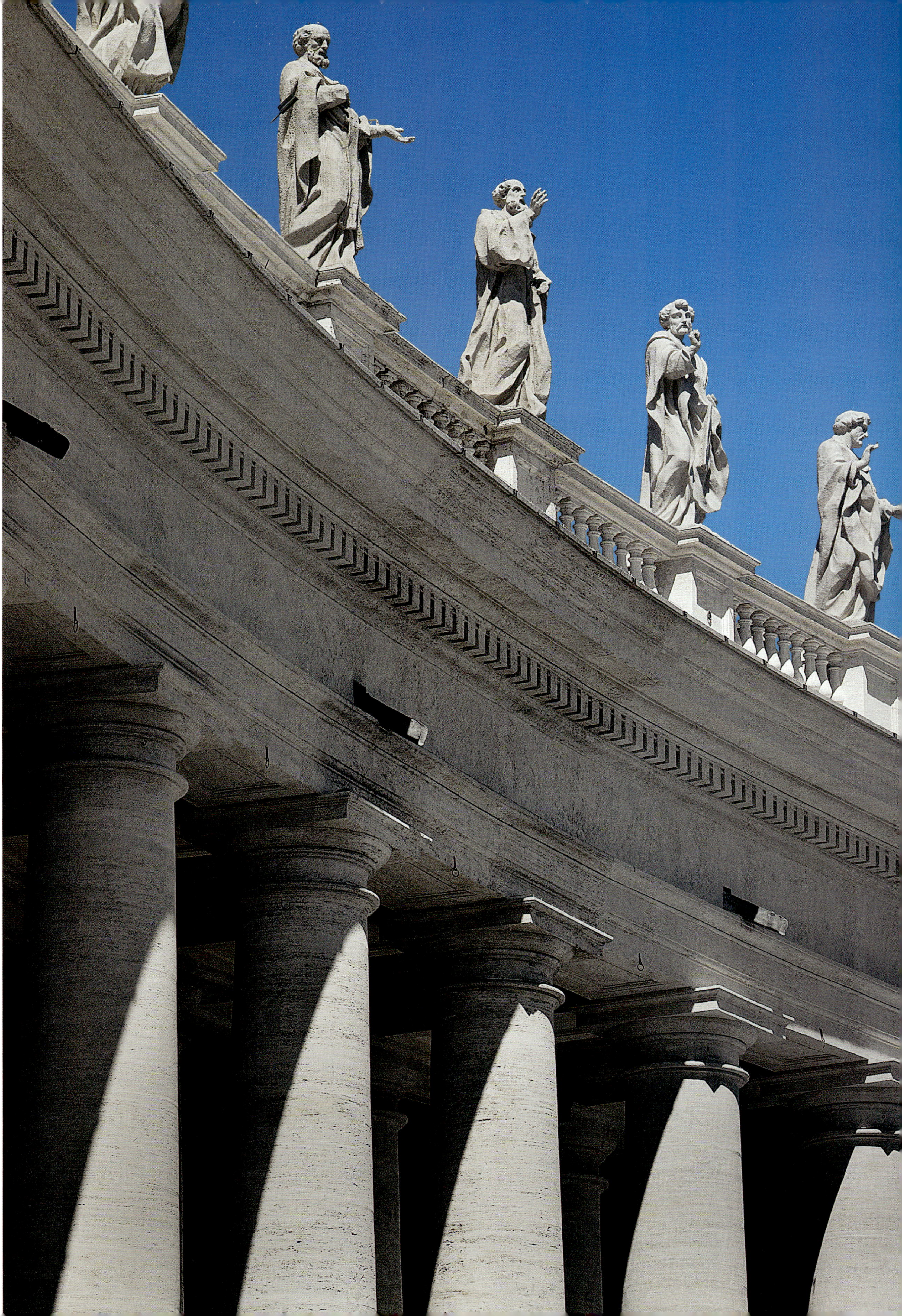

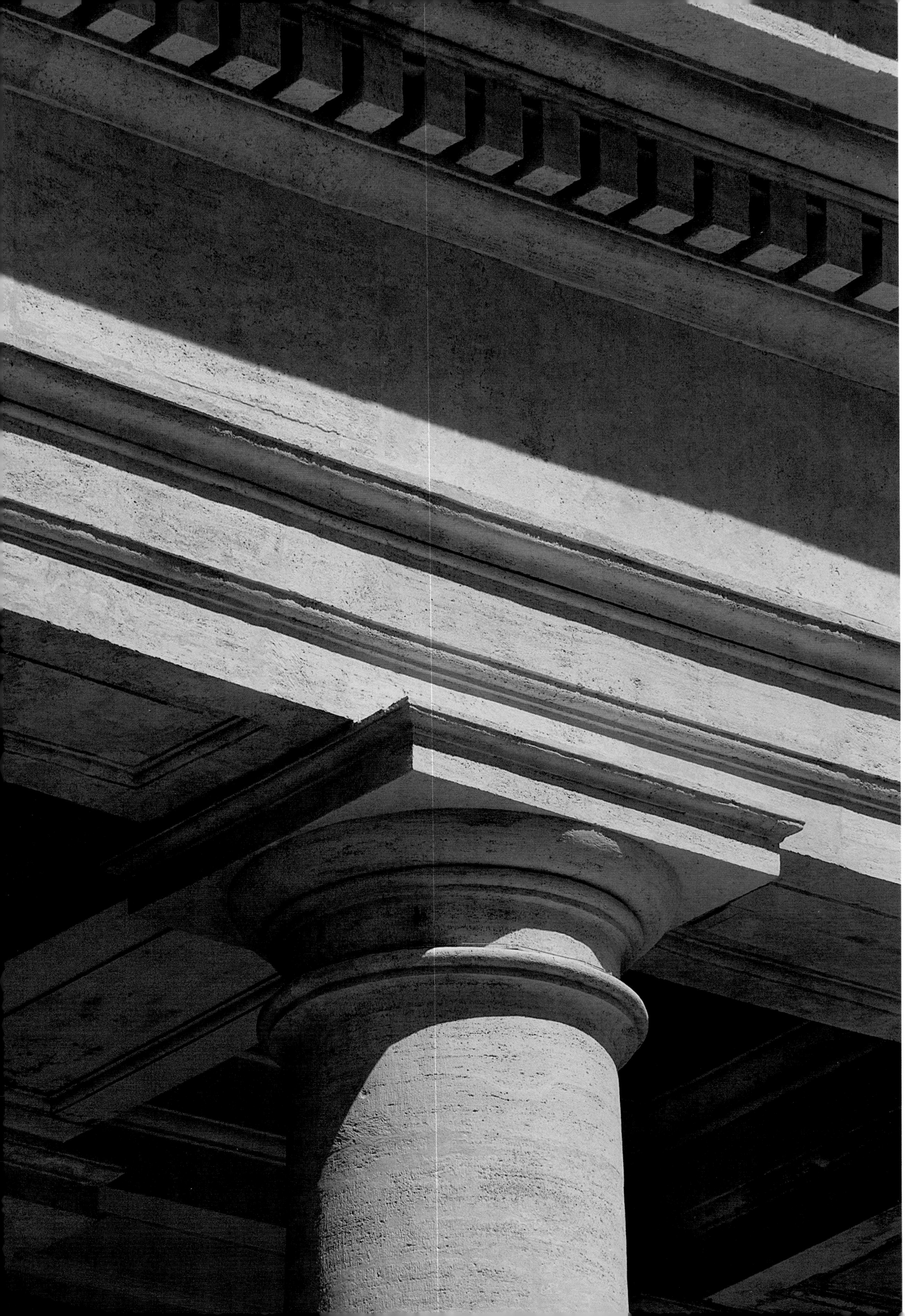

195. Petersplatz, Kolonnaden Berninis, Detail von Kapitell und Gebälk.
196. Alessandro Specchi, »Ausrüstungen, die zum Transport des Obelisken gedient haben«, aus: C. Fontana, *Templum Vaticanum et ipsius origo*, Rom 1694, Buch III, Kap. V, S. 127.

BAUPRAKTIKEN UND BAUTECHNIKEN IN SANKT PETER VOM 17. BIS 18. JH.

197. »Hebezeuge und Übersicht der auf der Baustelle verwendeten Knoten und Flaschenzüge«, aus: *Castelli e Ponti di maestro Niccola Zabaglia*, Rom 1743, Taf. II.

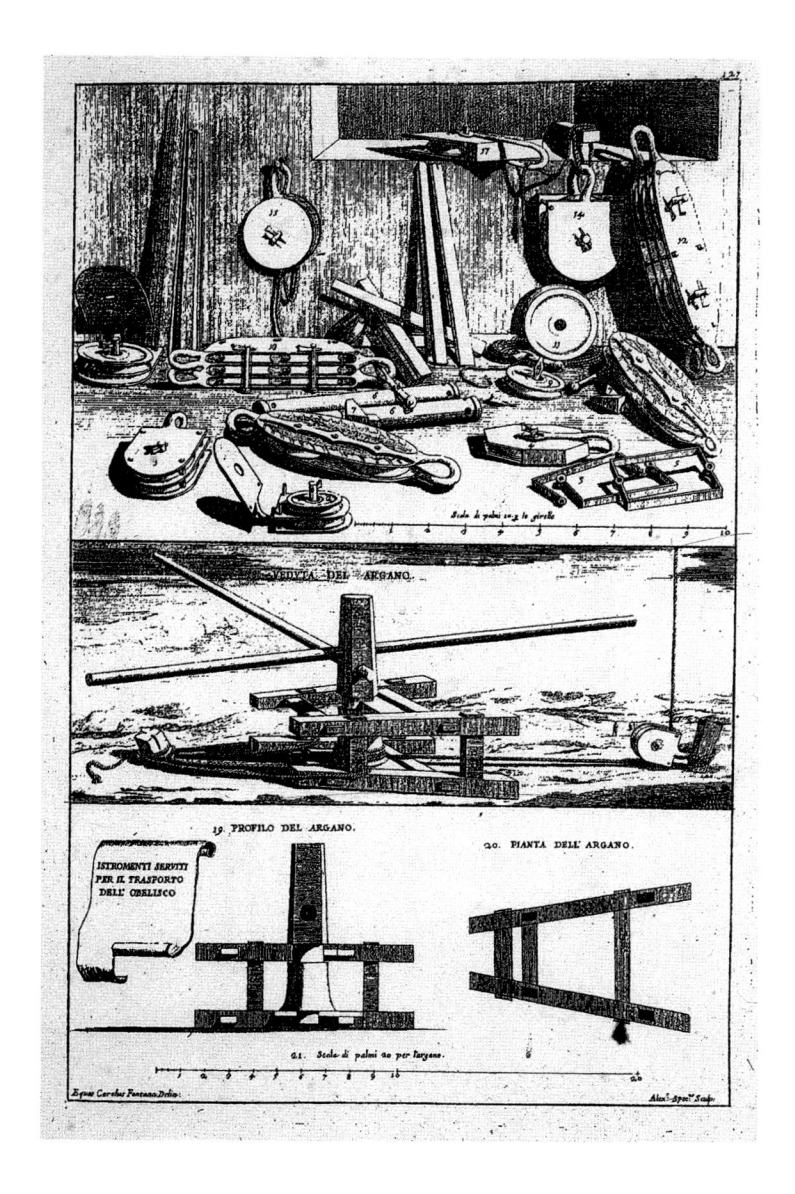

den beiden *Listen der Bestände* (»Liste delle munizioni«) aus den Jahren 1610–12 beziehungsweise 1612–14.[19] Im Anschluss an die Weihe von Neu-Sankt-Peter (1626) entstanden schließlich das *Buch der Flaschenzugblöcke und Metalle* (»Libro delle taglie e dei metalli«) (1616–22) sowie das *Inventar verschiedener Eisen* (»Inventario di ferri diversi«) (1624–29)[20], geordnet nach Menge, Gewicht und Materialwert.

Der Einsatz dieses umfangreichen Bestandes an Ausrüstungen und Arbeitsgeräten im Besitz der Fabbrica wurde von genauen Vorschriften geregelt, die in einigen Fällen gar deren Verleih und Veräußerung verboten (Abb. 199–200).[21] Von der zweiten Hälfte des 16. Jahrhunderts bis zum Beginn des 19. Jahrhunderts wurden in loser Folge Verfahren zur Verwaltung der Bestände erlassen. Nur in erklärten Ausnahmefällen war es der Sacra Congregazione della Fabbrica gestattet, von diesen Vorschriften abzuweichen. Sie belegen den Wert der damals durch die petrinischen Depots angeschafften Ausrüstungen, deren Vermietung an nicht vatika-

nische Baustellen oft ein einträgliches Geschäft darstellte. Ab der zweiten Dekade des 17. Jahrhunderts gerieten der Verkauf von Verbrauchsmaterial und der Verleih von Baugerät und Werkzeugen zunehmend zu regulären Einnahmequellen. Das Geschäft mit diesen Ausrüstungen wurde von einem komplizierten System von Gegenprüfungen überwacht, das direkt den Verantwortlichen der Bauhütte oblag und bei Missachtung unter Umständen eine Amtsenthebung, in einigen Fällen sogar die Exkommunikation vorsah.[22] Die Instandhaltung und Pflege von Baugerät, Arbeitsvorrichtungen und Metallwerkzeugen garantierte deren Wiederverwendung über das gesamte 18. Jahrhundert hinweg und begünstigte den Rückgriff auf eine bewährte, über Generationen weitergegebene Betriebspraxis und die dazu erforderlichen Arbeitsmittel.[23]

Anhand der *Bücher für die verkauften und vermieteten Sachen* (»Libri delle robe vendute e prestate«) und der für uns überaus wertvollen *Liste mestrue*[24] lassen sich Umfang und Verfahrens-

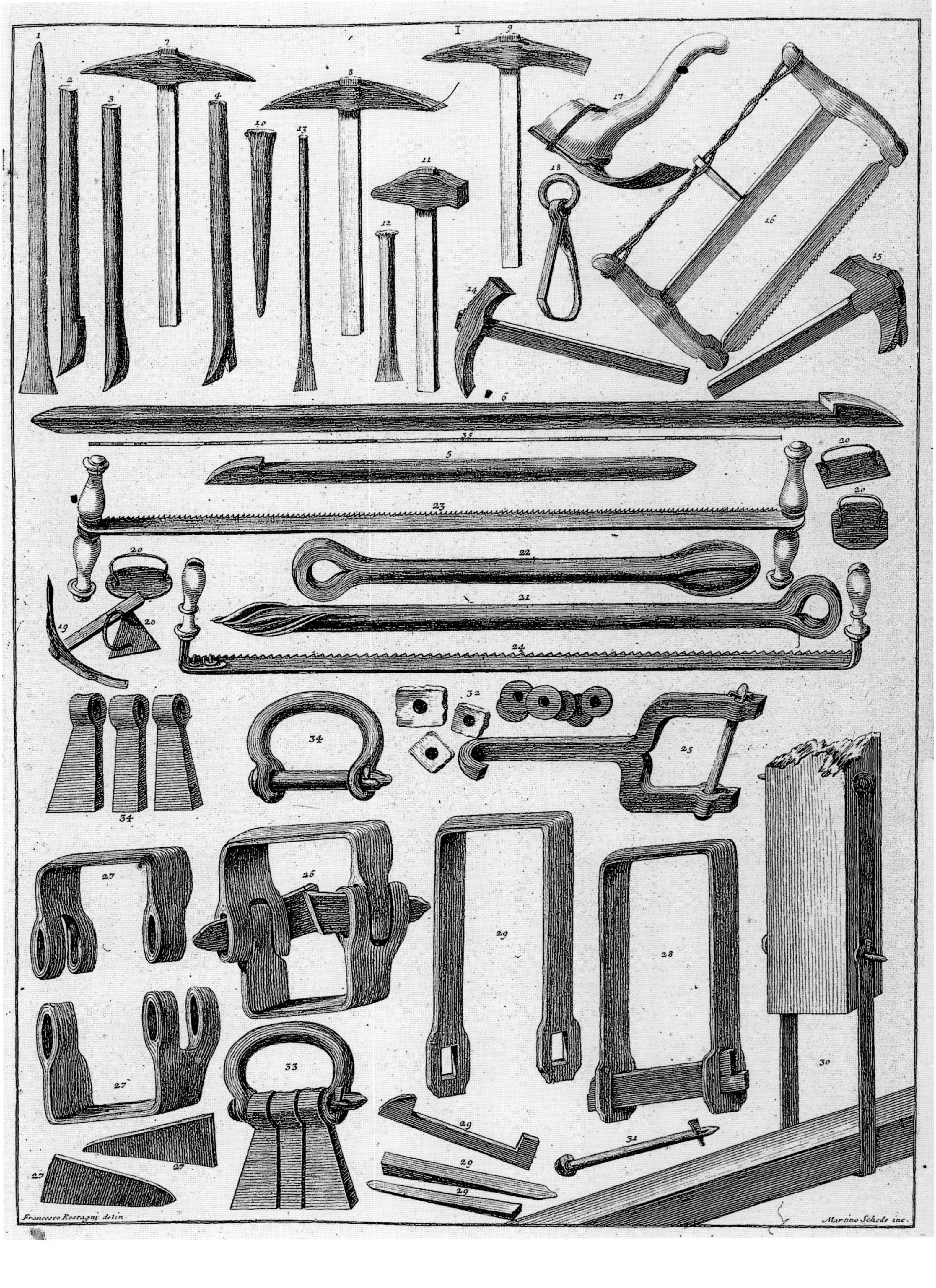
Francesco Rostagni delin.
Martino Schede inc.

198. »Werkzeug und Ausrüstungen für Maurer und Zimmerer«, aus: *Castelli e Ponti di maestro Niccola Zabaglia*, Rom 1743, Taf. I.

199. Winde aus der Bauhütte von St. Peter, Fabbrica di S. Pietro, Deposito degli Ottagoni.

200. Holzmodell eines Gerüstturms zum Aufstellen von Säulen, Fabbrica di S. Pietro, Deposito degli Ottagoni.

BAUPRAKTIKEN UND BAUTECHNIKEN IN SANKT PETER VOM 17. BIS 18. JH.

201. »Flaschenzüge und Seilrollen für das Ziehen und Heben von Bauteilen und Baumaterial«, aus: *Castelli e ponti di maestro Niccola Zabaglia*, Rom 1743, Taf. V.

weisen eines des bedeutendsten Motoren der außergewöhnlich fruchtbaren Bautätigkeit im Barock nachvollziehen, aber auch der tatsächliche Beitrag der Fabbrica an der Ausführung von Bauwerken inner- und außerhalb des Vatikans.[25] Das betrifft beispielsweise sechs mächtige *traglioni* (Flaschenzugblöcke oder Kloben) aus Eisen mit sechs metallenen Rollen, die im *Inventar der Metalle* (»Inventario dei metalli«) von 1650 erwähnt sind; Domenico Fontana hatte sie 1586 für den Transport des 350 Tonnen schweren Obelisken in den vatikanischen Gießereien anfertigen lassen. Die sechs Rollen eines Flaschenzugblocks waren in zwei übereinanderliegenden Reihen angeordnet, mit Rollen unterschiedlichen Durchmesser, um das Einlegen und Bedienen der Hanfseile zu erleichtern. Auf diese Weise wurde zudem die Zuglast auf ein Zwölftel der tatsächlichen Last reduziert. Angesichts der hohen Kosten für das Eisen und ihres somit beachtlichen Wertes wurden die Flaschenzugblöcke in den Depots von Sankt Peter sorgfältig kontrolliert und gepflegt und bis ans Ende des 18. Jahrhunderts für ähnliche Arbeiten zur Aufstellung von Obelisken und Weihesäulen in der Stadt Rom verwendet (Abb. 201).[26]

Da auch weitere Bauvorhaben immer wieder ähnliche Anforderungen an die Effizienz und Funktionsweise der Hilfsmittel und Hebezeuge stellten, wurden diese auf Grundlage der Erfahrungswerte und der Versuche in den Werkstätten der Fabbrica ständig verbessert. Mitte des 17. Jahrhunderts entwickelte man hier eine Flaschenzugvariante mit zwei übereinander sitzenden Kloben à

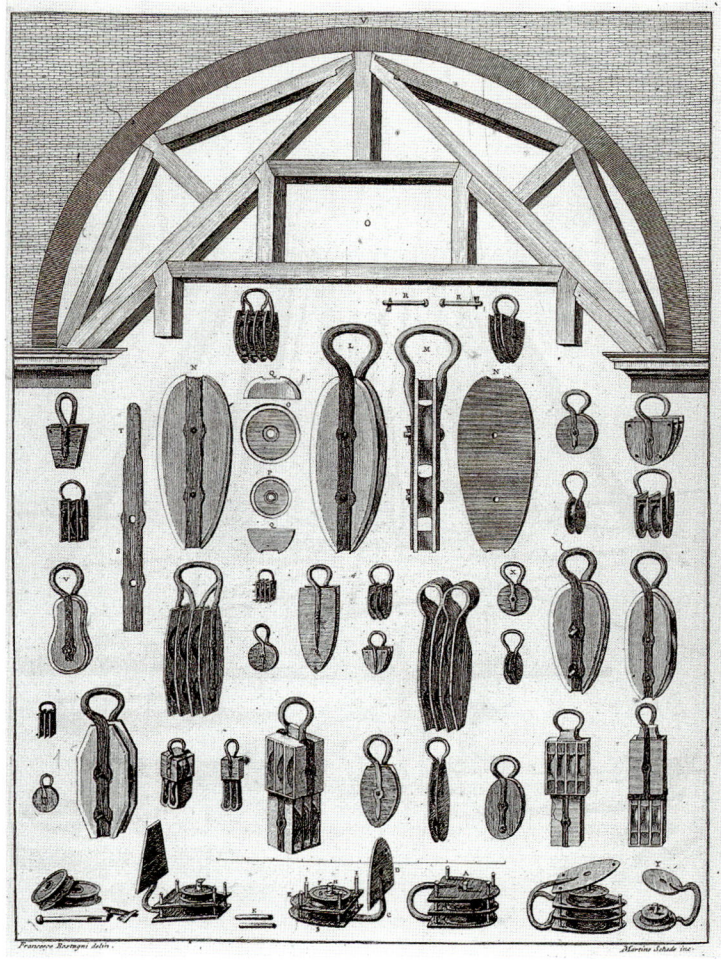

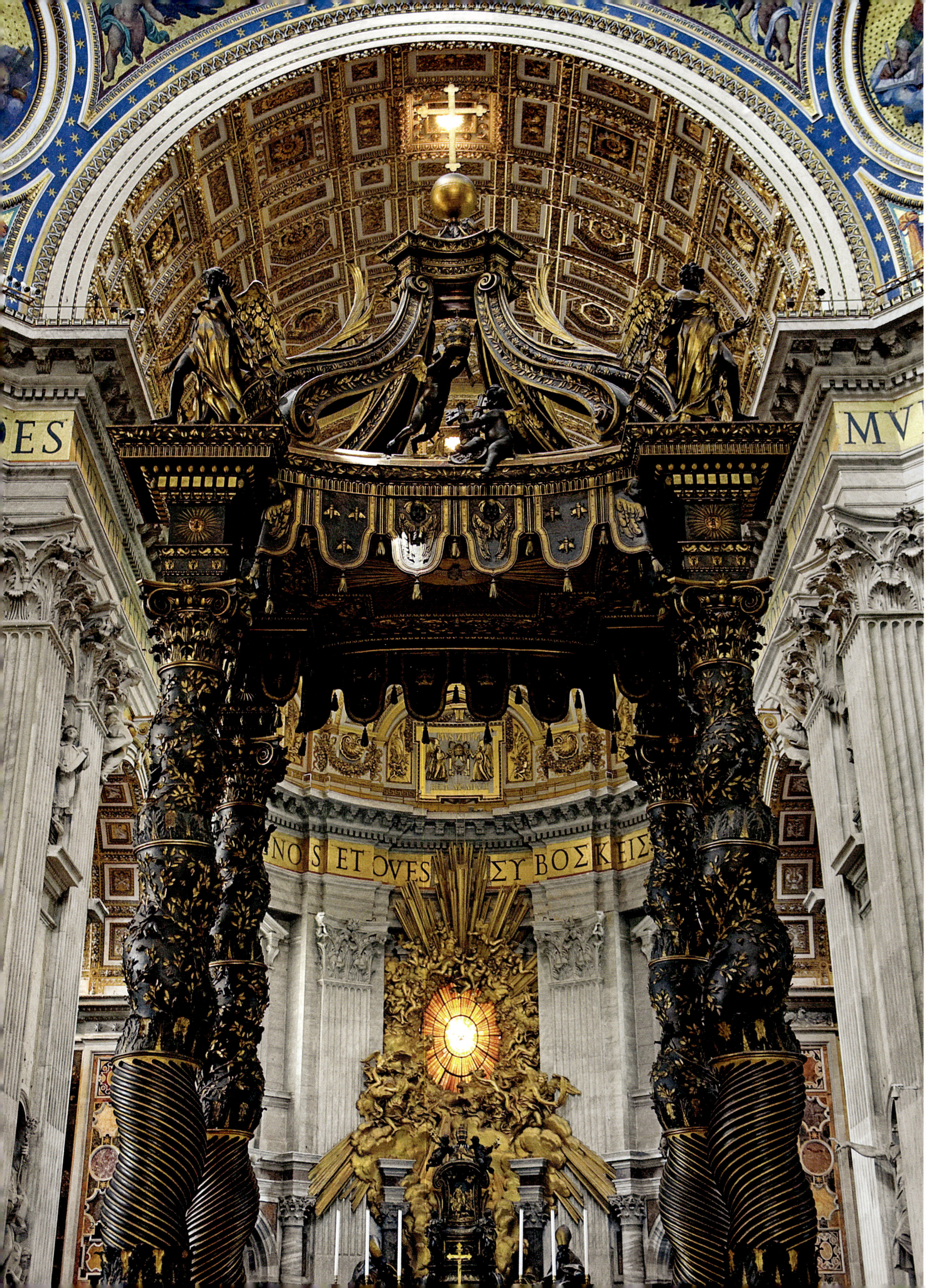
ET OVES

202. Basilika St. Peter, Baldachin und *Kathedra Petri*.
203–204. Enrico (Heinrich) Tander, *Conto di due traglie grandi di palmi otto in circa, con quattro girelle due di sopra, e due di sotto contrarie dell'altre traglie*, 6. Dezember 1664. Fabbrica di S. Pietro in Vaticano, Archivio Storico Generale, Arm. 42, E, 6, cc. 89r–90r.

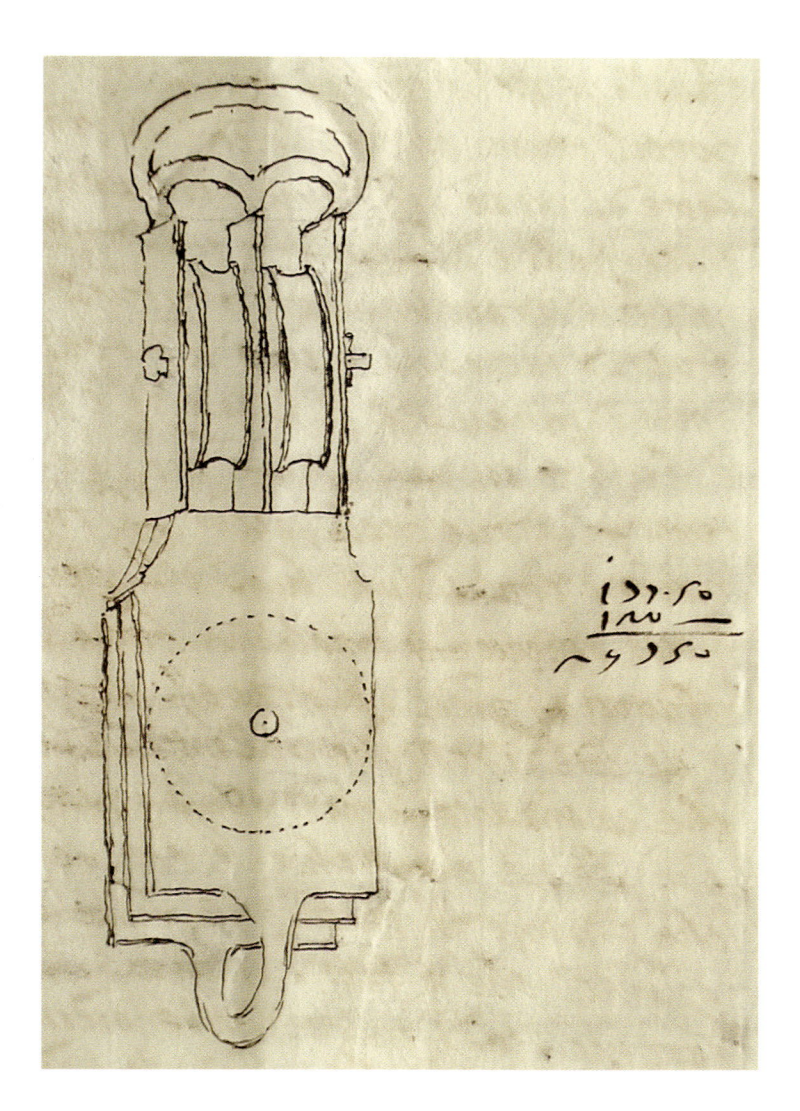

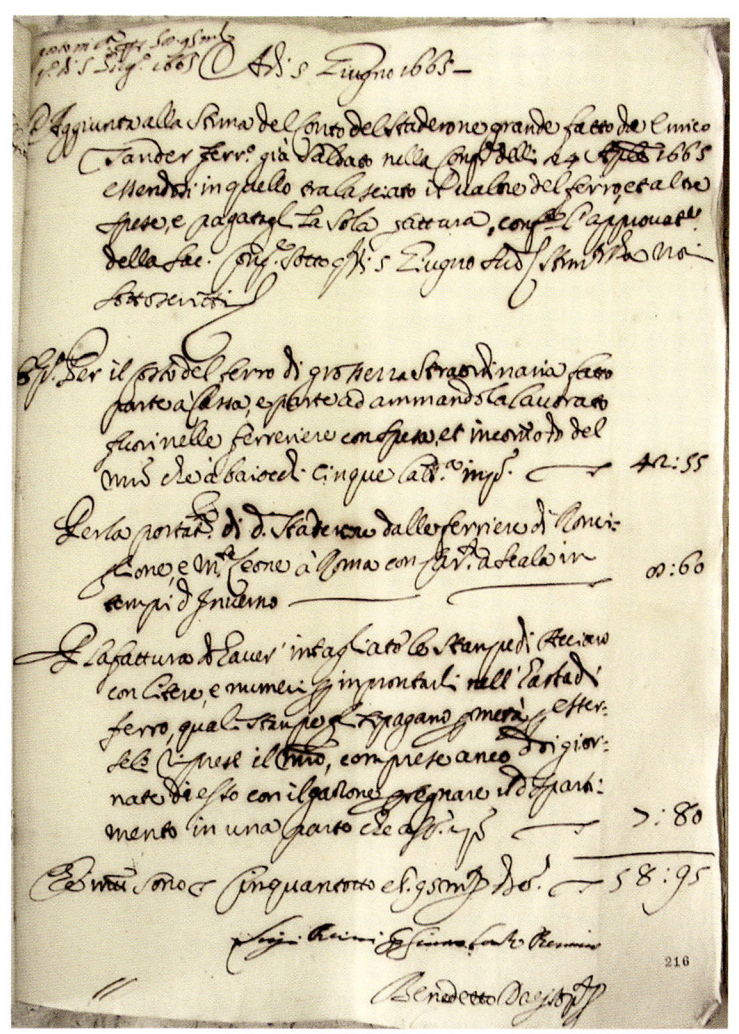

drei Rollen. Die beiden Kloben waren zudem um 90° verdreht. Eine Abbildung findet sich in der rund ein Jahrhundert später veröffentlichten Stichsammlung mit den Erfindungen von Nicola Zabaglia, einem Werkmeister der Dombauhütte.[27] Sie entstand anlässlich der Errichtung der Kathedra Petri, deren wundervoller Skulpturdekor von Gian Lorenzo Bernini entworfen wurde (Abb. 202).[28] Zu dem verblüffenden Effekt der Komposition – einer »malerischen Fata Morgana gleich, die man von Weitem durch den Baldachin erblickt« – tragen sowohl die ungewöhnlichen Abmessungen als auch die faszinierende Verbindung aus polychromem Marmor, vergoldeter Bronze und Stuckelementen bei, zusätzlich betont von einem goldenen Licht, »das vom Zentrum der engelsgleichen Strahlenglorie« ausgeht, sowie von der »Vielfalt der Farben, die von den marmornen Sockeln über den mit Golddekor verzierten Thron bis zu den goldenen Engeln der Strahlenglorie aufsteigen.«[29] Zentrales Element sind die Bronzefiguren der Gloria Petri und der vier Kirchenväter, aber auch der Thron selbst und die vier von Meister Giovanni Artusi, genannt Piscina, in Bronze gegossenen Papstwappen.[30] Die Bronzen und das Schmuckwerk aus Eisen wurden ab 1660 in der *fonderia petriana di Santa Marta* angefertigt, der petrinischen Gießerei nahe dem gleichnamigen Depot an der Südseite der Basilika.[31] Entgegen dem üblichen Verfahren der Fabbrica, das eine Beschaffung über zugelassene venezianische Zwischenhändler vorsah, stammten die umfangreichen Lieferungen des zur Bronzeherstellung erforderlichen Kupfers jedoch von einem unbekannten Lieferanten, der während des gesamten Jahres 1661 einen günstigeren Preis bot.[32] Der Guss und die Aufstellung der schweren Statuen für die Kathedra nahm viel Zeit in Anspruch; laut Archivdokumenten vom 21. August 1663 bis zum 28. März 1668. Das Gesamtwerk wurde in Etappen unter der Leitung der Werkmeister Simone Brogi, Giovanni Albino Agostoni und Pietro Partini und der Aufsicht von Gian Lorenzo und Luigi Bernini (1612–1681) fertiggestellt.[33] Das große Gewicht der Skulpturengruppen erforderte den Bau eines beeindruckenden Holzgerüstes, über das die Seile zu den direkt in der Basilika verankerten Winden liefen. Mit ihrer Hilfe ließen sich die Statuen heben, senken und drehen, gleichzeitig konnte man damit aber auch die schweren Blöcke

205. Flaschenzüge für Baustellen, aus: Giuseppe Valadier, *L'architettura pratica*, Rom 1832, Bd. II, Taf. CLXXIII.

aus Travertin, Marmor und Jaspis versetzen, die den Sockel der schweren Bronzen bildeten (Abb. 203–204).[34] Unter den für diesen Anlass entworfenen und gegossenen Arbeitsgeräten sind insbesondere zwei spezielle Flaschenzügblöcke von rund 280 kg Gewicht zu nennen, die der deutsche Schmied Enrico (Heinrich) Tander entworfen hatte. Luigi Bernini hatte ihn in seiner Funktion als Deputierter der Fabbrica di San Pietro persönlich eingestellt.[35] Die von Tander gesammelten Zahlungsbelege, darunter die *Abrechnung über zwei Flaschenzugblöcke von ca. 8 Spannen, mit zwei Rollen unten, anders als die Flaschenzugblöcke vom Dezember 1664* (»Conto di due traglie grandi di palmi otto in circa, con quattro girelle due di sopra, e due di sotto contrarie dell'altre traglie del dicembre 1664«), liefern eine exakte Beschreibung dieser Vorrichtungen.[36] Die mit vier Rollen ausgestatteten Blöcke – im rechten Winkel zueinander angeordnet, um ein Verknoten der Seile zu verhindern – wurden aus mehreren Gussteilen montiert, verlötet und vernietet. Diese Bauweise gewährleistete den perfekten Sitz aller Teile und verringerte das Bruchrisiko unter Belastung. Das Gesamtgewicht der beiden Flaschenzugblöcke war beachtlich: rund 850 libbre, also etwa 288 kg. Die nach Gewicht abgerechneten Kosten betrugen inklusive Lieferung des Metalls 510 Scudi.

Mit der ständigen Suche nach Verbesserung der auf der vatikanischen Baustelle eingesetzten Techniken leistete man also auch einen wichtigen Beitrag zum Fortschritt der Metallverarbeitung. Die Entwicklung von Ausrüstungen aus Metall und von Hebevorrichtungen stellte nicht nur das bevorzugte Versuchsfeld der Fabbrica dar, sondern auch den wichtigsten Multiplikator zur Verbreitung eines technischen Know-hows, das auf uralten Traditionen beruhte und über Jahrhunderte perfektioniert wurde. Daneben war dies auch ein – wenn auch weniger bedeutendes – Mittel zur Amortisierung der Produktionskosten.

Während die sorgfältige Instandhaltung und streng kontrollierte Vermietung der vatikanischen *munizioni* deren Funktionstüchtigkeit bis zum Ende des 18. Jahrhunderts gewährleistete, bildeten Zuverlässigkeit und Kostenersparnis die treibenden Faktoren für den wiederholten Einsatz von Baugerät und Metallwerkzeugen der Fabbrica auch durch andere Bauhütten. Von der Aufstellung der Mariensäule auf der Piazza di Santa Maria Maggiore durch Carlo Maderno im April 1614 über die von Pius VI. Braschi (1775–1799) Giovanni Antinori anvertraute Aufstellung dreier Obelisken (Quirinale, Trinità dei Monti, Montecitorio), über die Lieferung von Ausrüstungen, Holz, Marmor und Werksteinen für Pietro da Cortonas wunderbaren Portikus von Santa Maria della Pace im Jahr 1656 bis zu ähnlichen Aufträgen im 17. Jahrhundert an den Baustellen von San Silvestro al Quirinale, Santa Maria del Popolo (Juli 1652), Sant'Agnese in Agone und San Nicola da Tolentino leistete die Fabbrica mit der Bereitstellung von Arbeitsmitteln und Fachkräften einen dauerhaften und wichtigen Beitrag (Abb. 205–206).[37]

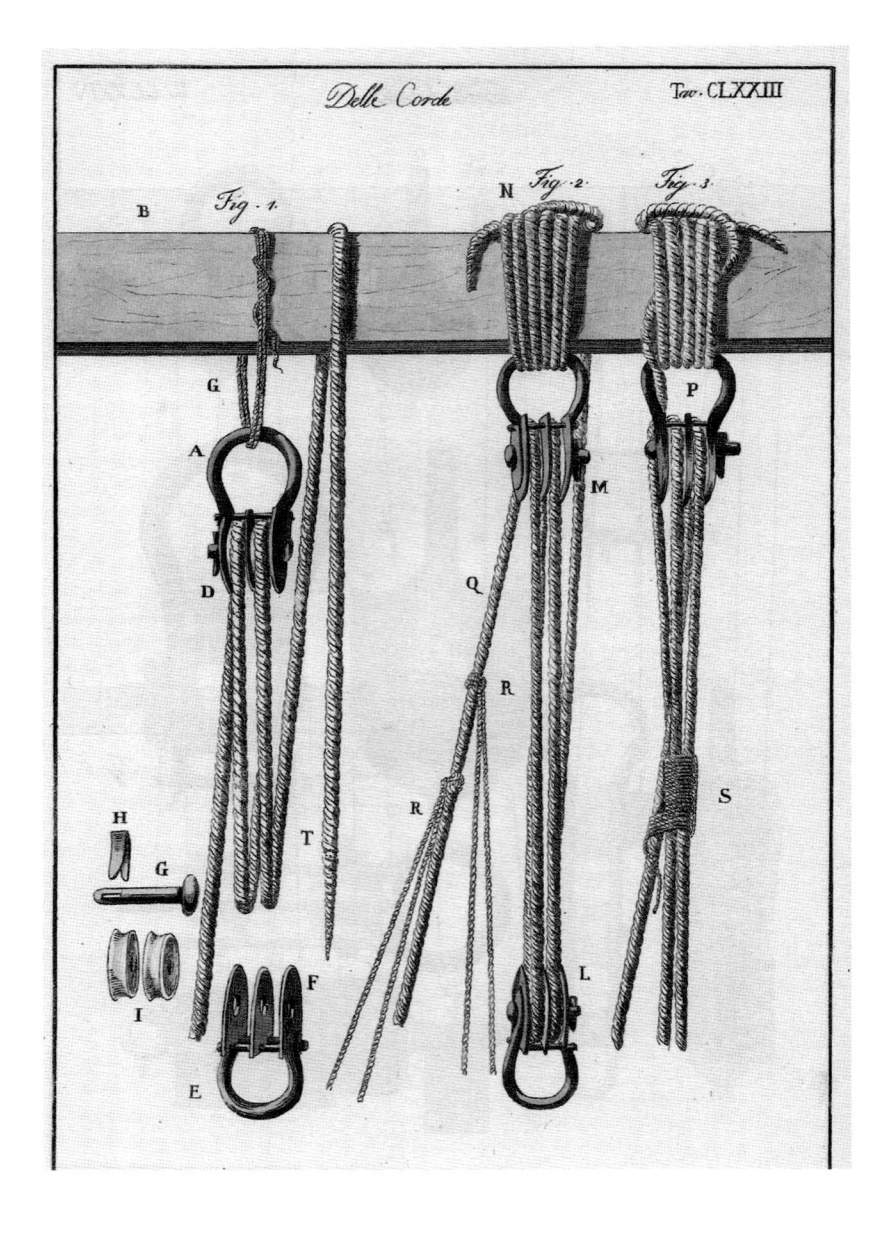

In besonders außergewöhnlichen Fällen, und das spielte eine nicht unwesentliche Rolle, erklärte sie sich zur Konstruktion von großen und ungewöhnlichen Arbeitsgeräten bereit, deren Finanzierung für jede andere Bauhütte unmöglich gewesen wäre.

Die Dombauhütte von Sankt Peter verfügte über eigene Werkstätten, Gießereien und Materialbestände und war somit in der Lage, Metallausrüstungen, gigantische Waagen und Hebezeuge für gewaltige Lasten, aber auch Hanfseile von bis dahin unmöglichen Längen und Durchmessern anzufertigen, die man an externe Baustellen verlieh und regelmäßig für die eigenen Bestände zurückkaufte. Das betrifft beispielsweise die Bauarbeiten am Portikus des Pantheon, wo unter der Leitung von Pater Giuseppe Paglia zwischen 1666 und 1667 die beiden im Mittelalter an der Ostseite entfernten Säulen wieder aufgestellt wurden (Abb. 207–209).[38]

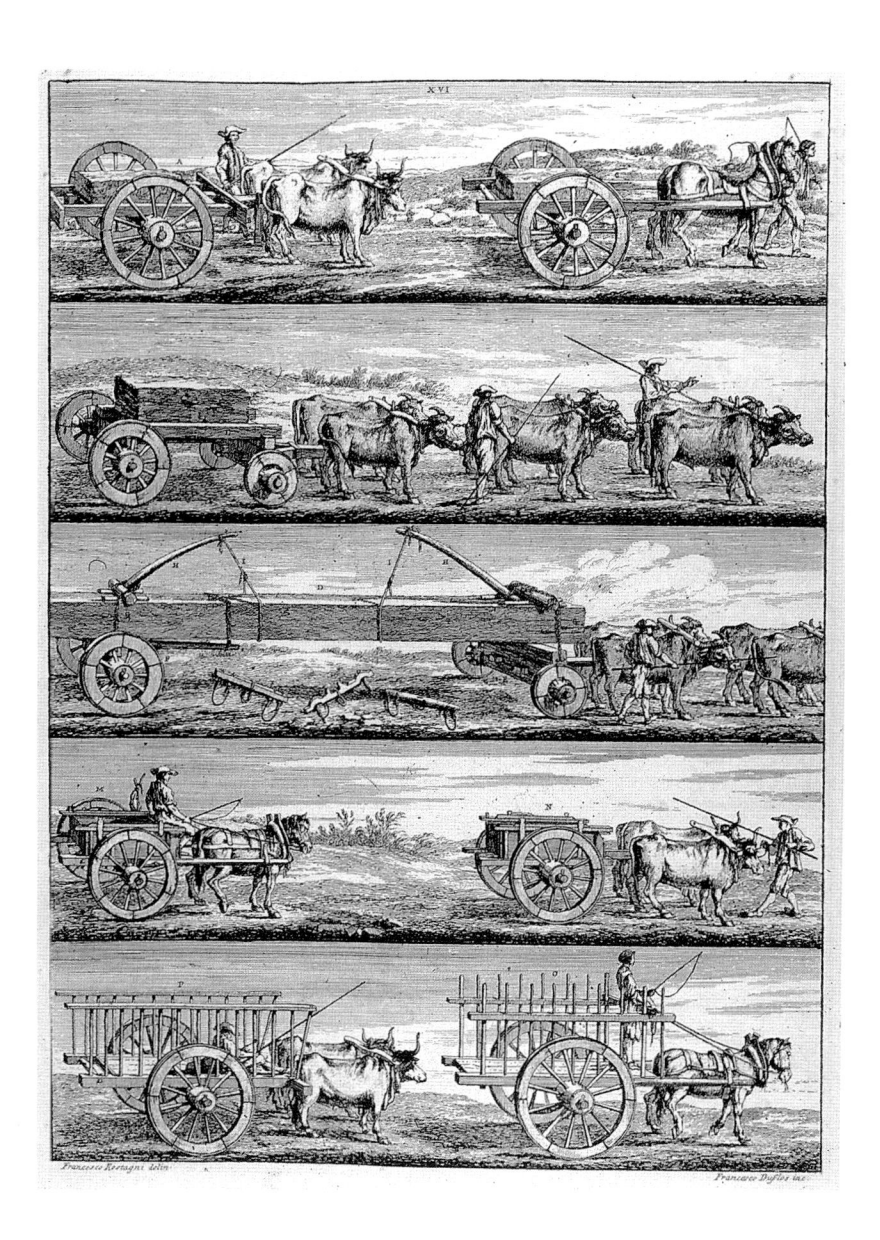

206. »Fuhrwagen für den Transport von Baumaterial«, aus: *Castelli e ponti di maestro Niccola Zabaglia*, Rom 1743, Taf. XVI.

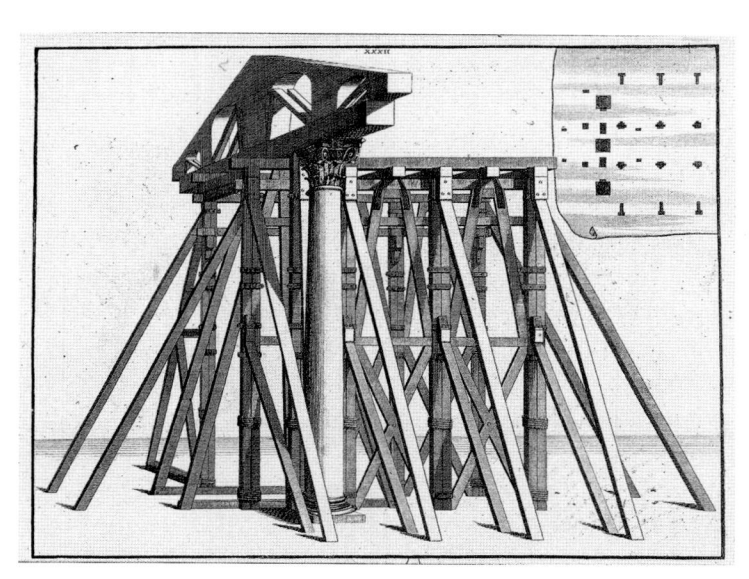

207. »Zeichnung des Stützgerüsts zum Austausch einer Säule an der Portikus der Rotonda«, aus: *Castelli e ponti di maestro Niccola Zabaglia*, Rom 1743, Taf. XXXII.

Seite 236: 208. Basilika St. Peter, Fassade, Detail.
Seite 237: 209. Basilika St. Peter, Südseite, Detail.

Ebenso häufig wurde die Fabbrica auch mit der Lieferung von Verbrauchsmaterial beauftragt, insbesondere Steine und Holz. Auch wenn es sich beim Großteil des in den vatikanischen Depots lagernden Baumaterials um Überschüsse aus Bauvorhaben oder um Abbruchmaterial handelte, so lag der Versorgung der petrinischen Baustelle doch ein strukturiertes Beschaffungs- und Transportsystem für den riesigen Bedarf an Travertin, Kalk, Holz und Ziegelsteinen zugrunde. Ein gutes Beispiel dafür bieten die Organisation und Transportwege zur Lieferung des Travertin aus Tivoli, die je nach Jahreszeit entweder zu Land mittels Ochsen- oder Pferdegespannen beziehungsweise zu Wasser in flachen Lastkähnen auf den nicht ungefährlichen Flussläufen des Tibers und Anienes erfolgte. Gelöscht wurden die Kähne auf den für die Fabbrica reservierten Kais von Traspontina, unterhalb der Engelsburg. Zudem war der Bezug von Travertin aus den Steinbrüchen Fosse, Caprine und Barco bei Tivoli, aber auch aus Orten wie Civita Castellana, Ceprano und Fiano durch besondere Bestimmungen begünstigt, um die Lieferzeiten an die Baustelle zu verkürzen. So räumte eine Urkunde von 1539 der Bauhütte von Sankt Peter ein Vorrecht zur Nutzung des Flusses Aniene »mit seinen Bäumen, Puzzolangruben, Steinen und Sonstigem«[39] ein (Abb. 210).

Weniger einträglich für die Fabbrica schien indes die Zurverfügungstellung des eigenen Personals. Aufgrund ihrer Kompetenz wurden die Werkmeister der Dombauhütte zur Anleitung weniger erfahrener Meister bestellt oder mit der Lösung schwieriger technischer Fragen beauftragt. Obwohl die Fabbrica dafür keine Vergütungen erhielt und die Anwerbungen den betreffenden Baustellen keine Kosten verursachte, leisteten diese *sanpietrini* einen entscheidenden Beitrag zur Realisierung der nicht vatikanischen Bauvorhaben. Zudem erwies sich die Rolle der Werkmeister von Sankt Peter auch für den Fortschritt der Baupraxis im römischen Baugewerbe als fundamental, der nicht zuletzt auf dem direkten mündlichen Wissenstransfer und einer empirischen Vorgehensweise anhand der vor Ort erfolgten Versuche beruhte – in einem pragmatischen Arbeitsansatz, der lange Zeit gegenüber der zunehmenden Autorität der wissenschaftlichen Methode überwog.[40]

Die Organisation der fest an der Baustelle von Sankt Peter beschäftigten Meister ist uns aus den *Rollen* (»ruoli«) der dort tätigen Handwerker mit Angaben zu deren Aufgaben und Löhnen überliefert. Die Werkleute, ab 1548 in Korporationen vereinigt und in Gruppen mit unterschiedlichen Aufgaben und Verantwortlichkeiten eingeteilt, stellen eine hoch qualifizierte Handwerkerschaft dar. Steinmetzgewerke – unterteilt in Steinhauer, Steinrichter, Steinpolierer, Steinschleifer, Steinmetze und Steinbildhauer –, aber auch die Gewerke der Maurer, Tischler, Schmiede, Glasmacher, Stuckateure, Kupfergießer usw. waren nach dem Grad der Spezialisierung unterteilt und mit unterschiedlichen

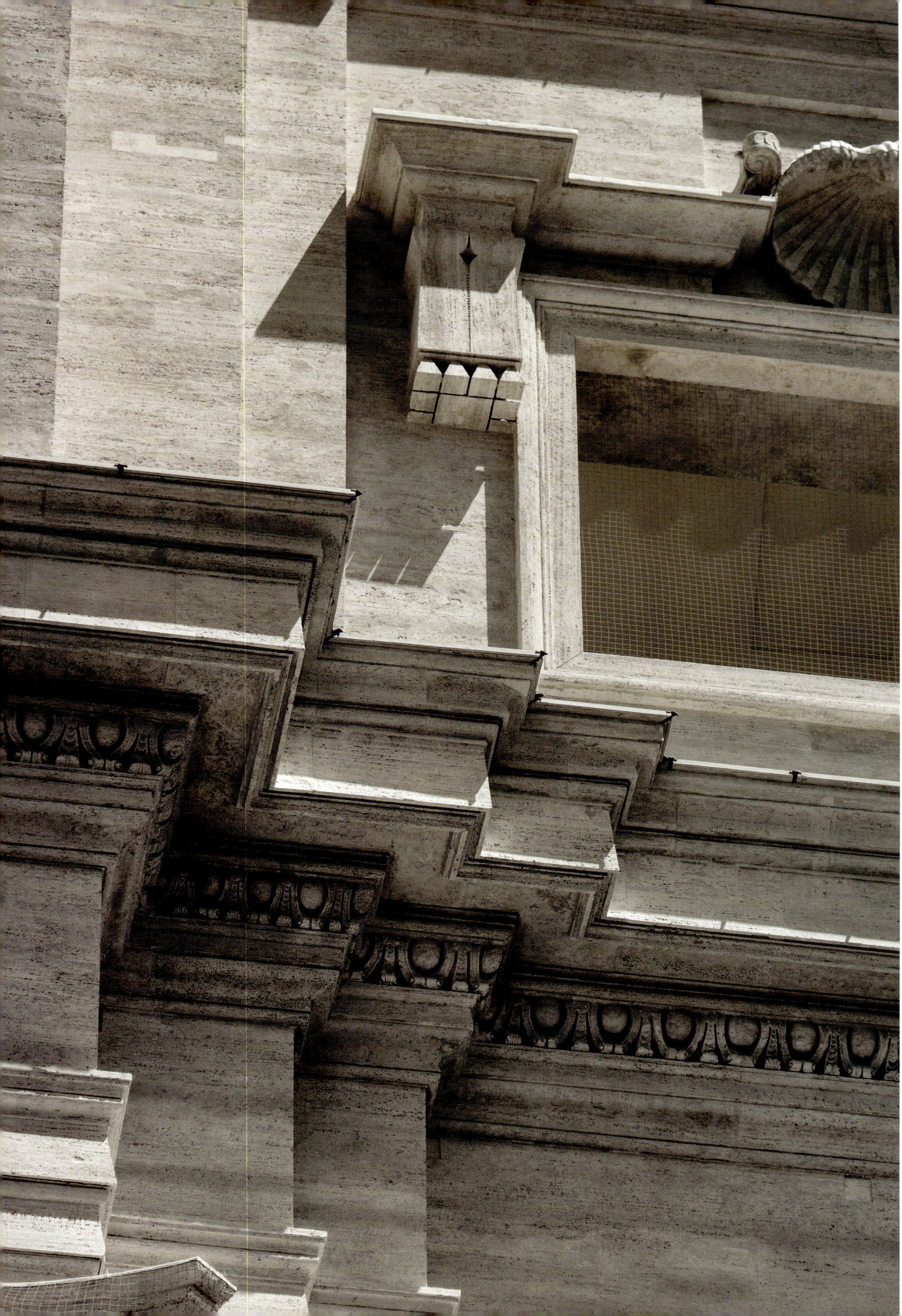

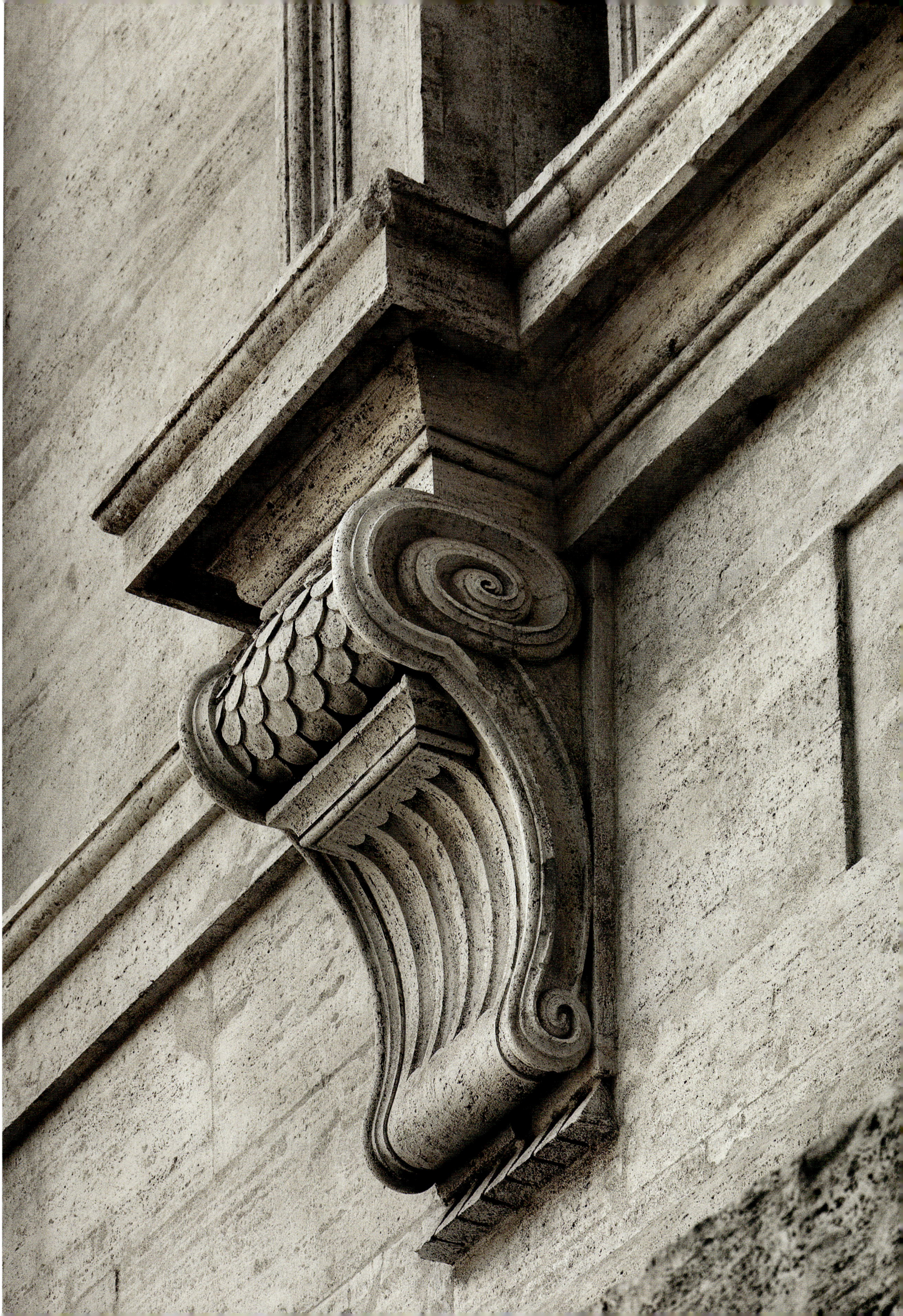

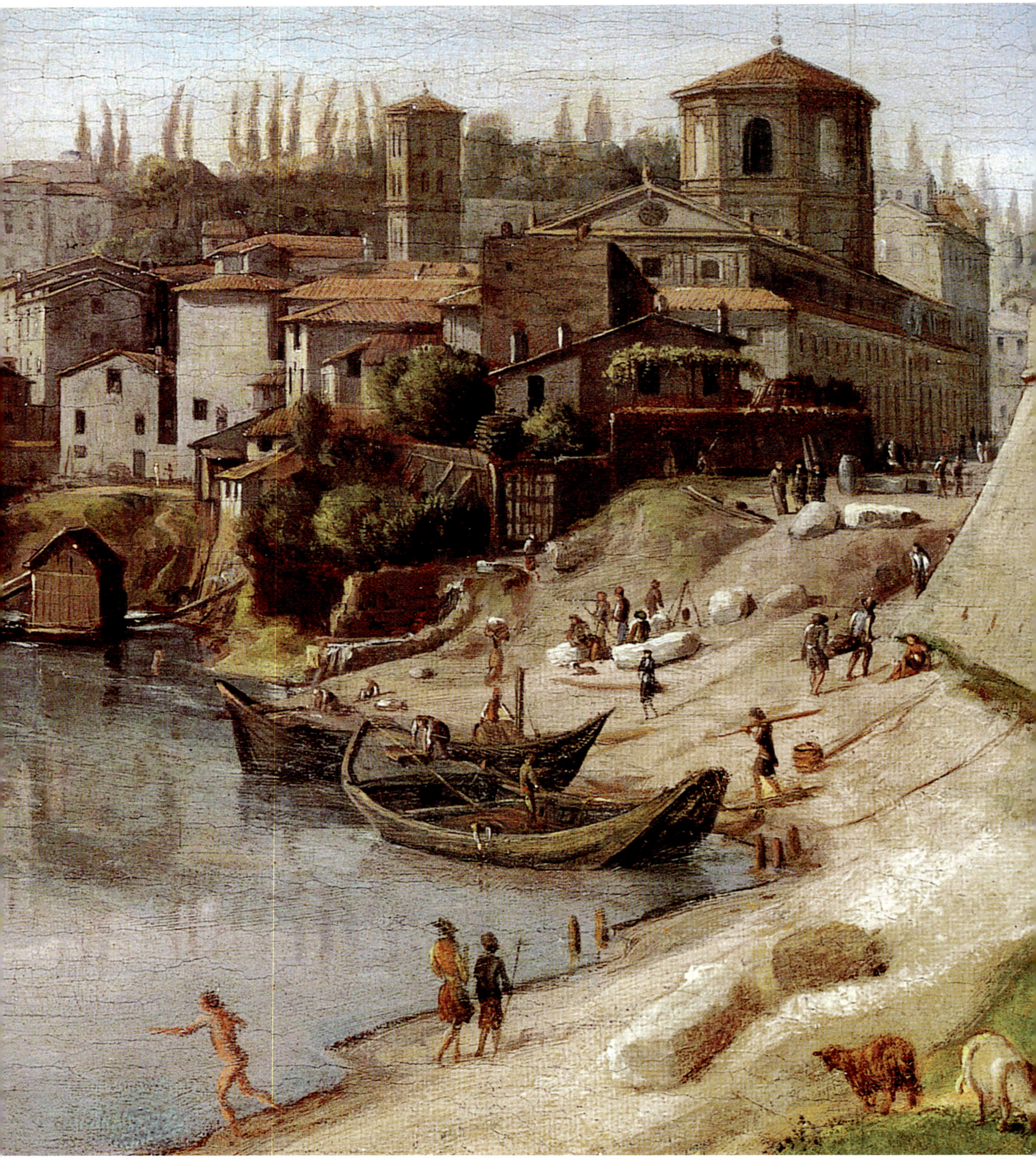

210. G. van Wittel, *Der Tiber unterhalb der Engelsburg und der Traspontina-Kai der Fabbrica di S. Pietro*, 18. Jh.

Folgende Doppelseite: 211. Basilika St. Peter, Fassade, Detail eines Kapitells.

BAUPRAKTIKEN UND BAUTECHNIKEN IN SANKT PETER VOM 17. BIS 18. JH.

Aufgaben innerhalb der Dombauhütte betraut (Abb. 211–213). Dazu kamen Handlanger zum »Fegen des Platzes [und] Säulengangs, Prüfen der Dächer, Beseitigen von Gras, Bau der Gerüste für die Maurer, Umsetzen der Gerüsttürme für die Kirche, Hochziehen der Bleiplatten und zu allen sonstigen Arbeiten.«[41] Diese meist sehr jungen Gehilfen strebten nach einer offiziellen Aufnahme in die Reihe der *sanpietrini* und nahmen dafür auch Lehrzeiten ohne nennenswerte Vergütungen auf sich. Dafür erhielten sie eine sorgfältige und einzigartige Ausbildung. Der wöchentlich ausgezahlte Lohn unterschied sich je nach Qualifikation und mitunter auch nach Leistung und wurde nach einem Vergleichsfaktor mit den auf anderen Baustellen üblichen Löhnen berechnet.[42]

Die Einstellungen erfolgten abhängig vom Bedarf der jeweiligen Baustelle, der gleichzeitig die Vorschriften zur Regelung für außergewöhnliche Arbeitseinsätze beeinflusste.[43] Obwohl an Festtagen ein explizites Arbeitsverbot existierte, sah man in Fällen, die sich als unabdingbar für den Baufortschritt erwiesen, davon ab. So konnten die Arbeiten beispielsweise auch zu Nachtzeiten fortgesetzt werden, wie aus dem Erwerb von Kerzen und Talg zur Beleuchtung der Arbeitsplätze hervorgeht.[44] Diese Ausnahmen waren jedoch durch den Baupfleger der Fabbrica streng geregelt. Dieser musste einen Arbeitsbericht verfassen, der die Namen der Arbeiter und die Anzahl der geleisteten Arbeitsstunden festhielt.[45] Die Tätigkeit der eigenen Beschäftigten wurde mit ungewöhnlichen, allerdings effizienten und weitsichtigen Methoden überwacht. Die Sitzungsprotokolle zeugen von einer peniblen Kontrolle, die selbst die Freizeit der Werkleute betraf. Allerdings fiel diese recht begrenzt aus, da auch der Samstag als Arbeitstag zählte.

Die Beziehungen der Fabbrica zu Künstlern, Arbeitern und Lieferanten lassen sich anhand einiger Bestimmungen aufzeigen, die bis in die zweite Hälfte des 19. Jahrhunderts in Anwendung blieben. Ab der ersten Hälfte des 16. Jahrhunderts, mit dem Baubeginn von Neu-Sankt-Peter, schloss die Fabbrica Verträge mit externen Handwerkern, die sie in Form von *Offenen Briefen* (»Lettere patenti«) verfasste.[46] Das Gleiche galt für Verträge mit Künstlern und Architekten sowie für Fuhrleute, Uhrmacher, Papiermacher, Schmiede, Holzlieferanten, Färber, Maurer, Glasmacher, Bleicher, Seiler, Tischler, Bildhauer oder »Gipser, Messingschmiede, Vergolder und Kerzenmacher« und sogar für die Schreiber dieser offenen Briefe.[47] Betrachtet man die große Zahl an Bewerbungen, zählten die Arbeiten für die Fabbrica von Sankt Peter vermutlich zu den begehrten Aufträgen von Künstlern und Handwerkern im Bausektor.

Ein Konvolut mit dem Titel *Atti diversi* aus den Jahren 1610 bis 1656 gibt Auskunft über die Kriterien und Verfahren zur Auswahl und Einstellung der Bewerber. In dessen Anhang findet sich eine *Liste der Steinmetzleute, die in der Reverenda Fabbrica di San Pietro arbeiten* (»Lista dell'Homini Scarpellini che lavorano alla Reverenda Fabrica di San Pietro«) vom Juli 1659 mit den Namen von hoch qualifizierten Steinmetzen, die entweder in Sankt Peter oder einer anderen zeitgenössischen Baustelle Roms beschäftigt waren.[48] Die Identifizierung der einzelnen Personen erfolgte über physische Merkmale und Personendaten, Urkunden über deren Herkunft, Alter, Statur und Haarfarbe sowie die beruflichen Erfahrungen und Qualifikationen.[49] Die erfahrensten Meister wurden von teilweise sehr jungen Gehilfen, Lehrjungen und Handlangern unterstützt, für die ein eigenes Register existierte, die *Liste der Steinmetzjungen und Steinmetzknaben, die mit vorgenannten Männern arbeiten* (»Lista dei giovani et ragazzi scarpellini che lavorano con li retroscritti homini«). Sie gibt Aufschluss über die Arbeitsbedingungen von jungen Arbeitern Mitte des 17. Jahrhunderts.[50] Ihr lässt sich auch entnehmen, dass die Jugendlichen im Alter von 12 bis 19 Jahren zumeist aus Familien stammen, von denen bereits ein oder mehrere Mitglieder in den petrinischen Registern auftauchen – in manchen Fällen eine entscheidende Voraussetzung für den Einstieg in die Fabbrica. Von Bedeutung konnte dies auch für eine Entschädigung im Falle von Arbeitsunfällen sein. Eine Akte im Archiv von Sankt Peter, *Beihilfen für Invalide und Tote aus Arbeitsunfällen der Reverenda Fabbrica* (»Assistenza a invalidi e morti sul lavoro della Reverenda Fabbrica«), nennt für die Zeit zwischen dem 16. und 17. Jahrhundert rund zweihundert Anträge an die Congregazione della Fabbrica durch Familienangehörige von *sanpietrini*, die nach einem Arbeitsunfall starben oder berufsunfähig blieben.[51] Zugleich liefert sie ein erschreckendes Bild in Sachen Arbeitssicherheit auf den Baustellen im Zeitalter des Barock: Maurer, Tischler, Bildhauer und sogar die Dekorationsmaler mussten in wahrhaft akrobatischer Manier auf Gerüsten arbeiten und waren ständig der Gefahr eines Absturzes oder anderen Unfällen ausgesetzt. An dieser Stelle sei nur an den Unfall von Domenico De Rossi, dem damaligen künstlerischen Vorsteher der Fabbrica im Jahr 1703, erinnert, der während der Aufstellung der Statuen am Portikus von Sankt Peter vom Gerüst zu Tode stürzte.[52] Um solchen Unfällen vorzubeugen, experimentierten die Baustellenleiter und das Kardinalskollegium der Fabbrica mit Schutzeinrichtungen an den Gerüsten, die ab Mitte des 18. Jahrhunderts größere Sicherheit boten, vor allem aber ließ man den Geschädigten und deren Familien Hilfe zuteil werden. Diese Politik der Dombauhütte zählt sicherlich zu den eindeutigsten und fortschrittlichsten Fürsorgemaßnahmen auf vorindustriellen Baustellen. Die Akten mit Anträgen der »untröstlichen Witwen« belegen die Modalitäten solcher Entschädigungen und die von der Sacra Congregazione gewährte Unterstützung. Sie war sicherlich vergleichbar mit derjenigen der Dombauhütte von Florenz und der zeitgenössischen Zünfte, allerdings genauer und effizienter.[53] In den meisten Fällen leistete die Fabbrica an die Familien ihrer verstorbenen Arbeiter finanzielle Hilfe.[54] Mit einer Ausweitung der Fürsorge im Zuge des Baufortschritts im 16. Jahrhundert wurden zudem Ent-

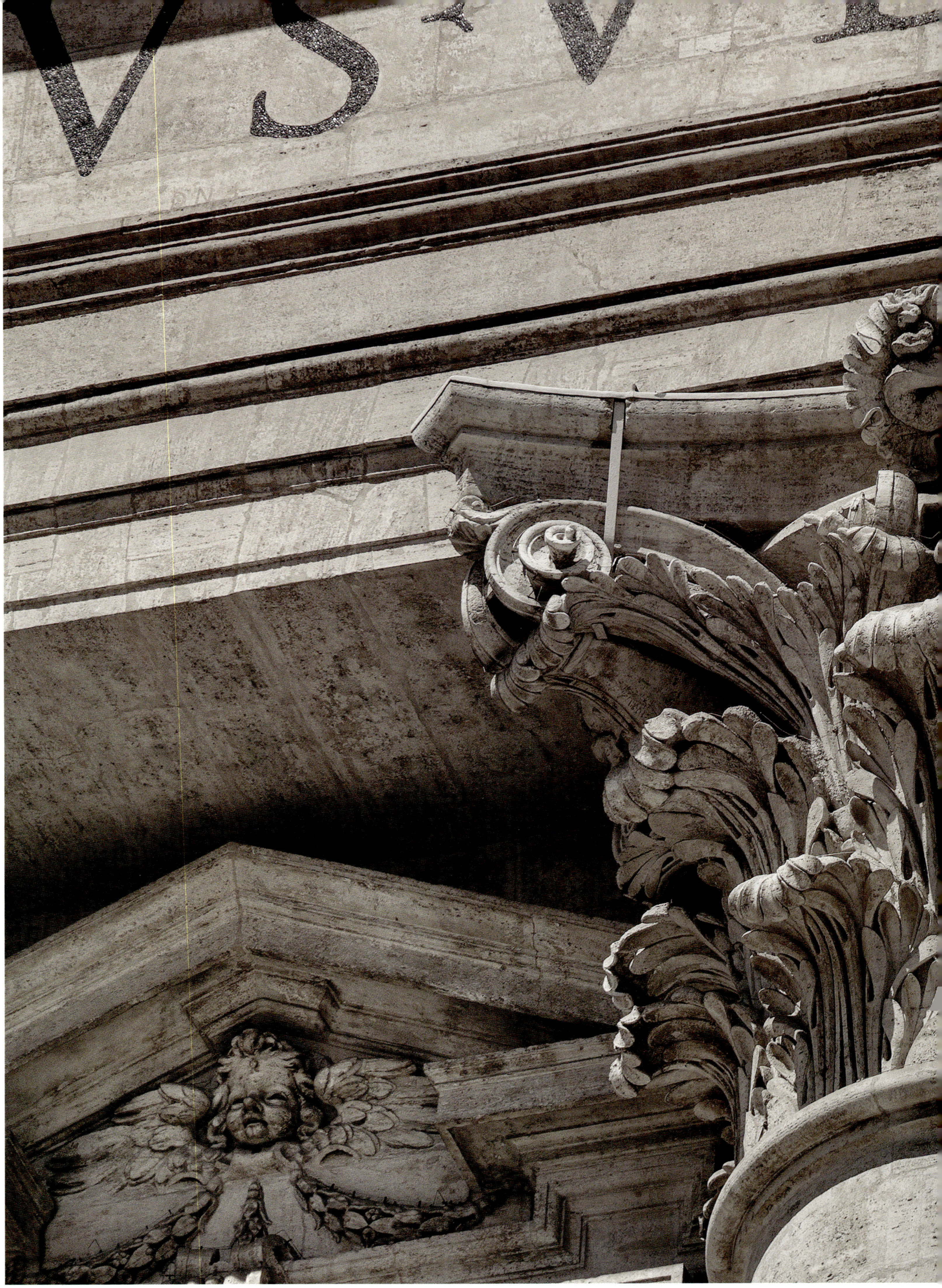

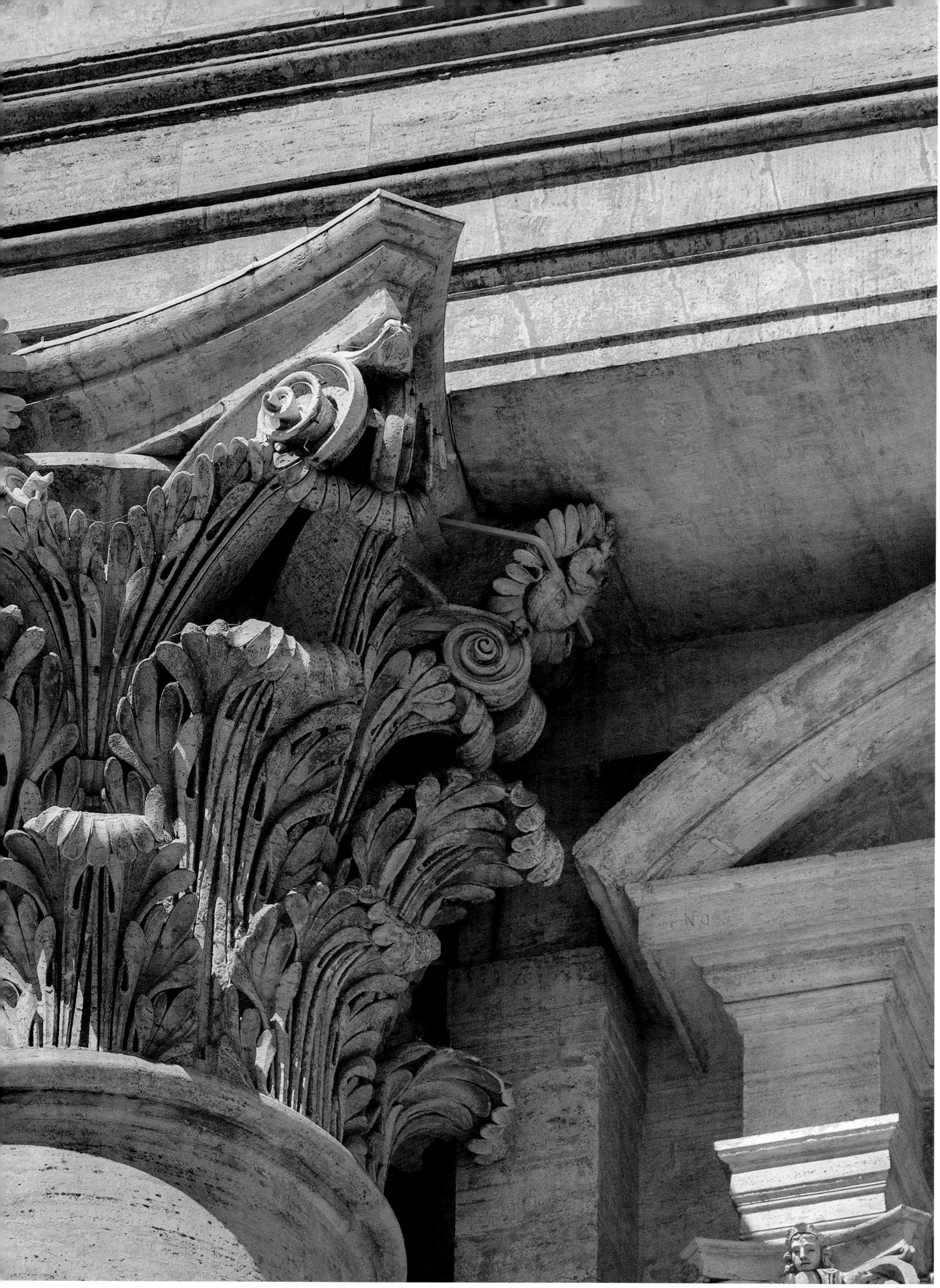

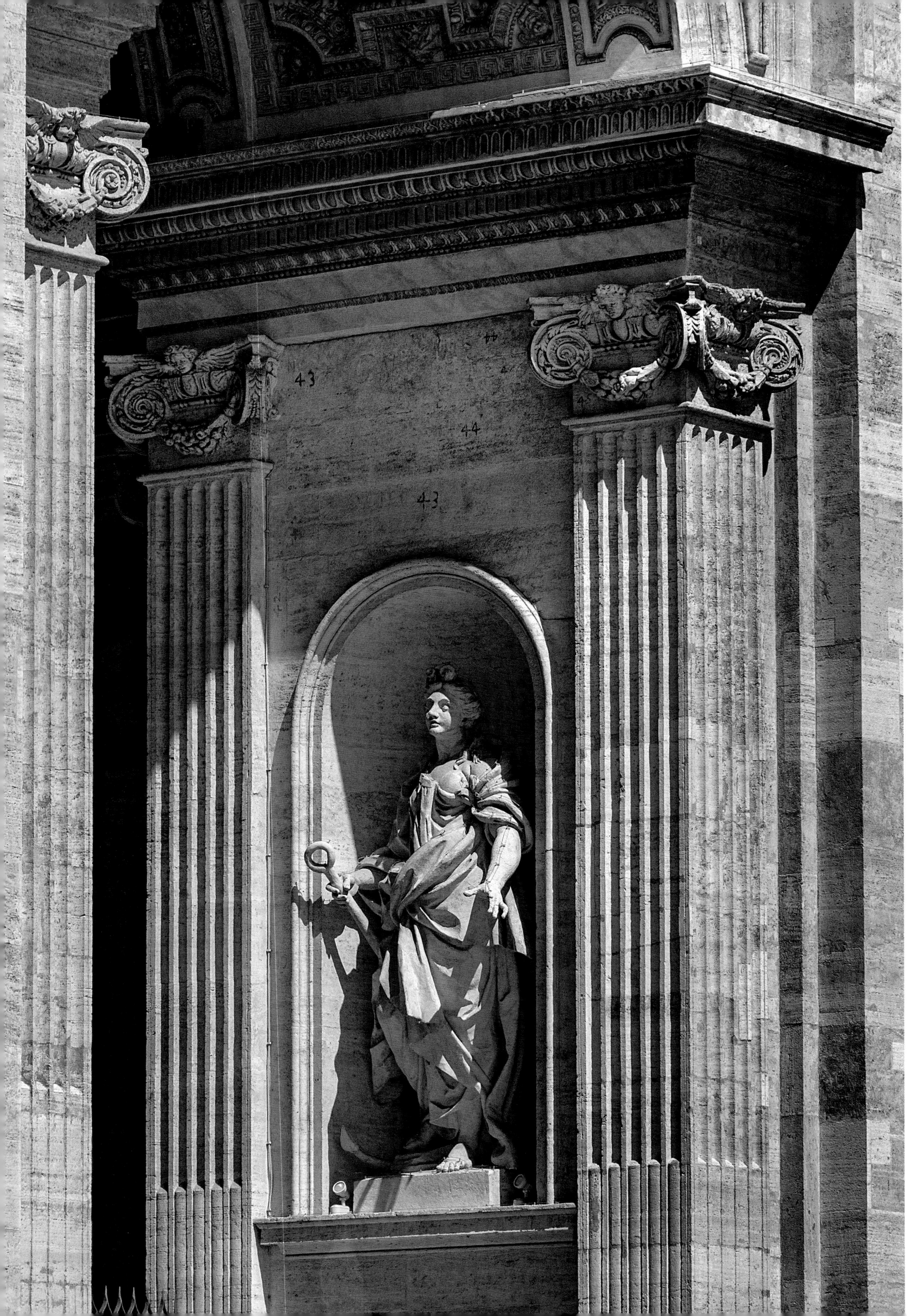
43
44
43

212. Basilika St. Peter, Fassade, Detail der Vorhalle.
Folgende Doppelseite: 213. Basilika St. Peter, Fassade, Detail mit dem Basrelief *Übergabe der Schlüssel* von Ambrogio Buonvicino, 17. Jh.

BAUPRAKTIKEN UND BAUTECHNIKEN IN SANKT PETER VOM 17. BIS 18. JH.

Seite 246: 214. Basilika St. Peter, Fassade, Detail.
Seite 247: 215. Basilika St. Peter, Südseite, Detail.
Seite 248: 216. Basilika St. Peter, Südseite, Detail.
Seite 249: 217. Basilika St. Peter, Fassade, Detail.

schädigungen für Invaliden gewährt, die Geschädigten durch die päpstlichen Wundärzte behandelt oder Sonderbedingungen mit dem Hospiz der Fatebenefratelli auf der Tiberinsel vereinbart, wo man sich der schwersten Fälle annahm.

In anderen Fällen zog es die Fabbrica jedoch vor, die Söhne der Verstorbenen einzustellen, die damit von Rechts wegen die Aufgaben ihrer Angehörigen übernahmen. Damit übernahm die neuzeitliche Bauhütte eine uralte mittelalterliche Praxis, die aus der Vererbbarkeit der Berufe und der Weiternutzung von Wohn- und Arbeitsorten ersichtlich wird.[55] Diese für die Fabbrica im Vergleich zu einer Entschädigung sicherlich vorteilhaftere Regelung bezog auch Frauen mit ein.

Interessant ist auch ein Blick auf die Rolle der Frauen auf der vatikanischen Baustelle. Sie hatten, wenn auch in geringem Maße, aktiven Anteil am Baustellenbetrieb. Oft kam dieser Beitrag allerdings einer Überlebensnotwendigkeit gleich. Das war aber nicht immer der Fall. Auch wenn die Weitergabe von technisch-handwerklichem Wissen in vorindustrieller Zeit direkt – und zusammen mit den Werkzeugen – von einer Generation zur nächsten erfolgte, so waren Frauen von diesem Brauch nicht völlig ausgeschlossen, im Gegenteil. Aus den Dokumenten von römischen Bauhütten geht eine beständige Präsenz von Frauen auf den Baustellen hervor, die in unterschiedlichen Aufgabenbereichen in die Rolle ihrer verstorbenen Männer schlüpften oder völlig unabhängig davon eingestellt wurden, auch bei kleineren Bauvorhaben in der Provinz. Dabei handelte es sich keineswegs nur um Gelegenheitsarbeiten, sondern um echte Arbeitsverträge, die für die *mastre muratore* das gleiche Arbeitspensum und die gleiche Entlohnung wie für ihre männlichen Kollegen vorsahen. Auch die Archive der Fabbrica belegen die ungewöhnlich große Bereitschaft zur Einstellung von Frauen. Sie arbeiteten nicht nur in traditionell männlichen Berufen, mitunter übernahmen sie auch die Verträge und Aufgaben von Verwandten und waren sogar als unabhängige Unternehmerinnen beziehungsweise als vollwertig anerkannte und den Männern gleichwertige Handwerkerinnen tätig.[56] Zu den am Bau der Basilika beteiligten *sanpietrine* zählte unter anderem die Büttnerin Pacifica de Cosciaris, die die Fabbrica sowohl mit Holzkonstruktionen als auch mit Travertin aus dem Schella-Steinbruch in Tivoli belieferte. An der Versorgung der Fabbrica mit Werksteinen waren aber auch Witwen von Fuhrmännern sowie Frauen beteiligt, die als Lieferantinnen agierten und gleichzeitig die Aufsicht über Lager und Steinbrüche innehatten: Caterina, die Witwe des Ziegelbrenners Girolamo Gallo, erhielt am 16. Dezember 1605 eine Zahlung für Ziegelsteine und Dachziegel; Madonna Lucrezia della Citara, Witwe des Orazio Cianti, handelte mit Bauholz, Attilia di Vincenzo lieferte das Marmormehl »für die Stuckarbeiten am großen Gesims unter der Kuppel«.[57] Giovanna Jafrate, Glasmacherin und Witwe von Alessandro Luzi, belieferte die Dombauhütte ab 1696 mit Glas. Rund ein Jahrhundert später, im Dezember 1788, legte Anna Castiglione, Witwe des Schmieds Giuseppe Palombi, eine Rechnung über rund 7700 Scudi für den Glockenstuhl und das Gerüst des Uhrwerks vor.[58] Bekannt sind zudem die Namen einer großen Zahl von Vergolderinnen und Steinschneiderinnen, wie Francesca Bresciani, Tochter des »mansù Geri«. 1672 bewarb sie sich um einen Auftrag für ein Tabernakel mit Inkrustationen aus Lapislazuli[59] und im darauffolgenden Jahr für den Zuschnitt der Lapislazulisteine für die Intarsien des neuen Ziboriums.[60]

Neben der strengen hierarchischen Aufgabenverteilung und der synchronen Arbeitsorganisation bestand die Stärke der Fabbrica von Sankt Peter daher auch in der Bindung und dem starken Zugehörigkeitsgefühl ihrer Beschäftigten. Indem sie Funktionen und Kompetenzen ausschließlich erfahrenen Werkleuten zuwies, vereinte die Fabbrica auf vorbildhafte Weise praktische Erfahrungen mit dem traditionellen Wissen von Männern unterschiedlicher Herkunft und Ausbildung und spiegelte damit auch den entscheidenden Beitrag von lombardischen und tessinischen Handwerkern und Architekten innerhalb des römischen Bauwesens wider.[61] Auf der vatikanischen Baustelle äußerte sich diese Effizienz vor allem in der Rationalisierung von Bauausführung und Materialbeschaffung, die Giacomo della Porta bei der Errichtung der Kuppel meisterhaft durchexerzierte – die Arbeiten am Übergang zum 17. Jahrhundert waren binnen 22 Monaten abgeschlossen –, sowie in der administrativen Umstrukturierung der Fabbrica durch Paul V. Borghese, mit der Carlo Maderno die Fertigstellung der Basilika erleichtert werden sollte (Abb. 214–216).[62] In der Debatte um den Respekt des geweihten Raums aus konstantinischer Zeit und der in diesem situierten Kult- und Gedenkstätten folgte die im gleichen Jahr gegründete Sacra Congregazione dem päpstlichen Willen und beschloss am 17. September 1605 den Abriss von Alt-Sankt Peter sowie die Verlegung der in ihr aufbewahrten Reliquien. Am 26. September desselben Jahres begann man nach Genehmigung durch Paul V. damit, die Altäre, Gräber und Denkmäler zu entfernen und in die Vatikanischen Grotten zu transferieren.[63] Die erfolgreiche Umsetzung von Madernos Entwurf für die Verlängerung der Basilika und die Fassade erfolgte mit drei unterschiedlichen Konzepten. Alle basierten auf einer klaren räumlichen und kompositorischen Einheit und verfolgten das Ziel, die Konstruktionen des 17. Jahrhunderts mit dem imposanten Bau Michelangelos zu verbinden. Dies gelang ihm durch die Verschmelzung eines monumentalen Langhauses mit dem Zentralbau, das diesen nach Osten zu einem lateinischen Kreuz mit dem Petrusgrab im Zentrum erweiterte, sowie durch die Fortsetzung des Querarms in den beiden Seitenschiffen – das Ganze rhythmisiert durch die riesigen Vierungsbögen und die Gliederung in Bramantes Entwurf. Die Komplexität von Entwurf und Ausführung, die organisatorischen Zwänge und die unabdingbare Zusammenarbeit unterschiedlicher Gewerke erheben die Baustelle unter Leitung Madernos zu einem Musterbeispiel für die im barocken römi-

243

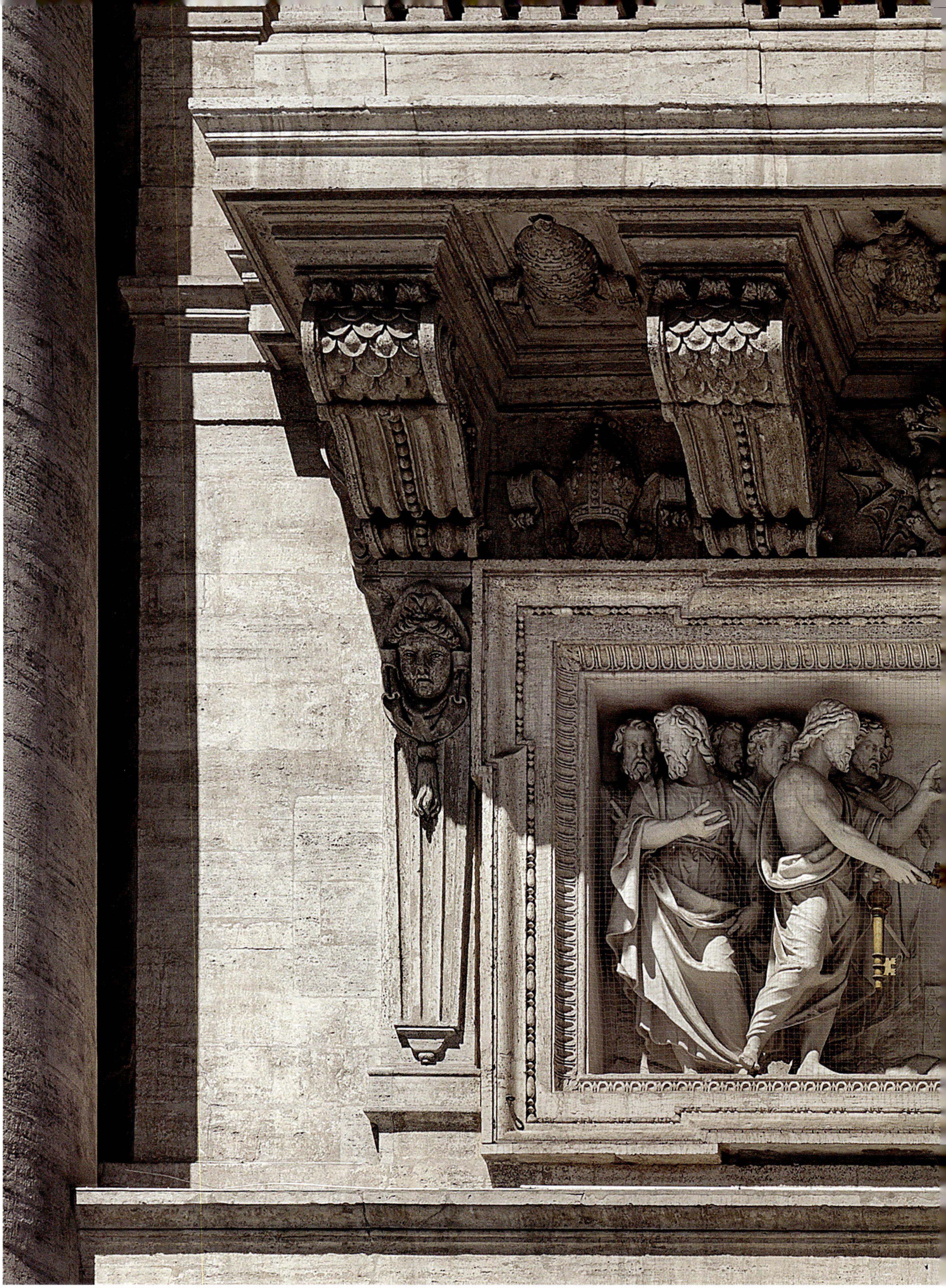

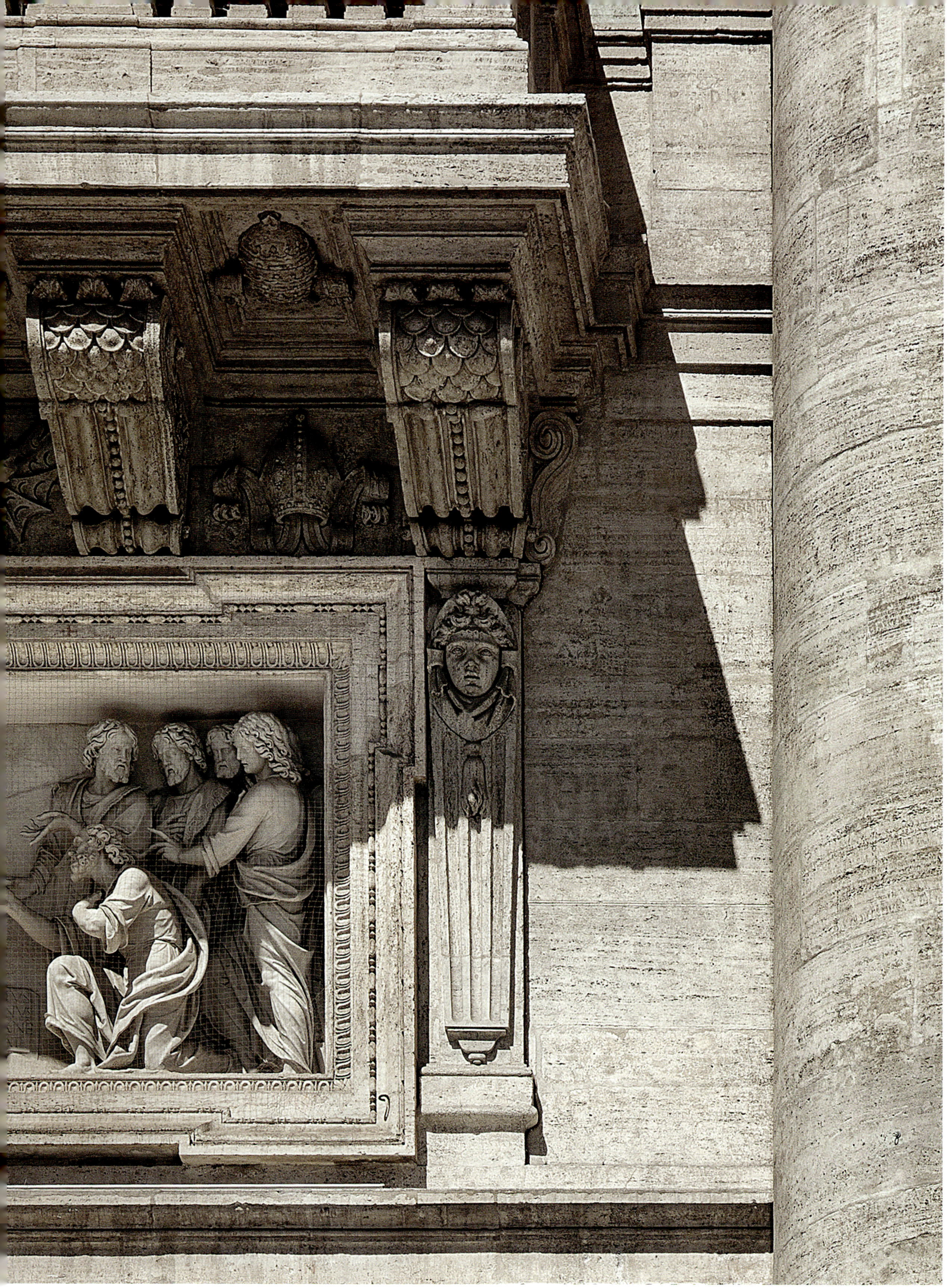

OREM PRINCIPIS·AP

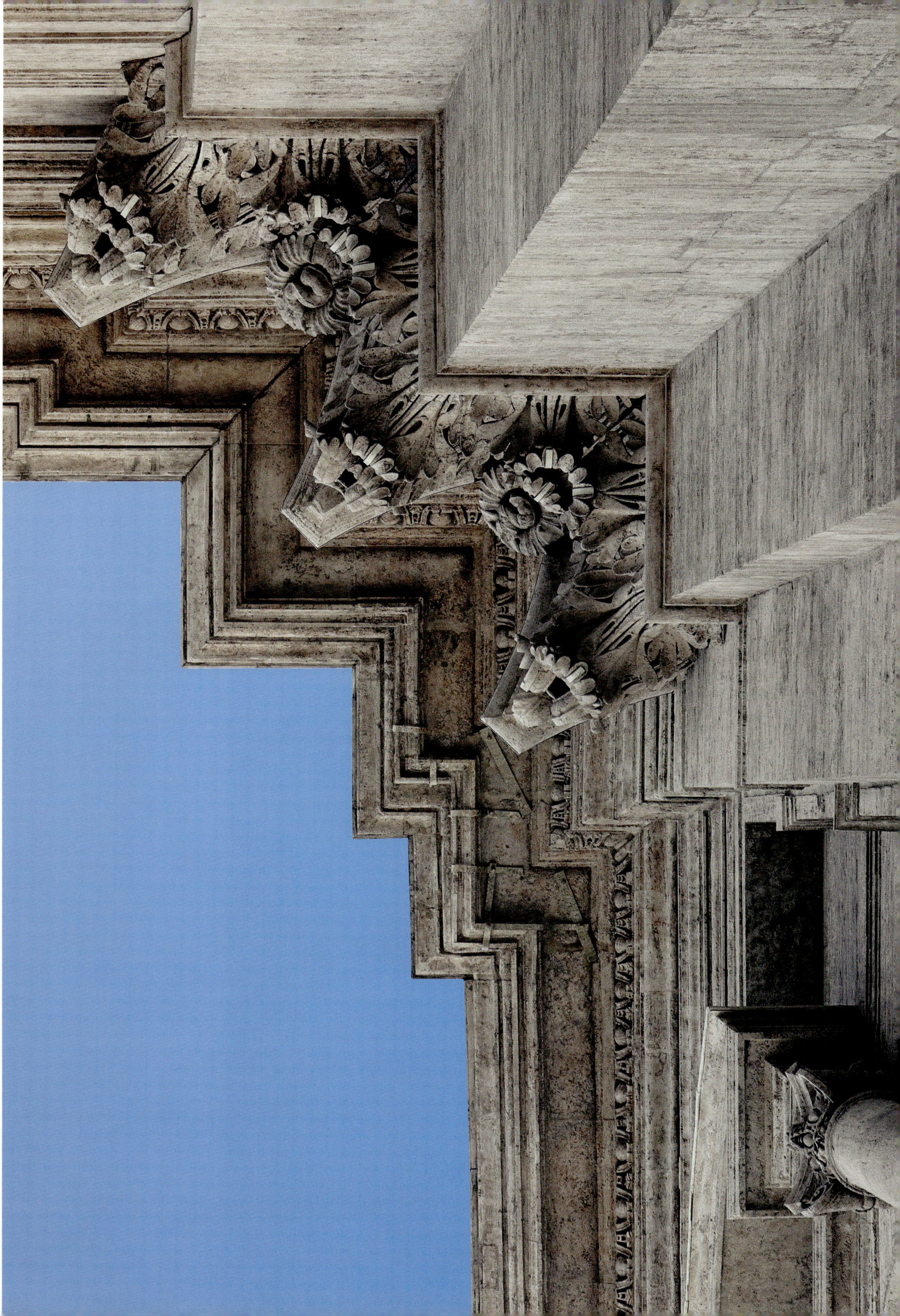

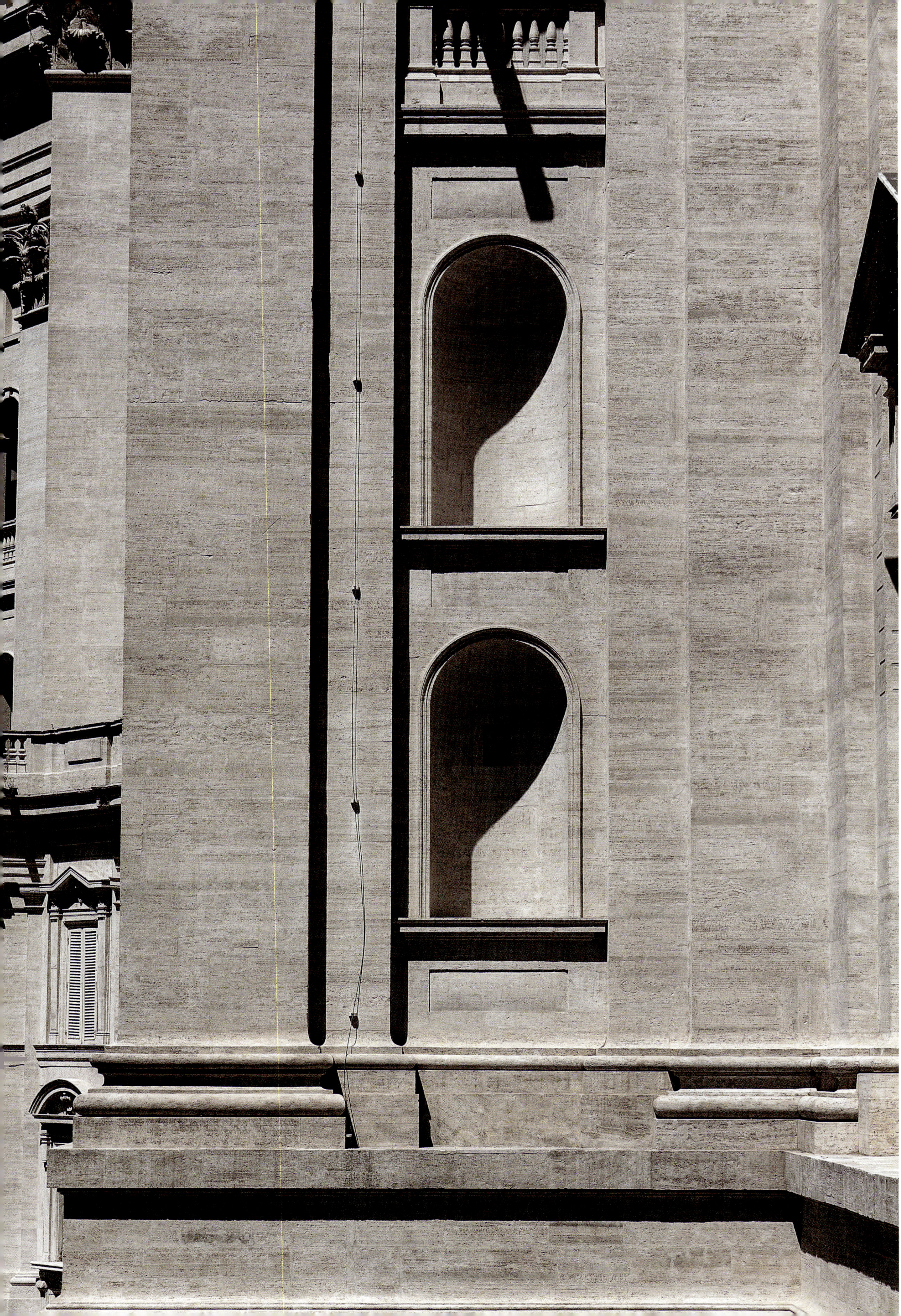

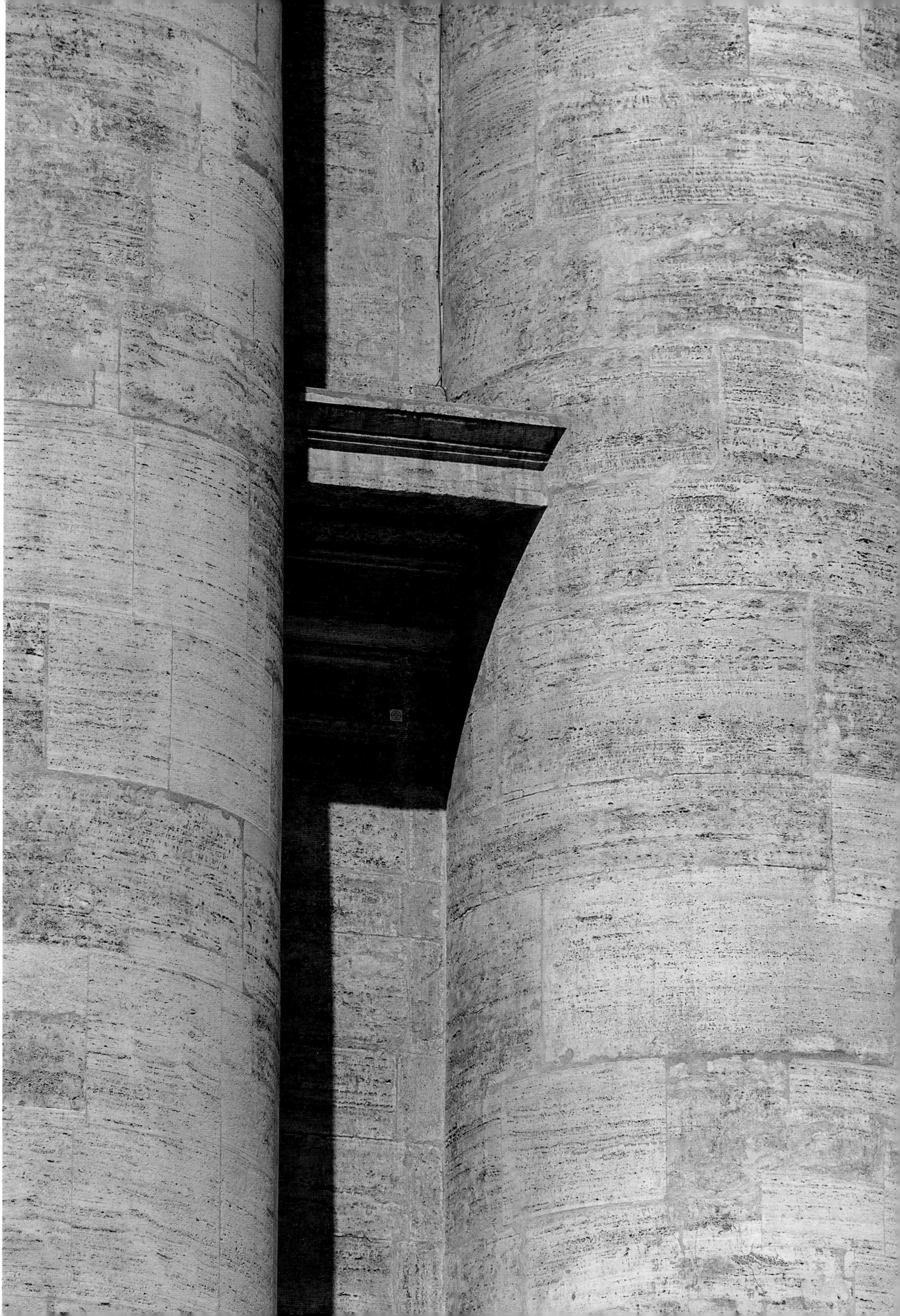

218. Basilika St. Peter, Vorhalle, Detail der Decke.

schen Baubetrieb erreichte technische und organisatorische Effizienz (Abb. 217–218).

Nach der Weihe des ersten Grundsteins am 7. März 1607 nahm man an der Stelle der heutigen Kapelle des Allerheiligsten Sakraments (Cappella del Sacramento) direkt am nächsten Tag die Fundamentierungsarbeiten für das nördliche Seitenschiff in Angriff. Die beinahe unmittelbar darauf erfolgte Unterbrechung der Arbeiten, für die sich in den Archiven noch keine Gründe fanden, zog einerseits neue Varianten des Entwurfes nach sich, andererseits die Verlegung der Baustelle an den Ort der künftigen Fassade. Deren Errichtung wurde erneut im November 1607 aufgenommen. Die Fassade von Alt-Sankt-Peter fiel am 21. August 1609 unter den Schlägen der Spitzhacken von Meister Bartolomeo da Castrona und seiner Gehilfen. Zu dieser Zeit hatten dieselben Maurer bereits die Rotunden Santa Maria della Febbre und Sant'Andrea vollendet.[64] Bald darauf, am 1. Oktober 1610, stellte man mit Winden, angetrieben von 13 Pferden, die erste Säule aus afrikanischem Marmor der »porta grande del porticale« auf.[65]

1611, kurz vor Fertigstellung der Fassade, beschloss Paul V., der imposanten Front zwei Glockentürme hinzuzufügen. Das bedeutete einen unwiederbringlichen Eingriff in die kompositorische Ausgewogenheit von Madernos Entwurf und in die Verbindung mit der bereits existierenden Struktur. Der Baubeginn des nördlichen Turms lag zwischen Dezember 1612 und Januar 1613, der des südlichen wurde in das Jahr 1618 verschoben; 1622 mussten die Arbeiten jedoch vor Vollendung der Glockengeschosse wegen statischer Probleme aufgrund des instabilen Untergrundes und anstehenden Grundwassers unterbrochen werden.[66] Die Eile, mit der Paul V. die Arbeiten zum Abschluss bringen wollte, sowie die Größe der Baustelle werden nicht zuletzt aus der Anzahl der für die Errichtung der Glockentürme eingestellten Arbeiter deutlich: Vom 13. Januar bis 14. Dezember 1613 schwankte die Zahl der Maurer und Maurergehilfen »für das Setzen der Travertinquader zu beiden Seiten der Kirchenbaustelle« zwischen einem Höchststand von 720 und einem Minimum von 440 Arbeitern; belegt sind unter anderem 18 Bildhauer-Kolonnen (Abb. 219).[67]

Ab 1612 wurde der neue Kirchenbau über die beeindruckende Konstruktion der Vorhalle mit der Fassade verbunden, das Mittelschiff 1614 mit einem mächtigen Tonnengewölbe von 3 m Stärke überdeckt und dieses im Jahr darauf mit Stuckaturen versehen. Das Register der *Vorräte und Rüstungen aus Holz zur Bewehrung des großen Gewölbes* (»Provisioni et armamenti di legniami per armar la volta grande«) vom Juni 1613 berichtet vom Umfang und der komplexen Konstruktion dieses Tonnengewölbes, für das man riesige Mengen an Eichen- und Kastanienholz zum Bau des großen Lehrgerüstes, von Tafeln und Brettern aus Ulme für die Schalungen sowie Erlenbretter für die Holzschablonen des Kassettendekors in der Gewölbelaibung benötigte.[68] 1615 erfolgt dann die Niederlegung der Scheidemauer zwischen alter und neuer Basilika, die Paul III. Farnese (1534–1550) 1538 hatte errichten lassen, und schließlich der »alten [Mauern] zu beiden Seiten der Clementinischen und Gregorianischen Kapelle, um die alte Kirche mit der neuen zu verbinden«.[69] Gleichzeitig begann man mit der Errichtung der Kuppeln über den Seitenschiffen und mit dem Bau der Confessio nach Madernos Entwurf, der 1616 abgeschlossen war.[70] In deren vielfarbigem Dekor vermischen sich vielgestaltige Geometrien und geschwungene Motive in einer schillernden Palette aus Broccatello, Rosso Orientale, Biglio, Verde, Paragone, Africano, Portasanta, Fior di persico, schwarzem und weißem Genueser Marmor sowie aus Alabaster.[71]

Autonomie im Entwurf und Respekt des Bestandes sind die Hauptmerkmale, auf denen der Entwurf Madernos fußte, natürlich unter Berücksichtigung der kompositorischen und strukturellen Zwänge, die der Architekt mit der plastischen Präsenz der Säulen, der farblichen Differenzierung der Flächen im Hintergrund und der sukzessiven Reduzierung der vertikalen Register zur Benediktionsloggia hin zu lösen versuchte.[72] Zu diesen formalen Hindernissen kamen noch die immensen organisatorischen und technischen Schwierigkeiten einer derart gewaltigen Baustelle und der Zeitdruck, unter dem diese vollendet werden sollte. Maderno bewies jedoch eine außergewöhnliche organisatorische Kompetenz, die über seine langjährige Arbeit unter Fontana gereift war. Dieser Erfolg wird nicht zuletzt durch die Begleichung einer Schuld seines Onkels Domenico über 7000 Scudi im Jahr 1594 belegt.[73] Somit ist die Herleitung seiner Baustellenorganisation nach dem bewährten Vorbild Fontanas offensichtlich. Sie vereinte gewissenhafte Ausführung und technische Neuerungen mit der effizienten Koordination der verschiedenen Gewerke und gewährleistete den Fortbestand einer unbestrittenen Qualität bei gleichzeitiger Optimierung von Zeitplanung und Baukosten.[74]

Seine Erfahrungen erleichterten Maderno die komplexe Organisation der Bauhütte von Sankt Peter, die im Grunde drei verschiedene Aufgabenbereiche umfasste: Abriss, Neubau und Dekoration. Jeder einzelne Bereich war mit speziellen Anforderungen an Materialbeschaffung, Koordination der Handwerker und Künstler, der Bereithaltung von technischen Hilfsmitteln und der Bauüberwachung verbunden. 1605, als man mit dem Abriss der konstantinischen Basilika begann, wurde auch deren Ausschmückung weitergeführt und 1611 abgeschlossen. Vorausgegangen waren die Mosaizierung der Gregorianischen Kapelle im Jahr 1576, die Mosaikausstattung der großen Kuppel 1598 und die der Clementinischen Kapelle für das Heilige Jahr 1600. Diese Arbeiten erforderten besondere Werkstätten und Arbeitsverfahren sowie spezielle Hilfseinrichtungen und Gerüste, mit denen man in großer Höhe arbeiten konnte, und natürlich hoch qualifizierte Handwerker und Künstler, alles dem zeitlichen Rhythmus folgend, den die sorgfältige Ausführung der Malereien und

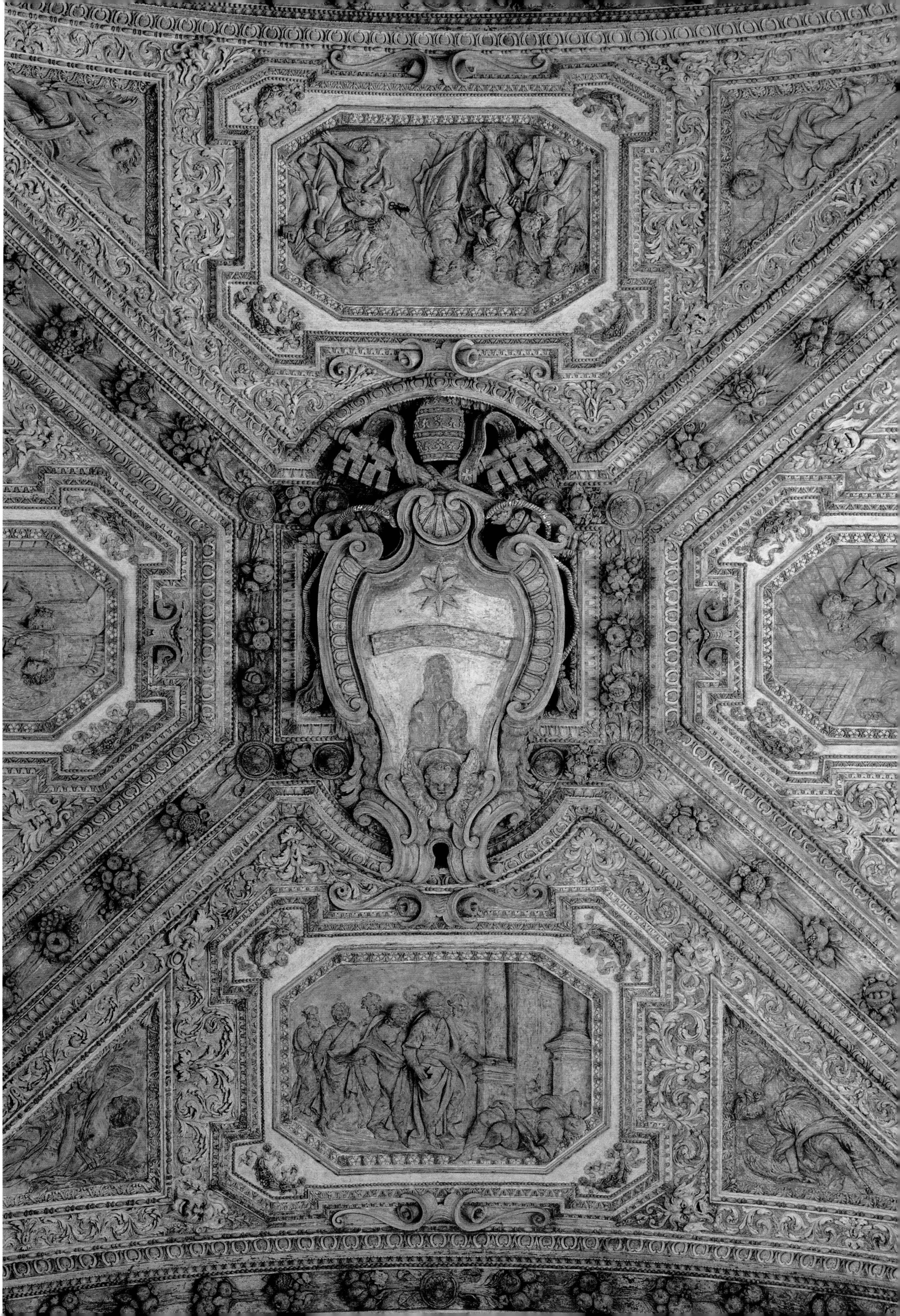

BAUPRAKTIKEN UND BAUTECHNIKEN IN SANKT PETER VOM 17. BIS 18. JH.

219. Basilika St. Peter, Fassade, Detail.

Mosaike verlangte. Sie erfolgten also parallel zum Abriss des spätantiken Baus und waren dementsprechend mit Unwägbarkeiten verbunden: die Enge durch den Abtransport des Bauschutts, Erschütterungen durch die Abrissarbeiten, hohe Staubentwicklung, platzraubende Winden und Kräne für die Handhabung schwerer Lasten usw. Glücklicherweise bot die unter Paul III. errichtete Scheidewand den Arbeiten der Mosaizisten, Maler und Bildhauer, die auf den Gerüsten tätig waren, einen gewissen Schutz. Da sie nunmehr der Stütze des alten Baus entbehrte, musste sie allerdings im Januar 1607 durch vier Eisenstangen gesichert werden.[75]

Zwischen 1606 und 1607 brachten Bildhauer und Maurer Gerüste in der großen Kuppel an, während allein 21 Männer mit der Verkleidung beauftragt waren. Zur gleichen Zeit führte der Stuckateur Rocco Solari das Gesims unter dem Tambour aus, die Bildhauer Matteo de' Dossi und Giovanni da Urbino arbeiteten am Altar der hl. Petronilla und eine große Gruppe von Mosaizisten war mit der Ausschmückung der Kuppel beschäftigt.[76] 1607 bezeugen die Rechnungsbücher eine frenetische und ununterbrochene Tätigkeit an diesem Bauabschnitt – ohne dass dabei die anderen Arbeiten beeinträchtigt wurden. Auch die Beschaffung von Puzzolanerde, Tuffstein und Travertin, den Fuhrleute mit Ochsen- und Pferdegespannen aus Tivoli und Santa Marinella besorgten, ging ohne Unterbrechung weiter. Doch war dem nicht genug. Im März 1607 begann man mit der Fundamentlegung des Langhauses, die sich bald schon bis zum künftigen Standort der Fassade erstreckte: Hunderte Maurer und Fuhrleute entsorgten unter der Leitung von Tito da Sarzana, Pietro Drei und Giorgio Staffetta den anfallenden Bauschutt und transportierten ihn zu den Halden vor der Porta Angelica. Die ersten Rechnungen für »gebrochenen und zu brechenden« Travertin stammen vom 23. März.[77]

Ab April 1607 wurden große Mengen an Eisen, Hunderte von Bohlen[78] und Bretter aus Ulmenholz zur Absicherung der Fundamentgruben, für den Bau der Gerüste und die Anfertigung von Hebezeugen erworben. Von Giacomo Filippini aus Tivoli bezog man mehrere *scorzi*[79] Travertinmehl für das Anrühren von Gips, Leim und Kalktünche. Auch die Beschaffung von Puzzolanerde hielt unvermindert an; mit Flusssand und Kalk gemischt ergibt sie einen Mörtel mit hervorragenden hydraulischen Eigenschaften.

23 Bildhauer bearbeiteten die Travertinblöcke für den Unterbau der neuen Basilika, wobei sie auch die Inkrustationen vorsahen. In der Zwischenzeit wurde die Baustelle mit weiteren großen Mengen an Kalk, Tuffstein, Puzzolanerde und Holz beliefert, während 34 Maurer und Handlanger die Fundamente abstützten, Gerüste errichteten und den Kalk zur Mörtelfertigung löschten. In den Folgemonaten wurde dieser rasante Rhythmus beibehalten. Für den Oktober ist der Einkauf von Ziegelsteinen von zugelassenen Lieferanten der Fabbrica und Hunderter Barkenla-

253

dungen mit scaglia (Kalksplit)[80] belegt, des Weiteren von Erlenbrettern und Puzzolanerde, die Luca da Saravezza und »Entladearbeiter« (»compagni scaricatori«) mithilfe der direkt von der Fabbrica bereitgestellten Ausrüstungen am Kai von Traspontina löschten.

1610 begann die kritischste Phase des Baus. Der instabile Untergrund bedeutete ein großes Hindernis für die Fundamentarbeiten: Die Rechnungsbücher belegen, dass man im Januar 1609 die Fundamentgrabungen erneut absichern musste und dabei versuchte, mit Pumpen das Wasser abzuleiten, das aus dem Boden aufstieg. Maderno versuchte diesem Hindernis durch ein Abdichten der Grabungen mit großen Mengen an Puzzolanerde, Ziegeln, Tuffstein und Travertin beizukommen, die er mit Kieselsteinen, Reisig, Kalk und Kohle vermischte, um das Aufsteigen des Wassers zu verhindern. Mehr als hundert Arbeiter waren Tag und Nacht damit beschäftigt, die Pfähle aus Kastanienholz zu schlagen, die Spitzen im Feuer zu härten, die Fundamentgruben aufzufüllen und die Gruben abzusichern. Dies geht aus der Anschaffung Hunderter Talgkerzen hervor, die zur Beleuchtung der Baustellen benötigt wurden. Im November 1609 wurden schließlich die Fundamente der Fassade in Angriff genommen. Auf diesen errichtete man ein Ziegelsteinmauerwerk mit einer Verkleidung aus perfekt ausgeführten Travertinplatten, die aus den Brüchen von Tivoli, Monterotondo und Civita Castellana stammten. Die unteren, leichter sichtbaren Reihen sind dabei von besserer Qualität als die weiter oben liegenden. Die Verkleidung erfolgte horizontal, der Bau des Mauerwerks in übereinanderliegenden Lagen.

Der Vertrag mit den Steinmetzen zur Bearbeitung der Travertinblöcke der Fassade ist datiert auf Januar 1611 und bestimmt, dass »in genannten Arbeiten keine Arten von Stuck und keine Passstücke enthalten sind«.[81] Die detaillierten Berichte beschreiben einige Verfahren und die sorgfältige Ausführung der Arbeiten: Im Jahr 1611 wurden die ersten Zahlungen für das Einsetzen der Travertinblöcke auf verschiedenen Höhen der Fassade geleistet; weitere Zahlungen gingen aber auch an die Stuckateure Giovanni Caslano (oder Casellano, auch als »Steinschneider« und »Steinmetz« bezeichnet) für »den Stuck, den er an der Fassade macht«, sowie an Giovanni da Carrara für »die Stangen [aus Eisen], die am Travertin der Fassade angebracht und mit Blei vergossen wurden«.[82] Letztere waren zum Befestigen der Fassadenverkleidung am Ziegelmauerwerk erforderlich (Abb. 219). Beim Verlegen des Travertins an der Fassade mussten zudem die Lücken gefüllt werden, die während des Transports und der Handhabung an der Sichtfläche entstanden. Sie wurden mit Passstücken desselben Travertins ausgebessert, die man mit einer Mischung aus griechischem Pech und gelbem Wachs einsetzte.[83]

1613, als man immer noch mit dem Auffüllen der Fundamentgruben beschäftigt war, erhielt der Baupfleger Giovanni Bellucci mehrfach Zahlungen für das Tagwerk der Maurer und Arbeiter, »damit diese die Travertinblöcke zu beiden Seiten der Fassade der neuen Kirche einsetzen sowie andere Arbeiten verrichten«.[84] Auch das Verlegen der Travertinblöcke an den beiden Fassadenseiten schritt voran; dafür wurden bis zum 4. Juli 1614 wöchentliche Zahlungen geleistet. Mit dem Voranschreiten der Baustelle zog man dieselben Arbeiter zur Errichtung des imposanten Gebälks heran (Abb. 221).

Die *Bücher der Bestände* (»Libri delle munizioni«) und die Register der *Sonstigen Kosten* (»Spese diverse«) aus den folgenden Jahren liefern Aufschluss über den Baubetrieb und berichten von umfangreichen Lieferungen an Metall, Eisen und Blei für die Montage der Travertinplatten sowie von *schifi*. Damit bezeichnete man die Kübel für den Transport von Kalk oder Mörtel, der hier in seiner flüssigsten Mischung aus Kalk und Travertinmehl in großen Mengen zum Einsatz kam und mit Pinseln aufgetragen wurde, um die Füllstücke, Stuckaturen und Verfüllungen mit dem einheitlichen glänzenden Farbton der Travertinverkleidung zu überziehen.[85]

Die gewaltigen Dimensionen der Fassade erklären die Probleme, denen sich Maderno bei Entwurf und Konstruktion gegenübersah. Sie verlangten nach einem neuen Organisationsschema der Baustelle. Aus diesem Grund wurden die Arbeiten an den Mosaiken 1611 unterbrochen und die Feinarbeiten an den Wandflächen im Akkord ausgeschrieben.[86] Das schien den Baufortschritt zu beschleunigen. Der Baustellenbereich, mit seinen Materialdepots und den aus Holz gezimmerten Steinmetzverschlägen – diese sollten auch die umliegenden Gebäude gegen die starke Staubentwicklung schützen – nahm auch Teile des Petersplatzes ein und reichte beinahe bis zum Sockel des Obelisken. Mehrere *antenne* – so bezeichnete man die mächtigsten Mastbäume, die mit starken Seilen fest am Boden verspannt waren und zusammen mit Flaschenzügen und Winden zur Handhabung der fertig bearbeiteten Travertinblöcke dienten (Abb. 223) – sowie Winden, Kräne und einfache Seilrollen transportierten Körbe mit Ziegelsteinen und sonstigem Material in die Höhe.[87] Am 21. Juli 1612 waren diese Arbeiten abgeschlossen.

In den nächsten Jahren folgte die Baustellenorganisation einer ähnlichen Struktur, sah sich allerdings mit den zusätzlichen Problemen durch den Bau der Glockentürme konfrontiert, in deren Rahmen Maderno im Mai 1622 die Congregazione um einen Beauftragten bat, um »die Bewegungen und Risse zu prüfen, die sich an der Baustelle zeigen und sich um die Sammelbecken zu kümmern, die das Wasser vor dem drohenden Einsturz ableiten«.[88] Die Wanddekoration im Innern wurde jedoch fortgesetzt; davon zeugt eine umfangreiche Rechnungsakte für Stuckaturen aus dem Juni 1624.[89] Ein Jahr später billigte Maderno *Das Aufmaß und die Schätzung des im Gewölbe und an den Wänden des Chors verwendeten Goldes* (Misura e stima dell'oro messo alli stucchi della volta a pariete del Coro), die der Vergolder Rocco Pasquino vorgelegt hatte.[90] 1626 wurden schließlich mithilfe von *antenne*,

220. Liegende Winde für den Vertikaltransport von Kleinteilen und Baumaterial, aus: G. Valadier, *L'architettura pratica*, Rom 1832, Bd. I, Taf. II.

221. Feste und mobile Lastwinden, aus: G. Valadier, *L'architettura pratica*, Rom 1832, Bd. II, Taf. CLXXVIII.

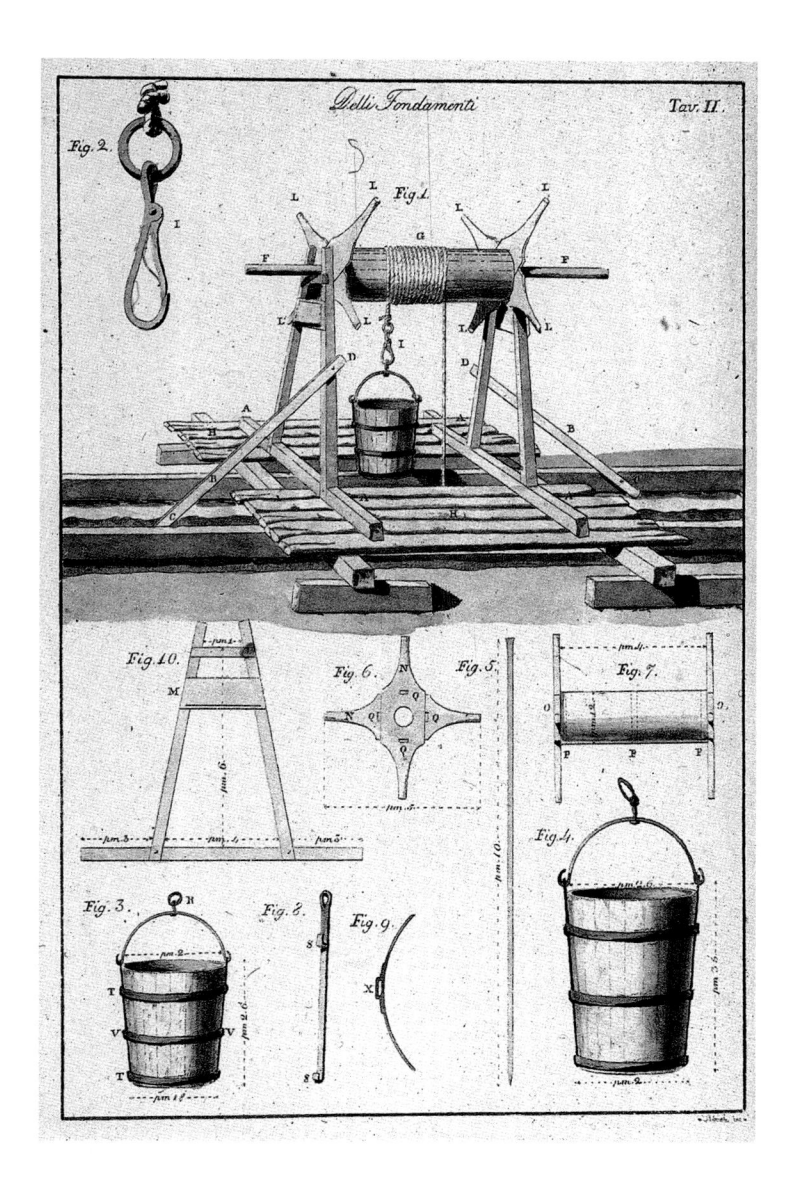

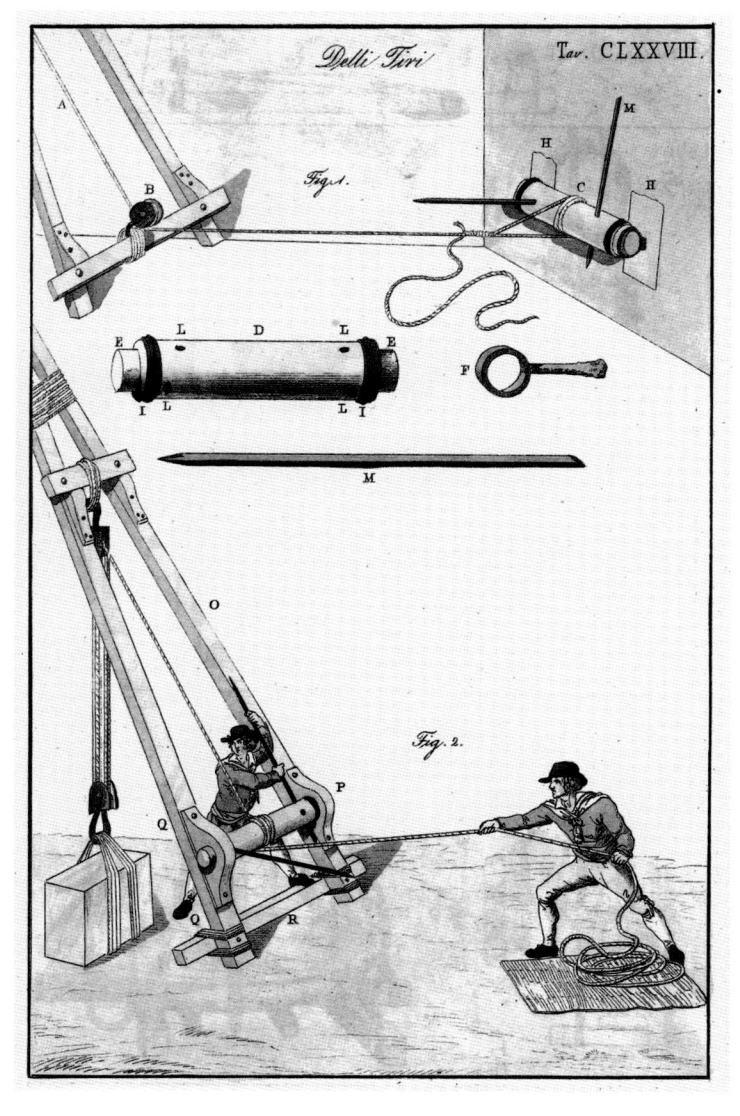

großen Winden und zahlreichen Flaschenzügen die dreizehn Heiligenstatuen auf die Attika der Fassade aufgesetzt. Die ca. 6 m hohen Skulpturen waren aus Monterotondo-Travertin gefertigt. Damit war auch dieser Baustellenabschnitt vollendet. Carlo Maderno erhielt seine letzte Vergütung als Architekt von Sankt Peter am 31. Januar 1629.

Unter der Bauleitung Madernos hatte sich das nunmehr perfektionierte Organigramm des Baubetriebs bewährt. Auch in den folgenden Jahrzehnten stellten Architekten, Baupfleger und Werkmeister ihr Können mit weiteren, insbesondere baupraktischen, Neuerungen und Verbesserungen unter Beweis. Dabei wurden die für Bau-, Dekorations- und Instandhaltungsarbeiten erforderlichen Baugeräte und technischen Hilfsmittel weiter vervollkommnet. Zu den interessantesten Vorrichtungen zählen sicherlich die für den Transport in große Höhen entwickelten Hebezeuge, darunter die bereits erwähnten Mastbäume, die zu allen Zeiten auf Baustellen eingesetzt wurden. Aus Sankt Peter wissen wir aus dem Jahr 1577 von »einer großen *antenna*, die außerhalb der Cappella del Re aufgestellt wurde«[91]; im September 1605 folgte eine weitere in der alten Kirche, um die Rippen in der Kuppel mit Blei zu verkleiden[92], sowie verschiedene *antenne* aus Zerreiche, mit Winden, Flaschenzügen und Seilen versehen, die im Langhaus zum Einsatz kamen[93]. Zwischen Juni und Juli 1606 erhielten fünfzig Männer eine Vergütung für »das Aufstellen der *antenne*, das Herunterholen der Architrave und Kapitele der Säulen und andere in Sankt Peter verrichtete Arbeiten«. Dieser Vermerk vermittelt einen Eindruck von den Schwierigkeiten und dem Aufwand, der mit der Montage dieser riesigen Vorrichtungen verbunden war.[94] Im Jahr 1612 wird vom Transport und der Aufstellung dreier mächtiger *antenne* aus Zerreiche auf dem Platz vor der Basilika berichtet. Ihre starke Verankerung fing die Lasten auf und sollte unerwünschte Schwingungen bei der Handhabung der großen Travertinblöcke der Fassadenverkleidung vermeiden.[95]

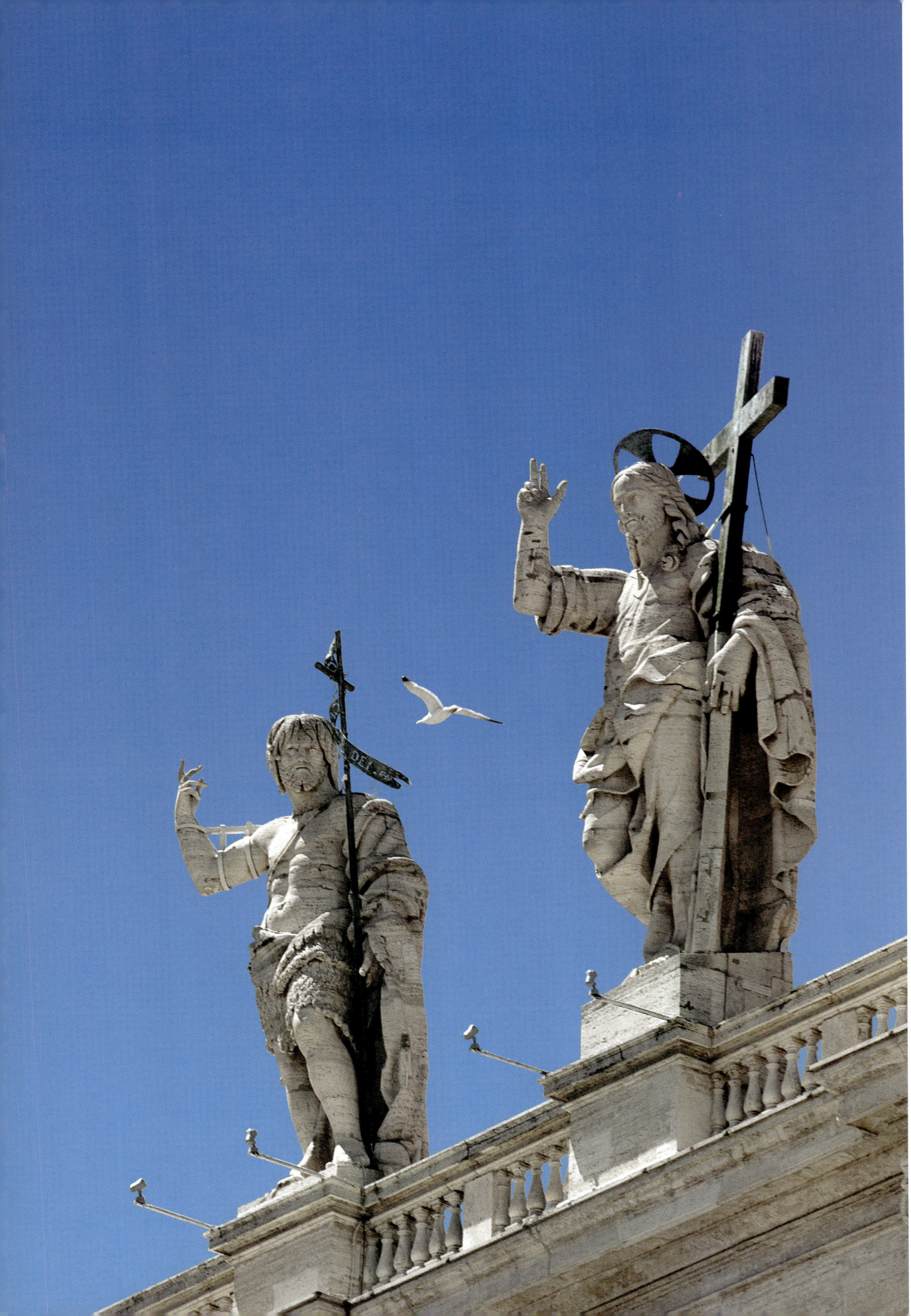

222. Basilika St. Peter, Fassade, Detail mit dem *Salvator mundi*.
223. Nicodemus Tessin d. J., *Mastbäume und Hebezeuge auf der Baustelle von St. Peter im 17. Jh.*, Stockholm, Nationalmuseum, THC 581.

224. »Mastbaum, um sämtliche Statuen ohne Gerüste und ohne Verankerung im Boden auf den großen Säulengang des Petersplatzes zu heben«, aus: *Castelli e ponti di maestro Niccola Zabaglia*, Rom 1743, Taf. VII.

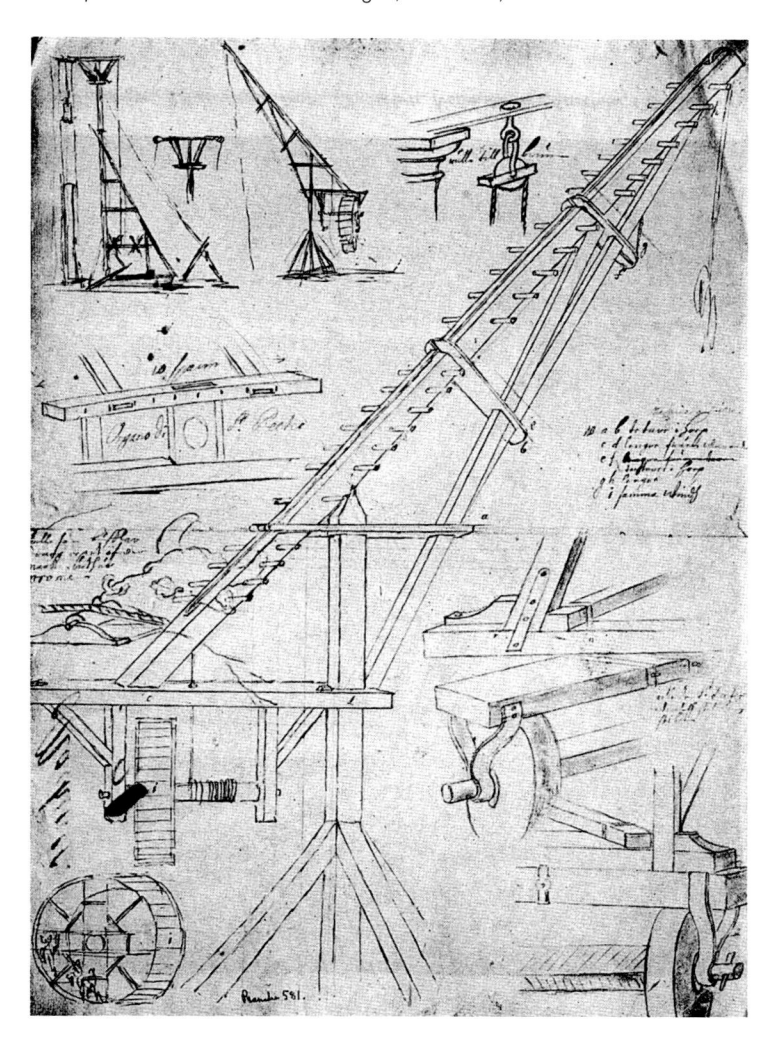

Der Einsatz von Mastbäumen, der eine beachtliche Verkürzung der Bauzeit ermöglichte, ist auch für die Errichtung der Kolonnaden auf dem Petersplatz (1656–71) dokumentiert. Dank dieser mobilen Holzkonstruktionen ließen sich die enormen Quader der dorischen Säulengänge schneller und wirtschaftlicher verbauen (Abb. 223–224).[96] Ähnliche Vorrichtungen finden sich von Nicodemus Tessin dem Jüngeren (1654–1728) während seiner Reise nach Rom 1675/76 dargestellt und wurden von Luigi Bernini während seiner Amtszeit als *sovrintendente* (Generalaufseher) der Apostolischen Paläste verbessert. Nach Aussage Baldinuccis ist Luigi selbst als Erfinder einer »zuvor nie gesehenen und nie verwendeten« Vorrichtung anzusehen, mit der »sämtliche Steine der Kolonnaden und der Portikus von Sankt Peter eingesetzt wurden«. Es handelt sich um eine ingeniöse mobile Vorrichtung aus drei in Reihe angeordneten Mastbäumen von ca. 15,5 m Höhe. An jedem Mastbaum waren zwei eiserne Flaschenzugblöcke von rund 1,5 m Größe mit sechs metallenen Rollen befestigt, »drei für eine Seite und drei für eine andere, zu dieser verkehrten Seite«.[97] Aus dem *Journal der Arbeiten an den kreisrunden Säulengängen* (»Diario dei lavori dei Portici circolari«) (September 1659 – Dezember 1662), das die Bauphasen des nördlichen Säulengangs behandelt, geht die rationale Baustellenorganisation Berninis hervor. Eine wichtige Rolle spielten dabei die Koordination der Gewerke sowie das bewährte Beschaffungssystem für Verbrauchsmaterial und Werksteine, aber auch der geschickte Einsatz von Baugerät.[98] Die von Luigi Bernini entworfene Vorrichtung ermöglichte den gleichzeitigen Einsatz von drei Mastbäumen und findet sich in diesem *Diario* beschrieben. Am 4. September 1659 schließlich erfolgte die »Fertigstellung eines der längsten Mastbäume«, der dazu diente, »am Deutschentor [Portone de todeschi] zwei Säulensteine des zweiten Säulenrings *(giro)* mit ihrem Halsring einzusetzen«.[99] Am nächsten Tag wurde eine zweite Vorrichtung aufgestellt, »versehen mit Winden, um sie dahin zu ziehen, wo sie gebraucht wird«.[100] Es ist offensichtlich, dass diese Mastbäume auf fahrbaren Plattformen montiert waren und dass starke Seile, *ventole* genannt, diese entweder während des Betriebes stabilisierten oder zum Absenken der Mastbäume dienten, damit die Steine in der Flucht der Säulenachse aufgesetzt werden konnten. Am 6. September 1659 wurde ein »altes Seil« mit einem dritten Mastbaum vertaut, »der dort-

257

BAUPRAKTIKEN UND BAUTECHNIKEN IN SANKT PETER VOM 17. BIS 18. JH.

225. Lievin Cruyl, *Prospectus Basilicae Vaticanae D. Petri*,
aus: *Locorum Urbis Romae Insignium*, Rom 1666.

hin geführt wurde, wo die Säule aufgestellt werden soll«, und am selben Tag »der große Mastbaum vor der Portikus zum Borgo hin aufgerichtet«. Dort wurde »die Winde des in der Mitte der Portikus befestigten Gerüstes« montiert, die zum Heben und Einsetzen des Traufgesimses diente.[101] Zu diesem Zeitpunkt waren drei große Mastbäume in Betrieb. Die Winden, Seile und Kloben wurden erst kurz vor dem eigentlichen Einsatz montiert, wahrscheinlich, um die wertvollen Hilfsmittel gegen die Feuchtigkeit zu schützen.[102] Das lässt sich auch aus den Bretterverschlägen schließen, die man zum Schutz der »Seile, die auf dem Platz bleiben«,[103] vorsah.

Bis 1660 ist immer wieder der Einsatz von Mastbäumen und Gerüsten an verschiedenen Stellen der Portikus dokumentiert. Ihre jeweilige Position lässt sich durch die fortlaufende Nummerierung der Säulenbasen und der Säulenringe (*giri*) der Kolonnaden ermitteln. So wurden die Vorrichtungen beispielsweise »neben der dritten Basis der dritten Säule des dritten Säulenrings in der Mitte zum Borgo hin« aufgestellt, anschließend »vor den beiden Pilastern des vierten Säulenrings in der Mitte zum Borgo hin [...], den Pilastern des Eingangs zum Borgo hin, um die Kapitelle einzusetzen« – Letzteres mithilfe des größten der drei Mastbäume.[104]

Das Einsetzen der Kapitelle an der Fassade erforderte indes die Errichtung eines »Gerüstes aus grobem Holz, damit man mit den Gerüsttürmen nach oben kommt«, also eines robusten Gerüstes, auf das Mastbaum und Winde montiert werden könnten.[105] Die präzise Beschreibung der Arbeiten nennt das Abrüsten der Seile und das »Umdrehen des großen Mastbaumes, der zum Einsetzen der Architrave dienen soll«.[106] Mit der Fertigstellung der nördlichen Kolonnade baute man bereits die ersten Gerüste und sämtliche Holzkonstruktionen ab und lagerte diese in den Depots der Fabbrica ein.[107]

Bezeichnend für die große Sorgfalt, die man bei der Ausführung an den Tag legte, ist ein Dokument mit dem Titel *Unterschied zwischen den Travertinblöcken aus Tivoli und von Monte Rotondo zur Verwendung im Säulengang nach Süden: Streitsache zwischen der Fabbrica und den Werkleuten* (»Differenza fra i travertini di Tivoli e quelli di Monte Rotondo usati per il portico verso mezzogiorno: contenzioso tra la Fabbrica e gli operai«), das die Unterschriften von Gian Lorenzo Bernini und der mit den Steinmetzarbeiten an den Kolonnaden beauftragten Meister trägt.[108] Unter dem ersten Punkt des Dokuments finden sich folgende Ausführungen Berninis:

»Von der Sacra Congregazione wurde mir der Auftrag erteilt, zu besehen und zu beurteilen, ob die Arbeit, welche die beauftragten Steinmetze sowohl an den Säulen des ersten Säulenrings sowie an Architrav, Fries und Gesims der Portikus gen Süden hin gemacht haben, in Bezug auf den Travertin wie auch die Machart jene Güte aufweist, zu der sie sich mit dem Muster verpflichtet haben [...] und ob Architrav, Fries und Gesims des vierten Säulenrings den von ihnen eingegangenen Pflichten entspricht. Für die Säulen, Pfeiler, Basen und Kapitelle des ersten Säulenrings haben sich die Auftragnehmer verpflichtet, diese gänzlich aus Travertin aus Tivoli und in sauberer Machart wie in dem gezeigten Muster auszuführen. Ich denke, dass die genannten Säulen, Pfeiler, Basen und Kapitelle des ersten Säulenrings nicht alle aus Tivoli-Travertin gefertigt, sondern mit Travertin aus Monte Rotondo gemischt wurden. In Bezug auf die Machart erachte ich diese gegenüber benanntem Muster als recht minderwertig und würde glauben, dass man für jede Säule mindestens 20 Scudi abziehen kann.

Ebenso waren sie damit beauftragt, sämtliche Architrave, den Fries und das Gesims des ersten Säulenrings gänzlich aus Tivoli-Travertin anzufertigen und das ist von größter Bedeutung, da dieses Gesims den obersten Teil darstellt, der das gesamte Bauwerk vor dem Regen schützt. Mischt man diesen nun mit Travertin aus Monte Rotondo, der körnig und schwammig ist, saugt sich dieser mit Wasser voll und verursacht großen Schaden. Auch hier erachte ich die Arbeit als recht minderwertig gegenüber benanntem Muster und würde sagen, dass man sowohl für den Travertin als auch für die Machart mindestens den sechsten Teil abziehen kann.

Zum Architrav, Fries und Gesims des vierten Säulenrings bin ich der Meinung, dass diese gegenüber der eingegangenen Verpflichtung minderwertig sind, sodass von dem Preis sowohl für die Machart als auch für den Travertin drei Zehntel abgezogen werden könnten.

Gian Lorenzo Bernini, Architekt«

Die Stellungnahme der Steinmetze Giovanni Mariscalchi, Francesco Perini, Giuseppe Vigiù, Angelo Liano und Ambrosio Appiani ist nicht weniger aufschlussreich:

»Wir Unterzeichnenden bezeugen hier wahrheitsgemäß und bekunden mit vollem und unzweifelhaftem Glauben auch durch unseren geleisteten Eid, dass wir die Steinmetzarbeiten an der Kolonnade und dem Arm auf dem Petersplatz nach Cesi hin ausgeführt haben beziehungsweise ausführen ließen und diesen beigewohnt haben; dass wir nicht nur wiederholte Male Signor Benedetto Drei vernommen haben, wie er auf Geheiß des Signor Cavaliere Bernini die bei diesen Steinmetz- und Maurerarbeiten Beteiligten anwies, dass die Steine nicht eher eingesetzt werden dürften, als bis sie von den Vertretern der Reverenda Fabbrica gesehen, geprüft und für gut befunden worden wären, sondern dass wir auch gesehen haben, dass besagte Steine in Ausführung dieses Befehls oft vom Signor Cavaliere sehr wohl selbst besehen wurden, wenn dieser auf die Baustelle kam und dass diese von den besagten Vertretern mehrfach abgelehnt und am Boden belassen wurden; manchmal wurden sogar einige Stücke wieder herabgelassen, da sie diese als nicht gut gearbeitet ansahen, sodass einige dieser abgelehnten Stücke bei anderen Arbeiten eingesetzt, andere zerhauen werden mussten, um daraus Kalk zu fertigen, und wiederum andere noch auf demselben Platz am Boden ruhen; und alle [Steine], die auf besagter Baustelle verarbeitet worden sind, wurden von den oben benannten Vertretern beziehungsweise dem Signor Cavaliere gesehen, geprüft und für gut befunden; all das bezeugen wir, da wir die oben berichtete Anweisung gehört und die oben berichteten Dinge zu der benannten Sache gesehen haben; in vollem Glauben haben wir dies eigenhändig in Rom an diesem 20. November 1667 unterzeichnet.«

Die Dokumentation der Arbeiten, die Zahlungsbelege und die Register der *Munizioni* von Sankt Peter erzählen eine faszinierende Geschichte von Werk und Menschen – mit allen technischen und organisatorischen Widrigkeiten einer vorindustriellen Baustelle –, aber auch von der synchronen Organisation des Baubetriebs und der Optimierung von Baugerät und Hilfsmitteln. Ab dem Ende des 17. Jahrhunderts stellte man diese wertvollen Erfahrungen auch in den Dienst der Bauwerkserhaltung. Die wichtigen Etappen im Bau der vatikanischen Basilika spiegeln sich in den entscheidenden Momenten der Perfektionierung von Baugeräten, Bauwerkzeugen und Bauverfahren wider. Mit der Vollendung des Rohbaus und dem Beginn des grandiosen Dekorationsprogramms sah man sich unweigerlich genötigt, Verfahren und Techniken für die Instandhaltung, Restaurierung und Instandsetzung zu definieren. Bereits am Ende des 17. Jahrhunderts waren solche Arbeiten in großem Umfang erforderlich. Die unvermeidbaren Arbeiten innerhalb des sakralen Raumes um das Petrusgrab, die ungewöhnlichen Dimensionen und die liturgischen Gebote zwangen die Fabbrica dazu, neue technische Hilfsmittel zu ersinnen, die sich an die spezifischen Anforderungen zur Erhaltung des Bauwerkes anpassen ließen. Der Entwurf von festen oder beweglichen Gerüsten entwickelte sich so zu einem zentralen Thema in der vatikanischen Baupraxis. Diese wichtige Aufgabe fand im Jahr 1743 mit der Veröffentlichung des reich illustrierten Werkes *Castelli e Ponti di Maestro Niccola Zabaglia* (»Gerüsttürme und Gerüste des Meisters Niccola Zabaglia«) ihre Würdigung, das sich dem außergewöhnlichen Schaffen eines bescheidenen Gerüstbaumeisters widmete (Abb. 226).[109] Mit seiner wirkungsvollen Gestaltung bot *Castelli e Ponti* einen umfangreichen Abriss der zeitgenössischen Restaurierungspraxis, dessen detaillierte Stiche auf vorbildhafte Weise technische Informationen, künstlerisches Können und politische Intention miteinander verknüpften. Die knappen Unterschriften der Bildtafeln und die sehr präzisen Zeichnungen ergänzen sich perfekt und belegen das gesamte Repertoire zu Bau und Einsatz dieser Gerüste sowie die Kompetenz und Erfahrung der Werkleute und Bauaufseher. Um Platz zu sparen, verzichtete man in den Gerüstdarstellungen auf kleinformatige, wiederkehrende und vernachlässigbare Details (wie Seil- und Holzverbindungen, Kleinteile und Zurüstungen), doch auch diese finden sich auf den Bildtafeln abgebildet. Die dargestellten Erfindungen ließen sich also durchaus nachbauen. In seiner eigentlichen Intention präsentiert sich das Werk daher als ein technisches Handbuch für Baufachleute und Experten unterschiedlicher Disziplinen. Darüber hinaus zielte die gewissenhafte Gestaltung der Seiten, die Feinheit der Details sowie die Entscheidung, die Texte in lateinischer und italienischer Sprache zu verfassen, darauf ab, ein breiteres Publikum für die technologischen Errungenschaften und Leistungen der Dombauhütte zu interessieren. Der Band stellte somit eine für die vatikanische Konservierungspraxis und Bautradition gleichermaßen beachtliche Neuerung dar.[110] In gewissem Sinne handelt es sich um den Vorläufer eines Restaurierungshandbuchs. Indem man die Struktur eines populärwissenschaftlichen Kompendiums wählte, sollte es jedoch auch dazu dienen, die Vormachtstellung des Papsttums zu bekräftigen, und zwar nicht nur in Bezug auf das Bauwesen. Dank dieses Werkes ließen sich Niccola Zabaglias (1667–1750) einzigartige Erfindungen und das über Jahrhunderte in den Werkstätten der Fabbrica bewahrte baupraktische Wissen an künftige Generationen von Technikern weitergeben (Abb. 228).

Maestro Niccola Zabaglia

Cav.ᵉ Pietro Leone Ghezzi delin. Girolamo Rossi inc.

226. Pier Leone Ghezzi, *Bildnis von Meister Niccola Zabaglia*, aus: *Castelli e ponti di maestro Niccola Zabaglia*, Rom 1743, Frontispiz.

227. Pier Leone Ghezzi, *Karikatur des Meisters Niccola Zabaglia*, 18. Jh.

Im Laufe seiner rund vierzigjährigen Tätigkeit im Dienste der Bauhütte von Sankt Peter bestand Zabaglias Aufgabe auch darin, die Geheimnisse der *Machine per sollevar pesi, dei Ponti per i risarcimenti dell'edificio ed di altre opere meccaniche* (»Maschinen zum Heben von Lasten, Gerüste zur Instandsetzung des Bauwerkes und sonstige mechanische Werke«) in der Praxis und anhand von Beispielen zu vermitteln. Ihm oblag daher auch die Ausbildung der jungen Lehrlinge und Handlanger, die ab 1795 mit einer speziell zu diesem Zweck eingerichteten Handwerksschule eine eigene Institution erhielt.[111] Der »ungebildete Werkmeister von Sankt Peter« – Erfinder wahrer technischer Wunderwerke, die, fest verankert oder beweglich, aus zahllosen Holzteilen konstruiert wurden – lieferte einen wichtigen Überblick über die Anfertigung der verschiedenen Gerüste. Mitunter waren sie in schwindelerregenden Höhen befestigt, wo sie den *sanpietrini* als Arbeitsplattformen für die Ausbesserung von Stuckaturen und Mosaiken dienten. In einigen wenigen Fällen stellen Zabaglias Erfindungen Verbesserungen der bereits in der alltäglichen Bau- und Restaurierungspraxis verwendeten Vorrichtungen dar. Zu diesen zählte auch der berühmte *carriuolo*, eine verschiebbare Gerüstleiter, die der *sanpietrino* Carlo Padredio aus Lucca 1677 zur Befestigung von Paramenten am Fries der Basilika entworfen hatte. Diese Konstruktion inspirierte Zabaglia zum Entwurf seiner aufwendigen mobilen Vorrichtungen und wurde unverändert bis an die Schwelle des 20. Jahrhunderts eingesetzt. Sie ist sogar auf einigen Fotografien aus dieser Zeit zu sehen – wertvolle Zeugnisse für eine traditionelle und nahezu unveränderte Baupraxis (Abb. 241–242).[112]

Zabaglia ist auch die Perfektionierung der Holzverbindungen für den Bau der Hebezeuge und Gerüste zu verdanken.[113] Durch diese ließen sich beachtliche Mengen an Holz einsparen – das zu einer Zeit, in der der Holzhandel, vor allem mit ganz bestimmten Sorten, von den päpstlichen Behörden strengen Regelungen unterworfen wurde, was unausweichlich mit einem deutlichen Anstieg der Preise verbunden war (Abb. 229–230).[114]

Zabaglias Tätigkeit in Sankt Peter ist ab 1686 belegt, erfuhr jedoch zwischen 1694 und 1696 eine bedeutende Steigerung, als man den Porphyrdeckel vom Grabmal Ottos II. aus der Bronzegießerei in die Kapelle des Allerheiligsten Sakraments transportierte.[115] Zwischen 1703 und 1708 war Meister Niccola mit dem Bau »der Gerüste, die außen und um die große Kuppel herum aufgestellt werden, wo man das Ziegelsteinwerk erneut aufrichtete«[116] sowie, im März 1709, mit der Konstruktion des beeindruckenden *ponte Reale* für die Kuppel des Baptisteriums beschäftigt. Mit *ponte Reale* bezeichnete man eine Arbeitsplattform aus Brettern, »die einen guten Boden bilden, auf dem man sicher gehen kann, ohne die Gefahr, auf irgendeiner Seite abzustürzen«.[117] Zabaglia führte darüber hinaus auch das im selben Jahr in der Kuppel der Gregorianischen Kapelle errichtete Gerüst aus, wo das Mosaik realisiert wird, des Weiteren im Juli 1711 zusammen mit seinem Bruder Alessandro das *ponte Reale* für die Chorkuppel[118] und die Gerüste in der Laterne der Kruzifixkapelle (Cappella del Crocifisso), heute die Reliquienkapelle (Cappella delle Reliquie). Auch für die folgenden Jahrzehnte ließe sich eine lange Liste seiner Einsätze aufstellen; im Jahr 1721 gewährte man ihm einen regelmäßigen Zuschlag von 15 Scudi auf seinen Grundlohn. Es ist daher wohl kein Zufall, dass in diesem Jahr auch die Arbeit an *Castelli e Ponti* begann. Zu den spektakulärsten, von Zabaglia von 1720 bis zu seinem Tod 1750 entworfenen Gerüsten zählen das *ponte Reale* für die Kuppel der Kapelle des hl. Sebastian (1721), dasjenige in den Zwickeln der Kapelle des Erzengels Michael (1721) sowie die Gerüste zur Restaurierung des Portikusgewölbes nahe dem Haupteingang (Abb. 233). Weitere wichtige Ereignisse seiner Laufbahn betreffen: den Transport des 7 m hohen und 2,5 m breiten Altarbilds Domenichinos mit dem *Martyrium des hl. Sebastian* in die Vatikanischen Mosaikwerkstätten, das Zabaglia zwischen März und Juli 1741 mit 18 Gehilfen von der Wand abgenommen hatte[119]; den Bau eines wundersamen Gerüstes, »das weder den Boden noch die Wände« berührte und 1735 bei der Restaurierung des Gewölbedekors im Hochaltarraum von

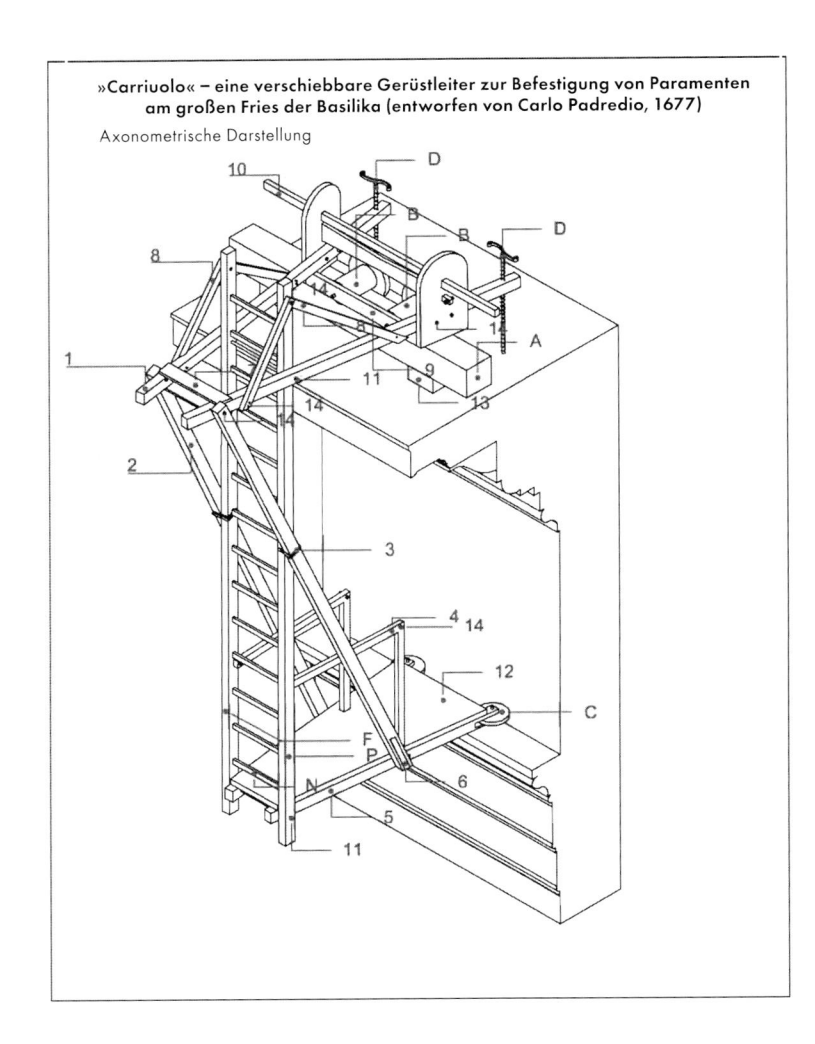

»Carriuolo« – eine verschiebbare Gerüstleiter zur Befestigung von Paramenten am großen Fries der Basilika (entworfen von Carlo Padredio, 1677)

Axonometrische Darstellung

ANMERKUNGEN

Die Maße der hölzernen Konstruktionsteile wurden von den Maßangaben in den Erklärungen zu Tafel III in ZABAGLIA 1743 abgeleitet. Die rot gestrichelte Linie im Grundriss der Basilika gibt den Bereich an, in dem diese Gerüstleiter eingesetzt wurde.
Zudem sei angemerkt, dass sich die Buchstaben in der Legende auf die Buchstaben im Text der Ausgabe von 1743 beziehen. Bei den Zahlen handelt es sich hingegen um hinzugefügte Erläuterungen.

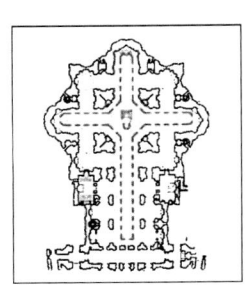

A. Auf der Gesimskante befestigter Balken. Dieser dient als Führung für die Rollen des »Carriuolo«. Querschnitt 22 x 22 cm (1 x 1 palmo)
B. Rollen des »Carriuolo«. r = 8,1 cm (r = 4,5 once)
C. An der Wand laufende Rollen, die ein ruckfreies Verschieben des »Carriuolo« ermöglichen. r = 10,8 cm (r = 6 once)
D. Schraubenstangen zum Arretieren des »Carriuolo«
F. Leiterfuß
N. Sprosse 3,6 x 1,8 cm (2 x 1 once)
P. Leiterholme, Querschnitt am Fuß 6,3 x 8,1 cm, Querschnitt am Kopf 5,4 x 8,1 cm (Fuß 3,5 x 4,5 once, Kopf 3 x 4,5 once)

1. Ausleger 6,3 x 8,1 cm (3,5 x 4,5 once)
2. Stützbalken 6,3 x 8,1 cm (3,5 x 4,5 once)
3. Verbindung mit kurzen Stricken
4. Handlauf 3,6 x 5,4 cm (2 x 3 once)
5. Holztraverse als Träger der Fußplatte
6. Eisenstab. Breite 3,6 cm (2 once) Durchmesser 5 mm
7. Versteifungsbretter 1,8 x 10,8 x 53,1 cm (1 x 6 x 29,5 once)
8. Stützbalken 6,3 x 8,1 cm (3,5 x 4,5 once)
9. Holzeinfassungen, in die die Rollen des »Carriuolo« eingehängt werden. 3,6 x 10,8 x 97,2 cm (2 x 6 x 54 once)
10. Tragstange 3,6 x 5,4 x 202,5 cm (2 x 3 x 112,5 once)
11. Bolzen ⌀ 20
12. Fußplatte, Stärke 3,6 cm (2 once)
13. Stützholz 22 x 22 x 10,8 cm (12 x 12 x 6 once)
14. Geländerholm

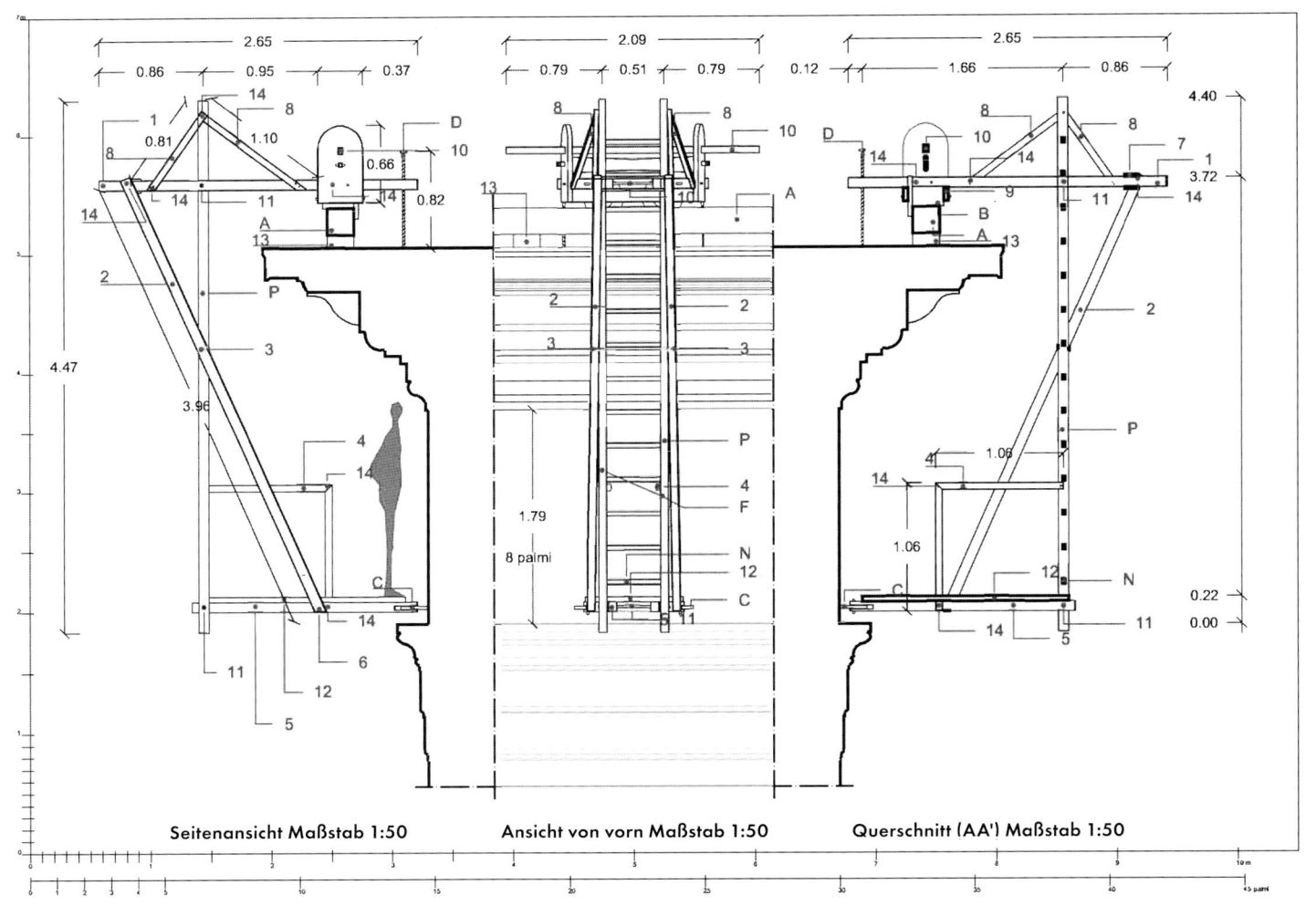

Seitenansicht Maßstab 1:50   Ansicht von vorn Maßstab 1:50   Querschnitt (AA') Maßstab 1:50

228. Giovanna Marchei, Rekonstruktion des in der Basilika St. Peter verwendeten »carriuolo«, Aufbau, Querschnitte und Holzmodell, 2013.

229. »Holzverbindungen für Gerüstbalken«, aus: *Castelli e ponti di maestro Niccola Zabaglia*, Rom 1743, Taf. III.

230. »Rüstbock und Winde zum Heben und Ziehen von Lasten«, aus: *Castelli e ponti di maestro Niccola Zabaglia*, Rom 1743, Taf. VI.

Verankerungssystem

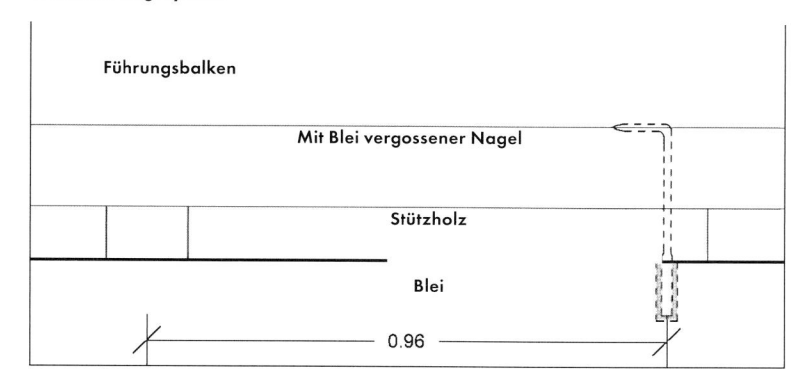

Führungsbalken
Mit Blei vergossener Nagel
Stützholz
Blei
0.96

Die Maße der hölzernen Konstruktionsteile ebenso wie die noch nicht abgeschlossene Untersuchung des Führungsbalkens hat wichtige Ergebnisse zum Verständnis der verwendeten Montage- und Verankerungstechnik geliefert.

Als Erstes wurden die Löcher für das Einsetzen der Metallnägel (Länge ca. 30 cm) gebohrt und die Löcher mit Blei vergossen, um die Verbindung mit dem Gesims zu steigern.

Anschließend setzte man die Stützhölzer über die Nägel auf und wurde der Führungsbalken aufgelegt. Die endgültige Befestigung des Balkens erfolgte über Umschlagen des Nagels.

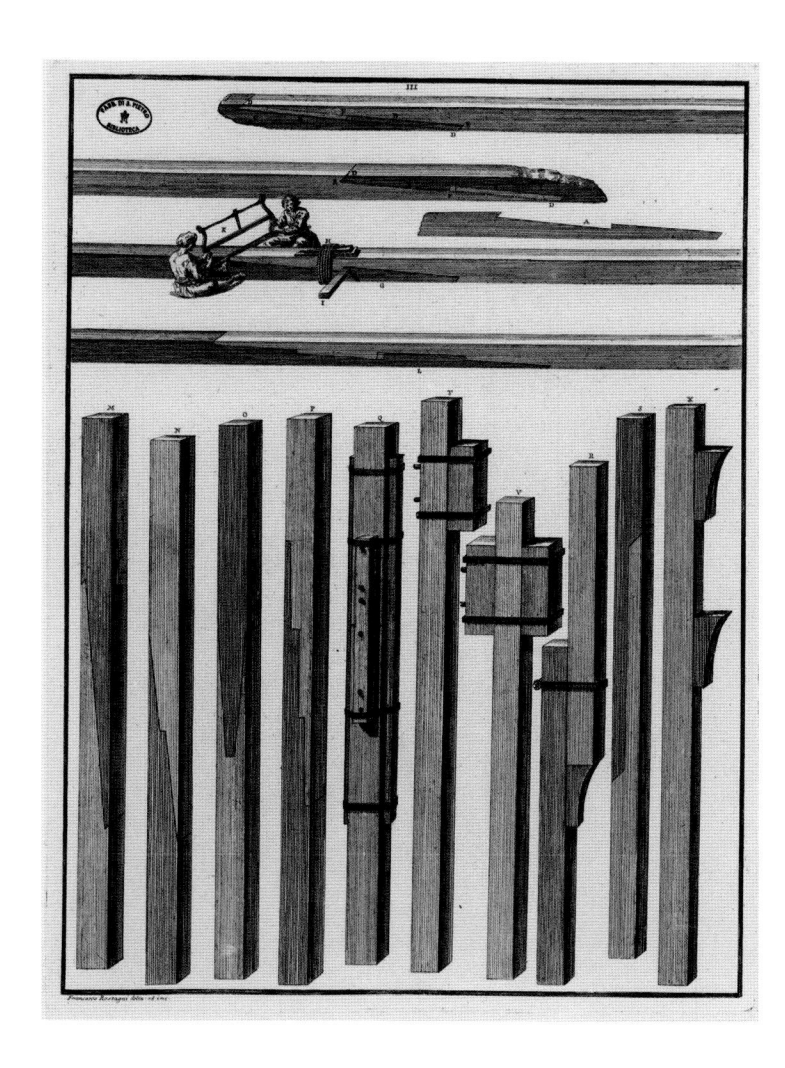

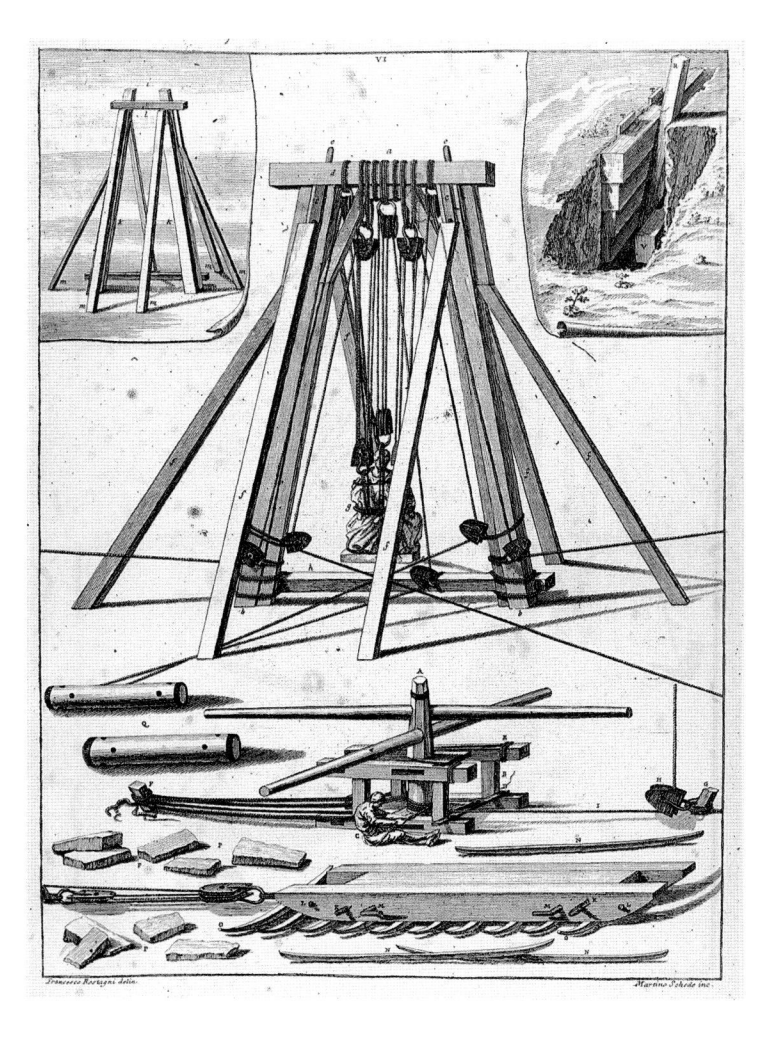

231. »Gerüstturm zum Reinigen des Schmucks der Confessio der allerheiligsten Apostel im Vatikan«, aus: *Castelli e ponti di maestro Niccola Zabaglia*, Rom 1743, Taf. XXXIV.

232. »Gerüste zur Restaurierung der großen Kuppel in der vatikanischen Basilika und des Obelisken auf dem Petersplatz«, aus: *Castelli e ponti di maestro Niccola Zabaglia*, Rom 1743, Taf. XXVI.

233. Niccola Zabaglia, »Bewegliches Gerüst für die Restaurierung des Gewölbes in der Vorhalle der vatikanischen Basilika«, aus: *Castelli e ponti di maestro Niccola Zabaglia*, Rom 1743, Taf. XXI.

San Paolo fuori le Mura zum Einsatz kam[120]; die Aufstellung der fünfzig Statuen »der beiden Arme an den Seiten der Portikus« des Petersplatzes[121]; das bewegliche Gerüst für die Restaurierung der Stuckaturen im Gewölbe der Vorhalle der Basilika[122]; den Gerüstturm zum Reinigen der Baldachinverzierungen[123]. Als unbestrittene und berühmteste Meisterwerke gelten jedoch das Gerüst zur Restaurierung der Stuckaturen im Gewölbe des Mittelschiffs von Sankt Peter[124] und das Hängegerüst am Gesims der großen Kuppel, »soweit es die Krümmung erlaubt«[125], zur Ausbesserung der Mosaike (Abb. 232). Das aufwendige und nicht invasive Gerüst war gänzlich an die Form desjenigen angepasst und »zur Bequemlichkeit desjenigen [gebaut], der in dieser großen Höhe arbeiten muss«. Sicherheit, Anpassungsfähigkeit, Einfachheit und Rückbaubarkeit bildeten die Leitlinien von Zabaglias Erfindungen (Abb. 233). Ähnliche Merkmale wies auch das »überaus einfallsreiche Gerüst mit mehreren Ebenen um die Nadel [des Obelisken] von Sankt Peter« auf, das sich am Rande derselben Bildtafel abgebildet findet und im Oktober 1739 beim

234. »Gerüst im Gewölbe des Mittelschiffs der Kirche St. Peter, erfunden von Meister Tommaso Albertini, Vorsteher der Werkleute der Reverenda Fabbrica«, 1773, aus: Castelli e ponti di maestro Niccola Zabaglia, Rom 1824, Taf. LV.

235. Giacomo Sangermano, Von Pietro Albertini erfundenes Gerüst für die Restaurierung der Stuckaturen im Gewölbe des Langhauses der vatikanischen Basilika, 1773, aus: Castelli e ponti di maestro Niccola Zabaglia, Rom 1824, Taf. LVIII.

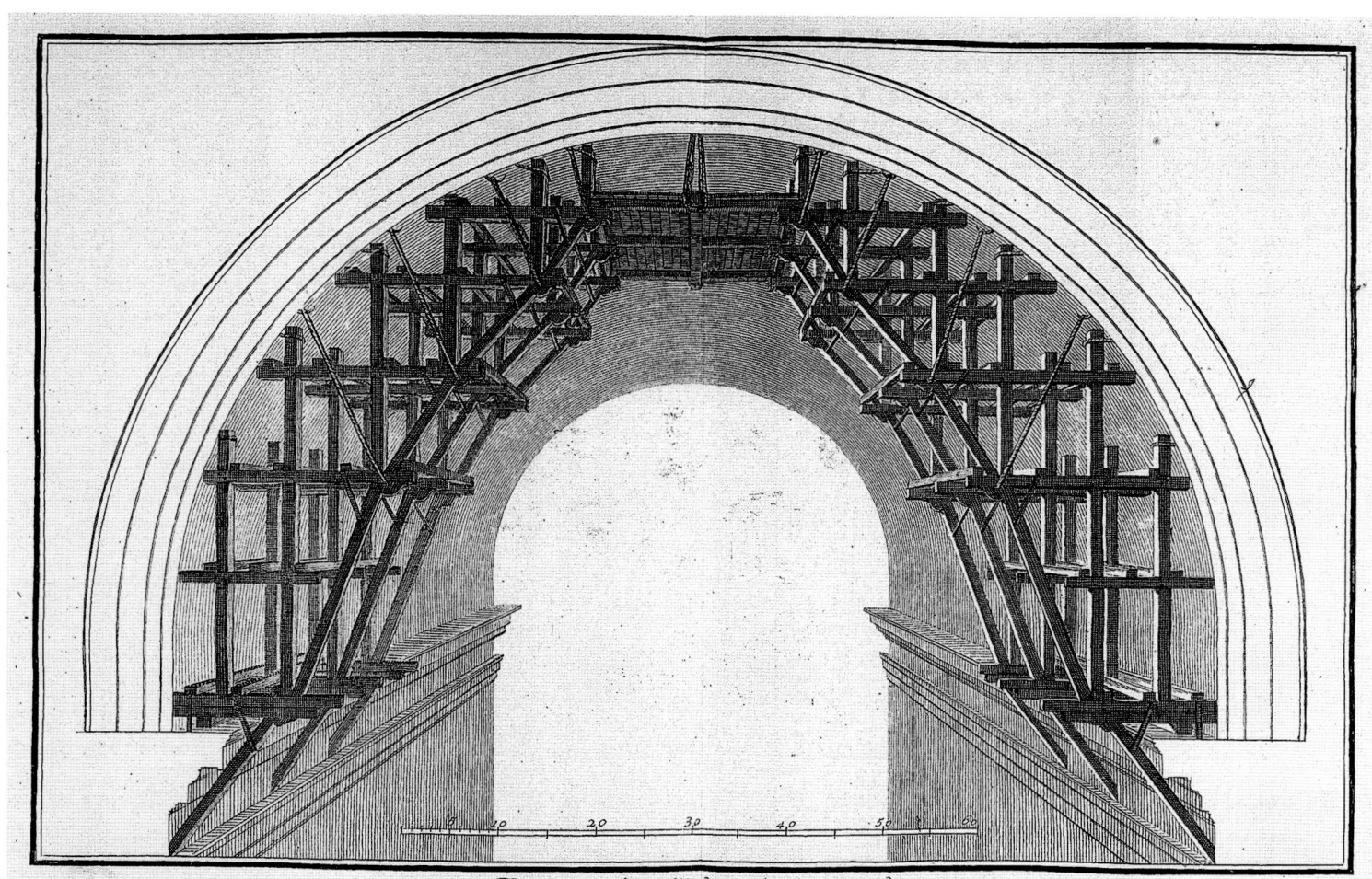

BAUPRAKTIKEN UND BAUTECHNIKEN IN SANKT PETER VOM 17. BIS 18. JH.

Austausch der metallenen Stützelemente des Kreuzes verwendet wurde. Beide, Kuppel und Obelisk, sollten die Größe des weltlichen Regiments der Päpste bekunden.

Zabaglias Begabung – er rehabilitierte die alte pragmatische Herangehensweise gegenüber der jungen und aufstrebenden wissenschaftlichen Methode – wurde zu einer echten Legende.[126] Ihm gebührt das Verdienst, innerhalb der Fabbrica die fruchtbare Suche nach ständiger Perfektionierung der Arbeitspraxis lebendig gehalten zu haben. Erreichbar war dies einzig durch die Lösung spezifischer technischer Probleme und die Entwicklung dazu geeigneter Anwendungen, für die, wie im Falle seiner Prototypen, nichts Vergleichbares existierte.

Dieses Bewusstsein sicherte der Fabbrica di San Pietro für mindestens ein weiteres Jahrhundert eine unangefochtene Autorität im Bauwesen. Fotografien der Baustellen aus dem ausgehenden 19. und beginnenden 20. Jahrhundert belegen, dass die von den Experten der Dombauhütte entworfenen Gerüste und Vorrichtungen lange Zeit als entscheidende Hilfsmittel bei technisch komplizierten Einsätzen Verwendung fanden, im Vatikan wie auf anderen römischen Baustellen. Das trifft beispielsweise für die Gerüsttürme zum Transport großer Monolithe zu. Sie sind Domenico Fontanas Gerüstturm zur Aufstellung des sixtinischen Obelisken nachempfunden und wurden weiterhin in ähnlicher Form gebaut; davon zeugen zahlreiche Zeichnungen und Stiche des 17. bis 19. Jahrhunderts sowie einige Fotografien des frühen 20. Jahrhunderts (Abb. 241–242).

Als emblematisch erweist sich in diesem Hinblick die grundlegende Nähe zwischen Zabaglias verschiebbarem Gerüst zur Restaurierung der Stuckaturen in der Vorhalle von Sankt Peter von 1742[127] und dem seines Nachfolgers Tommaso Albertini – ab 1773 künstlerischer Vorsteher der Fabbrica – aus dem Jahr 1760 (Abb. 235). Von Letzterem stammt auch das Gerüst zur Instandsetzung der großen Kuppel, das Giacomo Sangermano 1775 in einem meisterhaften Stich festgehalten hat, sowie das für die Restaurierung des Gewölbes im Mittelschiff der Basilika, das man als Ersatz für Zabaglias frühere Vorrichtung konstruierte.[128]

Seite 267: 236. Giovanna Marchei, Rekonstruktion des Gerüsts zur Restaurierung im Gewölbe der Benediktionsloggia, Aufbau und Funktionsweise, 2013.

Seite 268: 237. Giacomo Sangermano, Entwurf von Pietro Albertini für ein Gerüst, »das jedes Mal errichtet werden muss, wenn an der großen vatikanischen Kuppel Restaurierungen durchzuführen sind«, aus: Castelli e ponti di maestro Nicola Zabaglia, Rom 1824, Taf. LVII.

Seite 269: 238. Enrico Celso Donnini, Gerüst für Restaurierungs- und Vergoldungsarbeiten an der großen vatikanischen Kuppel, 1863, Tinte. Fabbrica di San Pietro, Archivio Storico Generale.

Dieses Gerüst – es wurde auf dem Boden der Kirche vor dem Altar der Apostel Simon und Judas montiert und dann von den Werkleuten der Fabbrica über dem Gesims installiert – bildete eine Konstruktion aus Querträgern, Streben und Brettern mit mehreren Ebenen, die über Stützen und Seile mittels Eisenkrampen an den Wänden befestigt war (Abb. 236).[129] 1773, anlässlich der Erneuerung der Vergoldungen, ersetzte Tommasos Sohn Pietro Albertini (gest. 1797), von 1788 bis 1793 künstlerischer Vorsteher der Fabbrica, dieses Gerüst durch eine eigene Konstruktion: eine gigantische Vorrichtung von elf Ebenen, die man ebenfalls am Boden der Kirchen montierte und anschließend mit Seilen und Winden bis auf Höhe des großen Frieses im Mittelschiff emporzog.[130]

1820 befand sich ein Modell dieser Vorrichtung noch unter den Prototypen, die man im *Ottagono di San Gregorio* in der Basilika aufbewahrte.[131] Die grandiose Konstruktion konnte auf dem Gesims verfahren werden und ist in einem Stich Giacomo Sangermanos auf der Tafel LVIII in *Castelli e Ponti* (Ausgabe 1824) dargestellt. Wirtschaftlichkeit und kurze Bauzeit spielten auch hier eine wesentliche Rolle.[132] Tommaso Albertini entwarf darüber hinaus Gerüste zur Restaurierung der großen Kuppel. Auch diese entstanden in Anlehnung an Zabaglias Erfindungen und dienten wiederum als Vorbild für das Gerüst des künstlerischen Vorstehers Enrico Celso Donnini zur 1863 erfolgten Restaurierung und Vergoldung derselben Kuppel (Abb. 237–238).[133]

Am Ende des 19. Jahrhunderts sollte ein anderer künstlerischer Vorsteher der Fabbrica, Ercole Scarpellini, eine neuartige, riesige Vorrichtung entwerfen – ein ebenso leichtes wie stabiles Gerüst von mehreren Ebenen mit einer lichten Breite von 26 m und einem Gewicht von rund 9 Tonnen. Es diente der Erneuerung der Stuckaturen und Vergoldungen im Gewölbe des Mittelschiffes, die durch die Explosion in der Pulverkammer (1891) und das Erdbeben von 1895 beschädigt worden waren. Am 16. November 1897 wurde es in nur einer Stunde mit mehreren Handseilwin-

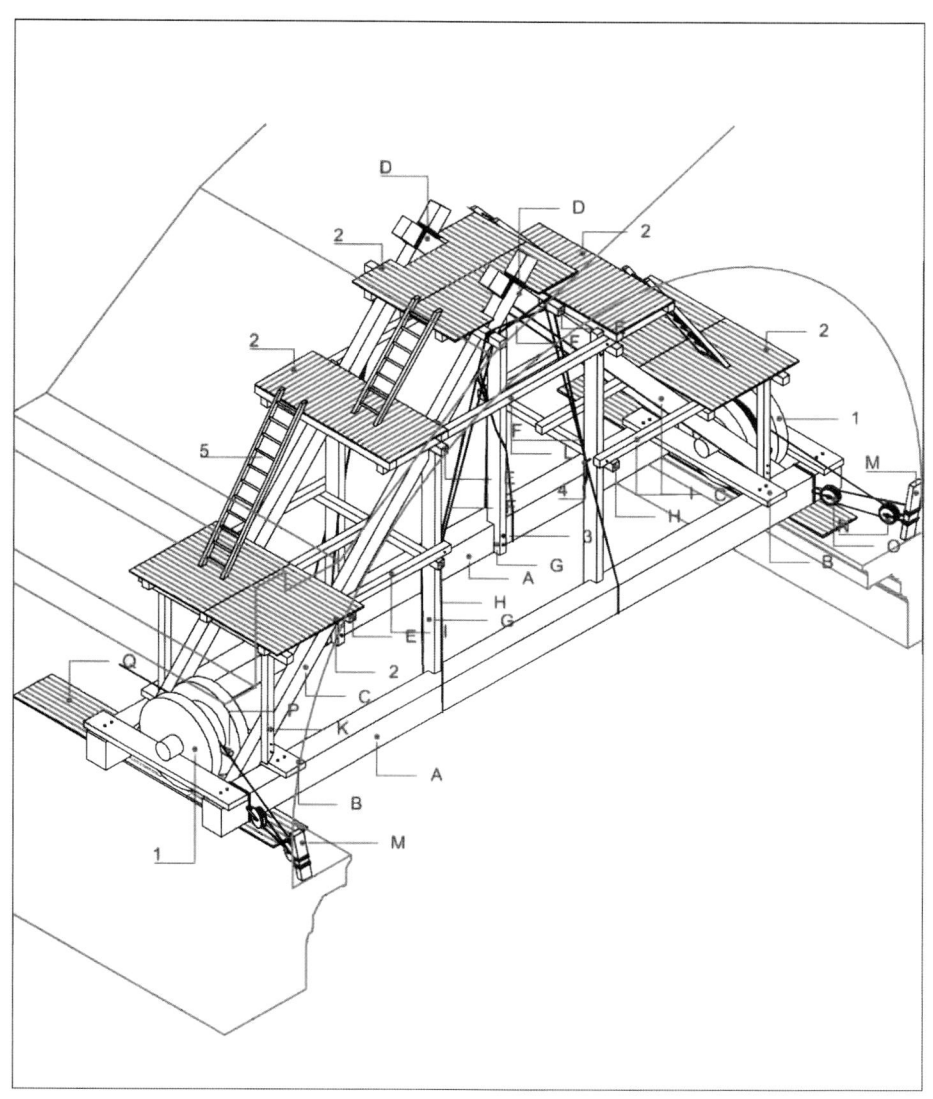

AXONOMETRISCHE DARSTELLUNG

A. Tragbalken des Gerüsts; Querschnitt 45 × 56 cm, Länge 14,30 m (Querschnitt 2 *palmi* × 2 *palmi* und 6 *once*, Länge 64 *palmi*)
B. Querstreben zur Verbindung der beiden Tragbalken; Querschnitt = 45 × 10,8 cm, Länge 3,35 m (Querschnitt 2 *palmo* × 6 *once*, Länge 15 *palmi*)
C. Gerüstbock, Balken durch Verzapfung mit den Tragbalken verbunden. Querschnitt 22,30 × 33,5 cm, Länge 10,05 m (Querschnitt 1 *palmo* × 1 *palmo* und 6 *once*, Länge 45 *palmi*)
D. Balkenkreuz des Gerüstbocks mit Holzverbindung und Stricken (Gerüstbund/Diagonalbund + Kreuzbund) gesichert
E. Querstreben des Gerüstbocks mit Holzverbindung, gleichzeitig Träger der Traversen für die Arbeitsplattformen. Querschnitt 14,4 × 14,4 cm, Länge 3,42 m (Querschnitt 8 *once* × 8 *once*, Länge 15 *palmi* und 4 *once*)
F. Mit Knebeln stramm gespannte Seile, Teil der Haltekonstruktion der Tragbalken
G. Stützbalken zur Verbindung von Gerüstbock und Tragbalken, auch diese Teil der Haltekonstruktion der Tragbalken. Querschnitt 14,4 × 28,8 cm, Länge 4,31 m (Querschnitt 8 *once* × 16 *once*, Länge 19 *palmi* und 4 *once*)
H. Querstreben zur Verbindung der Stützbalken. Querschnitt 14,4 × 14,4 cm, Länge 3,42 m (Querschnitt 8 *once* × 8 *once*, Länge 15 *palmi* und 4 *once*)
I. Traversen zur Verbindung von Stützbalken und Gerüstbock, gleichzeitig Träger der untersten Arbeitsplattform. Querschnitt 14,4 × 14,4 cm, Länge 4,03 m (Querschnitt 8 *once* × 8 *once*, Länge 19 *palmi* und 3 *once*)
K. Pfosten am äußeren Ende der Traversen für die Arbeitsplattformen. Querschnitt 14,4 × 14,4 cm, Länge 2,09 m (Querschnitt 8 *once* × 8 *once*, Länge 9 *palmi* und 8 *once*)
L. Traversen zur Verbindung der Balken des Gerüstbocks, gleichzeitig Träger der zweiten Arbeitsplattform. Querschnitt 14,4 × 14,4 cm, Länge 6,58 m (Querschnitt 8 *once* × 8 *once*, Länge 29 *palmi* und 3 *once*)
M. Im Gesims verankerter Pflock
N. An Pflöcken befestigte Seilrollen (Parallelbund)
O. Am Gerüstbock befestigte Seilrollen (Parallelbund)
P. Zwischen den Querstreben laufende Winde für das einfache Verschieben des Gerüsts
Q. Gut geseifte Tafeln auf dem Gesims, auf denen das Gerüst gleitet. 10,8 × 200 cm, Stärke 3,6 cm (6 *once* × 9 *palmi*, Stärke 2 *once*)

1. Rollen des Gerüsts. Radius 84 cm (Radius 45 *once*)
2. Tafel der Arbeitsplattform 10,8 × 178 cm, Stärke 2,7 cm (6 *once* × 8 *palmi*, Stärke 1,5 *once*)
3. Holme
4. Knebel
5. Leiter

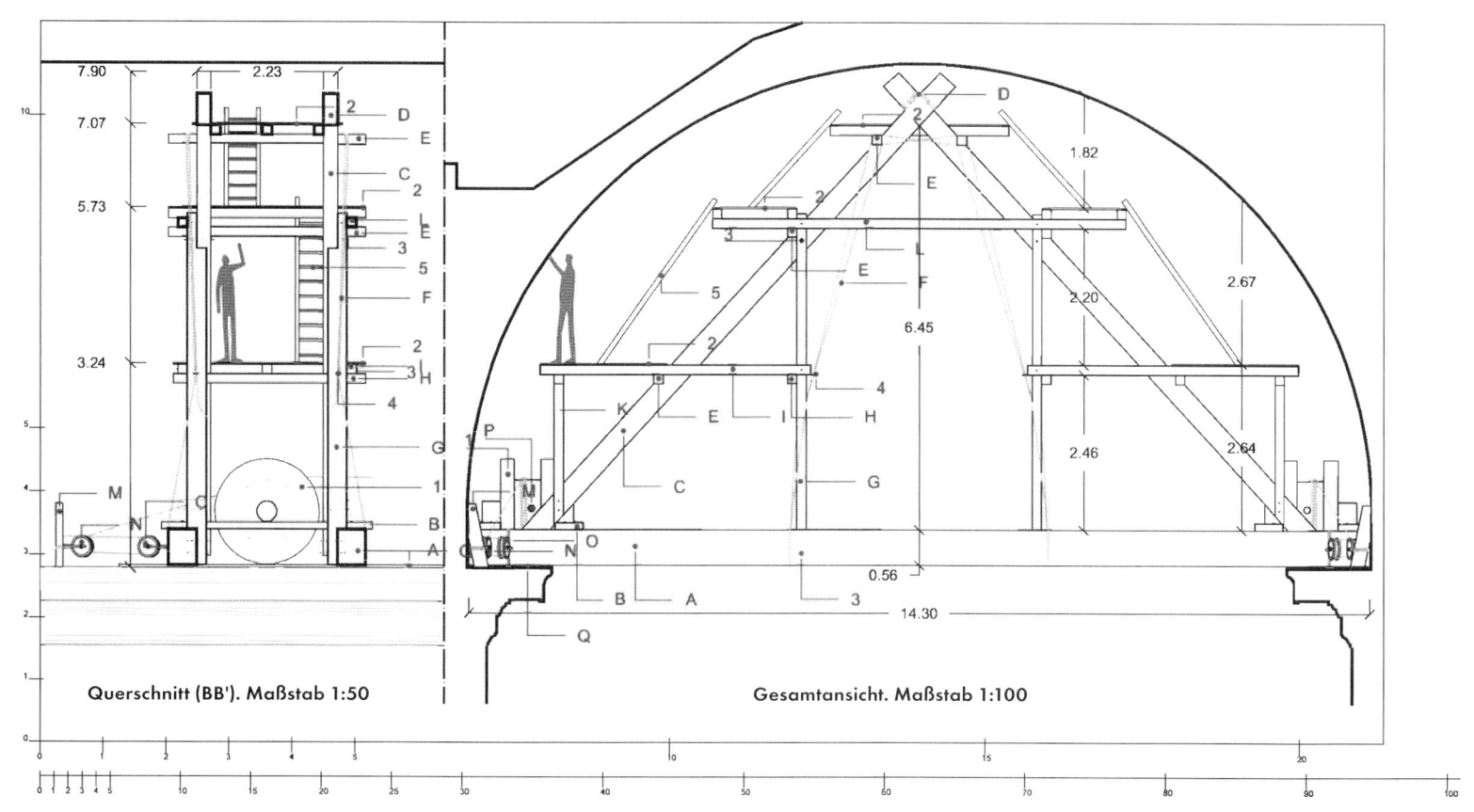

Querschnitt (BB'). Maßstab 1:50

Gesamtansicht. Maßstab 1:100

Dedicato a Sua Eccellenza Reverendissima
Monsig. Francesco Caffarelli Segretario, ed Economo della Rev.da Fabbrica di S. Pietro
Ponte da erigersi nella gran Cupola del Vaticano in occorrenza de' Ristauri, inventato da M.ro Tommaso Albertini Sopraſtante de' Manuali della Rev. Fabbrica

*Ponti e Castelli
eretti pel restauro interno e nuove dorature
della gran Cupola Vaticana
Nel Pontificato della Santità di N.S.*
PAPA PIO IX
*Sotto l'Economato
di Sua Eccellenza Rma
Monsig.r Domenico de' Conti Giraud*

239. Giacomo Sangermano, »Darstellung der Weise, auf die man mittels sechs Winden am 26. November 1773 unter der Leitung von Pietro Albertini das Gerüst über das Gesims gehoben hat«, aus: *Castelli e Ponti di maestro Niccola Zabaglia*, Rom 1824, Taf. LIX.

240. Ercole Scarpellini, *Gerüst für die Restaurierung des Gewölbes im Hauptschiff der Basilika St. Peter*, 1898. Fabbrica di S. Pietro.

242. Vorrichtungen für die regelmäßige Instandhaltung der vatikanischen Basilika und den Transport von Statuen und großen Lasten (Ende 19.–Beginn 20. Jh.). Fabbrica di S. Pietro.

den in 30 m Höhe über dem Gesims, direkt über der Statue des hl. Petrus, installiert.[134]

Die Erfordernisse der Baustelle und die Anforderungen an die Zuverlässigkeit der bei den Bau- und Restaurierungsarbeiten verwendeten Verfahren konnten nur mit deren ständiger Verbesserung erfüllt werden. Es sind Erfahrungswerte aus der jahrhundertealten Auseinandersetzung mit den spezifischen Problemen dieses Bauwerkes, die durch die Herausbildung eines überaus effizienten Baubetriebes mit ständig optimiertem Zeit- und Materialaufwand die fachliche Autorität der Fabbrica di San Pietro begründeten. Nicht zuletzt ist sie auch der Verschmelzung von Tradition und Innovation zu verdanken, die, zusammen mit dem hohen Spezialisierungsgrad der *sanpietrini*, der steten Perfektionierung der Baupraktiken und dem wertvollen Inventar an Werkzeugen, Ausrüstungen und Baugerät bis in das 20. Jahrhundert hinein eine unumgängliche Quelle zur Lösung bau- und restaurierungstechnischer Fragen bildete (Abb. 239–241).

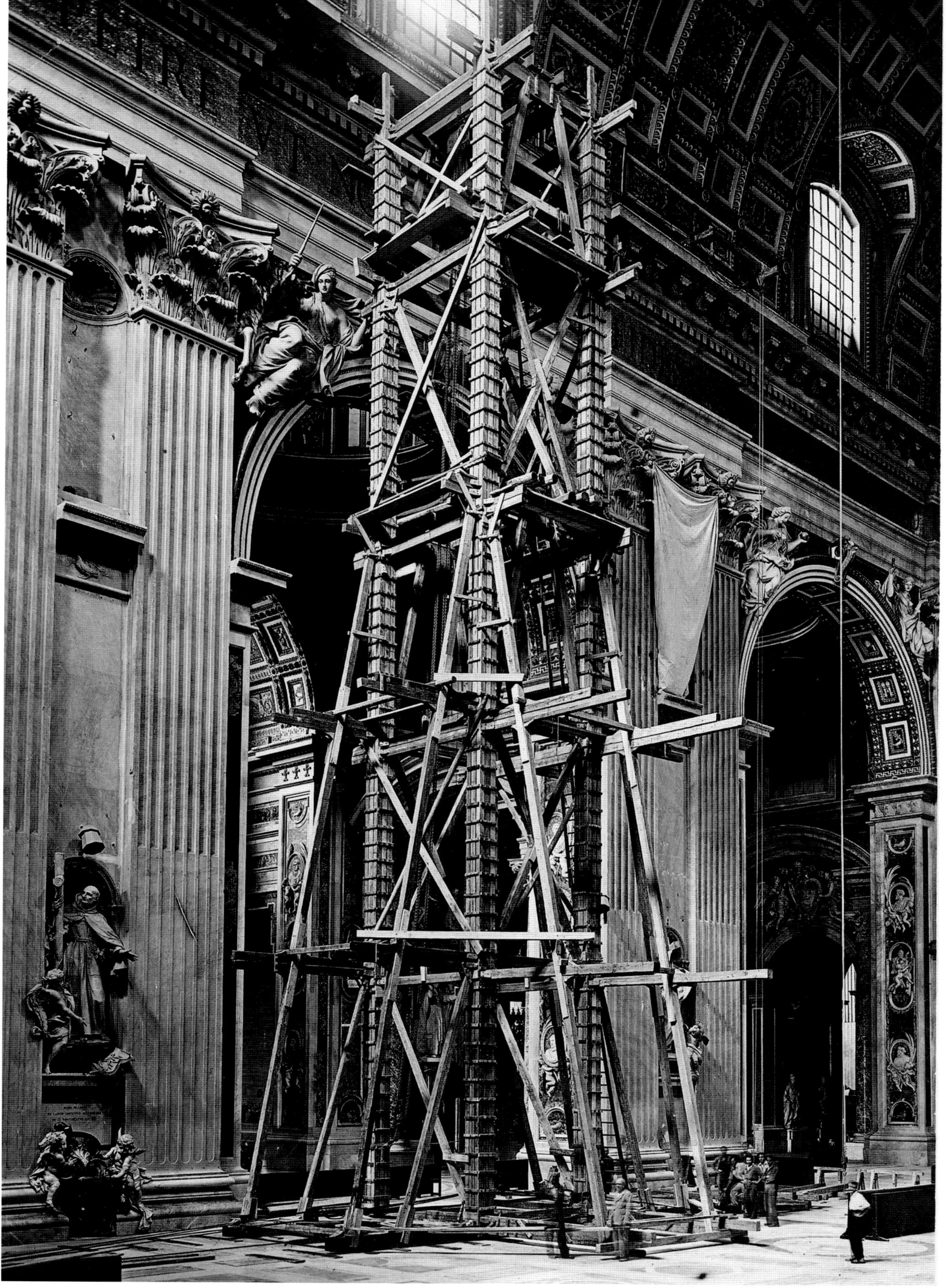

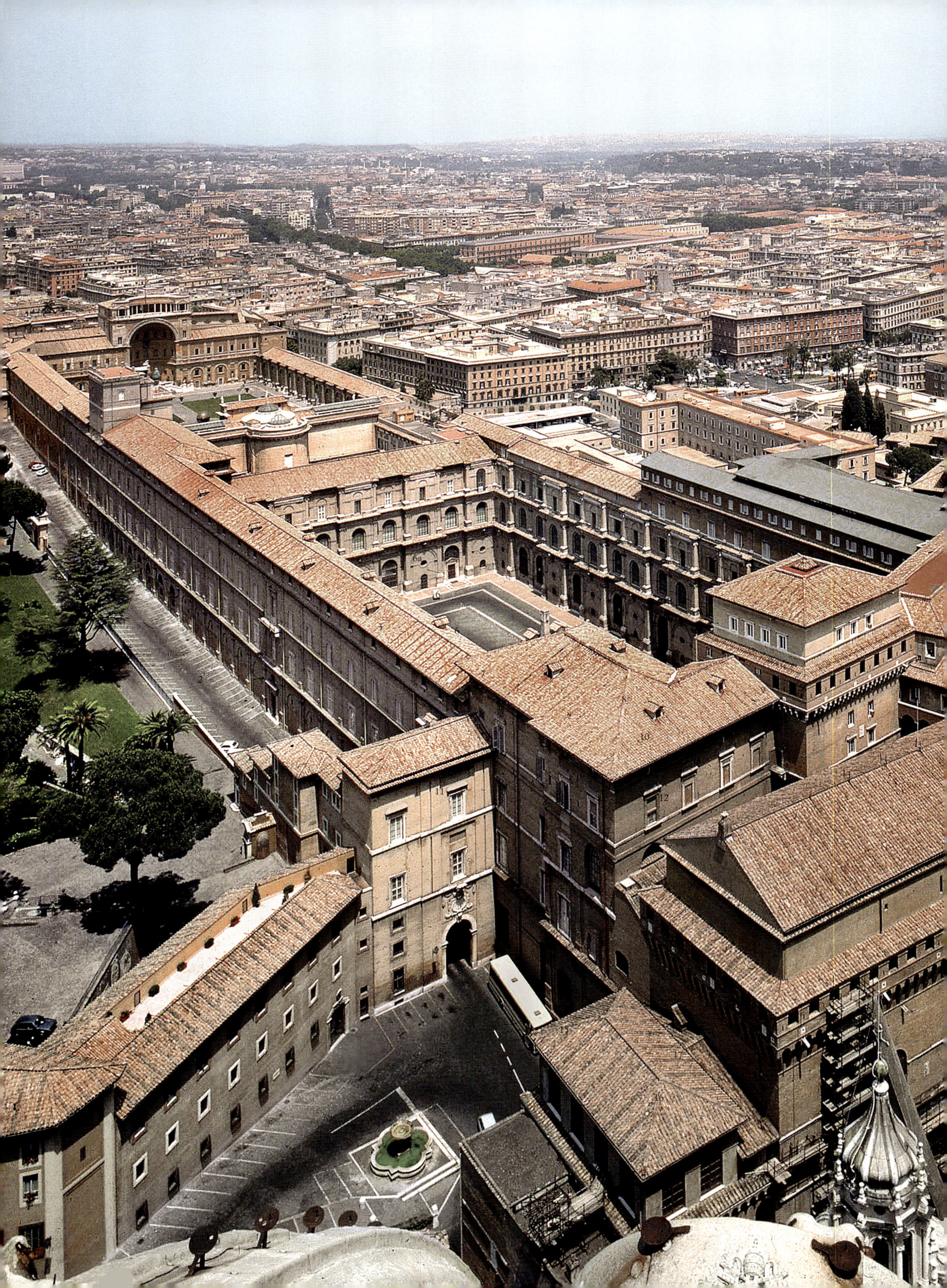

Der Apostolische Palast

LUCIA SIMONATO

Nach einem Bericht des Dichters Tommaso Stigliani soll sich der kurze Zeit zuvor vom französischen Hof nach Italien zurückgekehrte Giovan Battista Marino im Sommer/Herbst 1623 zur Verteidigung seines großen Epos *L'Adone*, das von den Vertretern strikt »klassischer« Regeln heftig kritisiert und schon bald von der Inquisition auf den Index gesetzt wurde, einer recht kühnen architektonischen Metapher bedient haben: »Obgleich der vatikanische Palast kein einheitliches Gebäude ist, sondern nur eine Ansammlung aus Wohnräumen und Gemächern, so überstrahlt er doch sowohl durch die Herrlichkeit seiner Stanzen als auch durch den Reichtum, den Überfluss und die Annehmlichkeiten jenen der Farnese, der einem vollendeten Bau gleicht. Auf die gleiche Weise überstrahlt auch der *Adone*, obgleich einige Teile nicht wohl gesetzt sein mögen, durch deren Vorzüglichkeit und Fülle die anderen Dichtungen, die besser geordnet sind.« Mit Blick auf die mehr als vier Jahrhunderte andauernden Neu- und Umbauten des Vatikanpalastes waren es wohl vor allem die im 16. Jahrhundert begonnenen und bald abgeschlossenen Bauvorhaben, die das Bild der päpstlichen Residenz neben Sankt Peter als unvollendete »Ansammlung aus Wohnräumen und Gemächern« (Marino) beziehungsweise als einen »äußerst geräumigen«, aber »ungeordneten« Palast (nach einer Aussage von Giovan Battista Strozzi il Giovane bereits im Jahr 1599) prägten. Der Komplex war weit davon entfernt, die »Idee eines großen und einheitlichen Palastes« zu verkörpern, für die in jenen Jahren der Palazzo Farnese stand.[1]

Mit der Besteigung des Papstthrons durch den energischen Sixtus V. Peretti (1585–90) nahmen die Bautätigkeiten am vatikanischen Palast eine entscheidende und aus vielerlei Hinsicht erstaunliche Wendung. Inmitten des Cortile del Belvedere ließ er einen quer verlaufenden Bau anlegen (1587/88) und durchbrach damit den (bereits von Bramante geplanten) Entwurf, um den sich von Julius II. bis zu Gregor XIII. seit beinahe einem Jahrhundert sämtliche Anstrengungen seiner Vorgänger drehten: die Umrahmung der Nordseite des Papstpalastes (an der sowohl die Borgia-Gemächer als auch die Stanzen Raffaels liegen) zum Belvedere Innozenz' VIII. durch zwei lange Korridore, die drei Höfe unterschiedlicher Größe umschlossen. Angesichts des häufigen Wechsels von Auftraggebern und Architekten und des langen Zeitraums ist es nur natürlich, dass dieser ursprüngliche Entwurf vom Beginn des 16. Jahrhunderts zahlreiche Änderungen erfuhr: Der Bau der beiden Korridore erfolgte schleppend: Immer wieder wurden die Pläne angepasst, sowohl in Bezug auf ihren Umfang – wie im Falle des im Osten angefügten Flügels von Julius III. oder der von Gregor XIII. im Westen errichteten Galleria delle Carte Geografiche und Torre dei Venti – als auch auf deren Anschluss an die bereits bestehenden Bauten, z. B. durch die unter Pius V. ausgeführte Torre Pia. Auch das Belvedere und der Papstpalast erfuhren eine spürbare (und ursprünglich nicht vorgesehene) Umgestaltung. Sixtus V. nahm jedoch nicht nur eine Neuinterpretation des Bramantschen Entwurfs vor, entschlossen entfernte er sich von diesem zugunsten einer dringenden funktionalen Notwendigkeit: dem Neubau der Apostolischen Bibliothek als unverzichtbares Werkzeug im Dienste der Gegenreformation.[2]

Seite 272: 243. Apostolischer Palast mit Sixtinischer Kapelle, Torre Borgia und Torre Pia, Flügel Pauls V., Cortile del Belvedere, Vatikanischer Bibliothek, Cortile della Pigna und Belvedere.

Seite 273: 244. Apostolischer Palast, Blick über den Petersplatz auf den Palast Sixtus' V. und die Loggien.

245. Cortile del Belvedere mit der Bibliothek Sixtus' V.

246. Mario Cartaro, *Vogelperspektive des Belvedere und des Vatikan*, Rom 1574, Stich.

247. Cortile del Belvedere mit dem westlichen Korridor, Teil der Vatikanischen Bibliothek.

248. Apostolischer Palast, Cortile del Belvedere, nach Süden gesehen.

249. Apostolischer Palast, Flügel Pauls V.

250. Martino Ferrabosco, *Piazza del Forno und der neue Flügel Pauls V.* Palazzo del Quirinale, Cappella Paolina.

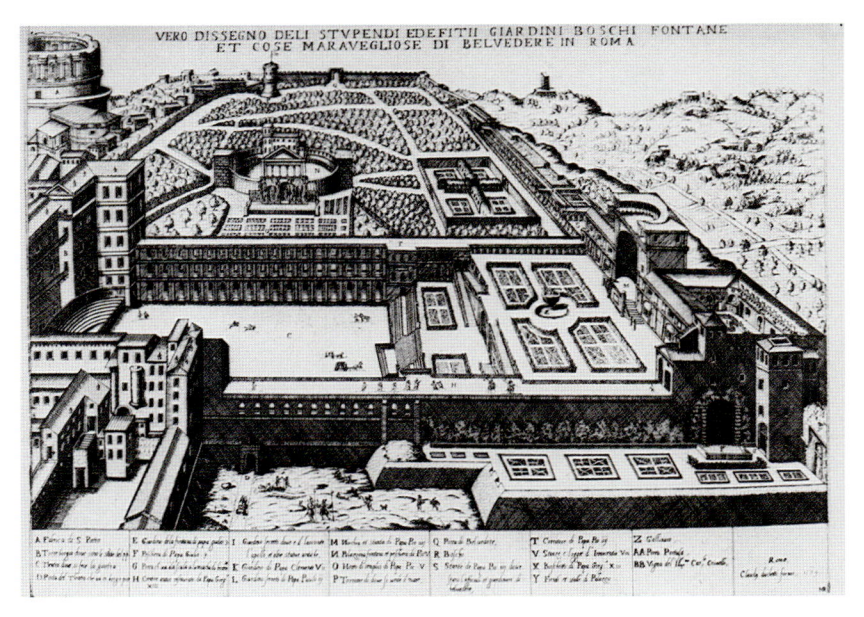

Das gleiche Signal setzten auch die nachfolgenden Bauvorhaben des Peretti-Papstes, deren Vollendung er jedoch nicht mehr erlebte: der Neubau eines Palastes *a fundamentis* gegenüber den Loggien Raffaels und dessen Anschluss, über den von Gregor XIII. nach Norden hin errichteten Flügel, an den Palastkern, der sich seit Beginn des 13. Jahrhunderts um den Cortile del Pappagallo gebildet hatte. Diesem sowohl aufgrund seines künftigen Bewohners (der Pontifex) als auch seiner Lage (in direkter Nähe zum wichtigsten Tempel der Christenheit) wichtigen Gebäude räumen Giovan Pietro Belloris 1672 erschienenen Vite unter der Biografie Domenico Fontanas – Sixtus V. hatte den Architekten nach Abschluss der Bauarbeiten am Belvedere mit dem Entwurf beauftragt – nur wenige Zeilen ein: »Neben der Bibliothek errichtete Fontana auch den Teil des Palastes, der sich zum Platz und der Stadt hin erhebt; da [der Bau] durch den Tod des Papstes nur drei Geschosse maß, wurde er von Clemens VIII. schließlich auf fünf erhöht, jedes mit siebzehn Räumen.«³ Belloris Worte erscheinen recht lakonisch, vor allem wenn man bedenkt, dass im Gegensatz zum Querriegel der Vatikanischen Bibliothek im Belvedere-Hof, der den Blicken durch den östlichen Korridor verborgen bleibt, der neue Palast die Verbindung zwischen der päpstlichen Residenz und dem Petersplatz sowie der kurz vor ihrer Vollendung stehenden Basilika und Rom im Allgemeinen neu definierte. Bis dahin hatte der Pontifex den Blick auf die Stadt von den Loggien Raffaels genossen, ein Panorama, dass der sixtinische Bau zwar nicht völlig versperrt, sicherlich aber verändert und beeinträchtigt hat.

Vielleicht war es dieses Nebeneinander zweier autonomer Bauten (des »alten« und des sixtinischen Palastes), auf das sich bereits am Ende des Cinquecento das Urteil der »Uneinheitlich-keit« im Umfeld der vatikanischen Residenz bezog – von Dichtern der Generation Marinos geschickt in Verse verpackt. Eine Kritik, die vielleicht in den Entwürfen Gian Lorenzo Berninis für Paris ein spätes Echo fand. 1665 hatte Ludwig XIV. den italienischen Architekten eingeladen, die Neugestaltung des Louvre zu planen. Bernini war davon überzeugt, dass »Bauten, die von allen Seiten gleichzeitig aufgemauert werden, sehr viel besser [geraten].«[4] Ein Brief des französischen Königs an Papst Alexander VII. Chigi (1655–67) bezeichnet den Palast in Paris als »seit Jahrhunderten die wichtigste Wohnstatt des dem Heiligen

251. Petersplatz mit Basilika und Apostolischem Palast.
252. Plan des Apostolischen Palasts mit den wichtigsten Räumen nach den Umbauten Urbans VIII.

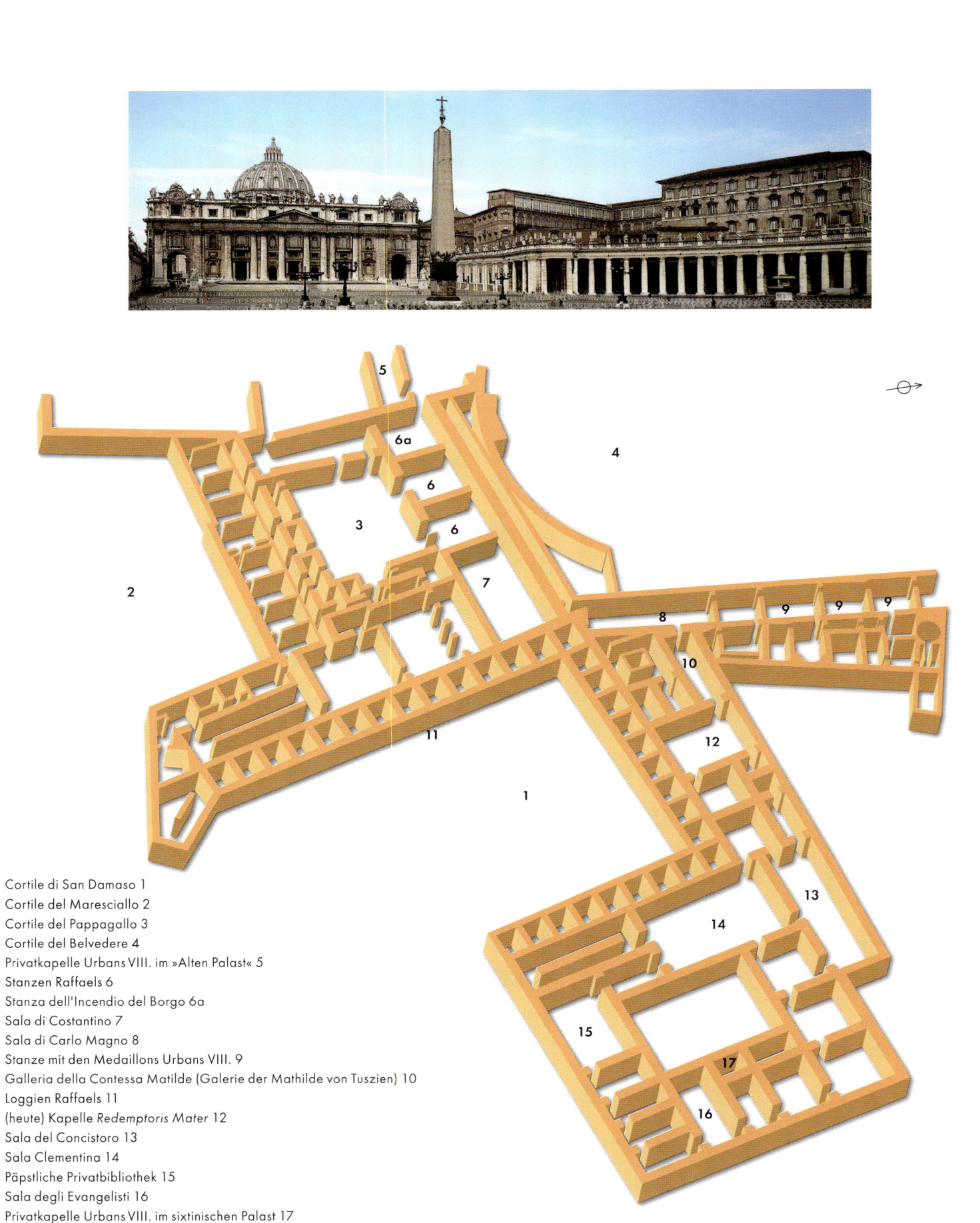

253. Apostolischer Palast, Päpstliche Repräsentationsräume, Sala Clementina, 1596–1601.

Cortile di San Damaso 1
Cortile del Maresciallo 2
Cortile del Pappagallo 3
Cortile del Belvedere 4
Privatkapelle Urbans VIII. im »Alten Palast« 5
Stanzen Raffaels 6
Stanza dell'Incendio del Borgo 6a
Sala di Costantino 7
Sala di Carlo Magno 8
Stanze mit den Medaillons Urbans VIII. 9
Galleria della Contessa Matilde (Galerie der Mathilde von Tuszien) 10
Loggien Raffaels 11
(heute) Kapelle *Redemptoris Mater* 12
Sala del Concistoro 13
Sala Clementina 14
Päpstliche Privatbibliothek 15
Sala degli Evangelisti 16
Privatkapelle Urbans VIII. im sixtinischen Palast 17

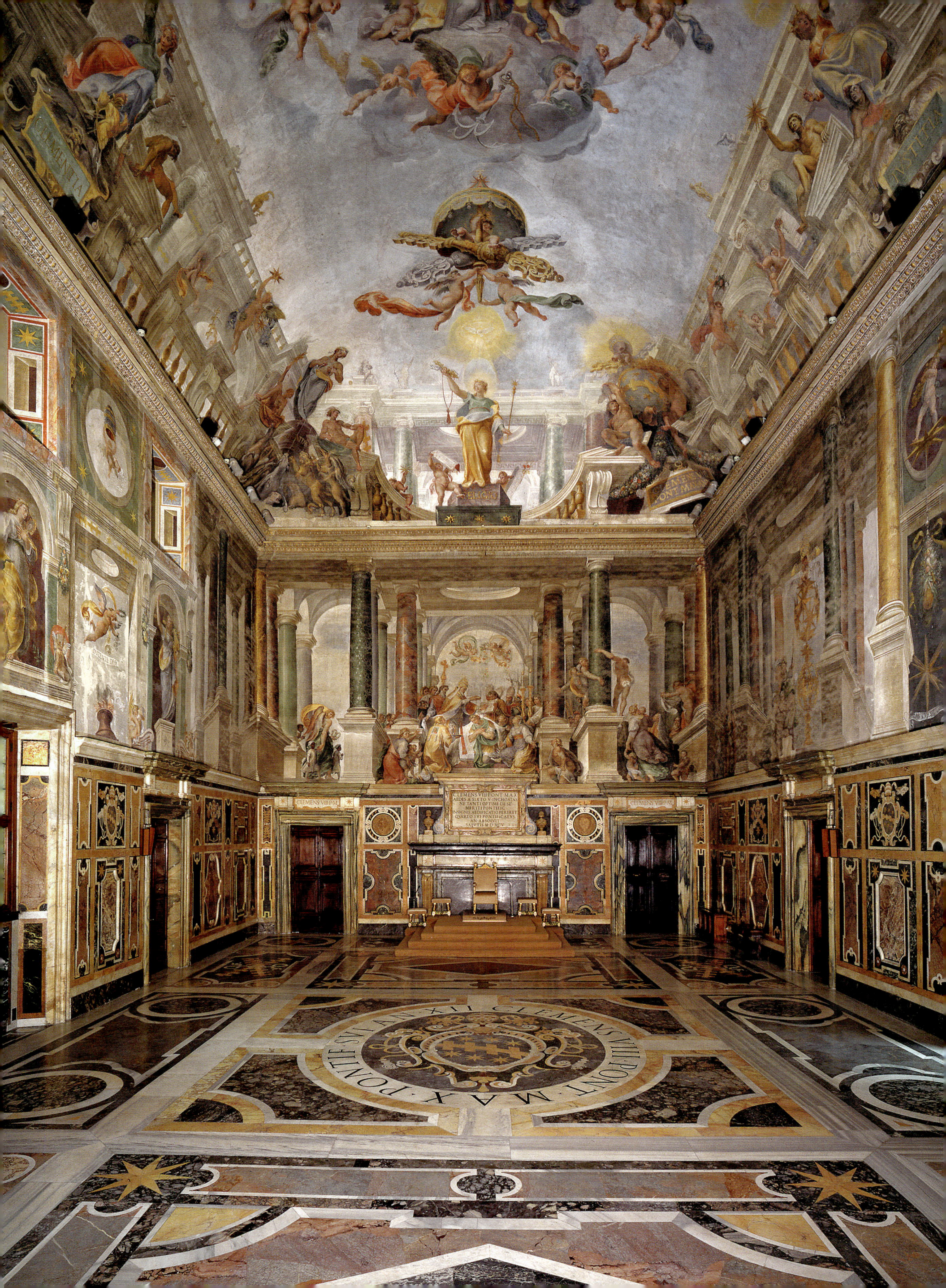

254. Apostolischer Palast, Päpstliche Repräsentationsräume, Sala degli Evangelisti, Fries, nach 1605, Detail.

255. Apostolischer Palast, Päpstliche Repräsentationsräume, Sala degli Evangelisti.

256. *Borghese-Wappen*, Fresko, nach 1605. Apostolischer Palast, Päpstliche Repräsentationsräume, Sala degli Evangelisti.

257. Cesare Rossetti, *Enthauptung des hl. Paulus*, Fresko, nach 1605. Apostolischer Palast, Päpstliche Repräsentationsräume, Sala degli Evangelisti.

Seite 280: 258. Guido Reni, *Pfingstwunder, Verklärung und Himmelfahrt*, 1608. Apostolischer Palast, Sala delle Dame, Gewölbe.

Seite 281: 259. Guido Reni, *Die Taten Samsons*, 1608. Apostolischer Palast, Sala delle Nozze Aldobrandini, Gewölbe.

Stuhl ergebensten aller christlichen Könige«[5] oder, mit anderen Worten, als einen architektonischen Komplex, der in seiner Funktion, Anerkennung und Geschichte beinahe wie ein »zweiter Vatikan« präsentiert wird. Diese von Bernini während seines Pariser Aufenthaltes selbst explizit gewählte Parallele zitiert Paul Fréart de Chantelou in seinem *Journal de voyage*: »Le palais du Vatican à Rome surpasse en beauté de beaucoup le Louvre, mais que quand ce dessin sera exécuté, le Louvre supassera d'autant le Vatican.«[6] Selbst wenn der von Bernini vorgeschlagene,

jedoch nicht ausgeführte Entwurf, »dem Louvre ein neues Gewand« umgeworfen hätte, sodass – entsprechend seinem Aphorismus »C'est que Sa Majesté ayant voulu conserver le Louvre l'avait détruit«[7] – »von dessen ursprünglicher Gestalt nichts mehr zu sehen« geblieben wäre, bleibt anzumerken, dass der bedeutendste römische Architekt des Seicento während seiner Dienste für immerhin acht Päpste an dem »Vatikanpalast« nur wenige strukturellen Änderungen vorgenommen hat.

Das Jahr 1623, aus dem Marinos Aussage stammt und in dem Maffeo Barberini als Urban VIII. (1623–44) den Papstthron bestieg, weist eine Besonderheit in der Baugeschichte sowohl der Basilika Sankt Peter als auch des Papstpalastes auf: Beide Bauwerke können aus architektonischer Sicht mehr oder weniger als vollendet angesehen werden. Dieser Umstand war alles andere als vorhersehbar, vor allem wenn man bedenkt, dass der Baufortschritt der beiden Architekturen weder gleichzeitig noch nach einem ähnlichen Rhythmus erfolgte. Die im 16. Jahrhundert *ex novo* über der konstantinischen Vorläuferin errichtete Basilika wurde unter Paul V. mit der von Carlo Maderno errichteten Fassade endgültig vollendet. Der mittelalterliche und nicht spätantike Palastkomplex hingegen war nur geringfügig von Abrissen betroffen und viele der im 15. Jahrhundert eingerichteten Räume (wie die Kapelle Nikolaus' V. oder die Borgia-Gemächer) waren unverändert erhalten geblieben oder gar noch bis ins 17./18. Jahrhundert in Benutzung.[8] Auch die letzten bedeutsamen Eingriffe am Palast erfolgten während des Borghese-Pontifikats: der keilförmige Anbau an der Südseite der Loggien Raffaels[9] und ein Flügel, der an den Westkorridor angefügt wurde und den Cortile del Forno begrenzt. Der wahrscheinlich von Flaminio Ponzio[10] entworfene Bau ist in drei Teile gegliedert. Der erste beherbergt heute im ersten Stock das Gabinetto dei Papiri, das zweite Stockwerk erreicht man vom »alten Palast« kommend auf dem Weg zur Galleria delle Carte Geografiche. Während des 17. und in der ersten Hälfte des 18. Jahrhunderts entstanden zwar noch weitere Neubauten (so etwa unter Alexander VII. der anschließende

»Palazzetto della Zecca«) beziehungsweise Entwürfe für den Vatikan – so schlug Carlo Fontana um 1691 die Errichtung eines eigenen Gebäudes für den Konklave vor, der an die Ostmauer des Cortile del Belvedere angrenzen sollte –, doch sollte es bis zum Ende des 18. Jahrhunderts dauern, bis in der vatikanischen Papstresidenz, von der Teile bereits als Museum genutzt wurden, wieder eine rege Bautätigkeit einkehrte.[11]

Der Palast, obwohl etwa zur gleichen Zeit wie die Basilika fertiggestellt, profitierte jedoch nicht in gleichem Maß von einem umfangreichen Dekorationsprogramm: Der »barocken« Umgestaltung von Sankt Peter durch Bernini ab dem Pontifikat des Barberini-Papstes folgte keine entschlossen »barocke« Modernisierung des Palastes (oder von wichtigen Teilen des Palastkomplexes). Bedenkt man, welche Künstler während des 17. Jahrhunderts an der Ausschmückung der vatikanischen Residenz beteiligt waren und welche Werke innerhalb dieses Zeitraum vollendet wurden, erweist sich das Problem weniger als eine Stilfrage im engeren Sinn, sondern mehr als eine qualitative Wahl: Abgesehen von der einzigen (frühen) Ausnahme der beiden von Guido Reni ausgemalten Säle in dem neuen Flügel von Paul V. war während des gesamten 17. Jahrhunderts im Papstpalast – aus dem Blickwinkel der Vasarischen Kunstgeschichtsschreibung für beinahe drei Jahrhunderte Schauplatz der herausragenden künstlerischen Leistungen im Rom jener Epoche – kein

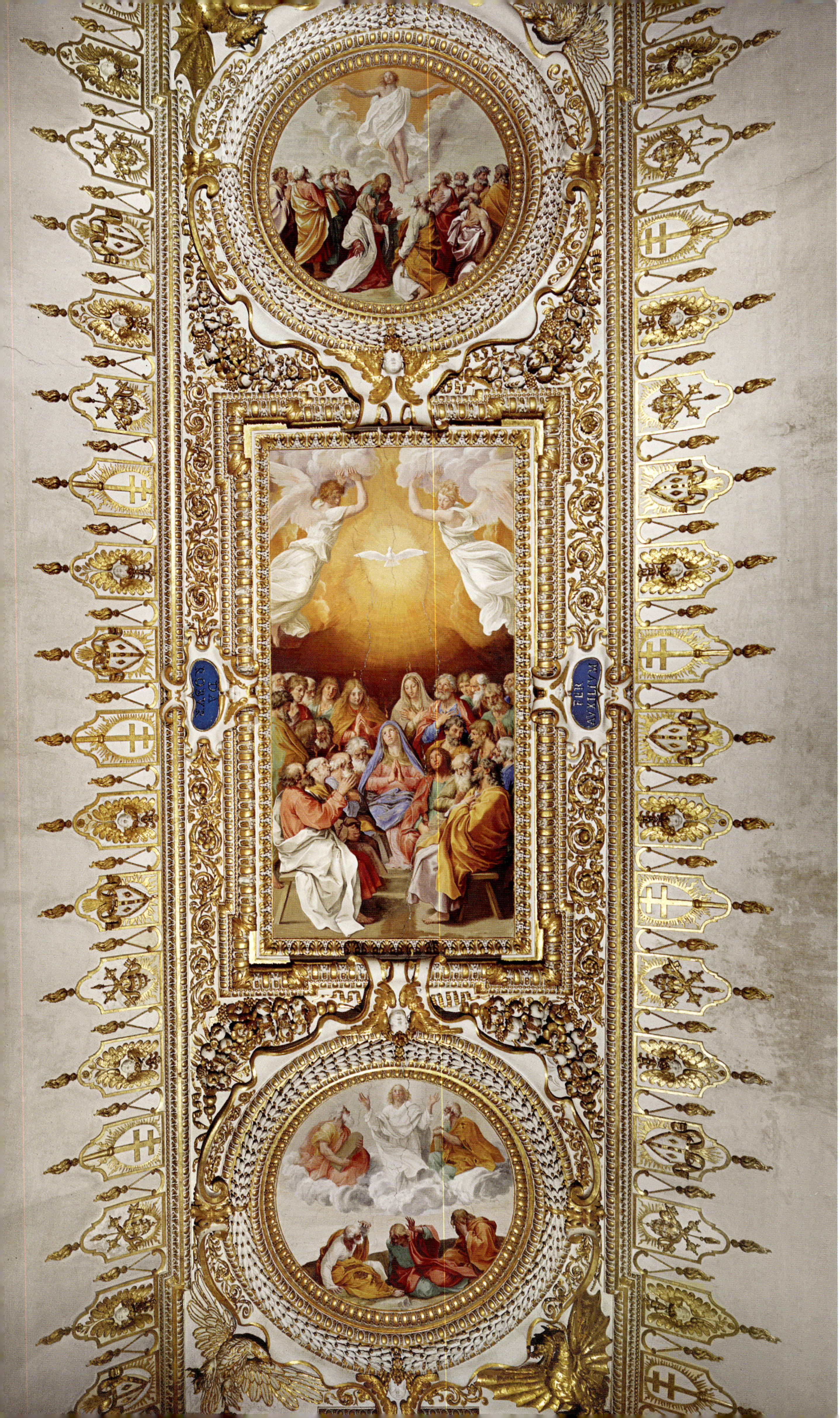

PAVLVS·V·
P·M·

PONTIFIC·
AN·III·

DER APOSTOLISCHE PALAST

260. Guido Reni, *Samson tötet die Philister*, Fresko, 1608. Apostolischer Palast, Sala delle Nozze Aldobrandini, Gewölbe.

261. Guido Reni, *Himmelfahrt*, Fresko, 1608. Apostolischer Palast, Sala delle Dame, Gewölbe.

262. Apostolischer Palast, Torre Borgia, Kapelle Urbans VIII., Gewölbe mit Barberini-Wappen und *Passionsszenen* von Alessandro und Anna Maria Vaiani, 1631/32, Gesamtansicht.

263. Pietro da Cortona, *Beweinung Christi*, Fresko, 1635. Apostolischer Palast, Torre Borgia, Kapelle Urbans VIII.

einziger der großen Künstler vertreten, die die verschiedenen Päpste immer wieder mit der Dekoration ihrer Familienpaläste beauftragt hatten.

Diesen Umstand belegt nicht zuletzt der einzige Auftrag, den der im Palazzo Barberini mit zahlreichen Arbeiten bedachte Pietro da Cortona innerhalb des Papstpalastes ausführte: ein Wandbild in einer kleinen, überwölbten Kapelle von quadratischem Grundriss neben der Stanza dell'Incendio di Borgo. Sie wird noch heute nach ihrem Auftraggeber als »Kapelle Urbans VIII.« bezeichnet.

Der von Luigi Arrigucci geleitete Umbau des Raumes erfolgte ab 1630 und nahm das gesamte Jahr 1631 in Anspruch. Die Deckenfresken wurden von Alessandro Vaiani ausgeführt und nach dem Tod des Malers von seiner Tochter Anna Maria 1632 vollendet. Insgesamt entstanden vier Passionsszenen sowie Engel mit Leidenswerkzeugen Christi und vergoldetes Stuckdekor. Die Ecken des Raumes zierte das Wappen des Barberini-Papstes. 1631 hatte man die Kapelle mit einem kleinen Holzaltar ausgestattet, den eine ebenfalls von Vaiani im Auftrag Urbans VIII. geschaffene *Beweinung Christi* auf Leinwand schmückte (heute im Apostolischen Palast in Castel Gandolfo). Erst bei den letzten Arbeiten im Jahr 1635 wurde Pietro da Cortona hinzugezogen, der das Altarbild durch ein noch heute sichtbares Fresko an der Südwand ersetzte. Das von weißem und vergoldetem Stuck umrahmte Werk zeigt dasselbe Thema, eine *Beweinung Christi mit der Madonna, Maria Magdalena, Johannes und Nikodemus*.[12]

Die Ursachen, die zu dieser Änderung führten, sind nicht ganz klar. Es könnte jedoch ein Zusammenhang mit einem ähnlichen, zu jener Zeit gerade vollendeten Auftrag im Palazzo alle Quattro Fontane der Barberini bestehen: die Ausschmückung einer Kapelle durch Pietro da Cortona und dessen Werkstatt, kurz bevor der toskanische Künstler mit der umfangreichen Ausstattung des Salone beauftragt wurde. Die ebenfalls recht kleine Barberini-Kapelle weist Ähnlichkeiten zu der im Vatikan auf, bis hin zum Deckendekor aus Putten mit den Leidenswerkzeugen. Den Altar schmückte zudem ein 1632 vollendetes Fresko mit der *Kreuzigung*, also eine Lösung – ein Fresko anstelle eines Altarbilds auf Leinwand –, die Urban VIII. auch für die gerade fertiggestellte Kapelle im Vatikan geeignet schien.[13] Die Ähnlichkeit, die diese beiden Räume aufwiesen, ist heute allerdings nur schwer zu erahnen, vor allem aufgrund der zahlreichen späteren Umbauten im Vatikan. Zumindest in der zweiten Hälfte des 18. Jahrhunderts befand sich der Eingang zur Kapelle Urbans (heute erfolgt er durch die Stanza dell'Incendio di Borgo) gegenüber dem Fresko Cortonas; im Palazzo Barberini betritt man die Kapelle noch heute gegenüber dem Altar mit der *Kreuzigung*. Der einstige Übergang zwischen der vatikanischen Kapelle und dem Mitte des 19. Jahrhunderts zur Sala dell'Immacolata Concezione umgestalteten Raum ist heute vermauert, war aber seit 1630 von einem prunkvollen Marmorportal mit dem Wappen des Barberini-Papstes umrahmt. Das lässt sich den Quellen entnehmen.[14] Sosehr es auch durch die späte Beteiligung Pietro da Cortonas »geadelt« wurde und sosehr sein Fresko, bedenkt man die ursprüngliche Anordnung der Eingänge, den Raum weit mehr geprägt haben muss, als heute zu erkennen ist, so bleibt doch die Tatsache bestehen, dass Urban VIII. für die Privatkapelle, die er neben den berühmten (und bereits im 17. Jahrhundert vielbesuchten) Stanzen Raffaels hatte einrichten lassen, sich anfänglich mit zwei »Nebenfiguren« des römischen Künstlermilieus begnügte (auch wenn diese dem Umfeld der von den Barberini beauftragten

DER APOSTOLISCHE PALAST

264. Apostolischer Palast, Gewölbe im Treppenhaus der Geheimtreppe Urbans VIII., 1627.

265. Apostolischer Palast, Galleria delle Carte Geografiche, Südportal mit dem Wappen Gregors XIII. und Urbans VIII., um 1630–1635.

266. Simone Lagi und Marco Tullio Montagna, *Galleria delle Carte Geografiche*. Palazzo del Quirinale, Passaggio delle Corna, Fresko, um 1635–1637.

Künstler angehörten) und mit deren Ausschmückung nicht etwa jenen Maler beauftragte, den er sein eigenes Pontifikat im Palazzo Barberini mit der *Göttlichen Vorsehung* preisen ließ.

Und wenn noch Mitte des Jahrhunderts Paolo Giordano II. Orsini es für angemessen hielt, in einem Brief an Christina von Schweden, die bis dahin noch nie in Rom gewesen war, den Raum, in dem sich Cortonas *Aeneasgeschichte* befand, als »die Galerie im Palast des Papstes [Palazzo Pamphilj an der Piazza Navona], nicht im Papstpalast«[15] zu umschreiben, wird offensichtlich, wie sehr das direkte oder indirekte Engagement der Päpste zur Ausschmückung ihrer Familienpaläste im Seicento im Gegensatz zu deren totalem Desinteresse steht, der vatikanischen Residenz eine »persönliche« Note zu verleihen: Einzig für den Borghese-Papst wählen die Quellen (beispielsweise Bellori) die Formel »der neuen von Paul V. errichteten Gemächer«[16], als sie den Neubau am Cortile del Forno erwähnen. Aber weder Urban VIII. noch Innozenz X. oder Alexander VII. werden eigene »Gemächer« im Vatikan einrichten lassen.

Der kleine, vom Westkorridor zu den Vatikanischen Gärten hin weisende Anbau sollte es dem Papst ermöglichen, diese auf bequemeren Wegen zu erreichen. Das besondere Interesse, das Paul V. mit diesem Bau verband, zeigt sich auch an der Auswahl der Maler, die mit dem Dekor der beiden übereinanderliegenden Säle beauftragt wurden: Guido Reni, bereits seit 1608 im Dienst der Borghese stehend, malte den ersten Stock mit drei alttestamentlichen Szenen der *Taten des Samson* aus; im Obergeschoss (auf gleicher Ebene mit den Stanzen Raffaels und der Galleria

267. *Barberini-Biene*, Fresko, um 1630–1635. Apostolischer Palast, Galleria delle Carte Geografiche, Detail.

268. *Forte Urbano*, Fresko, um 1630–1635. Apostolischer Palast, Galleria delle Carte Geografiche.

269. Simone Lagi und Marco Tullio Montagna, *Die Armeria Urbans VIII. im Vatikan*. Palazzo del Quirinale, Passaggio delle Corna, Fresko, um 1635–1637.

DER APOSTOLISCHE PALAST

delle Carte Geografiche) schuf er dagegen mit der *Verklärung*, *Pfingsten* und *Die Himmelfahrt Christi* drei neutestamentliche Szenen.[17] In Rom war der Maler aus Bologna noch an anderen wichtigen paulinischen Aufträgen beteiligt, allerdings nicht an der Ausschmückung der für Empfänge vorgesehenen Papstgemächer im sixtinischen Palast, die ebenfalls in die Zeit seiner Tätigkeit im Vatikan fiel: vielleicht aufgrund der besonderen Aufgabe, der diese Räume dienen sollten.

Sixtus V. hatte Domenico Fontana mit dem Bau eines neuen, prächtigen Palastes direkt am Petersplatz beauftragt und damit die Lösung eines Problems angestrebt, das sich während des gesamten 16. Jahrhunderts hindurch stellte und das tatsächlich den Baurhythmus am päpstlichen Hof bestimmte: die unablässigen Umbauten der Papstgemächer, vom Nordflügel des »alten« Palastes (Appartamento Borgia und Stanzen Raffaels) bis zum östlichen Korridor (Gemächer Julius' III.) und von der Torre Pia (Gemächer Pius' V.) bis zu dem von Gregor XIII. errichteten Flügel (Appartamento della ›Bologna‹). Das institutionelle und »post-tridentinische« Repräsentationsgemach des Papstes im neuen Palast, das von Sixtus V. begonnen, aber erst unter Klemens VIII. ausgestattet wurde, entstand als ein in Ausführung und Stil uneinheitlicher Dekor, nach einer Vorgabe, an die sich sowohl Paul V. als auch Urban VIII. ohne Abweichung hielten. Mit der Ausmalung der Decke in einer kleinen Privatkapelle durch Agostino Ciampelli waren diese Arbeiten unter dem Pontifikat des Letzteren praktisch vollendet. Aufbauend auf der wiederkehrenden Ausstattung der Gemächer mit Friesen, in deren Land-

270. Simone Lagi und Marco Tullio Montagna, *Feuerwerk über der Engelsburg*, um 1637. Apostolischer Palast, Gemächer Julius' III.

schaftsdarstellungen das heraldische Element lediglich die Funktion einer historisierenden Umschreibung des Auftraggebers übernahm, verfolgte dieser Dekor, frei von erkennbaren Individualismen, letztlich eine bestimmte Funktion: Er sollte das absolute Fehlen persönlicher Vorlieben des Bewohners dieser Gemächer und damit nicht die Rolle eines einzelnen Papstes, sondern des Pontifex unterstreichen.[18]

Und auf diese vatikanische Auftragspraxis, die im Übrigen der bereits auf den sixtinischen Baustellen bewährten Praxis entsprach, bezogen sich die strengen Kommentare des späten 17. Jahrhunderts: Insbesondere kritisierten sie, dass die Dekorationsprogramme der Erneuerung der italienischen Malerei am Ende des 16. Jahrhunderts zuwiderliefen und, indem sie die historische Dimension dieser Feststellung betonten, dass im Laufe des 17. Jahrhunderts im Papstpalast keine bedeutenden künstlerischen Arbeiten entstanden waren. Exemplarisch hierfür ist das Urteil, das Chantelou gegenüber Bernini während dessen Pariser Aufenthalts verlauten ließ: Dem Hinweis darauf, dass Annibale Carracci für seine Arbeit in der Galleria Farnese nur einen geringen Lohn erhalten hatte, fügt er hinzu: »Seit Raffael sei sie ohne Zweifel das schönste Werk in Rom. [...] Ganz zu schweigen von der Ungerechtigkeit, die ihm widerfahren sei, als man ihm, dem Unvergleichlichen, einige Schmierfinken für die Ausmalung der der Sala [im Vatikan] vorzog, der Klemens VIII. seinen Namen gab.«[19]

271. Simone Lagi und Marco Tullio Montagna, *Medaillon mit der Schließung der Heiligen Pforte*, um 1637. Apostolischer Palast, Gemächer Julius' III.

272. Simone Lagi und Marco Tullio Montagna, *Medaillon mit der Engelsburg*, um 1637. Apostolischer Palast, Gemächer Julius' III.

Folgende Doppelseite: 273. Giovanni Francesco Romanelli, *Die Schlacht von Sorbara*, Fresko, 1637–1642. Apostolischer Palast, Galleria della Contessa Matilde, Gewölbe.

DER APOSTOLISCHE PALAST

Sie wurde von Giovanni Alberti del Borgo und dessen Bruder Cherubino zwischen 1596 und 1601 ausgemalt[20], also in den gleichen Jahren, in denen Annibale mit den Arbeiten im Palazzo Farnese begann. Letzterer wählte dabei einen entgegengesetzten Weg, sowohl in Bezug auf die virtuos ausgeführten illusionistischen Architekturen im Vatikan als auch hinsichtlich des (von Ripa) kodifizierten Vokabulars seiner Wandmalereien. Noch 1642 pries Bellori in den Vite Giovanni Baglione das Werk mit einer poetischen Formulierung (»Von dem Borgo sieht man dort den einen und den anderen Alberto, dessen vorgetäuschtes Prospekt die Wahrheit verwirrt«)[21], allerdings fanden die Alberti (und mit ihnen auch die Sala Clementina) in der dreißig Jahre später von dem römischen Gelehrten veröffentlichten Ausgabe der *Vite* kaum Erwähnung. Nach den Ergebnissen des späten römischen Manierismus machte dieser nunmehr in Annibale Carracci, dem geistigen Erben Raffaels, den Protagonisten der Wiedergeburt der Malerei in Italien aus.

Das Fehlen bedeutender seicentesker Dekorprogramme im Innern des vatikanischen Palastes muss allerdings auch im Licht der wechselnden Wohngewohnheiten der Päpste gesehen werden, die sich bereits zu Beginn des Jahrhunderts deutlich abzeichneten. Der Vatikan wurde erst nach Ende des Abendländischen Schismas anstelle des Lateranpalasts zur dauerhaften päpstlichen Residenz auserkoren und ab der Mitte und am Ende des 15. Jahrhunderts als auch während des gesamten 16. Jahrhunderts immer wieder von den Päpsten zugunsten von Aufenthalten in anderen urbanen (z. B. Palazzo San Marco) als auch suburbanen Anwesen vorübergehend »aufgegeben«. Doch war dadurch die herausragende Stellung des Palastes neben Sankt Peter nie in Frage gestellt. Bereits am Ende des 16. Jahrhunderts gewann eines dieser privaten Anwesen *(vigna)*, die den sommerlichen Aufenthalten der Päpste dienten, der Quirinalspalast, derart an Bedeutung, dass sich für den Zeitraum von beinahe drei Jahrhunderten (bis zum 20. September 1870) eine echte »Residenzfrage« stellte, die meist zugunsten der Letzteren ausfiel: Für die Sommer- und Herbstmonate wählten die Päpste den Quirinal zum Wohnsitz, während sie den Vatikan vor allem im Winter aufsuchten.

Der mehr oder weniger unter Paul V. fertiggestellte Quirinalspalast sollte die Funktion eines Papstpalastes übernehmen und wurde mit einer Kapelle (Cappella Paolina) von gleicher Größe wie die Sixtina, einer Sala Regia (heute Sala dei Corazzieri), mit Privatgemächern für den Pontifex sowie Räumen für ausgewählte Behörden wie die Dataria ausgestattet, unter Urban VIII. befestigt und von Alexander VII. erweitert und ausgeschmückt. Auch die künstlerischen Arbeiten zeugen von der Bedeutung des Palastes, sowohl hinsichtlich der ausgewählten Künstler, darunter Schüler von Annibale Carracci (wie Guidi Reni und Giovanni Lanfranco) sowie Bernini selbst und schließlich Pietro da Cortona, der hier – anders als im Vatikan – ganz wesentlich an der

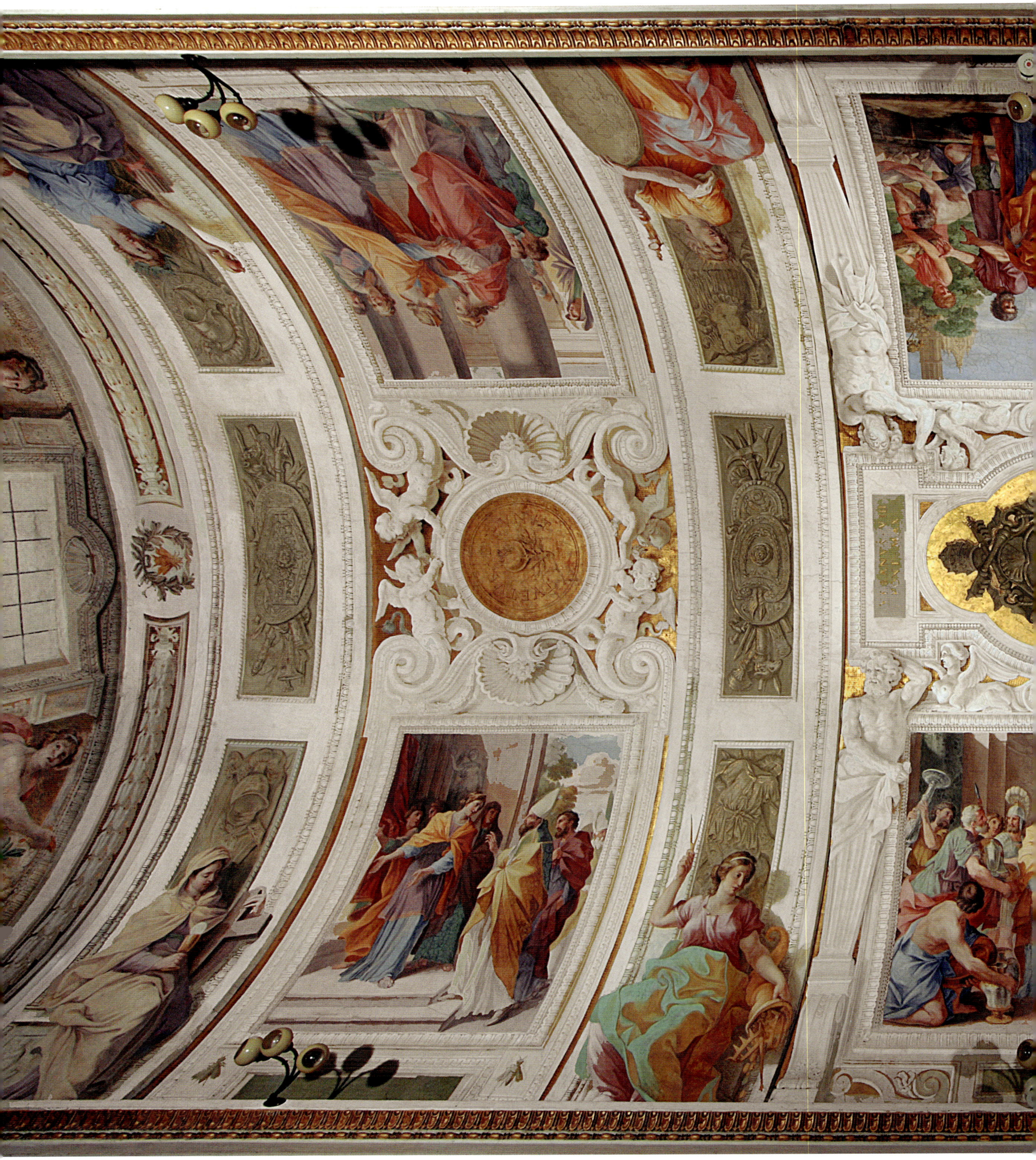

289

274. Giovanni Francesco Romanelli, *Die Begegnung zwischen Mathilde von Tuszien und dem hl. Anselm von Canterbury in Anwesenheit Urbans II.*, Fresko, 1637–1642. Apostolischer Palast, Galleria della Contessa Matilde.

275. Giovanni Francesco Romanelli, *Die Schlacht von Sorbara*, Fresko, 1637–1642. Apostolischer Palast, Galleria della Contessa Matilde, Gewölbe.

Ausschmückung des Gebäudes beteiligt war (Galerie Alexanders VII.).[22] Obgleich er seine Vormachtstellung als Sitz des Pontifex nicht verlor, wurde der vatikanische Palast zu Beginn des 17. Jahrhunderts de facto Teil eines größeren Bestands an päpstlichen Residenzen, der unter Urban VIII. noch um den Sommersitz in Castel Gandolfo erweitert wurde.[23]

Der Eindruck, dass während des Seicento ein einheitlicher Korpus päpstlicher Residenzen existierte, der sich auf drei unterschiedliche, aber organische und einheitliche Komplexe verteilte (Vatikan, Quirinale und Castel Gandolfo) – auch wenn man die Eingriffe und Vorlieben der einzelnen Päpste berücksichtigt – wird nicht nur dadurch bestätigt, dass deren Verwaltung in den Händen eines einzigen Kurienmitglieds lag, nämlich des Präfekten bzw., so die spätere Bezeichnung, Majordomus der apostolischen Paläste[24], sondern auch dadurch, dass die zu deren Gestaltung beauftragten Meister oft dieselben waren, mit dem Ergebnis, dass sich in den verschiedenen Gebäuden im Dekor Parallelen sowohl stilistischer als auch ikonografischer Art erkennen lassen: Beispielsweise ähnelt der weiße und vergoldete Deckenstuck der Kapelle Urbans VIII. im Vatikan dem in der kurz zuvor (1627) vom selben Papst für Castel Gandolfo beauftragten Privatkapelle. Beide Arbeiten wurden von Simone Lagi ausgeführt, einem aus Florenz stammenden Maler und Vergolder, der in den Rechnungsbüchern als »pittore di palazzo« bezeichnet wird und vom Barberini-Papst sowohl in den drei apostolischen Residenzen als auch in dessen Familienpalast reichlich mit Aufträgen versehen wurde. Von den Kunstschriftstellern des Seicento kaum beachtet, die mit Mühe gerade einmal seinen Namen erwähnten, war dieser Maler laut den handschriftlichen Dokumenten in den wichtigen römischen Künstlervereinigungen wie der Accademia di San Luca aktiv und stand zudem an der Spitze einer recht erfolgreichen und vielseitigen Werkstatt. Lagi und seine »compagni« (v. a. Marco Tullio Montagna) wurden im Vatikan mit zahlreichen Dekorations- sowie mit Ausbesserungs- und Restaurierungsarbeiten existierender Werke beauftragt. Dazu zählt auch eines der unter dem Pontifikat Urbans VIII. im Vatikanspalast wohl aufwendigsten »barocken« Dekorationsprogramme: die vollständige Erneuerung der Galleria delle Carte Geografiche.[25]

Der von Gregor XIII. in kurzer Bauzeit errichtete und ausgeschmückte Wandelgang stellte seit dem Ende des Cinquecento eine der prunkvollsten Räumlichkeiten des vatikanischen Kom-

276. Gian Lorenzo Bernini und Mitarbeiter, Grabmal der Mathilde von Tuszien. Vatikan, St. Peter, um 1633–1644.

277. Apostolischer Palast, Galleria della Contessa Matilde, 1637–1642, Gewölbe, Detail.

plexes dar, wies jedoch schon bald Beschädigungen auf. Die mit einer Balustrade versehene Terrasse, die der Boncompagni-Papst als elegante »passeggiata scoperta« über dem Tonnengewölbe anlegen ließ, hatte die darunterliegende Galerie nie völlig gegen das Eindringen von Regenwasser geschützt, was schwere Schäden an Fresken und Stuckaturen zur Folge hatte. Urban VIII. verfügte eine radikale Renovierung, ließ über dem Gewölbe ein Schutzdach anstelle der Terrasse errichten und dabei die bestehenden Malereien nicht nur für eine Restaurierung und Ausbesserung abnehmen, sondern auch um neue Darstellungen zu ergänzen. Sein eigenes Wirken pries er in einer prächtigen Marmortafel mit seinem Papstwappen; sie befindet sich am Südeingang unter dem Drachen der Boncompagni. Die zahlreichen heraldischen Verweise auf die Barberini (Bienen) in allen Registern des Dekors – vom Gewände der Fenster bis zu den vergoldeten Stuckaturen am Gewölbe, von den Rahmen der Landkarten bis zu deren Malereien – bestätigen den stark invasiven Charakter des Eingriffs Urbans. Dieser umfasste nach dem von Lukas Holste (Lucas Holstenius) vorgegebenen ikonografischen Programm neben der Überarbeitung einiger beschädigter Stellen, bei der Lagi ein außerordentliches Geschick als Restaurator und Maler bewies, auch den vollständigen Neuentwurf ganzer Wandflächen (darunter *Italia antiqua*, *Italia nova*, *Civitavecchia und Ancona*). Des Weiteren wurden die Beschriftungen und Ortsnamen verändert und neue Pläne eingefügt (z. B. in der vom Barberini-Papst in der Emilia neu errichteten Festung Forte Urbano in der Legation Bologna) und bei einigen Landkarten die aktuelle politische Situation berücksichtigt (wie im Fall des Herzogtums Urbino, das 1631 an den Kirchenstaat gefallen war).[26]

Die Arbeiten dauerten ununterbrochen von 1631 bis 1637. In den gleichen Jahren vollendeten die an den Restaurierungen im Vatikan beteiligten Simone Lagi und Marco Tullio Montagna im Quirinalspalast zwei Freskenzyklen mit Veduten und barberinischen Bauvorhaben: für einen Korridor im Westflügel des Palastes, der später im heutigen »Herkulessaal« (Sala d'Ercole) aufging, sowie für den sogenannten »Passaggetto di Urbano VIII«. Als Vorbild galt die bereits zwanzig Jahre zuvor vom Borghese-Papst beauftragte Dekoration des »Saales der Werke Pauls V.« (Sala delle Fabbriche di Paolo V) im selben Palast. Die zum Teil noch *in situ* erhaltenen Wandmalereien aus dem Pontifikat Urbans stimmen in einigen Fällen nicht nur in der Ikonografie mit denen der vatikanischen Galerie überein (zum Beispiel die Dar-

278. Guidobaldo Abatini, *Der Einzug Karls des Großen in Rom* (mit der Darstellung des sixtinischen Palastes und der Porta Horaria), Fresko, um 1635–1637. Apostolischer Palast, Gemächer Julius' III., Sala di Carlo Magno.

279. Apostolischer Palast, Gemächer Julius' III., Sala di Carlo Magno.

280. Guidobaldo Abatini und Werkstatt, *Ein Engel weist Karl dem Großen die Reliquien eines Heiligen*, Fresko, um 1635–1637. Apostolischer Palast, Gemächer Julius' III., Sala di Carlo Magno, Fries.

281. Guidobaldo Abatini und Werkstatt, *Die Krönung des Sohnes von Karl dem Großen*, Fresko, um 1635–1637. Apostolischer Palast, Gemächer Julius' III., Sala di Carlo Magno, Fries.

stellungen von *Civitavecchia* und *Ancona*). Eine von diesen Wandmalereien im Quirinal zeigt im Übrigen sogar einen aufschlussreichen Querschnitt des vatikanischen Wandelganges, der gleichzeitig die baulichen Änderungen in Form des Schutzdaches sowie die Änderungen im Dekorationsprogramm (das neue Fresko der *Italia nova* neben der Darstellung von *Civitavecchia*) neben dem Haupteingang zur Galerie belegt, wo bereits das Wappen Urbans VIII. zu erkennen ist.[27]

Unter den für die Ausschmückung des Quirinalspalastes ausgewählten Motiven präsentierten Lagi und Montagna auch den Haupteingang zur neuen Armeria Vaticana. Die Baugeschichte der von Urban VIII. im Vatikan eingerichteten »Waffenkammer« ist noch heute eines der (im Allgemeinen) wenig bekannten und kaum untersuchten Kapitel in der Historie des vatikanischen Palasts im 17./18. Jahrhundert: Von der Erweiterung des während des 19. Jahrhunderts aufgegebenen Arsenals im Palast sind nur wenige Berichte erhalten. Wahrscheinlich umfasste er auch Räume im ersten Stock des sixtinischen Belvedere-Querriegels, unter dem Salone Sistino, und dehnte sich dann auf den östlichen Korridor aus, um schließlich bis nahe an die Räume direkt am Cortile di San Damaso heranzureichen. Die Armeria, die im Palast als Bildergalerie und für repräsentative Zwecke diente und auch auf den barberinischen Medaillen auftaucht, wurde (zumindest in Teilen) von Lagi und Montagna ausgemalt. Sie schufen dort auch Darstellungen von *Forte Urbano* und *Civitavecchia*, die im selben Zeitraum auch in der Galleria delle Carte Geografiche entstanden: Ein weiterer Hinweis für die auf einen kleinen Kreis von Künstlern beschränkte Patronage des Pontifex bei Aufträgen in den Palästen und für die Unmöglichkeit, diese im Kontext eines einzigen Gebäudes zu interpretieren, ganz abgesehen von dem eng miteinander verbundenen System, das die drei apostolischen Residenzen mittlerweile bildeten.[28]

Doch gilt es auch die wichtige Rolle zu verstehen, die der vatikanische Palast innerhalb dieses Systems einnahm. Und wenn man berücksichtigt, dass vor allem im Vergleich zum Palazzo del Quirinale sich die Biblioteca Apostolica Vaticana als eines der wichtigsten »charakteristischen« Elemente des Palastes bei Sankt Peter herauskristallisieren sollte, so ist es kaum überraschend, dass sich in den architektonischen und dekorativen Programmen der Pontifikate des 17. Jahrhunderts und der ersten Hälfte des 18. Jahrhunderts zur Erweiterung und Modernisierung der Säle und Galerien eine deutliche Kontinuität beobachten lässt. Eine derartige »Vitalität« ist dagegen bei allen anderen Funktionen – weder als Residenz noch im Hinblick auf Repräsentation oder Liturgie –, die in diesem Zeitraum vom Palast erfüllt werden, nicht zu erkennen. Ab dem Ende des 16. Jahrhunderts erfuhr die Bibliothek eine bedeutende Vergrößerung im westlichen Korridor, in dessen zweitem Geschoss, von der Torre Pia kommend, zwischen den Pontifikaten von Sixtus V. und Benedikt XIV. Lambertini (1740–58) eine Folge völlig neu eingerichteter oder umfunktionierter Räume entstand: das Museo Sacro

INNOCENTIVS X PONT MAX
CONQVISITAM REPERTAMQVE AC MIRE PROBATAM
FONTI RECENS EXTRVCTO RESTITVIT VT IN VRBE AQVIS PEREGRINIS
AFFLVENTE AEDES VATICANAE SVAM HANC HABERENT
GEMINA SALVBRITATE GRATIVS HAVRIENDAM
AN DOM MDCXXXXIX   PONTIFICATVS SVI V

282. Apostolischer Palast, Cortile di San Damaso, Ädikula mit dem Brunnen von Alessandro Algardi.

283. Alessandro Algardi, *Papst Liberius tauft mit dem hl. Damasus die Neugeborenen*, Marmorrelief, um 1647. Apostolischer Palast, Brunnen im Cortile di San Damaso.

(vom Papst 1756 eingeweiht), die Galleria di Urbano VIII. (bereits 1624 eingerichtet und unter Alexander VII. und Benedikt XIV. ausgeschmückt), die Sala Sistina und der Salone Sistino im Querriegel im Belvedere, die beiden Sale Paoline (unter dem Borghese-Papst 1611 von einer Künstlergruppe unter der Leitung Giovanni Battista Riccis ausgeschmückt), die Sala Alessandrina (von Alexander VIII. Ottoboni eingerichtet, der 1690 die ersten fünf Bogen zum heutigen Cortile della Pigna vermauern ließ; allerdings erst zu Beginn des 19. Jahrhunderts ausgeschmückt) und schließlich die große Galleria Clementina. Sie entstand 1732 unter dem Pontifikat von Klemens XII. Corsini (1730–40), indem man die letzten acht Bogen des Westkorridors zum Nicchione hin schloss, und wurde Ende des 18. Jahrhunderts in fünf kleine Säle unterteilt, die heute Teil des Museumsparcours sind.[29]

Nach der fortlaufenden Erweiterung des Bestands von Schrift- und Druckwerken betonte dieses Bauvorhaben die Präsenz der Bibliothek innerhalb des Palastes. Das Urteil der Zeitgenossen, zumindest das Belloris, bezog sich jedoch nicht nur auf deren jüngsten Erwerbungen, sondern vor allem auf ihre Eigenschaft, wie keine andere pontifikale Institution den Werdegang des Papsttums zu widerspiegeln: von der Spätantike (»als der heilige Papst Hilarius derer zwei [Säle] im Lateranpalast einrichtete, die man Rüstkammer der Römischen Kirche nannte«) über das Mittelalter (»die von Klemens V. nach Avignon gebracht wurden«) bis in die Zeit des Humanismus (»Martin V., der sie nach Rom zurückbrachte und sie im Vatikan zusammentrug […] Nikolaus V. bereicherte sie um vorzügliche Schriften«) und darüber hinaus. Sie überstand die Verluste durch den Sacco di Roma, sah den Triumph der Gegenreformation unter Sixtus V., »der sie noch über die Herrlichkeit seiner Vorgänger hinaus vervollkommnete und im Belvedere versammelte, wo man sie heute sehen kann, und dabei den Flügel hinzufügte, der den großen Hof des Palastes durchschneidet, in dem die Schauspiele aufgeführt werden.«[30] Die Bibliothek stellt ein sichtbares Zeugnis für die historische Kontinuität des Papsttums dar, und somit auch des Palastes, der sie beherbergte.

Inmitten der neuen Systematik, die sich zu Beginn des Seicento abzeichnete, nahm der vatikanische Palast eine herausragende Rolle ein – neben der Präsenz der Apostolischen Bibliothek auch aus anderen, entscheidenden Gründen. Vor allem mit

284. *Scala Regia*, in: Filippo Bonanni, 83, Detail. *Numismata Summorum Pontificum*, Rom 1696, Taf. 82.

285. Apostolischer Palast, Scala Regia.

Blick auf die »klimatischen« Bedingungen und gesundheitlichen Aspekte resultierte die umstrittenen Residenzfrage zwischen Vatikan und Quirinalspalast in der Tat auf eindeutigen liturgischen (die Notwendigkeit zwischen Weihnachten und Ostern nahe Sankt Peter zu residieren) und politisch-administrativen Erfordernissen. In einer zentralen Position innerhalb der von Sixtus V. angestrebten urbanen Erneuerung Roms gelegen, nahe dem »habitato« (das sich nun vom Tiberbogen bis zum Stadtviertel Trevi erstreckte), den in der Stadt verteilten Sitze der vom Peretti-Papst geförderten Kongregationen und den großen Familienpalästen seiner Nachfolger (von der Villa Borghese zum Casino Ludovisi, vom Palazzo Barberini zum Palazzo Pamphilj), ermöglichte der Quirinalspalast den Päpsten die direkte Kontrolle über die Stadt und eine bessere Verwaltung der neuen Machtzentren. Mit anderen Worten, ab dem 17. Jahrhundert, zu einem Zeitpunkt, zu dem die Konsistorien mehr einer Ratifizierung als der Formulierung von (andernorts getroffenen) Entscheidungen dienten und die Beziehungen zwischen Kurie und Papst zunehmend von der Figur des (de facto institutionalisierten) Kardinalnepoten bestimmt wurden, fand der »sovrano pontefice« eine geeignete Lösung, seinen Staat vom Quirinale aus zu regieren und die katholische Kirche vom Vatikan aus zu leiten.[31]

Diese getrennten Rollen der beiden Papstresidenzen innerhalb eines zusammenhängenden Systems zogen, wie wir gesehen haben, zwar keine abweichende ikonografische Programmatik in deren Dekorationszyklen nach sich, doch erklären sie, warum gerade ab dem Beginn des 17. Jahrhunderts die im Vatikan vollendeten Arbeiten dazu beitrugen – wie es in den beiden vorangehenden Jahrhunderten nie der Fall gewesen war –, in erster Linie die Verbindung (und später die Abhängigkeit) des Palastkomplexes mit der benachbarten Basilika zu verstärken, sowohl im engeren architektonischen als auch im erweiterten historischen und symbolischen Sinn. Mit anderen Worten, auch wenn man nicht von einem Triumph des »Barock« im Innern des vatikanischen Palastes sprechen kann – nach denselben stilistischen Prinzipien, die im selben Zeitraum in der Peterskirche Anwendung fanden –, so strebte in diesem Jahrhundert der profane Bau wie nie zuvor nach echtem Dialog mit der sakralen Architektur und wurde schließlich von einem System aus Basilika, Platz und Palast umschlossen, das noch heute als Einheit wahrgenommen wird.

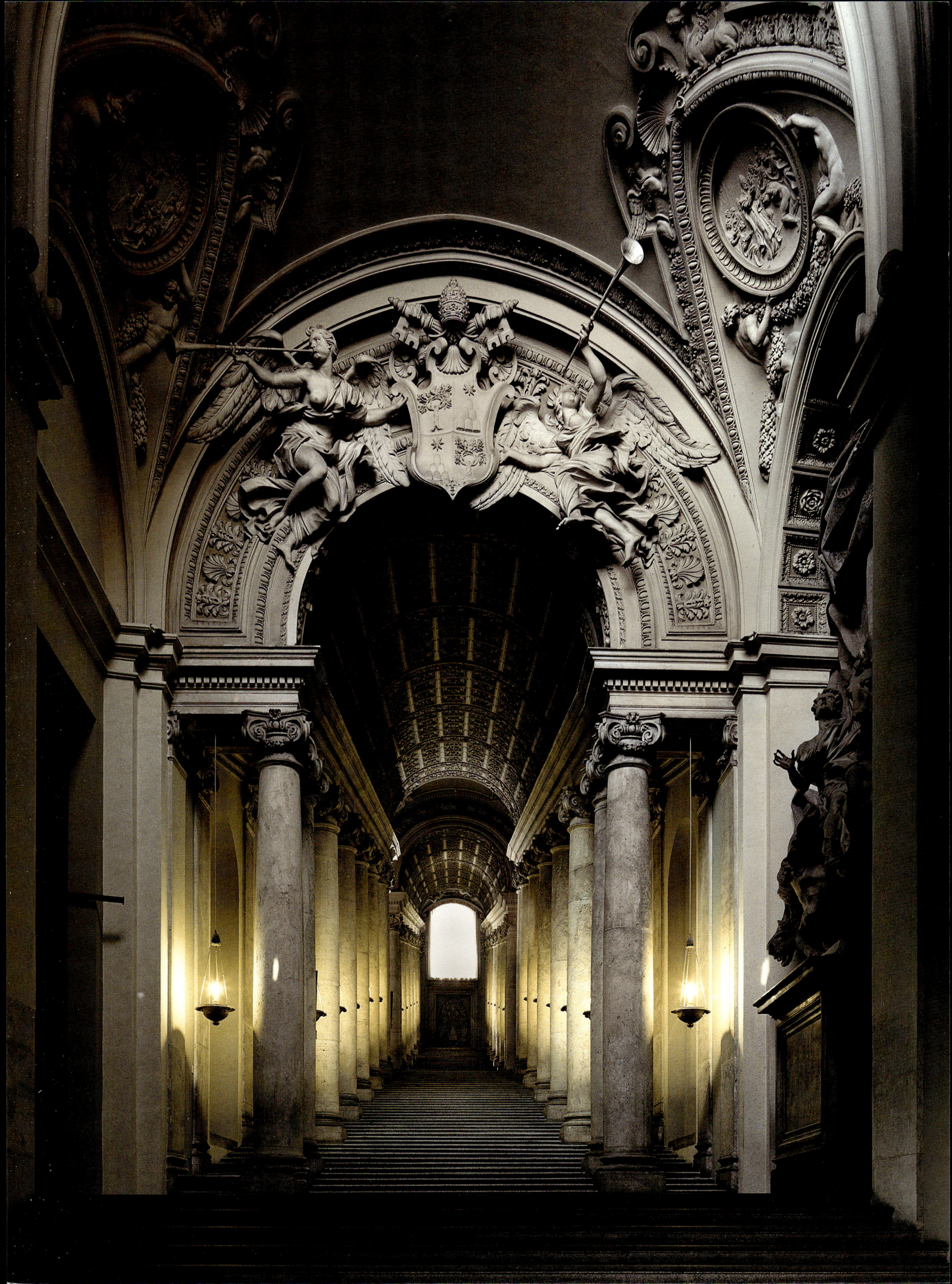

286. *Scala regia*, in: Filippo Bonanni, *Numismata Summorum Pontificum*, Rom 1696, Taf. 83.

287. Apostolischer Palast, Scala Regia, Eingang zur Sala Regia mit dem Chigi-Wappen.

Wenn zu Beginn des Cinquecento der Pontifex von den Stanzen Raffaels (seinem »appartamento nobile«) zum Belvedere und von den Loggien auf Rom blickte, wandte er jedes Mal der Basilika den Rücken zu. Seit dem Ende des 16. Jahrhunderts ermöglichte der sixtinische Palast mit seinen Repräsentationsräumen dem Papst, nicht nur Basilika und Petersplatz in einem zu überblicken, er erhob sie gleichzeitig zu den wichtigsten Blickzentren des Systems, wenn der Papst im Vatikan residierte, dies umso mehr als Bernini nach Aussage Filippo Baldinuccis »sich mit der Errichtung dieses großen Bauwerks [die Kolonnaden] die ovale Form zunutze machen wollte, indem er vom Entwurf Michelangelos abrückte, und dies tat er, um sich dem Apostolischen Palast anzunähern und somit den Blick von dem durch Sixtus V. errichteten Palast auf den Platz weniger zu stören.«[32]

Dieser neue Dialog zwischen Palast und Basilika wurde durch die Fertigstellung der Kuppel von Sankt Peter unterstützt, da diese aufgrund ihrer Höhe die Präsenz der nahen Basilika auch in Bereichen des Palastes sichtbar werden ließ, in denen dies bis dahin nicht der Fall war. Auch die Hauptfassade des Salone Sistino im Querriegel des Belvedere wurde zur Kuppel hin ausgerichtet, deren Bauarbeiten man damals gerade wieder aufgenommen hatte. Gleiches gilt für die beiden von Reni im Flügel Pauls V. ausgemalten Säle: Auch der vom Borghese-Papst errichtete, zu den Gärten und Brunnen weisende Bau profitierte von dem großartigen Blick auf den nunmehr geschlossenen Chor der Basilika und die gewaltige Kuppel.

Betrachtet man die unter Urban VIII. im Palast entstandenen Dekorationszyklen beziehungsweise die letzten größeren dort bis zur Mitte des 18. Jahrhunderts ausgeführten Arbeiten, so zeigt sich unmissverständlich die Suche nach einem ikonografischen und programmatischen Dialog mit den Arbeiten in der Basilika. Maffeo Barberini, diesem der Renaissance zugeneigten Papst, der den Vatikan dem Quirinal als Residenz vorzog, kommt das Verdienst zu, vor allem im Innern des Palastes eine Lösung dieser – zumindest von den Zeitgenossen als solche empfundenen – »Uneinheitlichkeit« angestrebt zu haben, welche die six-

288. Scala Regia, oberer Treppenlauf.
289. *Scala Regia*, unterer Treppenlauf.
290. Paolo Naldini et al., *Putti*, Stuck, 1665. Apostolischer Palast, *Scala Regia*, Treppenabsatz, Gewölbe.
291. Paolo Naldini et al., *Putti*, Stuck, 1665. Apostolischer Palast, *Scala Regia*, Treppenabsatz, Gewölbe.

DER APOSTOLISCHE PALAST

292. Apostolischer Palast, Sala Ducale.

tinischen Eingriffe bewirkt hatten. Mit geringen baulichen Maßnahmen und mit einer bedeutenden Reihe dekorativer Aufträge hat dieser Papst versucht, die Kontinuität zwischen dem neuen »appartamento nobile« und den Repräsentationsräumen herzustellen, die sich im sogenannten »palazzo vecchio« befanden (die Stanzen Raffaels). Dabei gelang es ihm entlang eines schließlich einheitlichen Parcours vom sixtinischen Palast bis zur Galleria delle Carte Geografiche, der mit neuen symbolischen Werten den zeremoniellen Anforderungen genügte, auch anderen Räumen eine neue Funktion zu verleihen. In diesem Kontext sind auch der Auftrag für die neue Kapelle neben der Stanza dell'Incendio di Borgo sowie die vollständig Simone Lagi anvertraute Dekoration der kleinen Treppe neben dem Schlafzimmer (cubiculum) Julius' II., die von demselben Maler zusammen mit Marco Tullio Montagna ausgeführten Dekorationsarbeiten in drei kleinen Räumen des Appartamento di Giulio III., mit feinen Malereien barberinischer Medaillen geschmückt, und schließlich die Restaurierung des Wandelgangs von Gregor XIII. zu sehen.[33] Das Vorhaben wurde indes von dem energischen Papst Urban VIII. zu Ende geführt, der bereits 1631 einen kleinen unbedeckten Raum im gregorianischen Flügel mit einem Tonnengewölbe überdecken ließ und diesen dadurch in eine kleine Galerie (galleriola) umwandelte, die es dem Pontifex endlich ermöglichte, vom sixtinischen Bau ohne den Umweg über die Loggien in den älteren Palast zu gelangen. Als man das zwischen 1637 und 1642 von Giovanni Francesco Romanelli ausgeführte Dekorationsprogramm für die Fresken der neuen Galerie beriet, fiel die Wahl auf das Leben der Mathilde von Tuszien, deren Grabmal zu jener Zeit gerade von Bernini in der Basilika Sankt Peter errichtet wurde.[34]

Die biografischen Quellen geben Aufschluss über die persönlichen Gründe (»eine tiefe Verehrung«) und die Umstände (die jüngste Translation der Asche der Markgräfin aus dem Kloster San Benedetto in Polirone bei Mantua nach Rom), die den Barberini-Papst dazu bewogen, »diese würdige Wohltäterin« derart prunkvoll in Sankt Peter zu feiern.[35] Der vatikanische Zyklus

293. Gian Lorenzo Bernini (Entwurf) und Antonio Raggi, Tuch und Engel, 1656/57. Apostolischer Palast, Sala Ducale.

erscheint somit alles andere als ein »privater« Auftrag innerhalb des Palastes und muss im Rahmen eines weit größeren Kontextes betrachtet werden. Auch in einem anderen Zusammenhang bewies Urban VIII., dass er eine in Basilika und Palast kohärente Programmatik verfolgte: mit dem Auftrag an Romanelli für das zentrale Deckenfresko der Galleria delle Carte Geografiche. Es ist noch nicht geklärt, ob die ikonografische Wahl des *Pasce oves meas* sich aus dem älteren gregorianischen Dekor ergab, bezeichnend ist allerdings, dass man Bernini 1633 dasselbe Thema für ein Basrelief in der Vorhalle von Sankt Peter vorgab.[36] Man muss daher hervorheben, dass in der Galerie der Mathilde von Tuszien weniger deren strikt biografischen, sondern vielmehr die bedeutenden historischen Ereignisse gewürdigt wurden, an denen sie Anteil hatte – in Bezug auf Konflikte mit dem Kaiserreich ebenso wie auf ihre unverbrüchliche Unterstützung der römischen Kirche. Alles andere als ein isoliert stehendes Moment, wurde dieser »historische« Fokus, insbesondere mit Blick auf die Geschichte des Papsttums, auch im Dekor eines weiteren großen Raumes aufrechterhalten, der zwischen dem von Romanelli ausgemalten Raum und der Sala di Costantino liegt: Die Sala di Carlo Magno wurde vom Barberini-Papst durch die Verbindung zweier Räume am Beginn des Appartamento di Giulio III. geschaffen und unter der Leitung von Guidobaldo Abbatini zwischen 1635 und 1637 von verschiedenen Malern ausgeschmückt.

Die Beurteilung dieses Zyklus wird heute durch den Eingriff erschwert, der um 1768 unter Klemens XIII. erfolgte. Dennoch bleibt unbestritten, dass die beiden neuen barberinischen Räume, über die der Pontifex die Stanzen Raffaels erreichte, in ihrer programmatischen Bedeutung nicht nur historisch gesehen an den ersten dieser cinquecentesken Räume anknüpften, also der Sala di Costantino, zusammen erinnern sie zugleich an die drei wichtigsten vorneuzeitlichen Schirmherren des Papsttums, die auch unter dem Dach des Neubaus von Sankt Peter gefeiert werden sollten. Die Würdigung dieser Trias erfolgte schließlich 1725, als Agostino Cornacchinis Marmorstatue *Karls des Großen*

294. Wappen und Inschrift Alexanders VII. Apostolischer Palast, Vatikanische Bibliothek, Galleria di Urbano VIII.

295. Apostolischer Palast, Päpstliches Repräsentationsgemach, Privatkapelle Urbans VIII., Gewölbe mit Fresken von Agostino Ciampelli und vergoldeten Stuckaturen (mit Chigi-Wappen), 1624–1667.

zu dem um 1670 von Bernini in der Vorhalle vollendeten *Konstantin* hinzukam, Letzterer ursprünglich als Pendant zum Grabmal der Mathilde im Kirchenraum vorgesehen.³⁷

Der Verweis auf die spätantiken und mittelalterlichen Ursprünge des Papsttums in diesen beiden barberinischen Zyklen ist besonders hervorzuheben. Nicht weil er bereits in Räumen des Cinquecento anklang, die noch während des 17. Jahrhunderts genutzt wurden, wie die Sala Regia, sondern weil seine Bedeutung nach dem sixtinischen Pontifikat im Innern des Vatikans eine weit größere Signifikanz zu erhalten schien. Dem radikalen Umbau des Lateranpalastes und seiner Umgebung durch Domenico Fontana war ein Großteil der antiken und mittelalterlichen Bausubstanz zum Opfer gefallen, die bis ins späte 16. Jahrhundert die Erinnerung an den ersten Sitz des römischen Bischofs wachgehalten hatte. Dieser Eingriff erfolgte zu einem Zeitpunkt, zu dem, nicht zuletzt gefördert durch den Barberini-Papst, das Interesse an einer christlichen Archäologie einen enormen Aufschwung erfuhr. Paradoxerweise fiel dadurch dem Vatikanpalast die Aufgabe zu, für eine Geschichte zu stehen, die weit vor seiner Gründung begonnen hatte. Das ging so weit, dass er sich eine »spätantike« Patina zulegte.

Beispielhaft ist in dieser Hinsicht eine der wenigen Baumaßnahmen des Pamphilj-Pontifikats in diesem Palast: der bei Alessandro Algardi beauftragte Brunnen, den das Relief *Papst Liberius tauft mit dem hl. Damasus die Neugeborenen* ziert. Das Thema beruhte auf der Identifizierung der für den seicentesken Brunnen genutzten Quelle mit derjenigen, die Papst Damasus im Vatikan gefunden haben soll und für das Taufbecken nahe der konstantinischen Basilika nutzte: Der symbolische Wert des Auftrags des Pamphilj ist unverkennbar und sein Erfolg zeigt sich nicht zuletzt daran, dass der Hof, in dem sich Algardis Brunnen befindet, in Cortile di San Damaso umbenannt wurde und damit den Namen eines Papstes trägt, der mit Sicherheit nie im Vatikan residierte. Zwar verweilten die Päpste bereits in der Spätantike auf dem Hügel, doch taten sie dies erst nach Errichtung der Basilika, und es handelte sich hierbei um Aufenthalte, die keinen Bezug zur eigentlichen, nicht vor dem 12. Jahrhundert erfolgten Gründung des Palastes besaßen.³⁸

Während des Chigi-Pontifikats entwickelte sich das Verhältnis zwischen Vatikanpalast und Sankt Peter zu einem bedeutenden Thema, als Sforza Pallavicino mit einem Gutachten zu der Frage beauftragte, ob der Papst den Quirinalspalast als ständige Residenz nutzen sollte.³⁹ Die von Letzterem zugunsten der neuen Residenz vorgebrachten Argumente, ausgehend von der Notwendigkeit, in möglichst großer Nähe zum römischen Volk zu residieren, geben nicht nur über die bevorzugte Lösung des Chigi-Papstes Aufschluss, sie lassen vielleicht auch erkennen, unter welchen Vorzeichen man versuchte, den bislang wenig wahrnehmbaren Dialog zwischen Basilika und Palast in eine entschlossene Neubewertung zugunsten der Ersteren umzudefinieren, zumindest soweit sich dies aus den sukzessiven Lösungen nachweisen lässt, die man Anfang bis Mitte des Seicento für die platzseitigen Zugänge der beiden Komplexe schuf.

Um eine Harmonie zwischen dem Eingang der Residenz und der gerade vollendeten Fassade von Sankt Peter (1607–13) herzustellen, modernisierte Carlo Maderno unter Paul V. das von einem Architrav umrahmte Portal, das seit Paul II. als Palastzugang neben der Basilika genutzt worden war. 1617 mit neuen Bronzeflügeln versehen, nahm es die Front der sogenannten *Porta horaria* ein. Dieser von Martino Ferrabosco entworfene Uhrturm ruhte auf einem geböschten Unterbau, von dem eine Stufenrampe zum Cortile di San Damaso verlief. Diese unter Paul V. getroffene Lösung und vor allem die Baumaßnahmen unter dem Barberini-Papst waren ein Versuch, die verwirrende stilistische Heterogenität an dieser Seite der Papstresidenz zu vereinheitlichen und das schwierige Verhältnis zwischen dem Hof und dem Platz zu lösen, ohne dabei den Zugang zum Palast außer Acht zu lassen, wie es Bernini während des Chigi-Pontifikats getan hatte.⁴⁰ Für die Errichtung der Kolonnaden ließ der Architekt die *Porta horaria* abreißen, bewahrte jedoch das Bronzeportal, das nunmehr am Eingang zum sogenannten konstantinischen Flügel verwendet wurde, also dem langen Korridor, der zur Marmorstatue des römischen Kaisers führt. Auch abgesehen

DER APOSTOLISCHE PALAST

296. Giovanni Francesco Romanelli, *Geburt Christi*, 1637. Apostolischer Palast, Päpstliches Repräsentationsgemach, Privatkapelle Urbans VIII.

von der Tatsache, dass die Präsenz des Bronzeportals, von den Säulen der Kolonnade verdeckt, beim Betreten des Platzes nicht frei sichtbar ist und dass die Blickachse zur korrekten Erfassung des berninischen *Konstantin* nicht etwa in der seitlichen Ansicht besteht, also wenn man sich durch diesen Korridor auf die Statue zubewegt, sondern in der frontalen von der Vorhalle Sankt Peters aus gesehen, war es vor allem die Errichtung von Berninis Kolonnaden, die die Zentralität (und Einmaligkeit) der Basilika auf dem Platz wieder betonte. Dabei schuf sie mit ihrer Symmetrie jegliche Andeutung auf den an der Nordseite angrenzenden Palast ab, der seit dem Ende des Cinquecento auch visuell von der hohen Kuppel Michelangelos dominiert wurde.

Durch den berninischen Entwurf in eine Art »prachtvolles Kloster« neben Sankt Peter verwandelt (bzw. in eine szenische Kulisse für Berninis »teatro dei portici«), nahm der Palast schließlich die unbestrittene Rolle eines dem Nachfolger Petri und Hüter der katholischen Kirche würdigen Sitzes ein, nicht zuletzt auch dank eines weiteren Auftrags, den der Cavaliere bald darauf vom Rospigliosi-Papst erhielt: die Umwandlung des einzigen Zugangs (der Ponte Sant'Angelo), der damals vom Zentrum Roms zur Basilika führte, in eine *Via crucis*. Der Vatikan erfuhr dadurch eine Art symbolische »Sakralisierung«, mit dem Palast als festen Bestandteil dieses sakralen Bezirks.[41]

Wenn mit den Kolonnaden auch die Wahrnehmung des Palastes in einer weit radikaleren Weise verändert wurde, als dies durch einzelne architektonische Veränderungen des Baukörpers der Fall gewesen wäre, bleibt jedoch anzumerken, dass gerade unter den Pontifikaten von Alexander VII. sowie Klemens IX. Rospigliosi (1667 – 69) eine ganze Reihe direkter Eingriffe im Innern des Komplexes erfolgten. Der umfangreichste betraf die vollständige Erneuerung der Scala Regia, der alten Prunktreppe, die vom Atrium der Basilika zur Sala Regia führte. Diese war bereits durch Sangallo und Maderno modernisiert worden[42] und bot eine weitere Möglichkeit, die enge Beziehung zwischen Basilika und Palast festzuschreiben. Dieser Maßnahme lag das Bestreben Alexanders VII. zugrunde, die Treppe unter Würdigung der »Herrlichkeit des Ortes von dem sie kommt und zu dem sie führt« sowie ihrer künftigen Funktionen umzugestalten, d. h. als »Parcours für die öffentlichen Audienzen der ausländischen Gesandten und Fürsten; es gab keinen angenehmeren und schmuckvolleren Weg für die vielen und so bedeutenden Funktionen des päpstlichen Palastes.«

Bernini war dabei gezwungen, unter einigen der prunkvolleren vatikanischen Räume zu arbeiten – der Cappella Paolina und der Sala Regia – und dabei stets dem Risiko eines Einsturzes ausgesetzt. Er musste eine »artificiosissima invenzione«, eine überaus kunstfertige Lösung ersinnen, um den Unterschied zur Breite der ersten Rampe visuell auszugleichen, die er überwölben und mit Säulen verzieren ließ. Dabei gelang es ihm schließlich, die Treppe so zu gestalten, dass sie »sowohl vom Namen her als auch in ihrer Erscheinung königlich« war. Auch die biografischen Quellen verlieren keine Gelegenheit, dieses Unterfangen als eine der größten Herausforderungen seiner Karriere zu bewerten, die von Gian Lorenzo gemeistert wurde: »Es war dies die schwierigste Arbeit, die er je erledigt hatte, und wenn sie, bevor er sich daran machte, von jemand anderem beschrieben worden wäre, niemand hätte diesem Glauben geschenkt.«[43]

Absolut nebensächlich wird in denselben Quellen Berninis zweiter Auftrag im Palast unter dem Chigi-Papst abgehandelt: die Zusammenlegung der beiden Säle, die seit je die sogenannte Sala Ducale bildeten. Auch in diesem Fall sah sich der Architekt einem Problem gegenüber, das Eingriffe in die alte Bausubstanz des 13. Jahrhunderts und den symbolischen wichtigen Teil des Palastkomplexes verlangte. Die Lösung erforderte einen scharfen Kompromiss zwischen den Anforderungen des Auftrags und den örtlichen Gegebenheiten. Der Umbau, nach dem man von der einstigen Trennmauer zwischen den beiden Räumen zwei Pilaster sichtbar ließ, wurde von Bernini am einstigen Übergang mit einem prunkvollen Tuch aus bemaltem Stuck geschmückt, das auf beiden Seiten von kleinen Putti aus reinem Gips »getragen« wird. Auf diese Weise gelang es ihm, die Asymmetrie der beiden Säle auszugleichen. Diese von Bernini entworfene und von Antonio Raggi zwischen 1656 und 1657 ausgeführte Arbeit stellt das einzige heute noch sichtbare bildhauerische Werk dar, das Gian Lorenzo im Vatikanpalast vollendete.[44] Baldinucci erinnert indes nach dem Tod des Bildhauers nur in lakonischen Andeutungen an dieses Werk (»adattò con bel concetto la Sala Ducale in modo, che potesse comunicare colla Sala Regia«; sowie »L'Arco e Ornato della Scala [sic] Ducale in Vaticano«). Ähnlich knapp äußert sich Domenico Bernini in der von ihm verfassten *Vita* seines Vaters (»dié communicazione con vago disegno alla Sala Regia colla Sala Ducale«).[45] Die Passagen nennen weder die genaue Lage des Tuches (im Zentrum und nicht an einer der Wände des Saales) noch die Art und Weise des architektonischen Eingriffs (der nicht die Sala Regia selbst betraf), sodass man darüber im Unklaren bleibt, ob diese Beschreibungen der Sala Ducale allein am Schreibtisch verfasst wurden, also auf der Grundlage der berninischen Entwürfe und ohne Besichtigung des Ortes.

Wer sicher die Möglichkeit zu einer Besichtigung des Saales hatte, war der schwedische Architekt Nicodemus Tessin, ein großer Bewunderer Berninis. In seinem 1687/88 verfassten Reisebericht widmete er der Sixtina nur wenige Zeilen, wandte sich dann aber voller Begeisterung der Sala Ducale zu: »Wenn man zu der thüren, die auff der anderen seiten vom sahl gegen über diese antworthet, hineingehet, siehet man eine sehr artige decke, mit kindern auf beijden seinten orniret, vom Cav: Bernin vorgestelt. Man hat auss zweijen zimbern einss gemacht, undt umb die deformitet dess gewelbess zu cachiren hat man diese decke gemacht, welche sehr artig gefalten ist [...], der grundt wahr gelb angestrichen darzwischen, undt mit lichtbraun ab-

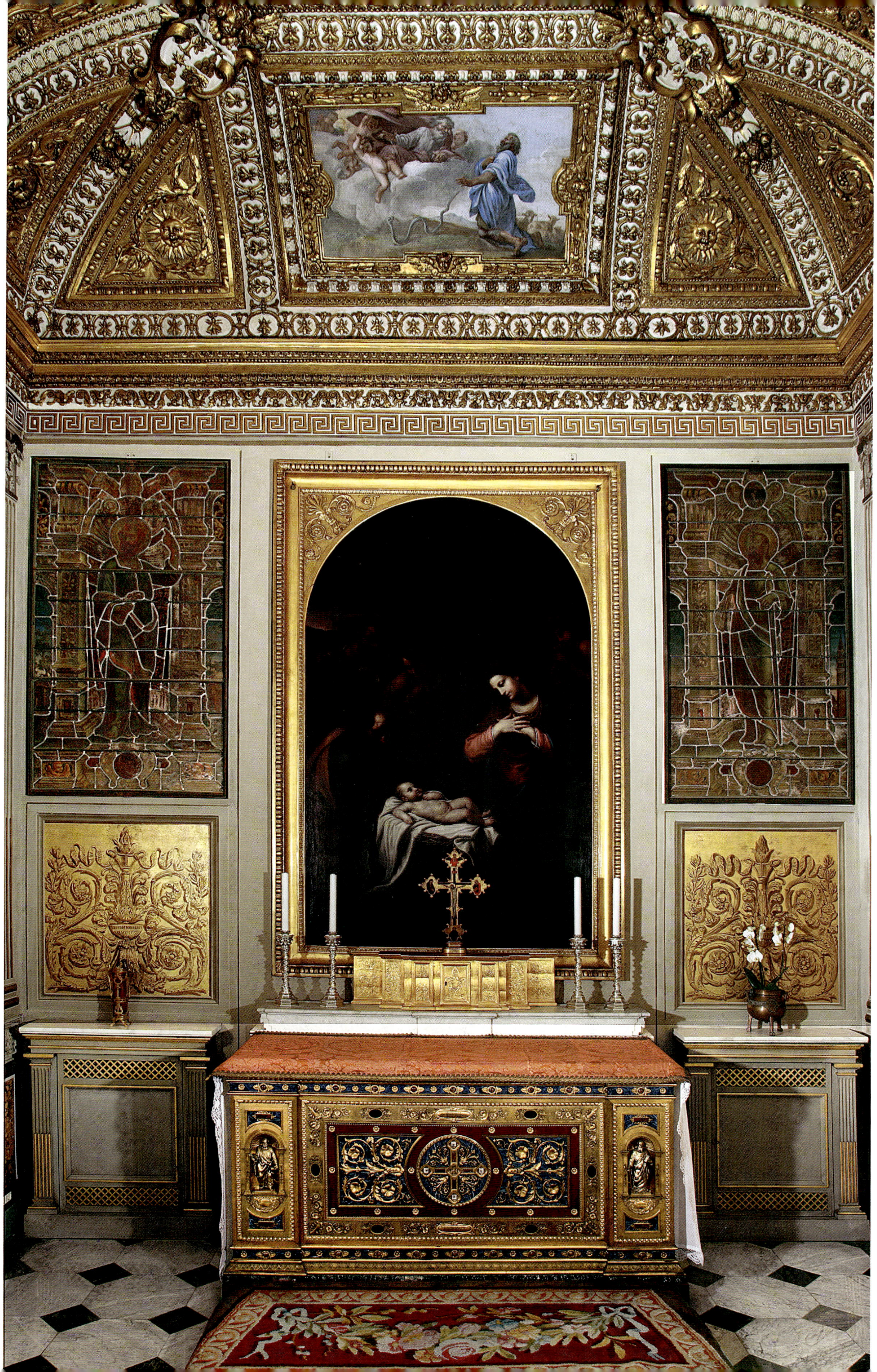

DER APOSTOLISCHE PALAST

297. Giovanni Francesco Romanelli, *Pasce oves meas*, Fresko, um 1637. Apostolischer Palast, Galleria delle carte geografiche, Gewölbe.

298. Giovanni Francesco Romanelli (Entwurf) und Barberini-Manufaktur, *Christus und hl. Petrus*, Wandteppich, um 1643. Rom, Lateranpalast.

gesetzt hinter dem laubwerck, hernach wahr dass gelbe über raÿret midt goldt, auf jede seite wahr in der mitten ein kindt, so eine schildt hielte dar [...], auf jeden seiten wahr wieder ein kind so den teppicht aufhielte, welche aber alle sehr artig actioniret wahren, wiewohl an eine stelle 2 kinder wahren; die schilde mi den kindern wahren alle weiss wom gibss gelassen.«[46]

Dieses Zeugnis Tessins ist aus mehreren Gründen von Bedeutung. Zuerst einmal weil es im Rahmen einer allgemeinen Beschreibung des Vatikans die jüngsten Werke der römischen Kunst des Seicento im Innern des Palastes hervorhebt: von der Sala Clementina bis hin zur Sala del Concistoro, in denen Tessin nicht nur die *Landschaften* Paul Brils schätzte, sondern auch die vergoldeten Holzrahmen zweier kleiner Gemälde Andrea Sacchis; von Romanellis Altarbild *Geburt Christi* in der Privatkapelle des sixtinischen Palastes bis zu seiner »wirklich schönen« Galleriola mit den *Geschichten aus dem Leben der Herzogin Mathilde*; von der *Pietà* »nach der frühen Manier Pietro da Cortonas« in der Kapelle Urbans VIII. bis zur Galleria delle Carte Geografiche. Dabei muss man natürlich auch die »Überzuschreibungen« berücksichtigen, die vermutlich unter den Vatikanbesuchern des späten Barock kursierten und nicht nur reine Mutmaßungen des schwedischen Architekten waren, zum Beispiel über die Friese in einigen Räumen des päpstlichen Repräsentationsgemaches, als deren Autor er in seinen Reisenotizen Guercino ansieht.[47]

306

307

DER APOSTOLISCHE PALAST

299. Louis Jean Desprez (Zeichnung) und Francesco Piranesi (Stich), *Der Heilige Vater betet das von ihm feierlich in der Paulinischen Kapelle im Vatikan ausgestellte Sakrament an*, 1787, Radierung. London, The British Museum.

300. Apostolischer Palast, Vatikanische Bibliothek, Galleria di Urbano VIII.

Dass der »Barock« in den Vatikan auch (und vor allem) durch hölzerne Konstruktionen, Teppiche, Einrichtungen, Sammlerobjekte, liturgisches Gerät und Textilien Einzug gehalten hat, wird, zumindest was das Chigi-Pontifikat anbelangt, an der umfangreichen Tätigkeit von Johann Paul Schor deutlich, dem begnadeten Zeichner österreichischer Herkunft, der sich im Umfeld Berninis bewegte (er fertigte für diesen unter anderem auch den Karton für das Ornament der Tür in der Scala Regia), der jedoch am meisten für seine wundervollen Entwürfe für Möbelornamente und Schmuck und weniger wegen seiner Malerei geschätzt wurde: »[...] denn seine Zeichnung sei tiefgründig, von unerschöpflicher Invention und durchweg tadellos. Der Cavaliere sagte: ›Will man eine Karosse, Stühle, Silbergeschirr – er [Schor] bringt die Entwürfe; er macht alles.‹«[49] Es ist offensichtlich, dass der Titel des »pittore e disegnatore di palazzo«, mit dem Schor von Klemens IX. 1667 in die päpstliche Familie aufgenommen wurde, in jenen Jahren mit zahlreichen Aufgaben verbunden war. Seine Beteiligungen an den permanenten Dekorationsarbeiten im Vatikan können leider nicht zur Rekonstruktion eines Gesamtbildes dienen, da der Künstler weder das von Alexander VII. beauftragte Gewölbe mit »Historien, Figuren und sonstigen Ornamenten« in der Galleria di Urbano VIII noch seine »Arabesken [und] Grotesken« in den Loggien des sixtinischen Flügels vollendete. Die unfertigen Werke blieben auch von den unter Pius IX. in diesem Teil des Palasts systematisch vorgenommenen Dekorationskampagnen unberührt.[50]

Die Beteiligung Berninis – er hielt sich bereits in seiner Jugend oft im Vatikan auf, um dort entweder die antiken Skulpturen des Belvedere oder »die von Raffael ausgemalten Stanzen und Loggien, das *Giudizio* des Buonarota, die *Battaglia* des Giulio Romano und die Werke Guido Renos« zu studieren[51] – an der Umgestaltung der vatikanischen Einrichtungen mit ephemeren und nicht erhaltenen Beiträgen ist außer durch den von ihm 1675 für die Quarantore-Feier entworfenen und in der Cappella Paolina aufgestellten Festapparat (unter Klemens XI. überarbeitet und im 19. Jahrhundert endgültig abgebaut[52]) vor allem durch Aussagen seiner Biografen erwiesen. Sowohl Baldinucci als auch sein Sohn Domenico erinnern beispielsweise daran, dass der neue Papst Klemens IX. am Tag nach seiner Wahl Bernini um eine Lösung ersuchte, sämtliches Wasser, »das in verschiedenen Brunnen im Garten des Belvedere fließt« in einem einzigen Brunnen zu sammeln, »der direkt unter dem Fenster seines Gemaches münde, damit er das fallende Wasser lauter schallen höre und er leichter zur Ruhe finde«. Um die damit verbundenen Schwierigkeiten zu überwinden, »mangelte es ihm [Bernini] an Wasser, nicht an Ideen, weshalb er umgehend eine Maschine erfand, in der die Bewegung eines Rades zusammen mit einigen wohl zusammengefügten Kugeln aus Kartonkugeln jenes Geräusch nachahmte, das das fallende Wasser erzeugt, und diese im Zimmer neben demjenigen aufstellte, in dem der Papst sich zur Nachtruhe begab. Mit

In zweiter Linie, weil die leidenschaftliche Rezeption des vatikanischen Palastes »in barocker Sprache«, wie sie von Tessin vermittelt wird, ganz offensichtlich einer Reihe dekorativer bzw. die Sammlerleidenschaft befriedigender Werke geschuldet ist, von bildhauerischen Arbeiten und Ausstattungen, die sich heute nicht mehr *in situ* befinden oder in den nachfolgenden Epochen stark überarbeitet wurden. Dazu zählen unter anderem auch die Änderungen, die das berninische »Stucktuch« in der Sala Ducale zu Beginn des 19. Jahrhunderts erfuhr: Nicht nur wurde das Wappen Alexanders VII. umgearbeitet und das Papstwappen Pius' VII. Chiaramonti (1800–1823) angebracht, auch die Decke wurde übermalt. Dabei verschwand der Damastbehang mit den Wappenbergen der Chigi, die noch auf Stichen Francesco Aquilas von 1713 zu sehen sind und die auch Tessin erwähnte. Deren Ornamentik sollte wenig später auf den geschnitzten Flügeln der Tür in der Scala Regia aufgegriffen werden, sowie auf dem von Bernini für die Kanonisation des Franz von Sales 1665 in Sankt Peter entworfenen Festapparat auftauchen.[48]

dieser genialen Erfindung fand er ein Mittel gegen die Unpässlichkeit des Pontifex.«[53] Wenn diese Anekdote, zwischen den Zeilen gelesen, auch den Eindruck erweckt, dass in einem nunmehr sakralisierten Vatikan voller antiker Relikte und absolut unantastbarer Kunstwerke, es im späten 17. Jahrhundert vermutlich einfacher war, einen »ephemeren« Brunnen zu bauen, als neue permanente Konstruktionen zu verändern, als alles Alte niederzureißen oder zu erweitern, so stellte die Mühelosigkeit, mit der diese Vorrichtungen wieder entfernt werden konnten, letztendlich den ersten Schritt zum einsetzenden Stilwandel im Vatikan am Ende des 18. Jahrhunderts dar.

Von Berninis Arbeiten zur Ausstattung der Christina von Schweden bei ihrer Ankunft in Rom bereitgestellten Gemächer in der Torre dei Venti ist nichts erhalten. Die lakonische Bemerkung des Sohnes (»er [Bernini] hatte auch nicht wenig Anteil an der majestätischen Ausstattung ihrer [der Königin] Unterkunft im Vatikanischen Palast«)[54], findet sich durch die Korrespondenzen jener Zeit ergänzt. In ihnen berichtet man von den Arbeiten für »das Vergolden von Decken und andere Ornamente und Annehmlichkeiten im genannten Quartier, das noch edler gestaltet wurde, da Seine Heiligkeit viele Wände niederlegen ließ, um die Räume zu vergrößern, und außerdem eine schöne Galerie anlegen ließ; das gesamte Quartier wird mit Wandbehängen ausgekleidet […].«[55] Der für die Unterbringung der Königin angemessene Umbau in der Torre dei Venti blieb zumindest für rund dreißig Jahre erhalten, folgt man den Reisenotizen Tessins, der nach einer Beschreibung der Galleria delle Carte Geografiche die »7 zimbern in welchen die Königin Christina 7 tage hat logiret, dass erste mahl wie sie nach Rom kahm« erwähnt, ebenso wie den Weg, der sie durch das Innere des Palastkomplexes zur Audienz mit dem Papst führte.[56] Dieser verlief ebenfalls entlang des Parcours, den der schwedische Architekt bis zu den Gemächern Christinas zurückgelegt hatte: von der Vorhalle Sankt Peters zur Sala Regia, von der Sixtinischen Kapelle in die Sala Ducale, vom Cortile di San Damaso zu den päpstlichen Empfangsräumen im sixtinischen Palast, mit der Sala Clemen-

301. Giovanni Paolo Panini, *Ankunft von Karl III., König beider Sizilien, vor St. Peter*, 1745, Detail des Apostolischen Palastes. Neapel, Galleria Nazionale di Capodimonte.

tina und der Sala del Concistoro; schließlich über das Appartamento della Matilde und die Loggien zu den Stanzen Raffaels, um von der Kapelle Pietro da Cortonas in die Galleria delle Carte Geografiche zu gelangen.

In anderen Worten, es handelte sich um den während des Barberini-Pontifikats »standardisierten« Parcours, der vor allem nach wichtigen zeremoniellen und liturgischen Erfordernissen organisiert worden war, aber auch eine ausgewogene Würdigung der von Vasari kanonisierten wichtigsten cinquetesken Kunstwerke des Palastes berücksichtigt hatte, die, wie im Falle der Stanzen und der Loggien Raffaels, der Historiografie des späten 17. Jahrhunderts als unbestrittene Vorbilder galten.

Die Beschreibung Tessins (vor allem im Hinblick auf die seltsam anmutende Vagheit der Bernini-Biografen zur Sala Ducale) wirft mehrere Fragen auf: Wer besaß in der Phase des 17. und des 18. Jahrhunderts Zugang zu den Räumen des vatikanischen Palastes? Welche Räume waren tatsächlich zu besichtigen und wie sah das damit verbundene Procedere aus? Anderseits kann in der zweiten Hälfte des 17. Jahrhunderts, als dank der berninischen Entwürfe der Petersplatz für vollendet angesehen werden konnte und der Quirinale sich immer stärker als bevorzugte Residenz der Päpste etablierte, das Problem der »Nutzung« nur gleichzeitig mit den Eingriffen zur »Konservierung« im vatikanischen Komplex erörtert werden, in den ältesten Teilen ebenso wie in den neueren. Im Zuge der von Alexander VII. angeregten Beratungen betraf eines der Argumente, dessen sich auch der Kardinal Sforza Pallavicino annahm, den Umstand, dass »der überaus herrliche Palast des Vatikan, wenn man ihn nicht nutzt, verfallen wird«.[57] Und die Lösungen zur Vermeidung dieses alles andere als hypothetischen Risikos lagen an der Wende zum nächsten Jahrhundert sicher nicht in einer definitiven Rückkehr des Pontifex nach Sankt Peter, sondern vielleicht eher in der Aufwertung des gesamten Komplexes als prämuseale Einrichtung.

Auf diese Weise lässt sich auch die am Ende des 17. Jahrhunderts einsetzende »Neubewertung« einiger Aufgabenbereiche zum dau-

302. Giovanni Paolo Panini, *Ansicht Roms von den Hängen des Monte Mario*, 1749, Detail mit dem *Apostolischen Palast* und *der Engelsburg*. Berlin, SMPK, Gemäldegalerie.

erhaften Schutz der Bausubstanz und Ausstattungen des Palastes einordnen, die bereits im Laufe des Jahrhunderts zu beobachten war, die nun aber in besonders angesehene Posten mündete, so denjenigen des »custode delle pitture di Raffaello«, die Carlo Maratti unter Innozenz XI. Odescalchi (1676–1689) erhielt. Diese Ernennung fand in der kunstbezogenen Literatur ein unmittelbares Echo: In seiner 1695 verlegten *Descrizzione* der Stanzen Raffaels gedachte Bellori nicht nur des befreundeten Malers, sondern betonte auch, wie Innozenz XII. Pignatelli (1691–1700), dem dieses Werk gewidmet war, Maratti in der Zwischenzeit mit einer weit prestigeträchtigeren Aufgabe betraut hatte, der »Aufsicht über alle Malereien, sowohl des Michelangelo als auch anderer, die sich im Apostolischen Palast des Vatikans befinden; weswegen wir berechtigen Grund haben, uns zusammen mit allen Liebhabern unserer Studien zu freuen, in der Hoffnung, dass diese unsterblichen Bilder wieder in ihrer einstigen Form erstrahlen«.[58]

Bekannt sind die restauratorischen Eingriffe, die Maratti zu Beginn des 18. Jahrhunderts sowohl in den Stanzen als auch in der Sixtinischen Kapelle vornahm, die von dem 1696 gestorbenen Bellori jedoch nicht mehr gewürdigt werden konnten.[59] Weniger bekannt ist dagegen, dass gerade in den Jahren, in denen auf Wunsch von Klemens XI. Albani (1700–1721) diese Maßnahme stattfand – im Rahmen eines umfangreichen Programms zur Restaurierung des gesamten Komplexes –, der erste detaillierte Führer des Apostolischen Palastes im Vatikan verfasst wurde: der um 1712 verfasste Bericht des Sienesen Agostino Taja.[60] Dieser Bericht wurde (posthum und wesentlich abgeändert) 1750 unter Benedikt XIV. veröffentlicht[61], der bald darauf das Museo Sacro der Biblioteca Apostolica Vaticana mit dem marmornen Portal Paolo Posis eröffnen sollte (datiert 1756), das man von der Galleria di Urbano VIII aus erreicht, Letztere unter dem Lambertini-Papst von Giovanni Angeloni mit Veduten der wichtigsten Bauvorhaben seines Pontifikats ausgeschmückt.

Mit der permanenten Ausstattung dieser päpstlichen Sammlung lässt sich in gewisser Weise der Beginn der Umwandlung in eine museale Einrichtung festlegen, die ab der zweiten Hälfte des 18. Jahrhunderts große Teile des Palastes betraf. Und auch wenn es

303. Paolo Posi (Entwurf), Eingangsportal zum Museo Sacro, 1756, mit Inschrift von Benedikt XIV. Apostolischer Palast, Vatikanische Bibliothek, Galleria di Urbano VIII.

kaum verwundert, dass diese Umwandlung ihren Ausgang in der Bibliothek nahm, so darf man den größeren Kontext, in dem sie erfolgte, nicht außer Acht lassen. Dank seiner gewachsenen symbolischen und historischen Bedeutung während des 17. Jahrhunderts rückte der Apostolische Palast des Vatikan im nachfolgenden Jahrhundert, dies nicht zuletzt den Reiseführern geschuldet, immer mehr in den Fokus der Päpste. Es ging nun nicht mehr darum, neue, voneinander unabhängige, »Stanzen« zu schaffen, wie in einem neuen *Adone*, sondern, folgt man den Worten Tajas, vor allem darum, sich der Erhaltung und Würdigung des bestehenden Komplexes zu widmen: »sodass wir mehr den begnadeten Restauratoren als den eigentlichen Erbauern zu Dank verpflichtet sind; um wie viel mehr ist der Nutzen desjenigen zu würdigen, der eine Vielzahl vortrefflicher Werke gleichzeitig wieder belebt und erhält, als desjenigen, der vor vielen Jahrhunderten nur den einen oder anderen Teil losgelöst und ganz für sich allein ersonnen oder erbaut hat«.[62]

BENEDICTVS·XIV·P·M·
AD AVGENDVM VRBIS SPLENDOREM
ET ASSERENDAM RELIGIONIS VERITATEM
SACRIS CHRISTIANORVM MONIMENTIS
MVSEI CARPINEI BONARROTII VICTORII
ALIISQVE PLVRIMIS VNDIQVE CONQVISITIS
ET AB INTERITV VINDICATIS
NOVVM MVSEVM
ADORNAVIT INSTRVXIT PERFECIT
ANNO MDCCLVI

314

Die Vatikanischen Gärten

ALBERTA CAMPITELLI

Der Pontifikat von Pius IV. (1560–1565) bedeutete für die Vatikanischen Gärten[1] eine Periode zahlreicher Veränderungen. Dazu zählte unter anderem der Bau der von Pirro Ligorio entworfenen Casina und die Gestaltung der sie umgebenden Gartenanlage. Letztere ist der außergewöhnlichen Persönlichkeit des Botanikers Michele Mercati (1541–1593) zu verdanken. Insgesamt pflanzte er hier 470 verschiedene Blumenarten an, die er entweder im Austausch mit anderen berühmten Sammlern erwarb – beispielsweise dem an der Universität Bologna lehrenden Botaniker und Naturforscher Ulisse Aldrovandi[2] – oder vom spanischen König Philipp II. erhielt, der ihm auch seltene Arten aus der Neuen Welt zukommen ließ. Nach dem Tod Mercatis wurden die Gärten zwar weiterhin gepflegt, doch kam es zu keinen nennenswerten Ausstattungen oder Veränderungen. Das änderte sich zu Beginn des folgenden Jahrhunderts, als Papst Klemens VIII. Aldobrandini (1592–1605) einem ebenso illustren Naturforscher die Aufsicht über die Gärten erteilte: dem aus Bamberg stammenden Johannes Faber (1574–1629), der seit 1598 in Rom lebte. Faber lehrte Botanik an der Sapienza, war Arzt am Ospedale di Santo Spirito und Mitglied der von Federico Cesi 1603 gegründeten Accademia dei Lincei, die sich für eine Förderung der Naturwissenschaften und insbesondere der Botanik einsetzte.[3] Faber hatte die Leitung der Vatikanischen Gärten während fünf Pontifikaten inne, von 1600 bis 1629; die aktivste und ereignisreichste Zeit lässt sich sicherlich in der Amtszeit von Paul V. Borghese (1605–1621) verorten, ein Liebhaber und – in Person des Kardinalnepoten Scipione – Förderer der Gartenkunst, wie der herrliche Familienpalast vor der Porta Pinciana beweist.[4]

Der Pontifex sorgte sich in erster Linie um eine ausreichende Wasserversorgung, die er durch die Wiederinbetriebnahme des antiken traianischen Aquädukts – es trägt seither den Namen »Acqua Paola« – und mit der monumentalen, als »Mostra« bezeichneten Brunnenanlage auf dem Gianicolo sicherstellte; sie versorgte sämtliche tiefer gelegenen Stadtteile ebenso wie die vatikanische Zitadelle.[5] Diese Wasserführung ermöglichte die Anlage von spektakulären und neuartigen Springbrunnen[6], die den vom Haus Borghese geförderten und zum Zweck der Selbstdarstellung genutzten Geist des Barock auf wunderbare Weise widerspiegeln.[7] Bis zum Ende seines Pontifikats sollten die besten Meister ihrer Zeit an der Verschönerung der Gärten arbeiten. In den Rechnungsbüchern tauchen Zahlungen an die Architekten Carlo Maderno, Flaminio Ponzio, Giovanni Vasanzio, Giovanni Fontana und Carlo Buratti ebenso auf wie an den »Wassermeister« Martino Ferrabosco.[8] Die »paulinischen« Brunnen finden sich auch in zwei Freskenzyklen mit den Werken des Pontifex gewürdigt. Der frühere dieser beiden Zyklen, erst jüngst im Palazzo del Quirinale freigelegt, ein Werk von Ranuccio Semprevivo und Cesare Rossetti und um das Jahr 1610 zu datieren, umfasst zwei ausgemalte Lünetten: In einem von Putti und Girlanden geschmückten Rahmen sind zwei Ansichten der Vatikanischen Gärten mit einem wundervollen Blick auf die neuen Brunnen zu sehen (Abb. 304). Der jüngere Zyklus, ein Fresko von Giovan Battista Ricci in den Sale Paoline der Vatikanischen Bibliothek und nur wenige Jahre später entstanden, zeigt mit großer Wahrscheinlichkeit dieselben Brunnen; allerdings um einen weiteren ergänzt, der sogenannten Fontana dello Scoglio bezie-

S. 314: 304. R. Semprevivo und C. Rossetti (zugeschr.), *Gemächer Paul V., Fontana degli Specchi, ein verschwundener Brunnen, Fontana delle Torri,* Fresko, um 1610. Palazzo del Quirinale, Sala dei Paramenti Piemontesi.

305. G. B. Ricci, *Gemächer Paul V., Fontana degli Specchi, ein verschwundener Brunnen, Fontana delle Torri, Fontana dello Scoglio,* Fresko, um 1612. Apostolischer Palast, Vatikanische Bibliothek, Sale Paoline.

306. Fontana della Galera.

hungsweise Fontana dell'Aquilone, die als Letzte errichtet wurde (Abb. 305).

Das erste Vorhaben im Rahmen der von Paul V. verfolgten »Brunnenstrategie« in der Ausstattung der Gärten bestand in der Renovierung des großen Marmorbeckens, das Donato Bramante im Zentrum des Cortile del Belvedere aufgestellt hatte und das Pius IV. hatte überdecken lassen, um den Raum so besser als Kulisse für prunkvolle Ereignisse wie die Hochzeit seiner Nichte Ortensia Borromeo mit Annibale Altemps nutzen zu können. Dieses Ereignis aus dem Jahr 1565 wurde in vielen Stichen und Gemälden verewigt. Und so förderte er auch die Errichtung von fünf neuen Brunnen, die von der Entwicklung in der Brunnengestaltung zeugen: Ausgehend von den schlichten Formen der Fontana del Forno (auch Fontana della Panetteria genannt) mit einfachen, übereinander angeordneten Marmorbecken – ihr Entwurf wird Carlo Maderno zugeschrieben – bis hin zu den gewagteren und erstaunlichen Kreationen im Fall der Fontana della Galera. Die Mitte dieses großen Beckens ziert eine bis ins Detail perfekte Bronzereproduktion einer Kriegsgaleere (Abb. 306). Verfolgte die Fontana del Forno im Wesentlichen eine noch an die Renaissance angelehnte Botschaft von raffinierter Eleganz, so setzte man bei der Fontana della Galera bereits auf die Mittel der Täuschung und Überraschung, um eine vielschichtige Botschaft zu vermitteln. Der Brunnen wurde nämlich auch zur Feier des geplanten Baus einer neuen Galeere entworfen, die der Pontifex zur Verstärkung der päpstlichen Flotte in Civitavecchia und zur Verteidigung der von den Türken zunehmend bedrohten Küsten des Kirchenstaates in Auftrag gab. Damit pries sie zum einen den regierenden Papst als Beschützer seines Volkes, spielte zum anderen aber auch auf eine weitere wohlbekannte Symbolik an: die Kirche als »Rettungsschiff« des Seelenheils und das Wasser als Symbol der Reinheit. Die Fontana della Galera, sicherlich als Letzter dieser Brunnen entstanden, liegt allerdings nicht auf dem Gelände der Vatikanischen Gärten, sondern an der östlichen Ecke des Belvedere, nahe der großen Wendeltreppe Bramantes. An dieser Stelle befand sich bereits eine ältere Nische mit einem »ländlichen« Nymphäum, das an den von Jacopo Barozzi da Vignola verbreiteten Typus erinnert. Auf einer kleinen, als Garten angelegten Stufe wurde es im Auftrag von Julius III. (1550–1555) errichtet. Die Aufstellung der Galeere ergänzte die Renaissance-

307. Fontana dello Scoglio (auch Fontana dell'Aquilone genannt).

308. Fontana dello Scoglio (auch Fontana dell'Aquilone genannt), Detail.
309. Fontana dello Scoglio (auch Fontana dell'Aquilone genannt), Detail.
310. Fontana dello Scoglio (auch Fontana dell'Aquilone genannt), Detail.

architektur um ein spektakuläres Element und ist deutlicher Ausdruck der Übergangsphase zwischen den beiden Epochen.

Ein weiteres Beispiel für einen Stilwandel stellt die Fontana dell'Aquilone (oder Fontana dello Scoglio) dar. Sie griff die »ländliche« Gestalt des monumentalen Bauwerks der Acqua Paola auf und bildete einen Gegenpol zur »städtischen« Bauweise der Brunnenanlage auf dem Gianicolo (Abb. 307–310). Der Typus der unter reichlichem Einsatz von Kalkstein und Felsen gestalteten »fontana rustica« war bereits im vorhergehenden Jahrhundert weit verbreitet[9], jedoch noch nie in einer solchen Größenordnung realisiert worden. Dieser Entwurf sollte die Entwicklung des Springbrunnenbaus während des gesamten Seicento maßgeblich beeinflussen. An der Errichtung der in Form eines Berges gestalteten Anlage war eine ganze Reihe von Künstlern unterschiedlicher Richtungen beteiligt. Zu den Drachen und dem großen Adler auf der Spitze, beides Wappentiere der Borghese, gesellen sich weitere Skulpturen aus Travertin, der zumeist vom Forum Romanum stammt. Stefano Maderno und Santi Solaro schufen die Putti und Delfine, Carlo Fancelli war mit der Modellierung der Felsen und der Drachen beauftragt, Stefano Fuccaro und Dario Simone mit den Stuckaturen, die Abnahme der Arbeiten ist von dem Architekten Giulio Buratti unterzeichnet.[10] Der in den Dokumenten als »großes Felsentheater« bezeichnete Springbrunnen besitzt die Form eines in den Fels gearbeiteten Amphitheaters, bekrönt mit dem Adler der Borghese und von Grotten und Bögen unterbrochen, die mit mit Muschelhörnern spielenden Tritonen besetzt sind. Die riesige, halbkreisförmige Komposition überragt ein großes, mit Putti und Meerestieren belebtes Wasserbecken. Der Wasser fließt spielerisch über die Felsen – eine völlige Verschmelzung von Kunst und Natur: Überall spritzt und rauscht es, bilden sich kleine Wasserfälle und verliert sich das Wasser in Spalten. An anderer Stelle taucht es in

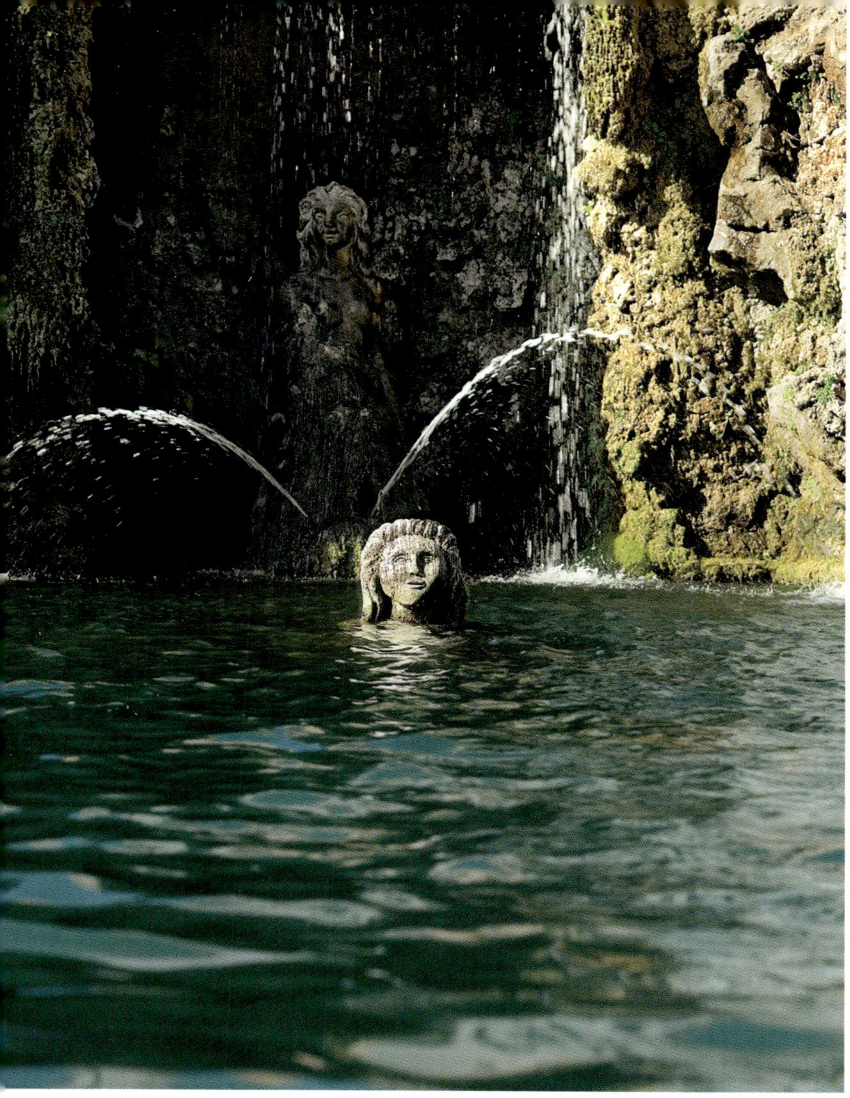
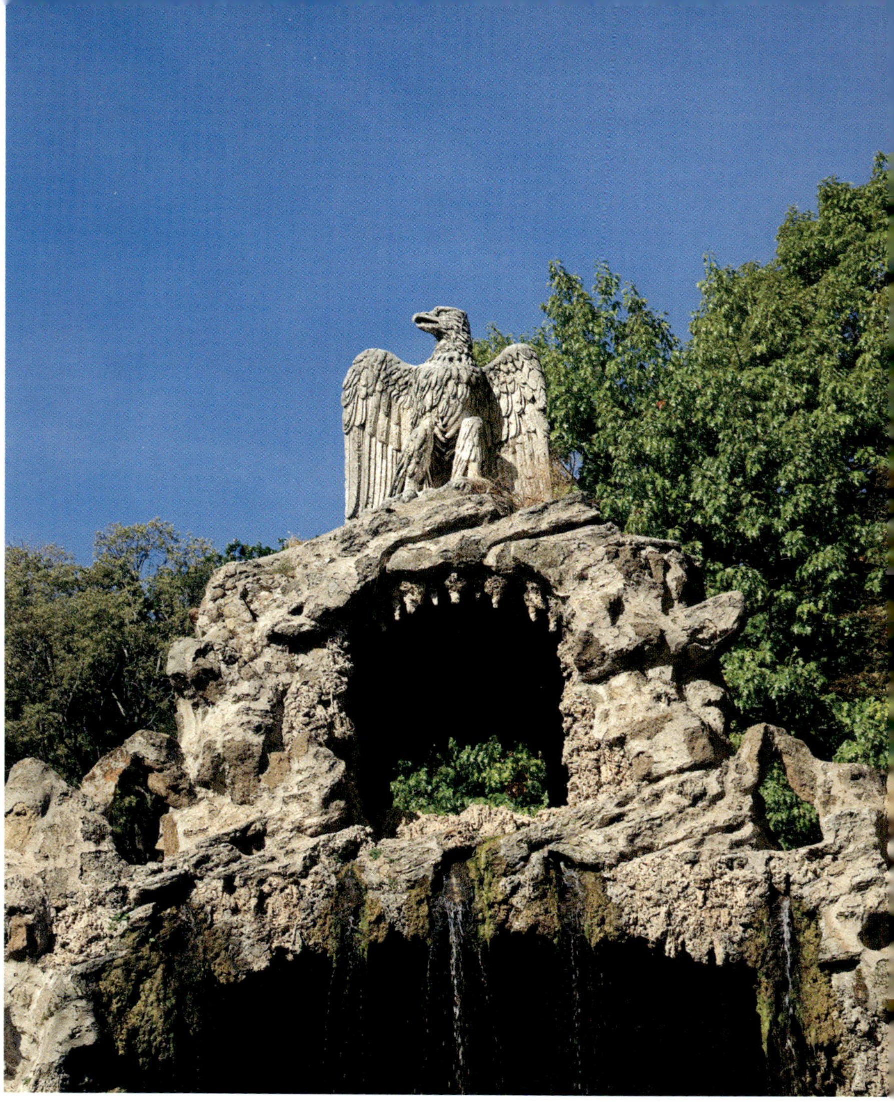
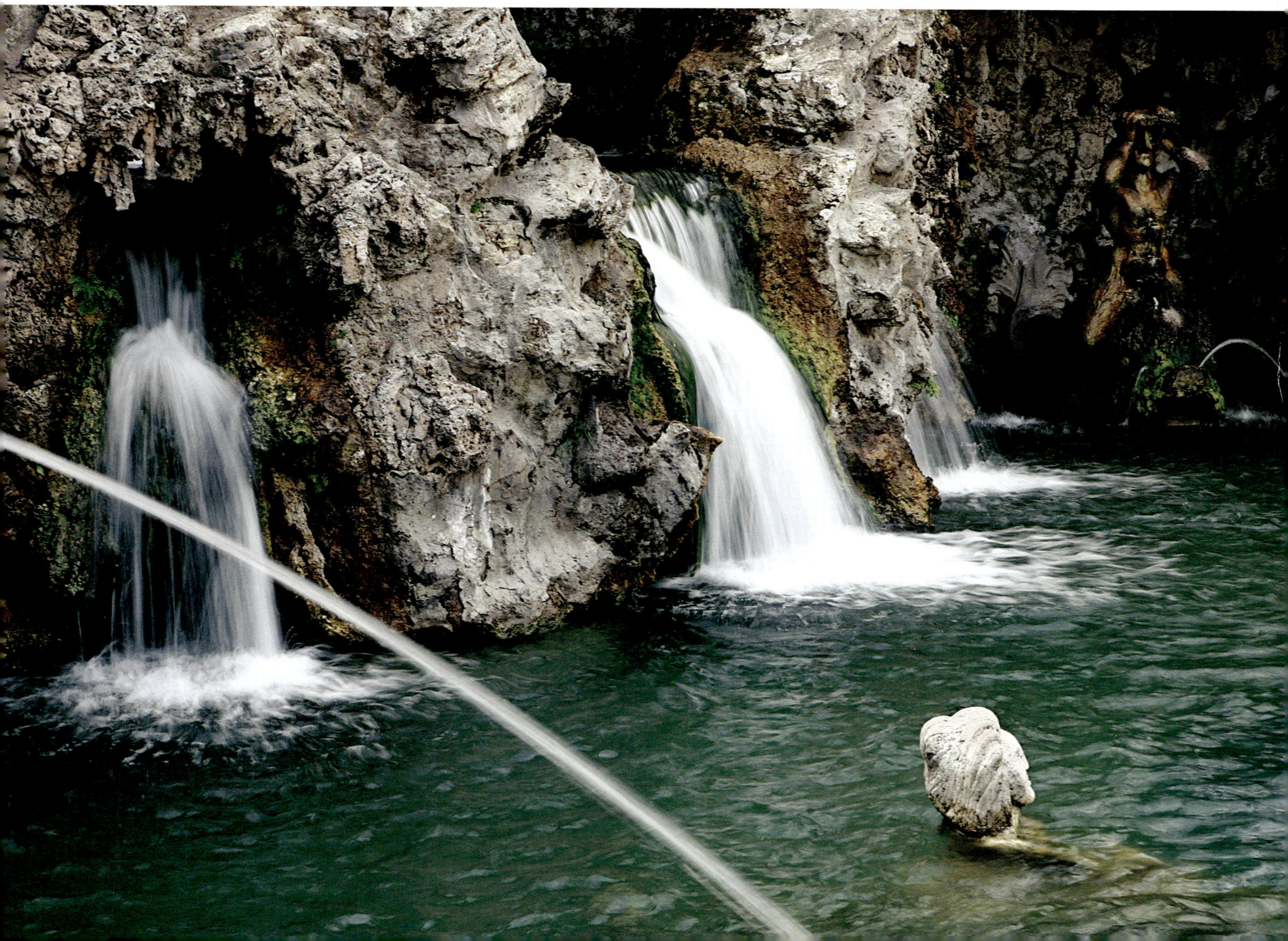

PAVLVS·V·PONTIFEX·MAXIMVS
AD·AVGENDVM·PALATII·PROSPECTVS
ET·HORTORVM·DECOREM
FIERI·IVSSIT·PONT·ANNO·IV

311. Fontana delle Torri (auch Fontana del Sacramento genannt).
312. Fontana delle Torri (auch Fontana del Sacramento genannt), Detail.

mächtigen Strahlen oder feinen Fontänen wieder auf und sorgt für überraschende Effekte.

Eine typologische Neuerung stellt auch die nahe gelegene Fontana delle Torri (auch Fontana del Sacramento genannt) dar, die eine Inschrift zu Ehren des auftraggebenden Papstes in das Jahr 1609 datiert (Abb. 311–312). Dieser Springbrunnen reicht in die Mauer der Zitadelle hinein, deren Aufbau er durch zwei kleine, mit Zinnen bekrönte Türme aufgreift. Sie stehen zu beiden Seiten einer Nische, über der ein segmentförmiger Rahmen mit dem Papstwappen einen dreieckigen Tympanon durchschneidet. Das Wasserspiel bleibt auf das Innere des Nische beschränkt, in dem es in kleinen Fontänen nach oben spritzt und an einen Altar mit Kerzen und Monstranz erinnert – daher auch die Bezeichnung »Sakramentsbrunnen« –, bevor es sich in das kleine Becken darunter ergießt. Dem barocken Stilkanon folgend, der die reiche Verwendung abgeleiteter Formen vorsah, erinnert die Brunnenanlage in diesem Fall an eine mittelalterliche Festung und unterscheidet sich völlig von den einfachen Springbrunnen, die bis dahin in den Vatikanischen Gärten und andernorts errichtet worden waren.

Eine andere Schöpfung aus dem Borghese-Pontifikat, die Fontana degli Specchi, gibt dagegen zu kontroversen Interpretationen Anlass. Sie liegt in einem wenig einsehbaren Bereich der Gärten, aber in direkter Verbindung zu jenem Flügelbau, den Paul V. errichten ließ, um den Zugang zu den Gärten bequemer zu gestalten (Abb. 313–314). Die schlichte und konventionelle Ädikulabauweise, durch elegante Marmorsäulen verschönert, hat eine Datierung in die Entstehungszeit der Casina Pius' IV.

DIE VATIKANISCHEN GÄRTEN

313. Fontana degli Specchi, Detail des Mosaikdekors.
314. Fontana degli Specchi.

begünstigt, auch aufgrund der reichen Mosaikausstattung an beiden Bauwerken. Die Lage neben dem Eingang zum Palast, Letzterer mit einer Widmung Pauls V. versehen, die Tatsache, dass der Brunnen in den Darstellungen der von diesem Papst beauftragten Werke auftaucht, die Präsenz des Borghese-Wappens und vor allem die Beschreibung der ausgeführten Mosaikarbeiten in verschiedenen Dokumenten, bilden indes unwiderlegbare Beweise für eine Errichtung in den ersten Jahrzehnten des 17. Jahrhunderts. Zwar weist die Architektur nicht jene spektakulären Neuerungen auf, die man an den übrigen »paulinischen« Brunnenanlagen erprobte, und könnte daher auf eine frühere Entstehung verweisen, doch deutet das reiche Mosaikdekor, das eine Pergola mit Lorbeerranken und verschiedenen Vögeln nachbildet und in dessen runden Feldern einst Spiegel – daher auch die Bezeichnung »Spiegelbrunnen« – eine sicherlich beeindruckende Raum- und Lichtwirkung erzeugten, ebenfalls auf das 17. Jahrhundert als Entstehungszeit hin. Zudem bestehen Ähnlichkeiten mit einem Dekor in der Uccelleria der Villa Borghese.[11]

Diese Springbrunnen verliehen den Gärten eine monumentale und spektakuläre Wirkung, indem sie die neuartige, nach Verzauberung des Betrachters strebende Poetik des Barock einführ-

323

DIE VATIKANISCHEN GÄRTEN

315. G. Maggi, *Vaticanum S. Petri Templum toto terrarum orbe celeberrimum cum adiunctis pontificum aedibus hortisque accurate delineatum ea omnia Paulus V Pont. Max. multis partibus amplificavit ornavitque*, Stich, 1615.

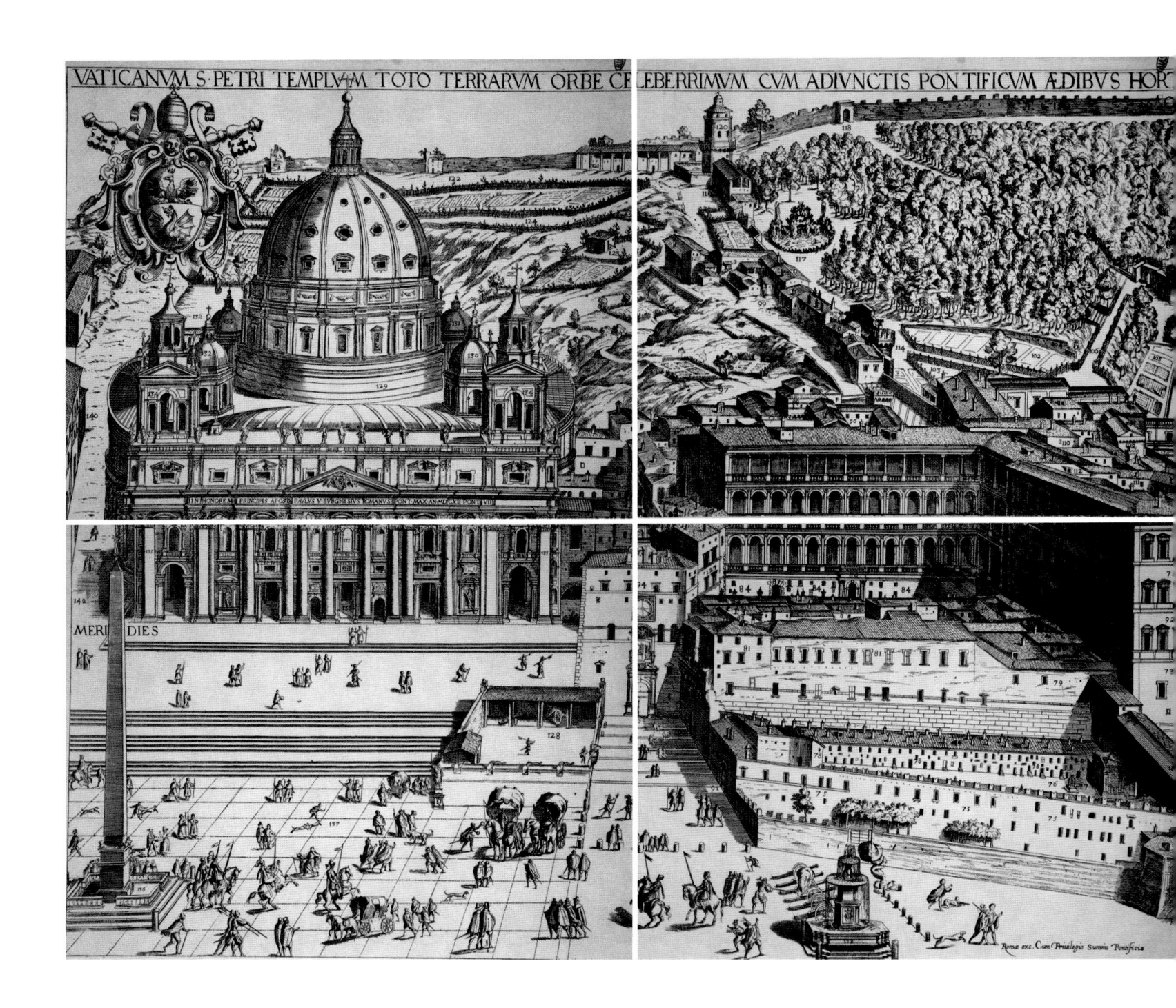

ten. Die Aufmerksamkeit des Pontifex richtete sich jedoch auch auf das Anlegen von Beeten für neue Blumensorten sowie seltene und wertvolle Pflanzen – ganz nach dem vorherrschenden Zeitgeschmack und einer in der Villa Borghese viel erprobten Vorgehensweise. Dort präsentierte der Kardinalnepot seinen Gästen die *giardini segreti* voller Stolz als kleine Wunderwerke, gleich den Kunstwerken, welche die Säle des Casino nobile schmückten.

Das Wirken von Johannes Faber erwies sich als entscheidend für die Gärten und brachte vor allem während des Borghese-Pontifikats beachtliche Ergebnisse hervor. Bereits 1607 berichtet Faber in einer Schrift voller Stolz von seiner Stellung als Leiter der Vatikanischen Gärten[12], und in dem Bericht des berühmten Banketts der Accademia dei Lincei, das am 14. April 1611 auf dem Gianicolo statt-fand – unter anderen in Anwesenheit von Galileo Galilei –, wird er als »päpstlicher Botaniker« bezeichnet.[13] Faber zählte zu den herausragenden Mitgliedern der Accademia. Sein Wirken als Arzt und Naturforscher wurde in zahlreichen Studien untersucht, seine Tätigkeit als Botaniker im Vatikan, aber auch im Dienste anderer römischer Adelsfamilien bisher allerdings nur am Rande betrachtet. Seine *Carte* halten hier noch viele Informationen bereit. Aus dem bisherigen Stand der Forschungen lässt sich eine überaus engagierte Tätigkeit ablesen, die auf einem dichten Netz aus Korrespondenzen mit anderen Sammlern und Gartenliebhabern beruhte, darunter natürlich auch zahlreiche Kontakte in seine deutsche Heimat. In einem Schreiben aus dem Jahr 1628 freut sich der Kardinal Barberini mit ihm über die gelungene Ausführung des Orto Astittente[14], bei dem es sich wohl um den Hortus Estyttensis im bayerischen Eichstätt handelt. Einer bislang noch nicht veröffentlichen Notiz zufolge hatte vermutlich auch Faber daran Anteil.[15] Im selben Jahr bat der Kardinal um eine Liste mit semplici (»medizinischen Kräutern«) aus der Neuen Welt für seinen Garten[16] und erwähnt zwei damals sehr begehrte Blumen: die Kardinals-Lobelie (Lobelia cardinalis), die diesen Namen aufgrund ihrer kräftigen roten Farbe erhielt, und die Passionsblume, die ebenfalls vom amerikanischen Kontinent stammt. Sie wurde wegen ihrer religiösen Symbolik geschätzt, da man Parallelen zwischen ihrer Blüte und den Passionswerkzeugen Christi zog.

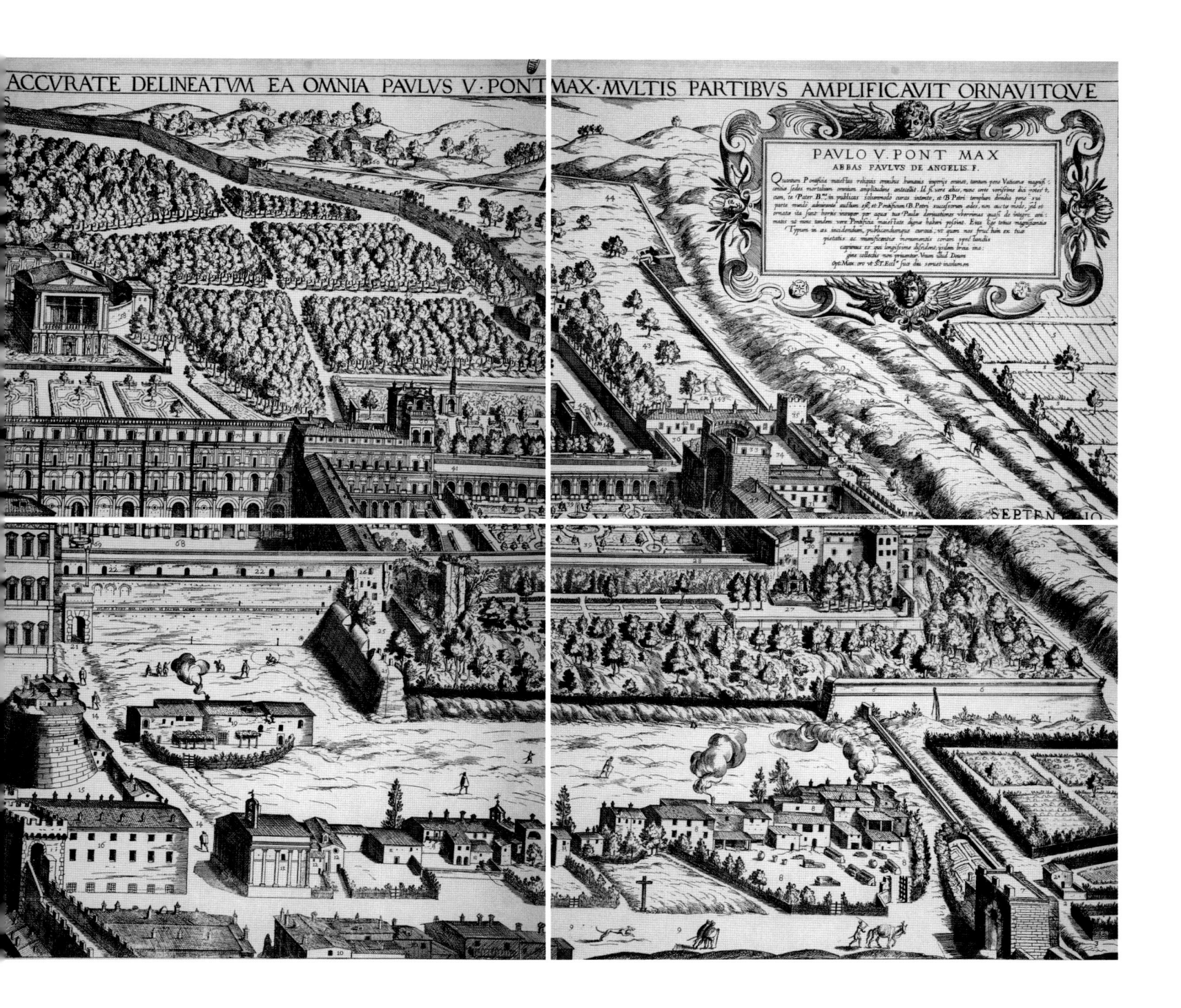

Fabers Anteil an der Gestaltung der Vatikanischen Gärten ist durch zahlreiche Dokumente belegt, die den Eingang von Blu-

316. Opuntie *(Opuntia)*, Erbario Aldrovandi, Biblioteca Universitaria di Bologna, Bd. 2, Sp. 253, S. 232.

317. Kaiserkrone *(Fritillaria imperialis)*.

men aus allen Teilen der damals bekannten Welt bestätigen. Darunter befindet sich auch eine wunderbare Ansicht der Gärten von Giovanni Maggi aus dem Jahr 1615, die uns einen Eindruck von der Aufteilung der Räume vermittelt (Abb. 315). Diese zeigt im gesamten Bereich um die Casina Pius' IV. verschiedene Abschnitte, die in geometrisch geformte und von niedrigen Hecken, vielleicht Buchsbaum, getrennte Beete unterteilt sind. Der wichtigste Bereich befindet sich vor der Casina; er ist auch in späteren Darstellungen noch erkennbar und besteht aus einer Reihe rechteckiger Beete mit Bäumchen an den Ecken. Diese sind wiederum durch gebogene oder gerade Linien unterteilt, mit kleinen Bäumen in der Mitte. An den Seiten des Gebäudes befinden sich zwei weitere kleine, langrechteckige Gärten mit baumlosen Bereichen, die daher wohl ausschließlich mit Blumen bepflanzt waren. Beete in ähnlicher Anordnung sind auch im oberen Teil des Cortile del Belvedere dargestellt, der heute den Cortile della Pigna bildet: Der Brunnen im Zentrum ist von regelmäßig angeordneten Beeten umgeben, in deren Zentrum wiederum kleine Wasserbecken im Boden angelegt sind. Ihre Umrahmung aus niedrigen Hecken wird durch kleine Bäume belebt, deren Höhe sich deutlich von den mit größeren Bäumen durchsetzten Gartenpartien unterscheidet. Auch der einstige *giardino segreto* von Paul III. aus dem 16. Jahrhundert, von einem auffälligen kreuzförmigen Laubengang in vier Sektoren unterteilt, weist eine ähnliche Struktur auf, behielt aber seine sicherlich mit Zitrusfrüchten bepflanzten Spaliere an den Umfassungs- und Einfriedungsmauern. Die von Maggi dargestellte Anlage scheint zwar formal einem einheitlichen Aufbau zu folgen, in der Legende wird jedoch zwischen dem »hortus herbarum salubrium« und dem »pomarium malorum aereorum« unterschieden, um die Bepflanzung mit Blumen beziehungsweise Zitrusfrüchten anzuzeigen, die, wie wir aus den Dokumenten wissen, in den Vatikanischen Gärten bereits im 13. Jahrhundert in großer Zahl existierten. Die Bezeichnung »hortus herbarium salubrium« lässt auch an die *giardini dei semplici* denken, die seit dem Mittelalter für die Züchtung und Versuche mit medizinischen Kräutern angelegt wurden. Solche Gärten existierten sicherlich auch in den Vatikanischen Gärten und Faber beschäftigte sich als Arzt und Naturforscher eingehend mit der Heilwirkung dieser Pflanzen, doch verwendete man in jener Zeit die Bezeichnung *giardini dei semplici* als allgemeine Umschreibung für Gärten mit Zierpflanzen; das geht aus zahlreichen Codices und Dokumenten hervor. Das Weiteren ist bekannt, dass Faber im Vatikan neben Raute, Flohkraut, Wermut, Malve, Kamille und Mönchspfeffer viele andere wertvolle Blu-

318. Strauß-Narzisse oder Tazette (Narcissus tazeta), Erbario Aldrovandi, Biblioteca Universitaria di Bologna, Bd. 7, Sp. 115, S. 246.

men zog, die er im Austausch mit anderen Sammlern und Forschern erhalten hatte. In seinen *Carte* tauchen mehrere Blumenverzeichnisse auf, die nach Spanien, Flandern und Ägypten, nach Konstantinopel, Venedig und Neapel gesendet werden sollten. Das zeugt von seinem hohen Ansehen als Botaniker und dem Wissen um die Flora in den einzelnen Ländern.[17] Diese Listen waren wahrscheinlich für die apostolischen Nuntien bestimmt, die als diplomatische Gesandte des Pontifex im Ausland agierten. Sehr erhellend ist ein undatierter Brief Fabers an einen nicht näher benannten Papst, in dem er diesen darum bittet, die von ihm verfassten Listen mit Pflanzen zur Verschönerung der Gärten an verschiedene Nuntien zu schicken.[18] Sie nennen Hyazinthen, Tulpen, Anemonen und Narzissen ebenso wie das damals sehr begehrte Indische Blumenrohr oder Ananas, Kaiserkrone, Kreuzblumen, Päonien, Goldregen, Zistrosen und Rosen sowie Exemplare von Arten, deren Bezeichnung uns heute Rätsel aufgibt, beispielsweise »Teufelsbiss« *(morso del diavolo)*, »Ziegenbart« *(barba di capra)* und »Schlangenzunge« *(lingua di serpente)*.

Zu den »amerikanischen« Pflanzen in den Vatikanischen Gärten zählte auch die Kakteengattung der Opuntien. Auf diese, wegen ihrer Herkunft aus der Neuen Welt als »Indischer Feigenbaum« *(fico d'India)* bezeichnete Pflanze (Abb. 316), war Faber derart stolz, dass er im Juni 1628 eine Blüte mit einer Widmung an Federico Cesi sandte: »Nie habe ich eine perfektere Opunita-Blüte gesehen als diese, die ich heute in unserem Garten des Belvedere gepflückt habe und die ich Eurer Exzellenz als Geschenk überreichen möchte.«[19] Viele Pflanzen erhielt er, wie damals üblich, im Austausch mit anderen Sammlern[20], darunter auch dem Apotheker Enrico Corvino[21], Eigentümer eines herrlichen Gartens in Rom, der ihm Blumenzwiebeln, Blüten sowie einheimische und seltene Pflanzen zukommen ließ, wie eine *Lista di piante date da Henrico Corvino per il giardino di Bel Videri nel mese di xbre 1621* belegt.[22] Darunter befanden sich Fingerhut, Kaki, Tabak, peruanische Hyazinthen, Tuberose, Malve, Raute, Skabiose, Traubenhyazinthen, Tulpen und Kaiserkronen (Abb. 317). Corvino gehörte sicherlich zu den großzügigen Sammlern, die auch zu ungewöhnlichen Experimenten bereit waren. Die beiden Männer verband eine langjährige und enge Freundschaft. Zumindest so eng, dass ihm Aegidius Kuffler aus Deutschland schrieb, er habe in dem Heilkräutergarten des Apothekers eine Pflanze gesehen, die einem Menschen mit einer Blume glich, die wiederum einer Frau ähnele, und den Botaniker des Papstes bat, er möge ihm doch Samen derselben besorgen.[23] In der Korrespondenz Fabers befindet sich auch ein Schreiben von Ferrante Lana aus Brescia. Er erwähnt darin ein Treffen mit Tranquillo Romauli[24] und Enrico Corvino in Paris, die ihm von Faber berichtet hatten, befragt diesen zum *De Re Herbaria* und bittet um Zwiebeln der Narzissenart Tazette.[25] (Abb. 318) Theophilus Müller, ein weiteres Mitglied der Accademia dei Lincei, zählte ebenfalls zu seinen Freunden. Dieser ließ ihm aus Böhmen einen Katalog von Bulbosen zukommen.[26] Selbst Kurfürst Ferdinand von Bayern versorgte den päpstlichen Botaniker mit Pflanzen aus seiner Heimat.[27]

Hatte Faber die wertvollsten Pflanzen seinem gut funktionierenden Netzwerk und der Verbindung zu den päpstlichen Nuntien zu verdanken, so sammelte er die einheimischen Arten direkt vor Ort: Wie die anderen Mitglieder der Accademia widmete auch er sich der »plantarum collitione«. Unter den zahlreichen Exkursionen in die Umgebung Roms findet vor allem die von Federico Cesi am 12. Oktober 1611 auf den Monte Gennaro bei Tivoli geleitete Exkursion in den Chroniken Erwähnung. An ihr nahmen neben Faber auch Theophilus Müller, Enrico Corvino und Johannes Schreck teil.[28] Die Kontakte zu weiteren Botanikern und Sammlern boten Faber auch Gelegenheit zu einem wissenschaftlichen Erfahrungsaustausch, wie es der umfangreiche Briefwechsel mit Ferrante Imperato, dem bekannten Naturforscher und Apotheker aus Neapel belegt.[29]

Ohne Zweifel waren die Vatikanischen Gärten dank der Arbeit Fabers überaus reich an seltenen und wertvollen Exemplaren, die die Päpste im Wettstreit mit den Gärten der römischen Adelsfamilien zur Schau stellen konnten.

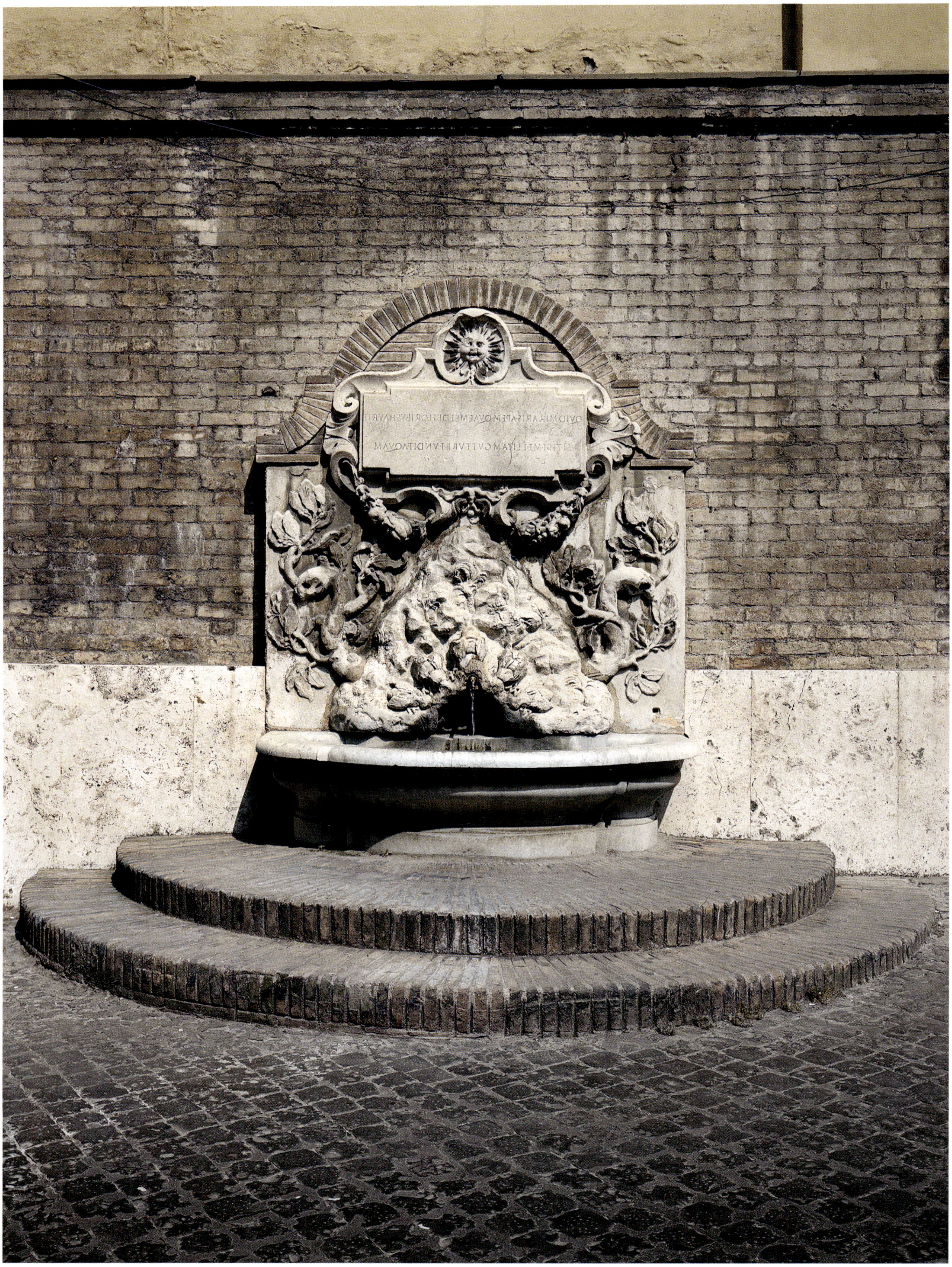

319. Fontana delle Api.

Mit dem Tod des großen Forschers im Jahr 1629 ging eine glanzvolle Periode der Vatikanischen Gärten zu Ende, doch blieben diese weiterhin im Blickfeld der Päpste. Umso mehr, da der damals regierende Papst Urban VIII. diesen Verlust mit einer anderen illustren Persönlichkeit zu ersetzen suchte: Pietro Castelli, besser bekannt als Tobia Aldini, der unter diesem Pseudonym 1625 ein wichtiges Werk über die Pflanzen in den Horti Farnesiani auf dem Palatin veröffentlicht hatte. Diese waren nicht nur wegen des außergewöhnlichen Standortes berühmt, sondern auch wegen ihrer botanischen Vielfalt, die auch zahlreiche amerikanischen Pflanzen umfasste.[30] Leider fehlen uns Berichte über das Wirken Castellis in den Vatikanischen Gärten, die er bereits 1637 wieder verließ[31], um in Messina den dortigen Botanischen Garten zu leiten. Es ist anzunehmen, dass er die zuvor von Michele Mercati und Johannes Faber angelegte Struktur beibehielt, obwohl er kein allzu gutes Verhältnis zu Letzterem besessen hatte. Unter ihren Nachfolgern fehlte es an außergewöhnlichen Botanikern, die es verstanden, wissenschaftliches Wissen mit der Pflege eines solch besonderen Ortes zu verknüpfen und in späteren Jahrhunderten wurden die Gärten immer wieder als Nutzbetrieb gestaltet und geführt.

Eine Beschreibung des berühmten Reisenden und Gartenliebhabers John Evelyn aus dem Jahr 1640 belegt, dass sie weiterhin ein beliebtes Ziel für Besichtigungen darstellten und eine bezaubernde Mischung aus Gartenkunst und Natur boten. Evelyn würdigte in seinem Bericht vor allem den damaligen Papst, Urban VIII. Barberini (1624–1644), der die Gärten um einen weiteren Brunnen bereichert hatte, auch wenn dieser nicht die raffinierte Szenografie der Anlagen Pauls V. besaß. Die Fontana delle Api (»Bienenbrunnen«), sichtbar mit den Wappentieren der Barberini dekoriert, fällt in Abmessungen und Aufbau deutlich bescheidener aus, obgleich der Entwurf Gian Lorenzo Bernini, die Ausführung Francesco Borromini zugeschrieben wird (Abb. 319). Sie besteht aus einem einfachen an die Wand anstoßenden Becken und einem Relief, das Felsen und Rankwerk nachahmt. Aus der Mitte strömt der Wasserstrahl hervor, umringt von Bienen, die sich scheinbar an dem Nass laben – ein Verweis auf den Honig, von dem in der Inschrift darüber die Rede ist.

Urban VIII. ist auch die Erweiterung des päpstlichen Anwesens in Castelgandolfo und seine Umwandlung in eine echte Residenz zu verdanken. Mit ihm begannen die Päpste auch damit, die heißeste Jahreszeit auf diesem Anwesen zu verbringen, sodass es schon bald als »Sommerresidenz« fungierte, die zwar nicht allzu weit entfernt vom Vatikan lag, aber immer noch in ausreichendem Abstand, um Abkühlung und Abwechslung von den Regierungsgeschäften zu bieten.[32] Offensichtlich bewirkte das Interesse an der neuen Residenz auch eine neue Anziehungskraft der Vatikanischen Gärten, die in die Entscheidung von Alexander VII. Chigi (1655–1667) mündete, den Botanischen Garten, das heißt den ein Jahrhundert zuvor von Michele Mercati angelegten Garten, aufzulösen und an einen weitläufigeren Ort zu ver-legen. Ab 1659 befand sich der Botanische Garten Roms auf dem Gianicolo[33], bevor er schließlich in die Gärten des Palazzo Corsini umzog.

Für einige Zeit bewahrten die Vatikanischen Gärten jedoch im Großen und Ganzen jenes Aussehen, das der Plan von Giovanni Maggi aus dem Jahr 1615 präsentiert. Davon zeugen die beiden Pläne von Giovan Battista Falda, um 1676 entstanden, mit einer Gesamtansicht der vatikanischen Zitadelle und eine detaillierten Darstellung der Gärten (Abb. 320). Hinter der Basilika und dem Palast ist die klare Trennung zwischen den Gärten mit ihrem Wechsel aus streng angeordneten Beeten und kleinen Hainen – zudem mit Skulpturen und Architekturen verschönert – und dem mehr landwirtschaftlich geprägten Teil zu erkennen, mit meist kleinen Gebäuden sowie Wein- und Gemüsepflanzungen, wie aus den zeitgenössischen Quellen hervorgeht. Den Bereich der Gärten (sie sind mit einer Legende versehen), zur Stadt hin, dominiert die Abfolge der Paläste und der Korridore zum Belvedere, wobei die Anlage rund um die Fontana della Galera (Nr. 8) nun geordnete Baumreihen aufweist und der Cortile delle Statue (Nr. 9) mit Beeten belegt ist. Das Gleiche gilt für den oberen Bereich des Cortile del Belvedere (Nr. 5), dessen Mitte ein Springbrunnen ziert, währen der untere Teil des Hofes (Nr. 3), bereits von der Bibliothek Sixtus' V. (1585–1590) abgetrennt und scheinbar nur mit einem einzigen Brunnen versehen ist. Nicht umsonst trug dieser die Bezeichnung »Teatro«.

Die westlich der Gebäude liegenden Bereiche zeigen die detaillierte Abfolge der von den verschiedenen Päpsten angelegten Gärten: Von der Bastion zum Monte Mario erstreckt sich der Garten von Klemens VII., daneben liegt derjenige Pauls III., von Mauern umfasst und als *giardino secreto* bezeichnet (Nr. 14), allerdings ohne den früheren kreuzförmigen Laubengang und mit einer einfachen Unterteilung in vier große Beete. Direkt im Anschluss folgt der einst von Michele Mercati und dann Johannes Faber angelegte Botanische Garten nahe der Casina Pius' IV. mit dem charakteristischen radialen Wegegrundriss, der auf den spektakulären Bau zustrebt (Nr. 10). Die Zeichnung mit den Beeten ähnelt, allerdings in detaillierterer Ausführung, Maggis Darstellung mit den niedrigen Hecken als Einfassung, dem Wechsel von runden und rechteckigen Beeten. Ebenfalls zu erkennen sind einige Baumarten: neben zwei schlanken Zypressen am Beginn des Weges, der von den Palästen zur Casina führt, auch Palmen in einigen Beeten. Wie auf dem Plan Maggis sind trotz der leichten Hanglage auch seitlich der Casina Beete angelegt. Sie scheinen niedriger und weisen eine ausgeprägte Struktur auf, war auf eine Bepflanzung mit Blumen ohne Sträucher und Bäume schließen lässt. Der obere Bereich des Hügels ist nur locker bepflanzt und behält mehr die natürliche Erscheinung eines Waldstücks, durchschnitten von unregelmäßig verlaufenden Wegen, wäh-

DIE VATIKANISCHEN GÄRTEN

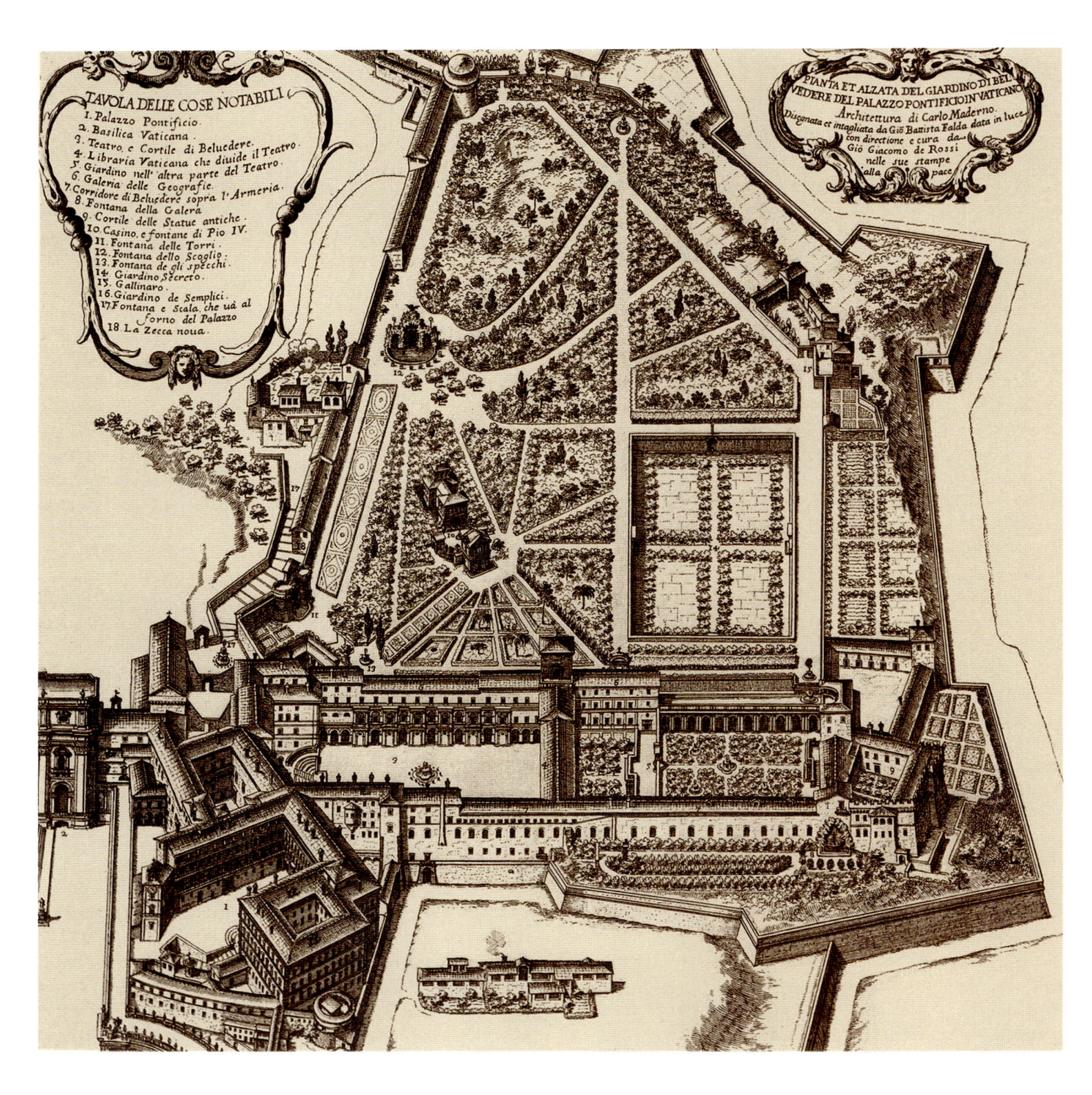

320. B. Falda, *Pianta et alzata del Giardino di Belvedere del Palazzo Pontificio in Vaticano*, Stich, um 1676.

rend die zahlreichen Springbrunnen, vor allem diejenigen Pauls V. gut zu sehen und auch in der Legende aufgeführt sind.

Ab diesem Zeitpunkt vermerken die Register der päpstlichen Finanzverwaltung Tag für Tag die in den Gärten ausgeführten Arbeiten und nennen uns die Namen der verantwortlichen Meister, die Pflanztechniken und die eingesetzten Pflanzen.[34] Zwar fehlt es an einem herausragenden Botaniker, der in der Lage ge-

wesen wäre, wesentliche Neuerungen vorzunehem, aber eine große Schar an Gärtnern sorgte sich äußerst gewissenhaft um den Bestand. Unter der Aufsicht des leitenden Gärtners waren die *lavoranti in forbice* für das Beschneiden, die *lavoranti di pala* für das Umgraben und Pflanzen, die *frattaroli* für die Pflege der Hecken zuständig. Für das Aufstellen der Spaliere verwendeten die *spallieranti* geeignete Gerüste. Große Sorgfalt widmete man auch

321. F. Pannini, *Cortile della Pigna*, Stich, 2. Hälfte 18. Jh.

den im Boden, in Töpfen oder an Spalieren gezogenen Zitrusfrüchten, darunter Pomeranzen, Limetten, Bergamotte, verschiedene Apfelsinenarten und Zitronen. Neben den täglich notwendigen Arbeiten wie Gießen, Jäten und Beschneiden mussten die Pflanzen im Winter gegen Kälte geschützt werden. Dazu brachte man die Topfpflanzen in spezielle Gewächshäuser, während man die auf Spalieren gezogenen Arten auf Matten lagerte, die von Kastanienstangen getragen wurden. An sonnigen Tagen lagerte man diese hoch, um sie mit ausreichend Licht und Luft zu versorgen, während man in den kältesten Nächten Kohlebecken aufstellte. Unter den Blumen waren vor allem Tulpen, Jasmin, Rosen, Maiglöckchen, Tuberosen, Jonquillen, Nelken sowie Lilien vertreten. Letztere galten als Symbol der Reinheit und dienten vor allem als Altarschmuck. Vermutlich wurde die Anordnung der Gärten aus der Zeit Fabers einige Jahrzehnte lang beibehalten. Erst aus dem Pontifikat von Klemens XI. Albani (1700–1720) wissen wir von »bellissimi spargimenti di busso alla francese«, also von jenen *parterres de broderies*, die in Frankreich bereits zuvor von André Le Nôtre eingeführt worden waren. Die für den Pontifex tätigen Architekten Carlo Fontana und Giovan Battista Contini waren auch an der Planung der Gärten beteiligt. Das geht aus Zahlungen hervor, die sie an Steinmetze für die Fertigung von Travertinsockel mit dem Papswappen unterzeichneten. Auf diese postierte man die zwischen den *parterres* aufgestellten Töpfe mit Zitruspflanzen.[35] Ein Bild dieser neuen Gestaltung findet sich in dem Stich von Francesco Pannini aus der zweiten Hälfte des 18. Jahrhunderts. Er zeigt den Cortile della Pigna und ein *parterre* mit niedrigen Buchsbaumhecken und Blumen rund um den Brunnen; entlang der Mauern sind Töpfe aufgestellt (Abb. 321).

Wenn auch mit einiger Verspätung, so folgten die Vatikanischen Gärten dennoch der Entwicklung der Gartenkunst jenseits der Alpen, in der eine kunstvoll-raffinierte Gestaltung als höchster Ausdruck barocker Ästhetik schon bald dem Streben der Aufklärung nach Harmonie von Mensch und Natur wich und man auf geometrische, in der Natur nicht vorkommende Formen in den Gärten verzichtete.

Anmerkungen

Martine Boiteux

*** Hinweis des Übersetzers: Die Beschreibungen der Zeremonien beziehen sich vor allem auf die während des Barock üblichen Riten und Vorschriften. Einige davon finden heute noch unverändert Anwendung, andere wurden stark modifiziert oder ganz aufgegeben. Um Missverständnisse zwischen historischen und aktuellen Abläufen zu vermeiden, sind die Beschreibungen in diesem Kapitel daher durchgehend in der Vergangenheitsform verfasst.

[1] BÖLLING 2010.
[2] DELUMEAU 1959; PRODI 1982
[3] M. Fagiolo dell'Arco / S. Carandini, *L'effimero barocco: strutture della festa nella Roma del '600*, Rom 1977/78; M. Fagiolo dell'Arco, *La festa barocca*, Rom 1997; M. Fagiolo, *La festa a Roma: dal Rinascimento al 1870*, Rom 1997.
[4] (dt. »wo alles Zeremonie ist«), in: A. de Wicquefort, *Mémoire touchant les ambassadeurs et les ministres publics*, Den Haag 1677, S. 229.
[5] B. Dompnier, *Les cérémonies extraordinaires du catholicisme baroque*, Clermont-Ferrand 2009.
[6] R. E. Trexler, *Public Life in Renaissance Florence*, Ithaca u. London 1991; G. Constant, »Les maîtres de cérémonie du XVIe siècle«, in: *Mélanges d'archéologie et d'histoire*, 23, 1903, S. 161–229.
[7] Grundlegend bleibt hier das Werk von M. Dykmans, *Le cérémonial pontifical de la fin du Moyen Age à la Renaissance*, 4 Bde., Rom u. Brüssel, 1977–85.
[8] Ich danke dem päpstlichen Zeremonienmeister, Mgr. Marini, für die Möglichkeit zur Konsultierung seines Archivs.
[9] M. Miglio, »Liturgia e cerimoniale di corte«, in: *Liturgia in figura. Codici liturgici rinascimentali della Biblioteca Apostolica Vaticana. Catalogo*, Vatikanstadt 1995, S. 43–50.
[10] DELUMEAU 1959.
[11] CAFFIERO 1997.
[12] BÖLLING 2010.
[13] P. Burke, »I sovrani pontefici«, in: P. Burke *Scene di vita quotidiana nell'Italia moderna*, Laterza, Rom u. Bari 1988, S. 206–226 (Orig. *The Historical Anthropology of Early Modern Italy: Essays on Perception and Communication*, Cambridge 1987)
[14] VISCEGLIA 1997.
[15] PRODI 1982.
[16] Archiv des Kapitels von Sankt Peter. Ich danke dem Archivar, Mgr. Rezza, für die Möglichkeit zur Konsultierung des Archivs und Dr. Piacquadio für die Unterstützung bei der Lektüre der Dokumente.
[17] M. Boiteux, »La vacance du Siège Pontifical. De la mort et des funérailles à l'investiture du pape: les rites de l'époque moderne«, in: J. P. Paiva (Hrsg.), *Religious Ceremonials and Images: Power and Social Meaning (1400–1750)*, Coimbra 2002, S. 103–141.
[18] A. Van Gennep, *Les rites de passage*, Paris 1969.
[19] A. Paravicini Bagliani, *Il corpo del papa*, Rom u. Turin 1994; ders. *Le chiavi e la tiara*, Rom 1998.
[20] KANTOROWICZ 1957; R. E. Giesey, *The Royal Funeral Ceremony in Renaissance France*, Genf 1960.
[21] A. Bourreau, *Le simple corps du roi: l'impossible sacralité des souverains français, XV–XVIIIe siècle*, Paris 1988; S. Bertelli, *Il corpo del re. Sacralità del potere nell'Europa medievale*, Florenz 1990; C. Ginzburg, »Représentation: le mot, l'idée, la chose«, in: *Annales* ESC, 1991, S. 1219–1234; PRODI 1982.
[22] BOITEUX 1997.
[23] ELZE 1977.
[24] BOITEUX 2006.
[25] VISCEGLIA 1997.
[26] BOITEUX 2014b.
[27] L. Marin, *De la représentation*, Paris 1994.
[28] J. Burckard, *Liber notarum ab anno 1483 usque ad annum 1506*, hrsg. v. E. Celani, Città di Castello 1907–1910.
[29] Eine detailliertere Analyse der Autorin findet sich in: »Catafalques pontificaux: la circulation des modèles«, in: *Las representaciones funerarias en las Casas Reales europeas (ss. XVI–XVIII)*, Kongressbericht Madrid, 27.–29. November 2008, in Druck.
[30] KANTOROWICZ 1957.
[31] BOITEUX 1997.
[32] L. Marin, *Une mise en signification de l'espace social: manifestation, cortège, défilé, procession (Notes sémiotiques)*, in: *Sociologie du Sud-Est*, Nr. 37–38, 1983, S. 2ff.
[33] M. Pellegrini, »Corte di Roma e aristocrazie italiane in età moderna. Per una lettura storico-sociale della curia romana«, in: *Rivista di storia e letteratura religiosa*, 30, 1994, S. 543–602.
[34] M. A. Visceglia, »Tra liturgia e politica: il Corpus Domini a Roma (XV–XVIII secolo)«, in: R. Bösel/ G. Klingenstein/A. Koller (Hrsg.), *Kaiserhof–Papsthof (16.–18. Jahrhundert)*, Wien 2006, S. 147–172.
[35] G. Gigli, *Diario romano (1608–1670)*, hrsg. v. G. Ricciotti, Rom 1958, S. 365.
[36] L. Fiorani, »L'esperienza religiosa nelle confraternite romane tra Cinque e Seicento«, in: *Ricerche per la storia religiosa di Roma*, 5, 1984, S. 167ff.
[37] *Diarii dei Canonici*, Archiv der Kanoniker von Sankt Peter.
[38] BOITEUX 2013b.
[39] Vatikanisches Archiv, Misc. Armadio II, 80; G. Navone, »L'entrata trionfale di Marcantonio Colonna«, in: *Archivio della Società romana di storia patria*, 1938; BOITEUX 1997, S. 79–86.
[40] BOITEUX 2009b; BOITEUX 2014a.
[41] BOITEUX 2007.
[42] *Istrución para la función de San Pedro*, Ende 16. Jh., Biblioteca della Embajada de España, cod. 48, fol. 81–88.
[43] M. A. Visceglia, 2002, S. 239.
[44] BOITEUX 2004; BOITEUX 2013a.
[45] *Sacra Congregatio pro Causis Sanctorum. Index ac status Causarum*, Perugia 1985; C. Renoux, »Une source de l'histoire de la mystique moderne revisitée: les procès de canonisation«, in: *MEFRIM*, 105, 1993, S. 177–217.
[46] Darauf hat bereits E. Mâle hingewiesen: *L'art religieux de la fin du XVIè et du XVIIè siècle*, Paris 1932.
[47] V. Casale, *L'arte per le canonizzazioni*, Turin 2011.
[48] BOITEUX 2004; BOITEUX 2013a.
[49] BOITEUX 2013a.
[50] A. Van Gennep, wie Anm. 20.
[51] C. Lévi-Strauss, »L'efficacité symbolique«, in: *Revue d'histoire des religions*, 135/1, 1949, Nachdruck in: *Anthropologie structurale*, Paris 1958, Kap. X; BOITEUX 2009a.

Gerhard Wiedmann

[1] HUBALA 1991, S. 13.
[2] ORBAAN 1919, S. 37ff.
[3] BELLINI 2011, S. 195–203; zur Kapelle und ihrem Patrozinium vgl. auch ZOLLIKOFER 2008, S. 217–226.
[4] ALFARANO 1914, S. 89–91.
[5] »[...] in hoc loco ubi erat Altare facta est janua per quam ad dicatam capellam gregorianam habetur accessus«, in: ALFARANO 1914, S. 91.
[6] Zur Musivausstattung vgl. TURRIZIANI 2011, S. 333, Anm. 42. [dt. Ausgabe: S. 334, Anm. 43]
[7] GRIMALDI 1972, S. 403.
[8] »si dice la farà iuspadronato di casa Boncompagni«, BAV, *Urb. Lat.* 1048,f. 178
[9] »[...] strumenti per unire gli uomini a Dio«, in: PALEOTTI 1582.
[10] ALFARANO 1914, S. 63
[11] ALFARANO 1914, S. 80. In GRIMALDI 1972, fol. 225, wird der 5. November 1609 als Enddatum der Nutzung des Altars der alten Basilika genannt. Es gibt auch eine Nachricht von den sterblichen Überresten der »SS. Apostoli Judae et Simone« und der feierlichen Prozession am 28. Dezember 1605; vgl. ORBAAN 1919, S. 41.
[12] POLLAK 1931, II, Reg. 132.
[13] Die Bemerkung ist vom 24. Dezember 1595 und bezieht sich auf die Altarweihe: »Est enim novum templum divi Petri parum aptum ad celebrandum, nec secundum ecclesiasticam disciplinam fuit constructum, unde nunquamptum erit, ut in eo huiusmodi sacrae functiones decenter et commode celebrari possent«, in: ALFARANO 1914, S. 24, Anm. 2.
[14] ORBAAN 1919, S. 41.
[15] »[...] cuppoletta, fatta per un interim sopra l'altar maggiore degli Apostoli in San Pietro«; Avviso vom 26. Oktober 1600, in: ORBAAN 1920, S. 48. Einen Altar mit einer kleinen Kuppel überliefert auch die Zeichnung des Pfarrers Werro aus Freiburg von 1581 »cum [...] quattuor porphyreis columnis«, in: WYMANN 1925, S. 52.
[16] »[...] giornate numero 353 di huomini numero 71, che hanno lavorato alla fabrica di disfare il ciborio, che era attorno e sopra l'altare di San Pietro [...]«, in: ORBAAN 1919, S. 44.
[17] ORBAAN 1920, S. 48.
[18] 3. März 1606: »A maestro Ambrogio Buonvici[no], scultore milanese, scudi trenta di moneta a buon conto di 4 angeli, che vanno alle colonne, che tengono il baldacchino in mezzo la chiesa« [»An Meister Ambrogio Buonvici[no], Bildhauer aus Mailand, 30 Scudi in Münzen für 4 Engel an den Säulen, die den Baldachin in der Mitte der Kirche tragen.«]; sowie am 20. März 1606: »Datto al matazaro scudi uno baiocchi 60 per havere tagliato le veste alli quattro angnoli de l'altare degli Apostoli et cusite con spago et doi migliara di bolette« [»Dem *matazaro* 1 Scudo und 60 Baiocchi für die Westen, die er an den vier Engel am Altar der Apostel geschnitzt und mit Garn und vielen Nägeln befestigt hat.«], in: ORBAAN 1919, S. 47).
[19] »per il modello del ciborio che si fa nella tribuna grande«, in: ORBAAN 1919, S. 54.
[20] Wien, Albertina, Inv. AZ Rom 766 (THELEN 1967 b, I, S. 13: C 8). Die Zeichnung nimmt ausdrücklich Bezug auf die Papst Paul V. gewidmete Inschrift auf dem Architrav.
[21] ALFARANO 1914, S. 56; LAVIN 1968, S. 14.
[22] »si possa andar a dire e udire messa nell'altar delli Apostoli senza passar da via sotterranea [...] in quella guisa, che stanno le cappelle sotto l'altar maggiore di San Giouanni Laterano et del Presepio in S. Maria Maggiore«, in: ORBAAN 1920, S. 184.
[23] Wien, Albertina, Inv. AZ Rom 765; vgl. BELLINI 1999, S. 47.
[24] SIEBENHÜNER 1962, S. 318.
[25] »Per haver levato il cielo e sopracielo e telaro [...] del baldachino vecchio [...]. Per haver disfatto li quattro angeli che vi erano prima.«, in: POLLAK 1931, II, S. 19f.
[26] POLLAK 1931, II, S. 309f.
[27] BONANNI 1696, Taf. 48. Die Inschrift oben bezieht sich irrtümlicherweise auf den Baldachin aus der Zeit Pauls V., ORNAMENTUM IMPOSITUM D. PETRI CONFESSIONI SUB PAOLO V. Derselbe Baldachin ist auch in einem Stich mit der Kanonisation der Elisabeth von Portugal aus dem Jahr 1625 zu sehen.
[28] »[...] non si butterà via la spesa come è successo in tant'altra accasione di lavori che son fatti in quel Tempio per modo di prousione, et in particulare nell'Altar maggiore che è stato fatto e rifatto quattro volte diversamente con molta spesa sempre buttata via per modo di prousione come hora segue medesimamente [...]«, in: POLLAK 1931, II, S. 71.
[29] POLLAK 1931, II, S. 327. Der Entwurf ist in der Zeichnung in Wien, Albertina, AZ Rom, x-15 zu erkennen. Vgl. LAVIN 1968, Abb. 35.
[30] POLLAK 1931, II, S. 3: »Di Roma li 10 di febraro 1629. Per nuovo Architetto della Basilica Vaticana et del Palazzo apostolico, in luogo del Defonto Sign. Carlo Maderno è stato dichiarato il Cav. Bernino, eccellente non solo in tal professione ma anco nella scultura«.

[»Rom, am 10. Februar 1629. Zum neuen Architekten der Vatikanischen Basilika und des Apostolischen Palastes wurde anstelle des verstorbenen Sign. Carlo Maderno der nicht nur in diesem Berufe, sondern auch als Bildhauer wahrhaft exzellente Cavaliere Bernini ernannt.«]

[31] »Di Roma li 11 d'ottobre 1625: Si sono aperte al Vaticano due fonderie per fondervi li Travi di bronzo della Rotonda che riescono d'assai maggior materia di quello si credeva, poi che oltre l'hornamento che si farà con essi per l'Altare delli SSmi Apostoli in S. Pietro se ne potranno cavare più di 40 pezzi d'arteglieria per servitio di Castel S. Angelo.«, in: POLLAK 1931, II, S. 336.

[32] LAVIN 1968, S. 13 und Abb. 38.

[33] »Adi 26 di settembre 1624. Io stefano maderno ò re(ceu)to scdi 12 dal Sig. Cavaliere Giovanlorenzo Bernino che sono per pagamento di cinque puttini di greta per l'altare di Sto Pietro et in fede – Io Stefano detto manoppa« [»Am 26. September 1624. Ich, Stefano Maderno habe von dem Sig. Cavaliere Giovanlorenzo Bernino 12 Scudi als Zahlung für fünf kleine Putten aus Kreide für den Altar des hl. Petrus erhalten. Dies bestätige ich, Stefano, Werkmann.«], in: POLLAK 1931, II, S. 333).

[34] »Di Roma il primo di Agosto 1626. Sono finite di fondersi con li travi di bronzo levati dal Portico della Rotonda le quattro Colonne, che devono collocarsi nell'Altar maggiore delli Smi Apostoli nella Basilica di S. Pietro [...].« [»Rom, am 1. August 1626. Die vier Säulen, die aus dem bronzenen Gebälk der Vorhalle der Rotunda [Pantheon] gegossen wurden und am Hochaltar der Allerheiligsten Apostel in der Basilika Sankt Peter aufgestellt werden sollen, sind fertig ...«], *Vat. Urb.* 1096, Avvisi, in: POLLAK 1931, II, S. 338.

[35] »Die 3 Iunij 1626, Congro generalis [...] Quod Smus disponere intendit de Immaginibus Angelorum, quae substinent Conopeum, quod est super Altare SS. Apostolorum« in: POLLAK 1931, II, S. 311.

[36] »[...] le quattro grosse et bellissime Colonne fatte nuovamente di bronzo indorate [...]«, in: POLLAK 1931, II, S. 345.

[37] POLLAK 1931, II, S. 352f.

[38] BONANNI 1696, Taf. 50.

[39] POLLAK 1931, II, S. 368, datiert 22. Januar 1633: »A Gregorio de Rossi fonditore sc. 25 per saldo del lavoro che hà fatto tutto il presente mese come fonditore intorno al Christo grande che và gettato di Bronzo.« [»An den Gießer Gregorio di Rossi 25 Scudi für seine Arbeit in diesem Monat als Gießer an dem großen Chrisuts, der aus Bronze gegossen wird«].

[40] Zahlungen vom August 1628 sind zu Gunsten des Giuliano Finelli belegt: »Acconto delle due statue SS. Pietro e paolo che si fanno per mettersi dalla balaustra dove si sciende abbasso dietro l'altare delli SSmi Apostoli pietro e paolo« [»Akonto für die beiden Statuen des hhl. Petrus und Paulus für die Balustrade, wo man hinter dem Altar der Allerheiligsten Apostel Petrus und Paulus hinabsteigt.«], in: POLLAK 1931, II, S. 361.

[41] POLLAK 1931, II, S. 342, bezieht sich auf Zahlungen ab 30. Januar bis zum 3. März 1627 zu Gunsten von Francesco Borromini und Agostino Radi.

[42] BAV, *Barb. Lat.* 9900, fol. 2.

[43] THELEN 1967b, S. 60.

[44] Wien, Albertina, AZ Rom 762.

[45] Alle Zeichnungen sind von April bis Ende des Jahres 1631 zu datieren; vgl. POLLAK 1931, II, S. 373.

[46] LAVIN 2008, S. 275ff., besonders S. 298–300 mit der Transkription des Manuskripts; LAVIN 2005, S. 121ff.

[47] »[...] biographers extol for his talents as a sculptor and architect, and especially for his genius – equal if not greater than his brother's – in all things mechanical and mathematical«, in: LAVIN 2008, S. 293

[48] THELEN 1967a, I, S. 79ff. Zwei Zeichnungen befinden sich in Windsor Library, eine mit dem Widerlager, Inv. Nr. 5636 (C 72), die andere mit dem Lambrequin, Inv. Nr. 5637 (C 73).

[49] »[...] il ricco e sontuoso Baldacchino fatto di bronzo dorato sopra l'altare de Smi Apostoli sostenuto da quattro grosse colonne [...]«, in: POLLAK 1931, II, S. 421.

[50] »il baldacchino non toccaua le colonne, ne il lor cornicione [e il Bernini] in ogni modo uoleua mostrare che lo reggono li Angeli«, so der Kommentar des Borromini im Text des *Guida di Roma* des Martinelli (Rom, Biblioteca Casanatense, Ms. 4984, S. 201), zitiert in: THELEN 1967a, I, Dokumentenanhang Nr. 4. Vgl. auch Anm. 37.

[51] SCHÜTZE 1994, S. 233ff.

[52] KAUFFMANN 1955, S. 226.

[53] BERENDSEN 1986, S. 136f.

[54] EJZENŠTEJN 1985, S. 87–100.

[55] »Considerò, che in un tratto così smisurato di spazio, vana sarebbe stata la diligenza delle misure, che malamente potevano condurre col tutto di quel Tempio [...] da sé trovò quella misura, che invano si cerca nelle Regole.«, in: BERNINI 1713, S. 40.

[56] »In una congregazione d'alcuni cardinali e prelati sopra la fabrica di San Pietro si è risoluto batter a terra la chiesa vecchia, che minaccia rovina« [»In der Versammlung einiger Kardinäle und Prälaten über der Fabbrica von Sankt Peter hat man beschlossen die alte Kirche niederzureißen, die einzustürzen droht.«], in: ORBAAN 1919, S. 35.

[57] DOBLER 2008, S. 302, Anm. 8.

[58] LAVIN 1972, S. 3, Anm. 9.

[59] »Il Cavre della Porta devotmo oratore di V. S. Illmo haverà presto finito il modello del Reliquiario del Volto Santo, che tuttavia fa di rilievo conforme à quel suo pensiero, che fù approvato dall'Illmi Sri Cardli Crescentio e Barberino;« [»Der Cavaliere della Porta, ergebenster Diener eurer erlauchtesten Heiligkeit, hatte das Modell des Reliquiars des Volto Santo beinahe vollendet, das immer noch Euren Absichten entspricht und das von den Eminenzen Kard. Crescentio und Barberino angenommen wurde.], in: POLLAK 1931, II, S. 70.

[60] »Havendo considerato nro. Sigre Papa Urbano VIII., che la SSma Reliquia del Volto Santo stia alquanto scommoda e troppo semplicemente, e senza Altare da potervici celebrare, ha ordinato, che se gli facci nel medesimo luogo un Ciborio con altri ornamenti e commodità opportune.«, in: POLLAK 1931, II, S. 312.

[61] POLLAK 1931, II, Reg. 92f.

[62] »E più ordine del Sigr Chavaglier Bernino si è depinto un modello fatto di legniame sotto alla nichia del Volto Santo con haverlo incessato e stuchato e dato di piacha fina e si è inbrunito da alto e passo e svenato di marmaro con un arme del Papa [...].« [»Und auf Veranlassung des Cavaliere Bernino schuf man ein hölzernes Modell unter der Nische des Volto Santo, das man mit Gips und Stuck sowie einer dünnem Schicht Weiß überzog und das man von oben bis unten bräunte und einem Wappen des Papstes wie aus fein gemeißeltem (?) Marmor versah«], in: POLLAK 1931, II, S. 29).

[63] POLLAK 1931, II. S. 24ff.; eine Zeichnung aus der Bernini-Werkstatt befindet sich in Wien, Albertina, AZ Rom, Nr. 776.

[64] »Avanti il Card. Gennasio fu lunedì tenuta la Congregatione della fabbrica di S. Pietro, nella cui Basilica è stato disegnato di fare nelle quattro nicchie sotto la Cupula bellissimi altari, con ornamenti di bronzo per celebrarvi messe, massime in quella dove sta sopra il Volto Santo, et il ferro della lancia, et nell'altra, dove si conserva la testa di Sant'Andrea, con altre reliquie.« *Vat. Urb.* 1097, Avvisi, zitiert in: POLLAK 1931, II, S. 426.

[65] »[...] iussit alias meliore fieri ac splendidiore«, BAV, *ACSP*, H 55, fol. 106 v; vgl. DOBLER 2008, S. 309, Anm. 50).

[66] POLLAK 1931, II, S. 426f.

[67] POLLAK 1931, II, S. 93.

[68] In der Rev. Fabbrica di S. Pietro befindet sich Stefano Speranzas Hochreliefmodell des *Engels mit dem Kreuz* für die Nische der hl. Helena (vgl. FAGIOLO/PORTOGHESI 2006, S. 174).

[69] GRIMALDI 1972, fol. 92 r.

[70] KAUFFMANN 1955, S. 229f.

[71] »Devesi sapere, che adì 19. di Aprile 1629. Nostro Signore fece dono à questa eccelsa Basilica di un pretiosissima, e rarissima Croce di cristallo di montagna ornata di argento, & c. dentro la quale egli pose del legno della santa Croce, preso parte dalla Basilica di S. Croce in Gerusalemme, e parte dalla Chiesa di S. Anastasia.«, in: TORRIGIO 1639, S. 217.

[72] LAVIN 1968, S. 26, Anm. 123.

[73] TORRIGIO 1639, S. 244–284; CHATTARD 1762, S. 137ff.

[74] Mit Bezug auf eine 1641 hergestellte Kiste zum Schutz des *sudarium* gegen Feuchtigkeit (BAV, *ACSP*, H 71, fol. 175 r), vgl. DOBLER 2008, S. 323.

[75] Am 31. Januar 1632: »per condur a S. Pietro il sasso grosso per la statua di S. Andrea«, in; POLLAK 1931, II, S. 432.

[76] »A Franc. Fiamengo sc. 100 a conto della statua di marmo grande di palmi 22 quale statua deve stare dove stà il Sto Andrea conforme al modello già fatto, oltre à sc. 50 hauti.«, in: S.P.C., n° 252, f. 115, vgl. POLLAK 1931, II, S. 432.

[77] »fosse ciò accaduto ad arte, overo per pura disgrazia [...] rifatto un altro modello pose mano al lavoro del marmo con grandissima assiduità«, in: PASSERI 1934, S. 110.

[78] »[...] mutargli il lume e la veduta, convenendosi ora girare per vederla in faccia [...]«, in: BELLORI 1976 [2009], S. 293.

[79] »man non finita intieramente«, in: POLLAK 1931, II, S. 434.

[80] PREIMESBERGER 1983, S. 42f.

[81] »Je sens vivement les mérites de la statue de St André, qui vient d'être inaugurée, et en mon particulier et comme votre compatriote, je vous en félicite et je me sens illustré par votre gloire. Si mon âge et la goutte qui me rendent impotent ne me retenaient, je tiendrais à jouir de la vue et à admirer la perfection d'oeuvres si méritoires;« in; FRANSOLET 1933, S. 275ff.; vgl. auch BOTTARI 1822, II, S. 488.

[82] SUTHERLAND HARRIS 1977, S. 72 f. (Kat. Nr. 37); A. GRIMALDI 2011, S. 319f. [dt. Ausgabe, S. 318f.]

[83] DOMBROWSKI 1998, S. 265.

[84] PASSERI 1934, S. 248.

[85] TORRIGIO 1639, S. 283.

[86] POLLAK 1931, II, S. 462.

[87] SUTHERLAND HARRIS 1977, S. 73f. (Kat. Nr. 39); A. GRIMALDI 2011, S. 319f. [dt. Ausgabe, S. 318f.].

[88] »Gli toccò delle nominate quattro statue la Veronica; dacché il Longino fu dato all'anzidetto Gianlorenzo, il S. Andrea al Fiammingo, e la S. Elena al Bolgi.«, in: PASCOLI 1992, S. 851f.

[89] POLLAK 1931, II, S. 444.

[90] »si fermò un pochetto a guardarla per essere molto bella e ben fatta«, in: POLLAK 1931, II, S. 450.

[91] »[...] perche li vien fatto alcune objection in da detta S. Congne in suo grave pregiudizio, et non potendo rispondere a tanta autorità. Però ricorre alli piedi della S. Vra. che li faccia gratia che sia sodisfatto conforme le qualità del lavoro, con farla giudicare da periti non interessati, accio sia soddisfatto secondo essi giudicheranno.«, in: PASSERI 1934, S. 134, Anm. 5.

[92] »per ogni resto saldo et intero pagamento della Statua di S. Veronica da lui fatta«, in: POLLAK 1931, II, S. 452.

[93] ARFSP. Lista della spese, vol. 7, piano 1°, Serie I, Nr. 16, c. 380, vgl. POLLAK 1931, II, S. 445.

[94] »Da tante ragioni persuaso, e appagato Urbano, fece intendere al Mochi, che soffrisse in pazienza questa congiontura a lui disfavorevole, e fece rimanerlo consolato con larghe promesse, e perche di queste ancora non venisse defraudato, ordinò, che se gli desse da fare una delle Statue grandi d'altezza di 23 palmi l'una, che sono collocate nelle quattro nicchie maggiori ne pilastroni di San Pietro, che sostengono la Cuppola. Fu data a lui quella della Veronica, la quale è una figura di tutto spirito, e maestria. La rappresentò in atto di moto, e d'un moto violente non solo di caminare; ma di correre con velocità, e qui mancò (e sia detto con sua pace) della sua propria essenza, perche, se la parola nominativa di Statua deriva dal verbo latino sto stas, che significa esser fermo, stabile, et in piedi, quella Figura non è più Statua permanente, et immobile come esser deve, per formare un Simulacro da esser goduto, et amirato dai guardanti; ma un personaggio, che passa, e non rimane. Questo, che io dico non sia preso sinistramente, che io pretenda di fare il Censore, e di biasimare quella bell'Opera, che è degna d'ogni applauso.«, in: PASSERI 1934, S. 133f.

[95] SUTHERLAND HARRIS 1977, S. 73f. (Kat.-Nr. 39).

[96] POLLAK 1931, II, S. 455.

[97] POLLAK 1931, II, S. 457.

[98] KAUFFMANN 1955, S. 367; FRASCHETTI 1900, S. 75 beschreibt die Figur des Heiligen so: »[...] apre le braccia erculee in atto battagliero, brandendo fieramente la lancia« [»er breitet seine herkulischen Arme in kämpferischer Geste aus, wobei er stolz die Lanze nach oben streckt«].

[99] LAVIN 1968, S. 35ff.

[100] SUTHERLAND HARRIS 1977, S. 72f. (Kat.-Nr. 38).

[101] WITTKOWER 1961, S. 198.

[102] POLLAK 1931, II, S. 467–508.

[103] BAV, Archivio Capitolare di S. Pietro, H55, fol. 32.
[104] »Vi restano le infrascritte Tavole, che potria darsi alli notati di contro [...] S. Michel'Arcangelo di Rilievo al Cav. Bernino« [»Bleiben noch die zuvor genannten Tafeln, die man an die unten Genannten vergeben könnte [...] den hl. Erzengel Micheal im Relief an den Cav. Bernini«] (AFSP, Piano I, serie 3, n° 171, fol. 172v.), in: RICE 1992, S. 432).
[105] »Ho parlato ad N.S. per lo stabilimente degl'altari di S. Pietro... et mi ha fatto difficoltà:... Che le piace più, che facci l'historia di S. Pietro, quando claves regni caelorum illi traditae fuerunt, che S. Michele, perche essendo questa Chiesa di S. Pietro et questo il principale loco è conveniente sia dedicato alla più principale attione«, (BAV, *Archivio Capitolare di S. Pietro*, H 55, fol. 102v.), zitiert in: RICE 1992, S. 433.
[106] POLLAK 1931, II, S. 85, datiert am 14. Mai 1627.
[107] BAUER 2000, S. 15–25.
[108] »per fare nella basilica la sedia pontificale«, in: RICE 1997, S. 270.
[109] »Sta la nicchia grande, o Tribuna in capo della chiesa tra queste due cappelle, ove sono tre nicchie piccole, ed in quella di mezzo vi andrà la sede Ponteficia«, in: BAGLIONE 1639 [1990], S. 61.
[110] »La sede del vescovo, secondo le buone ceremonie, locar si deve nell'mezzo del presbiterio. [...] Così vuole Innocentio 3 Pontefice intendissimo de'sacri riti, così insegna Paris de Grassis maestro eccellentissimo di ceremonie, così ricerca la ragione e il dovere, e così fu sempre osservato anticamente nel locar le sedi episcopali di tutti i vescovi di Christianità«, (BAV, *Barb. Lat.* 2974, fol. 303–304), in: RICE 1997, S. 268f.
[111] [»ein großartiges Zeugnis [...], dass der Apostel in Rom gewesen ist«], in: TORRIGIO 1644, S. 117.
[112] Zu den Verlegungen vgl. ALFARANO 1914, S. 41; *Petros eni. Pietro è qui* 2006, Kat. Nr. VI,5.
[113] Eine Ansicht von Berninis Altar ist in einer Zeichnung von Domenico Castelli überliefert (BAV, *Barb. Lat.* 4409, fol. 18); vgl. Schütze 2008, S. 410, Abb. 7).
[114] POLLAK 1931, S. 185f.
[115] BATTAGLIA 1943, S. 153: *Decreta et Resolutiones:* »Rpd Virgilius Spada retulit mentem Sanct.mi esse, ut proponatur in Cog,ne quod duae ex columnis marmoreis Cottanelli coloris magis rubei, parvis excavatis lineolis, possent elaborari et ita elaboratae collocari in altari maiori existente in Cap. Sac. S.tae Basilicae Vaticanae in qua ets reponenda Cathedra P.npis Ap.lor«.
[116] MORELLO 1981, S. 321–349.
[117] BATTAGLIA 1943, S. 18; vgl. auch das Verzeichnis der Zeichnungen bei BRAUER/WITTKOWER 1931, S. 54f.
[118] Noch am 29. Dezember 1659 vermerkte der Papst in seinem Diario: »Parliamo col Cav. Bernino circa la Catedra per la medaglia e l'altare de la Cappella di Sisto e quelle porte de la Sagrestia per abbozarle«; vgl. KRAUTHEIMER/JONES 1975, S. 212.
[119] BATTAGLIA 1943, S. 159.
[120] CASALE 2006, S. 180, Anm. 16.
[121] MACCARONE 1971, S. 58. Dazu war sogar der Einsatz der *muratori* der Fabbrica vonnöten.
[122] »Al sig. Gianpaolo todesco pittore per aver dipinto a olio con la vernice sopra i vetri la colomba che rappresenta lo spirito S.° insieme as molte teste di serafini che gli stanno attorno tutte sopra il vetro et dipinto in opera sopra i ponti scudi diciotto [...]« [dt. »Dem Herrn Maler Gianpaolo Tedesco achtzehn Scudi für das Malen der Taube, die den Heiligen Geist darstellt, zusammen mit vielen Seraphim rund um diesen herum, alles in Ölfarbe auf das Glas und auf Gerüsten stehend gemalt.«], (Liste 1666, Januar, f. 71, in: BATTAGLIA 1943, S. 180). Das von der Witterung stark beschädigte Glas wurde 1911 von der Fa. Anton Mayer aus München ersetzt. Ein Gemälde auf Leinwand wird in der Fabbrica di San Pietro aufbewahrt. Vgl. Katalogeintrag von A. M. Pergolizzi, in: FAGIOLO/PORTOGHESI 2006, S. 175.
[123] »Non a caso quindi nella realizzazione proprio il cielo, le nuvole vengono a sostenere anche fisicamente la Cattedra [...] La maturazione della fantastica creazione finale nasce in conseguenza dell'afferamento dell'invenzione concettuosa che fa dello Spirito Santo il fuoco compositivo dell'opera.«, in: BENEDETTI 1985, S. 85.
[124] CASALE 2006, S. 182.
[125] BATTAGLIA 1943, S. 52.
[126] »Fu cosa mirabile il vedere, come il Bernino nel tempo stesso, ch'e' tirava avanti la grand'Opera del Portico, si applicasse altresì a condurre per ordine di Alessandro quella della Cattedra di S. Pietro, empiendo la Testata della gran Basilica [...] della Mole dell'ornato della medesima Cattedra, la quale volle che fusse retta da quattro gran Colossi di metallo rappresentanti i quattro Dottori della Chiesa, gli due Greci, Gregorio Nazianzeno, e Atanasio, e gli due latini, Agostino, e Ambrogio. Questi con grazia inesplicabile sostengono una base, sopra la quale essa Cattedra leggiadramente si posa. Ed è da ammirarsi in questo luogo l'insuperabil pazienza del Bernino, il quale avendo di questo gran lavoro fatto di tutta sua mano i modelli di terra, ed essendogli i Colossi riusciti alquanto piccoli, non isdegnò di quelli mettersi a fare di nuovo della grandezza appunto, che ora si vedono in opera« [dt. »Es war wunderbar zu sehen wie Bernini, der zur gleichen Zeit die umfangreichen Arbeiten an der Portikus vorantrieb, auf Geheiß Alexanders auch diejenigen der Kathedra Petri ausführte und das Kopfende der großen Basilika [...] mit dem riesigen Schmuckwerk derselben Kathedra ausfüllte, das von vier ehernen Kolossalstatuen der vier Kirchenväter getragen werden sollte, den beiden Griechen Gregor von Nazianz und Athanasios und den beiden lateinischen Augustinus und Ambrosius. Mit unerklärlicher Grazie halten diese eine Basis, auf der voller Anmut die Kathedra ruht. Hier kann man auch die unvergleichliche Geduld Berninis bewundern, der für diese großartige Arbeit mit eigenen Händen die irdenen Modelle schuf, und der, nachdem ihm die Kolosse etwas zu klein geraten waren, sich nicht darüber empörte und diese neu in der richtigen Größe schuf, so wie man sie heute sieht.«], in: BALDINUCCI 1682, S. 38f.
[127] GRIMALDI 1972, S. 390.
[128] Eine Zeichnung Borrominis (Wien, Albertina, It AZ Rom 744) dokumentiert die Anordnung vor diesen Arbeiten und zeigt über dem Portal das Feld, in das das Mosaik gebettet werden sollte. Auf der Rückseite ist zu lesen: »facciata della navicella e porta di dentro« [»Fassade der Navicelle und innere Tür«]; vgl. THELEN 1967a, S. 48f.
[129] BAV, *Vat. Lat.* 11257, fol. 3.
[130] [dt. »Für das Basrelief, das er aus Marmor macht, um es zwischen die beiden Inschriften über der großen Pforte in Sankt Peter zu setzen, das das *pasce oves meas* zeigen wird, mit einer Länge von 25 palmi und einer Höhe von 22 palmi.«] POLLAK 1931, II, S. 175; Bauer 2000, S. 15.
[131] POLLAK 1931, II, S. 175.
[132] TRATZ 1991/92, S. 346.
[133] WITTKOWER 1966, S. 215f.; GRIMALDI 1972, Abb. 57–58.
[134] »[...] fuit ordinatum, quod alia de novo fiant depicta in Tela ad magnitudinem Pilastrorum quibus superponatis, ut ijs visis maturius deliberari possit«, (RFSP 1. P. S. 3, Bd. 162, fol. 68 v), in: TRATZ 1991/92, S. 347.
[135] Die Bildnisse griffen die Tradition der Papstporträts im Langhaus von Alt-Sankt-Peter auf und erinnerten an den Porträtzyklus in San Giovanni in Laterano, der im Zuge der Umbauarbeiten in dieser Kirche verloren ging. Vgl. TRATZ 1991/92, S. 350 und BRAUER/WITTKOWER 1931, S. 44.
[136] Die Steinmetzarbeiten wurden an sechs verschiedene Betriebe vergeben. Vgl. TRATZ 1991/92, S. 351, Anm. 43.
[137] »Emin.mus D. Cardinalis Justinianus, et Rpd. Spada determinent numerum Imaginum Sanctorum Summorum Pontificum ex marmore sculpendo intus sex Capellas navis maioris Sacrosanctae Basilicae Vaticanae, et quatenus numerus dd. SS. Pontificum non sufficiat, videant qui alij sancti, et quo ordine possent ijsdem adiungi« (RFSP, 1. P. Ser. 3 Bd. 162 F. 106 v.), in: TRATZ 1991/92, S. 356, Anm. 78.
[138] Sedlmayr hat sich in seiner Studie diesem Aspekt gewidmet und bezog sich dabei auf das unter Alexander VII. entwickelte Programm; vgl. SEDLMAYR 1960, S. 27–31.
[139] [dt. »Am 25. Juni 1599 dem Bildhauermeister Ambrogio Buonvicino 10 Scudi für die Stuckfiguren, die er über dem Gewölbe an der Gregoriana fertigt.«] (AFSP, Arm. 26, A, 162, fol. 49v.), in: »Basilica di S. Pietro«, Notiziario mensile, XIV (März 2002), Anm. 3.
[140] »1599 ... Camillo Mariani scultore deve havere a di 29 di Novembre sc. Trenta moneta havutone mandato a bon conto delle doi figure di stucco che fa sopra la volticella della cappella verso la sacrestia a uscita 41« [dt. »1599 [...] Der Bildhauer Camillo Mariani erhält am 29. November dreißig Scudi für den Auftrag der Stuckfiguren, die er am Gewölbe der Kapelle zur Sakristei und dem Ausgang hin fertigt«] (AFSP, Arm. 26, A, 162, fol. 61 v). Die Zahlungen setzen sich bis Juli 1600 fort. ENGGASS 1978, S. 96f. identifiziert die *Iustitia* und die *Fortitudo* mit den in den Zahlungen beschriebenen Allegorien, während die Angabe der »Sakristei« ziemlich eindeutig ist und sich auf die Cappella di Santa Marta bezieht.
[141] »Fuit deputatus Rpd. Spada pro stabiliendo, et concludendo pretio 12 statuarum in magnis Capellis Basilicae Vaticanae ex stucco conficiendo, et ad illas 12 sculptoribus sibi magis bene visis distribuendum. Idemqui eius Deputatus fuit ad stabiliendum cum stuccatoribus pretium aliarum omnium operum ex stucco in ijsdem Capellis conficiendum« (RFSP 1. P. S. 3 Bd. 162, f. 98), in: TRATZ 1991/92, S. 352 und Anm. 48.
[142] CHATTARD I, 1762, S. 144f., schreibt Ottoni auch die Tugend über dem Bogen zu, der zur Clementinischen Kapelle und der Gregorianischen Kapelle überleitet.
[143] »Adì 18 Settembre 1715: Al S. Lorenzo Ottone Scultore sc. Cinquanta m[one]ta. Resto, et à Comp.to di sc. 200 simili, ch'importa una Misura e Stima delle sue statue grandi di stucco una rappresentante La Religione, e l'altra La Giustizia, fatte nelli Triangoli Sopra uno delli arconi della Tribuna de' Santi Simone e Giuda in S. P.ro [...].« [dt. »Am 18. September 1715: An den Bildhauer Lorenzo Ottone fünfzig Scudi. Als Rest und Schlusszahlung von 200 Scudi, nach einer Bemessung und Begutachtung der beiden großen Statuen aus Stuck, eine mit der Religion und die andere mit der Gerechtigkeit, die in den Zwickeln über einem der großen Bogen im Transept der hll. Simon und Judas in Sankt Peter angebracht worden sind«] (RFSP 2 piano, serie 4, Bd. 56, *Liste mestrue* des Jahres 1715), in: ENGGASS 1972, S. 338.
[144] Chattard, der den Vogel fälschlicherweise als Eule interpretiert, definiert die Allegorie als Weisheit, aber die Dokumente sind eindeutig: »[...] una delle quali Statue rappresenta La Purità e l'altra La Benignità«, vgl. ENGGASS 1972, S. 338, Doc. 25.
[145] »[...] sopra l'altro Arcone che è nella Tribuna della Cattedra verso la Cappella di San Michele Archangelo una delle quali Statue rappresenta La Cognitione, e l'altra La Compuntione alta l'una p.mi 27, che valutate da noi sottoscritti, secondo suoi soliti prezzi, [...]« [dt. »über dem anderen großen Bogen in der Apsis der Kathedra zur Kapelle des hl. Erzengels Michael hin, von denen eine der Statuen die Cognitio und die andere die Compuntione darstellt, eine 27 palmi hoch, die von uns Unterzeichnenden begutachtet wurde, nach seinen üblichen Preisen«] (RFSP 2 piano, 4 serie, Bd. 58, *Liste mestrue* des Jahres 1717), in: ENGGASS 1972, S. 339, Doc. 32.
[146] RICE 1997, S. 108.
[147] Zur Geschichte des Altars vgl. MONTAGU 1985, S. 139; RICE 1997, S. 257–265; MONTAGU 1999, S. 172f.
[148] SCHLEIER 1983, Kat.-Nr. XXXIX.
[149] [dt. »Darzustellen ist ein Pontifex mit viel Volk, umgeben von einer großen Schar an Rittern. Und obwohl all dies einen recht breiten und tiefen Raum erfordern würde, ist das Bild, in dem es zu schaffen ist, recht eng und hoch.«], in: POLLAK 1913, S. 91f.
[150] Die Zahlungen begannen am 28. September 1647 und setzten sich regelmäßig bis 1651 fort. Die Schlusszahlung erfolgte am 30. August 1653 für einen Gesamtpreis von 10 000 Scudi (PASSERI 1934, S. 204, Anm. 2).
[151] BELLORI 1976 [2009], S. 410.
[152] »Al S.re Cav.re Alessandro Algardi scxudi duemila ottocento oltre a scudi settemila duecento moneta havuti sin qui et sono per compimento de scudi diecimila moneta che se li danno per saldo et intero pagamento dell'historia et suo modello di S. Leone Papa di basso rilievo da lui fatta in S. Pietro [...]« [dt. »Dem Cavaliere Alessandro Algardi 2 800 Scudi zusätzlich zu 7 200 Scudi, die er bereits erhalten hat, als Schlusszahlung für 10 000 Scudi und gesamte Entlohnung für die Historie und sein Modell des hl. Papstes Leo, die er in Basrelief in Sankt Peter geschaffen hat.«] (MONTAGU 1985, II, S. 359).
[153] Das Relief ist auf dem Treppenabsatz eingemauert, der zur Bibliothek führt.
[154] [dt. »Voller Demut präsentiere ich Euer Hochwohlgeboren, wie ich es auf Anweisung der Heiligen Kongregation der Reverenda Fabbrica bereits in Größe ausgeführt habe, das Modell des Basreliefs des hl. Papstes Leo und des Königs Attila. Dasselbe Werk

habe ich in Marmor in einer Höhe von 33 *palmi* und einer Breite von 19 *palmi* ausgeführt. Daher bitte ich Euer Hochwohlgeboren ergebenst die vielen Mühen des Schreibenden zu berücksichtigen, damit diese in einer dem Werk angemessenen Weise vergolten werden.«] Der Brief befindet sich in der Biblioteca Corsini (MS 2573, int. 1, n° 386); zit. in: MONTAGU 1985, II, S. 360.

[155] [»doi Palombe con rame d'ulivo«] Der »Marmorschneider« (»intagliatore di marmo«) erhielt dafür am 14. Juni 1653 eine Zahlung (MONTAGU 1985, II, S. 360).

[156] CHATTARD 1762, I, S. 55.

[157] »A di 24 Ago 1725 ... A Giuseppe Lironi sc. 130 mta. P resto, et a compim.° di sc. 400 stabilito così d'accordo d'uno delli Putti delle Pile di marmo p. le Pile dell'Aqua Santa della Basilica Vaticana ... Sc. 130« [dt. »Am 24. August 1725 an Giuseppe Lironi 130 Scudi als Rest und Schlusszahlung von 400 Scudi gemäß Vereinbarung für einen der Putten der Marmorpfeiler, für die Pfeiler der Weihwasserbecken in der vatikanischen Basilika 130 Scudi«] (AFSP, ser. Arm. Vol. 412, *Giornale dal 1714 al 1757*, S. 459), in: ENGGASS 1976, I, S. 172.

[158] »Statuas sanctorum Fundatorum aliorumque magis conspicuorum eorum Religionis, propriis caelandas impensis, praetiosiori marmore« (»Die Statuen der heiligen Gründer und anderer wichtiger [Männer] ihrer Orden sind auf eigene Kosten aus dem besten Marmor anzufertigen.«), vgl. NOË 1996, S. 17.

[159] »Ne inter dictas Religiones intercessionis oriretur dissentio« (»Damit es unter den genannten Orden nicht zu Problemen hinsichtlich der Rangfolge komme«), vgl. NOË 1996, S. 20 und VISONÀ 1996, S. 315–325.

[160] [dt. »Die Congregazione della Fabbrica hatte den Orden (denjenigen, die dies wünschten) gestattet, in den Nischen der Basilika von Sankt Peter die Statuen ihrer Gründer aufzustellen. In der letzten Nische der Apsis auf der rechten Seite sah man den Beweis einer solchen aus Stuck mit dem hl. Domenico. Darunter war geschrieben: ›S. Domenico Confessori ordo PP. Praedicatorum istitutori suof.p.‹«], zit. in: ENGGASS 1976, I, S. 139 und VALESIO 1977–1979, II, S. 131.

[161] NOË 1996, S. 140.

[162] ENGGASS 1976, I, S. 184; NOË 1996, S. 203–210.

[163] Über die Umstände informiert uns ein Dokument im Staatsarchiv (Corporazioni Religiose, S. Maria della Scala), vgl. ENGGASS 1976, I, S. 203.

[164] »Rev.mo Padre, Pietro Monnò scultore e oratore humilissimo della P.V. Rev.ma havendo preinteso doversi fare la statua di S. Elia Profeta da porsi in una delle nicchie della Basilica Vaticana, supplica humilmente la P.V. Re.ma degnarsi agratiarlo: concedendogli l'opera sudetta« [dt. »Hochwürdigster Pater, Pietro Monnò, Bildhauer und ergebenster Bittsteller des hochwürdigen Paters, hat vernommen, dass die Statue des heiligen Propheten Elija zur Aufstellung in einer der Nischen der vatikanischen Basilika angefertigt werden soll, und bittet den hochwürdigen Pater ihm Gnade zu erweisen und ihn mit genanntem Werk zu beauftragen«] (Dokument im Archivio Gen. dei Carmelitani), zit. in: NOË 1996, S. 150.

[165] [dt. »Giuseppe Rusconi, aus Como bei den Schweizern [...] fertigt auch die Statue des hl. Ignazio, die zuerst an [Camillo] Rusconi vergeben wurde und in einer der Nischen der Ordensgründer in der [...] Kirche Sankt Peter ausgestellt wird.«] (Francesco Saverio BALDINUCCI, *Cammillo Rusconi Scultor Milanese*, [1735], bearb. v. Sergio Samek LUDOVICI, in: *Archivi d'Italia*, s. 2, no. 17, 1950, S. 220), zitiert in: ENGGASS 1976, I, S. 104.

[166] PASCOLI, 1730, S. 264f.

[167] NOË 1996, S. 216ff.

[168] »[...] la Religione Benedettina gli ha fatto scolpire la statua Colossale di S. Benedetto suo fondatore l'anno 1734 [...]« [»der benediktinische Orden hat die Kolossalstatue seines Gründers im Jahre 1734 meißeln lassen«] (F. GABETTI, 1740), zit. in: LANKHEIT 1962, S. 228f. und ENGGASS 1976, I, S. 191).

[169] [dt. »Maini ist derzeit der am meisten gefeierte und begehrteste Bildhauer, da ihm mit Unterstützung des Palazzo die großartigsten Arbeiten anvertraut wurden.«] NOË 1996, S. 164f.

[170] »Dai RR. PP. Della Congregazione della Chiesa Nuova è stata fatta porre in una delle nicchie della sagr. Basilica Vaticana il modello della Statua da scolpirsi del loro Fondatore S. Filippo Neri, opera dello scultore Sig. Giovanni Battista Maini« [dt. »Die hochwürdigen Patres der Kongregation der Chiesa Nuova ließen in einer der Nischen der vatikanischen Basilika das Modell der Statue aufstellen, die von ihrem Gründer, dem hl. Philipp Neri, anzufertigen ist, ein Werk des Bildhauers Giovanni Battista Maini«] CHRACAS, n. 2876.

[171] ENGGASS 1976, I, S. 186.

[172] CHRACAS, n. 3963.

[173] »È stata discoperta nella Basilica Vaticana la nuova statua di marmo di ottima scultura di Monsieur Sloss Francese, rappresentante San Brunone Fondatore della Religione Certosina, da cui è stata fatta scolpire a proprie spese, e collocare nella sua destinata nicchia, che è quella della crociata nella parte della Cappella del SS.mo Sagramento, e dirimpetto a quella che anni sono vi fu collocata di San Gaethano«, CHRACAS, n. 4251.

[174] NOË 1996, S. 288f.

[175] »In S. Pietro in Vaticano nella seconda nicchia della Navata Maggiore a mano sinistra nell'entrare in quell sacro Tempio è stata scoperta in questi giorni la statua di marmo ... di S. Camillo de Lellis, quale è opera dello scultore sig. Pietro Pacilli, romano, lavorata a tutta perfezione«, CHRACAS, n. 5658.

[176] »[...] nella Basilica di S. Pietro in Vaticano, e propriamente nell'entrarvi a mano sinistra, nella prima nicchia si stà lavorando presentemente il modello grande di stucco della Statua di S. Pietro d'Alcantara«, CHRACAS, n. 5316.

[177] [dt. »ein Werk des Bildhauers Francesco Bergara aus Spanien, Pensionär seiner katholischen Majestät; auf dem Sockel sind die folgenden Worte eingemeißelt: SANCTUS PETRUS DE ALCANTARA/APOSTOLICAE SUI PATRIS FRANCISCI/VITAE RENOVATOR«], CHRACAS, n. 5337.

[178] »Giovedì mattina si vidde nella nella Basilica di S. Pietro scoperta la bellissima Statua di marmo già terminata di S. Pietro d'Alcantara posto nella sua nicchia che è quella situata sopra il pileo dell'acqua benedetta a mano sinistra nell'entrare dalla porta maggiore. Il Virtuoso che l'ha eccellentemente lavorata è stato il Sig. Don Francesco Bergara, spagnolo, scultore di S. M. Cattolica [...]« [dt. »Am Donnerstag Morgen wurde in der Basilika von Sankt Peter die wundervolle Marmorstatue des hl. Peter von Alcantara enthüllt, die bereits vollendet und in ihrer Nische aufgestellt ist. Es ist dies diejenige über dem Weihwasserbecken zur linken Hand vom großen Portal aus. Der Virtuose, der sie vorzüglich gearbeitet hat, war der Spanier Don Francesco Bergara, Bildhauer seiner katholischen Majestät«], CHRACAS, n. 5607.

[179] CHRACAS, n. 5790, S. 18.

[180] [»Sig. Pietro Bracci aus Rom, ein vorzüglicher Virtuose dieser Kunst«], (4. Oktober 1754), CHRACAS, n. 5964.

[181] »San Vincenzo de Paolis [...] in atto di predicare col Cristo in mano, si erano presi accordi con il Sig.re Raimondo Rerasco Visitatore e il Sig.re Gio. Franc. Morguni«, GRADARA 1920, S. 107.

[182] »Di casa, 5 giugno 1751 – In ossequio delle venerate premure di Vostra Eminenza, avendo Olivieri Suo Um.mo Servitore riconosciuto quali nicchie siano vacanti nella Basilica di San Pietro da poterví collocare la statua del B. Fondatore delle Scuole Pie, ha trovato che solamente nella crociata della Basilica dalla Cappella dei SS. Processo e Martiniano a quella de' SS. Simone e Giuda può restare servito il P. Generale di d.° Ordine per la scelta, atteso che quelle del primo ordine della navata di mezzo sono di già ripiene, e quattro che rimanevano davanti restano con rescritto SS.mo impegnate per i Santi Pietro d'Alcantara, Teresa, Camillo de Lellis, e Vincenzo a Paulo. Scelga il Padre Generale nella crociata suddetta quella che più gli aggrada, qualora non volesse ascendere al secondo ordine delle nicchie, e sappia notificarla allo scrivente, acciò al ritorno della Santità di N.S. possa riferirla con la sua informazione che assicura l'Em.za Vostra sarà favorevolissima per detto Ordine. E qui, pieno di venerazione, resta facendole profondissimo inchino, [...] «, [dt. »Im Hause, 5. Juni 1751 – Unter Befolgung der gebotenen Dringlichkeit Euer Eminenz hat Euer ergebenster Diener Olivieri erkundet, welche Nischen in der Basilika von Sankt Peter für eine Aufstellung der Statue des sel. Gründers der Schulbrüder vakant sind und dabei gefunden, dass dem Generalprokurator dieses Ordens für die Auswahl einzig die Ecke an der Kapelle [das Querhaus] der hhl. Processus und Martinianus und an jener der hhl. Simon und Judas [Thaddäus] verbleibt, da die des ersten Registers im Mittelschiff bereits alle besetzt sind und vier freie an der Vorderseite mit allerheiligster Verfügung für die Heiligen Petrus von Alcantara, Teresa, Kamillo de Lellis und Vinzenz von Paul vorgesehen sind. Der Ordensgeneral soll von genannter Ecke diejenige auswählen, die ihm am meisten beliebt, sofern er sich nicht für das zweite Nischenregister entscheiden will, und diese dem Verfasser dieses Schreibens anzeigen, damit seine Heiligkeit bei ihrer Rückkehr darüber mit dem Hinweis unterrichtet werden kann, dass Eure Eminenz genanntem Register zustimmt. Ich verbleibe voller Verehrung und mit tiefster Verbeugung ... «], FACCIOLI 1967, S. 20.

[183] MONTAGU 1996b, S. 312.

[184] CHRACAS, n. 5964.

[185] CHRACAS, n. 6216.

[186] GRADARA 1920, S. 71f.

[187] »la quale si giudica la più proporzionata, e decente per le funtioni di una Archiconfraternita«, in: POLLAK 1931, II, S. 271; vgl. auch CARTA 1996, S. 44.

[188] BRIGANTI 1982, S. 187ff. (Kat. Nr. 35).

[189] 13 agosto 1625: »Giovanni Lanfranco pittore et humiliss[a] creatura della S.V., desideroso di spendere il suo talento in servizio di S.D.N.ri, et della Sta V.ra, supplica humiliss[imamen]te, che li sia concesso il quadro di pittura da farsi nella nova Sacristia di S. Pietro, contro il novo choro; che per, ottenendone la gratia; di dar soddisfatt[io]ne, e resterà con obligo eterno di porgere ardentissimi voti à Dio per lo feliciss[mo] et lungo Pontificato della S.V., Quam Deus [...]« [dt. »Giovanni Lanfranco, Maler und ergebenster Diener Euer Herrlichkeit, darauf bedacht sein Talent in den Dienst unseres allerheiligsten Herrn und Eurer Heiligkeit zu stellen, bittet ergebenst darum, dass man ihm das Bild für die neue Sakristei in Sankt Peter gegen den neuen Chor anvertraue; dass er, wenn ihm diese Gunst zuteil wird, [dieses Werk] zur Zufriedenheit ausführen wird und sich auf ewig verpflichtet, inbrünstige Gebete für das glückliche und lange Pontifikat Seiner Heiligkeit an Gott zu richten«], in POLLAK 1931, II, S. 566f. Einen Überblick über die Geschichte der Kapelle gibt DI SANTE 2011, S. 177ff. [dt. Ausgabe S. 177ff.]

[190] Am 4. Februar 1628 schlug Barberini den Maler als Künstler vor: »Sr Card. Barberino propone per una Tavole grande Pietro Cortonese [...]«, POLLAK 1931, II, S. 87.

[191] CHATTARD 1762, I, S. 54. Die Entscheidung der Sacra Congregazione fiel am 11. Februar 1636.

[192] 17. Mai 1636: »Al Sign. Carlo Pellegrino sc. 50 a conto del quadro che detto fa di S. Mauritio, primo mandato« [dt. »Dem Sign. Carlo Pellegrini 50 Scudi für das Bild, das er vom hl. Mauritius fertigt, erste Zahlung«]. Im Juli und August 1638 sind weitere Zahlungen belegt: »[...] E più per una Tela per il quadro di S. Mauritio alto p[i] 15 larg. p[i] 10 et sua imprimatura, che dipinge il Sr Carlo Pelegrino [...]« [dt. »Und des Weiteren für eine Leinwand, 15 *palmi* hoch, 10 *palmi* breit, und deren Grundierung, für das Bild des hl. Mauritius, das Carlo Pellegrini malt.«], in POLLAK 1931, II, S. 279.

[193] RICE 1997, S. 113f.

[194] CARTA 1996, S. 40.

[195] »si adorni di musaici, che però si faccino fare li disegni dai pittori«, AFSP, Arm 14, A 159°, c. 63 v.

[196] Vgl. dazu *Vat. Urb.* 1094, Avvisi, und die Notiz vom 3. Juni 1626 der *Decreta S. Visitationis Apostolicae:* »Novus fons baptisimalis quanto citius extruatur in Sacello iam designato, sed eius formae exemplum antea in Congragazione [...] deferatur, ad ostendendum an S[anctissi]mo placeat«, POLLAK 1931, S. 176.

[197] »Finalmente gli fu concesso dal Cardinal Ginnasio la prima Cappella a man manca in S. Pietro Vaticano, ov'è la Fonte del Battesimo, nella cui volta Dio Padre con diversi Agnoli, e Puttini, e nelli mezi tondi ne'fianchi della volta v'ha dipinto alcuni Angeli grandi colorito a olio sopra lo stucco; & anche formò nel quadro dell'Altare S. Gio. Battista, che battezza N. Signore con Agnoli, ma perche non diede gusto, fu l'opera dell'Altare cancellata, & in cambio vi fu posta La Cathedra di S. Pietro, Principe de gli Apostoli« [dt. »Endlich erhielt er von Kardinal Ginnasio den Auftrag, die erste Seitenkapelle links in Sankt Peter im Vatikan auszustatten, wo sich das Taufbecken befindet; in der Kuppel malte er Gottvater mit einigen

Engeln und Putten und in den Halbmonden des Gewölbes malte er mit Ölfarben einige große Engel direkt auf den Putz; und er schuf auch das Altarbild mit Johannes dem Täufer, der Unseren Herrn tauft, mit Engeln, aber da das Werk nicht gefiel, wurde es vom Altar abgenommen und an dessen Stelle kam die Kathedra des hl. Petrus, des Apostelfürsten«], BAGLIONE 1649 [1924], S. 379.

198 In den Uffizien in Florenz (n° 11810 F) findet sich eine Zeichnung mit der *Taufe Christi* (vgl. DOWLEY 1965, S. 70. Abb. 8; RICE 1997, S. 186 und Abb. 85).

199 7. September 1630: »Al Sign. Luigi Bernini sc. 50 a conto delli Angeli di marmo che vanno di là et di qua della Cattedra« [dt. »Luigi Bernini 50 Scudi für die Engel aus Marmor, die zu beiden Seiten der Kathedra angebracht werden«], POLLAK 1931, S. 182.

200 POLLAK 1931, S. 186f.

201 »Havendo S. Sta saputo che frà i materiali di S. Pietro ci è gran quantita di metallo, hà per bene che si facci un Battisterio, e che si dia l'opera à l'Algardi« [dt. »Da Seiner Heiligkeit bekannt war, dass sich unter dem Material in Sankt Peter große Mengen Metalls fanden, wies sie an, daraus ein Taufbecken zu schaffen und dass man mit diesem Werk den Algardi beauftrage«], (AFSP 1° Piano, Serie 2, Bd. 64, f. 651 r.), in: MONTAGU 1985, S. 392f.

202 »J'ay sçeu de plusieurs autres personnes que, dans le dessein que l'on a depuis quelque temps de faire quelche ouvrage dans la chapelle de Saint-Pierre qu'on appelle du Baptesme, il y avoit douze Architects qui avoient présenté tout autant de desseins, et le Signor Lorenzo cy dessus me dit encore hier qu'il faisoit présentement en cire deux desseins de cette ouvrage, l'un après le Cavalier Fontana, et l'autre après Mathia de Rossi, les deux plus habilles Architects de Rome. Il me dit, de plus, ce que j'ay apris d'autre part, quel es deux principales figures de cet ouvrage estoient destinées à Domenico Guidi quand on en viendroit à l'exécucion; quel es autres figures seroient partagées à plusieurs Sculpteurs, où le Sr Théodon pourroit avoir sa part comme les autres« [dt. »Ich habe von mehreren anderen Personen vernommen, dass in Bezug auf die seit einiger Zeit geplanten Arbeiten in der Kapelle von Sankt Peter, die man die Kapelle der Taufe nennt, zwölf Architekten ebenso viele Entwürfe vorgelegt haben. Und Herr Lorenzo hat mir gegenüber dazu noch gestern erwähnt, dass er derzeit zwei Modelle aus Wachse zu diesem Werk anfertige, eines nach dem [Entwurf] des Cavalier Fontana, das andere nach Mathia de Rossi, die beiden geschicktesten Architekten Roms. Er sagte mir außerdem, was ich von anderer Stelle erfahren habe, dass die beiden wichtigsten Figuren dieses Werkes, wenn sie zur Ausführung kommen, an Domenico Guidi gegeben werden und dass die anderen Figuren auf mehrere Bildhauer verteilt würden, sodass Hr. Théodon ebenfalls seinen Anteil daran haben könnte«], De La Teulière in einem Brief an Villacerf vom 23. März 1692, in: MONTAIGLON 1875, S. 269.

203 FONTANA 1697; BRAHAM/HAGER 1977.

204 CHATTARD 1762, III, S. 157f.

205 »[...] par celuy de la Chapelle du Baptesme qu'il avoit conduit de concert avec l'Architecte Matthia de Rossy et qui n'a pas eu le bonheur de plaire au Pape assés pour le mettre en exécution« [dt. »durch die [Arbeiten für die] Taufkapelle, die er zusammen mit dem Architekten Matthia de Rossi durchführte. Diesem [Entwurf] war indes nicht das Glück beschieden, dem Papst genügend zu gefallen, um ausgeführt zu werden«], MONTAIGLON 1875, S. 435).

206 [dt. »Der Cavaliere Fontana, Architekt des Palastes, wird angewiesen, Entwürfe für ein Taufbecken in Sankt Peter anzufertigen, für das bisher 6 Modelle geschaffen wurden«], ROSSI 1942, S. 374.

207 FONTANA 1697.

208 BONANNI nennt dafür das Jahr 1635, während CHATTARD sich auf 1610 bezieht; vgl. DOWLEY 1965, S. 62.

209 »la Santissima Triade per le parole necessarie al Sagramento del Battesimo: Baptizo te in nomine Patris & Filii & Spiritus Sancti«, FONTANA 1697.

210 ZANDER 2011, S. 251ff. [dt. Ausgabe S. 252]. La Teulière berichtet in einem Brief vom 10. Januar 1696 von einem Auftrag an Maratta von vier Gemälden: »[...] Carles Marat ayant ordre de faire quatre tableaux pour la dite Chapelle, a quoy il travaille présentement.« [dt. »Carlo Maratta hat den Auftrag, vier Gemälde für die genannte Kapelle zu schaffen, woran er gerade arbeitet.«], MONTAIGLON 1888, II, S. 199.

211 [dt. »Diese kleinen Tafeln dienen für feierliche Taufhandlungen von erlauchten Personen, für die silbernes Gefäß verwendet wird, das man auf diesen Tafeln abstellt«], FONTANA 1697.

212 »Er war in der Tat einer der frömmsten und demütigsten Päpste«, PASTOR 1886–1933, XV, S. 607.

213 ZANDER 2011, S. 251ff. [dt. Ausgabe S. 252]. Die Gemälde auf Leinwand, auf denen die Mosaiken beruhen, befinden sich heute in der Benediktionsaula sowie im Archivio Storico der Rev. Fabbrica di San Pietro.

214 »A questa struttura, con varianti più o meno evidenti, si adattarono tutti gli scultori del Sei e del Settecento a cui furono commissionate tombe papali«, ZANELLA 2000, S. 271f.

215 »Nella Basilica Vaticana lunedì sera si fece la trasportatione del corpo della fel. mem. di Paolo III di casa farnese dentro la medesima Cassa di Piombo foderata di un'altra cassa di Cipresso et di una altra di Pietra di Paragone dal Nicchio, dove stava sotto la Cupola in quella à mano destra, che si fa nuovamente nel nicchio della Tribuna di essa Basilica incontro alla sepoltura, che si fabrica per il presente Pontefice, sendo detta trasportatione stata fatta processionalmente per detta Basilica da quel capitolo« (*Vat. Urb.* 1099, Avvisi), POLLAK 1931, S. 589.

216 Dazu Alfarano: »1585 fuit sepultus Gregorius XIII in nobili elaboratoque sepulcro [...]«, ALFARANO 1914, S. 89.

217 »[il papa] ha ordinato al Card. Guastavillani, che faccia fare la sepoltura di s. s.ta in S. Pietro all'incontro di Paolo III riuscita bellissima.«, (BAV, *Urb. Lat.* 1044, f. 700); vgl. auch PASTOR 1886–1933, IX, S. 800. Ein weiterer *Avviso* vom 18. Juni bezieht sich genau auf diese Gräber: »In questa Cappella si faranno le sepolture di s. Beat.ne et delle doi Cardinali Nepoti quali faranno in doi nicchi di essa doi altari« [dt. »In dieser Kapelle werden die Gräber seiner Seligkeit sowie der beiden Kardinalnepoten errichtet, die darin in zwei Nischen zwei Altäre anlegen werden«] (BAV, *Urb. Lat.* 1048f. 182v).

218 BAGLIONE 1649 [1924], S. 43.

219 MARTIN 1998, S. 80ff.; vgl. dazu auch Anm. 219.

220 CHACON 1677, IV, S. 31; BONANNI 1696, Tafel 33.

221 Links Filippo Boncompagni und rechts Filippo Guastavillani.

222 CIAPPI 1596, S. 119f. Zur Inschrift vgl. auch KRÜGER 1986, S. 49.

223 ANDROSSOV/ENGGASS 1994, S. 821.

224 »[...] fa scolpire da altro scultore il basso rilievo nel urna, ad effetto di avanzare il tempo, e per più presto ultimare detta opera«, vgl. SCHLEGEL 1969, S. 31.

225 »[...] vestite entrambi le figure nobilmente e situate graziosamente sopra alcune volute, che nascono dal mezzo. Viene sostenuta l'urna con pilastrini scannellati, o sbaccellati, davanti aquali postato si vede un bellissimo drago alludente allo stemma gentilizio dell'eccellentissima casa Boncompagna«, MARTIN 1998, S. 110f.

226 Am 4. September 1723: »Nella Basilica Vaticana in questi giorni è stato scoperto ed esposto alla vista e ammirazione di tutti il sontuoso Deposito alla gloriosa memoria di Gregorio XIII fatto fare dal Card. Giacomo Boncompagni, vescovo di Bologna [...]« [dt. »In der vatikanischen Basilika wurde dieser Tage das prächtige Grabmal für das Andenken von Gregor XIII. enthüllt und ausgestellte, das der Kardinal und [Erz]Bischof von Bologna, Giacomo Boncompagni, errichten ließ«], (CHRACAS n. 950).

227 Der Vertrag für das Relief datiert 21. Juli 1634 »Adi 21 luglio 1634. In Roma. Volendo l'Emmo et Rmo Sigr Roberto del Titolo di Sta Prassede Prete Cardinale Ubaldino erigere un deposito di marmo alla Sta Memoria di Papa Leone XI. Suo zio nella Basilica di S, Pietro in Vatichano di Roma, et havendo fatta elletione di Alessandro Algardi Bolognese non solo per Artefice, et scultore, ma addossatali come si dirà qui sotto fatta questa opera, l'Emmo hà col medemo Algardi fatti gl'Incte (?) capitulationi, et conventioni« [dt. »Am 21. Juli 1634. In Rom. Der Hervorragendste und Hochwürdigste Herr mit dem Titel von Santa Prassede, Kardinalpriester Roberto Ubaldino, hat beschlossen, zum heiligen Andenken an Papst Leo XI., seinem Onkel, in der Basilika von Sankt Peter im Vatikan in Rom eine Grablege aus Marmor zu errichten und Alessandro Algardi aus Bologna nicht nur als Künstler [Entwerfer] und Bildhauer bestimmt, sondern diesem in der unten beschriebenen Weise dieses Werkes anvertraut und mit demselben Algardi die (?) Verhandlungen und Vereinbarungen getroffen«], POLLAK 1931, S. 281).

228 Die Schlusszahlung ist vom 5. Februar 1644. Vgl. POLLAK 1931, S. 292.

229 MONTAGU 1985, II, S. 434.

230 POLLAK 1931, S. 282.

231 MONTAGU 1999, S. 112ff.

232 FAGIOLO 1997, S. 199–204.

233 PASSERI 1934, S. 202ff.

234 Die richtige Beschreibung verdanken wir Bellori, vgl. BELLORI 1976 [2009], S. 406. Die genaue Darstellung lässt eine zeitgenössische Beschreibung als Quelle vermuten. Vgl. MONTAGU 1985, I, S. 43ff.

235 ZANELLA 2000, S. 271.

236 »Havendo la Santità di N.S. risoluto di porre la bellissima sepoltura di Paolo III nel nicchio à mano destra la tribuna della Basilica, la fà ivi trasportare con la statua di bronzo di quel Pontefice dal luogo dove si trovava con tutti gli altri ornamenti, volendo Sua Santità nell'altro nicchio à mano sinistra farvi fabricare la sua sepoltura« (*Vat. Urb.* 1098, *Avvisi*), POLLAK 1931, S. 589). Die Ortsangabe links und rechts bezieht sich auf die Sicht vom Papstthron zum Mittelschiff.

237 »dove vanno li depositi di Nostro Signore papa Urbano VIII et di papa Paolo 3°«, POLLAK 1931, S. 586f.

238 »Per la pelle piana del primo zoccolo di Marmo saligno [...] Per la pelle piana dell'zoccolo sopra do di marmo saligno [...] Per la pelle dell'zoccolo d'Africano sopra [...]« [dt. »Für die glatte Schale des ersten Sockels aus salinischem Marmor ... Für die glatte Schale über dem genannten Sockel aus salinischem Marmor ... Für die Schale des Sockel aus Africano darüber...«], POLLAK 1931, S. 596f.

239 »la Morte, la quale vergognosa, e superba in un tempo stesso, col tergo alato volto all'infuori, col capo alquanto velato e coperto e colla faccia volta all'indietro«, BALDINUCCI 1682, S. 17.

240 BALDINUCCI 1682, S. 17.

241 POLLAK 1931, S. 599–604.

242 »[...] la Carità, che tiene due putti, uno in braccio, che s'è addormentato alla poppa, e l'altro in piedi che mostra di piangere, perche vorrebbe zinnare«. Das Dokument ist vom 20. Mai 1644 und verpflichtet Bernini, das Werk innerhalb von drei Jahren zu beenden. Vgl. POLLAK 1931, S. 609).

243 PANOFSKY 1992, S. 94.

244 RICE 1992.

245 »Aveva il Cavalier Bernino fino in vita d'Alessandro VII fatto il disegno, e modellato tutto di sua mano il sepolcro di lui per situarlo in S. Pietro, ed aveane avuta l'approvazione non solo dall'Eminentiss. Cardinal Nipote, ma dal medesimo Alessandro, il quale di più gliene aveva commesso l'intero compimento; onde mancato Clemente X. ed assunto alla Pontificia dignità Innocenzio XI. che oggi santissimamente governa, egli applicatovisi di gran proposito lo condusse a fine.« [dt. »Der Cavaliere Bernini hatte noch zu Lebzeiten Alexanders VII. den Entwurf gefertigt und ganz von eigener Hand das Grabmal desselben zur Aufstellung in Sankt Peter modelliert. Dafür hatte er nicht nur die Zustimmung des Hochehrwürdigsten Kardinalnepoten, sondern von Alexander selbst erhalten, der ihm die gesamte Ausführung anvertraut hatte; da dies unter Klemens X. ausgeblieben war, machte er sich, nachdem Innozenz XI., der heute auf allerheiligste Weise regiert, die päpstliche Würde erlangte, mit großem Eifer daran, dieses zu Ende zu führen.«], BALDINUCCI 1682, S. 57.

246 »Il Pontefice meditando continuamente la brevità della vita humana, oltre la scritta cassa fattasi fare per riporvi il suo cadavere, intendesi che hora faccia fare il disegno della sua sepoltura componendo egli medesimo l'iscrittione, che in essa dovrà farsi.« [dt. »Da der Pontifex immer wieder über die Kürze des menschlichen Lebens nachsann, ließ er außer dem beschriebenen Sarg für die Bestattung seines Leichnams die Zeichnung seines Grabes anfertigen und verfasste selbst die Inschrift, die darauf zu machen sei.«], *Avviso* vom 18. September 1655, in PASTOR 1886–1933, XIV, I, S. 507.

247 »habbiam ordinato i marmi pel nostro sepolcro al cavalier Bernino [...]«, KRAUTHEIMER/JONES 1975, S. 204.

248 [dt. »Cavaliere Bernini = *Modestia et Veritas oviave-*

runt, sie sollen sich begegnen, Iustitia und Pax, sich umarmen, die Pax weiter umgewendet, und der Tod hält anstelle des Buches die Sense.«], KRAUTHEIMER/JONES 1975, S. 212.
[249] Eine Zeichnung von Bernini für eine Grabkapelle findet sich im *Cod. Chigi* a I 19, fol. 15r.; vgl. FEHL 1985, Abb. 55).
[250] MENICHELLA 1985, S. 41f.
[251] »[...] che entrando per essa porta alza la coltre, colla quale, quasi vergognosa, si cuopre la testa, e porgendo un braccio in fuori verso la figura di papa Alessandro«, BALDINUCCI 1682, S. 58.
[252] PANOFSKY 1992, S. 95.
[253] »fu a vedere il deposito di Alessandro VII e parendole tropp'ignuda la statua della *Verità*, fece dire al cardinale Chigi che la facesse coprire«, PASTOR 1929, I, S. 399.
[254] »[...] der für die beiden genannten Statuen verwendete Marmor muss herrlich, weiß und von der Eigenschaft, Masse, Weiße und Güte desjenigen sein, der für das Reiterporträt des Königs von Frankreich geliefert wurde und der gerade bearbeitet wird, d. h. ohne Sprünge, Risse, Flecken und eher besser als übler [...]«, GOLZIO 1939, S. 118.
[255] Die Zeichnung wurde veröffentlicht von Colin Eisler (EISLER 1981, Kat. Nr. 29); FEHL 1985, S. 113f., nimmt Bezug auf Zeichnungen aus dem Bernini-Umkreis (Philadelphia Academy of Fine Arts) und bezieht das Blatt auf die Anfänge der Arbeiten um 1655. Dort steht der Papstthron bereits über einer Tür, umgeben von zwei allegorischen Figuren.
[256] »A di 22 luglio 1676 passò a miglior vita Papa Clemente decimo a ora diciasette e la stessa serra fu trasportato a Monte Cavallo al Palazzo di S. Pietro alla Cappella e il giorno seguente fu portato in S. Pietro in mezzo la chiesa e doppo fu portato nella Cappella del Sagramento dove stiede tre giorni gli fu data sepoltura in S. Pietro.« [dt. »Am 22. Juli 1676 verschied Papst Klemens X. um die siebzehnte Stunde zu einem besseren Leben und am selben Abend wurde er nach Monte Cavallo in den Palast des hl. Petrus [Quirinalspalast] in die Kapelle gebracht. Am folgenden Tag überführte man ihn nach Sankt Peter in die Mitte der Kirche und danach in die Kapelle des Sakraments, wo er drei Tage verblieb und man sein Grab in Sankt Peter einrichtete.«] (AFSP, I° Piano, Serie Armadi, Bd. 374, fol. 59v.), in: KARSTEN/PABSCH 1999, S. 311, Nr. 27.
[257] »di cui venne subito realizzato la parte architettonica«, SCHIAVO 1963, S. 189.
[258] »Adì 28 aprile 1683 monsignor Vespignani segretario et economo della Rev[eren]da fabricha di S. Pietro mandò un ordine a me Giacomo Balsimelli fattore della Rev[eren]da fabrica di S. Pietro che io debba dare tutto quello che fabisogno per scaricare un pelo di marmo statuario che a fatto venire il sig. Cardinale Altieri per fare il deposito di Papa Clemente Decimo che va collocato in S. Pietro e dette stiglie si sono consegnate a Borlachi per scaricare li sudetti marmi et il sudetto ordine fatto da monsignore Vespignano segretario lo tiene apreso di se il sig. Matia de Rossi« [dt. »Am 28. April 1683 erließ Monsignore Vespignani. *segretario economo* [Leiter] der Reverenda Fabbrica di San Pietro, an mich, Giacomo Balsimelli, *fattore* [Baupfleger] der Reverenda Fabbrica di San Pietro, die Anordnung, alles Notwendige für das Entladen von Marmor bereitstellen zu lassen, den der Kardinal Altieri für das Grab von Papst Klemens X. in Sankt Peter hatte liefern lassen. Das Entladen dieses Marmors wurde dem Borlachi anvertraut und besagte Anordnung des *segretario* Monsignore Vespignano hält Sig. Matthia de' Rossi bei sich.«] (AFSP 1° piano, serie Armadi, Bd. 303, f. 28), in: MENICHELLA 1985, S. 88.
[259] »quasi una parodia dei modelli berniniani«, PORTOGHESI 1966, S. 294.
[260] »Ma come a'disgusti, ed alle disgrazie vanno alle volte dietro i piaceri, e le fortune, ebbe Ercole ordine di far la statua di Clemente X, che fece in pochi mesi, a far vedere a chi avesse avuto genio di servirsi di lui, che se era vecchio, sapeva ancora lavorare da giocane« [dt. »Da aber die Wünsche und das Schicksal mitunter Verdruss und Unglück nach sich ziehen, erhielt Ercole den Auftrag, die Statue von Klemens X. anzufertigen, was er binnen weniger Monate tat; was zeigt, dass, wer Gefallen daran fand, sich seiner zu bedienen, wusste, dass er noch wie in seiner Jugend zu arbeiten verstand«], PASCOLI 1730, S. 244.
[261] »dui putti di marmo non finiti con suoi modelli di stucco che si facevano dal medesimo Per l'Eminentissimo Altieri«, MARCHIONNE GUNTER 1997b, S. 357.
[262] SCHIAVO 1963, S. 189.
[263] Das Grabmal, noch in Bearbeitung, beschreibt TITI in der Ausgabe von 1686, S. 11: »[...] il Sepolcro, che hora si stà facendo con nobil architettura di Mattia de Rossi incontro al medesimo, che è di Clemente X. hà la Statua del Pontefice scolpira [sic] da Ercole Ferrata; da i lati la Fedeltà, lavoro di Lazzaro Morelli, e la Fortezza, fatiga di Giuseppe Mazzuoli; le due Fame per di sopra, i Putti, e la Cartella sono di Filippo Carcani, & il Basso rilievo nell'Urna è di Ambrogio Parisi.« [dt. »Das Grab, das derzeit in edler Architektur Matthia de' Rossis gegenüber entsteht, ist das von Klemens X. Es zeigt eine von Ercole Ferrata zu meißelnde [sic] Statue des Papstes; an den Seiten die *Treue* [Begninitas], eine Arbeit von Lazzaro Morelli, und die *Stärke* [Clementia] von Giuseppe Mazzuoli gearbeitet; die beiden *Famae* darüber, die Putten und die Tafel sind von Filippo Carcani, und das Basrelief im Sarg ist von Ambrogio Parisi.«], in: KARSTEN/PABSCH 1999, S. 300.
[264] »si è scoperto in questo giorno p. la p.a volta il deposito di Innoc.o XI ricco di statue e metalli erettogli da D. Livio Odescalchi suo nipote, e piacque in universale«, in: PASCOLI 1992, S. 952, Anm. 12.
[265] BACCHI 1995, Anm. 2.
[266] »Ubbedì [Monnot] prontamente, e fattine alcuni, altri ne face fare D. Livio per sua soddisfazione ad altri, e scelse secondo la voce comune quello di Carlo Maratti, quantunque più d'una volta asseverantemente m'abbia detto Pietro, che scegliesse, e gli facesse metter in opera il suo. Checchè di ciò sia, lasciando la verità al suo luogo, de la libertà ad ognuno di credere quelche gli pare più verisimile, ed uniforme alla maniera de' due professori che lo contrastano, dirò che Pietro ne fece il modello, e che secondo questo da suo pari condusse tutta l'opera nel modo che nella grande chiesa del Vaticano presentemente si vede.«, in: PASCOLI 1992, S. 946f.
[267] »[...] il deposito del Venerabile Innocenzo XI, fatto da Stefano Monot Borgognone con disegno di Carlo Maratta« [dt. »die Grablege des ehrwürdigen Innozenz XI., von Étienne Monnot aus dem Burgund nach einem Entwurf von Carlo Maratta gemacht«], TITI 1763, S. 18. Vgl. dazu a. SOBOTKA 1914, S. 30.
[268] CHATTARD 1766, I, S. 108.
[269] SOBOTKA 1914, S. 22–42.
[270] PEREZ SANCHEZ 1967, S. 102.
[271] SCHLEGEL 1974, S. 60.
[272] Brief des Direktors der Académie de France in Rom vom 2. November 1694: »L'on n'a distingué des autres que le Sr Dominico Guidi, à qui l'on a fait faire le groupe du Christ et du St Jean, comme on l'a distingué présentement en luy donnant le tombeau d'Alexandre huit à faire luy seul.« [dt. »Man hat unter den anderen lediglich den Dominico Guidi ausgezeichnet, den man die Gruppe des Christus und des hl. Johannes machen ließ, so wie man ihn zuvor auszeichnete, als man ihm das Grab Alexanders VIII. alleine zu machen gab.«], MONTAIGLON 1875, II, S. 80.
[273] »Sc. 432 à Pietro Papaleo scultore per haver fatto un modello di tutto il deposito in altezza di sei palmi con otto figure, diversi basamenti, Urna, Cartelloni, e Piedestallo del Papa il tutto finito con somma diligenza secondo il primo Modelletto di greta fatto di mano del Conte San Martino e più per haver fatto tre altri modelli diversi con molte figure, et ornati nelle Nicchie d'altezza di tre palmi in circa secondo i disegni del predetto Conte San Martino« [dt. »432 Scudi an den Bildhauer Pietro Papaleo für ein Modell der gesamten Grablege von 6 *palmi* Höhe mit acht Figuren, verschiedenen Sockeln, Urne, Inschriftentafeln und Basis des Papstes, alles gefertigt in höchster Übereinstimmung mit dem ersten Tonmodell aus der Hand des Conte San Martino sowie für drei weitere, unterschiedliche Modelle mit vielen Figuren und Schmuckwerk in den Nischen von ca. 3 *palmi* Höhe nach den Entwürfen des vorgenannten Conte San Martino.«], (BAV, *Vat. lat.*, 7483), in: PASTOR 1886–1933, XIV, 2, S. 1067).
[274] SCHLEGEL 1969, S. 33f., nennt 1706 als Jahr des Beginns der Arbeiten.
[275] SCHIAVO 1965, S. 405.
[276] FRANZ-DUHME 1986, S. 74.
[277] OLSZEWSKI 1997, S. 374ff.
[278] Berlin, Kunstbibliothek, Hdz 3854, datierbar 1704/05; vgl. SCHLEGEL 1969, S. 33, Abb. 22.
[279] »Viene questo collocato dirimpetto a quella della Contessa Matilde e consiste in una bella urna di pietra mischia, con un cartello in mezzo, dove a lettera d'oro vi è semplice suo nome senza minima iscrittione, arme, ne triregno, ne altro ornamento.« (Rom, Archivio Storico Vicariato, *Ms. Ottoboni* 3362), in: MINOR 1997, S. 205.
[280] MINOR 1997, S. 205ff.
[281] »[...] essendogli stato imposto dall'E.mo Cardinale don Annibale Albani, che gli facesse il modello del deposito della Santa Memoria di Clemente XI zio, in piccolo, e doppo essegli piaciuto ordinato che lo facesse in grande, come nell'uno e nell'altro modo eseguì, adesso gli ha ordinato, che lo sospenda, venendogli raccomandato altro comprofessore [...]« [dt. »nachdem ihm vom Hochehrwürdigsten Kardinal Don Annibale Albani aufgetragen wurde, ein kleines Modell der Grablege im heiligen Andenken seines Onkels Klemens XI. anzufertigen, und nachdem dieser Gefallen daran gefunden und ihn angewiesen hatte dieses in groß anzufertigen, so wie in der einen und in der anderen Weise ausgeführt, befahl dieser ihm die Arbeiten einzustellen, da man ihm einen anderen empfohlen hatte.«], in: LANKHEIT 1962, S. 288.
[282] MUÑOZ 1918, S. 100.
[283] GRAF 1991, S. 244ff.; GRAF 1995, Bd. I, S. 117f. Ein weiteres Blatt befindet sich auch in Düsseldorf, Kunstmuseum
[284] DESMAS 2008. S. 89–101.
[285] Brief vom 17. Juni 1728, in: MONTAIGLON 1897, S. 425.
[286] Inv. Nr. GS 274.
[287] Jüngst ist auf dem Kunstmarkt eine Zeichnung erschienen, die Pietro Bracci zugeschrieben und in das Jahr 1743 datiert wird (Christie's New York, 22. Januar 2003, Los 44). Weitere Zeichnungen mit dem Papst auf dem Thron befinden sich in Düsseldorf, vgl. MARTIN 2007, passim.
[288] »Deposito di Papa Lambertini fatto a spese dell'e.[mi] Cardinali creature in S. Pietro, li quali avendo intimato il concorso di professori, scelsero il mio disegno avendomi deputato per scultore e architetto di questa spesa, avendo fatto il Modellotto di legno terminato e dipinto e dorato di propria invenzione« [dt. »Grablege von Papst Lambertini, angefertigt auf Kosten der hochehrwürdigen Kardinalkreaturen in Sankt Peter. Diese haben den Wettbewerb unter den Meistern ausgeschrieben, meinen Entwurf ausgewählt und mich als Bildhauer und Architekt dieser Ausgabe bestimmt, nachdem ich das große Holzmodell nach eigenem Entwurf bemalt und vergoldet fertiggestellt hatte.«], in GRADARA 1920, S. 163; PASTOR 16, I. S. 236f.; zum Monument vgl. auch ZAMBONI 1964, S. 211ff.
[289] »il che inteso da altri Porporati creature presenti, si sono espressi anch'essi voler concorrere; ed il Sig. Cardinale Girolamo Colonna, Camerlengo di S. C., informato dal suddetto E.mo Portocarrero di tal sua lodevole intenzione, da lui molto approvata, attesa la gran divozione professa verso ilo Pontefice defonto, poco dopo si portò alla Basilica Vaticana, ad effetto di rinvenire il luogo più a proposito per l'effetto suddetto, per il cui adempimento si sente voler concorrere ancora molti Emi assenti, parimenti creature, invitati dallo zelo del suddetto Portocarrero, con sue lettere«, CHRACAS, 2. Juni 1759, n° 6537.
[290] GRADARA 1920, Abb. XXIV.
[291] ZAMBONI 1964, Abb. 73.
[292] »Difatti l'atto della mano è quello di chi, avendo or ora fiutato tabacco, spande le dita, come per spruzzarne i pulviscoli rimastivi attaccati« [dt. »Difatti l'atto della mano è quello di chi, avendo or ora fiutato tabacco, spande le dita, come per spruzzarne i pulviscoli rimastivi attaccati«], in: MAES 1893.
[293] »[...] così haveva [il Bracci] scolpito il Papa in piedi e levato [...] come anche aveva scolpito una statua laterale rappresentante la Sapienza sacra, avendo l'altra statua rappresentante il Disinteresse fatta scolpire dallo scultore Sibilla.«, in: GRADARA 1920, S. 108.
[294] LECOY DE LA MARCHE 1874, S. 289f.
[295] »In questi giorni [...] si è veduto terminato e scoperto il nobile grandioso Deposito tutto di fini marmi inalzato alla san[ta] mem[oria] di Papa Benedetto XIV.«, CHRACAS, 13. Mai 1769, n° 8057.

[296] »Di Roma il 21 di marzo 1637: La Sant. di Nro Sig. [...] venerdì mattina nella Basilica di S. Pietro [...] si compiacque di andare a vedere il bellissimo Deposito che in quella mattina s'era scoperto fatto fare da sua Beat. in detta Basilica alla Contessa Matilda [...].« [dt. »Rom, am 21. März 1637: Die Heiligkeit unseres Herrn begab sich am Freitag Morgen in die Basilika von Sankt Peter, um die wundervolle, von seiner Seligkeit in derselben für die Gräfin Mathilde beauftragte Grablege zu sehen, die an diesem Morgen enthüllt wurde.«], (*Vat. Barb.* 6362, Avvisi), in POLLAK 1931, S. 214.

[297] »23 aprile – 9 settembre 1634: A Mro Bened. Drei muratore ... a buon conto delli lavori del muro che fa per il deposito della [...] Cont. Mat.« [dt. »23. April – 9. September 1634: Dem Maurer Benedetto Drei für die Maurerarbeiten, die er an der Grablege der Gräfin Mathilde ausführt.«], (*Barb. Cred.* XV Cas. 194, Maz. LVII, Lett. T), in: in POLLAK 1931, S. 207f.).

[298] »Papst Urban VIII. setzte der Gräfin Mathilde, einer Frau männlichen Sinnes, des Apostolischen Stuhles Verteidigerin von ausgezeichneter Frömmigkeit, der durch ihre Freigebigkeit Hochberühmten, nach der Überführung ihrer Gebeine vom Kloster des heiligen Benedikt in Mantua hierher dankbar das verdiente Denkmal ewigen Ruhmes im Jahr 1635.«, vgl. *La Basilica di S. Pietro*, XI (1999) Nr. 6, S. 2.

[299] MONTANARI 1997, S. 252. Vgl. auch FISCHER-PACE 1999, S. 81–96, die eine Zeichnung des Ludovico Gimignani der Fondazione Cossío Tudanca als Projekt für das Grabmal der Königin identifiziert.

[300] MONTAGU 1996a, S. 125f.

[301] MONTAGU 1996a, S. 125.

[301a] C. RIPA, Nuovo iconologia, Padua 1618, S. 257.

[302] BRAHAM/HAGER 1977, S. 56–60.

[303] »Si scoperse in tal giorno al publico nella basilica Vaticana il deposito della regina Christina Alessandra di Svezia, cominciato ad erigersi nel pontificato d'Innocenzo XII, d'ordine del medesimo pontefice. È riuscito di gran spesa e poco applauso e molto frutto al cavaliere Carlo Fontana, architetto di gran grido e poco sapere di detta basilica. Il medaglione con il ritratto della regina sudetta con l'iscrizzione che v'è sotto posta, il primo veniva rassomigliato ad una mostra d'orologio a ruota et la seconda ad un orologio a sole.«, VALESIO II, S. 198.

[304] WITTKOWER 1955 [1997], S. 251 und 291f.

[305] »Innocenzo destinato questo Colosso per la Chiesa di S. Pietro; ma non gli ha determinato logo.« [dt. »Innozenz hatte diesen Koloss für die Kirche von Sankt Peter bestimmt, dafür aber nicht den Ort festgelegt.«], BERNINI 1713, S. 107.

[306] TITI 1763, S. 19.

[307] »Nella scorsa settimana nella Basilica di S. Pietro in Vaticano si vidde terminato e scoperto alla pubblica vista il nuovo nobilissimo deposito eretto alla defunta Regina della Gran Britannia [...]« [dt. »In der vergangenen Woche wurde in der Basilika von Sankt Peter im Vatikan die neue und überaus vorzügliche Grablege der verstorbenen Königin von Großbritannien vollendet und enthüllt.«], CHRACAS, 15. Dezember 1742, Nr. 3960.

[308] THOENES 1963, S. 107.

[309] »[...] e purgando essa Guglia, e consacrandola in sostegno, e piede della santissima Croce, il più singulare, e segnalato, ch'in alcun tempo già mai le fusse stato da nissun'altro sottoposto«, FONTANA 1590, S. 3 [dt. Ausgabe S. 12].

[310] dt. Übersetzungen folgen: K. BARTELS, *Roms sprechende Steine*, Mainz 2001.

[311] SERGARDI 1723.

[312] BRAUER/WITTKOWER 1931, S. 67.

[313] PASTOR 1933, XIV, S. 289.

[314] MORELLO 2008, S. 322.

[315] THOENES 2011, S. 79.

[316] DEL PESCO 1988, S. 41.

[317] dt. »[der Platz] solle nicht breiter sein als die Fassade der Kirche, sollte auch in rechtwinkliger Linie von Anfang bis zu seinem Ende gezogen sein« DEL PESCO 1988, S. 42.

[318] WITTKOWER 1939/40, S. 78.

[319] In die Fundamente wurden mehrere Medaillen eingelassen, die den ursprünglichen Zustand wiedergeben. Die Rückseite ist beschriftet: »FUNDAMENTA. EIUS/IN. MONTIBUS. SANCTIS«, ein Zitat aus Psalm 87,1 in Anspielung auf die Berge im Wappen der Chigi.

[320] ROCA DE AMICIS 2000, III, S. 295.

[321] »[...] essendo la chiesa di S. Pietro quasi matrice di tutte le altre doveva haver' un portico che per l'appunto dimostrasse di ricevere à braccia aperte maternamente i Cattolici per confermarli nella credenza, gl'Heretici per riunirli alla Chiesa, e gl'Infedeli per illuminarli alla vera fede.«, (Bibl. Vat., Cod. Chigi H II 22, fol. 105f.), vgl. BRAUER/WITTKOWER 1931, S. 70, Anm., 1.

[322] WITTKOWER 1939/40, S. 103; KITAO 1974, S. 105, Anm. 110, stellt eine Zeichnung als Gegenprojekt von 1659 vor, vormals in der Slg. Brandegee und heute in der Bibl. Vaticana.

[323] »Le due opere e del portico, e della Cathedra furono per così il principio e la fine della magnificenza di quel gran Basilica, rimanendo non men attonito l'occhio nell'ingresso per il Portico, che nel termine per la Cathedra.«, BERNINI 1713, S. 111.

[324] BELLINI 2011, I, S. 398.

[325] BRAUER/WITTKOWER 1931, zählten 196 Statuen. Auch die dritte, nicht ausgeführte Portikus sollte mit Statuen bekrönt sein. Ihre besondere Stellung in Beziehung zur Fassade und dem Hochaltar, d. h. dem Grab des hl. Petrus, erforderte ein geeignetes ikonografisches Programm, das uns jedoch unbekannt ist. Vgl. SEDLMAYR 1960, S. 36; DEL PESCO 2000, S. 252.

[326] BUONAZIA 2000, S. 303.

[327] Entgegen der Zählung, die Andreas Haus eingeführt hat (HAUS 1970), folgen wir einer fortschreitenden Nummerierung, die entsprechend der geschichtlichen Entwicklung mit den Statuen an der Spitze des nördlichen Säulengangs beginnt (hl. Gallicanus = 1), gegenüber am südlichen Säulengang fortgesetzt wird (hl. Dionysius = 46) und dann über den nördlichen (hl. Bonaventura = 91) zum südlichen geraden Arm (Thomas von Aquin = 116) führt.

[328] BAV, *Codice Chigi* H.II.22. In diesem Verzeichnis findet sich der Name des hl. Thomas von Villanova, der am 1. Nov. 1658 kanonisiert wurde. Dieses Dokument muss nach diesem Ereignis und in das Jahr 1661 datiert werden, als bereits die erste Statue aufgestellt worden war.

[329] BORGATTI 1925, S. 230.

[330] SERGIACOMO 1912, S. 17.

[331] MEYER 1696, nicht nummerierte Seiten.

Nicoletta Marconi

[1] (»La mole maestosa Tempio Augusto che nel luogo Vaticano vagamente s'innalza e grandeggia a stupore e meraviglia dell'universo è e sarà sempre un autentico monumento della eccellenza e maestria di chi vi travagliò.«) Archivio Storico Generale della Fabbrica di San Pietro in Vaticano (im Folgenden AFSP), *Arm.* 12, D, 4b, 29, f. 925.

[2] LANZANI 2010 liefert eine Antwort auf die Frage nach der korrekten Benennung für die Baufachleute der Fabbrica di San Pietro. Seiner Ansicht nach ist der lexikalisch unübliche Begriff *sanpietrini* durchaus geeignet, um die mit den planmäßigen und außerplanmäßigen Instandhaltungs- und Instandsetzungsarbeiten der Basilika Sankt Peter beauftragten Arbeiter zu beschreiben. In den Dokumenten der Dombauhütte lässt er sich bis ins 18. Jahrhundert zurückverfolgen.

[3] MARCONI 2004b.

[4] Aus den zahllosen Werken über die Baugeschichte der Basilika Sankt Peter sei mit Blick auf die behandelten Themen auf folgende Veröffentlichungen hingewiesen: FRANCIA 1977; FRANCIA 1987; PIETRANGELI 1989; BENEDETTI 2000; BREDEKAMP 2000; PINELLI 2000; PETROS ENI 2006; SATZINGER/SCHÜTZE 2008; BELLINI 2011; THOENES 2012.

[5] Der Begriff *opus* oder *fabrica* kann sowohl die Arbeiten als auch das Organ bezeichnen, das die für die Fertigstellung des Bauwerks benötigten Arbeiten und Arbeitsmittel leitet und verwaltet. In einer typische kirchlichen Interpretation wird die *fabbrica* mit den zur Instandhaltung einer Kirche benötigten Mitteln gleichgesetzt; das betrifft Materialien ebenso wie liturgisches Gerät (MORONI 1842, XXII, S. 253). Der Begriff bezieht sich also »weniger auf die kirchliche oder laizistische Funktion, sondern vielmehr auf die Stellung als juristische Person, die sich in der Ausstattung eines Instituts mit den für die Baustelle bestimmten Gütern und Materialien äußert« (*Opera* 1992, S. XI; GOLDTHWAITE 1984, S. 134–139).

[6] Zur Satzung der Fabbrica vgl. RENAZZI 1793; DEL RE 1969; BASSO 1987; MARCONI 2004b, Kap. 1, S. 25–36; LANZANI 2008; TURRIZIANI 2008b; TURRIZIANI 2008a.

[7] Für eine Vertiefung zu Verwaltung und Finanzen der Fabbrica vgl. SABENE 2008 und ID. 2012.

[8] Ein anonymes und nicht datiertes Dokument, das allerdings in die erste Hälfte des 17. Jahrhunderts datiert werden kann, enthält eine Liste »anderer Magazine der Fabbrica«, darunter auch jene am Hospiz und der Kirche Santa Marta. Auf einem beiliegenden Grundriss ist die Lage der drei Depots verzeichnet, die alle an der linken Seite der Kirche angelegt waren (AFSP, *Arm.* 12, B, 66, f. 461). Die nicht reproduzierbare Zeichnung misst 22 x 27,5 cm und ist auf Karton mit Stift bzw. brauner Tinte für die Beschriftung ausgeführt. Ich danke dem Presidente della Fabbrica di San Pietro in Vaticano, S. E. Kardinal Angelo Comastri, und dem Delegato, S. E. Bischof Vittorio Lanzani, für die Erlaubnis zur Einsichtnahme und Veröffentlichung. Ein besonderer Dank geht zudem an Dr. Simona Turriziani, Leiterin des Archivio Storico Generale della Fabbrica di San Pietro, für deren umfassende Unterstützung bei der Dokumentenrecherche sowie an Dr. Pietro Zander für den fruchtbaren Austausch zu gemeinsamen Forschungsthemen und die wertvolle Hilfe bei der Bildauswahl. Dank auch an die Archivare Assunta Di Sante und Marco Boriosi für deren unermüdliche Hilfe. (Der Begriff »munizioni« bezeichnet nicht nur die Materialbestände, sondern auch die Lager selbst. Anm. d. Übers.)

[9] (»[...] stanze dell'azienda [...] sotto il Portico, verso la statua di Costantino«), *Congregatio* o. J., S. 4.

[10] Zu den Vergütungen der *sanpietrini* vgl. MARCONI 2004b, S. 44ff. und SABENE 2012, S. 167ff.

[11] AFSP, *Arm.* 26, D, 282, f. 61v, *Libro mastro del Soprastante delle taglie (1637–1656)*, handschriftliches Register von Pietro Paolo Drei.

[12] (»[...] la cura di apprire, e serrare l'azzienda, scopare e spolverare, prender acqua, accender fuoco, chiamare Artisti, andare per ordinazioni, somministrare con ordine del fattore ai manuali que' generi occorrenti ala giornata, come sarebbero chiodi, sponghe, pennelli, candele, spago, colla, carta, ed altro, che si ritiene alla mano dal fattore generale, come altresì prestar l'opera nelle monizioni per la consegna ad artisti di legname, ferro, piombo, metallo, ed altro, secondo le occorrenze«), *Congregatio* o. J., S. 4.

[13] »Dovrà tenere presso di sé le chiavi dello Studio del Mosaico, e sue Monizioni, e se li Signori Mosaicisti, ò altri, per loro uso, volessero comprare Stucco, o smalti, con preventiva licenza di Mons. Ill.mo e R.mo Economo, dovrà pesarli, e farseli pagare secondo li loro stabiliti prezzi« [»Er muss die Schlüssel zur Mosaikwerkstatt und deren Magazinen bei sich tragen und wenn die Herren Mosaizisten, oder andere, nach vorheriger Zustimmungen des ehrwürdigsten Bischofs und *economo*, für ihre Arbeiten Stuck, oder Smalten, erwerben möchten, muss er diese wiegen und sich nach den festgesetzten Preisen bezahlen lassen«] (*ibid.*, S. 6).

[14] (»Al Fattore della Fabbrica, Giovanni Fabbri, per pagare carrettieri per trasporto di carrettate di terra, tufo, calce, rena, calce bianca, tevolozza di campagna, forme di gesso per la fonderia, diverse carrettate di scaglia alla calcara e operai diversi, per il nolo di 6 cavalli che scaricarono dalla barca due pezzi di marmo bianco venuto da Carrara, per pagare diversi scorzi di polvere di travertino e di marmo e la segatura di alcune pietre, per pagare alcune tirate d'argano [...].«) [»Dem *fattore* der Fabbrica, Giovanni Fabbri, zur Bezahlung der Fuhrleute für den Transport von Erde, Tuffstein, Kalk, Sand, Weißkalk, Mörtel, Gipsformen für die Gießerei, verschiedener Fuhren mit Splitt zum Kalkofen und sonstigen Arbeitern; für die Miete von 6 Pferden, die von der Barke zwei Blöcke weißen Marmors aus Carrara entladen haben; für die Bezahlung mehrerer *scorzi* [ein Hohlmaß] mit Travertin- und Marmormehl sowie für das Sägen einiger Steine, und die Bedienung von Winden.«], AFSP, *Arm.* 17, D, 16, f. 128r, *Libro mastro dell'avere e delle paghe per gli architetti, artisti e operaj nominati singolarmente dal 1627 al 1630*.

[15] AFSP, *Arm.* 24, F, 20, ff. 37–38.

[16] AFSP, *Arm.* 25, C, 89, *Inventario delle Munizioni* (1580–1581).

[17] AFSP, *Arm.* 25, E, Bde. 130–131, *Inventario delle Munizioni (1590)*. Zur Baustelle unter der Leitung Michel-

angelos und Della Porta vgl. v. a. BELLINI 2011 sowie die Beiträge von ZANCHETTIN 2008 und 2009; BRODINI 2009b.
[18] Beide Ausgaben, FONTANA 1590 und FONTANA 1694, waren überaus erfolgreich. Zu Domenico Fontana und der Aufstellung des vatikanischen Obelisken vgl. CURCIO, SPEZZAFERRO 1989; CURCIO 2003; [CURCIO, NAVONE, VILLARI] 2011; MARCONI 2009.
[19] AFSP, *Arm.* 29, A, 614, *Inventario della Fabbrica (1608)*; AFSP, *Arm.* 26, B, 194, *Libro della Munizione (1610–1612)*; AFSP, *Arm.* 26, B, 207, *Libro della Munizione (1612–1614)*; *Giornale della Munizione (1614–1615)*.
[20] [»Buch der Flaschenzugblöcke und Metalle«, »Inventar verschiedener Eisen«] AFSP, *Arm.* 26, C, Bde. 219, 241.
[21] Ein Erlass vom Oktober 1610 enthielt folgendes Verbot: »a persona alcuna [di] levare e portar fuori di detta Fabrica alcuna sorte di ferri, ordegni, legnami, Piombi, Metalli, Rame et altre materie di qual si voglia sorte, senza ordine in scritto delli offitiali di detta Fabrica, ò uno di essi, sotto pena di scudi 50 et tre tratti di corda per ciascheduna volta« [dt. etwa: »Niemand darf ohne eine schriftliche Anweisung der Verantwortlichen der Fabbrica oder eines dieser Verantwortlichen Eisen, Geräte, Hölzer, Bleie, Metalle, Messing und sonstiges Material gleich welcher Art aus der Fabbrica mit sich nehmen. Er wird ansonsten mit einer Strafe von 50 Scudi und drei Seilhieben für jede Tat bestraft.«] (ORBAAN 1919, S. 93f.).
[22] AFSP, *Arm.* 29, B, 628a, *Registro dei Decreti della Congregazione della Reverenda Fabbrica di San Pietro relativi alla Basilica Vaticana*, S. 390 mit Verweis auf die Sitzung der Congregazione am 17. Juli 1660.
[23] Zum Verleih und Einsatz von Baugerät vgl. MARCONI 2001 und 2003.
[24] Der erste Band der *Liste Mestrue* der Fabbrica betrifft die Jahre 1652–1659 (AFSP, *Arm.* 26, E, 305). Im Jahr darauf wurden auch das *Libro delle Robe vendute 1657–1673* (AFSP, *Arm.* 26, E, 323) und das *Libro delle Robbe prestate 1650–1685* (AFSP, *Arm.* 26, E, 303) angelegt.
[25] MARCONI 2009b.
[26] MARCONI 2009b, S. 45–56.
[27] *Castelli e ponti* 1743, Taf. V.
[28] SCHÜTZE 2008 mit Bibliografie.
[29] WITTKOWER [1958] 1993, S. 138.
[30] Vom 13. März 1663 datiert folgender Eintrag: »Stima dell'opera di Bronzo che si è fatta per situare la Catedra di S. Pietro cioè li quattro Dottori, la Sedia e le quattro Arme [...], quale ha gettato di Bronzo mastro Giovanni Artusio fonditore à tutte sue spese, eccettuando però li modelli di Chreta che hà fatti il Bernino, la rinettatura delle cere, le fornaci da cocere e da fondere, è tutto quello che ha bisognato tanto d'huomini, come di stigli per cavare fuori dalle fornaci li detti getti doppo gettati come anco il metallo, le qual cose gli ha dato tutte la Reverenda Fabrica di San Pietro.« [dt. etwa: »Begutachtung des Bronzewerks für die Cathedra des hl. Petrus, also die vier Kirchenväter, der Stuhl und die vier Wappen [...], die Meister Giovanni Artusio zu seinen eigenen Kosten aus Bronze nach den Tonmodellen des Bernini gegossen hat, das Entfernen des Wachses, die Brenn- und Schmelzöfen und alles, was die damit beschäftigten Männer benötigten, wie die Geräte zum Ausgraben der Gussstücke aus den Öfen nach dem Guss und auch das Metall, all das hat er von der Reverenda Fabbrica di San Pietro erhalten.«] AFSP, *Arm.* 42, E, 6, f. 111r, *Liste mestrue della Fabbrica di San Pietro.*
[31] BATTAGLIA 1943. Zwischen Frühjahr und Sommer 1660 führte Giovanni Artusi den Guss zweier Bronzeengel aus, während andere Figuren im Laufe des folgenden Jahres angefertigt wurden. Im Herbst 1661 begannen die Vorbereitungen für den Guss der Statue des *hl. Augustinus*. Der erste Guss schlug fehl, der zweite war nur zum Teil erfolgreich. Der Kopf entstand schließlich im Februar 1662. Der Guss der vier *Kirchenväter* wurde 1663 abgeschlossen, als man mit dem Guss der Cathedra begann (1665 vollendet) und über die Jesuiten von Sant'Andrea al Quirinale als Vermittler die Verhandlungen zum Kauf von »bona macchia« (»schön gemaserten«) Marmor für den aus Travertin, Bianco und Nero antico sowie sizilianischen Jaspis gefertigten Sockel aufnahm. Ab 1664 gingen die Arbeiten schneller voran: Maurer, Stuckateure und smerigliatori arbeiteten auch an den Festtagen. Aus dem damals angelegten *Registro dell'oro* gehen die Gesamtkosten in Höhe von 7000 Scudi hervor. 1665 wurden nach deren Vergoldung die vier *Kirchenväter* und der Sockel des Bronzestuhls aufgestellt (WITTKOWER 1990, S. 279).
[32] BORSI 1980, S. 326, veröffentlichte die Vereinbarung zwischen Giovanni Artusi und der Fabbrica di S. Pietro über die Lieferung, den Guss und die Endbearbeitung der Bronzen.
[33] Dieselben *capomastri* waren gleichzeitig an der Baustelle der Portikus von Sankt Peter tätig. Vgl. dazu [MARTINELLI] 1996, S. 5–19. Die Erfahrung Luigis, »huomo nella speculazione delle misure, e forza de' pesi, se non superiore, almeno uguale« [»im Messen und Wiegen wenn nicht gar überlegen so aber zumindest gleichermaßen geübt«], erwies sich auf den Berninischen Baustellen oft als entscheidend. Seine Biografen erwähnen diesbezüglich neben der Aufstellung der »aguglia di Navona« [Obelisk auf der Piazza Navona] und dem Bau der Scala Regia auch das gigantische Gerüst zur Errichtung des Baldachins und der Cathedra sowie den fahrbaren Gerüstturm zur Reinigung der Gewölbe und Bogen, den Domenico Bernini als »bel castello di cento palmi di altezza, per il commodo operare nelle parti eminenti, che vediamo hor qua hor là per la gran Chiesa di San Pietro« [»schönen Turm von hundert Spannen Höhe zur bequemen Arbeit an den hoch gelegenen Stellen, den wir hier und dort in der großen Kirche Sankt Peter sehen«] beschrieb (BALDINUCCI [1682] 1948, S. 153; BERNINI 1713, Kap. XX, S. 153). Aller Wahrscheinlichkeit nach hat Luigi auch den Gerüstturm für die Aufstellung des aus schweren Fragmenten errichteten Obelisken inmitten der Fontana dei Quattro Fiumi auf der Piazza Navona entworfen. Als geschickter Wasserbauingenieur wurde er von Alexander VII. zum *architetto delle acque* ernannt. Zur Kathedra des hl. Petrus vgl. auch MARIANI 1931; LAVIN 1980; MONTAGU 1981; BELTRAMME 1997; LAVIN 2000; SUTHERLAND HARRIS 2001; SLADEK 2002.
[34] »Dalli 21 agosto 1663 per tutto li 28 di marzo 1665. Spesa di diverse giornate di mastri muratori e garzoni [...], quali han servito in diversi tempi per voltar l'argani dentro in Chiesa, et aiutare ad alzare muovere e mettere in opera, e poi calare le quattro statue di metallo delli dottori della Cattedra di San Pietro, e rialzarle doppo indorate, et anco per metter in opera diversi pezzi di bianco e negro, e diaspro di Sicilia, commessi in travertini grossi, e li quattro modelloni di trevertino che devono reggere la sedia di Bronzo.« [»Vom 21. August 1663 bis zum 28. März 1665. Ausgabe für mehrere Tagwerke der Maurermeister und -gehilfen [...], die zu verschiedenen Zeiten die Winden in der Kirche betätigt und geholfen haben, die vier metallenen Statuen der Kirchenväter an der Cathedra des hl. Petrus anzuheben, zu versetzen, aufzustellen und dann herabzuheben und nach der Vergoldung wieder aufzustellen, und die auch die verschiedenen Stücke aus Bianco und Negro [antico] und sizilianischen Jaspis, in großen Blöcken bestellt, und die vier großen Konsolen aus Travertin, die den bronzenen Sitz tragen sollen, aufgestellt haben.] Die Ausgabe ist von Gian Lorenzo Bernini, Luigi Bernini, dem *soprastante* der Fabbrica, Benedetto Drei, und dem *procuratore* Carlo Soriani unterzeichnet (AFSP, *Arm.* 42, E, 6, f. 147r).
[35] An der Baustelle von Sankt Peter waren zahlreiche »deutsche« *(todeschi)* Schmiede beschäftigt. Sie waren für ihre Erfahrung in der Bearbeitung von Metallen berühmt, die auf einer langen Tradition im Bereich der Geschützherstellung beruhte.
[36] [»Abrechnung über zwei Flaschenzugblöcke von ca. 8 Spannen, mit zwei Rollen oben und zwei Rollen unten, anders als die Flaschenzugblöcke vom Dezember 1664«] AFSP, *Arm.* 42, E, 6, ff. 89r–90r. Das Dokument ist in MARCONI 2004, S. 296 publiziert.
[37] MARCONI 2004b.
[38] MARCONI 2004a.
[39] AFSP, *Arm.* 17, G, 48, Fasz. 30, publiziert in MARCONI 2008c und EAD 2010.
[40] MCPHEE 2008.
[41] AFSP, *Arm.* 1, F, 10.
[42] [»scopar la piazza, colonnato, riveder tetti, levar erba, far ponti alli muratori, muover castelli per la chiesa, tirar su le lastre di piombo e tutt'altro che bisogna«] Für eine Vertiefung hinsichtlich von Vergütungen der Fabbrica, Löhnen und Lebensläufen der *sanpietrini* vgl. SABENE 2012, Kap. VII, S. 147–170.
[43] Für einen Vergleich der Löhne im römischen Bausektor vgl. auch SCAVIZZI 1983, S. 63ff.
[44] ORBAAN 1919, S. 68, 70 und *passim*.
[45] Vgl. das Sitzungsprotokoll der Sacra Congregazione in Sankt Peter vom 17. August 1657 (AFSP, *Arm.* 29, B, 628a, *Registro dei Decreti*, f. 188).
[46] ZARALLI 1987; DI SANTE, GRIMALDI 2008.
[47] AFSP, *Arm.* 15, G, 155, *Lettere patenti (XVIII–XIX secolo)*. Es handelt sich um einen Band mit »lettere patenti« für die in Sankt Peter zwischen 1618 und 1634 tätigen Handwerker und Meister.
[48] AFSP, *Arm.* 7, F, 467, fasc. 5, f. 614, *Lista dei mastri scarpellini di Roma* (Juli 1659).
[49] *Ebd.*, ff. 614, 618–621.
[50] *Ebd.*, f. 620.
[51] AFSP, *Arm.* 1, A, 11, *Materie diverse (1538–1697)*, Fasz. 2, *Assistenza a invalidi e morti sul lavoro della Reverenda Fabbrica. Suppliche varie*, ff. 3r–182v, publiziert in MARCONI 2004, S. 49–53.
[52] *Ebd.*
[53] *Opera* 1991, S. 315–344.
[54] AFSP, *Arm.* 1, A, 11, Anm. 1, *Elemosine che paga ogni mese la Fabbrica (1660–1669)*; Anm. 2, *Suppliche delle vedove (1554–1671)*.
[55] CHINEA 1933, S. 5.
[56] TODARO 2001; MARCONI 2004b, S. 52; SABENE 2012, S. 171–190.
[57] (»per li stucchi del cornicione grande e sotto la cupola«) CHINEA 1933, S. 4.
[58] AFSP, *Arm.* 27, C, 396.
[59] (»inteso che vogliono fare un tabernacolo intarsiato di lapis[lazzuli], lei essendo di mestiere«, chiede che le venga assegnato il lavoro«) AFSP, *Arm.* 12, A, 57, f. 27.
[60] Ein Auftrag vom 27. Februar 1673 belegt die Zahlung von 150 Scudi an Francesca Bresciani für »segatura et connettitura di lapis lazzuli [...] per il nudo tabernacolo del Santissimo Sacramento, posto nella chiesa di San Pietro« [das Schneiden und Zusammenfügen des Lapislazuli [...] für den nackten Tabernakel des Allerheiligsten, der in der Kirche Sankt Peter aufgestellt wird«], in dem zweieinhalb Pfund des wertvollen Steins, kunstvoll geschnitten, dem Kreuz am Altar des Allerheiligsten einen goldenen und kobaltblauen Schimmer verleihen (AFSP, *Arm.* 1, A, 12, f. 5; AFSP, *Arm.* 27, B, 376, f. 80; AFSP, *Arm.* 27, B, 373, ff. 81, 83).
[61] Zu den tessinischen Architekten und Meistern in Rom existieren in der architekturhistorischen Literatur zahlreiche und wohl bekannte Beiträge. Hier sei nur auf die jüngeren Beiträge hingewiesen: *Svizzeri a Roma* 2007, *Studi sui Fontana* 2008; MANFREDI 2008; *Studi su Domenico Fontana* 2011 sowie der maßgebliche Artikel von CURCIO/SPEZZAFERRO 1989.
[62] HIBBARD 2001; CONNORS 2006.
[63] ZANDER 2002; ZANDER 2007; LANZANI 2010; LIVERANI, SPINOLA, ZANDER 2010.
[64] AFSP, *Arm.* 17, D, 12, ff. 21–22v; MARCONI 2007.
[65] AFSP, *Arm.* 26, B, 195, f. 98v.
[66] MCPHEE 2002.
[67] (»nel mettere in opera li travertini alle doi bande della fabbrica della Chiesa«) AFSP, *Arm.* 17, D, 20, f. 452.
[68] [»Vorräte und Rüstungen aus Holz zur Bewehrung des großen Gewölbes«] AFSP, *Arm.* 1, B, 16, ff. 110–113.
[69] (»vecchi di qua e di là dalla parte della Clementina e Gregoriana per congiungere la chiesa vecchia con la nova«) AFSP, *Arm.* 1, B, 14, Anm. 44.
[70] BELLINI 1999.
[71] AFSP, *Arm.* 1, A, 3 (71), f. 295, *Conto de le pietre che a dato mastro Julio Solari scarpellino per servitio de la Confessione in San Pietro.*
[72] HIBBARD [1971] 2001; SPAGNESI 1997; ROCA DE AMICIS 1997; BENEDETTI 2003.
[73] Im komplizierten System der päpstlichen Bauverwaltung bestand eine wichtige Voraussetzung für die Zulassung als Architekt und Baumeister in dem Besitz eines eigenen Betriebs oder einer Werkstatt, die über alle für die Ausübung dieses Berufs erforderlichen Ausrüstungen und Werkzeuge verfügte. Das Inventar von Madernos Werkstatt sowie die Studien zur Organisation seiner Berufstätigkeit belegen indes, dass er sich dieser Tradition nicht beugte. Er verfügte dagegen er über eine Werkstatt, welche die einschlägigen Betriebsstrukturen aufwiese und auf die Mitarbeit von höchst erfahrenen Gehilfen zählen konnte (MARCONI 2009a).
[74] SIBILIA 1992.

[75] AFSP, *Arm.* 26, B, 186,ff. 23v, 30v, 36v.
[76] AFSP, *Arm.* 26, A, 182, *Liste dell'anno* 1607,ff. 4r–5r.
[77] AFSP, *Arm.* 26, B, 186,ff. 27–50v.
[78] Als *tavolone* wird ein Bauholz von mindestens 12 Spannen (ca. 2,5 m) Länge und einer Breite von mindestens einer halben Spanne (ca. 11 cm) bezeichnet. Es wurde aus Pappel-, Ulmen- und Pinienholz gefertigt.
[79] Das *scorzo* ist ein Hohlmaß von ca. 13,41 Volumen.
[80] Der als *scaglia* bezeichnete Kalksplit wurde meist aus Abfällen hergestellt, die beim Behauen der Travertinblöcke anfielen, und in Fundamenten sowie zur Herstellung von Gussmauerwerk und Kalkmilch verwendet.
[81] (»detti lavori siano senza nisuna sorte di stuchi e senza taselli«) AFSP, *Arm.* 1, B, 15, *Artisti diversi* 1535–1695.
[82] (»per stucchi che fa nella facciata. // spranghe [di ferro] messe et impiombate al trevertino della facciata«) AFSP, *Arm.* 26, B, 195, *Spese 1610–1611*; AFSP, *Arm.* 26, B, 197f., *Entrata e uscita 1611*.
[83] Am 13. Juni 1611 entnahmen Martino Panciati und Meister Bassano aus den petrinischen Magazinen zwei Kisten mit griechischem Pech sowie 20 Pfund gelben Wachs, »um die Mischung für die Steine anzurühren« [»per fare le mesture per li sassi«] (AFSP, *Arm.* 26, B, 194,f. 100). Vom 4. Februar 1611 stammt folgender Eintrag: »195 libbre di pece grega in una cassa che selli deve far la tara, [furono] consegnati a mastro Martino scarpellino per servitio de taselli delle colonne et altre pietre« [»195 Pfund griechisches Pech in einer Kiste dem Steinmetzmeister Martino übergeben, für Passstücke der Säulen und weiteren Steine«]. Zu diesem Zeitpunkt befanden sich die Gerüste »alla porta delle colonne d'Africano« [»an der Tür mit den Säulen aus Africano[-Marmor]« (AFSP, *Arm.* 26, B, 194,f. 52v). Dieses Verfahren ist verbreitet und bewährt; Die Zahlungen vom 22. Mai 1612 enthalten auch das Rezept »per far mestura per le colonne: oncie 5 di cera bianca; oncie 6 di terra verde; oncie 5 di biacca« [»um Mischungen für die Säulen herzustellen: 5 Unzen weißes Wachs; 6 Unzen Grüne Erde; 5 Unzen Bleiweiß«]. Dieses Rezept soll auf Simone Gottardo zurückgehen (AFSP, *Arm.* 26, B, 207,f. 43).
[84] (»a mettere in opra li travertini alli doi bande della facciata della chiesa nuova, et fare altri lavori«) AFSP, *Arm.* 17, D, 20, *Spese diverse*, 1613–1615.
[85] AFSP, *Arm.* 26, B, 207 e AFSP, *Arm.* 17, D, 20.
[86] »Capitoli e patti da osservarsi dalli sottoscritti capimastri scarpellini per il lavoro de scarpello de Trevertino da farsi alla Basilica di S. Pietro nella parte che si fa di nuovo per di fuora quanto tiene le facciate di detta Chiesa a manifattura, dandoli però la fabrica il trevertino rustico vicino alli tetti, dove si haverà a lavorare; il resto, che anderà per lavorare tutto sia a spese dei Mastri appaltatori per li patti e li prezzi che nelli seguenti Capitoli saranno dichiarati« [dt. etwa: »Abschnitte und Vereinbarungen, die von den unterzeichnenden Steinmetz-Werkmeistern bei der Bearbeitung des Travertins für die Basilika Sankt Peter in dem neu gemachten Teil außen an der Fassade dieser Kirche einzuhalten sind. Von der Fabbrica erhalten sie den groben Travertin, nahe der Dächer, der dort zu bearbeiten ist; der Rest, der vollständig bearbeitet werden muss, geht zu Kosten der beauftragten Meister nach den Vereinbarungen und Preisen, die in den folgenden Kapiteln festgehalten sind«] AFSP, *Arm.* 1, B, 13, Anm. 3,ff. 3r–6r.
[87] Ähnlich einem Kran besteht die *antenna* aus einem langen, sauber gearbeiteten Vierkantbalken, der auf einer Grundplatte mit oder ohne Rädern befestigt oder direkt in den Boden eingelassen ist. An der Spitze des Mastbaums war ein kräftiger Querbalken, *falcone* genannt, mit Seilen und Metallklammer befestigt, der den Flaschenzug trug (MARCONI 2004b, S. 211–230).
[88] AFSP, *Arm.* 7, F, 467,f. 318.
[89] (»rivedere li motivi et peli che si fanno nella fabbrica et havere cura delle chiaviche che inghiottino l'acque per l'imminente rovina«) AFSP, *Arm.* 1, B, 17, N. 61.
[90] [»Aufmaß und Schätzung des im Gewölbe und an den Wänden des Chors verwendeten Goldes«] AFSP, *Arm.* 1, B, 17, N. 53.
[91] (»un'antenna grande innalzata fora la Cappella del Re«) AFSP, *Arm.* 11, A, 4,f. 618.
[92] AFSP, *Arm.* 26, A, 178,f. 27r, *Entrate e Uscite della Fabbrica di San Pietro (1605–1606)*.
[93] ORBAAN 1919, S. 38.
[94] (»rizzare le antenne et cominciare a calare li architravi e capitelli delle colonne et altri lavori fatti in San Pietro«) *ebd.*, S. 51f.
[95] (»portatura e drizzatura«) *ebd.*, S. 107.
[96] BRAUER, WITTKOWER 1931; *Bernini in Vaticano* 1981, S. 64–104; DEL PESCO 1988; MARDER 2003.
[97] (»per avanti non più veduta, né usata [...] furono messe in opra tutte le pietre dei colonnati, e portico di San Pietro. [...] tre per un verso e tre per un altro a quello contrario«) BALDINUCCI [1682] 1948, S. 153.
[98] AFSP, *Arm.* 17, E, 29, in: MARCONI 2004b, S. 218–221.
[99] (»finita un'antenna delle più lunghe [...] dalla parte del Portone de todeschi due rochi di colonna del secondo giro con il suo collarino«) AFSP, *Arm.* 17, E, 29,f. 1.
[100] (»armata di ventole per tirarla al loco dove deve servire«) *ebd.*,f. 2.
[101] (»murato un canapo vecchio [...] la quale si è condotta dove si ha da mettere in opera la colonna [...] l'antenna grande alla testata del Portico vergo Borgo [...] tiro del ponte fermo nel mezzo del portico«) *ebd.*,ff. 3–4, 9.
[102] Der große Mastbaum an der Fassade der Kirche [»che deve servire per mettere in opera nella testa verso Borgo«] wurde erst am 11. September, also rund eine Woche nach seiner Errichtung, mit Seilen und Flaschenzügen bestückt und in Betrieb genommen (*ebd.*,f. 6).
[103] (»canapi che restano nella piazza«) *ebd.*,f. 11.
[104] (»accanto alla terza base della terza colonna del terzo giro nel mezzo verso Borgo [...] avanti alli due pilastri del quarto giro dal mezzo verso Borgo [...], oppure alli pilastri del Ingresso verso Borgo per mettere in opera i capitelli«) *ebd.*,ff. 7–22.
[105] (»ponte di legni grossi per poterci andare sopra con li Castelli«) *ebd.*,f. 17. Die Notiz ist mit dem 26. September 1659 datiert.
[106] (»revoltatura dell'antenna grande che deve servire per mettere li architravi«) *ebd.*,ff. 23, 42. Die Männer kehrten nach drei Tagen in die Fabbrica zurück.
[107] *Ebd.*, f. 54.
[108] [»Unterschied zwischen den Travertinblöcken aus Tivoli und von Monte Rotondo zur Verwendung im Säulengang nach Süden: Streitsache zwischen der Fabbrica und den Werkleuten«] AFSP, *Arm.* 7, F, 467,ff. 191–192.
[109] CORBO 1999; MARCONI 2008a, S. 54–82, 125–153; MARCONI 2008b, S. 154–166; MARCONI (in Druck 2).
[110] Zu den verlegerischen Aktivitäten der Fabbrica di San Pietro vgl. TURRIZIANI 2012.
[111] DI SANTE 2008; DI SANTE/GRIMALDI 2008; DI SANTE 2009.
[112] Die dem Text beigefügten Tafeln, von dem Architekten Giovanna Marchei entworfen, zeigen Nachbauten einiger auf den petrinischen Baustellen eingesetzter Geräte, die sich bereits in dem Werk zu Zabaglias Maschinen abgebildet fanden. Marchei, dem ich für seine freundliche Unterstützung und Zusammenarbeit danke, führte seine Studien im Rahmen einer Doktorarbeit im Bereich Denkmalrestaurierung durch, die 2010 an der von Prof. G. Carbonara geleiteten Scuola di Specializzazione in Restauro dei Monumenti der Fakultät für Architektur »Valle Giulia« der Università Sapienza di Roma vorgelegt wurde: *Castelli e Ponti di Maestro Nicola Zabaglia: attualizzazione e possibilità odierna di applicazione*, Prüfer Prof. L. Bussi und Prof. N. Marconi. Eine Auswahl der Tafeln findet sich auch in: MARCONI (in Druck 2)
[113] *Castelli e Ponti* 1743, Taf. III.
[114] SANSA 2003, S. 15; DIOSONO 2008; [CAVACIOCCHI] 1996.
[115] AFSP, *Arm.* 27, C, 390, *Uscita di Monitione* (vom 13. Mai 1685).
[116] (»ponti che si fanno per di fuori e attorno la Cupola Grande dove si deve fare l'ammattonato di nuovo in coltello.«) Dieses und die nachfolgenden Zitate stammen aus AFSP, *Arm.* 12, D, 4b, 29, Sp. 917–1068.
[117] *Ebd.*,f. 969r.
[118] (»dove si reatta il mosaico«) Aus dem Jahr 1671 stammt ein eigenhändiger Brief des Maurers Alessandro Zabaglia, der damals bereits seit dreißig Jahren in der Fabbrica di San Pietro beschäftigt war, in dem dieser darum bittet, die Baustelle an den Säulengängen verlassen und im Innen der Basilika arbeiten zu dürfen (AFSP, *Arm.* 1, B, 14, Anm. 60,f. 183).
[119] AFSP, *Arm.* 27, E, 431,f. 22v; *Castelli e ponti* 1743, Taf. XIX. Die Tafel wurde von Francesco Rostagni gezeichnet und von Giuseppe Vasi gestochen.
[120] (»toccare né il pavimento né le pareti«) *Castelli e ponti* 1743, Taf. XX, Zeichnung: Francesco Rostagni, Stich: Michele Sorello.
[121] (»dei due bracci ai lati del portico«) *ebd.*, Taf. VII, Zeichnung: Baldassarre Gambucciari, Stich: Filippo Vasconi. Zur Errichtung der Statuen auf dem Petersplatz 1703 vgl. MARTINELLI 1987, S. XXXVIII, XL, 290 sowie MARCONI 2004b, S. 227–230.
[122] *Castelli e ponti* 1743, Taf. XXI, Zeichnung: Baldassarre Gambucciari, Stich: Filippo Vasconi.
[123] *Ebd.*, Taf. XXXIV. Zeichnung und Stich durch Gambucciari bzw. Vasconi.
[124] *Ebd.*, Taf. XXV, Zeichnung: Francesco Rostagni, Stich: Paolo Pilaja.
[125] (»fintantoché lo permette la curvatura«) *ebd.*, Taf. XXVI, Zeichnung: Francesco Rostagni, Stich: Paolo Pilaja.(»comodo di chi deve operare in quella maggiore altezza«) *ebd.*, Taf. XXVI, Zeichnung: Francesco Rostagni, Stich: Paolo Pilaja
[126] (»comodo di chi deve operare in quella maggiore altezza«) *Ebd.*, Taf. XXVI, Zeichnung: Francesco Rostagni, Stich: Paolo Pilaja
[127] (»ingegnosissimo ponte a più ripiani intorno la guglia di San Pietro«) *ebd.*, Taf. XXVI, Zeichnung: Francesco Rostagni, Stich: Paolo Pilaja
[128] Einige Jahre vor der Würdigung durch die großartige Stichesammlung – Zabaglias Talent war bereits weit über die Grenzen des Vatikans hinaus bekannt – ist in einem Protokoll im *Liber Congregationum* von April 1719 die Bitte von Meister Nicola nach einem »gebührenden Geschenk« [»doveroso regalo«], will heißen eine regelmäßige Vergütung von 50 Scudi, enthalten. Diese wird ihm aufgrund seiner bedeutenden Arbeiten auch bewilligt (AFSP, *Arm.* 628, A, Bd. 17,f. 195, *Decreti della Congregazione della RFSP relativi alla basilica Vaticana, a cura dell'archivista Filippo Fortini, 1896). Liber Congregationum* Anm. 169,f. 14 verso. Sitzung der Congregazione vom 19. Aprile 1719. »Per Nicola Zaballi manuale al servizio della Reverenda Fabrica di San Pietro. Beatissimo Padre, Niccola Zaballi umilissimo oratore della Santità Vostra e manuale al servizio della Reverenda Fabbrica di San Pietro avendo composti d'ordine di Mons. Ill.mo Sergardi con molta sua spesa li faticosi ed ingegnosi modelli dei ponti, che in congiuntura di doversi risarcire il famoso Tempio Vaticano potrebbero occorrere con avere minutamente osservato tutti i luoghi più eminenti e scabrosi del medesimo per inventarvi sopra le macchine ed ossature de' travi per ripararne ogni danno. [»Betreffs Nicola Zaballi, Werkmann im Dienste der Reverenda Fabbrica di San Pietro. Allerseligster Vater, Niccola Zaballi, der demütige Bittsteller Eurer Heiligkeit und Werkmann im Dienste der Reverenda Fabbrica di San Pietro hat auf Anweisung des ehrwürdigen Bischofs Sergardi unter hohen Kosten die aufwendigen und kunstvollen Entwürfe für die Gerüste angefertigt, die bei sorgfältiger Begutachtung aller wichtigsten und schwierigen Stellen des berühmten vatikanischen Tempels zur Ausbesserung desselben erforderlich sein könnten, um die Maschinen und Balkengerüste für die Reparatur jeglicher Schäden zu bauen.] Dopo che ebbe l'onore di sottoporre li suddetti ai benignissimi sguardi della Santità Sua, si degnò la medesima intenzionarlo su farli concedere un doveroso regalo a risguardo di tante sue lunghe fatiche, giovevoli alla Reverenda Fabbrica non solo per ogni occasione di risarcimenti, ma quel che più per utile della spesa avendo avuto riflessione nel compor dette macchine alla facilità dell'invenzione, con la quale viene a risparmiare alla Reverenda Fabbrica in ogni evento ruinoso, spese molto considerabili, come ha fatto in tutte le sue operazioni particolarmente negli ultimi ponti, inventati per formare le statue di stucco situate su gli arconi di detto tempio. [Nachdem ihm die Ehre zuteil geworden ist, das oben Genannte dem Wohlwollen Eurer Heiligkeit anzuvertrauen, bittet er dieselbe ihm ein gebührendes Geschenk für so viele und lange Bemühungen zugunsten der Reverende Fabbrica zuteil werden zu lassen – dies nicht nur für die einzelnen Ausbesserungsarbeiten, sondern vielmehr noch für die Kosten, die beim Entwerfen genannter Maschinen entstanden sind, mit denen er der Reverenda Fabbrica bei jedem Schadenereignis weit höherer Kosten ersparte, so wie er es bei all seinen Arbeiten

an den letzten Gerüsten getan hat, die zur Errichtung der Gipsstauten auf den großen Bogen besagten Tempels erfunden wurden.] Che però l'oratore prostrato a piedi della Santità Vostra umilmente rinnova la sua supplica pregandola a benignamente degnarsi di ordinare gli sia concesso un giusto e doveroso compenso corrispondente alle sue incredibili fatiche su la riflessione ancora che detti modelli resteranno a perpetuo benefizio di detta Reverenda Fabbrica ed al medesimo non resta che sperare nella somma generosità e giustizia della Santità Vostra. Pro scutiis 50.« [Damit erneuert der zu den Füßen Eurer Heiligkeit demütig niederkniende Supplikant seine Bitte, indem er Euch bittet, gütigst anzuordnen, dass ihm eine gerechte und gebührende Vergütung für seine unglaublichen Mühen beim Entwerfen gewährt werde, sodass die genannten Modelle auf ewig der Reverenda Fabbrica zur Nutzung verbleiben und ihm nichts anderes zu erhoffen bleibt als die Güte und Gerechtigkeit Eurer Heiligkeit. Pro scutiis 50.«]

[129] *Castelli e ponti* 1743, Taf. XXI.

[130] *Castelli e Ponti* 1824, Taf. LV.

[131] AFSP, *Arm.* 12, D, 4b, 29, f. 1050. Eine Abbildung des Gerüsts findet sich in *Castelli e Ponti* 1743, Taf. LV, eine Beschreibung in AFSP, *Arm.* 12, D, 4b, 29, f. 1035r.

[132] AFSP, *Arm.* 12, D, 4b, 29, f. 920r. Von Pietro Albertini stammt zugleich der nach dem Vorbild Fontanas errichtete Gerüstturm, der beim Heben der auf dem Marsfeld gefundenen Säule aus Cipollino zum Einsatz kam. Das Modell eines zweiten Gerüstturms, für die Aufstellung der Säule auf der Piazza di Montecitorio entworfen, wird heute in der Fabbrica di San Pietro bewahrt.

[133] AFSP, *Arm.* 72, E, 4, ff. 120r–121v, *Inventario degli oggetti contenuti nelle Munizioni della Reverenda Fabbrica di San Pietro.*

[134] Zu den Stichen von Sangermano im Anhang der 1824er Ausgabe von *Castelli e Ponti* vgl. die Abbildung in MARCONI 2008b, S. 167–177, Nr. 65–68.

[135] MARCONI, N., »De' buoni meccanici per la Fabbrica di San Pietro«: tecnologie per la costruzione e il restauro della Basilica Vaticana tra tradizione e innovazione«, in: G. MORELLO (Hrsg.), *Atti del Convegno Internazionale di Studi su La Basilica di San Pietro: fortuna e immagine*, Rom 2012, S. 477–510.

[136] AFSP, *Arm.* 12, D, 4a, vgl. 934–937, aus der Zeitung *La voce della verità*, Jg. 27/28, November 1897–Oktober 1898.

Lucia Simonato

[1] »Sì come il Palazzo di Vaticano, con tutto che non sia uno intero edificio, ma uno aggregato d'abitazioni e d'appartamenti, superi per la magnificenza delle stanze, e per la ricchezza, e per la copia, e per gli agi, quello de' Farnesi, che è uno edificio compiuto, così l'Adone, con tutto che non abbia buona proporzion di parti, supera per l'eccellenza di quelle e per l'abbondanza gli altri poemi, che son meglio intrecciati.«, in: STIGLIANI 1627, S. 116ff. Zu der Aussage Strozzis in *De l'unità della favola* (1599) vgl. LAZZARINI 2011, mit Bibliografie.

[2] Vgl. ACKERMAN 1954 zur Baugeschichte des Cortile del Belvedere im 16. Jahrhundert; REDIG DE CAMPOS 1967, S. 185–189; ZUCCARI 1992, S. 47–101, zu den Fresken in der Bibliothek Sixtus' V.

[3] »Oltre la libreria fabbricò il Fontana quella parte del Palazzo che si solleva verso la Piazza e la Città; se bene per la morte del Papa non si alzò più che tre piani, seguitata poi da Clemente VIII. all'altezza di cinque, l'uno sopra l'altro, con diciasette stanze per piano.«, in: BELLORI 1672, S. 157; vgl. auch WASSERMAN 1962.

[4] »les ouvrages qui s'élèvent partout en même temps en étaient beaucoup meilleurs«, CHANTELOU 2001, S. 73 (8. Juli 1665) [dt. Fassung S. 45]; vgl. auch DEL PESCO 2007, S. 242.

[5] »da più secoli è la principale abitazione de' re più zelanti per la Santa Sede, che siano in tutta la Cristianità«, BALDINUCCI 1682, S. 42 und BERNINI 1713, S. 119.

[6] CHANTELOU 2001, S. 75 (12. Juli 1665) [dt.: »ein Bau wie der Vatikan überrage den Louvre heute noch sehr wesentlich an Schönheit. Wenn aber dieser Entwurf einmal ausgeführt sei, wird der Louvre den Vatikan um kein Geringeres übertreffen«, dt. Fassung S. 47]; vgl. auch DEL PESCO 2007, S. 244.

[7] CHANTELOU 2001, S. 102 (2. August 1665) [dt. »Seine Majestät hat den Louvre zerstört, da Sie ihn erhalten wollte«, dt. Fassung S. 75]; vgl. auch DEL PESCO 2007, S. 278.

[8] In Bezug auf das Appartamento Borgia sei lediglich erwähnt, dass die Dekorationsarbeiten auch noch während des Borghese-Pontifikats weitergeführt wurden. Vgl. FUMAGALLI 1996, S. 341. Allerdings war die Cappella dell'Angelico während des gesamten Seicento außer Gebrauch und wurde erst zu Beginn des folgenden Jahrhunderts »wiederentdeckt«. Vgl. DE STROBEL 2001, S. 92.

[9] Vgl. REDIG DE CAMPOS 1967, S. 208f.

[10] Vgl. ACKERMAN 1954, S. 113f. sowie HIBBARD 2001, S. 275. In der von FRATANGELI/LERZA 2009, S. 9–80 verfassten Studie zu diesem Architekten bleibt er allerdings unerwähnt.

[11] Zum »Palazzetto della Zecca« vgl. REDIG DE CAMPOS 1967, S. 223 und 239f. sowie ANTONUCCI 2003, S. 139–143. Zu den Entwürfen Carlo Fontanas vgl. ROBERTO 2004, S. 157, mit aktueller Bibliografie.

[12] Den Umständen dieses Auftrags widmete sich MERZ 1991, S. 202f. und Abb. 439. Eine Vertiefung liefert GUERRIERI BORSOI 2010, S. 251–259, der insbesondere das Schaffen der Vaiani als Barberini-Protégés bereits vor deren Beteiligung an der Kapelle im Vatikan hervorhebt.

[13] Vgl. BRIGANTI 1982, S. 195f. sowie MERZ 1991, S. 228–233.

[14] Eine Darstellung dieses heute nicht mehr an diesem Ort befindlichen Marmorportals findet sich in der Zeichnungssammlung Domenico Castellis mit den barberinischen Imprese (Biblioteca Apostolica Vaticana, *Barb. Lat.* 4409, c. *25r*). Dort heißt es in der Legende: »Porta della Cappella Secreta del Palazzo Vecchio nel Vaticano«. Den Zugang zur Kapelle über dieses Portal erwähnt auch noch CHATTARD 1762–1767, II, S. 234: »Dalla sinistra parte di questa prima stanza esiste una porta grande ornata di stipiti, architrave di marmo bianco scorniciati ed orecchiati con un pilastrino per parte riquadrato nella faccia, zoccoletti sotto, e mensole sopra al pari delle orecchiature, su delle quali posa la cimasa risaltata con mezzi frontespizj tondi incartocciati nella cima, i quali racchiudono un'arma di Urbano VIII con festoni sotto di quercia, il tutto di marmo bianco« [dt.: »An der linken Seite dieses Raumes befindet sich eine große Tür, mit Pfosten und Architrav aus weißem Marmor in Ohrenrahmung, mit einem kleinen, an der Vorderseite teilweise rechteckigem Pilaster, kleinen Sockeln unten und Konsolen darüber, wie die Ohren, auf denen das Kymation ruht [...] Diese umschließen ein Wappen Urbans VIII. mit Eichengirlanden darunter, das ganze aus weißem Marmor.« Die heutige als Eingang zur Kapelle der Stanza dell'Incendio di Borgo benutzte Tür war zur Zeit Chattards »vermauert« [»per di dentro murata«] (*ebd.*, S. 232).

[15] »la galleria del palazzo del papa, non già del pontificio«, Brief von 26. Juli 1652 an Christina, publiziert in: DI BILDT 1906, S. 28ff., insbes. S. 29.

[16] »nuovo appartamento edificato da Paolo quinto«, BELLORI 1976 [2009], S. 500.

[17] In der heutigen Sala delle Nozze Aldobrandini und der Sala delle Dame; vgl. CORNINI 1992, S. 274 und FUMAGALLI 1990, S. 73f., die die Chronologie von PEPPER 1988, S. 227f. zu Renis Arbeit korrigiert, deren Bedeutung als »offiziellen Auftrag« hervorhebt und ausschließt, dass es sich lediglich um eine Art »Test« gehandelt, habe, dem sich der Künstler unterzog, um sich bei der Familie des Papstes zu empfehlen.

[18] Neben CORNINI/DE STROBEL/SERLUPI CRESCENZI 1992 und PANCIROLI 2002 vgl. v.a. FUMAGALLI 1996, die in diesen Gemächern die fortwährenden Eingriffe unter dem Borghese-Papst mit dem Programm seines Vorgänger Klemens VIII. und der Bildkultur des späten Cinquecento vergleicht. Zu Ciampelli vgl. RODOLFO 2010 (mit ausführlicher Bibliografie).

[19] »[...] son ouvrage de la galerie de Farnèse, qui est sans doute le plus beau qui soit à Rome après ceux de Raphaël [...], sans parler de l'injure qui lui fut faite, préférant à lui, qui a été incomparable, des barbouilleurs [imbrattatele], quand il fut question de peindre la salle à qui Clément viii a donné son nom«, CHANTELOU 2001, S. 83 (22. Juli) [dt. Fassung S. 56]; vgl. auch DEL PESCO 2007, S. 250.

[20] Vgl. CORNINI/DE STROBEL/SERLUPI CRESCENZI 1992, S. 169 sowie jüngst OY-MARRA 2005, S. 15–46 (mit ausführlicher Bibliografie).

[21] [dt.: »Vom Borgo sieht man dort den einen und den anderen Alberto, dessen vorgetäuschtes Prospekt die Wahrheit verwirrt.« Diese Würdigung Belloris, unter dem Titel *Alla Pittura, per le Vite del cavalier Giovanni Baglione*, findet sich bei BAGLIONE 1642 [1995], S. XIII–XV, v.a. S. XIV. Das positive Urteil Belloris nimmt jenes Bagliones in diesem Band vorweg, sowohl zur Sala Clementina als auch zur Sala del Concistoro; vgl. *ebd.*, S. 59: »E per sua prima opera diede compimento alla fabrica principiata di Sisto V in Vaticano, e riducendo quel palagio a buon termine l'adornò et abbellillo, come hora si vede, e lo nobilitò con la mirabil Sala Clementina d'esquisite pitture arricchita, le quali sono per la maggior parte di singolari prospettive, e fecele Giovanni Alberti dal Borgo San Sepolcro, pittore valente, ma nelle prospettive eccellentissimo oltre le quali vi sono historie della *Vita di san Clemente papa*, e diverse *Virtù*, il tutto a fresco da varii pittori lavorato con incrostatura di marmo e con bel pavimento ricco di misti. Accanto a questa è la Sala dove alcune volte si suole far concistoro di vaghissimo fregio adorna, con diversi *Santi*, disegno di Giovanni Alberti; li paesi son di mano di Paolo Brillo fiammingo, e sonvi altre stanze contigue a questa con fregi, e nella sala v'è ricchissimo soffitto indorato.« [dt. »Und für sein erstes Werk beauftragte er die Vollführung der von Sixtus V. begonnenen Arbeit im Vatikan, und indem er diesen Palast der Vollendung nahe brachte, schmückte und verschönerte er ihn, wie man heute sehen kann, und veredelte ihn mit der bewundernswerten Sala Clementina und ausgezeichneten Malereien, bei denen es sich zumeist um einzigartete Ansichten handelt; gemacht hat sie Giovanni Alberti aus Borgo San Sepolcro, ein geschickter Maler. Unter den überaus vorzüglichen Ansichten befinden sich aber auch Episoden aus dem *Leben des heiligen Papstes Klemens* und diverse *Tugenden*, das Ganze als Fresko von unterschiedlichen Malern mit Marmorinkrustationen und schönem Fußboden voll zusammengesetzter Motive. Daneben befindet sich der Saal, in dem mitunter das Konsistorium abgehalten wird, von einem Fries mit verschiedenen *Heiligen* geschmückt, von Giovanni Alberti entworfen. Die Landschaften sind aus der Hand des Flamen Paul Bril. An diesen schließen noch weitere Räume mit Friesen an und im Saal selbst ist die Decke reich verziert und vergoldet.«] Zur Beteiligung von Bril in diesen Sälen vgl. CAPPELLETTI 2006, *passim*.

[22] Vgl. *Quirinale* 1991 und NEGRO 2008.

[23] Zu diesem »sistema di residenze«, unter besonderer Berücksichtigung der Rolle des Palazzo del Quirinale, vgl. MENNITI IPPOLITO 2004.

[24] Vgl. MENNITI IPPOLITO 2004, S. 75–79; zum Barberini-Pontifikat insbesondere CURCIO 2007, S. 521f.

[25] Zum Verhältnis zwischen den beiden Kapellen Urbans und den Arbeiten Lagis in Castel Gandolfo vgl. DE ANGELIS 2008, S. 95–103; zu den Vergoldungen in der Kapelle von Urban VIII. im Vatikan vgl. MANCINELLI 1992; zu einigen Arbeiten im Palazzo Barberini vgl. MOCHI ONORI 1997, S. 84, Anm. 51; zu Lagi im Allgemeinen vgl. SIMONATO 2007 (insb. S. 247, Anm. 52, zu seiner Rolle als »pittore di palazzo«), PETRACCIA 2010, AMADIO 2010 mit aktueller Bibliografie; zu Marco Tullio Montagna vgl. GUERRIERI BORSOI 2011.

[26] Vgl. *Galleria* 1994 und insbesondere PINELLI 1994, S. 40f. (zur »passeggiata scoperta«) sowie FRANZONI 1994, S. 163ff. (zur Renovierung unter Urban VIII.). Zur Rolle Lagis in diesem Auftrag vgl. auch SIMONATO 2007, S. 247, Anm. 66. Zum Programm Holstes vgl. ALMAGIÀ 1942, S. 99–153.

[27] Zu diesen Malereien im Quirinal vgl. den Eintrag von L. Laureati in *Quirinale* 1993, S. 176–189; *Barock* 2005, S. 286ff.; FABJAN 2009.

[28] Für die auch bei CHATTARD 1762–1767, II, S. 383, erwähnten Fresken der »Quattro fortezze del Pontificio Staato« in der Armeria erhielten Lagi und Montanta im September 1636 Zahlungen: »per haver dipinto *Quattro fortezze* variate grandi che empieno tutto il vano, cioè la *Fortezza Urbana*, e il *Forte di Ferrara*, *la Civita Vecchia e Castel Sant'Angelo* [...], s. 280« [dt. »für Malerei der Vier Festungen in unterschiedlicher Größe, die den gesamtem Raum füllen, also der *Fortezza Urbana*, dem *Forte di Ferrara*, der *Civita Vecchia* und *Castel Sant'Angelo* 280 Scudi«] (vgl. ASR, Cam. I,

Giustificazioni di Tesoreria, b. 80, fac. 6, o. S.:). Vgl. auch POLLAK 1928, S. 380. Zur Würdigung der Armeria in Dichtung und Medaillenkunst unter Urban VIII. vgl. SIMONATO 2008, S. 307f. Den Hinweis, dass die *Sala degli stampati* (bzw. *Sala Leonina*), in der sich zuvor »la vecchia armeria pontificia« befand, von Leo XIII. geschaffen wurde, gibt ALBAREDA 1944, S. 180. G. Cornini, in: *Mosaici* 1986, S. 33, erwähnt, dass im Jahr 1825 nahe dem Cortile di San Damaso eine Galerie den Mosaikwerkstätten des Vatikan zugeschlagen wurde, die zuvor Teil der Armeria war (freundlicher Hinweis von Rosanna Di Pinto).

[29] MORELLO 1992. Zu den Arbeiten Riccis in den Sale Paoline vgl. FUMAGALLI 2004, S. 66. Zur Geschichte der Galleria di Urbano VIII vgl. MORELLO 2004.

[30] (»santo Hilaro papa ne instituì due nel Palazzo Laterano, chiamate Armamentario della Chiesa Romana«) / (»le quali da Clemente V furono trasportate in Avignone«) / (»Martino V, che a Roma le riportò, collocandole nel Vaticano [...], Nicolò V l'aricchì di ottimi manoscritti«) / (»sopra la magnificenza de' suoi predecessori, la perfettionò e la collocò in Belvedere, dove hoggi si vede, aggiungendo il braccio che attraversa il grand'atrio del palazzo, dove si solevano fare gli spettacoli«), BELLORI 1664, S. 38.

[31] So MENNITI IPPOLITO 2004.

[32] »Nell'ordinare questa gran Fabbrica, volle valersi della forma ovata, discostandosi in ciò dal disegno di Michel angnolo, e questo fece a fine di avvicinarsi al Palazzo Apostolico, e così meno impedire la veduta della piazza dalla parte del palazzo fabbricato da Sisto V«, BALDINUCCI 1682 [1948], S. 38.

[33] Zur Treppe von Urban VIII. vgl. MANCINELLI 1982, S. 93f., sowie MANCINELLI 1992; zu den Räumen mit den Medaillen vgl. SIMONATO 2007, mit aktueller Bibliografie.

[34] Vgl. CORNINI/DE STROBEL/SERLUPI CRESCENZI 1992a; OY-MARRA 2007, S. 304–307, mit aktueller Bibliografie. Zu den Aufträgen Urbans VIII. im Vatikan ist ein Aufsatz der Autorin in Vorbereitung.

[35] BERNINI 1713, S. 46f.; WITTKOWER 1997, S. 254f.

[36] Zum *Pasce oves meas* von Romanelli vgl. den Eintrag von A. Pinelli in: *Galleria* 1994, *Testi*, S. 434ff., Nr. 670; zum Werk Berninis vgl. WITTKOWER 1997, S. 255f.

[37] Zur Sala di Carlo Magno vgl. neben SIMONATO 2007 auch CATALDI 2010.

[38] Die Ursprünge des Palastes auf dem Vatikan hat VOCI 1992 aufgezeigt. Zu dessen Geschichte, insbesondere im Mittelalter, vgl. auch MONCIATTI 2005, mit aktueller Bibliografie. Zum Brunnen Algardis vgl. MONTAGU 1985, S. 449ff.; REDIG DE CAMPOS 1967, S. 218.

[39] Vgl. MENNITI IPPOLITO 2004, S. 91–103.

[40] Vgl. REDIG DE CAMPOS 1967, *passim*; CORNINI 1992a; MARDER 1997; *BAROCK* 2005, S. 101–107; sowie jüngste den wertvollen Beitrag von CURCIO 2007, mit besonderer Berücksichtigung der Arbeiten des Barberini-Pontifikats.

[41] Auch heute noch bietet sich dem Betrachter, befindet er sich auf den Petersplatz, dieser Eindruck des Verhältnisses zwischen Basilika und Palast. Doch muss man andererseits unterstreichen, dass Letzterer vor den Arbeiten an der Via della Conciliazione keineswegs eine Nebenrolle spielte, da der Zugang zum Bronzeportal eine Aufwertung erfuhr. Die Blickachse vom Castel S. Angelo entlang des Borgo nuovo verlief bis zum Braccio di Costantino und ermöglichte so den Pilgern ebenso wie den Diplomaten einen direkten Blick auf den Eingang zur päpstlichen Residenz, sobald sie den Tiber überquert hatten. Vgl. dazu MARDER 1997, S. 4–29. Zur Engelsbrücke vgl. WEIL 1974 (auch zu seiner Rolle im urbanen Gefüge) und CURCIO 2007. Zum Ausdruck »teatro dei portici« für den Petersplatz vgl. KRAUTHEIMER 1987, S. 10.

[42] Vgl. MARDER 1997.

[43] »maestà del luogo, d'onde veniva e dove conduceva [...] d'onde solevano star passaggio per le loro publiche Udienze [de]gli Ambasciadori e Principi stranieri, nè vi era via più comoda e decorosa di quella per tante e sì raguardevoli funzioni del Palazzo Pontificio. [...] essere stata questa la più ardita operazione, ch'egli havesse mai fatta, e che se prima di mettersela a fare l'havesse trovata scritta d'alcun' altro, non l'havereb-be creduta. [...] siccome Regia nel nome, così ancora nell'apparenza.«, BERNINI 1713, S. 101f. Vgl. auch BALDINUCCI 1682, S. 38.

[44] Vgl. OZZOLA 1908, S. 16 (zu den Zahlungen an Raggi); WITTKOWER 1997, S. 277.

[45] [dt.: »Er versah die Sala Ducale mit einem schönen Entwurf, sodass sie mit der Sala Regia verbunden werden konnte«], BALDINUCCI 1682, S. 39; [dt.: etwa »den Bogen und den Schmuck in der Scala [*sic*] Ducale im Vatikan«], ebd. 1682, S. 107; [dt.: »Er verband mit einem knappen Entwurf die Sala Regia mit der Sala Ducale«], BERNINI 1713, S. 108.

[46] Vgl. TESSIN 2002, S. 291.

[47] Vgl. TESSIN 2002, S. 291ff.

[48] Vgl. *Bernini* 1981, S. 128f., Nr. 107–108, für die beiden Stiche Aquilas sowie CHATTARD 1762–1767, II, S. 68, der das Stucktuch und die Embleme Alexanders VII. erwähnt: »con fogliami, ed armette dorate arricchito, alludenti allo Stemma suo gentilizio« [dt. »mit Laubwerk, und kleinen vergoldeten Emblemen versehen, die an sein Familienwappen erinnern«]. Vgl. FRASCHETTI 1900, S. 322f., für das Bild des Tuches mit den Wappen von Pius VII.. Zu den 1665 gefertigten Damastbehängen (heute in den Depots der Fabbrica di San Pietro) und das Holzportal der Scala Regia vgl. den Eintrag von M. Worsdale in *Bernini* 1981, S. 245. Vgl. darüber hinaus GÜTHLEIN 2008, S. 91f. (mit ausführlicher Bibliografie).

[49] »[...] un fond de dessin et d'invention inépuisable et propre à tout. Veut-on un carosse?' a-t-il dit, ›il en fait le dessin; une chaise? un dessin; de l'argenterie? un dessin‹«, CHANTELOU 2001, S. 246 (10. Oktober 1665) [dt. Fassung S. 224]; DEL PESCO 2007, S. 432.

[50] Vgl. OZZOLA 1908, S. 16f; WORSDALE 1981 (insbes. S. 234, Anm. 4, für das Dokument aus dem Jahr 1667); MONTAGU 1991, S. 188–197. Zum (unvollendeten) Beitrag Schors in der Galleria di Urbano VIII vgl. MORELLO 2004.

[51] »[smidollare] le Stanze e le Loggie dipinte da Raffaello, *il Giudizio* del Buonarota, la *Battaglia* di Giulio Romano e le opere di Guido Reno«, BERNINI 1713, S. 14.

[52] Vgl. insbes. WORSDALE 1981, S. 235, Anm. 14, zu diesem Entwurf Berninis und dem Druck von Francesco Piranesi aus dem Jahr 1787, der in dieser Kapelle einen Festapparat nach der Idee Gian Lorenzos zeigt. Vgl. auch DE STROBEL/MANCINELLI 1992, S. 59.

[53] »[...] che rispondeva sotto le finestre proprie della sua stanza, affinché più sonora se ne udisse la caduta, e più facilmente a lui si conciliasse la quiete [...] mancando a lui [Bernini] l'acqua, non mancò l'ingegno, conciosiacosache inventò subbito una macchina, nella quale col moto di una rota, che concertando in alcuni ben congegnati globi di carta, col raddoppiar de' colpi veniva appunto a formare il suon che fa l'acqua cadendo, accomodolla nella camera contigua a quella dove il papa doveva la notte riposare, e supplì con questa ingegnosa invenzione al bisogno dell'indisposizione del pontefice.«, BERNINI 1713, S. 157. Dazu auch BALDINUCCI 1682, S. 54f.

[54] »[...] che non hebbe piccola parte ancora nel maestoso apparecchio del suo alloggio nel Palazzo del Vaticano«, BERNINI 1713, S. 103.

[55] »[...] indorar soffitte e far altri ornamenti e commodità nel suddetto quartiere, che si è reso più nobile con l'aver la santità sua fatto demolire molte muraglie che tramezzavano, per far maggiori le stanze e cavarne anche una bella galleria; tutto il sudetto quartiere sarà tappezzato con paramenti [...].«, (ASF, MP 5372, c. 395r). Zu diesem Auszug aus einem Brief vom 4. Dezember 1655 eines Gesandten der Medici an Fürst Leopodo vgl. MONTANARI 1998, S. 333.

[56] Vgl. TESSIN 2002, S. 293: »hernacher folgen 7 zimbern in welchen die Königin Christina 7 tage hat logiret dass erste mahl wie sie nach Rom kahm, undt hat sie den gantzen obgemelten kreiss gethan, wie sie dass erste mahl zur audience zum Pabst wurde geführet«. Es ist unklar, ob sich Tessins Beschreibung des von Christina im Palast zurückgelegten Weges zur päpstlichen Audienz auf deren ersten Besuch im Vatikan bezog, der, wie im Tagebuch des Neri Corsini erwähnt, in Begleitung Berninis erfolgte. Vgl. MONTANARI 1998, S. 333): »La regina si alzò a buonissima ora et andò a spasso per il giardino, per la Galleria et altre stanze del palazzo, vedendo le pitture con l'assistenza del Bernino, e per la Libraria, mentre si predicava andò a vedere l'appartamento del papa.« [dt. »Die Königin erhob sich zu frühester Stunden und erging sich im Garten, in der Galerie und den anderen Räumen des Palastes, wobei sie im Beisein Berninis die Gemälde betrachtete, und in der Bibliothek, während sie sich auf dem Weg zu den Gemächern des Papstes befand.«]

[57] »che il Palazzo magnificentissimo del Vaticano, con non uso, sia per andare in rovina« (BAV, *Chig.* O.III.29, Sp. 369r–389v, insbes. Sp. 383r), zitiert in: MENNITI IPPOLITO 2004, S. 95.

[58] »soprintendenza di tutte l'altre pitture tanto di Michel'Angelo, quanto d'altri, che sono nel Palazzo Apostolico Vaticano; onde ragionevol cagione abbiamo di rallegrarci con tutti gli amatori de' nostri studii nella speranza, che queste immortali imagini abbiano a risplendere nella loro prima forma.«, BELLORI 1695, S. 2. Vgl. auch BELLORI 1976 [2009], S. 617 und 647ff. zur Beauftragung Marattis. Die Funktion des »custode delle pitture delle Stanze di Raffaello« existierte ab der ersten Hälfte des 17. Jahrhunderts und lag während des Barberini-Pontifikats in den Händen von Antonio Eclisse: vgl. AMADIO 2010, S. 275.

[59] CICERCHIA/DE STROBEL 1986.

[60] Das Original von Tajas Bericht findet sich einer Handschrift der BAV (*Vat. Lat.* 9927) ist mit handschriftlichen Notizen von Papst Klemens XI. versehen; vgl. CICERCHIA/DE STROBEL 1986, S. 106.

[61] Die Umstände der schwierigen Suche nach der Handschrift Tajas werden in dem kurzen einleitenden Kapitel *L'Editore di quest'opera a chi legge* in TAJA 1750, S. 20–30, beschrieben. Niccolò und Marco Pagliarini würdigen darin (S. 21f.) den wichtigen Beitrag von Benedikt XIV.: »felicemente regnante, il quale non solamente m'incoraggiò, ma con quella sua portentosa memoria, e con quella vastissima erudizione [...] mi additò esserci questa descrizione fatta già dall'abate Agostino Taja senese [...] [e] procurò di farne pervenire in mio potere la prima copia.« [dt. »dem glücklich Regierenden, der mich nicht nur ermutigte, sondern der mit seinem außerordentlichen Gedächtnis und seinem unerschöpflichen Wissen mich auf diese Beschreibung des sienesischen Abtes Agostino Taja hinwies und mir deren erste Abschrift besorgte.«

[62] »Sicché noi siamo tenuti tanto più alli suoi augusti ristoratori, che a molti primieri edificatori; quanto maggiore si reputa il benefizio di chi ravviva e conserva tutto in un tempo un composto di ottime perfezioni di già cadente, che di chi per secoli molti ne abbia eccitata e costrutta or una parte or un'altra disgiuntamente e da per sé sola.«, TAJA 1750, S. 1f.

Alberta Campitelli

[1] Zu einer umfassenden Beschreibung vgl. CAMPITELLI 2009.

[2] A. Alessandrini/A. Ceregato (Hrsg,), *Natura picta: Ulisse Aldrovandi*, Bologna 2007.

[3] Zu Faber vgl. DE RENZI 1992–93; zur Accademia dei Lincei die grundlegende Studie von FREEDBERG 2007.

[4] Zur Villa Borghese vgl. CAMPITELLI 2003.

[5] PISANI SARTORIO 1986.

[6] ASR, *Camerale* I, Fabbriche, Reg. 1540 (1605–1609), und Reg. 1537 (1609–1614), sowie *Camerale I*, *Giustificazioni di Tesoreria*, b. 33 (1607–1612). In diesen Dokumenten finden sich Zahlungen an Zinnzieher, Steinmetze und Werkleute sowie weitere Gewerke, die für das Verlegen neuer Leitungen, die Wiederinstandsetzung alter Leitungen, die Lieferung von »Steinen« und die Ausführung verschiedener Arbeiten an den Brunnen beschäftigt wurden. Sie sind allgemein gehalten und ohne genaue Leistungsbeschreibungen aufgeführt, zeugen aber von den umfangreichen Arbeiten in den Gärten zu jener Zeit.

[7] Vgl. dazu COLIVA/SCHÜTZE 1998.

[8] Die in den Gärten von Paul V. beauftragten Arbeiten sind in verschiedenen Rechnungsdokumenten belegt: ASR, *Camerale* I, Fabbriche, Reg. 1537, Reg. 1538, Reg. 1540; ASR, *Giustificazioni di Tesoreria*, b. 33, b. 34, b. 35, b. 36, b. 37, b. 39, b. 40, b. 42, b. 43, b. 44, b. 45, b. 46, b. 49.

[9] Für eine umfassende Behandlung des Themas vgl. CAZZATO/FAGIOLO/GIUSTI 2001.

[10] ASR, *Camerale* I, Fabbriche, Reg. 1537, f. 175 und f. 182.

[11] Vgl. CAMPITELLI/COSTAMAGNA 2005.

[12] FABER 1607, S. 10.

[13] Biblioteca dell'Accademia dei Lincei e Corsiniana, *Archivio Linceo* IV, c. 347*v*. Das Dokument wird in GUARDO 2011, S. 53–82 zitiert. Ich danke Dr. Guardo, Direktor der Bibliothek, für die Unterstützung meiner Forschungen zu Faber.

[14] *Carte Faber*, t. 417, f. 585r. Der sehr liebevoll formulierte Brief datiert vom 26. August 1625.

[15] Nach den bisherigen Studien wurde der *Hortus* 1634 während des Dreißigjährigen Krieges zerstört, doch ist er in dem 1613 veröffentlichten Prachtband *Hortus Eystettensis* dokumentiert, der kolorierte Abbildungen seiner schönsten Blumen enthält. Herausgegeben wurde das Werk von dem Apotheker Basilius Besler im Auftrag des Eichstätter Fürstbischofs.

[16] GABRIELLI 1996, S. 1172, Brief Nr. 971.

[17] Faber hat sich bekanntermaßen ausgiebig der Veröffentlichung des von der Accademia dei Lincei geförderten *Tesoro Messicano* gewidmet, einem gewaltigen Sammelwerk zu den von dem Arzt Francisco Hernández im Auftrag des spanischen Königs Philipp II. betriebenen Forschungen in der Neuen Welt. Es enthielt Beschreibungen und Illustrationen der gesamten bekannte Flora und Fauna dieser Territorien, erschien aber erst viele Jahre nach Fabers Tod. Sein Wissen zur amerikanischen Flora muss daher sehr umfangreich gewesen sein. Zum *Tesoro* vgl. FREEDBERG 2007, S. 275–339; GUARDO 2011.

[18] *Carte Faber*, Bd. 413, f. 846–864.

[19] »Non ho mai visto il più perfetto fiore dell' opuntia che questo, che oggi ho colto nel nostro Giardino di Belvedere, del quale ho voluto far dono a Vs. Eccellenza.«, in: GABRIELLI 1996, Brief Nr. 970, S. 1171.

[20] Vgl. zu diesem Thema die bahnbrechende Studie von MASSON 1972, S. 61–80, sowie zuletzt ZALUM 2008.

[21] Eine erste Studie zu Corvino findet sich in GUERRIERI BORSOI 2004, S. 121–140.

[22] *Lista di piante date da Henrico Corvino per il giardino di Bel Videri nel mese di xbre (Carte Faber*, Bd. 413, f. 815v).

[23] *Carte Faber*, Bd. 417, f. 470r.

[24] Zur überaus interessanten Person Romaulis, den Giovan Battista Ferrari zu den herausragenden Botanikern zählte, liegen noch keine Studien vor. Eine erste Untersuchung seines Wirkens findet sich in CAMPITELLI 2001.

[25] *Carte Faber*, Bd. 417, f. 92v, Brief vom 9 August 1628.

[26] *Carte Faber*, vol. 413, f. 775v, Brief aus dem Jahr 1627, und Bd. 420, f. 1, Brief aus dem Jahr 1616.

[27] *Carte Faber*, Bd. 420, f. 289 und Folg.

[28] *Carte Faber*, Bd. 420, f. 304. Zu den botanischen Exkursionen der Akademiemitglieder vgl. DE ANGELIS 1986, S. 111–145.

[29] *Carte Faber*, Bd. 420, f. 348 und Folg., mit Korrespondenz ab 1610.

[30] ALDINI 1625. Zu den Gärten bleibt die Studie von MORGANTI 1990 grundlegend.

[31] BAV, *mss. Ruoli* 158, 5. November 1637, f. 12v.

[32] Vgl. BONOMELLI 1953 [1987].

[33] Zu einer Rekonstruktion der Historie vgl. *Roma e il suo Orto* 1984.

[34] ASV, S.P.A., *Computisteria*, Riscontro dei Giardini, b. 3205 und Folg.

[35] ASV, S.P.A., *Computisteria*, b. 158, foll. 26–31 und ASV, *Fondo Albani*, b. 12, foll. 106–107. Auf beide hat mich A. M. de Strobel hingewiesen, der ich dafür herzlich danke.

Bibliografie

Abkürzungen

ACASP	Archivio dei canonici di San Pietro, Vatikanstadt
ACSP	Archivio del Capitolo di San Pietro, Vatikanstadt
AFSP	Archivio storico generale della Fabbrica di San Pietro in Vaticano, Vatikanstadt
ASR	Archivio di Stato, Rom
ASV	Archivio Segreto Vaticano, Vatikanstadt
BAV	Biblioteca Apostolica Vaticana, Vatikanstadt

ACKERMAN 1954
J. S. ACKERMAN, *The Cortile del Belvedere*, (Studi e documenti per la storia del Palazzo apostolico vaticano, 3), Vatikanstadt 1954.

ALBAREDA 1944
A. ALBAREDA, *La Biblioteca Apostolica Vaticana*, in: *Il Vaticano nel 1944*, [Rom] 1944, S. 175–180.

ALDINI 1625
T. ALDINI (PIETRO CASTELLI), *Exactissima descriptio rariorum quorandorum plantarum quae continentur Romae in Horto Farnesiano rariores plantae exactissimae descriptae*, Rom 1625.

ALFARANO 1914
T. ALFARANO, *De Basilicae Vaticanae antiquissima et nova structura*, hrsg. v. M. Cerrati, Rom 1914; Nachdruck, Modena 1981.

ALMAGIÀ 1942
R. ALMAGIÀ, *L'opera geografica di Luca Holstenio*, (Studi e testi, 102), Vatikanstadt 1942; Nachdruck, Modena 1984.

AMADIO 2010
S. AMADIO, *I ›disegni Barberini‹ dalla pittura paleocristiana: l'équipe Lagi, Montagna, Eclissi*, in: C. MAZZARELLI / S. CASCIANO (Hrsg.), *La copia. Connoisseurship, storia del gusto e della conservazione*, San Cassiano V. P. 2010, S. 271–289.

ANDROSSOV/ENGGASS 1994
S. ANDROSSOV/R. ENGGASS, »Peter the Great on horseback: a terracotta by Rusconi«, *The Burlington Magazine, 136 (1994)*, S. 816–821.

ANGELINI 1998
A. ANGELINI (Hrsg.), *Gian Lorenzo Bernini e i Chigi tra Roma e Siena*, Cinisello Balsamo 1998.

ANTONUCCI 2003
M. ANTONUCCI, »Le sedi della Zecca di Roma dall'antichità ad oggi«, *Rivista di numismatica e scienze affini*, 104 (2003), S. 117–164.

BACCHI 1995
A. BACCHI, »›L'operazione con li modelli‹: Pierre Étienne Monnot e Carlo Maratta a confronto«, *Ricerche di storia dell'arte*, 55 (1995), S. 39–52.

BAGLIONE 1639 [1990]
G. BAGLIONE, *Le Nove Chiese di Roma*, Rom 1639, hrsg. v. L. BARROERO, mit Kommentar v. M. MAGGIORANI und C. PUJIA, Rom 1990.

BAGLIONE 1642 [1995]
G. BAGLIONE, *Le vite de' pittori, scultori et architetti dal pontificato di Gregorio XIII del 1572 in fino a' tempi di papa Urbano Ottavo nel 1642*, Rom 1642, hrsg. u. komm. v. J. HESS u. H. RÖTTGEN, 3 Bde., Vatikanstadt 1995.

BAGLIONE 1649 [1924]
G. BAGLIONE, *Le vite de' pittori, scultori et architetti dal pontificato di Gregorio XIII del 1572 in fino a' tempi di papa Urbano VIII*, Rom 1649, hrsg. v. C. GRADARA PESCI, Velletri 1924.

BALDINUCCI 1682 [1948]
F. BALDINUCCI, *Vita del Cavaliere Gio. Lorenzo Bernino, scultore, architetto e pittore*, Florenz 1682, hrsg. v. S. SAMEK LUDOVICI, Mailand 1948.

BALLARDINI 2004
A. BALLARDINI, »La distruzione dell'abside dell'antico San Pietro e la tradizione iconografica del mosaico innocenziano tra la fine del sec. XVI e il sec. XVII«, *Miscellanea Bibliothecae Apostolicae Vaticanae*, 11 (2004), S. 7–80.

BARBERINI 2007
L. MOCHI ONORI / S. SCHÜTZE / F. SOLINAS (Hrsg.), *I Barberini e la cultura europea del Seicento*, (Atti del convegno internazionale, Palazzo Barberini alle Quattro Fontane, Roma 7–11 dicembre 2004), Rom 2007.

BAROCK 2005
Kunst und Kultur im Rom der Päpste, 2, *Barock im Vatikan 1572–1676*, (Ausst.-Kat. Bonn, Kunst- und Ausstellungshalle der Bundesrepublik Deutschland, 25. Nov. 2005–19. März 2006, Martin-Gropius-Bau, Berlin 12. April–10. Juli 2006), Leipzig 2005.

BASSO 1987
M. BASSO, *I privilegi e le consuetudini della Reverenda Fabbrica di San Pietro in Vaticano (secc. XVI–XX)*, Rom 1987.

BATTAGLIA 1943
R. BATTAGLIA, *La cattedra berniniana di San Pietro*, Rom 1943.

BAUER 1974
G. C. BAUER, *Gian Lorenzo Bernini: the Development of an Architectural Iconography*, Ph. D. Diss., Princeton 1974.

BAUER 1996
G. C. BAUER, »Bernini and the Baldacchino: on Becoming an Architect in the Seventeenth Century«, *Architectura*, 26 (1996), S. 144–165.

BAUER 2000
G. C. BAUER, »Bernini's ›Pasce oves meas‹ and the Entrance Wall od St Peter's«, *Zeitschrift für Kunstgeschichte*, 63 (2000), S. 15–25.

BELLINI 1999
F. BELLINI, »La moderna Confessione di San Pietro: le proposte di Ferrabosco e Maderno«, in: PERGOLIZZI 1999, S. 43–55.

BELLINI 2002
F. BELLINI, »La costruzione della Cappella Gregoriana in San Pietro di Giacomo Della Porta. Cronologia, protagonisti e significato iconologico«, in: M. CAPERNA / G. SPAGNESI (Hrsg.), *Architettura. Processualità e trasformazione*, Rom 2002, S. 333–346.

BELLINI 2011
F. BELLINI, *La basilica di San Pietro da Michelangelo a Della Porta*, 2 Bde., Rom 2011.

BELLORI 1664
G. P. BELLORI, *Nota delli musei, librerie, galerie et ornamenti di statue e pitture ne' palazzi, nelle case e ne' giardini di Roma*, Rom 1664.

BELLORI 1672
G. P. BELLORI, *Le vite de' pittori, scultori e architetti moderni*, Rom 1672.

BELLORI 1695
G. P. BELLORI, Descrizzione delle immagini dipinte da Rafaelle d'Urbino nelle camere del Palazzo Apostolico Vaticano, Rom 1695.

BELLORI 1976 [2009]
G. P. BELLORI, *Le vite de' pittori, scultori e architetti moderni*, hrsg. v. E. Borea, Turin 1976; Nachdruck 2009.

BELTRAMME 1997
M. BELTRAMME, »La ›Cattedra di San Pietro‹ e il mito di Cristina di Svezia in un'epopea tardosecentesca sul tema della Renovatio Ecclesiae«, *Storia dell'arte*, 90 (1997), S. 301–305.

BENEDETTI 1985
S. BENEDETTI, »La metafisica del mondo nell'architettura di G. L. Bernini«, in: FAGIOLO / MADONNA 1985, S. 73–87.

BENEDETTI 2000
S. BENEDETTI, »La fabbrica di San Pietro«, in: PINELLI 2000, Bd. 3, S. 53–127.

BENEDETTI 2003
S. BENEDETTI, *Carlo Maderno e il cantiere di San Pietro*, in *Storia dell'Architettura italiana. Il Seicento*, hrsg. v. A. Scotti Tosini, Mailand 2003, I, S. 120–139.

BERENDSEN 1982
O. BERENDSEN, *I primi catafalchi del Bernini e il progetto del baldacchino*, in: FAGIOLO / SPAGNESI 1982, S. 133–143.

BERNINI 1713
D. BERNINI, *Vita del Cavalier Gian Lorenzo Bernino descritta da Domenico suo figlio*, Rom 1713; Faksimile Perugia 1999.

Bernini 1981
Bernini in Vaticano, (Ausst.-Kat. Rom, Braccio di Carlo Magno, Mai–Juli 1981), Rom 1981

BERTELLI 1990
S. BERTELLI, *Il corpo del re. Sacralità del potere nell'Europa medievale*, Florenz 1990.

BOITEUX 1997
M. BOITEUX, »Parcours rituels romains«, in: BRICE / VISCEGLIA 1997, S. 27–87.

BOITEUX 2002
M. BOITEUX, »La vacance du Siège Pontifical. De la mort et des funérailles à l'investiture du pape: les rites de l'époque moderne«, in J. P. PAIVA (Hrsg.), *Religious Ceremonials and Images. Power and social meaning (1400–1750)*, Coimbra 2002, S. 103–141.

BOITEUX 2004
M. BOITEUX, »Le rituel romain de canonisation à l'époque moderne«, in: G. KLANICZAY (Hrsg.), *Procès de canonisation au Moyen Age. Aspects juridiques et religieux*, Rom 2004, S. 327–355.

BOITEUX 2006
M. BOITEUX, »Il Possesso. La presa di potere del Sovrano Pontefice sulla città di Roma«, in: F. BURANELLI (Hrsg.), *Habemus Papam. Le elezioni ponteficie da S. Pietro a Benedetto XIV*, Rom 2006, S. 131–140.

BOITEUX 2007
M. BOITEUX, »L'hommage de la Chinea. Madrid-Naples-Rome«, in: *Roma y España. Un crisol della cultura europea en la edad moderna*, (Actas del Congreso internacional, Real Academia de España en Roma, 2007), hrsg. v. C. J. HERNANDO SÁNCHEZ, Madrid 2007, S. 831–846.

BOITEUX 2008
M. BOITEUX, »Catafalques pontificaux: la circulation des modèles, (Vortrag, Kongress »Las representaciones funerarias en las Casas Reales europeas (ss. XVI–XVII)«, Madrid 27.–29. November 2008), in Druck.

BOITEUX 2009a
M. BOITEUX, »Linguaggio figurativo e efficacia rituale«, in: F. CANTÙ (Hrsg.), *I linguaggi del potere nell'età barocca*, Rom 2009, S. 39–80.

BOITEUX 2009b
M. BOITEUX, *Funérailles féminines dans la Rome baroque*, in: DOMPNIER 2009, S. 389–421.

BOITEUX 2013a
M. BOITEUX, »La cerimonia della canonizzazione di Santa Francesca Romana. Teatro, riti, stendardi e immagini«, in: *La canonizzazione di Santa Francesca Romana. Santità, cultura e istituzioni a Roma tra Medioevo ed età moderna*, (Atti del convegno internazionale, Roma 2009), hrsg. v. A. BARTOLOMEI ROMAGNOLI, Florenz 2013, S. 99–121.

BOITEUX 2013b
M. BOITEUX, »Oltre le facciate. Architettura e tempo«, (Vortrag, »Giornate di studio in memoria di Mario Manieri Elia«, Rom 2.–3. April 2013), in Druck.

BOITEUX 2014a
M. BOITEUX, »Les usages politiques d'un rituel de majesté : Les funérailles des souverains étrangers à Rome«, in: J. A. CHROŠCICKI, M. HENGERER, G. SABATIER (Hrsg.), *Funérailles princières et opinion publique en Europe (XVI–XVIII siècles)*, Charenton-le-Pont 2014.

BOITEUX 2014b
M. BOITEUX, »Les résidences romaines des papes: multiplicité et complémentarité«, (Vortrag, Kolloqium »Residences of Monarchs and Seats of States Authorities in Europe«, Warschau April 2014), in Druck.

BÖLLING 2010
J. BÖLLING, »Liturgia di cappella e cerimonie di corte«, in: *Pompa sacra. Lusso e cultura materiale alla corte papale nel Basso Medioevo (1420–1527)*, (Atti della giornata di studi, Rom 2007), hrsg. v. T. ERTL, Rom 2010, S. 37–54.

BONOMELLI 1953 [1987]
E. BONOMELLI, *I Papi in campagna*, Rom 1953; Nachdruck, Rom 1987.

BORGATTI 1926
M. BORGATTI, *Borgo e S. Pietro nel 1300, nel 1600 e nel 1925*, Rom 1926.

BORSI 1980
F. BORSI, *Bernini architetto*, Mailand 1980.

BOTTARI 1822
G. BOTTARI / S. TICOZZI, *Raccolta di lettere sulla pittura*, IV, Mailand 1822 (2. Aufl.)

BOURREAU 1988
A. BOURREAU, *Le simple corps du roi. L'im-*

possible sacralité des souverains français, XV–XVIIIè siècle, Paris 1988.
BRAHAM 1966
A. BRAHAM, »The tomb of Christina«, in: M. VON PLATEN (Hrsg.), *Queen Christina of Sweden: documents and studies*, Stockholm 1966, S. 48–58.
BRAHAM/HAGER 1977
A. BRAHAM / H. HAGER, *Carlo Fontana: the drawings at Windsor Castle*, London 1977.
BRAUER/WITTKOWER 1931
H. BRAUER / R. WITTKOWER, *Die Zeichnungen des Gianlorenzo Bernini*, 2 Bde., Berlin 1931.
BREDEKAMP 2000
H. BREDEKAMP, *Sankt Peter in Rom und das Prinzip der produktiven Zerstörung. Bau und Abbau von Bramante bis Bernini*, Berlin 2000 [ital. Ausgabe: *La Fabbrica di San Pietro. Il principio della distruzione produttiva*, Turin 2000].
BRICE/VISCEGLIA 1997
C. BRICE / M. A. VISCEGLIA (Hrsg.), *Cérémonial et rituel à Rome (XVIe–XIXe siècle)*, Rom 1997.
BRIGANTI 1982
G. BRIGANTI, *Pietro da Cortona, o della pittura barocca*, 2. erw. Aufl., Florenz 1982.
BRODINI 2009
A. BRODINI, *Michelangelo a San Pietro. Progetto, cantiere e funzione delle cupole minori*, Rom 2009.
BONANNI 1696
F. BONANNI, *Numismata summorum pontificum templi Vaticani fabbricam indicantia, chronologica ejusdem fabricae narratione, ac multiplici eruditione explicata, atque uberiori numismatum omnium pontificiorum lucubrationi veluti prodromus praemissa*, Rom 1696.
BUONAZIA 2000
I. BUONAZIA, »Le statue del colonnato«, in: PINELLI 2000, Bd. 3, S. 303–306.
BURCKARD 1506
J. BURCKARDI, *Liber notarum ab anno 1483 usque ad annum 1506 (RR.II.SS.*, 2a ed., XXII/1), hrsg. v. E. CELANI, Città di Castello 1907–10.
BURKE 1988
P. BURKE, »I sovrani pontefici«, in: ID., *Scene di vita quotidiana nell'Italia moderna*, Rom und Bari 1988, S. 206–226.
CAFFIERO 1997
M. CAFFIERO, *La maestà del papa. Trasformazioni dei rituali del potere a Roma tra XVIII e XIX secolo*, in: BRICE / VISCEGLIA 1997, S. 281–316.
CAMPITELLI 2001
A. CAMPITELLI, »Gli Horti di Flora nella Roma di Giovan Battista Ferrari«, in: G. B. FERRARI, *Flora overo cultura di fiori* (1638), Nachdruck, hrsg. v. L. Tongiorgi Tomasi, Florenz 2001.
CAMPITELLI 2003
A. CAMPITELLI, *Villa Borghese. Da giardino del principe a parco dei romani*, Rom 2003.
CAMPITELLI 2009
A. CAMPITELLI, *Gli Horti dei papi. I Giardini Vaticani dal Medioevo al Novecento*, Mailand und Vatikanstadt 2009.
CAMPITELLI/COSTAMAGNA 2005
A. CAMPITELLI / A. COSTAMAGNA, *Villa Borghese. L'Uccelliera, la Meridiana, i Giardini Segreti*, Rom 2005.
CAPPELLETTI 2006
F. CAPPELLETTI, *Paul Bril e la pittura di paesaggio a Roma 1580–1630*, Rom 2006.
CARLONI 1987
R. CARLONI, »Ipotesi di programma iconografico«, in: MARTINELLI 1987, S. 41–55.
CARTA 1996
M. CARTA, »L'architettura del ciborio berniniano«, in: MARTINELLI 1996, S. 37–68.
CASALE 2006
V. CASALE, »Il supremo artificio del Barocco: la ›canonizzazione della Cattedra‹«, in: FAGIOLO / PORTOGHESI 2006, S. 176–183.
CASALE 2011
V. CASALE, *L'arte per le canonizzazioni*, Turin 2011.
CASTELLI E PONTI 1743
Castelli e Ponti di Maestro Niccola Zabaglia: con alcune ingegnose pratiche e con la descrizione del Trasporto dell'Obelisco Vaticano e di altri del Cavaliere Domenico Fontana, Rom 1743.
CASTELLI E PONTI 1824
Castelli e Ponti di Maestro Niccola Zabaglia: con alcune ingegnose pratiche e con la descrizione del Trasporto dell'Obelisco Vaticano e di altri del Cavaliere Domenico Fontana, coll'aggiunta di macchine posteriori e premesse le notizie storiche della vita e delle opere dello stesso Zabaglia. Compilate dalla Ch. Me. dell'Avvocato Filippo Maria Renazzi, Rom 1824.
CATALDI 2010
A. CATALDI, »La Sala di Carlo Magno«, in: V. Francia (Hrsg.), *Le »stanze nuove« del Belvedere nel Palazzo Apostolico Vaticano*, Vatikanstadt 2010, S. 83–104.
CAVACIOCCHI 1996
L'uomo e la foresta secc. XIII–XVIII, (Istituto int. di storia economica F. Datini di Prato, ser. II, Atti delle settimane di studio e altri convegni, 27, 1995), hrsg. v. S. CAVACIOCCHI, Florenz 1996.
CAZZATO/FAGIOLO/GIUSTI 2001
V. CAZZATO / M. FAGIOLO / M.A. GIUSTI (Hrsg.), *Atlante delle grotte e dei ninfei in Italia. Toscana, Lazio, Italia meridionale e Isole*, Mailand 2001.
CHACON 1667
A. CHACON, *Vitae et res gestae pontificum Romanorum ..., [Gregorius XIII pontifex CCXXX. Anno Domini MDLXXII – Clemens IX pont. CCXLII an. 1667]*, 4, Rom 1677.
CHANTELOU 1665 [1885]
P. CHANTELOU (FRÉART DE), *Journal du voyage de Cav. Bernin en France*, Paris 1665, hrsg. v. L. LALANNE, Paris 1885.
CHANTELOU 2001
P. FRÉART DE CHANTELOU, *Journal de voyage du Cavalier Bernin en France*, hrsg. v. M. STANIC, Paris 2001 [dt. Übersetzung: SCHNEIDER, Pablo (Hrsg.), *Bernini in Paris: das Tagebuch des Paul Fréart de Chantelou über den Aufenthalt Gianlorenzo Berninis am Hof Ludwig XIV.*, Berlin 2006, S. 45]
CHAPPELL/CHANDLER KIRWIN 1974
M. CHAPPELL / W. CHANDLER KIRWIN, »A Petrine triumph: the decoration of the navi piccole in San Pietro under Clement VIII«, *Storia dell'arte*, 21 (1974), S. 119–170.
CHATTARD 1762–67
C. P. CHATTARD, *Nuova descrizione del Vaticano, o sia della sacrosancta Basilica di S. Pietro, o sia del Palazzo Apostolico di S. Pietro*, Rom 1762–67.
CHINEA 1933
E. CHINEA, *Dalle antiche botteghe d'arti e mestieri alle prime scuole industriali e commerciali in Lombardia*, Mailand 1933.
Chracas 1716–1808
CHRACAS, *Diario Ordinario del Chracas*, Rom 1716–1808.
CIAPPI 1596
M. CIAPPI, *Compendio delle heroiche, et gloriose attioni, et santa vita di Papa Gregorio XIII*, Rom 1596.
CICERCHIA/DE STROBEL 1986
E. CICERCHIA / A. M. DE STROBEL, »Documenti inediti dell'Archivio Segreto Vaticano sui restauri delle Stanze di Raffaello e della Cappella Sistina nel Settecento«, *Bollettino. Monumenti, Musei e Gallerie Pontificie*, VI (1986), S. 105–152.
COLIVA/SCHÜTZE 1998
A. COLIVA / S. SCHÜTZE (Hrsg.), *Bernini scultore. La nascita del barocco in casa Borghese*, (Ausst.-Kat. Rom, Galleria Borghese, 15. Mai–20. Sept. 1998), Rom 1998.
CONGREGATIO O. J.
CONGREGATIO REVERENDAE FABRICAE SANCTI PETRI, *Obblighi da adempirsi nell'impiego di Fattore generale e Monizioniere della R. Fabrica di S. Pietro in Vaticano*, Rom o. J.
CONNORS 2006
J. CONNORS, »Carlo Maderno e San Pietro«, in: *Petros eni* 2006, S. 111–137.
CONSTANT 1903
G. CONSTANT, »Les maîtres de cérémonie du XVIème siècle«, *Mélanges d'archéologie et d'histoire*, 23 (1903), S. 161–229.
CORBO 1999
A. M. CORBO, *Nicola Zabaglia, un geniale analfabeta*, Rom 1999.
CORNINI 1992
G. CORNINI, »Il Braccio di Paolo V«, in: PIETRANGELI 1992, S. 273–274.
CORNINI 1992a
G. CORNINI, »L'ingresso al Palazzo Apostolico Vaticano«, in: PIETRANGELI 1992, S. 263–269.
CORNINI / DE STROBEL / SERLUPI CRESCENZI 1992
G. CORNINI / A. M. DE STROBEL / M. SERLUPI CRESCENZI, »L'appartamento papale di rappresentanza«, in: PIETRANGELI 1992, S. 169–172.
CORNINI/DE STROBEL/SERLUPI CRESCENZI 1992a
G. CORNINI / A. M. DE STROBEL / M. SERLUPI CRESCENZI, »La Galleria del Romanelli«, in: PIETRANGELI 1992, S. 278–282.
COSTAGUTI 1684
G. B. COSTAGUTI, *Architettura della Basilica di S. Pietro in Vaticano, opera di Bramante Lazzari, Michel'Angelo Bonarota, Carlo Maderni, e altri famosi Architetti. Fatta esprimere, e intagliare in più tavole da Martino Ferrabosco, e posta in luce l'anno MDCXX*, Rom 1684.
COURTRIGHT 1981a
N. COURTRIGHT, »Constantine, Rome, Portico of St. Peter's Rome«, in: *Drawings by Gianlorenzo Bernini* 1981, S. 136–148.
COURTRIGHT 1981b
N. COURTRIGHT, *Saints for the Colonnade of St. Peter's Roma*, in *Drawings by Gianlorenzo Bernini* 1981, S. 208–218.
CURCIO 2003
G. CURCIO, »Del trasporto dell'Obelisco Vaticano e sua erezione«, in: FONTANA 2003, S. CLXX UND CLXXXVII.
CURCIO 2007
G. CURCIO, »Il maggiordomo e l'architetto (1624–1629). Tracce per una storia dei palazzi vaticani al tempo di Urbano VIII«, in: Barberini 2007, S. 521–546.
CURCIO/NAVONE/VILLARI 2011
G. CURCIO / N. NAVONE / S. VILLARI (Hrsg.), *Studi su Domenico Fontana*, Mendrisio 2011.
CURCIO/SPEZZAFERRO 1989
G. CURCIO / L. SPEZZAFERRO, *Fabbriche e architetti ticinesi nella Roma barocca*, Mailand 1989.
DE ANGELIS 1986
G. DE ANGELIS, *I monti della lince*, Rom 1986.
DE ANGELIS 2008
M. A. DE ANGELIS, *Il Palazzo Apostolico di Castel Gandolfo al tempo di Benedetto XIV (1740–1758). Pitture e arredi*, Rom 2008.
DE BLAAUW 1994
S. DE BLAAUW, *Cultus et decor. Liturgia e architettura nella Roma tardoantica e medievale. Basilica Salvatoris, Sanctae Mariae, Sancti Petri*, 2 Bde., Vatikanstadt 1994.
DEL PESCO 1988
D. DEL PESCO, *Colonnato di San Pietro »dei Portici antichi e la loro diversità«, con un'ipotesi di cronologia*, Rom 1988.
DEL PESCO 2000
D. DEL PESCO, Nr. 154–155, in: A Angelini et al. (Hrsg.), *Alessandro VII Chigi (1599–1667). Il papa senese di Roma moderna*, (Ausst.-Kat. Siena, Palazzo Pubblico u. Palazzo Chigi Zondadari, 23. Sept. 2000–10. Jan. 2001), Siena und Florenz 2000.
DEL PESCO 2007
D. DEL PESCO, *Bernini in Francia. Paul de Chantelou e il »Journal de voyage du cavalier Bernin en France«*, Neapel 2007.
DEL RE 1969
N. DEL RE, »La Sacra Congregazione della Reverenda Fabbrica di San Pietro«, *Studi Romani*, 17, n. 3, luglio–settembre 1969, S. 288–301.
DE LUCA SAVELLI 1969
M. DE LUCA SAVELLI, *Francesco Mochi 1580–1654*, (Ausst.-Kat. Rom, Palazzo Braschi, Mai–Juli 1984), Florenz 1981.
DELUMEAU 1959
J. DELUMEAU, *Vie économique et sociale de Rome dans la seconde moitié du XVIème siècle*, 2 Bde., Paris 1959 [ital. Ausgabe (Auszüge): *Vita economica e sociale di Roma nel Cinquecento*, Florenz 1979].
DE RENZI 1992–93
S. DE RENZI, *Storia naturale ed erudizione nella prima età moderna: Giovanni Faber (1574–1629) medico linceo*, Diss., Consorzio universitario Bari-Rom-Bologna, 1992–93.
DESMAS 2008
A.-L. DESMAS, »Sous les toits du palais Mancini à Rome: un dessin nouvellement attribué d'Edme Bouchardon pour le tombeau de Clément XI Albani«, in: G. SCHERF (Hrsg.), *Dessins de sculpteurs I. Troisièmes rencontres internationales du Salon du Dessin*, Dijon 2008, S. 87–101.
DE STROBEL 2001
A. M. DE STROBEL, »Dopo il Beato Angelico: storia dei restauri«, in: F. BURANELLI (Hrsg.), *Il Beato Angelico e la Cappella Niccolina*, Novara 2001, S. 79–97.
DE STROBEL/MANCINELLI 1992
A. M. DE STROBEL / F. MANCINELLI, »Le cappelle pontificie«, in: PIETRANGELI 1992, S. 51–59.
DI BILDT 1906
C. DI BILDT, »Cristina di Svezia e Paolo Giordano II, duca di Bracciano«, *Archivio della R. Società di Storia Patria*, 29 (1906), S. 5–32.
DI SANTE 2008
A. DI SANTE, »›Non tutti, anzi rarissimi sono i Zabaglia‹: lo Studio Pontificio delle Arti nelle Scuole Cristiane presso San Salvatore in Lauro«, in: MARINO 2008, S. 92–105.
DI SANTE 2009
A. DI SANTE, »Apprendere le arti applicate a Roma tra '700 e '800. La Scuola del Disegno e lo Studio Pontificio delle Arti a San Salvatore in Lauro«, *Rivista Lasalliana. Trimestrale di cultura e formazione pedagogica*, 2 (2009), S. 297–308.
DI SANTE 2011
A. DI SANTE, »Le immagini cristologiche attraverso una lettura documentaria«, in: *San Pietro in Vaticano* 2011, S. 166–205 [dt. Übersetzung: »Die christologischen Bilder«, in: *Der Petersdom* 2011, S. 166–205].
DI SANTE/GRIMALDI 2008
A. DI SANTE / A. GRIMALDI, »Il sacro e l'umano: il lavoro nella Fabbrica di San Pietro«, in: PERGOLIZZI 2008, S. 137–153.
DIOSONO 2008
F. DIOSONO, *Il legno. Produzione e commercio*, Rom 2008.
Discorso 1723
Discorso sopra il nuovo ornato della Guglia di S. Pietro, Rom 1723.
DOBLER 2008
R.-M. DOBLER, »Die Vierungspfeiler von Neu-Sankt-Peter und ihre Reliquien«, in: SATZINGTER / SCHÜTZE 2008, S. 301–323.
DOMBROWSKI 1998
D. DOMBROWSKI, »Aggiunte all'attività di Andrea Bolgi e revisione critica delle sue opere«, *Rivista dell'Istituto nazionale di Archeologia e Storia dell'Arte*, ser. 2, 19–20 (1996–97) [1998], S. 251–304.
DOMPNIER 2009
B. DOMPNIER (Hrsg.), *Les cérémonies extraordinaires du catholicisme baroque*, Clermont-Ferrand 2009.
DOWLEY 1965
F. C. DOWLEY, »Maratti, Carlo Fontana, and the Baptismal Chapel in Saint Peter's«, *Art Bulletin*, 47 (1965), S. 57–81.
DRAWINGS BY GIANLORENZO BERNINI 1981
Drawings by Gianlorenzo Bernini from the Museum der Bildenden Künste Leipzig, German Democratic Republic, (Ausst.-Kat. Princeton University, 2. Okt.–15. November 1981; Cleveland, Museum of Art, 1. Dez. 1981–15. Jan. 1982; Los Angeles, County Museum of Art, 4. Feb.–14. März 1982; Boston, Museum of Fine Arts, 19. Aug.–10. Okt. 1982), hrsg. v. I. LAVIN u. P. GORDON, Princeton 1981.
DYKMANS 1977–85
M. DYKMANS, *Le cérémonial pontifical de la fin du Moyen Age à la Renaissance*, 4 Bde., Rom und Brüssel 1977–85.
EISLER 1981
C. EISLER, *Sculptors' drawings over six centuries 1400–1950*, New York 1981.
ELZE 1977
R. ELZE, »›Sic transit gloria mundi‹. La morte del Papa nel medioevo«, *Annali dell'Istituto storico italo-germanico in Trento*, III, 1977, S. 23–41.
ENGGASS 1972
R. ENGGASS, »Laurentius Ottoni Rom. Vat. Basilicae Sculptor«, *Storia dell'arte*, 13 (1972), S. 315–342.
ENGGASS 1976
R. ENGGASS, *Early eighteenth-century sculpture in Rome. An illustrated catalogue raisonné*, 2 Bde., University Park 1976.
ENGASS 1978
R. ENGASS, »New attributions in St. Peter's. The spandrel figures in the nave«, *Art Bulletin*, 60 (1978), S. 96–108.
EJZENŠTEJN 1992
S. M. EJZENŠTEJN, *Teoria generale del montaggio*, Venedig 1992 (3. Aufl.).
FABER 1607
J. FABER, *De Nardo et Epithymo*, Rom 1607.
FABJAN 2009
B. FABJAN, »Le vedute delle fabbriche di Urbano VIII al Quirinale. Gli affreschi strappati e il loro restauro«, *Bollettino d'arte*, ser. 6, 93. Jg., 146 (ott.–dic. 2008) [2009], S. 137–146.
FACCIOLI 1967
C. FACCIOLI, »Di Innocenzo Spinazzi, scultore romano (1726–1798)«, *L'Urbe*, 30. Jg., 6 (1967), S. 16–25.
FAGIOLO 2006
M. FAGIOLO, »Dal Baldacchino al Colonnato: la definizione berniniana della basilica vaticana«, in: FAGIOLO / PORTOGHESI 2006, S. 144–154.
FAGIOLO / BONACCORSO 2008
M. FAGIOLO / G. BONACCORSO (Hrsg.), *Studi sui Fontana. Una dinastia di architetti ticinesi a Roma tra Manierismo e Barocco*, Rom 2008.
FAGIOLO / MADONNA 1985
M. FAGIOLO, M. L. MADONNA (Hrsg.), *Barocco romano e Barocco italiano. Il teatro, l'effimero, l'allegoria*, Rom 1985.
FAGIOLO / PORTOGHESI 2006
M. FAGIOLO / P. PORTOGHESI (Hrsg.), *Roma barocca: Bernini, Borromini, Pietro da Cortona*, (Ausst.-Kat. Rom, Castel Sant'Angelo, 16. Juni–29. Okt. 2006), Rom 2006.
FAGIOLO / SPAGNESI 2006
M. FAGIOLO, G. SPAGNESI (Hrsg.), *Immagini del Barocco. Bernini e la cultura del Seicento*, Florenz 1982.
FAGIOLO DELL'ARCO 1997a
M. FAGIOLO DELL'ARCO, *La festa barocca*, Rom 1997.
FAGIOLO DELL'ARCO 1997b
M. FAGIOLO DELL'ARCO, *La festa a Roma: dal Rinascimento al 1870*, Rom 1997.
FAGIOLO DELL'ARCO/CARANDINI 1978
M. FAGIOLO DELL'ARCO / S. CARANDINI, *L'effimero barocco. Strutture della festa nella Roma del '600*, 2 Bde., Rom 1977–78.

FALASCHI 1996
L. FALASCHI, »Il Ciborio del Santissimo Sacramento in San Pietro in Vaticano, secondo i disegni e i progetti di Gian Lorenzo Bernini«, in: MARTINELLI 1996, S. 69–136.
FEHL 1985
P. FEHL, »Improvisation and the artist's responsibility in St. Peter's Rome: papal tombs by Bernini and Canova«, in: *Akten des XXV. Internationalen Kongresses für Kunstgeschichte* (Wien 1983), Bd. 9, *Eröffnungs- und Plenarvorträge*, Wien 1985, S. 111–123.
FIORANI 1984
L. FIORANI, »L'esperienza religiosa nelle confraternite romane tra Cinque e Seicento«, *Ricerche per la storia religiosa di Roma*, 5 (1984), S. 167ff.
FISCHER-PACE 1999
U. V. FISCHER-PACE, »Contributo alla storia del monumento funebre di Cristina«, in: B. MAGNUSSON (Hrsg.), *Cristina di Svezia e Roma*, Stockholm 1999, S. 81–96.
FONTANA 1590
D. FONTANA, *Della Trasportatione dell'Obelisco Vaticano et delle Fabriche di Nostro Signore Papa Sisto V fatte dal Cavalier domenico Fontana Architetto di Sua Santità*, Rom 1590. [dt. Übersetzung (mit Teilreprint des Originalwerks): *Die Art, wie der vatikanische Obelisk transportiert wurde, und über die von unserem Herrn Sixtus V. errichteten Bauten*, hrsg. v. D. CONRAD, Düsseldorf 1987].
FONTANA 1694
C. FONTANA, *Templum Vaticanum et ipsius origo : cum aedificiis maxime conspicuis antiquitus, & recens ibidem constitutis ; cum plerisque regulis, novisque architecturae operationibus ab ipsomet in lucem vulgati*, Rom 1694.
FONTANA 1697
C. FONTANA, *Descrizione della nobilissima cappella del Fonte Batismale nella Basilica Vaticana, con la grande tazza antica di porfido coperta di metalli dorati*, Rom 1697.
FONTANA 2003
Carlo Fontana. Il Tempio Vaticano, hrsg. v. G. CURCIO, Mailand 2003.
FRANCIA 1977
FRANCIA E., 1505–1606. *Storia della costruzione del nuovo San Pietro*, Rom 1977.
FRANCIA 1987
E. FRANCIA, *Storia della costruzione del nuovo San Pietro da Michelangelo a Bernini*, Rom 1987.
FRANSOLET 1933
M. FRANSOLET, »Le S. André de François Duquesnoy à la Basilique de S. Pierre au Vatican 1629–1640«, *Bulletin de l'Institut historique belge de Rome*, 13 (1933), S. 227–286.
FRANZ-DUHME 1986
H. N. FRANZ-DUHME, *Angelo de Rossi ein Bildhauer um 1700 in Rom*, Berlin 1986.
FRANZONI 1994
C. FRANZONI, »I restauri della Galleria delle Carte Geografiche«, in: *Galleria* 1994, *Testi*, S. 169–174.
FRASCHETTI 1900
S. FRASCHETTI, *Il Bernini: la sua vita, la sua opera, il suo tempo*, Mailand 1900
FRATARCANGELI/LERZA 2009
M. FRATARCANGELI/G. LERZA, *Architetti e maestranze lombarde a Roma (1590–1667). Tensioni e nuovi esiti formativi*, Pescara 2009.
FREEDBERG 2007
D. FREEDBERG, *L'occhio della Lince. Galilei, i suoi amici e gli inizi della moderna storia naturale*, Bologna 2007 [ital. Übersetzung v. *The eye of the Lynx: Galileo, his friends, and the beginnings of modern natural history*, D. FREEDBERG, Chicago 2002).
FREY 1910
K. FREY, »Zur Baugeschichte des St. Peter. Mitteilungen aus der Reverendissima Fabbrica di S. Pietro«, *Jahrbuch der Kgl. Preußischen Kunstsammlungen*, 32 (1910), Beiheft, S. 1–95; 33 (1913), Beiheft, S. 1–153; 37 (1916), S. 22–136.
FUMAGALLI 1990
E. FUMAGALLI, »Guido Reni (e altri) a San Gregorio al Celio e a San Sebastiano fuori le Mura«, Paragone Arte, 41 (1990), 483, S. 67–94.
FUMAGALLI 1996
E. FUMAGALLI, »Paolo V Borghese in Vaticano. Appartamenti privati e di rappresentanza«, Storia dell'arte, 88 (1996), S. 341–370.
FUMAGALLI 2004
E. FUMAGALLI, »Roma 1624: un ciclo di tele in onore di Urbano VIII«, *Paragone Arte*, 57. Jg., 55 (2004), S. 58–78.
GABRIELLI 1996
G. GABRIELLI (Hrsg.), *Il carteggio Linceo*, Rom 1996.
GALLERIA 1994
La Galleria delle Carte Geografiche in Vaticano, hrsg. v. L. GAMBI u. A. PINELLI, 3 Bde., Modena 1994.
GIESEY 1960
R. E. GIESEY, *The Royal Funeral Ceremony in Renaissance France*, Genf 1960.
GIGLI 1958
G. GIGLI, *Diario romano (1608–1670)*, hrsg. v. G. RICCIOTTI, Rom 1958.
GINZBURG 1991
C. GINZBURG, »Représentation: le mot, l'idée, la chose«, Annales ESC, 1991, S. 1219–1234.
GOLDTHWAITE 1980 [1984]
R. A. GOLDTHWAITE, *La costruzione della Firenze rinascimentale. Una storia economica e sociale*, Bologna 1984 [ital. Übersetzung v. *The Building of Renaissance Florence. An Economic and Social History*, Baltimore 1980].
GOLZIO 1939
V. GOLZIO, *Documenti artistici sul Seicento nell'Archivio* Chigi, Rom 1939.
GRADARA 1920
C. GRADARA, *Pietro Bracci scultore romano, 1700–1773*, Mailand 1920.
GRAF 1991
D. GRAF, »Drawings by Giuseppe Passeri in Homage to Clement XI«, *Master Drawings*, 29. Jg., 3 (1991), S. 235–254.
GRAF 1995
D. GRAF, *Die Handzeichnungen des Giuseppe Passeri (Kataloge des Kunstmuseums Düsseldorf im Ehrenhof, III/5, 1)*, 2 Bde., Düsseldorf 1995.
GRAMBERG 1984
W. GRAMBERG, »Guglielmo della Portas Grabmal für Paul III. Farnese in San Pietro in Vaticano«, *Römisches Jahrbuch für Kunstgeschichte*, 21 (1984), S. 253–364.
GRIMALDI 1972
G. GRIMALDI, *Descrizione della basilica antica di S. Pietro in Vaticano, codice Barberini latino 2733*, hrsg. v. R. Niggl, Vatikanstadt 1972.
GRIMALDI 2011
A. GRIMALDI, »Martiri e santi. Antiche e nuove devozioni presso la tomba di Pietro«, in: *San Pietro in Vaticano* 2011, S. 270–325 [dt. Übersetzung: »Märtyrer und Heilige. Ihre Verehrung am Grab Petri«, in: *Der Petersdom* 2011, S. 270–324].
GUARDO 2011
M. GUARDO, »Galilei e il Tesoro Messicano«, *L'Ellisse: studi storici di letteratura italiana*, 6 (2011), S. 53–82.
GUERRIERI BORSOI 2004
M. B. GUERRIERI BORSOI, *Gli Strozzi a Roma*, Rom 2004.
GUERRIERI BORSOI 2010
M. B. GUERRIERI BORSOI, »Novità su Alessandro e Anna Maria Vaiani«, *Bollettino Monumenti, Musei e Gallerie Pontificie*, 27 (2010), S. 241–264
GUERRIERI BORSOI 2011
M. B. GUERRIERI BORSOI, »Montagna Marco Tullio«, in: Dizionario Biografico degli Italiani, 75 (2011).
GÜTHLEIN 1979
K. GÜTHLEIN, »Quellen aus dem Familienarchiv Spada zum Romischen Barock I«, *Römisches Jahrbuch für Kunstgeschichte*, 19 (1979), S. 173–246.
GÜTHLEIN 2008
K. GÜTHLEIN, »Johann Paul Schor und die Chigi-Kapelle in Siena«, in: C. STRUNCK (Hrsg.), *Johann Paul Schor und die internationale Sprache des Barock. »Un regista del gran teatro del barocco«*, (Römische Studien der Bibliotheca Hertziana, 21), München 2008, S. 83–94.
HAINES/RICCETTI 1992
M. HAINES/L. RICCETTI (Hrsg.), *Opera. Carattere e ruolo delle fabbriche cittadine fino all'inizio dell'Età Moderna*, Florenz 1996.
HAUS 1970
A. HAUS, Der Petersplatz in Rom und sein Statuenschmuck. Neue Beiträge, Freiburg i. Br. 1970.
HIBBARD 1971 [2001]
H. HIBBARD, *Carlo Maderno and Roman architecture 1580–1630*, London 1971 [ital. Ausgabe: *Carlo Maderno*, hrsg. v. A. Scotti Tosini, Mailand 2001].
HUBALA 1991
E. HUBALA, *Kunst des Barock und Rokoko. Malerei, Plastik, Architektur*, Stuttgart 1991.
KANTOROWICZ 1957
E. KANTOROWICZ, *The Kings two Bodies. A study in Mediaeval Political Theology*, Princeton 1957 [ital. Aushgabe: *I due corpi del re*, Turin 1989].
KARSTEN/PABSCH 2000
A. KARSTEN/M. PABSCH, »Das Grabmal Clemens X. Altieri«, *Städel-Jahrbuch*, N. Flg., 17 (1999) [2000], S. 295–312.
KAUFFMANN 1955
H. KAUFFMANN, »Berninis Tabernakel«, *Münchner Jahrbuch der bildenden Kunst*, Ser. III, 6 (1955), S. 222–242.
KAUFFMANN 1961
H. KAUFFMANN, »Berninis Hl. Longinus«, in: *Miscellanea Bibliothecae Hertzianae zu Ehren von Leo Bruhns, Franz Graf Wolff Metternich, Ludwig Schudt*, (Römische Forschungen der Bibliotheca Hertziana, 16), München 1961, S. 366–374.
KIRWIN 1981
W. C. KIRWIN, »Bernini's baldacchino reconsidered«, *Römisches Jahrbuch für Kunstgeschichte, 19 (1981), S. 141–171.*
KITAO 1974
T. K. KITAO, *Circle and oval in the square of Saint Peter's. Bernini's art of planning*, New York 1974.
KRAUTHEIMER 1987
R. KRAUTHEIMER, Roma di Alessandro VII, 1655–1667, Rom 1987 [ital. Übersetzung v. *The Rome of Alexander 7., 1655–1667*, Princeton 1985].
KRAUTHEIMER/JONES 1975
R. KRAUTHEIMER/R. B. S. JONES, »The diary of Alexander VII: notes on art, artists and buildings«, *Römisches Jahrbuch für Kunstgeschichte*, 15 (1975), S. 199–236.
KRÜGER 1986
J. KRÜGER, »Das ursprüngliche Grabmal Gregors XIII. in St. Peter zu Rom«, *Pontificium Coll. Germanicum et Hungaricum Korrespondenzblatt*, 95 (1986), S. 41–59.
KUNTZ
M. A. KUNTZ, »Maderno's building procedures at New St. Peter's. Why the façade first?«, *Zeitschrift für Kunstgeschichte*, 68 (2005), S. 41–60.
LANKHEIT 1962
K. LANKHEIT, *Florentinische Barockplastik. Die Kunst am Hofe der letzten Medici 1670–1743*, München 1962.
LANZANI 2008
V. LANZANI, »La Fabbrica di San Pietro. Una secolare istituzione per la Basilica Vaticana«, in: PERGOLIZZI 2008, S. 55–60.
LANZANI 2010
V. LANZANI, *Le Grotte Vaticane. Memorie storiche, devozioni, tombe dei Papi*, Rom 2010.
LAVIN 1968
I. LAVIN, *Bernini and the Crossing of Saint Peter's*, New York 1968.
LAVIN 1980
I. LAVIN, *Bernini and the Unity of the Visual Arts*, New York und London 1980.
LAVIN 1984
I. LAVIN, »Bernini's Baldachin. Considering a Reconsideration«, *Römisches Jahrbuch für Kunstgeschichte*, 21 (1984), S. 405–414.
LAVIN 2000
I. LAVIN, »Bernini in San Pietro«, in: PINELLI 2000, Bd. 3, S. 177–236.
LAVIN 2005
I. LAVIN, »Bernini at San Pietro. Singularis in singulis in omnibus unicus«, in: TRONZO 2005, S. 111–243.
LAVIN 2006
I. LAVIN, *Bernini a San Pietro. Singularis in singulis in omnibus unicus*, Rom 2006.
LAVIN 2008
I. LAVIN, »The Baldacchino. Borromini vs Bernini. Did Borromini forget himself?«, in: SATZINGER/SCHÜTZE 2008, S. 275–300.
LAZZARINI 2011
A. LAZZARINI, »Una testimonianza di Tommaso Stigliani. Palazzi e libri di disegno in una dichiarazione di poetica mariniana«, *Italianistica : rivista di letteratura italiana*, 40. Jg., 1 (2011), S. 73–85.
LECOY DE LA MARCHE 1874
A. LECOY DE LA MARCHE, *L'Académie de France à Rome*, Paris 1874.
LÉVI-STRAUSS 1949
C. LÉVI-STRAUSS, »L'efficacité symbolique«, *Revue d'histoire des religions*, 135/1, 1949.
LÉVI-STRAUSS 1958
C. LÉVI-STRAUSS, *Anthropologie structurale*, Paris 1958.
LIVERANI/SPINOLA/ZANDER 2010
P. LIVERANI/G. SPINOLA/P. ZANDER, *Le Necropoli Vaticane*, Mailand und Vatikanstadt 2010 [dt. Übersetzung: *Die Nekropolen im Vatikan*, Stuttgart 2010].
MACCARONE 1971
M. MACCARONE, »La storia della cattedra«, *Atti della Pontificia Accademia Romana di Archeologia*. Memorie, 10 (1971), S. 3–70.
MAES 1893
C. MAES, »Tabacco in chiesa proibita«, *Diario ordinario del Chracas*, n.s., 6 (1893), Nr. 268, S. 786–791.
MAFFEI 1742
G. MAFFEI, *Degli annali di Gregorio XIII Pontefice Massimo*, 2 Bde., Rom 1742.
MÂLE 1932
E. MÂLE, *L'art religieux de la fin du XVIème et du XVIIème siècle*, Paris 1932 [ital. Ausgabe: *L'arte religiosa nel Seicento*, Mailand 1984].
MANCINELLI 1982
F. MANCINELLI, »Il cubicolo di Giulio II«, *Bollettino Monumenti, Musei e Gallerie Pontificie*, 3 (1982), S. 63–103.
MANCINELLI 1992
F. MANCINELLI, »La Scala segreta e la Cappella«, in: PIETRANGELI 1992, S. 277–278.
MANFREDI 2007
T. MANFREDI, *La costruzione dell'architetto: Maderno, Borromini, i Fontana e la formazione degli architetti ticinesi a Roma*, Rom 2008.
MARCHIONNE GUNTER 1997a
A. MARCHIONNE GUNTER, »Una segnalazione berniniana: i ›due angioli di marmo sbozzati‹ da casa Bernini a Sant'Andrea delle Fratte«, *Studi romani*, 45 (1997), S. 97–101.
MARCHIONNE GUNTER 1997b
A. MARCHIONNE GUNTER, »Scultori a Roma tra Seicento e Settecento: Francesco Cavallini, Francesco Aprile e Andrea Fucigna«, *Storia dell'arte*, 91 (1997), S. 315–366.
MARCONI 2001
N. MARCONI, »I cantieri romani di Francesco Borromini: apparati, macchine da costruzione e strutture provvisionali«, in: R. M. STROLLO (Hrsg.), *Contributi sul Barocco romano. Rilievi, studi e documenti*, Rom 2001, S. 101–116.
MARCONI 2003
N. MARCONI, »The baroque Roman building yard. Technology and building machines in the Reverenda Fabbrica of St. Peter's (16th–18th centuries)«, in: *Proceedings of the First International Congress on Construction History* (Madrid 20–24 january 2003), hrsg. v. S. HUERTA, Madrid 2003, II, S. 1357–1367.
MARCONI 2004a
N. MARCONI, »La piazza e il portico del Pantheon a Roma nei restauri di Alessandro VII (1662–1667). Rifunzionalizzazione urbana e conservazione monumentale«, *Città e Storia*, 1 (2004), S. 193–200.
MARCONI 2004b
N. MARCONI, *Edificando Roma barocca. Macchine, apparati, maestranze e cantieri tra XVI e XVIII secolo*, Città di Castello 2004.
MARCONI 2007
N. MARCONI, »Carlo Maderno a San Pietro. Organizzazione e tecniche del cantiere per il completamento della Basilica Vaticana«, in: MOLLISI 2007, S. 88–107.
MARCONI 2008a
N. MARCONI, »La «prestigiosa collazione delle macchine del Zabaglia» e la scuola di meccanica pratica della Fabbrica di San Pietro«, in: MARINO 2008, S. 54–82, 125–153.
MARCONI 2008b
N. MARCONI, »Per costruire o ristorare ideate: le Macchine e i Ponti di mastro Nicola Zabaglia«, in: PERGOLIZZI 2008, S. 154–166.
MARCONI 2008c
N. MARCONI, »I legni e le pietre: gli approdi per i materiali edili tra XVII e XVIII secolo sul Tevere a Roma«, in: F. TRAVAGLINI (Hrsg.), *La città e il fiume (secoli XIII–XIX)*, Rom 2008, S. 181–195.
MARCONI 2009a
N. MARCONI, *Carlo Maderno. Biografia e opere*, in FAGIOLO/BONACCORSO 2009, S. 447–452.
MARCONI 2009b
N. MARCONI, »L'eredità tecnica di Domenico Fontana e la Fabbrica di San Pietro in Roma: tecnologie e procedure per la movimentazione dei grandi monoliti tra XVI e XIX secolo«, in: FAGIOLO/BONACCORSO 2009, S. 45–56.
MARCONI 2010
N. MARCONI, »Genitor Urbis ad usum Fabricae: il trasporto fluviale dei materiali per l'edilizia nella Roma del Cinquecento«, in F. TRAVAGLINI/G. BONACCORSO (Hrsg.), *Le acque e la città (XV–XVI secolo)*, (Roma moderna e contemporanea, XVII/1–2), Rom 2009–10, S. 143–166.
MARCONI 2012
N. MARCONI, »De' buoni meccanici per la Fabbrica di San Pietro«: tecnologie per la costruzione e il restauro della Basilica Vaticana tra tradizione e innovazione«, in: MORELLO 2012, S.«477–509.
MARCONI (IN DRUCK 1)
N. MARCONI, »La Fabbrica di San Pietro in Vaticano per l'edilizia di Roma tra XVII e XIX secolo: officina, innovazione, divulgazione«, in: G. SABATINI/S. TURRIZIANI (Hrsg.), *L'Archivio della Fabbrica di San Pietro in Vaticano come fonte per la storia di Roma*, (Kongressbereicht, Rom 8. April 2011), in Druck.
MARCONI (IN DRUCK 2)
N. MARCONI, *I Castelli e Ponti di Maestro Niccola Zabaglia (1824). Apparati, tecnologie e procedure per la manutenzione e il restauro della Basilica di San Pietro in Vaticano tra XVIII e XIX*

secolo, krit. Ausgabe mit Rekonstruktionen von G. Marchei, in Druck.
MARDER 1997
T. A. MARDER, *Bernini's Scala Regia at the Vatican Palace*, Cambridge 1997.
MARDER 2003
T. A. MARDER, »Delli Portici, e piazze avanti il Tempio Vaticano«, in: FONTANA 2003, S. 206–215.
MARIANI 1931
V. MARIANI, »Bernini e la ›Cattedra‹ di San Pietro«, *Bollettino d'Arte*, ser. 3, 25. Jg., 4 (oct. 1931), S. 161–172.
MARIN 1983
L. MARIN, »Une mise en signification de l'espace social : manifestation, cortège, défilé, procession (Notes sémiotiques)«, *Sociologie du Sud-Est*, 37–38 (1983), S. 20ff.
MARIN 1994
L. MARIN, *De la représentation*, Paris 1994.
MARINO 2008
A. MARINO, *Sapere e saper fare nella Fabbrica di San Pietro*, Rom 2008.
MARTIN 1998
F. MARTIN, »›L'emulazione della romana antica grandezza‹: Camillo Rusconis Grabmal für Gregor XIII.«, *Zeitschrift für Kunstgeschichte*, 61 (1998), S. 77–112.
MARTIN 2007
F. MARTIN, »Projekte für ein Grabmal Clemens' XI.«, *Zeitschrift für Kunstgeschichte*, 70 (2007), S. 271–280.
MARTINELLI 1987
V. MARTINELLI (Hrsg.), *Le statue berniniane del portico di S. Pietro*, Rom 1987.
MARTINELLI 1996a
V. MARTINELLI (Hrsg.), *L'ultimo Bernini 1665–1680. Nuovi argomenti, documenti e immagini*, Rom 1996.
MARTINELLI 1996b
V. MARTINELLI, *L'ultimo crocifisso del Bernini*, in: MARTINELLI 1996a, S. 161–179.
MASSON 1972
G. MASSON, »Italian Flower Collector's Gardens in Seventheenth-century Italy«, in: D. R. COFFIN (Hrsg.), *The Italian Garden*, Washington D. C. 1972, S. 61–80.
MCPHEE 2002
S. MCPHEE, *Bernini and the Bell Towers Architecture and Politics in Vatican*, New Haven 2002.
MCPHEE 2008
S. MCPHEE, *The Long Arm of the Fabbrica : St'Peter's and the City of Rome*, in: SATZINGER/SCHÜTZE 2008, S. 353–373.
MENICHELLA 1985
A. MENICHELLA, *Matthia De' Rossi. Discepolo prediletto del Bernini*, Rom 1985.
MENNITI IPPOLITO 2004
A. MENNITI IPPOLITO, *I papi al Quirinale. Il sovrano pontefice e la ricerca di una residenza*, Rom 2004.
MERZ 1991
J. M. MERZ, *Pietro da Cortona. Der Aufstieg zum führenden Maler im barocken Rom*, Tübingen 1991.
MEYER 1696
C. MEYER, *L'arte a restituire a Roma la tralasciata navigazione del suo Tevere*, Rom 1696.
MIGLIO 1995
M. MIGLIO, *Liturgia e cerimoniale di corte» in Liturgia in figura. Codici liturgici rinascimentali della Biblioteca Apostolica Vaticana. Catalogo*, Vatikanstadt 1995, S. 43–50.
MINOR 1997
V. H. MINOR, *Passive tranquillity. The sculpture of Filippo della Valle*, Philadelphia 1997.
MOCHI ONORI 1997
L. MOCHI ONORI, »Pietro da Cortona per i Barberini«, in: *Pietro da Cortona*, (Ausst.-Kat. Rom, Museo Nazionale del Palazzo di Venezia, 31. Okt. 1997–10. Feb. 1998), hrsg. v. A. LO BIANCO, Mailand 1997, S. 73–86.
MOLLISI 2007
G. MOLLISI (Hrsg.), *Svizzeri a Roma: nella storia, nell'arte, nella cultura, nell'economia dal Cinquecento ad oggi*, (Arte e Storia, 35), Lugano 2007.
MONCIATTI 2005
A. MONCIATTI, *Il Palazzo Vaticano nel Medioevo*, Florenz 2005.
MONTAGU 1985
J. MONTAGU, *Alessandro Algardi*, 2 Bde., New Haven 1985.
MONTAGU 1991
J. MONTAGU, *La scultura barocca romana: un'industria dell'arte*, Turin 1991 [ital. Übersetzung v. *Roman baroque sculpture. The industry of art*, New Haven und London 1989].
MONTAGU 1996a
J. MONTAGU, *Gold, silver, and bronze: metal sculpture of the Roman baroque*, New Haven 1996.
MONTAGU 1996b
J. MONTAGU, »Alcune statue che non furono mai eseguite«, in: ROCCHI COOPMANS DE YOLDI 1996, S. 309–312.
MONTAGU 1999
J. MONTAGU (Hrsg.), *Algardi. L'altra faccia del barocco*, (Ausst.-Kat. Rom, Palazzo delle Esposizioni, 21. Jan.–30. April 1999), Rom 1999.
MONTAIGLON 1875
A. DE MONTAIGLON, *Correspondance des directeurs de l'Académie de France à Rome avec les surintendants des bâtiments*, 1, Paris 1875.
MONTAIGLON 1888
A. DE MONTAIGLON, *Correspondance des directeurs de l'Académie de France à Rome avec les surintendants des bâtiments*, 2, Paris 1888.
MONTAIGLON 1897
A. DE MONTAIGLON, *Correspondance des directeurs de l'Académie de France à Rome avec les surintendants des bâtiments*, 7, Paris 1897.
MONTANARI 1997
T. MONTANARI, »La dispersione delle collezioni di Cristina di Svezia: gli Azzolino, gli Ottoboni e gli Odescalchi«, in: *Storia dell'arte*, 90 (1997), S. 250–300.
MONTANARI 1998
T. MONTANARI, »Bernini e Cristina di Svezia. Alle origini della storiografia berniniana«, in: ANGELINI 1998, S. 328–477.
MORELLO 1981
G. MORELLO, »Bernini e i lavori a S. Pietro nel diario di Alessandro VII«, in: *Bernini* 1981, S. 321–349.
MORELLO 1992
G. MORELLO, »La Biblioteca Apostolica«, in: PIETRANGELI 1992, S. 197–215.
MORELLO 2004
G. MORELLO, »La decorazione della Galleria di Urbano VIII nella Biblioteca Apostolica Vaticana: da Domenichino a Giovan Paolo Schor«, in: *Studi sul Barocco romano. Scritti in onore di Maurizio Fagiolo dell'Arco*, Mailand 2004, S. 299–308.
MORELLO 2012
La Basilica di San Pietro: fortuna e immagine, (Atti del convegno internazionale, Roma 11–13 novembre 2009), hrsg. v. G. Morello, Rom 2012.
MORGANTI 1990
G. MORGANTI (Hrsg.), *Gli Orti Farnesiani*, (Atti del convegno di studi, Roma 1985), Rom 1990.
MORONI 1842
MORONI G., *Dizionario di erudizione storico-ecclesiastica da S. Pietro sino ai nostri giorni*, Bd. 22, Venedig 1842.
Mosaici 1986
M. Alfieri et al. (Hrsg.), *Mosaici minuti romani del '700 e dell'800*, Città del Castello 1986.
MUÑOZ 1918
A. MUÑOZ, »La scultura barocca a Roma. V. Le tombe papali«, *Rassegna d'arte*, 18 (1918), S. 78–104.
NAVONE 1938
G. NAVONE, »L'entrata trionfale di Marcantonio Colonna«, *Archivio della R. Società romana di storia patria. Miscellanea*, 12, 1938.
NEGRO 2008
A. NEGRO, »I ritrovati affreschi della galleria di Alessandro VII al Quirinale: aggiornamenti e proposte attributive su Schor, Canini, Colombo, Fabrizio Chiari, Baldi, Ferri, Grimaldi e Lauri«, *Bollettino d'arte*, ser. 6, 93. Jg., 146 (ott.-dic. 2008) [2009], S. 155–166.
NOÈ 1996
V. NOÈ, *I santi fondatori nella Basilica Vaticana*, Modena 1996.
NOÈ 2000
V. NOÈ, *Le tombe e i monumenti funebri dei papi nella Basilica di San Pietro in Vaticano*, Modena 2000.
OLSZEWSKI 1997
E. J. OLSZEWSKI, »Cardinal Pietro Ottoboni's vatican tomb of Pope Alexander VIII Ottoboni. History and iconography from the archival records«, *Storia dell'arte*, 91 (1997) [1998], S. 367–400.
OLSZEWSKI 2004
E. J. OLSZEWSKI, *Cardinal Pietro Ottoboni (1667–1740) and the Vatican tomb of Pope Alexander VIII*, Philadelphia 2004.
ORBAAN 1919
J. A. F. ORBAAN, »Der Abbruch Alt St.-Peters 1605–1615«, *Jahrbuch der Kgl. Preussischen Kunstsammlungen*, 39 (1919), S. 1–139.
ORBAAN 1920
J. A. F. ORBAAN, *Documenti sul Barocco in Roma*, Rom 1920.
OSTROW 1990
S. F. OSTROW, »Marble revetment in Late Sixteenth-Century Roman chapels«, in: *IL 60. Essays honoring Irving Lavin on his sixtieth birthday*, hrsg. v. M. ARONBERG LAVIN, New York 1990, S. 253–266.
OSTROW 2000
S. F. OSTROW, »La cappella Gregoriane e le adiacenze«, in: PINELLI 2000, Bd. 3.
OY-MARRA 2005
E. OY-MARRA, *Profane Repräsentationskunst in Rom von Clemens VIII. Aldobrandini bis Alexander VII. Chigi. Studien zur Funktion und Semantik römischer Deckenfresken im höfischen Kontext*, München 2005.
OY-MARRA 2007
E. OY-MARRA, »Ambasciatori dello stile barberini: Giovan Francesco Romanelli in Francia«, in: *Barberini* 2007, S. 303–316.
OZZOLA 1908
L. OZZOLA, »L'arte alla corte di Alessandro VII«, *Archivio della R. Società Romana di Storia Patria*, 31 (1908), S. 5–91.
PALEOTTI 1582
G. PALEOTTI, *Discorso intorno alle immagini sacre e profane*, Bologna 1582.
PANCIROLI 2002
R. PANCIROLI, *L'Appartamento delle Udienze Pontificie*, Vatikanstadt 2002.
PANOFSKY 1992
E. PANOFSKY, *Tombe sculpture. Four lectures on its changing*, hrsg. v. H. H. Janson, New York 1992 [ital. Fassung: *La scultura funeraria dall'antico Egitto a Bernini*, Turin 2011].
PARAVICINI BAGLIANI 1994
A. PARAVICINI BAGLIANI, *Il corpo del papa*, Turin 1994.
PARAVICINI BAGLIANI 1998
A. PARAVICINI BAGLIANI, *Le chiavi e la tiara*, Rom 1998.
PASCOLI 1992
L. PASCOLI, *Vite de'pittori, scultori, ed architetti moderni (1730–1736)*, krit. Ausgabe, gewidmet V. MARTINELLI, Perugia 1992.
PASSERI 1934
G. B. PASSERI, *Die Künstlerbiographien von Giovanni Battista Passeri*, hrsg. von J. HESS, Worms 1934.
PASTOR 1866–1933
L. VON PASTOR, *Geschichte der Päpste seit dem Ausgang des Mittelalters*, 16 Bde., Freiburg i. Brg., 1886–1933. [ital. Ausgabe: L. VON PASTOR, *Storia dei Papi dalla fine del Medio Evo*, I–XVI, Rom 1931–33].
PELLEGRINI 1994
M. PELLEGRINI, »Corte di Roma e aristocrazie italiane in età moderna. Per una lettura storico-sociale della curia romana«, *Rivista di storia e letteratura religiosa*, 30 (1994), S. 543–602.
PEPPER 1988
S. PEPPER, *Guido Reni. L'opera completa*, Novara 1988.
PEREZ SÁNCHEZ 1967
A. PEREZ SÁNCHEZ, *Real Academia de Bellas Artes de San Fernando. Catalogo de los dibujos*, Madrid 1967.
PERGOLIZZI 1999
A. M. PERGOLIZZI (Hrsg.), *La Confessione nella basilica di S. Pietro in Vaticano*, Cinisello Balsamo 1999.
PERGOLIZZI 2006a
A. M. PERGOLIZZI, »Per una controstoria della «fabbrica« di San Pietro. Il fare artistico tra genialità e sopravvivenza«, in: FAGIOLO/PORTOGHESI 2006, S. 158–172.
PERGOLIZZI 2006b
A. M. PERGOLIZZI, »Stefano Speranza (su disegno di Bernini). Modello per la Loggia delle Reliquie della Croce in San Pietro, 1634«, in: FAGIOLO/PORTOGHESI 2006, S. 174.
PERGOLIZZI 2008
Magnificenze Vaticane. Tesori inediti dalla Fabbrica di San Pietro, (Ausst.-Kat. Vatikanstadt, 12. März–25. Mai 2008), hrsg. v. A. M. PERGOLIZZI, Rom 2008.
PETRACCIA 2010
A. PETRACCIA, »Il refettorio del convento di San Bernardino a L'Aquila. Simone Lagi, Gregorio Grassi, Stefano Pandolfi, Domenico Rainaldi«, in: R. TORLONTANO (Hrsg.), *Abruzzo. Il Barocco negato: aspetti dell'arte del Seicento e Settecento*, Rom 2010, S. 99–111.
Petros eni 2006
M. R. CARLO-STELLA/P. LIVERANI/M. L. POLICHETTI (Hrsg.), Petros eni – *Pietro è qui. 500 anni della Basilica di S. Pietro*, (Ausst.-Kat. Vatikanstadt, 11. Okt. 2006–8. März 2007), Vatikanstadt 2006.
PIETRANGELI 1989
C. PIETRANGELI (Hrsg.), *La Basilica di San Pietro*, Florenz 1989.
PIETRANGELI 1992
C. PIETRANGELI (Hrsg.), *Il Palazzo Apostolico Vaticano*, Florenz 1992.
PINELLI 1994
A. PINELLI, »Il ›bellissimo spassegio‹ di papa Gregorio XIII Boncompagni«, in: *Galleria* 1994, *Testi*, S. 9–71.
PINELLI 2000
A. PINELLI (Hrsg.), *La Basilica di San Pietro in Vaticano = The Basilica of St Peter in the Vatican*, (Mirabilia Italiae, 10), 4 Bde., Modena 2000.
PISANI SARTORIO 1986
G. PISANI SARTORIO (Hrsg.), *Il Trionfo dell'acqua. Acque e acquedotti a Roma dal IV secolo a.C. al XX secolo*, Rom 1986.
POLLAK 1913
O. POLLAK, »Italienische Künstlerbriefe aus der Barockzeit«, *Jahrbuch der Preußischen Kunstsammlungen*, 34 (1913), Beiheft, S. 1–77.
POLLAK 1928
O. POLLAK, *Die Kunsttätigkeit unter Urban VIII*, I, Wien 1928.
POLLAK 1931
O. POLLAK, *Die Kunsttätigkeit unter Urban VIII*, II, *Die Peterskirche in Rom*, Wien 1931.
PREIMESBERGER 1978
R. PREIMESBERGER, »Das dritte Papstgrabmal Berninis«, *Römisches Jahrbuch für Kunstgeschichte*, 17 (1978), S. 77–162.
PREIMESBERGER 1993
R. PREIMESBERGER, »Skulpturale Mimesis: Mochis Hl. Veronika«, in: *Künstlerischer Austausch*, (Akten des XXVIII. Internationalen Kongresses für Kunstgeschichte, Berlin 15.–20. Juli 1992), Berlin 1993, Bd. 2, S. 473–482.
PREIMESBERGER 2001
R. PREIMESBERGER, »Il San Longino del Bernini in San Pietro in Vaticano. Dal bozzetto alla statua«, in: M. G. Bernardini (Hrsg.), *Bernini a Montecitorio. Ciclo di conferenze nel quarto centenario della nascita di Gian Lorenzo Bernini*, Rom 2001, S. 95–112.
PRODI 1982
P. PRODI, *Il sovrano pontefice. Un corpo e due anime: la monarchia papale nella prima età moderna*, Bologna 1982.
Quirinale 1991
Il Palazzo del Quirinale, hrsg. v. *F. Borsi*, Rom 1991.
Quirinale 1993
G. BRIGANTI/L. LAUREATI/L. TREZZANI (Hrsg.), *Il patrimonio artistico del Quirinale. Pittura antica. La decorazione murale*, Mailand 1993.
REDIG DE CAMPOS 1967
D. REDIG DE CAMPOS, *I Palazzi Vaticani*, Bologna 1967.
RENAZZI 1793
F. M. RENAZZI, *Compendio di teorica e di pratica ricavato dalli decreti e risoluzioni originali della Sagra Congregazione della Reverenda Fabbrica di San Pietro per uso de' Commissarj ed altri uffiziali della medesima*, Rom 1793.
RENOUX 1993
C. RENOUX, »Une source de l'histoire de la mystique moderne revisitée: les procès de canonisation«, *MEFR*, 105 (1993), S. 177–217.
RICE 1992
L. RICE, Urban VIII, the Archangel Michael, and a forgotten Project for the Apse Altar of St. Peter's, *Burlington Magazine*, 134 (1992), S. 428–434.
RICE 1997
L. RICE, *The altars and altarpieces of new St. Peter's : outfitting the Basilica, 1621–1666*, Cambridge 1997.
RICE 2008
L. RICE, »Bernini and the Pantheon Bronze«, in: SATZINGER/SCHÜTZE 2008, S. 337–352.
RIPA 1618
C. RIPA, *Nuova Iconologia*, Padua 1618.
ROBERTO 2004
S. ROBERTO, *Gian Lorenzo Bernini e Clemente IX Rospigliosi. Arte e architettura a Roma e in Toscana nel Seicento*, Rom 2004.
ROCA DE AMICIS 1997
A. ROCA DE AMICIS, »Maderno e la ricezione dei progetti michelangioleschi nel primo Seicento«, in: *Quaderni dell'Istituto di Storia dell'Architettura*, 25–30 (1995–97), S. 279–284.
ROCA DE AMICIS 2000
A. ROCA DE AMICIS, »La Piazza«, in: PINELLI 2000, Bd. 3, S. 283–301.
ROCCHI COOPMANS DE YOLDI 1996
G. ROCCHI COOPMANS DE YOLDI (Hrsg.), *San Pietro. Arte e storia nella Basilica Vaticana*, Bergamo 1996.
RODOLFO 2010
A. RODOLFO, »Agostinus Ciampelli florentinus pictor«, *Bollettino Monumenti, Musei e Gallerie Pontificie*, 38 (2010), S. 185–216.
ROMA E IL SUO ORTO 1984
Roma e il suo Orto Botanico. Storia ed eventi di un'istituzione scientifica, (Ausst.-Kat. Rom, Orto botanico, 19. Mai–17. Juni 1984), Rom 1984.
RUBENSTEIN 1967
R. O. RUBENSTEIN, »Pius II's Piazza S. Pietro and St. Andrew's Head«, in: *Essays in the history of architecture presented to Rudolf Wittkower*, hrsg. v. D. FRASER, London 1967.
SABENE 2008
SABENE R., »La Depositeria della Fabbrica di San Pietro dalla conduzione privata all' affidamento al Banco di Santo Spirito in Sassia«, *Rivista di Storia Finanziaria*, 21 (2008), S. 51–97.

SABENE 2012
SABENE R., *La Fabbrica di San Pietro. Dinamiche internazionali e dimensione locale*, Rom 2012.
SACRA CONGREGATIO 1985
Sacra Congregatio pro Causis Sanctorum. Index ac status Causarum, Perugia 1985.
SAN PIETRO IN VATICANO 2011
San Pietro in Vaticano. I mosaici e lo spazio sacro, Mailand und Vatikanstadt 2011 [dt. Ausgabe: Der Petersdom, Stuttgart 2011].
SANSA 2003
SANSA R., *L'oro verde. I boschi nello Stato Pontificio tra XVIII e XIX secolo*, Bologna 2003.
SATZINGER/SCHÜTZE 2008
G. SATZINGER/S. SCHÜTZE (Hrsg.), *Sankt Peter in Rom 1506–2006*, (Beiträge der internationalen Tagung vom 22.–25. Februar 2006 in Bonn), München 2008.
SCAVIZZI 1983
C. P. SCAVIZZI, *Edilizia nei secoli XVII e XVIII a Roma. Ricerca per una storia delle tecniche*, Rom 1983.
SCHIAVO 1963
A. SCHIAVO, *Palazzo Altieri*, Rom 1963.
SCHIAVO 1965
A. SCHIAVO, »Il monumento sepolcrale di Alessandro VIII«, *Strenna dei Romanisti*, 26 (1965), S. 401–405.
SCHLEGEL 1969
U. SCHLEGEL, »Alcuni disegni di Camillo Rusconi, Carlo Maratta e Angelo de' Rossi«, *Antichità viva*, 8. Jg., 4 (1969), S. 28–41.
SCHLEGEL 1974
U. SCHLEGEL, »Bozzetti in terracotta by Pietro Stefano Monnot«, *Bulletin of the Museum of Fine Arts Boston*, 42 (1974), S. 56–68.
SCHLEIER 1983
E. SCHLEIER, *Disegni di Giovanni Lanfranco* (1582–1647), (Ausst.-Kat. Florenz, Gabinetto disegni e stampe degli Uffizi, 1983), Florenz 1983.
SCHÜTZE 1994
S. SCHÜTZE, »›Urbano inalza Pietro, e Piero Urbano.‹ Beobachtungen zu Idee und Gestalt der Ausstattung von Neu-St.-Peter unter Urban VIII.«, *Römisches Jahrbuch der Bibliotheca Hertziana*, 29 (1994), S. 213–287.
SCHÜTZE 2008
S. SCHÜTZE, »Werke als Kalküle ihres Wirkungsanspruchs«. Die Cathedra Petri und ihr Bedeutungswandel im konfessionellen Zeitalter«, in: SATZINGER/SCHÜTZE 2008, S. 405–425.
SCOTT 1985
J. B. SCOTT, »Papal patronage in the seventeenth century. Urban VIII, Bernini, and the countes Matilda«, in: *L'âge d'or du mécénat* (1598–1661), (Actes du colloque international CNRS, »Le mécénat en Europe, et particulièrement en France avant Colbert«), Paris 1985, S. 119–127.
SEDLMAYR 1960
H. SEDLMAYR, »Der Bilderkreis von Neu St. Peter in Rom«, in: ID., *Epochen und Werke. Gesammelte Schriften zur Kunstgeschichte*, Wien 1960, Bd. 2, S. 7–44.
SERGARDI 1723
L. SERGARDI, *Discorso sopra il nuovo ornato della guglia di S. Pietro*, Rom 1723.
SERGIACOMO 1912
G. SERGIACOMO, *Guide complet de la Basilique de St-Pierre à Rome*, Rom 1912.
SIBILIA 1992
F. SIBILIA, »La formazione delle maestranze nel paese dei ›Magistri Comacini‹«, in: S. DELLA TORRE (Hrsg.), *Il mestiere di costruire. Documenti per un cantiere: il caso di Como*, Como 1992, S. 15–28.
SIEBENHÜNER 1962
H. SIEBENHÜNER, »Umrisse zur Geschichte der Ausstattung von St. Peter in Rom von Paul III. bis Paul V. (1547–1606)«, in: *Festschrift für Hans Sedlmayr*, München 1962, S. 229–320.
SIMONATO 2007
L. SIMONATO, »Medaglioni dipinti in Vaticano: un episodio di fortuna visiva della medaglistica barberiniana«, in: *Barberini* 2007, S. 231–248.
SIMONATO 2008
L. SIMONATO, *»Impronta di Sua Santità«. Urbano VIII e le medaglie*, Pisa 2008.
SLADEK 2002
E. SLADEK, »La chaire de Saint-Pierre: un message chiffré destiné au Roi très chrétien«, in: C. Grell et M. Stanish (Hrsg.), *Le Bernin et l'Europe: du baroque triomphant à l'âge romantique*, Paris 2002, S. 193–206.
SOBOTKA 1914
G. SOBOTKA, »Ein Entwurf Marattas zum Grabmal Innocenz XI. im Berliner Kupferstichkabinett und die Papstgräber der Barockzeit«, *Jahrbuch der königlich preussischen Kunstsammlungen*, 35 (1914), S. 22–42.
SPAGNESI 1995–97
P. SPAGNESI, »Carlo Maderno in San Pietro. Note sul prolungamento della Basilica Vaticana«, in: SPAGNESI 1997, S. 261–268.
SPAGNESI 1997
G. SPAGNESI (Hrsg.), *L'architettura della Basilica di San Pietro: storia e costruzione*, (Atti del convegno internazionale di studi, Roma 7–10 novembre 1995), *Quaderni dell'Istituto di Storia dell'Architettura*, 25–30 (1995–97), Rom 1997.
STIGLIANI 1627
T. STIGLIANI, *Dell'Occhiale, opera difensiva [...]. Scritta in risposta al Cavalier Giovan Battista Marini*, Venedig 1627.
SUTHERLAND HARRIS 1977
A. SUTHERLAND HARRIS, *Andrea Sacchi. Complete edition of the paintings with a critical catalogue*, Oxford 1977.
SUTHERLAND HARRIS 2001
A. SUTHERLAND HARRIS, »La Cattedra di San Pietro in Vaticano: dall'idea alla realizzazione«, in: M. G. BERNARDINI (Hrsg.), *Bernini a Montecitorio*, Rom 2001, S. 113–128.
TAJA 1750
A. TAJA, Descrizione del Palazzo Apostolico Vaticano, Rom 1750.
TESSIN 2002
N. TESSIN, *Travel notes 1673–77 and 1687–88*, hrsg. v. M. LAINE u. B. MAGNUSSON, Stockholm 2002.
H. THELEN 1967a
H. THELEN, *Francesco Borromini. Die Handzeichnungen*, 2 Bde., Graz 1967.
H. THELEN 1967b
H. THELEN, *Zur Entstehungsgeschichte der Hochaltar-Architektur von St. Peter in Rom*, Berlin 1967.
THOENES 1963
C. THOENES, »Studien zur Geschichte des Petersplatzes«, Zeitschrift für Kunstgeschichte, 26 (1963), S. 97–145.
THOENES 1990
C. THOENES, »›Peregi naturae cursum‹: zum Grabmal Pauls III.«, in: *Festschrift für Hartmut Biermann*, hrg. von C. ANDREAS ET. AL., Weinheim 1990, S. 129–141.
THOENES 1992
C. THOENES, »Alt- und Neu-St. Peter unter einem Dach«, in: *Architektur und Kunst im Abendland, Festschrift für Günter Urban*, hrg. von M. JANSEN u. K. WINANDS, Rom 1992, S. 51–61.
THOENES 2000
C. THOENES, *La Fabbrica di San Pietro nelle incisioni dal Cinquecento all'Ottocento*, Mailand 2000.
THOENES 2010
C. THOENES, »Atrium, Campus, Piazza«, in: A. NOVA/C. JÖCHNER (Hrsg.), *Platz und Territorium: urbane Struktur gestaltet politische Räume*, Berlin 2010, S. 65–88.
THOENES 2011
C. THOENES, »Introduzione allo spazio sacro della Basilica«, in: *San Pietro in Vaticano* 2011, S. 16–67 [dt. Übersetzung: »Der heilige Raum der Basilika St. Peter«, in: *Der Petersdom* 2011, S. 16–67].
TIBERIA 1974
V. TIBERIA, *Giacomo Della Porta. Un architetto tra manierismo e barocco*, Kommentar v. C. BRANDI, Rom 1974.
TITI 1763
F. TITI, *Descrizione delle pitture, sculture e architetture esposte al pubblico in Roma*, Rom 1763.
TODARO 2001
T. TODARO, »Donne lavoratrici nella fabbrica di San Pietro. Originalità di una consuetudine del passato«, *La Basilica di San Pietro*, 13 (August 2001), S. 3–4.
TORRIGIO 1639
F. M. TORRIGIO, *Le sacre grotte vaticane : nelle quali si tratta di corpi santi, sepolchri de' pont., imperatori, rè, cardinali, vescovi, chiese, statue, imagini, inscrittioni, epitaffij, e d'altre cose memorabili si dentro Roma, come fuori*, Rom 1639.
TRATZ 1991–92
H. TRATZ, »Die Ausstattung des Langhauses von St. Peter unter Innozenz X.«, *Römisches Jahrbuch für Kunstgeschichte*, 27–28 (1991–92), S. 337–374.
TRONZO 2005
W. TRONZO, *St. Peter's in the Vatican*, Cambridge 2005
TREXLER 1991
R. E. TREXLER, *Public Life in Renaissance Florence*, Ithaca und London 1991.
TURRIZIANI 2008a
TURRIZIANI S., »La Fabbrica di San Pietro in Vaticano: istituzione esemplare el ›saper fare‹ nei secoli XVII–XVIII«, in: MARINO 2008, S. 106–120.
TURRIZIANI 2008b
TURRIZIANI S., »La Fabbrica di Pio VI. Stato della Reverenda Fabbrica di San Pietro dall'anno 1785 al 1794«, in: PERGOLIZZI 2008, S. 179–187.
TURRIZIANI 2011
S. TURRIZIANI, »Le immagini Mariane nell'arte musiva della Basilica«, in: *San Pietro in Vaticano* 2011, S. 206–233 [dt. Übersetzung: »Die Marienbildnisse im Mosaikdekor der Basilika«, in: *Der Petersdom* 2011, S. 206–233]
TURRIZIANI 2012
TURRIZIANI S., »Le opere a stampa della Fabbrica di San Pietro tra consacrazione storica dell'attività edilizia e trasmissione del sapere«, in: MORELLO 2012, S. 535–557.
VALESIO 1977–79
F. VALESIO, *Diario di Roma*, hrsg. v. G. SCANO, Mailand 1977–79.
VAN GENNEP 1969
A. VAN GENNEP, *Les rites de passage*, Paris 1969.
VISCEGLIA 1997
M. A. VISCEGLIA, »Il cerimoniale come linguaggio politico. Su alcuni conflitti di precedenza alla corte di Roma tra Cinquecento e Seicento«, in: BRICE/VISCEGLIA 1997, S. 119–189.
VISCEGLIA 2006
M. A. VISCEGLIA, »Tra liturgia e politica: il Corpus Domini a Roma (XV–XVIII secolo)«, in: R. BÖSEL/G. KLINGENSTEIN/A. KOLLER (Hrsg.), *Kaiserhof Papsthof 16.–18. Jahrhundert*, Wien 2006, S. 147–172.
VISONÀ 1996
M. VISONÀ, »L'ideazione e gli inizi«, in: ROCCHI COOPMANS DE YOLDI 199, S. 315–325.
VOCI 1992
A. M. VOCI, *Nord o sud? Note per la storia del medioevale Palatium apostolicum apud Sanctum Petrum, e delle sue cappelle*, Vatikanstadt 1992.
WASSERMAN 1962
J. WASSERMAN, »The Palazzo Sisto V in the Vatican«, *Journal of the Society of Architectural Historians Society of Architectural Historians*, 21 (1962), S. 26–35.
WEIL 1974
M. S. WEIL, *The history and decoration of the Ponte S. Angelo*, University Park 1974.
WICQUEFORT 1677
A. DE WICQUEFORT, *Mémoire touchant les ambassadeurs et les ministres publics*, Den Haag 1677.
WITTKOWER 1939–40
R. WITTKOWER, »A Counter Project to Bernini's Piazza S. Pietro«, *Warburg Journal*, 3. Jg., 1–2 (1939–40), S. 90–105.
WITTKOWER 1949
R. WITTKOWER, »Il terzo braccio del Bernini in Piazza S. Pietro«, Bollettino d'arte, 34 (1949), S. 129–134.
WITTKOWER 1958 [1993]
WITTKOWER R., *Art and Architecture in Italy 1600 to 1750*, Harmondsworth 1958 [ital. Ausgabe: *Arte e Architettura in Italia* 1600–1750, Turin 1993].
WITTKOWER 1955 [1997]
WITTKOWER R., *Gian Lorenzo Bernini: the sculptor of the Roman baroque*, London 1955 (4. Auf. 1997) [4. Aufl. basiert auf ital. Ausgabe: *Bernini. Lo scultore del barocco romano*, Mailand 1990].
WORSDALE 1981
M. WORSDALE, »Bernini inventore«, in: *Bernini* 1981, S. 231–235.
WYMANN 1925
E. WYMANN, »Die Aufzeichnungen des Stadtpfarrers Sebastian Werro von Freiburg i. Ue. über seinen Aufenthalt in Rom von 10.–27. Mai 1581«, *Römische Quartalschrift für christliche Altertumskunde und für Kirchengeschichte*, 33 (1925), S. 39–71.
ZALUM 2008
M. ZALUM, *Passione e cultura dei fiori tra Firenze e Roma nel XVI e XVII secolo*, Florenz 2008.
ZAMBONI 1964
S. ZAMBONI, »Pietro Bracci: il modello per il monumento di Benedetto XIV«, *Arte antica e moderna*, 1964, S. 211–218.
ZANCHETTIN 2008
V. ZANCHETTIN, »La verità della pietra. Michelangelo e la costruzione in travertino di San Pietro«, in: SATZINGER/SCHÜTZE 2008, S. 157–182.
ZANCHETTIN 2009
V. ZANCHETTIN, »Il tamburo della cupola di San Pietro in Vaticano«, in: *Michelangelo architetto a Roma*, (Ausst.-Kat. Rom, 6. Okt. 2009–7. Feb. 2010), hrsg. v. M. MUSSOLIN, Cinisello Balsamo 2009, S. 180–199.
ZANDER 2002
P. ZANDER, *La Necropoli Vaticana*, (Roma Sacra, XXV itinerario), Rom 2002.
ZANDER 2007
P. ZANDER, *La Necropoli sotto la Basilica di San Pietro in Vaticano*, Rom 2007.
ZANDER 2011
P. ZANDER, »L'immagine di Pietro nella sua Basilica«, in: *San Pietro in Vaticano* 2011, S. 234–269 [dt. Übersetzung: »Das Bild des hl. Petrus in der Basilika«, in: *Der Petersdom* 2011, S. 234–269].
ZANELLA 2000
A. ZANELLA, »Il monumento funerario papale da Bernini a Canova«, in: G. PAVANELLO (Hrsg.), *Antonio Canova e il suo ambiente artistico fra Venezia, Roma e Parigi*, Venedig 2000, S. 269–297.
ZARALLI 1987
D. ZARALLI, »Le ›Lettere patenti‹ per le nuove costruzioni«, in: B. CONTARDI ET AL., *L'angelo e la città. La città nel Settecento*, Rom 1987, Bd. 2, S. 95–108.
ZOLLIKOFER 1994
K. ZOLLIKOFER, *Berninis Grabmal für Alexander VII. Fiktion und Repräsentation*, Worms 1994.
ZOLLIKOFER 2008
K. ZOLLIKOFER, »Et Latinae et Greacae ecclesiae praeclarissima lumina [...] micarent«. Sankt Peter, Gregor XIII. und das Idealbild einer christlichen Ökumene«, in: SATZINGER/SCHÜTZE 2008, S. 217–226.
ZUCCARI 1992
A. ZUCCARI, *I pittori di Sisto V*, Rom 1992.
ZUCCARI 2012
A. ZUCCARI, »Una Babele pittorica ben composta. Gli affreschi sistini della Biblioteca Apostolica Vaticana«, in. *La Biblioteca Apostolica Vaticana*, Mailand und Vatikanstadt 2012, S. 266–307 [dt. Übersetzung: »Ein Babel der Bilder. Die Fresken in der Biblioteca Apostolica Vaticana«, in: A. M. PIAZZONI ET AL. (Hrsg.), *Biblioteca Apostolica Vaticana*, Stuttgart 2011, S. 266–307].

Personen-, Sach- und Ortsregister

Die Ziffern verweisen auf die entsprechenden Seiten, die *kursiv* gesetzten Ziffern auf die Abbildungsseiten.

A

Abatini, Guidobaldo 65, 72, 94, 301
Alberti, Giovanni 9, 287
Alexander VII. (Fabio Chigi), Papst 8, *13–15*, 16, 18, 30, 35, 74, 84, 133, *146*, 149, *149*, 154, *154*, 156, 174, 184, *186*, 194, 195, 201, 207, 275, 278, 284, 287, 295, 304, 308, 310, 329
Altieri, Paluzzo 156
Antichi, Prospero 134, 188
Antonius von Padua, hl. 201
Antonius, hl. 188
Apostolischer Palast des Vatikan (Vatikanpalast) 8, 9, 12, 15, 16, 18, 24, *24*, 25, 42, 174, 193, 194, 201, 207, *221*, 273, *274*, 276, 278, 281, 282, 284, 285, 286, 287, 290, 291, 292, 295, 296, 298, 299, 300, 301, 302, 303, 304, 306, 308, 312
 - Cortile del Belvedere 11, 273, *274*, 276, 279, 317, 326, 329
 - Gabinetto dei Papiri 278
 - Galleria della Contessa Matilde (Galerie der Mathilde von Tuszien) 287, 290, *291*
 - Galleria delle Carte Geografiche (Galerie der Landkarten) 273, *284*, 278, 285, 290, 293, 300, 301, 306, 309, 310
 - Loggien Raffaels *274*, 274, 275, *276*, 278, 298, 300, 308, 310
 - Palazzetto della Zecca 279
 - Palazzo vecchio 300
 - Sala Alessandrina 295
 - Sala Clementina 9, *276*, 287, 306
 - Sala dell'Immacolata Concezione 283
 - Sala delle Nozze Aldobrandini *278*, 282
 - Sala di Carlo Magno *276*, 292, 301
 - Sala di Costantino 35, *276*, 302
 - Sala Ducale 9, 308, 309, 300, 301, 304, 310
 - Sale Paoline 24, *24*, 25
 - Scala Regia 9, 194, *296*, 298, *299*, 304, 308
 - Stanzen Raffaels 273, *276*, 283, 284, 285, 300, 301, 308, 310, 311, 312
Aprile, Francesco 156
Augustus, röm. Kaiser 15

B

Bacicccio, Giovan Battista (genannt Gaulli) 133
Baglione, Giovanni 127, 287
Barberini, Familie 46, 58, 65, 146, 149, 282, 283, 291
Baronio, Cesare 34, 42
Benedikt XIV. (Prospero Lambertini), Papst 70, 113, 114, 166, 170, 174, 177
Bernini, Domenico 304
Bernini, Gian Lorenzo durchgehend Bernini, Luigi 50, 72, 179, 233, 234, 257
Bernini, Pietro 50
Bianchi di Narni, Giuseppe 43
Biblioteca Apostolica Vaticana (Vatikanische Bibliothek) 12, 15, 21, 31, 88, 293, 302, 311, *312*, *316*, 334, 340
Bolgi, Andrea 50, 60, 65, *65*, 66, 72, 94, 96, 179
Bologna 139, 174, 315
Bologna, Accademia di Belle Arti 174
Bologna, Universität 315
Boncompagni, Filippo 134
Boncompagni, Giacomo 139
Bonifaz VIII. (Benedetto Caetani), Papst 21
Borromeo, Carlo, hl. (Karl Borromäus) 24, 25, 200, 201, 210
Borromini, Francesco 31, 43, 50, *50*, 58, 70, 97, 116, 122, 146, 329
Bramante, Donato di Angelo di Pascuccio, genannt 15, 29, 35, 122, 317
Buonvicino, Ambrogio 43, 96, *193*, 243
Burcardo, Giovanni (Johannes Burckard) 11, 15
Kalixt II. (Guido von Burgund), Papst 42

C

Cametti, Bernardino 170
Canova, Antonio 133, *174*, *177*, 177, 184
Caravaggio, Michelangelo Merisi, genannt 9, 122
Carracci, Annibale 287, 290
Carcani, Filippo 154, 156, 201
Carracci, Gebrüder 9
Cartari, Giulio 154
Castel Gandolfo 8, 282, 290
Castel Sant'Angelo (Engelsburg) 26, 46, 127, 235, *239*, *286*, *287*, *311*
Celio, Gaspare 126
Cerasoli, Domenico 122
Cherubino, Zaccaria Mattia Alberti, genannt 9, 287
Cocchi, Raffaele 122
Colonna dell'Immacolata Concezione (Säule der Unbefleckten Empfängnis) 20
Colonna, Familie 19
Colonna, Marco Antonio 18
Conti, Cesare 21, 24
Corbellutio, Scipio 59
Costa, Giorgio 65
Cristofari, Fabio 65, 66, 70, 72
Cristofari, Pietro Paolo 184

D

da Sarzana, Tito 252
da Urbino, Giovanni 252
Damasceno, Angelo 59
de Alcalà, Diego (hl. Didakus) 21, 24
de Wicquefort, Abraham 11
del Duca, Giovanni Pietro 84, 127
de' Grassi, Paride (Paris de' Grassi) 11, 74
de' Rossi, Angelo 161, *161*
de' Rossi, Giovanni Antonio 156
de' Rossi, Gregorio 188
de' Rossi, Mattia (Matthia) *15*, 31, 127, 149, 156
del Duca, Ludovico 188
Della Porta, Giacomo 8, 29, 31, 35, 96, 201, 224, 243
Della Porta, Teodoro 46, 59
Deutschland 327
di Cambio, Arnolfo 114
Didakus, s. de Alcalà, Diego 21, 24
di Pietrasanta, Jacopo 188
Domenichino, Domenico Zampieri, genannt 122, 261
Drei, Benedetto 62, 177, 259
Drouin, Siméon *188*, 207
Duquesnoy, François 50, 60, 62, *62*, 65

E

Engelsburg, s. Castel Sant'Angelo

F

Faber, Johannes 315, 324, 329
Falda, Giovan Battista *26*, *27*, *194*, 329, 330
Faltonia, Anicia 126
Fancelli, Carlo 318
Fancelli, Cosimo 96, 126
Fancelli, Jacopo Antonio 50, *104*, 201
Ferrabosco, Martino *274*, 302, 315
Ferrata, Ercole 84, 140, 156
Flandern 65, 327
Fiano Romano 235
Filippini, Giacomo 252
Philipp II., span. König 315
Finelli, Giuliano 50, 65, 66
Florenz, Dom 239
Fontana, Carlo 19, 30, 31, 35, 127, *127*, 130, 182, 184, *194*, 229, 279, 331
Fontana, Domenico 9, 188, *221*, 231, 265, 274, 285, 302
Fontana, Francesco Antonio 201
Fontana, Giovanni 315
Forum Romanum 34, 318
Franziska von Rom, hl. 24, *24*
Franz von Sales, hl. 25, *27*, 149, 308
Frankreich 140, 154, 184, 331
Franzone, Giacomo 105
Fréart de Chantelou, Paul 278
Frescobaldi, Girolamo 122
Frezza, Gian Girolamo 46
Fuccaro, Stefano 318
Fuga, Ferdinando 166

G

Galilei, Galileo 324
Gallicanus, hl. 201
Garcia, Giuseppe 109
Ghezzi, Pier Leone *261*
Gianicolo 315, 318, 324, 329
Giardini, Francesco 184
Giardini, Giovanni 130, 184
Gilli, Luigi 207
Giori, Angelo di Camerino 74, 97, 146
Giotto 74, 88, 92
Giovannini, Domenico 114
Giulio Romano, Giulio Pippi de' Jannuzzi, genannt 308
Giustiniani, Lorenzo 165
Goa 8
Gregor der Große, Papst 34
Gregor von Nazianz, hl. 34
Gregor VII. (Ildebrando Aldobrandeschi di Sovana), Papst 177, 179
Gregor XIII. (Ugo Boncompagni), Papst 11, 17, 29, 31, *32*, 34, 93, 122, 116, 133, *134*, 134, 139, 146, 273, *274*, 284, 285, 290, 291, 300
Gregor XIV. (Niccolò Sfondrati), Papst *134*
Gregor XV. (Alessandro Ludovisi), Papst 43, 146
Greuter, Matthes (Matthäus) 24, *26*
Grimaldi, Jacopo 34, 60, 94
Guastavillani, Filippo 134
Guercino, Giovanni Francesco Barbieri, genannt 306
Guerra, Giovanni 221
Guidi, Domenico 104, 127, 161
Guidiccioni, Lelio 58
Guidotti, Paolo 24, *26*
Gustav II. Adolf, schwed. König 179

H

Hieronymus, hl. 34, 113, 114, 174
Holste, Lukas (Lucas Holstenius) 182, 291
Horti Farnesiani auf dem Palatin 329

I

Imperato, Ferrante 327
Innozenz III. (Lotario dei Conti di Segni), Papst 74
Innozenz VIII. (Giovanni Battista Cybo), Papst 29, 60, 72, 145, 193, 273
Innozenz X. (Giovanni Battista Pamphilj), Papst 15, 30, 85, 92, 93, 94, 97, 105, 149, 179, 184, 194, 284
Innozenz XI. (Benedetto Odescalchi), Papst 15, 140, 154, 156, *156*, 161, *161*, 182, 312
Innozenz XII. (Antonio Pignatelli), Papst *17*, 127, 128, 130, 146, 166, *166*, 182, 184, 311
Innozenz XIII. (Michelangelo Conti), Papst 184
Inverni, Marcantonio 88
Isidor von Madrid, hl. 24

J

Jakob III. Stuart von England 184
Janssens, Francis 114
Jerusalem 8, 15, 18, 109
Johannes der Täufer, hl. 58, 127, 207
Johannes Chrysostomos, hl. 34, 74, 84, *84*
Joseph, hl. 113, 114, 201
Judas Thaddäus, hl. 42, 43
Julius II. (Giuliano della Rovere), Papst 8, 29, 65, 85, 97, 177, 218, 273, 317
Julius II. (Giuliano della Rovere), Grabmal 177
Julius III. (Giovanni Maria Ciocchi del Monte), Papst 273, 285, *286*, 287, 292, 300, 317

K

Kajetan, hl. 109, 110, 201
Klemens VII. (Giulio de' Medici), Papst 139, 329
Klemens VIII. (Ippolito Aldobrandini), Papst 9, 35, 42, 43, 46, 93, 96, 140, 146, 285, 286, 315
Klemens X. (Emilio Altieri), Papst 122, 126, 133, 149, 156, 201
Klemens XIV. (Giovanni Vincenzo Ganganelli), Papst 133
Konstantin, röm. Kaiser 29, 88, 184, 218, 302, 304

Konstantinopel 65, 327
Konzil von Trient 8, 9, 11, 16, 21
Kuffler, Aegidius 327

L

La Teulière, Mathieu de 127, 336
Lagi, Simone *284*, *285*, *286*, 287, 290, 291, 300
Lana, Ferrrante 327
Landini, Taddeo *31*, 34
Lanfranco, Giovanni 97, 104, 116, 287
Lateranpalast, Benediktionsloggia 8, 17, *193*, 195, 224, 250, *266*
Lauri, Giacomo 12
Lazzari, Giulio 105
Le Gros, Pierre *106*, 106, 161
Le Nôtre, André 331
Lebrun, Charles 177
Leo der Große, Papst 34, 97, 104, 133, 161
Leo II., Papst 97
Leo III., Papst 97
Leo XI. (Alessandro de' Medici), Papst 139, *139*, 140, 156
Lepanto 8, 18
Liano, Angelo 259
Ligorio, Pirro 315
Lima 8
Lironi, Giuseppe 105
Livorno 46
Longinus, hl. 60, 65, 66, 70, 72, 146
Lonigo, Michele 74
Loreto, Alessandro 127
Louvre 275, 278
Lucenti, Girolamo 127, 154
Luzi, Alessandro 243

M

Macao 8
Maderno, Carlo 8, 9, 30, 43, 46, 50, 96, 146, 193, 194, 207, 224, 234, 243, 250, 254, 255, 278, 302, 315, 317
Maderno, Stefano 32, 318
Maglia, Michele 201
Marchei, Giovanna *263*, *266*
Mariscalchi, Giovanni 259
Mazzuoli, Giuseppe 149, 154, 156, 201
Merisi, Michelangelo, s. Caravaggio
Merlini, Lorenzo 182
Meyer, Cornelius 207
Michael, Erzengel, hl. 72, 149, 265
Montagna, Marco Tullio *284*, *285*, *286*, 287, 290, 291, 293, 294, 300
Monterotondo 254, 255
Morelli, Lazzaro 84, 96, *149*, 154, *154*, 156, 201, *201*, 208, 210, *211*, 212

N

Naldini, Paolo 201
Nebbia, Cesare 14, 43
Neri, Philipp, hl. 25, 34, 110, 201, *210*
Nikolaus V. (Tommaso Parentucelli), Papst 184, 188, 278, 295

O

Orte 235
Ottoni, Lorenzo 97, *97*, 127, 130, 184, 193, 201

P

Paglia, Giuseppe 234
Palombi, Giuseppe 243
Paul III. (Alessandro Farnese), Papst 17, 29, 59, 60, 72, 133, *133*, 134, 139, 145, 146, 149, 154, 250, 252, 326, 329
Paul V. (Camillo Borghese), Papst 8, 29, 30, 34, 43, 46, 74, 85, 97, 146, *193*, 218, 243, 250, *274*, 278, 279, 284, 285, 287, 291, 298, 302, 315, *316*, 317, 321, 322, 324, 329, 330
Partini, Pietro 233
Pasquino, Rocco 254
Patrizi Piccolomini, Agostino 11
Perini, Francesco 259
Petersbasilika, Peterskirche, s. Sankt Peter, Basilika
Petrus, hl. 29, 50. 58, 74, 85, 94, 109, 110, 114, 134, 166, 188, *211*, 270, 306
Petrus und Paulus, hhl. 50, 58, 104, 184
Petrus von Alcantara, hl. *26*, 113
Piacentini, Marcello 188
Pietro da Cortona (Pietro Berrettini) 72, 116, 126, 234, 282, 283, 287, 306, 310

348

Pius IV. (Giovanni Angelo Medici), Papst 188, 315, 317, 321, 326, 329
Pius V. (Michele Ghislieri), Papst 18, 31, 273, 285
Pius VI. (Angelo Braschi), Papst 234
Piranesi, Giovanni Battista *218*
Portocarrero, Joaquín Fernando de, Kardinal 174

R
Raffaello Sanzio (Raffael) 29, *35*, 273, 274, 275, *276*, 278, 283, 284, 285, 286, 287, 298, 300, 301, 302, 308, 310, 311
Raggi, Antonio 84, *301*, 304
Rainaldi, Carlo 194
Reni, Guido 74, 97, 116, 282, 278, 279, 284
Ripa, Cesare 140, 182, 287
Rom
- Accademia di S. Luca 140
- Campidoglio (Kapitol) 14, 146, 188
- Campo Marzio 34, 340
- Chiesa del Gesù 8
- Conciliazione, Via della 188
- Lateranpalast 8, 17, 287, 295, *306*
- Marc Aurel, Statue 188
- Montecitorio 234
- Museo di Roma *14*, *15*, *16*, *17*, *18*, *18*, *20*, *26*, *27*, *72*
- Obelisk auf dem Petersplatz 188, *188*, 193, 194, 195, 217, *221*, 221, 224, 229, 231, 254, 264, *264*, 265
- Palazzo Altieri 8
- Palazzo Barberini 8, 282, 283, 284, 296
- Palazzo Borghese 8
- Palazzo Farnese 9, 161, 273, 287
- Palazzo Ludovisi 8
- Palazzo Muti 184
- Palazzo Odescalchi 8
- Palazzo Pamphilj 8, 284, 296
- Palazzo Rospigliosi 8
- Piazza Navona 8, 34, 284
- Piazza S. Maria Maggiore 234
- Piazza S. Marta 97, 149
- Ospedale Fatebenefratelli 243
- Pantheon 46, 182, 184, 234
- Quirinal 8, 14, *31*, 34, 234, *274*, 284, 285, 287, 290, 292, 293, 296, 298, 302, 310, 315, *316*
- S. Agnese in Agone, Kirche 156, 234
- S. Andrea al Quirinale, Kirche 8
- S. Andrea della Valle, Kirche 60
- S. Carlino alle Quattro Fontane 8
- S. Croce in Gerusalemme, Basilika 60, 72
- S. Giovanni in Laterano, Kirche 14, 43, 133
  - Baptisterium 133
- S. Maria del Popolo, Kirche 9, 234
  - Cappella Cerasi 9
- S. Maria della Febbre, Kirche 250
- S. Maria Maggiore, Kirche 43, 126, 139, 140, 149
  - Cappella Paolina 140
  - Cappella Sistina 126
- S. Marta, Kirche 218, *218*, 233
- S. Paolo fuori le Mura, Kirche 94, 170, 264
- S. Silvestro al Quirinale, Kirche 234
- S. Susanna, Kirche 8

- S. Trinità dei Monti 234
- Tiber 11, 221, 235, *239*
- Traspontina, Kai 235, *239*, 254
- Zirkus des Nero 188
Romanelli, Giovanni Francesco 149, *287*, *290*, 300, 301, *304*, 306, *306*
Romuald, hl. 201
Rotunde des Heiligen Grabs (Jerusalem) 15

S
Sankt Peter, Basilika (Petersbasilika, Peterskirche)
- Ambrosius, hl., Statue 84, *84*
- Andreas, hl., Statue 34, 59, 60, 61, 62, *62*, 65, 66, 70, *62*, 65, 70, 72, 146, *186*
- Athanasius, hl., Statue 84, *84*, 200
- Baldachin 9, 16, 17, 24, 25, 26, 31, *43*, 43, 46, *46*, 50, *50*, 58, *58*, 59, 60, 72, 84, 85, 145, 156, 233, *233*, 264
- Benediktionsloggia *193*, 195, 224, 250, *266*
- Campo Santo 16
- Cappella Clementina (Clementinische Kapelle) 34, 42, 85, 96, 133, 250,
- Cappella della Pietà 92, 96, 126, *186*
- Cappella Gregoriana (Gregorianische Kapelle) 31, 32, *32*, 93, 96, 116, 122, 133, 134, 170, 250
- Cappella Sistina (Sixtinische Kapelle) 13, 14, 15, 126
- Confessio 14, 35, *35*, 42, 43, 50, 59, 85, 93, 97, 154, 250, *264*
- Corsini, Andrea, hl., Statue 200, *212*
- Crescentius, hl., Statue 200, *212*
- Dionysius, hl., Statue 200, *212*
- Elija, hl., Statue 109, *110*, 126, *187*
- Grabmal Mathilde von Tuszien 177, *179*, 182, *186*, *290*, *291*, 301, 302,
- Grabmal Alexander VII. *15*, 133, *146*, 146, 149, *149*, 154, 156, 166, 174, 184, *186*, 284
- Grabmal Benedikt XIV. 170, 170, 174, 177, *186*
- Grabmal Klemens X. 154, *154*, 156, *186*, 337
- Grabmal Klemens XIII. 133, *174*, *177*, 177, *186*
- Grabmal Christina von Schweden 179, 182, *182*, *186*
- Grabmal Gregor XIII. 133, *134*, 134, 139, 170, *186*
- Grabmal Innozenz XI. (Benedetto Odescalchi) 156, *156*, 161, *186*
- Grabmal Innozenz XII. 166, *166*, *186*
- Grabmal Leo der Große 34, 97, *186*
- Grabmal Leo XI. *139*, 139, 140, 156, 161, *186*
- Grabmal Maria Clementina Sobieska 184, 184, *186*
- Grabmal Paul III. 72, 133, 134, 139, 145, 146, *186*
- Grabmal Sixtus IV. 116
- Grabmal Urban VIII. (Maffeo Barberini) 140, *140*, *145*, 145, 146, 149, 154, 156, 161, 177, *186*
- Guzmán, Domenico, hl., Statue 106, *106*, 187
- Helena, hl., Statue 60, 62, 65, 66, 70, 72, *186*

- Hieronymus Aemiliani, hl., Statue 113, 114, *187*
- Humilitas, Statue 96, *97*, *187*
- Hyazinthus, hl., Statue 201
- Ignatius von Loyola, hl., Statue 25, *109*, 109, 110, *187*, 200
- Kathedra Petri 29, 30, 34, 58, 72, 74, *74*, 78, *84*, 85, 92, 126, 127, 146, 149, 156, 233, *233*
- Kolonnaden (Petersplatz) 9, 16, 17, 25, 29, 30, 126, 156, 184, *193*, *194*, 195, 201, *201*, 207, 208, *209*, 210, *211*, 224, 229, 257, *257*, 258, 259, 298, 302, 304
- Königin Elisabeth von Portugal *208*
- Kuppel 9, 29, 31, 34, 35, 42, 43, 46, 58, 59, 60, 62, 65, 70, 72, 122, *122*, 133, *184*, 188, 195, 201, 207, 217, 224, *221*, 243, 250, 252, 255, 264, *264*, 265, *265*, 266, *266*, 298, 304
- Laurentius, hl., Statue 200, *212*
- Lucia, hl., Statue 200, *208*
- Maria Magdalena, hl., Statue 200, *209*
- Misericordia, Statue 96, *97*, *187*
- Neri, Philipp, hl., Statue 34, *110*, *187*, 200, *201*, 210
- Norbert, hl., Statue 114, *187*
- Obbedientia, Statue 96, 105, 174, *187*
- Ottagono di San Gregorio 266
- Pax, Statue 96, *187*
- Patientia, Statue 96, *97*, *187*
- Pelagia, hl., Statue 200, *212*
- Petrusgrab 29, 43, 59, 72, 106, 145, 149, 174
- Petrus Nolascus, hl., Statue 110, 114, *187*, 200, *211*
- Petrus von Alcantara, hl., Statue 113, *187*
- Prudentia, Statue 96, *97*, 140, 146, 149, 154, 164, *187*
- Puritia, Statue 97, *97*, *187*
- Remigius, hl., Statue 200, *209*
- Romanus, hl., Statue 200, *212*
- Salvator Mundi, Statue 188
- S. Maria della Febbre, Kapelle 116
- Stephan, hl., Statue 200, *212*
- Theresa von Jesus, hl., Statue 113, *113*, *187*, 200
- Ubaldus, hl., Statue 200, *211*
- Veronika, hl., Statue 59, 60, 62, 65, 66, *66*, 70, *70*, 72, *186*
- Vigilantia, Statue 97, *97*, *187*
- Vinzenz von Paul, hl., Statue 113, 114, *114*, 174, *187*, 200
- Virginitas, Statue 96, *104*, *187*
- Vitalis, hl., Statue 200, *212*
Sacra Congregazione (della Fabbrica di S. Pietro) 35, 59, 60, 62, 84, 96, 106, 109, 116, 133, 194, 195, 218, 229, *239*, 243, 258
Sale, Niccolò 72, 177
San Benedetto Po, Kloster 177, 302
Sangermano, Giacomo 265, *265*, *271*
Santa Marinella 252
Santiago de Chile 8
Scarpellini, Ercole 265, *271*
Schor, Johannes Paul 24, *78*, 85, 308
Sibilla, Gaspare 174, 177
Sixtus IV. (Francesco della Rovere), Papst 15, 116, 188
Sixtus V. (Felice Peretti), Papst 8, 9, 11, 14, 29, 139, 188, *221*, 273, 274, 285, 287, 293, 295, 296, 298, 329

Solari, Rocco 252
Spaccarelli, Attilio 188
Specchi Ottoboni, Alessandro *15*, 295
Specchi, Alessandro 229
Speranza, Stefano 70, 72, *179*
Staffetta, Giorgio 252
Stati, Cristoforo 188
Studio del Mosaico (Mosaikwerkstätten) *218*, 261

T
Tander, Enrico (Heinrich) *233*, 234
Tessin der Jüngere, Nicodemus 257, *257*, 304, 306, 308, 309, 310
Théodon, Jean-Baptiste 127, 130, 182, 184, 200, *212*
Tiberius, röm. Kaiser 188
Tivoli 154, 235, 243, 254, 252, 258, 327
Torre Borgia *274*, 282
Torre Pia 273, *274*, 285

U
Urban VIII. (Maffeo Barberini), Papst 8, 12, 30, 35, 46, 58, 59, 60, 62, 66, 70, 72, 74, 84, 85, 88, 122, *140*, *145*, 145, 146, 149, 154, 156, 161, 177, *186*, 276, 278, 282, 283, *284*, 284, *285*, 285, 287, 290, 291, 292, 295, 298, 300, 301, 302, *304*, 306, *308*, 311, *312*, 327, 329
Urbino 170, 291

V
Valadier, Giuseppe 234, 255
Valesio, Diario di 106, 161, 184
Vatikanische Gärten 315, 321, 324, 325, 326, 327, 329, 331
- Casina Pius' IV 315, 321, 326, 329
- Fontana degli Specchi 316, 321, 322
- Fontana del Forno (F. della Panetteria) 317
- Fontana della Galera 317, *317*, 329
- Fontana delle Api 329, 329
- Fontana delle Torri (F. del Sacramento) 316, 321, *321*
- Fontana dello Scoglio (F. dell'Aquilone) 318, *318*
Vatikanische Grotten 18, 35, *35*, 42, *42*, 60, 62, 65, 66, 70, 72, 127, 130, 182, 184, 243
Vatikanische Museen
- Galleria Clementina 295
- Galleria di Urbano VIII 295, 302, *308*, 308, 311, *312*
- Museo Sacro *130*, 293, 311, *312*
- Sale Paoline 295, 315, *316*
- Sala Sistina 295
- Salone Sistino 14, *221*, 293, 295, 298
Vatikanpalast, s. Apostolischer Palast des Vatikan
Van Wittel, Gaspar (Gaspare Vanvitelli) *239*
Vanvitelli, Luigi 114
Vasari, Giorgio *218*, 310
Vigiù, Giuseppe 259

Z
Zabaglia, Nicola 229, 231, 233, 235, 257, 259, 261, *261*, *263*, 264, 265, *265*, 266, *266*, *271*